red dot
design yearbook
2009/2010

living

reddot design award
product design

# reddot design award
*product design*

8  Foreword by the editor
   Vorwort des Herausgebers

10  red dot: design team of the year
    red dot: design team of the year

12  Form. Function. Forerunner.
    The Tupperware World Wide
    Design Team

    Form. Funktion. Vorbild.
    Das Tupperware World Wide
    Design Team

26  red dot: best of the best
    red dot: best of the best

28  Awards for the highest design quality
    Auszeichnungen für höchste Designqualität

**74** The designers of the "red dot: best of the best"
Die Designer der red dot: best of the best

| | | |
|---|---|---|
| 76 UNStudio, Ben van Berkel | 84 LSG Sky Chefs, Process Design | 93 Mikko Kärkkäinen |
| 77 Philippe Nigro | 86 Jakob Wagner | 94 Olavi Lindén, Markus Paloheimo |
| 78 Martin Leuthold and design team | 87 EOOS | 95 Mads Odgård Design |
| 79 James Dyson | 88 The Philips Design Team | 96 Möbel-Liebschaften Design Team |
| 80 The Tupperware design teams | 89 Grohe In-house Design Team | 97 Stefan Vanderick |
| 81 Gerhard Nüssler, Thomas Knöller | 90 Constantin Wortmann | 98 Michael Sodeau |
| 82 Miele design team | 91 Michele De Lucchi | 99 Isay Weinfeld |
| 83 Leo Aerts | 92 Bruno Houssin | |

red dot
Awards for high design quality
Auszeichnungen für hohe Designqualität

| | | | |
|---|---|---|---|
| 100 | Living rooms and bedrooms<br>Wohnen und Schlafen | 292 | Lighting and lamps<br>Licht und Leuchten |
| 150 | Households and kitchens<br>Haushalt und Küche | 328 | Gardens<br>Garten |
| 226 | Tableware<br>Tableware | 342 | Architecture and interior design<br>Architektur und Interior Design |
| 248 | Bathrooms, spa and air-conditioning<br>Bad, Wellness und Klimatechnik | | |

| | | |
|---|---|---|
| 398 The jurors of the "red dot award: product design" Die Juroren des red dot award: product design | | The competition Der Wettbewerb |
| 400 Manuel Alvarez Fuentes | 409 Prof. Carlos Hinrichsen | 418 Design for a modern and comfortable lifestyle at home Design für ein stilvolles und behagliches Leben zu Hause |
| 401 Sybs Bauer | 410 Prof. Dr. Florian Hufnagl | |
| 402 Prof. Rido Busse | 411 Tapani Hyvönen | |
| 403 Shashi Caan | 412 Prof. Soon-In Lee | Appendix: address index Anhang: Adressregister |
| 404 Tony K. M. Chang | 413 Prof. Stefan Lengyel | |
| 405 Mårten Claesson | 414 Prof. Ron Nabarro | |
| 406 Robin Edman | 415 Simon Ong | 422 Manufacturers and distributors Hersteller und Vertrieb |
| 407 Joachim H. Faust | 416 Dirk Schumann | 426 Designers Designer |
| 408 Prof. Renke He | 417 Danny Venlet | |

Contents 7

Foreword by Prof. Dr. Peter Zec
Vorwort Prof. Dr. Peter Zec

Dear Readers,

How will our lives change amidst the enormous global changes we are facing? The events of recent years have surely left their mark and signs of economic as well as societal reorientation are noticeable everywhere. This is the impression that I have whenever I step off an aeroplane, be it in Singapore, Dubai or New York, and meet the people living in these cities.

"Yes we can," Barack Obama says, the new President of the United States, combining this with the challenge to open our minds and set out onto new and maybe at times even unusual paths into the future. The two books "living" and "doing" highlight those products that will play a significant role in this global future and have a decisive influence on our lives. These are the products that have been awarded in the "red dot award: product design" by a jury of acclaimed experts who were highly impressed by their quality and innovative potential. Documenting the special selection of the jury, these design yearbooks thus paint a lively picture of today's design scene. As witnesses to our times, these books allow readers to share the visions and ideas of the designers who created these products.

The volumes "living" and "doing" reflect our life in the here and now, illustrating that designers are philosophers, visionaries and sometimes – as the essay on the designers of the Tupperware World Wide Design Team demonstrates – even pioneers with an exceedingly subtle sense. Touching upon all areas of life, the works of all of them will become even more important in the future. My thanks go to all the designers and companies that are active in shaping our future and thus also accept a high degree of responsibility for it.

Sincerely,
Peter Zec

*Professor Dr. Peter Zec is initiator of the red dot design award and senator of the International Council of Societies of Industrial Design (Icsid).*

Liebe Leserin, lieber Leser,

wie wird sich unser Leben in Zeiten eines gewaltigen globalen Umschwungs verändern? Die Ereignisse des letzten Jahres haben deutliche Spuren hinterlassen und allerorts wird eine wirtschaftliche und gesellschaftliche Neuorientierung spürbar. Diesen Eindruck habe ich jedes Mal, wenn ich in Singapur, Dubai oder New York das Flugzeug verlasse und den Menschen in diesen Städten begegne.

„Yes we can", sagt Barack Obama, der neue Präsident der Vereinigten Staaten, und er verbindet damit eine Aufforderung, den Blick zu öffnen für neue und manchmal sicher auch ungewöhnliche Wege in die Zukunft. Die beiden Bücher „living" und „doing" zeigen die Produkte, die in dieser globalen Zukunft eine bedeutende Rolle spielen werden und die unser Leben entscheidend prägen. Es sind Produkte, die im red dot award: product design von einer sehr versierten Jury ausgezeichnet wurden und deren Qualität und Innovationspotenzial sie sehr beeindruckte. Diese besondere Auswahl der Jury dokumentierend, zeichnen die Jahrbücher damit hautnah die Szenarien unserer Zeit. Als Zeitzeugen lassen sie den Leser teilhaben an den Visionen und Ideen der Designer, die diese Produkte gestaltet haben.

Die Bände „living" und „doing" präsentieren unser Leben im Hier und Jetzt und verdeutlichen, dass Designer Philosophen, Visionäre und manchmal überaus feinsinnige Vordenker sind, wie es auch der Essay über die Designer des „Tupperware World Wide Design Team" zeigt. Ihre engagierte Arbeit berührt alle Lebensbereiche und sie wird künftig noch wichtiger werden. Ich danke allen Designern und Unternehmen, die unsere Zukunft aktiv mitgestalten und die damit auch ein hohes Maß an Verantwortung übernehmen!

Ihr
Peter Zec

*Professor Dr. Peter Zec ist Initiator des red dot design award und Senator des International Council of Societies of Industrial Design (Icsid).*

For the twentysecond time in the yearbook we are presenting a design team whose special achievements have captured attention. Following in the footsteps of the design teams of Leybold, Braun, Slany Design, moll design, Neumeister Design, frogdesign, Mercedes-Benz, Siemens, IDEO Product Development, Studio De Lucchi, Philips, Audi, Sony, Festo, Apple, Nokia, Pininfarina, adidas, LG, BMW and Bose this year's winner of the "red dot: design team of the year" award is the Tupperware World Wide Design Team.

Zum zweiundzwanzigsten Mal wird im Jahrbuch ein Designteam vorgestellt, das durch seine besonderen Leistungen auf sich aufmerksam machte. Nach den Designteams von Leybold, Braun, Slany Design, moll design, Neumeister Design, frogdesign, Mercedes-Benz, Siemens, IDEO Product Development, dem Studio De Lucchi, Philips, Audi, Sony, Festo, Apple, Nokia, Pininfarina, adidas, LG, BMW und Bose wurde in diesem Jahr das Tupperware World Wide Design Team zum red dot: design team of the year gewählt.

# red dot: design team of the year
## People who change the world through design

# red dot: design team of the year
## Menschen, die mit Design die Welt verändern

Every year the "Radius" trophy changes hands. The sculpture was commissioned by Niessing of Vreden and created by the designer Simon Peter Eiber of Weinstadt-Schnaidt. At the "red dot award: product design" ceremony the trophy is passed to the Tupperware World Wide Design Team as a symbol of the "red dot: design team of the year" in 2009.

In jedem Jahr wechselt die Trophäe „Radius" ihren Besitzer. Die Skulptur wurde von der Firma Niessing/Vreden in Auftrag gegeben. Entworfen und angefertigt hat sie der Designer Simon Peter Eiber aus Weinstadt-Schnaidt. Auf der feierlichen Preisverleihung des red dot award: product design gibt das Designteam des Vorjahres den „Radius" als Symbol des red dot: design team of the year 2009 an das Tupperware World Wide Design Team weiter.

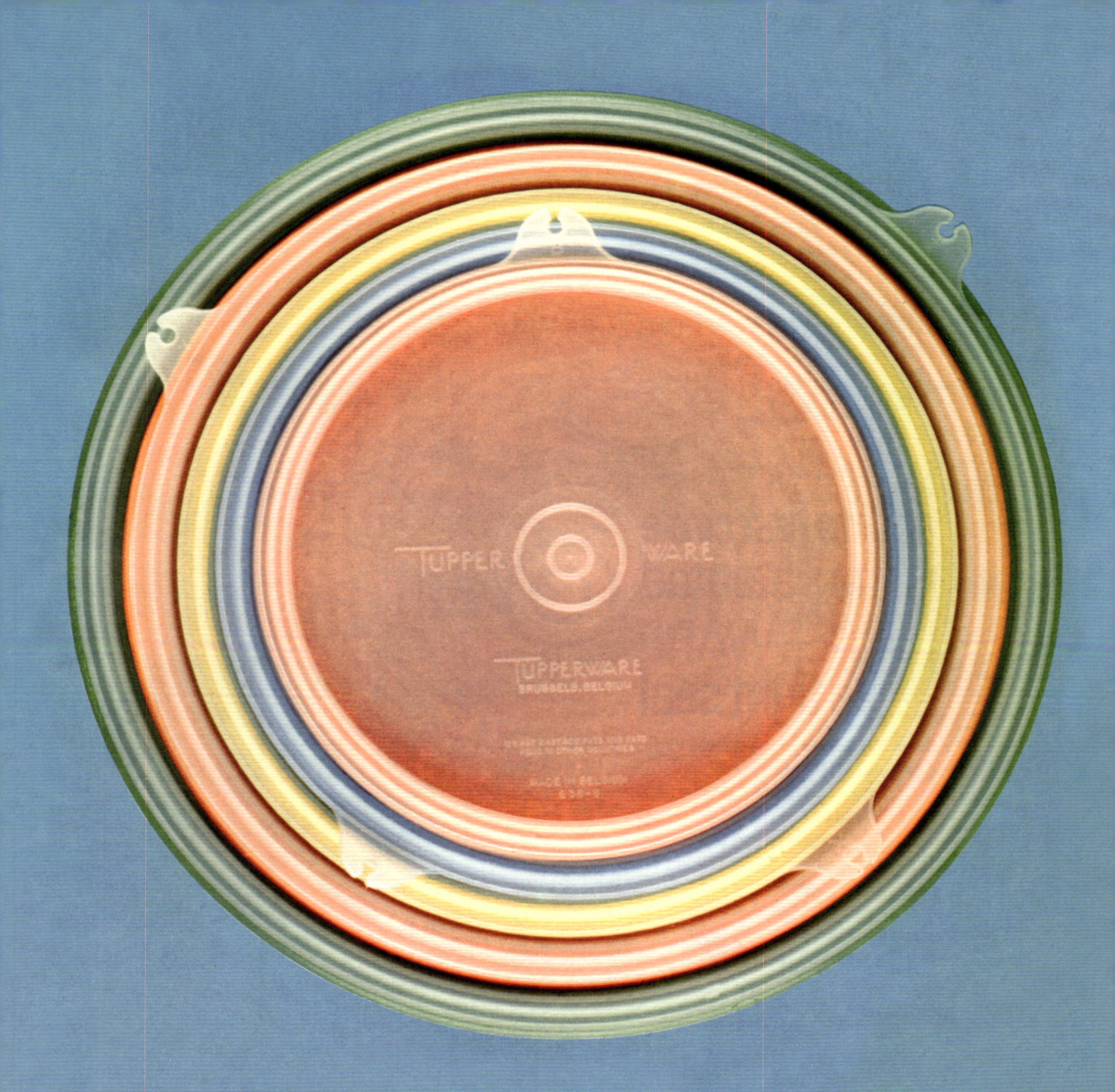
TUPPER WARE
TUPPERWARE
BRUSSELS, BELGIUM

red dot: design team of the year 2009
The Tupperware World Wide Design Team

red dot: design team of the year 2009
Das Tupperware World Wide Design Team

# Form. Function. Forerunner.
# Form. Funktion. Vorbild.

Tupperware is ubiquitous. Tupperware is spoken of everywhere: Universally acknowledged as a moniker for sealable plastic containers, the brand has entered the international vocabulary of recognisable brand names. In some countries, the Tupperware brand name has a recognition level of over 90 per cent. Tupperware is seen everywhere: Tupperware products can be viewed in design exhibits at the most prestigious museums around the globe. Tupperware products are experienced everywhere: Millions of consumers around the world join the legendary "Tupperware parties". And last but not least, Tupperware is used in almost every kitchen, from the average household to the kitchens of royal palaces. Even the Queen of England keeps her royal cornflakes in Tupperware containers, or so insiders claim.

Tupperware ist überall. Tupperware ist in aller Munde: Als allgemeiner Terminus für wiederverschließbare Kunststoffbehälter hat sich Tupperware als weltbekannte Handelsmarke etabliert. In einigen Ländern verfügt der Markenname über einen Bekanntheitsgrad von über 90 Prozent. Tupperware ist in aller Augen: Besucher namhafter Museen rund um den Globus bewundern Tupperware-Produkte als Ausstellungsstücke verschiedener Designkollektionen. Tupperware ist in aller Hände: Millionen von Gästen werden jährlich zu einer der legendären „Tupperpartys" eingeladen, um die Produkte zu begutachten und zu befühlen. Und nicht zuletzt ist Tupperware in aller Küchen: Nicht nur in den bundesbürgerlichen, sondern auch in den royalen, denn selbst die englische Queen, so behaupten Insider, soll ihre königlichen Cornflakes in Tupperware-Behältern bevorraten.

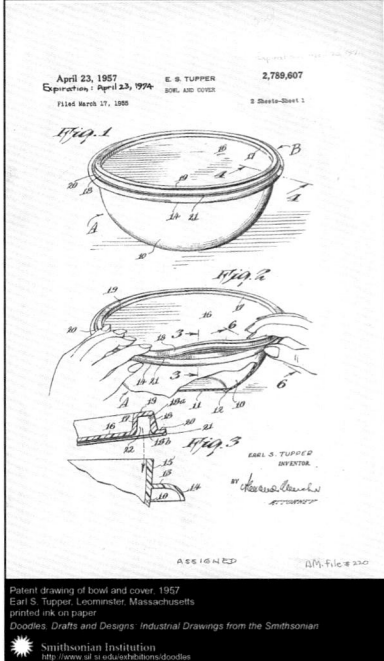

*Inventor Earl Silas Tupper busy at his favourite pastime – experimenting in his laboratory. (left)*

*The result of Earl Tupper's endeavours: a patent drawing of his first big invention, the "Wonderlier bowl". (centre)*

*Earl Tupper and Brownie Wise: together they drew up the concept for the legendary Tupperware parties and are considered pioneers of direct selling methods. (right)*

*Erfinder Earl Silas Tupper bei seiner Lieblingsbeschäftigung: Experimentieren in seinem Labor. (links)*

*Das Ergebnis von Earl Tuppers Bemühungen: Patentzeichnung seiner ersten großen Erfindung, der „Wunderschüssel". (Mitte)*

*Earl Tupper und Brownie Wise: Die beiden entwarfen das Konzept für die legendäre Tupperparty und gelten als Pioniere der Direktvertriebsmethode. (rechts)*

## What makes Tupperware so appealing?

What makes Tupperware design so special? The answer is as simple as the Tupperware products themselves, which provide solutions to a wide range of household problems. The company's time-tested equation: material + design = functionality + value in use.

For decades, impervious to all design trends, Tupperware has continued to pursue its classic, aesthetically focused design principles to produce consistently functional products that highlight value and make the most of the materials by applying quality plastic intelligently. These characteristics are essential for a design to be truly "value-able", particularly in areas where functionality and value-in-use are of prime importance – and this applies in the kitchen more than most other places in the home. Many products that put the emphasis on extravagant details and special effects, pursuing aesthetics for its own sake, lack these attributes, yet Tupperware fits the bill completely.

As an international direct selling company for household and beauty products based in Orlando, Florida – which has over 2.3 million independent sales consultants – Tupperware is successful in over 100 countries and has a presence in all continents across the globe. Although the kitchen utensil industry is marked by extremely aggressive competition, Tupperware has managed to prevail over numerous other players in the market, thanks to its extraordinarily high degree of innovation and orientation towards design. This is confirmed by the red dot institute for advanced design studies, a research institute founded by red dot that has monitored and analysed the results of the red dot design award and the general design trends of highly-recognised, publicly-listed companies. Within the framework of one of these research projects, the design activities of companies are indexed by their commercial success, with the connection between commercial success and design being visible in the company's success on the stock exchange. Each year, a design rating is calculated for all of the companies included in the analysis on the basis of an algorithm developed by red dot specifically for this purpose. The rating takes account of a range of fixed parameters, such as the strength of design and internal design consistency. Tupperware has held a clear lead over many of its competitors in this ranking for a number of years. In total, the company has been awarded a red dot 30 times. This year marks the ninth time that Tupperware has been awarded the highest prize, "red dot: best of the best".

## Was macht Tupperware so begehrenswert?

Was macht das Design von Tupperware so besonders? Die Antwort ist so simpel wie die Lösungen von Tupperware für diverse Haushaltsprobleme. Die bewährte Formel des Unternehmens: Material + Design = Funktionalität + Gebrauchswert.

Seit Jahrzehnten, unbeirrt aller Entwicklungen in der Designgeschichte, werden bei Tupperware durch einen materialgerechten und intelligenten Umgang mit hochwertigem Kunststoff sowie durch eine schlichte und äußerst ästhetische Gestaltung funktionale Produkte mit optimalem Gebrauchswert entwickelt. Gerade in Bereichen, in denen es um Funktionalität und Gebrauchswert geht – und dies trifft auf den Küchenbereich zu wie auf wenige andere –, sind diese Komponenten für wirklich „wert-volles" Design essenziell und unverzichtbar. Viele Produkte, bei denen Extravaganz und Effekte im Vordergrund stehen und die auf den Selbstzweck des Ästhetischen limitiert sind, lassen sie vermissen, Tupperware jedoch erfüllt genau diesen Anspruch in vollem Maße. Als internationales Direktvertriebsunternehmen für Haushalts- und Beautyprodukte mit Hauptsitz in Orlando, Florida – für das weltweit mehr als 2,3 Millionen selbstständige Beraterinnen tätig sind – ist Tupperware in über 100 Ländern auf allen Kontinenten erfolgreich. Obwohl im Segment der Küchenutensilien ein äußerst intensiver Wettbewerb herrscht, gelingt es Tupperware, sich durch ein außergewöhnlich hohes Maß an Innovations- und Designorientierung gegenüber zahlreichen Konkurrenzfirmen zu behaupten. Dies bestätigt auch das red dot institute for advanced design studies, ein von red dot gegründetes Forschungsinstitut, das die Ergebnisse des red dot design award und die allgemeine Designentwicklung namhafter, börsennotierter Unternehmen beobachtet und bewertet. Im Rahmen eines der Forschungsprojekte wird die Designtätigkeit der Firmen mit ihrem wirtschaftlichen Erfolg in Relation gesetzt, wobei ein Zusammenhang zwischen Erfolg im Design und Erfolg an der Börse erkennbar ist. In jedem Jahr wird für jedes einzelne Unternehmen durch eine eigens von red dot entwickelte Formel ein aktueller Designwert ermittelt, der sich aus verschiedenen festgelegten Parametern ergibt, wie etwa der Designstärke und der internen Designkontinuität. Tupperware führt das Ranking im Bereich Küchenutensilien seit Jahren mit großem Vorsprung

*Setting an example for a multitude of other direct selling companies: more than 2.3 million independent consultants work for Tupperware. On average a Tupperware party begins somewhere in the world every 2.5 seconds.*

*Vorbild für viele andere Direktvertriebsunternehmen: Mehr als 2,3 Millionen selbstständige Beraterinnen sind für Tupperware tätig, durchschnittlich alle 2,5 Sekunden beginnt heutzutage irgendwo auf der Welt eine Tupperparty.*

No Tupperware without Tupper

"I want to be a millionaire by the age of 30," said Tupperware founder, Earl Silas Tupper. While not exactly modest in his ambition, Tupper reached this goal through a combination of perseverance and inexhaustible inventiveness, even if he was ambitious about the age at which he would join the rank of millionaires. Following the maxim, from dishwasher to millionaire, Tupper's own career set the example for his later product innovations: from a revolutionary but simple food box system, Tupperware became a phenomenon that has a lasting influence on everyday culture in kitchens and households.
Earl Tupper, a farmer's son, was born in 1907 to a poor New Hampshire household. However, the entrepreneurial spirit of this young American showed itself at an early age: In order to support his parents financially, he widened the market for the crop from the family farm by delivering produce directly to customers' doors. Tupper eventually tailored and perfected this profitable sales concept to his own company with great success. The young inventor began cultivating his innate creativity at an early age. Driven by his constant ambition to improve the things around him, Tupper created useful tools for a huge variety of purposes his entire life. After graduating from high school, he took odd jobs and made a first attempt at setting up a company. In 1937, he began working for DuPont, the chemicals giant, but only stayed with the company for one year, a period which, as he often maintained later in life, was the "right" training for him. Based on his numerous experiences in the field of designing and manufacturing plastics which he gathered in his short time at DuPont, he founded the "Earl S. Tupper Company" in 1938. At the end of the Second World War he received polyethylene from DuPont to experiment with, a type of plastic which was originally a waste product from the oil industry. Up until this date it had only been used for military purposes, but now applications of the material widened to include the growing market for consumer goods. In fact, after months of experimenting with "Poly-T", which he simply called polyethylene, Tupper managed to produce the material in pellet form from which top-quality plastic goods could be produced using injection moulding. In the process, the inventor created the foundation upon which the possibilities of the new plastic could be utilised for the huge market of home and kitchen use. But this by no means marked the limit of his creativity. Taking his

vor zahlreichen Konkurrenzunternehmen an. Insgesamt 30 Mal konnte sich die Firma über den Gewinn eines red dot freuen, in diesem Jahr wurde Tupperware zudem zum neunten Mal mit der Höchstauszeichnung, dem red dot: best of the best, bedacht.

Keine Tupperware ohne Tupper

„Mit 30 will ich Millionär sein." Dieses Lebensziel zeichnet sich nicht gerade durch Bescheidenheit aus, doch dem Firmengründer und Namensgeber Earl Silas Tupper gelang es tatsächlich, mit Ehrgeiz und dank seines unaufhörlichen Erfindergeistes diesen Wunsch in die Tat umzusetzen – nebensächlich ist dabei, dass er sich bezüglich des Lebensalters für den Eintritt ins Millionärs-Dasein etwas verschätzte. In Anlehnung an den sprichwörtlichen „Tellerwäscher", der zum Millionär wurde, lebte Tupper seinen Produktinnovationen eine vorbildliche Karriere vor, die diese auf ihre Weise nachzeichneten: Vom revolutionären, aber simplen Lebensmittelbehälter-System wurde Tupperware zu einem Phänomen, das die Alltagskultur in Küche und Haushalt mitgeprägt hat.
Geboren 1907 in New Hampshire, wächst Earl Tupper als Sohn einer Farmerfamilie in ärmlichen Verhältnissen auf. Früh zeigt sich der unternehmerische Geist des jungen Amerikaners: Um seine Eltern finanziell zu unterstützen, dehnt er den „Absatzmarkt" für die Erträge der familieneigenen Felder aus, indem er den Abnehmern die Produkte direkt zu ihren Haustüren liefert. Eine gewinnbringende Vertriebsidee, die er später – angepasst und perfektioniert – in seinem eigenen Unternehmen mit vielfach gesteigertem Erfolg aufgreifen wird. Auch seine angeborene Kreativität entfaltet der ambitionierte Erfinder bereits in jungen Jahren. Angetrieben von seinem ständigen Ehrgeiz, die Dinge um sich herum zu verbessern, kreiert Tupper sein Leben lang Hilfsmittel zu unterschiedlichsten Zwecken. Nach Highschool-Abschluss, Gelegenheitsjobs und einem ersten Versuch als selbstständiger Unternehmer beginnt er 1937 seine Tätigkeit für den Chemiekonzern DuPont, bleibt jedoch nur ein Jahr bei dem Unternehmen, in dem für Tupper – wie er zeit seines Lebens betont – die „richtige" Ausbildung beginnt. Aufbauend auf den vielfältigen Erfahrungen in den Bereichen Kunststoff-Design und -Fertigung, die er bei DuPont gemacht hat, gründet er 1938

"I want to be a millionaire by the age of 30."
*Earl Silas Tupper*

„Mit 30 will ich Millionär sein."
*Earl Silas Tupper*

The company's time-tested equation:
material + design =
functionality + value in use

Die bewährte Formel des Unternehmens:
Material + Design =
Funktionalität + Gebrauchswert

cue from the lids of paint tins, he designed the "Tupper seal" for his plastic containers, a revolutionary kind of air- and liquid-tight seal that he patented right away. From this day on, food could be put in plastic bowls and kept fresh longer without any danger of leakage or spillage. These two revolutionary innovations laid the cornerstone for the unparalleled success of Tupperware.

Slow beginnings

After releasing a range of different plastic containers, Earl Tupper launched his invention on the market in 1946 in perfected form, the "Wonderlier bowl". This was the first classic Tupperware product for storing fresh food; the bowl became a symbol of the global success of Tupperware and is widely regarded as a true icon of the age. Designed personally by Tupper, it has retained its form for over 60 years with little change. The original design still enjoys great popularity and is one of the biggest sellers in the Tupperware portfolio. The high-quality container displays a number of practical features which were revolutionary in the middle of the last century, weighing much less than customary glass, ceramic or metal containers. Moreover, the plastic has the advantage that it is resilient, does not smell, and is absolutely hygienic. The American women's magazine, "House Beautiful" gave the product great praise for the look and feel of the new material: "reminiscent of alabaster and mother of pearl, with a profile as good as a piece of sculpture and the fingering qualities of jade."
Although the plastic products are viewed by those in the know as truly revolutionary, the market breakthrough remained elusive. Among the prevailing consumer prejudices against the product was the fact that housewives of the time did not know how to handle the new product properly. Tupper's marketing strategy for high-quality, innovative products proved to be extremely difficult to implement. Only after finding a special marketing strategy – for which the Tupperware brand is nowadays just as famous as it is for its products – did he manage to break into the market for kitchen and household products where the material soon gained universal acceptance.

die „Earl S. Tupper Company". Nach Ende des Zweiten Weltkrieges erhält er zu Experimentierzwecken von DuPont Polyäthylen, eine Kunststoffform, bei der es sich ursprünglich um ein Abfallprodukt der Erdölchemie handelte. Bis zu diesem Zeitpunkt lediglich im Rahmen der Kriegsproduktion verwendet, soll der Werkstoff nun zur Fertigung von Produkten für den wachsenden Konsumgütermarkt eingesetzt werden. Tatsächlich gelingt es Tupper nach monatelangen Versuchen, „Poly-T" – wie er Polyäthylen schlicht nannte – in Granulatform zu fertigen, das anschließend mittels Spritzgusstechnik zu langlebigen und hochwertigen Kunststoffprodukten geformt werden kann. Damit schuf der Erfinder die Basis zur Erschließung der Möglichkeiten des neuen Kunststoffs in den zukunftsträchtigen Bereichen Küche und Haushalt. Doch die Grenzen seiner Kreativität sind noch lange nicht erreicht. Nach dem Prinzip des Deckels von Farbbehältern entwirft Tupper für seine Aufbewahrungsgefäße den „Tupper Seal", einen neuartigen Verschluss mit luft- und wasserundurchlässiger Dichtung, den er kurze Zeit später patentieren lässt. Von nun an können Lebensmittel in Kunststoffschüsseln konserviert und länger frisch gehalten werden, ein Austreten von Flüssigkeiten wird komplett verhindert. Mit diesen beiden revolutionären Innovationen legt er den Grundstein für die beispielhafte Erfolgsgeschichte seiner Tupperware.

Aller Anfang ist schwer

Nach verschiedenen Kunststoffbehältnissen bringt Earl Tupper im Jahr 1946 seine große Erfindung in vollendeter Form auf den Markt: die „Wunderschüssel". Als erstes klassisches Tupperware-Produkt zum Aufbewahren und Frischhalten sollte sie zum Symbol des weltweiten Tupperware-Erfolges werden und kann heute wahrlich als Produkt-Ikone bezeichnet werden. Noch persönlich von Tupper gestaltet, ist ihre Form seit über 60 Jahren nahezu unverändert geblieben. Im Original-Design erfreut sie sich nach wie vor großer Beliebtheit und ist eines der meistverkauften Teile der Tupperware-Palette. Das qualitativ hochwertige Aufbewahrungsgefäß zeichnet sich durch eine Reihe praktischer Merkmale aus, die in der Mitte des letzten Jahrhunderts neuartig sind: Das Gewicht ist viel geringer als das traditioneller Konservierungsbehälter aus Glas, Keramik oder Metall. Darüber

*In the year 1946, Tupper launches his iconic plastic products on the market. Thanks to their air- and liquid-tight seal they hold food fresh for longer. (left side)*

*Tupper's personal design has remained virtually unchanged for over 60 years. The Wonderlier bowls count among the biggest selling products in the Tupperware range. (left)*

*E.V. (Rick) Goings, Chairman and Chief Executive Officer of Tupperware Brands Corporation since 1997. (right)*

*Im Jahr 1946 bringt Tupper die Produkt-Ikone aus Kunststoff mit luft- und wasserundurchlässiger Dichtung auf den Markt, dank derer Lebensmittel länger frisch gehalten werden können. (linke Seite)*

*Das von Tupper persönlich gestaltete Design ist seit über 60 Jahren nahezu unverändert geblieben, die Wunderschüssel zählt zu den meistverkauften Produkten der Tupperware-Palette. (links)*

*E.V. (Rick) Goings, seit 1997 Chairman and Chief Executive Officer der Tupperware Brands Corporation. (rechts)*

*from left to right*
*von links nach rechts:*
1. Kitchen Preparation Tools
2. 2 Qt. Pitcher & Creamer
3. BTB Citrus Wonder
4. Crystalwave

*Susan Perkins (design team Orlando) (left)*
*Favourite product / Lieblingsprodukt:*
*Kitchen Preparation Tools (1)*

"The positive upbeat colours, the perfect ergonomic form of the handle motivates me to search them out when cooking. They are the only kitchen tools I possess."
„Die erfrischend fröhlichen Farben, die perfekte ergonomische Formgebung des Griffes machen die ‚Kitchen Preparation Tools' für mich zur ersten Wahl beim Kochen. Sie sind die einzigen Küchenwerkzeuge, die ich besitze."

*Rui Yuan Chen (design team Orlando) (right)*
*Favourite product / Lieblingsprodukt:*
*2 Qt. Pitcher & Creamer (2)*

"Simple, timeless with a hint of playfulness."
„Ich liebe das Design der Produkte, weil die Gestaltung schlicht, zeitlos und trotzdem ein bisschen verspielt ist."

### Let's have a Party – a Tupperware party

At the end of the 1940's, Brownie Wise was brought to the attention of Tupper. The sales representative – who later became the first-ever woman to make the cover of "Business Week" – was returning excellent sales of the household products thanks to her ground-breaking method of direct selling, presenting the products to customers in the comfort of their own homes. At the time she was arguably just as innovative with her party selling system as Tupper was with his product design. Tupper was reminded of his own success marketing the agricultural products from his parent's farm. He met Brownie Wise, and together they conceived the home sales of the Tupperware product portfolio. Ever since the concept was introduced in the year 1949, Tupperware has been widely regarded as the pioneer of direct selling. The new sales channel quickly proved to be so efficient for Tupperware; a product that required some explanation to sell it, that Tupper decided to withdraw his products entirely from retail sales. From 1951 onwards, Tupperware products could only be purchased during such home demonstrations, a principle that soon established itself as an integral element of the company's philosophy. Tupperware parties evolved to become a special phenomenon in their own right. On average a Tupperware party begins somewhere every 2.5 seconds. It is not surprising that home sales are still the most important sales channel for the company, accounting for over 90 per cent of its sales. The marketing concept is one of the most successful in the world and set an example for numerous other direct marketers to follow. Everybody involved can profit from this sales channel. During the war years, women were forced to perform the jobs of men, but once the men returned from the war the women were expected to adopt a new social position. They had to drop their careers and return their attention to their families and organising the household. For many housewives in 1950s post-war America, the sales events and presentations offered a welcome diversion from the monotony of daily life and they quickly became a special kind of social event. Those that wanted to flout the prevailing social

hinaus hat Kunststoff den Vorteil, dass er langlebig, geruchsneutral und absolut hygienisch ist. Die amerikanische Hausfrauenzeitschrift „House Beautiful" gerät bezüglich Haptik und Optik der Schalen aus dem neuen Werkstoff geradezu ins Schwärmen: „Es fühlt sich an wie Jade, aber zugleich erinnert es an Alabaster und Perlmutt. [...] Darüber hinaus besitzen die Schalen ein ebenso gutes Aussehen wie eine Skulptur."
Obwohl die Kunststoffprodukte von Kennern als wahre Revolution betrachtet werden, will sich der angestrebte Verkaufserfolg nicht einstellen. Zu den vorherrschenden Vorurteilen in der breiten Bevölkerung gegenüber diesem Werkstoff kommt, dass die Hausfrauen der damaligen Zeit mit den patentierten Neuentwürfen nicht sachgerecht umgehen können. Das Vorhaben, seine hochwertigen Produktinnovationen gewinnbringend zu vermarkten, gestaltet sich für Tupper äußerst schwierig. Mit einer besonderen Marketingstrategie – für die das Unternehmen Tupperware heute ebenso bekannt ist wie für seine Produkte – gelingt es ihm letztendlich doch, das Material als Universal-Werkstoff für Küche und Haushalt zu etablieren.

### Let's have a (Tupper-)Party

Ende der 1940er Jahre wird Tupper auf Brownie Wise aufmerksam. Die Vertriebshändlerin – die es später als erste Frau auf das Titelblatt der „Business Week" schaffen sollte – erzielt dank ihrer bahnbrechenden Direktvertriebsmethode hervorragende Umsätze mit Haushaltsprodukten, die sie den Kunden persönlich zu Hause vorführt. Mit ihrer Vertriebsstrategie ist sie damals ebenso innovativ wie Tupper mit seinem Produkt-Design. An seinen eigenen Erfolg als junger Vertriebshändler der elterlichen landwirtschaftlichen Produkte erinnert, trifft sich Tupper mit ihr, um einen Heimverkauf des Tupperware-Produktprogramms zu konzipieren. Seit der Einführung des ausgearbeiteten Konzepts im Jahr 1949 gilt Tupperware als einer der Pioniere der Direktver-

conventions and contribute financially to the well-being of their families found an opportunity to act as a sales representative, selling the company's goods. Brownie Wise succeeded at winning and training thousands of consultants who in turn recruited new sales representatives at their own Tupperware parties. An army of a slightly different kind swept through the new suburbs in the land of unbounded opportunity: the "Tupperware ladies". From the company's perspective, this army of sales reps ensured that the special features, functions and workings of Tupperware products, which were not always evident at first glance, were explained professionally and thus properly appreciated by the customers. At the same time, the company was able to cancel practically its entire budget for traditional advertising because word of mouth proved to be the best and most effective mode of advertising. Relying solely on the strength of its virtues and that the word would be spread by its customers, Tupperware products found their way into kitchens all over the world, without any advertising expenditure. Furthermore, Tupperware party guests were given the opportunity to suggest improvements and express their wishes and as a result, customers' new ideas and needs could be identified and addressed promptly.

## Tupperware without Tupper

In 1958, precisely 20 years after the Earl S. Tupper Company was founded, Tupper decided to sell his extraordinary empire to Rexall Drug and Chemical Company. The popularity of Tupperware has not waned since Tupper left the company. One by one, new markets were opened up around the globe and the triumphant march of the plastic products has continued to spread to all continents. Today, more than three quarters of the revenues are generated abroad, with Germany evolving to become one of the most important markets since the products were first introduced at the beginning of the 1960s. In 1996, the company went public and has successively pursued a modernisation strategy under its current Chairman and CEO, Rick Goings, aimed at securing the success of the business in future.

triebsmethode. Rasch erweist sich dieser Vertriebsweg als so effizient, dass sich Tupper entschließt, seine Produkte gänzlich aus dem Einzelhandel zurückzuziehen. Stattdessen können sie ab 1951 nur noch im Rahmen der Heimvorführungen erworben werden – ein Prinzip, das sich als Teil der Firmenphilosophie etablieren und zu einem Phänomen der besonderen Art entwickeln sollte. Durchschnittlich alle 2,5 Sekunden wird irgendwo auf dieser Welt der Auftakt zu einer Tupperparty gemacht, da ist es nicht überraschend, dass die Heimvorführungen nach wie vor mit über 90 Prozent der Erlöse den wichtigsten Umsatzträger des Unternehmens darstellen. Das Vertriebskonzept zählt zu den erfolgreichsten der Welt und fungierte als Vorbild für zahlreiche andere Direktvertriebsunternehmen.

Jede der beteiligten Parteien kann aus dieser Vertriebsmethode profitieren. Mussten Frauen während der Kriegsjahre die wirtschaftlichen Posten der Soldaten in ihrem Heimatland ausfüllen, erfuhren sie nach deren Rückkehr eine neue gesellschaftliche Positionierung. Sie waren gezwungen, ihre berufliche Tätigkeit aufzugeben und sich stattdessen der Versorgung ihrer Familien und der Organisation ihres Heims zu verschreiben. Für die Hausfrauen der 1950er Jahre des Nachkriegsamerikas entwickelt sich die Präsentations- und Verkaufsveranstaltung als willkommene Abwechslung vom eher eintönigen Alltag schnell zu einem besonderen sozialen Ereignis. Denjenigen, die sich den nun herrschenden gesellschaftlichen Konventionen widersetzen und finanziell zum Unterhalt der Familie beitragen wollen, bietet sich die Möglichkeit, selbst als Beraterin für das Unternehmen tätig zu werden. Brownie Wise gelingt es, Tausende von Tupperware-Beraterinnen anzuwerben und auszubilden, die ihrerseits auf den Tupperpartys neue Vertriebsrepräsentantinnen rekrutieren. Eine Armee der etwas anderen Art eroberte die neu entstandenen Vororte im Land der unbegrenzten Möglichkeiten: die „Tupper-Ladies".

Von Unternehmensseite wird nun gewährleistet, dass die – mitunter nicht auf den ersten Blick zu erschließenden –

*Famia Ablo (design team Orlando) (left)*
*Favourite product / Lieblingsprodukt:*
*BTB Citrus Wonder (3)*

"I love this product as simple shapes with clean lines indicate the use of the product."
„Ich liebe dieses Produkt, weil die einfachen Formen und klaren Linien auf seine Nutzung hindeuten."

*Stacey Main (design team Orlando) (right)*
*Favourite product / Lieblingsprodukt:*
*Crystalwave (4)*

"Simple shapes and bright colours are what mark these products. The venting cap is visually accented to remind the user to 'pop' it open before reheating food."
„Schlichte Formen und helle, fröhliche Farben zeichnen dieses Produkt aus. Ein besonderes Detail ist der Luftauslass, der optisch heraussticht, damit der Benutzer nicht vergisst, ihn vor dem Erwärmen zu öffnen."

*Throughout the entire design process the design teams in Aalst and Orlando work closely together with the other departments in the company, such as development and production as well as the regional and international marketing teams.*

*Material + design = functionality + value in use. Before Tupperware leaves the company it is thoroughly tested for quality in the test laboratory.*

*Die Designteams in Aalst und Orlando arbeiten während des gesamten Designprozesses eng mit anderen Abteilungen im Unternehmen zusammen – dazu gehören der Entwicklungs- und Fertigungsbereich sowie regionale und internationale Marketingteams.*

*Material + Design = Funktionalität + Gebrauchswert. Bevor die Tupperware das Unternehmen verlässt, wird die Qualität aller Produkte in Testlabors eingehend geprüft.*

### Designed by Tupperware

The "burping" Wonderlier bowl signalled the start of a seemingly endless row of product innovations, which, taken together, introduced a new kitchen culture and way of life. With his design, Earl Tupper made a significant contribution to the ideal of an optimally functioning and systematically organised kitchen. With an eye for maximising functionality, he operated under the philosophy that the kitchen should be an economically designed practical space that could be used as effectively as possible, as exemplified by the architect Margarete Schütte-Lihotzky in her "Frankfurt kitchen concept" from 1926. To this end, purposeful and efficiently stacked storage systems were needed, such as the cubic jars that had already been manufactured by Wilhelm Wagenfeld in the 1930s. With his plastic version, rather than Jena glass, Tupper ushered in a new era, and plastic quickly found its way throughout the entire household. From the beginning, Tupperware featured a number of characteristics which still apply to each of the products today: perfect quality, extraordinary longevity, optimal functionality, and timeless design. Tupper was true to his reputation for being a perfectionist for all the years he was at the company. He made sure that all steps in the production were monitored strictly and controlled minutely, demanding the highest quality controls at all times. As a result, he was able to issue a lifelong guarantee on his goods, a high risk when one considers that the robustness and resilience of the majority of the products were put to the test daily and continued to be passed down even over several generations. The products' popularity is a tribute to their longevity and their design. Tupperware has always had visual appeal. The product is a manifestation of the principle "form follows function": always functional in use, the products are simultaneously characterised by clear lines and a no-frills form. Consequently, their reserved external design remains true to the Bauhaus tradition. Tupper design is not noted for radicalism. Rather it remains understated, able to match any design trend in the kitchen. Tupperware features, in spite of conscious and thoroughly thought-through design, great versatility. It allows a wide variety of uses and functionality which leave it up to the user to make their own personal decisions. The same type of Tupperware container can be used by kindergarten kids for their morning tea and by school kids for holding their pens. The same holds true for housewives keeping their salad fresh in the same type of container that doctors might use to transport organs ready for transplanting. Even though Tupperware containers are a product of industrial mass production, their use is individual, chosen by each respective user.

Besonderheiten und Funktionsweisen der Tupperware-Produkte durch die Beraterinnen sachgemäß erläutert und von den Kundinnen infolgedessen wertgeschätzt werden. Gleichzeitig kann das Unternehmen auf die Ausgabe von finanziellen Mitteln für klassische Werbemaßnahmen nahezu verzichten – die Mund-zu-Mund-Propaganda ist der beste und wirksamste Werbefaktor. Frei nach dem Motto „Tue Gutes und lass andere darüber reden" erobern die Tupperware-Produkte auf diese Weise auch ohne Werbeetat die Küchen dieser Welt. Und durch den Appell an alle Tupperparty-Gäste, Verbesserungsvorschläge und Produktwünsche stets zu äußern, können Anregungen und Wünsche der Kundinnen auf diesem Weg erfasst und umgesetzt werden.

### Tupperware ohne Tupper

1958, genau 20 Jahre nach Gründung der Earl S. Tupper Company entschließt sich Tupper zum Verkauf seines außergewöhnlichen Imperiums an die Rexall Drug and Chemical Company. Die Beliebtheit der Tupperware reißt nicht ab, nach und nach werden neue Märkte rund um den Globus erschlossen, setzt sich der Siegeszug der Kunststoffprodukte auf allen Kontinenten fort. Mehr als drei Viertel der Einnahmen stammen mittlerweile aus Übersee, wobei Deutschland seit der Produkteinführung Anfang der 1960er Jahre zu den wichtigsten Märkten zählt. Im Jahr 1996 schließlich erfolgt der Gang an die Börse und seither setzt das Management um Rick Goings, Chairman und CEO, sukzessive eine Modernisierungsstrategie um, die den wirtschaftlichen Erfolg auch weiterhin garantieren soll.

### Design made by Tupperware

Die „seufzende" Wunderschüssel bildete den Auftakt zu einer unendlichen Reihe von Produktinnovationen, die in ihrer Gesamtheit eine neue Küchenkultur und Lebensform prägten. Earl Tupper leistete mit seinem Design einen Beitrag zum Ideal der optimal funktionierenden und systematisch geordneten Küche: Im Hinblick auf höchste Funktionalität der Behälter orientierte er sich an der Philosophie der effektiv zu nutzenden Küche als eines unter praktischen Gesichtspunkten gestalteten Wirtschaftsraums, wie ihn etwa die Architektin Margarete Schütte-Lihotzky mit ihrem Konzept der „Frankfurter Küche" schon 1926 verwirklichte. Hier waren zweckmäßige Aufbewahrungssysteme gefordert, eine stapelbare Ordnung, die in den Küchen bereits seit den 1930er Jahren beispielsweise durch das Kubusgeschirr Wilhelm Wagenfelds

*Judicaël Cornu (design team Aalst)*
*Favourite product / Lieblingsprodukt:*
*Allegra Line*

"A timeless product with generous and elegant lines. Functionally, it pays homage to the first Tupperware products, a simple bowl with an air- and liquid-tight lid whose form is surprising, in spite of its sober appearance."

„Ein zeitloses Produkt mit großzügigen und eleganten Linien. In funktioneller Hinsicht eine Hommage an die ersten Tupperware-Produkte: eine schlichte Schüssel mit einem dicht schließenden Deckel, die trotz nüchterner Formgebung überrascht."

*Christian Olivari (design team Orlando) (left)*
Favourite product / Lieblingsprodukt:
M-Series Knives (1)

"These knives are made of one single material yet their design is original, streamlined and extremely ergonomic, aesthetically appealing and contemporary."
„Diese Messer bestehen aus einem einzigen Material – gleichzeitig ist ihr Design sehr originell: aerodynamisch und extrem ergonomisch, überaus ästhetisch und zeitgemäß."

*Vincent Jalet (design team Aalst) (right)*
Favourite product / Lieblingsprodukt:
Freezer Square Rounds etched (2)

"A true classic from the 1950s, manufactured using modern methods: nano-technology improves their stain resistance. Multifunctionality par excellence! I use them both for storing my leftovers and to transport my precious camera lenses and keep them free of dust, humidity or rain."
„Ein wahrer Klassiker aus den 1950er Jahren, hergestellt durch moderne Fertigungsverfahren: Eine nanotechnologische Behandlung verhindert Verfärbungen des Kunststoffs. Multifunktionalität par excellence: Ich benutze sie sowohl für Essensreste als auch zum Transport meiner Kamera-Objektive, die so vor Staub, Feuchtigkeit oder Regen geschützt sind."

Driven by his inventiveness, Tupper drew up the design of all new product ideas personally for a long time. Some years after the company was sold and also with regard to the expansion into international markets, Bob Daenen, a Belgian, took the reins as the leading product designer for Europe, Africa and the Middle East. During his service for the company, which lasted almost 40 years, he designed hundreds of Tupperware products. As a result, he was awarded a number of international design prizes and finally lent his name to the Bob Daenen Design Center in Orlando. From 1990 on, the successful industrial designer Morison Cousins refreshened the Tupperware design by creating new forms and choosing modern colours.
Currently, Susan Perkins, Vice President Global Design, oversees the work performed by the company's own eight-strong multinational design team based in Orlando, Florida, and Aalst, Belgium. The individual projects are allocated to the employees on the basis of their expertise and what they bring to the job. A tribute must still be paid to Tupper's design heritage in that the traditional design principles of the company must be followed. The results are still honoured today by numerous design institutes all over the world.
Colour selection plays an important role in the design process. The company has developed a clearly defined colour strategy which considers the cultural preferences of the consumers on each respective market. A special team of colour experts advises the designers on the colours for their products. Close cooperation between the eight product designers over the entire course of the design process also involves interfacing with other sectors in the company, such as development and production as well as

hergestellt werden konnte. Mit seiner Version aus Kunststoff statt Jenaer Glas läutete Tupper eine neue Ära ein, hielt ein neuer Werkstoff Einzug in den gesamten Haushalt. Von Anbeginn an zeichnete sich Tupperware durch eine Reihe von Eigenschaften aus, die auch heute noch für jedes der Produkte gelten: vollkommene Qualität, außergewöhnliche Langlebigkeit, optimale Funktionalität, zeitloses Design. Seinem Ruf als Perfektionist wurde Tupper über all die Jahre gerecht, er ließ sämtliche Fertigungsschritte penibel überwachen und forderte strikteste Qualitätskontrollen. Vor diesem Hintergrund konnte er für seine Waren eine lebenslange Garantie versprechen – ein hohes Risiko, wenn man bedenkt, dass die Tupperware-Produkte ihre Robustheit und Unverwüstlichkeit tagtäglich erneut unter Beweis stellen müssen und mitunter über mehrere Generationen weitervererbt werden. Dass ein solcher Nachlass möglich ist, verdanken die Produkte jedoch nicht nur ihrer Langlebigkeit, sondern ebenso ihrem Design, denn bei Tupperware isst das Auge schon lange mit. Hier findet der Leitsatz „form follows function" nach wie vor konsequente Umsetzung. Stets höchst funktional im Gebrauch, sind die Produkte gleichzeitig geprägt von klaren Linien sowie schnörkellosen Formen und damit – in Bauhaus-Tradition – tendenziell von zurückhaltender äußerer Gestalt. Tupper-Design fällt nicht durch übermütige Entwürfe auf, sondern hält sich dezent im Hintergrund, um sich dem Einrichtungsstil jeder Küche anzupassen. Nicht zuletzt zeichnet sich Tupperware – trotz bewusster und höchst durchdachter Gestaltung – durch eine Vielseitigkeit der Einsatz- und Verwendungsmöglichkeiten aus, eine Multifunktionalität, die dem Benutzer somit Raum für persönliche Entscheidungen bezüglich der individuellen Nutzung gibt. Da wird der gleiche Tupperware-Behälter von Kindergartenkindern für die Pausenmahlzeit und von Schulkindern für Schreibutensilien benutzt, dort hält die Hausfrau in der gleichen Tupperschüssel ihren Salat frisch, in der Ärzte Transplantationsorgane transportieren. Obwohl die Objekte aus industrieller Massenproduktion stammen, wird vom jeweiligen Produktbenutzer auf diese Weise eine Individualisierung im Gebrauch vorgenommen.
Getrieben von permanentem Erfindergeist entwarf Tupper das Design aller neuen Produktideen lange Zeit persönlich. Einige Jahre nach dem Verkauf der Firma und im Zusammenhang mit der Expansion auf internationalen Märkten übernahm der Belgier Bob Daenen als leitender Produktdesigner die

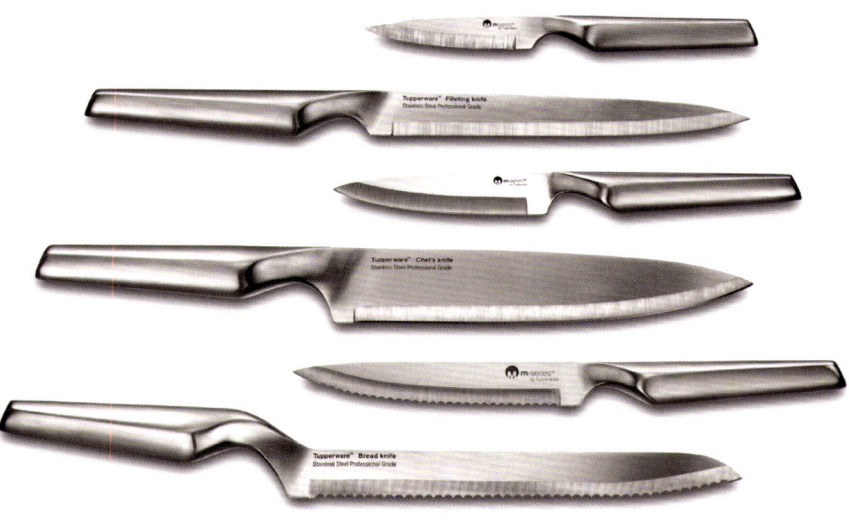

the regional and international marketing teams. In this way, original ideas can arise, mature and be realised. Approximately 100 innovations are brought to market each year worldwide. In addition to observing the ultimate credo that combines functionality and aesthetically pleasing design, an additional reason for the immense success of Tupperware design lies in the rapid tailoring of the product offerings to the latest needs of the consumer market, in terms of both time and space. The proximity to customers afforded by the Tupperware party direct selling concept and its intensive research and development work in the field of new materials has enabled the company to react immediately to new social and cultural trends. The product portfolio has been continuously expanded over recent decades due to the fact that the development of product innovations remains one of the most important pillars for the success of the American company. The Tupperware portfolio has not only changed over the course of time but has also been adapted to local circumstances in different cultures, each with their own different lifestyles and needs. Whereas the portfolio marketed in America includes series for microwave ovens, in Malaysia a convenient rice dispenser is sold that stores this staple food hygienically. Nevertheless, there is evidently a growing fusion of international markets in the wake of mass media and globalisation and the ensuing similarity in customer needs. Last year, 75 per cent of all Tupperware products were identical between the various national markets. Only the product mix was compiled specifically for each market, a clear indication that the company understands how to develop a universal global design language.

Designvorherrschaft für Europa, Afrika und den Mittleren Osten. Während seiner fast 40-jährigen Tätigkeit gab er Hunderten von Tupperware-Produkten eine Form. Dafür erhielt er eine Vielzahl internationaler Designpreise und wurde 2002 zum Namensgeber des hauseigenen Design-Centers in Orlando, dem „Bob Daenen Design Center". Ab 1990 frischte der erfolgreiche Produktdesigner Morison Cousins das Tupperware-Design auf, indem er neue Formen schuf und moderne Farben wählte.

Heute wacht Susan Perkins, Vice President Global Design, über die Arbeit des achtköpfigen, multinationalen Designteams in Orlando, Florida, und Aalst, Belgien. Die einzelnen Projekte werden den Mitarbeitern je nach Expertise und Voraussetzungen zugeteilt. Nach wie vor zollt man Tuppers Designerbe Tribut, indem die traditionellen Designprinzipien des Unternehmens umgesetzt werden, und nach wie vor wird diese Leistung von Designinstitutionen auf allen Kontinenten ausgezeichnet.

Eine wichtige Rolle im Designprozess spielt der Aspekt der Farbwahl. Das Unternehmen hat eine klar definierte Farbstrategie entwickelt, die die Präferenzen der Verbraucher eines Marktes vor dem Hintergrund ihrer kulturellen Herkunft berücksichtigt. Ein spezielles Team von Farbexperten berät die Designer daher hinsichtlich der Farbgebung ihrer Produkte. Eine enge Zusammenarbeit der acht Industriedesigner während des gesamten Designprozesses erfolgt auch an anderen Schnittstellen im Unternehmen, etwa im Entwicklungs- und Fertigungsbereich sowie mit regionalen und internationalen Marketingteams. Auf diese Weise können originelle Ideen entstehen, reifen und umgesetzt und insgesamt rund 100 Innovationen pro Jahr auf den Märkten weltweit eingeführt werden.

Neben der Einhaltung des obersten Credos der Kombination aus Funktionalität und ästhetisch ansprechender Gestalt mag ein weiterer Grund für den immensen Erfolg des Tupperware-Designs in einer Anpassung des Angebots an aktuelle Bedürfnisse des jeweiligen Verbrauchermarkts liegen – sowohl in zeitlicher als auch in räumlicher Hinsicht. Durch die unmittelbare Nähe zum Kunden dank des Vertriebs der Produkte im Rahmen der Tupperpartys und durch intensive Forschungs- und Entwicklungsarbeit im Bereich neuer Werkstoffe und Materialien war das Unternehmen zu jeder Zeit in der Lage, unmittelbar auf neue soziale und kulturelle Entwicklungen zu reagieren. So wurde die Produktpalette im Laufe der Jahr-

Jan-Hendrik de Groote (design team Aalst) (left)
Favourite product / Lieblingsprodukt:
Baseline Canisters (3)

"This liquid-tight storage container is extremely functional and organises the space in drawers and cupboards very efficiently. A simple and very appealing design."
„Das wasserdichte Aufbewahrungssystem ist höchst funktionell, Schubladen und Schränke können platzsparend organisiert werden. Das Design ist schlicht und äußerst ansprechend."

Simone Pallotto (design team Aalst) (right)
Favourite product / Lieblingsprodukt:
Ergologics™ Ice Cream Scoop (4)

"This product fascinates me. The sinuous lines give it a very pleasing appearance. The large soft grip is very ergonomic. The product combines the quintessence of Tupperware: quality and sturdiness."
„Dieses Produkt fasziniert mich: die wellenförmigen Linien ergeben eine ansprechende Gestalt, der große weiche Griff ist höchst ergonomisch. Das Produkt vereint zwei wesentliche Ansprüche an Tupperware: Qualität und Langlebigkeit."

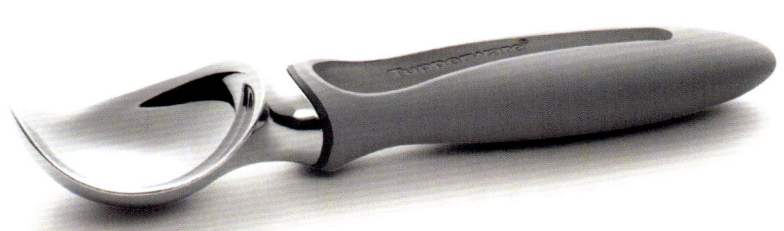

from left to right
von links nach rechts:
1. M-Series Knives
2. Freezer Square Rounds etched
3. Baseline Canisters
4. Ergologics™ Ice Cream Scoop

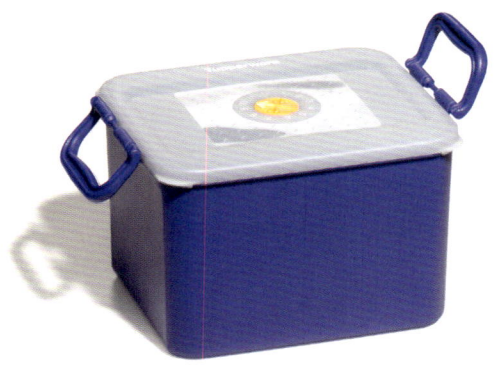

*Other countries, other customs. The Tupperware product range is harmonised to match local needs: Kimchi Keeper 7L (sold in Korea), Super Chest Mini and Super Chest Wide (sold in Japan).*

*Andere Länder, andere Sitten – die Tupperware-Produktpalette wird jeweils auf lokale Bedürfnisse abgestimmt: Kimchi Keeper 7L (Vertrieb in Korea), Super Chest Mini and Super Chest Wide (Vertrieb in Japan).*

### New strategies for a new millennium

Such tailoring of the portfolio to match the respective local circumstances is not limited to just the products. A comprehensive modernisation strategy was developed for the entire company in the middle of the 1990s to address the latest challenges. This strategy will be brought to fulfilment shortly. In this regard, Chairman and CEO Goings does not believe that the impact of the global economic crisis on the labour market will heavily impact Tupperware. Each time that unemployment rises slightly, some of those who have lost their jobs turn their attention to direct selling to earn a living. At such times, it is easier to recruit new Tupperware sales consultants and this is where an important element of the company's success lies. The legendary Tupperware party has had a makeover to fit modern times. Nowadays the parties are often held in offices for career women or have an added glam factor when stars are invited along. Moreover, the company intends to continue to enter new markets and attract a younger audience. Design plays an ever-important role. Whereas earlier generations were won over by the extraordinary innovative strengths of the Tupperware family of products and the consideration that has gone into the products and their usefulness, the market for kitchen utensils is nowadays slowly becoming saturated, not least due to the numerous Tupperware imitations on the market. A new definition of the role of design and, in particular, the colour schemes, is aimed at winning the younger generation and carrying on the success enjoyed over the last sixty years.

For a long time now, Tupperware has been more than a superior storage solution for culinary delights. Tupperware is a phenomenon whose numerous attributes are hard to pin down: the advance guard for the march of plastic into the household, a convenience product of another kind, a social event, the establishment of a new way of life, something you buy for a lifetime. And always true to the motto that form follows function, Tupperware products perfectly manifest a formal language that does justice to the material and yet is simultaneously aesthetic while never losing sight of the underlying usefulness of the product. By developing the brand's own product and design identity, the Tupperware group will continue to produce extraordinary product innovations and remain the benchmark for competitors to emulate.

*"Sophisticated simplicity is the key to Tupperware's timeless design."*
*Susan Perkins, Vice President Global Design, Tupperware Brands Corporation*

*„Eine raffinierte Schlichtheit prägt die zeitlose Gestaltung von Tupperware."*
*Susan Perkins, Vice President Global Design, Tupperware Brands Corporation*

zehnte kontinuierlich erweitert, denn die Entwicklung neuer Produktinnovationen war, ist und bleibt einer der wichtigsten Pfeiler des amerikanischen Unternehmens. Verändert wurde das Angebot nicht nur mit dem Wandel der Zeit – auch auf lokale Gegebenheiten in verschiedenen Kulturen mit unterschiedlichen Lebensstilen und Bedürfnissen wird die Tupperware abgestimmt. Während in Amerika Geschirrserien für Mikrowellengeräte vertrieben werden, kann man in Malaysia einen „Reisspender" aus Kunststoff erwerben, der eine hygienische Aufbewahrung des Grundnahrungsmittels ermöglicht. Trotzdem bewirkt ein Zusammenwachsen der Kontinente durch weltweite Massenmedien und die Globalisierung der Märkte eine gewisse Angleichung der Verbraucherwünsche. Im letzten Jahr waren 75 Prozent der Tupperware-Erzeugnisse in den einzelnen Ländern identisch, lediglich der Produkt-Mix wurde spezifisch zusammengestellt – der beste Beweis dafür, dass es der Konzern versteht, universelles und globales Design zu konzipieren.

### Neue Strategien für ein neues Jahrtausend

Eine Anpassung an neue Gegebenheiten erfolgte jedoch nicht ausschließlich auf der Warenebene, auch für das Gesamtunternehmen wurde Mitte der 1990er Jahre angesichts aktueller Herausforderungen eine umfassende Modernisierungsstrategie ausgearbeitet, deren Umsetzung in nächster Zukunft abgeschlossen sein soll. Die Folgen der Weltwirtschaftskrise für den Arbeitsmarkt schätzt Chairman und CEO Goings in diesem Zusammenhang als nicht allzu problematisch ein. Immer wenn die Arbeitslosigkeit leicht ansteige, wichen etliche entlassene Arbeitnehmer auf einen Verdienst durch Direktvertriebstätigkeit aus. In diesem Fall sei die Rekrutierung neuer Tupperware-Beraterinnen leichter, und diese machten einen wichtigen Teil des Unternehmenserfolgs aus. Die legendäre Tupperparty wurde mittlerweile modernisiert und an den Zeitgeist angepasst. Sie findet heute für berufstätige Frauen auch in Büros statt oder bekommt mitunter Glamour-Charakter, indem sie mit angesagten Stars gefeiert wird. Auch weiterhin will das Unternehmen neue Produktbereiche erschließen und jüngere Zielgruppen ansprechen. Für diese spielt Design eine immer wichtigere Rolle. Während Großmütter und Mütter allein über die außergewöhnliche Innovationskraft des Hauses Tupper, über die Durchdachtheit und den hohen Gebrauchswert der Produkte staunten, erreicht der Markt der Küchenutensilien – nicht zuletzt durch zahlreiche Tupperware-Nachahmer – eine zunehmende Sättigung. Mittels einer neuen Definition der Rolle von Design und insbesondere der farblichen Gestaltung soll die junge Generation in gleichem Maße angesprochen und so an den Erfolg der letzten 60 Jahre angeknüpft werden.

Schon lange ist Tupperware nicht mehr nur Luxusbleibe für Lukullisches. Tupperware ist ein Phänomen, dessen zahlreiche Facetten sich schwer fassen lassen: Vorreiter für Kunststoff im Haushalt, „Convenience-Produkt" der etwas anderen Art, soziales Event, Schaffung einer neuen Lebensform, Anschaffung fürs Leben. Und immer wieder die vollkommene Verkörperung des Anspruchs „form follows function", die aus einer materialgerechten und gleichzeitig ästhetischen Formgebung, stets unter Berücksichtigung des Gebrauchswertes, resultiert. Durch ein kontinuierliches Festhalten an der eigenen Produkt- und Design-Identität wird der Konzern Tupperware als Global Player auch künftig auf außergewöhnliche Produktinnovationen setzen und auf diese Weise Formvorbild für alle seine Wettbewerber bleiben.

# red dot: best of the best
## The best products of their category

# red dot: best of the best
## Die besten Produkte ihrer Kategorie

These products are unique and new. They will essentially influence our living environment in the future. They are leading in their respective categories, and they will set standards: The jury of the red dot design award decides on the best products of our time from 17 different groups and awards them the "red dot: best of the best". This year the red dot jury has selected altogether 49 products to receive the coveted award. Of these, 23 products will be presented on the following pages. They are the expression of a new global lifestyle – products that embellish and enrich our lives in many respects.

Diese Produkte sind einzigartig und neu, und sie werden künftig unsere Lebenswelt entscheidend prägen. Sie setzen Maßstäbe und sind führend in ihrer Kategorie: Aus 17 verschiedenen Bereichen ermittelt die Jury des red dot design award die besten Produkte unserer Zeit, indem sie ihnen die Auszeichnung „red dot: best of the best" verleiht. In diesem Jahr wurde die begehrte Auszeichnung von der red dot-Jury insgesamt 49-mal verliehen. Auf den folgenden Seiten werden 23 dieser Produkte vorgestellt. Sie sind der Ausdruck eines neuen globalen Lifestyles – Produkte, die unser Leben in vielerlei Hinsicht verschönern und bereichern.

### MYchair Lounge Chair

Walter Knoll AG & Co.KG, Herrenberg, Germany / Deutschland
Design: UNStudio/Ben van Berkel, Amsterdam, NL
www.walterknoll.de

**Interplay – design for the zeitgeist**
The emergence of new things eludes any kind of definition, since the human creativity at work is as multifaceted as the individuals who develop these new things. Philosophers from antiquity on have always sought to explain and trace the processes of creative thinking, until in the 1960s, the research scientist Edward de Bono introduced the term "lateral thinking". A little later, playful probing, or free association, was defined as an essential element of creativity. However, creativity is always also an expression embedded in time, an activity aimed at breaking new ground and offering new perspectives on things. With the MYchair, the UNStudio/Ben van Berkel design team, which is known for many impressive designs, managed to create a highly contemporary, distinctive and exciting interpretation of a lounge chair that corresponds to the zeitgeist. MYchair is sweeping and expressive, it aims to be "quirky" and provocative in shape – like a sculpture in space, it boldly underscores the individuality of its owner. What is interesting about this chair is how it plays with angles and our viewing habits: slanting, rounded and straight areas give way to each other, while the upholstery too traces and alternates between convex and concave shapes. This impressive interplay of geometric forms is matched by the choice of colours: the base, seat and back combine intense colours such as red and black to create dynamic duets. Multifunctional and well thought-out, the MYchair invites users to read, to chill and comfortably relax – like the fluidity of its lines, the lounge chair is able to adapt just as easily to different interiors and lifestyles.

**Wechselspiel – Design für den Zeitgeist**
Die Entstehung des Neuen entzieht sich jeglicher Definition, denn die menschliche Kreativität ist so vielschichtig wie auch die Persönlichkeiten, die sie hervorbringen. Schon in der Antike suchte man nach Erklärungen, um kreative Denkprozesse nachzuvollziehen und in den 1960er Jahren trat mit dem Forscher Edward de Bono der Begriff des „Querdenkens" (lateral thinking) auf den Plan. Später wurde das spielerische Ausprobieren, das freie Gedankenspiel, als ein wesentliches Element der Kreativität bestimmt. Kreativität ist jedoch auch immer ein zeitlicher Ausdruck, es geht um das Beschreiten neuer Wege und eine neue Sichtweise auf die Dinge. Mit dem Sessel MYchair gelingt dem für seine imposanten Entwürfe bekannten holländischen Designteam UNStudio/Ben van Berkel eine überaus zeitgemäße, prägnante und spannende Interpretation eines Sessels, der ganz dem Zeitgeist entspricht. MYchair ist schwungvoll und expressiv, er will „schräg" sein und durch seine Form provozieren – wie eine Skulptur steht er im Raum und unterstreicht selbstbewusst die Individualität seines Besitzers. Interessant ist bei diesem Sessel die Art und Weise, wie er mit den Sehgewohnheiten spielt: schräge, runde und gerade Flächen wechseln sich ab und auch das Polster modelliert konvexe mit konkaven Formen. Diesem beeindruckenden Spiel mit der Geometrie passt sich ebenso die Farbgebung von MYchair an: Die Polster kombinieren intensive Farben wie Rot und Schwarz und bilden dabei dynamische Duette. Multifunktional und klug durchdacht, dient MYchair dem Menschen zum Sitzen, Lesen oder bequemen Chillen und Relaxen – so wechselvoll wie seine Linien vermag er sich gleichsam auch dem Interieur und Lebensstil anzupassen.

### Confluences Sofa

Ligne Roset / Roset S.A.,
Briord, France / Frankreich
Design: Philippe Nigro,
Milan, Italy / Mailand, Italien
www.ligne-roset.com
www.philippenigro.com

#### Revolutionary puzzle

Please rearrange freely! A puzzle challenges the imagination, because cut up into many tiny pieces at the start, the image only starts to take shape in the mind by putting together all the parts. This principle of rearranging individual parts is perfectly embodied by the Confluences sofa: its parts can be rearranged again and again to form something entirely new. The sofa's designer, Philippe Nigro, was inspired to this kind of design through pieces of contemporary art, borrowing the principles of addition and the direct stringing together of different volumes to lend the sofa its shape. The result was the idea of a sofa that combines the power of design with the experience and manufacturing expertise of the Ligne Roset company. Without symmetry or any visible regularity, the sofa realises the principle of a puzzle that is endlessly usable and makes it possible to create ever different and surprising combinations. In this way, a number of seats can be brought close and locked together. The seat platforms flow together, overlapping each other as if in a giant puzzle, connected by nuances of shade. Thus also emerging are new possibilities of communication offered by the different configurations of the pieces: love seat "Toi et Moi" ("You and Me"), "Petite Conversation" and "Grande Conversation" or the four-seater with two integrated lounge seats, to name just a few possible sofa combinations. According to the sofa's designer, in so far as "it attempts to solve an ergonomic problem," Confluences becomes a plastic and colourful way of playing with countless permutations and sitting positions.

#### Revolutionäres Puzzle

Bitte neu zusammensetzen! Ein Puzzle fordert die Vorstellungskraft heraus, denn das zu Beginn noch nicht vorhandene Bild ist zunächst in seine Einzelteile zerlegt und erst in der Imagination fügt sich ein Teil zum anderen. Dieses Prinzip des Neuanordnens einzelner Teile verwirklicht das Sofa Confluences in geradezu vollendeter Form: Seine Teile lassen immer wieder ein völlig neues Ganzes entstehen. Zu dieser Art der Gestaltung inspirierten seinen Designer Philippe Nigro Werke zeitgenössischer Kunst, formgebend waren die in diesen Kunstwerken vorgefundenen Prinzipien der Wiederholung und direkten Aneinanderreihung von Elementen unterschiedlichen Volumens. Was entstand, ist die Idee eines Sofas, das gestalterische Kraft mit der Erfahrung und den Fertigungsmöglichkeiten des Unternehmens Ligne Roset verknüpft. Ohne Symmetrie und sichtbare Regelmäßigkeit verwirklicht es das Prinzip des Puzzles und ermöglicht damit immer wieder unterschiedliche und überraschende Sitzmöbelverbindungen. So können beispielsweise mehrere Sessel mit verschiedenen Sitzpositionen miteinander verkeilt werden. Die Sitzplätze fließen ineinander, sie überlappen sich wie bei einem Riesenpuzzle und vermischen dabei ihre Farbnuancen. Was darüber hinaus entsteht, sind neue Möglichkeiten der Kommunikation, die mit den unterschiedlichsten Möbelkonfigurationen einhergehen: Love Seat „Toi et Moi" („Du und ich"), „Petite Conversation" und „Grande Conversation" oder der Viersitzer mit zwei integrierten Loungesesseln bilden nur wenige der möglichen Sofavariationen. Indem es „im Grunde versucht, ein Ergonomieproblem zu lösen", wie sein Gestalter sagt, wird Confluences zu einer plastischen und farbigen Spielwiese mit unzähligen Ausführungen und Möglichkeiten.

**Phantom**
Textile Fabric/Textilgewebe

Jakob Schlaepfer, St. Gallen,
Switzerland/Schweiz
In-house design/Werksdesign:
Martin Leuthold
www.jakobschlaepfer.com

**Phantom of the senses**
Textiles are like mirrors of the human fantasy – floating and transparent garments appeal to the senses of the beholder because they seem to artfully play with the unseen. Probably the oldest evidence of woven cloth is to be found on carved representations of gracious Venus figures dating back to 2,000 BC, representations that show figures veiled in elegant garments. Featuring a special kind of transparency, the Phantom textile fabric appeals to the imagination in a highly distinctive manner, it appears to be little more than a faint breeze in a room. Serving to cover windows as a gentle veil, this textile was designed by the Swiss company Jakob Schlaepfer, which also specialises in manufacturing haute couture clothes. Just like the origin of its name "phantom", which suggests associations of the illusory, the Phantom textile possesses many interesting characteristics. The use of new weaving techniques produced a textile cloth that not only conveys a visual lightness, it actually weighs only 10 g/m² and thus, on a window, looks both light and filigree – a quality that creates enticing light effects. The new appeal and material lightness were further enhanced by the finishing process used. The fine, 145 cm wide polyester weave is upgraded with several metals such as copper and bronze. Thus designed, the innovative textile fabric stirs the imagination – hardly discernible, yet unveiling details otherwise hidden to the beholder.

**Phantom der Sinne**
Stoffe sind wie ein Abbild der menschlichen Phantasie – wallende und transparente Gewänder beflügeln die Sinne des Betrachters, da sie kunstvoll mit dem Unsichtbaren zu spielen scheinen. Die wohl ältesten Hinweise auf gewebte Stoffe sind geschnitzte Darstellungen von grazilen Venus-Figuren um 2.000 v. Chr., die sich elegant mit Gewebe verhüllen. Das Textilgewebe Phantom spricht mit einer besonderen Form der Transparenz auf fragile Weise die Phantasie an, es wirkt, als sei es nur ein Hauch im Raum. Gestaltet wurde dieses die Fenster nur sacht verhüllende Gewebe im Schweizer Unternehmen Jakob Schlaepfer, welches sich auch der Herstellung von Stoffen für die Haute Couture widmet. Wie der Ursprung des Namens „Phantom", der die Assoziationen des Trugbildes in sich birgt, verfügt ebenso das Textilgewebe Phantom über eine Vielzahl interessanter Eigenschaften. Auf der Grundlage neuer Webtechniken entstand ein Textilgewebe, welches nicht nur visuell überaus leichtgewichtig ist – es wiegt nur 10 g/m² und wirkt am Fenster deshalb ausgesprochen leicht und filigran, durch seine Transparenz entstehen dort spannende Lichteffekte. Diese neue Anmutung und materielle Leichtigkeit wird darüber hinaus verstärkt durch die Art der Veredelung. Das feine, 145 cm breite Polyestergewebe wird mit verschiedenen Metallen wie Kupfer oder Bronze veredelt. Derart gestaltet, beflügelt das innovative Textilgewebe die Sinne – kaum wahrnehmbar und für den Betrachter dennoch präsent.

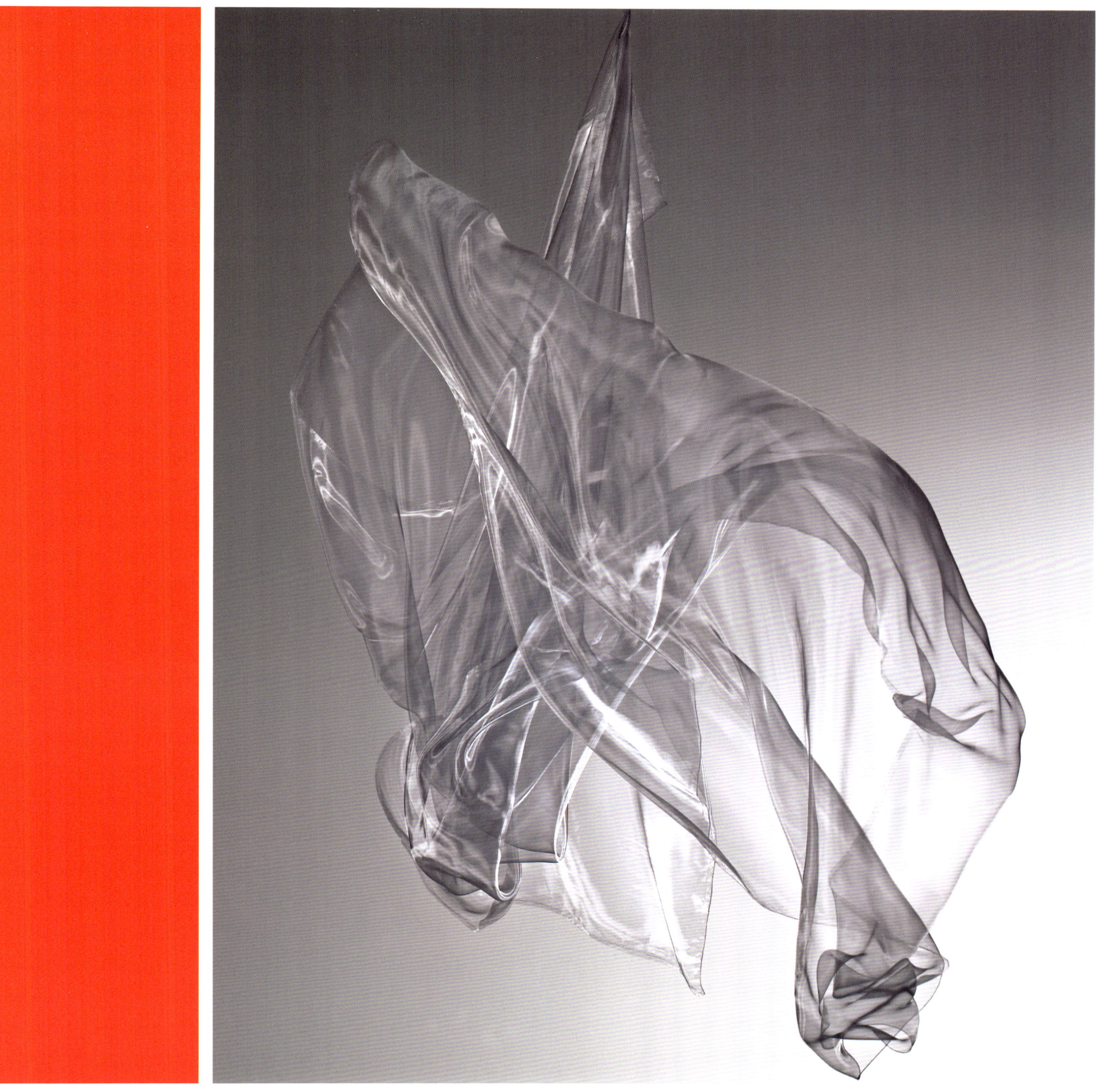

**DC24 Vacuum Cleaner / Staubsauger**

Dyson GmbH,
Cologne, Germany / Köln, Deutschland
In-house design / Werksdesign
www.dyson.com

**A lion for the king –
the lightness of innovation**
Leonardo da Vinci, the "Uomo Universale" and master of many disciplines including painting and sculpting, was commissioned to construct a mechanical lion in 1515 for the occasion of the French king's coronation: this automaton, it is said, could walk forward and then open its chest to reveal a cluster of lilies to the king. Da Vinci's mechanical experiments display a high degree of persuasiveness, as they appear logical and clear to any beholder. Making technology simpler, to rethink it and make it more effective, is also the design maxim of Sir James Dyson. In particular, his design idea for a vacuum cleaner that makes use only of centrifugal forces to capture dust and dirt and does away with the need for a dust bag, changes the way we understand the shape and mechanism of a vacuum cleaner. Dyson vacuum cleaners are functional and easy to handle. They are transparent, unabashedly reveal their interior, and impart a friendly appearance. An interpretation that is as surprising as it is consistent, is now presented with the DC24: featuring a design centred around a ball, it once more breaks new ground in terms of ergonomics and functionality. Designed as a lightweight upright, it does away with wheels and its motor sits directly inside the ball. Since the DC24's centre of balance lies exactly between the suction body and the suction foot, it is very easy to steer and light in handling, reducing muscle strain in its user. Its cleaning performance too is highly effective: its motorised brush-bar captures even ground-in dirt on carpets and can be turned of for cleaning hard floors. The concept of this vacuum cleaner also features other benefits in daily use, since it can be folded together and weighs only 5.4 kg – it is thus also an exemplary metaphor for the possible "lightness" of the new.

**Ein Löwe für den König –
die Leichtigkeit der Innovation**
Leonardo da Vinci, der als „Uomo Universale" aller Disziplinen bekannte Maler und Bildhauer, soll im Jahre 1515 für den Krönungszug des französischen Königs einen Löwen mit einer ausgeklügelten Mechanik konstruiert haben: Dieser konnte angeblich von selbst laufen, sich aufrichten und sogar Lilien für den König niederlegen. Die mechanischen Experimente da Vincis bergen ein hohes Maß an Überzeugungskraft, da sie dem Betrachter logisch und klar erscheinen. Technologien zu vereinfachen, sie neu zu überdenken und effektiver zu gestalten, das ist auch eine Maxime von Sir James Dyson. Insbesondere das von ihm entwickelte Prinzip eines Staubsaugers, der nur durch die Wirkung von Zentrifugalkräften Feinstaub und Schmutz ohne Staubbeutel entfernt, veränderte die Sichtweise auf die Form eines Staubsaugers. Der Dyson-Staubsauger ist funktional und handlich. Er ist durchsichtig, offenbart ohne Scheu sein Innerstes und wirkt freundlich. Eine überraschende wie eingängige Interpretation ist nun der DC24 – um einen Ball herum gestaltet, beschreibt er abermals neue Wege in der Ergonomie und Funktionalität eines Staubsaugers. Konzipiert als leichter Bürstenstaubsauger, kommt er ohne Räder aus und sein Motor ist direkt im Ball untergebracht. Da der Schwerpunkt dieses „Ballsaugers" genau zwischen Saugerkörper und Saugfuß liegt, ist er sehr manövrierfähig und die Hand des Benutzers wird entlastet. Auch die Reinigungseffektivität ist hoch: Die elektrische Bürstwalze beseitigt selbst tiefsitzenden Schmutz von Teppichen, für die Reinigung von Hartböden ist sie abschaltbar. Das Konzept dieses Staubsaugers bietet zudem Vorteile im täglichen Umgang, da er sich leicht zusammenfalten lässt und nur 5,4 kg wiegt – er ist somit auch sinnbildlich ein Beispiel für die mögliche „Leichtigkeit" des Neuen.

**Allegra Serving Bowls and Plates/
Servierschalen und Servierteller**

Tupperware Belgium N.V.,
Aalst, Belgium/Belgien
In-house design/Werksdesign:
Tupperware Brands, Inc. (Doug Laib),
Orlando, USA
www.tupperware.com

### An everyday beauty

"Beauty" is a definition that changes over time, as the semiotician Umberto Eco has convincingly illustrated in his books. The perception of what is aesthetic is determined by people's needs in an epoch and clearly revealed in the forms of everyday use. The Allegra line is the embodiment of such "beauty", featuring an aesthetic and functional design that people working in kitchens would not want to miss in their daily life. In order to match everyday serving and storing needs, the line consists of a large 3.5-litre bowl, a medium 1.5-litre bowl, a small 740-ml bowl and four matching serving plates – each bowl complemented by a liquid-tight seal. These modular elements make the working processes in the kitchen and the serving of food at the table an easy-flowing task, without the need to change bowls. The innovative form language of the Allegra line is distinguished by its harmonious balancing and contemporary colouring, two characteristics that are the result of a sophisticated manufacturing process. The bowls are made in two components, one for the interior and the other for the exterior. The aim of this design was to make the components complement each other in colour and surface finishes. A matt exterior texture creates a welcoming feel, while the high-polished surface of the interior exemplifies the precious nature of the edible contents. Many well thought-out details contribute to the functional beauty of the Allegra line: both the bowls and plates have a solid and sturdy feel, yet are light enough for easy transportation, and liquid-tight seals prevent any risk of spillage during transport – aesthetic traits of everyday beauty.

### Eine alltägliche Schönheit

„Schönheit" ist eine Definition ihrer Zeit, wie es der Semiotiker Umberto Eco in seinen Büchern anschaulich darstellt. Das Empfinden für die Ästhetik erschließe sich in den Bedürfnissen einer Epoche und offenbare sich nicht zuletzt im Alltäglichen. Die Linie Allegra ist so eine „Schönheit", da sie so funktional und ästhetisch gestaltet ist, dass der in der Küche arbeitende Mensch sie im Alltag nicht mehr missen möchte. Um mit ihr nahtlos aufbewahren wie auch servieren zu können, besteht die Serie aus einer großen 3,5-Liter-Schale, einer mittelgroßen 1,5-Liter-Schale, einer kleinen 740-ml-Schale und vier dazu passenden Serviertellern – jede der Schalen wird durch einen wasserdichten Deckel vervollständigt. Mit diesen modularen Elementen ist es ein Leichtes, die Arbeitsgänge in der Küche und auch am Tisch fließend zu gestalten, ohne das Gefäß wechseln zu müssen. Prägend für die innovative Formensprache der Serie Allegra ist neben ihrer ausgewogenen Gestaltung eine zeitgemäße Farbgebung, die beide das Resultat eines differenzierten Herstellungsprozesses sind. Die Schalen werden aus zwei Komponenten hergestellt: eine für den Innenraum und eine für die Außenseite. Das Ziel war es dabei, dass sich beide Komponenten sowohl farblich wie auch in ihrer Oberflächenausführung ergänzen. Die matte Außenseite vermittelt eine einladende Leichtigkeit, während die hochglänzende Innenseite appetitlich die Lebensmittel ins richtige Licht rückt. Viele durchdachte Details verleihen der Serie Allegra ihre funktionale Schönheit: Die Schalen und die Teller sind stabil, jedoch leicht genug für den einfachen Transport, und flüssigkeitsdichte Deckel verhindern ein Auslaufen während des Transports – Attribute einer Schönheit des Alltags.

red dot: best of the best 37

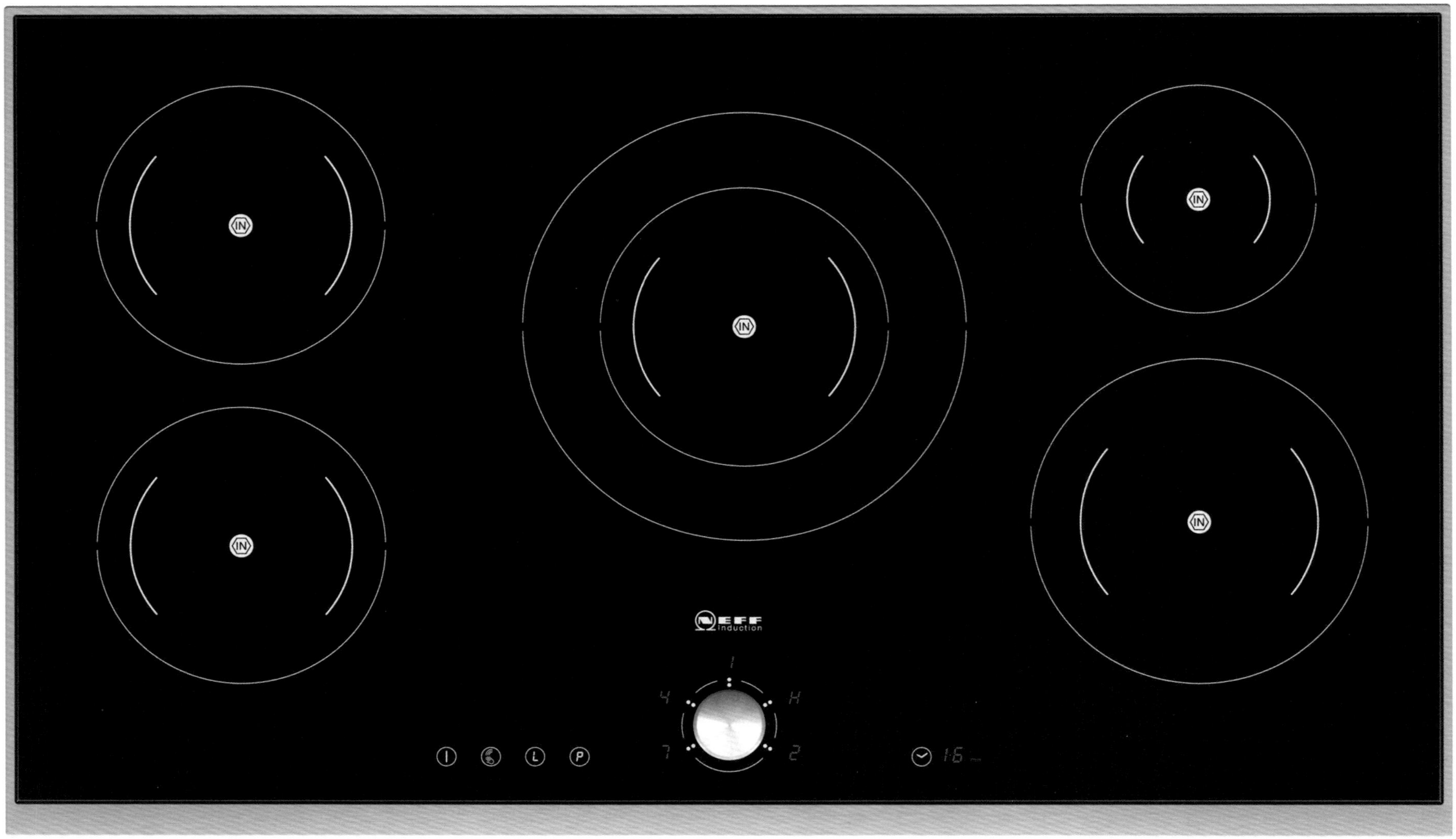
NEFF
induction

TT 4490 N
Separate Induction Hob/
Autarkes Induktionskochfeld

Constructa-Neff Vertriebs GmbH,
Munich, Germany/
München, Deutschland
In-house design/Werksdesign:
Gerhard Nüssler, Thomas Knöller
www.neff.de

**Moving element**
Basically, what Michael Faraday aimed to proof in 1831 was his assumption that a simple magnetic field would suffice to produce power – his experiments mark the birth of electromagnetic induction. A technology that today is used extensively, because cooking with an induction hob offers many advantages: it reduces the heating-up time and is much more energy efficient. The design of the TT 4490 N interprets modern cooking in a highly exciting approach. At the centre of this innovative separate hob is a 90 cm wide multi-ring cooking zone. It features a graphically clear structure and a design with a shallow stainless steel decorative trim and faceted glass ceramic. In daily use, this elegant induction hob holds easy-to-use and functional details in store, such as a surface protection and a temperature maintenance function. A surprising innovation, however, is the way the hob is operated: a magnetic switch, a TwistPad, only comes into play when it is actually needed. The principle of this detachable user control is further combined in this hob with a playful approach to operability: the magnetic switch is toggled to select the individual hob areas and then gently turned to activate the cooking field – a movement that conveys a high degree of ease and professional understatement. When the switch is no longer needed it can be removed and safely stored elsewhere, out of the reach of children. Thus the design of this induction hob highlights a clear language of form for a clean and uninterrupted kitchen aesthetics – its sensuous and interactive operability turns it into a highly intelligent object for daily use.

**Bewegendes Element**
Im Grunde ging es Michael Faraday 1831 um einen einfachen Beweis für seine Annahme, dass man mit einem Magnetfeld auch Strom erzeugen kann – geboren war das Prinzip der elektromagnetischen Induktion. Eine Technologie, die aktuell viel genutzt wird, denn das Kochen mit einem Induktionsherd birgt viele Vorteile, es ermöglicht etwa kürzere Ankochzeiten und arbeitet wesentlich energiesparender. Die Gestaltung von TT 4490 N interpretiert diese zeitgemäße Art des Kochens auf eine sehr spannende Weise. Eine 90 cm große Mehrkreis-Kochzone steht dabei im Zentrum eines innovativen autarken Kochfeldes. Dieses ist grafisch sehr klar gegliedert und mit einem flachen Edelstahl-Zierrahmen sowie einer facettierten Glaskeramik gestaltet. Im täglichen Gebrauch bietet dieses elegant anmutende Kochfeld komfortable und funktionale Details wie eine Wischschutz- oder eine Warmhaltefunktion. Eine überraschende Innovation ist zudem die Art seiner Bedienung – ein magnetischer Bedienknopf, der TwistPad, erscheint nämlich nur, wenn er benötigt wird. Das Prinzip dieses abnehmbaren Knopfes verbindet sich bei diesem Kochfeld darüber hinaus mit einer spielerischen Art der Bedienung: Man kippt den magnetischen Drehwähler zur Auswahl der Kochzone und dreht ihn sachte, um das Kochfeld in Gang zu setzen – eine Bewegung, die ein hohes Maß an Leichtigkeit und professionellem Understatement in sich birgt. Wird der Knopf nicht mehr benötigt, kann er, für Kinder unerreichbar, an anderer Stelle aufbewahrt werden. Derart gestaltet, entspricht dieses Kochfeld der klaren Formensprache einer Küche, deren Ästhetik durch nichts durchbrochen wird – seine sinnliche und interaktive Art der Bedienung lässt es zu einem überaus intelligenten Objekt des Alltags werden.

**DA 6000 W**
**Cooker Hood / Dunstabzugshaube**

Miele & Cie. KG,
Gütersloh, Germany / Deutschland
In-house design / Werksdesign
www.miele.de

**A master of disguise –
form language and integration**
Contemporary interior architecture is defined by open space concepts. Kitchens, bathrooms and living areas seamlessly merge into one another, and in the search for new forms offer designers a lot of freedom in interpretation. The trend towards open kitchen concepts is reflected by this cooker hood system. An exciting aspect of its design is that it does not aim to take centre stage, but instead lends a kitchen unit new and interesting characteristics, blending in as part of the architecture. When not in use, the cooker hood is integrated almost invisibly into the wall behind the hob and therefore, when in operation, its appearance is even more effective. In order to make the hood "come forth", the chef has to activate the fan via a touch control switch, so that a canopy opens and, with an almost imperceptible movement, reveals the actual body of the device, accompanied by atmospheric lighting. This cooker hood thus is satisfied with being a functionally sophisticated high-tech device with an impressive appearance that shows only when the device is used. The cooker hood's functioning too is as effective as it is logical: glass panels are moved into position and the steam and vapour are extracted with the help of a high-performance motor. The well thought-out, wall-integrated mechanism opens up entirely new possibilities for kitchen architecture – nothing disturbs the wall surface, since the aesthetic functionality lies hidden. Here a kitchen device with a graphically reduced design looks like an integrative part of interior architecture – only when switched on does it reveal its function as a kitchen device.

**Meister der Tarnung –
Formensprache und Integration**
Offene Raumkonzepte definieren die zeitgenössische Architektur. Küche, Bad und Wohnraum gehen nahtlos ineinander über und auf der Suche nach neuen Formensprachen bietet sich den Gestaltern viel Spielraum für Interpretationen. Dem Trend zu offenen Küchenkonzepten folgt die Gestaltung dieses Dunstabzugssystems. Ein spannender Aspekt der Gestaltung ist, dass sich dieses Gerät nicht in den Vordergrund drängen will. Sie verleiht vielmehr einem Küchengerät neue interessante Eigenschaften, da sie sich als ein Teil der Architektur versteht. Diese Dunstabzugshaube integriert sich kaum sichtbar in die Wand hinter dem Kochfeld, umso wirkungsvoller ist ihr Erscheinen. Um die Haube „auftreten" zu lassen, aktiviert der Koch an einem Touch-Bedienfeld das Gebläse und mit einer kaum wahrnehmbaren Bewegung fährt der eigentliche Gerätekörper aus, inszeniert mit einer Ambiente-Beleuchtung. Auf diese Weise scheint sich die Haube gleichsam damit zu begnügen, ein funktional ausgereiftes High-Tech-Gerät zu sein, das nur bei Bedarf eindrucksvoll präsent ist. Auch die Wirkungsweise des Dunstabzugssystems ist ebenso effektiv wie logisch: Die Kochwrasen werden mit einem leistungsfähigen Motor zwischen den sich verschiebenden Glaspaneelen abgesaugt. Das durchdachte Prinzip dieses in die Wand integrierten Systems eröffnet der Küchenarchitektur völlig neue Möglichkeiten – nichts stört das Bild, die ästhetische Funktionalität scheint im Verborgenen zu ruhen. Ein grafisch reduziert gestaltetes Küchengerät ist hier ein integrativer Bestandteil der Architektur – erst auf Knopfdruck wird es zum eigentlichen Produkt.

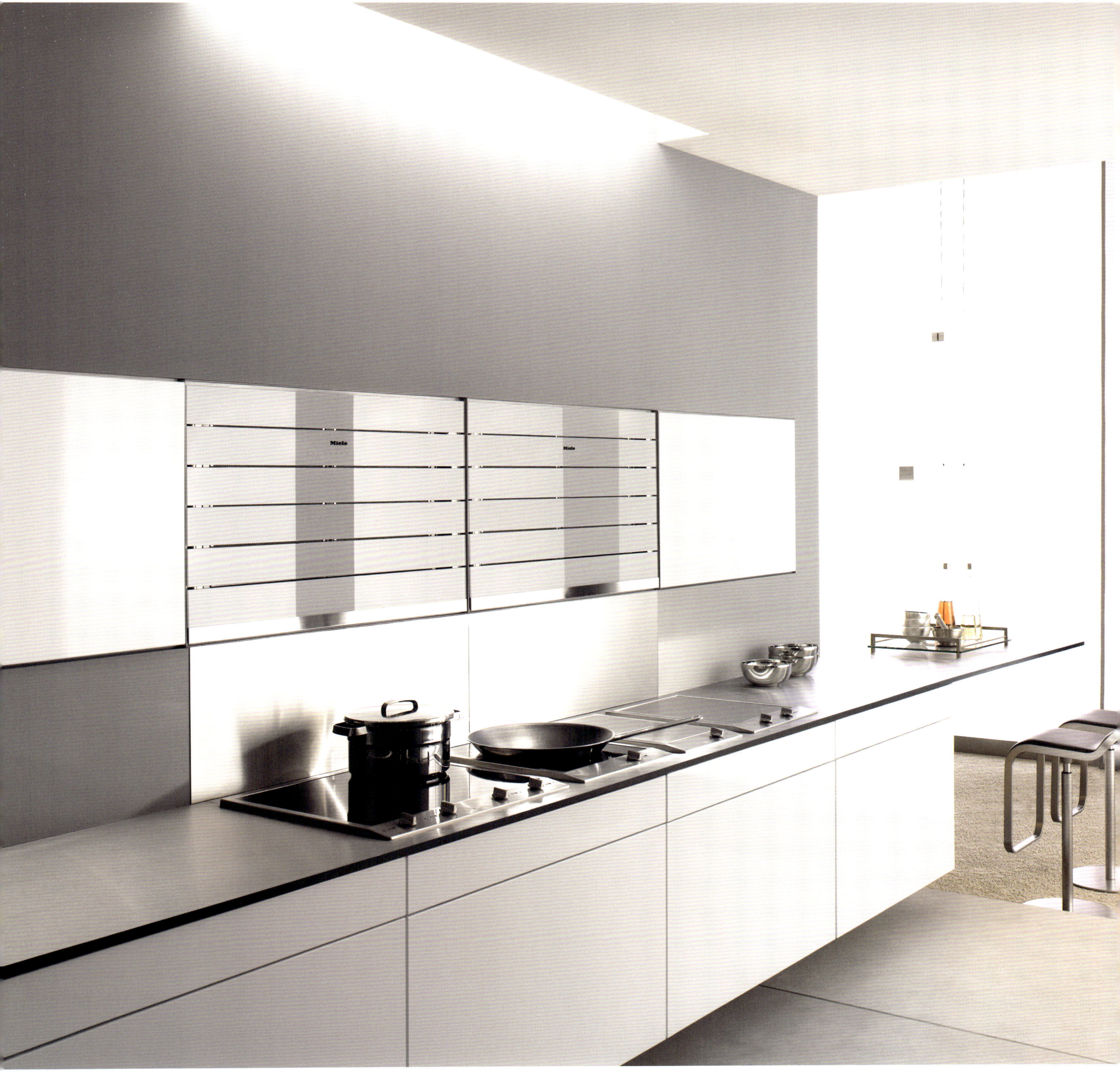
Miele
Miele

**Caldafreddo Serving Dish / Servierschale**

Alinea Design Objects,
Geel, Belgium / Belgien
In-house design / Werksdesign:
Leo Aerts
www.alinea.be

### A transformative object

"Le superflu, chose la plus nécessaire!" – with this claim, designers in the Art Nouveau era in the second decade of the last century elevated the superfluous to be of utmost necessity. This mission found its expression in a truly organic and opulent appearance of things; nature and her forms were postulated as a kind of all-encompassing yardstick. The subsequent Art Deco era signified a search for the possibility of how to merge elegance of form with preciousness of materials: silver and marble were the most favoured materials. Today, as we have just entered a new millennium and are moving on, the Caldafreddo dish too aims to combine exclusive materials with a distinctive form – an aesthetic expression that it imparts in a highly effective manner: two moulded sheets made of silver 925/1000 are welded together to form a voluminous bowl. As an object shaped directly out of the volume of the material, this bowl looks like a piece of art positioned in a space, it is immediately fascinating to look at. What is more, the aesthetics of Caldafreddo also feature surprising functionality derived from the shape of this bowl: the concave space between Caldafreddo's superior and inferior plate is filled with a special gel that can keep its temperature even over a long period of time. Radiating a vivid presence even when unfilled, cold and warm dishes are virtually celebrated when served in this bowl – an impressive object of transformation.

### Objekt der Wandlung

„Le superflu, chose la plus nécessaire!" – mit dieser These erhoben die Gestalter der Epoche des Jugendstils in den 20er Jahren des letzten Jahrhunderts das Überflüssige zum Notwendigsten. Ihre Aufforderung äußerte sich in einer wahrhaft organisch anmutenden Opulenz der Dinge, die Natur und ihre Formen wurden zum allumfassenden Maßstab. Die sich daran anschließende Epoche des Art déco beinhaltete eine Suche nach der Möglichkeit, die Eleganz der Form mit der Kostbarkeit der Materialien zu verbinden: Silber oder Marmor waren die bevorzugten Materialien dieses Stils. Auch die Schale Caldafreddo, ein gestalterischer Ausdruck des nun fortschreitenden neuen Jahrtausends, will ihre Wirkung durch eine Kombination exklusiver Materialien mit einer besonderen Form erzielen – was ihr auf überaus eindrucksvolle Art und Weise gelingt: Zwei gegossene Silberbleche aus Silber 925/1000 werden zusammengeschweißt und es entsteht eine voluminöse Schale. Als Objekt unmittelbar aus dem Volumen des Materials heraus entworfen, wirkt diese Schale im Raum wie ein Kunstobjekt, sofort zieht sie die Blicke in ihren Bann. Die Ästhetik von Caldafreddo verbindet sich überdies mit einer überraschenden Funktionalität, die sich aus der Form dieser Schale generiert: Der konkave Raum zwischen der oberen und inneren Platte von Caldafreddo ist mit einem speziellen Gel gefüllt, das die Temperatur auch über einen längeren Zeitraum hält. Im ungefüllten Zustand bereits von eindringlicher Präsenz, werden die kalten oder warmen Speisen mit dieser Schale deshalb geradezu festlich zelebriert – ein eindrucksvolles Objekt der Wandlung.

red dot: best of the best 43

**Leaves**
In-Flight Tableware / Flugzeuggeschirr

LSG Sky Chefs Catering Logistics GmbH,
Neu-Isenburg, Germany / Deutschland
In-house design / Werksdesign:
Volker Klag, Daniel Knies
Design: Process Design (Peter Wirz,
Jochen Bittermann, Christoph Bigler,
Isabelle Hauser), Lucerne,
Switzerland / Luzern, Schweiz
www.lsgskychefs.com
www.process.ch

**Catering pleasure –
design and product staging**
At best they feel as if eating in their favourite restaurant: airline passengers always expect high quality and the best of service, hardly ever registering the logistical complexity behind the charmingly served meals – in-flight catering demands a lot of both personnel and material. Leaves is a tableware for the economy class on long-haul flights with Lufthansa airlines, a tableware that aims to make the catering process easier and, at the same time, set new aesthetic and ergonomic standards. The tableware follows a modular design that is functional and ergonomically sophisticated – its well-balanced proportions allow it to sit smoothly in the hand and its design without edges makes it less susceptible to breakage in everyday catering use. An interesting aspect of the product is that its shape and look signals how to handle the tableware: they are marked by a colour so that the cabin staff knows at all times where to hold the individual tableware items. With a design that is also pleasing to the touch, the Leaves tableware is an expression of a distinctive and consistent design philosophy for the Lufthansa brand. It stipulates a specific language of form as well as suggestions for materials and colour palettes, which the design of new products for economy class take as guidance. Surrounded by a consistently designed environment of shapes and colours, passengers should feel safe and that they are in the best hands. In order to make Economy Class meals compliant with these high demands, LSG Sky Chefs work on making the entire concept highly consistent. The catering subsidiary of Lufthansa collaborates among others with stars in the catering industry on the creation of new menus, using every trick in the art of cooking – for pleasure of the highest level.

**Für höchsten Genuss –
Design und Inszenierung**
Am liebsten wähnt er sich in seinem Lieblingsrestaurant: Der Fluggast erwartet stets gute Qualität und besten Service. Dabei registriert er nur selten, welche logistische Meisterleistung sich hinter dem so charmant servierten Menü verbirgt – das Catering an Bord verlangt viel von Mensch und Material. Mit Leaves entstand nun ein Geschirr für die Economy Class auf Langstrecken der Fluggesellschaft Lufthansa, welches künftig die Arbeitsabläufe erleichtern und dabei neue ästhetische und ergonomische Standards setzen will. Das modular konzipierte Geschirr ist funktional und ergonomisch durchdacht – mit ausgewogenen Proportionen liegt es gut in der Hand, eine Gestaltung ohne Ecken und Kanten verringert die Bruchgefahr im Catering-Alltag erheblich. Ein sehr interessanter Aspekt der Form und Produktgrafik ist die Signalwirkung der Berührungsflächen: Diese sind farblich so markiert, dass das Kabinenpersonal alle Teile stets am richtigen Ende zu fassen bekommt. Mit dieser, auch haptisch sehr angenehmen Gestaltung ist das Geschirr Leaves Ausdruck einer differenzierten und umfassenden Designphilosophie der Marke Lufthansa: In einer spezifischen Formensprache wurden Materialvorschläge und Farbwelten festgelegt, an der sich alle Produkte für die Economy Class orientieren. Eingebunden in eine konsequent gestaltete Welt der Formen und Farben soll sich der Fluggast sicher und bestens aufgehoben fühlen. Damit auch die Menüs der Economy Class diese hohen Ansprüche erfüllen, sorgt LSG Sky Chefs dafür, dass dieses Gesamtkonzept durchgängig stimmig ist. Die Catering-Tochter der Lufthansa kooperiert unter anderem mit angesehenen Stars der Branche bei der Kreation neuer Menüs nach allen Regeln der modernen Kochkunst – für einen Genuss auf höchstem Niveau.

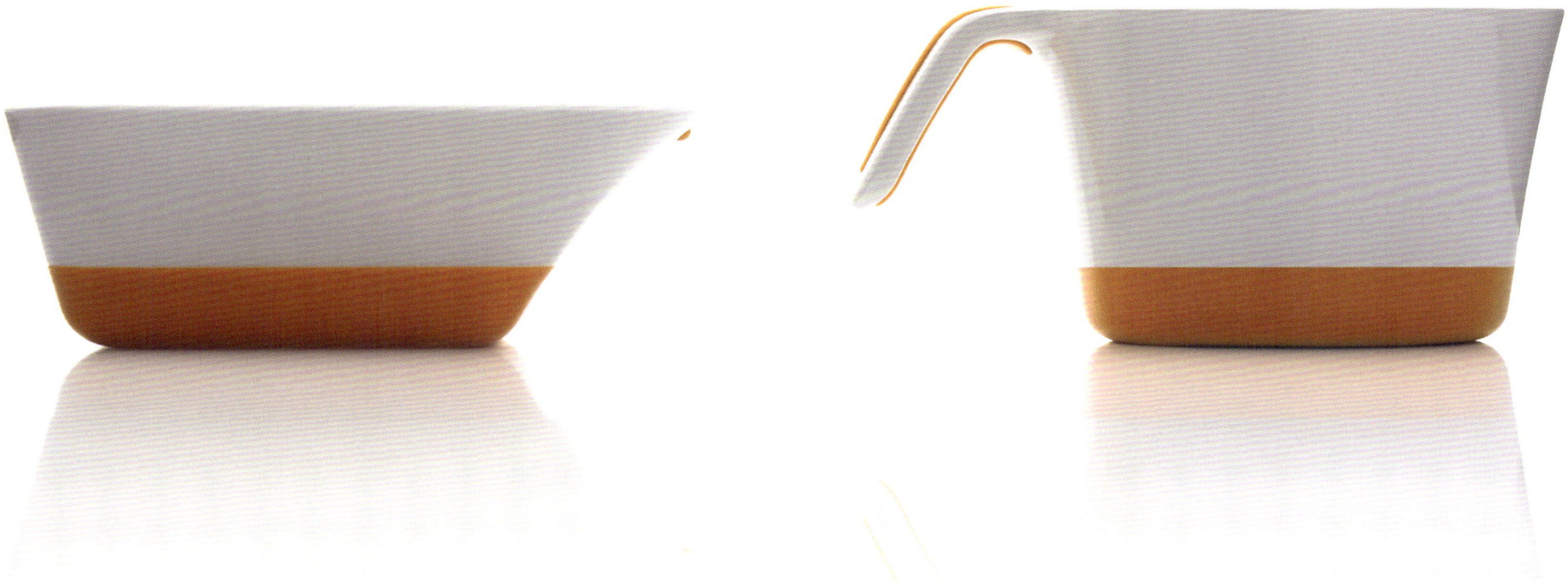

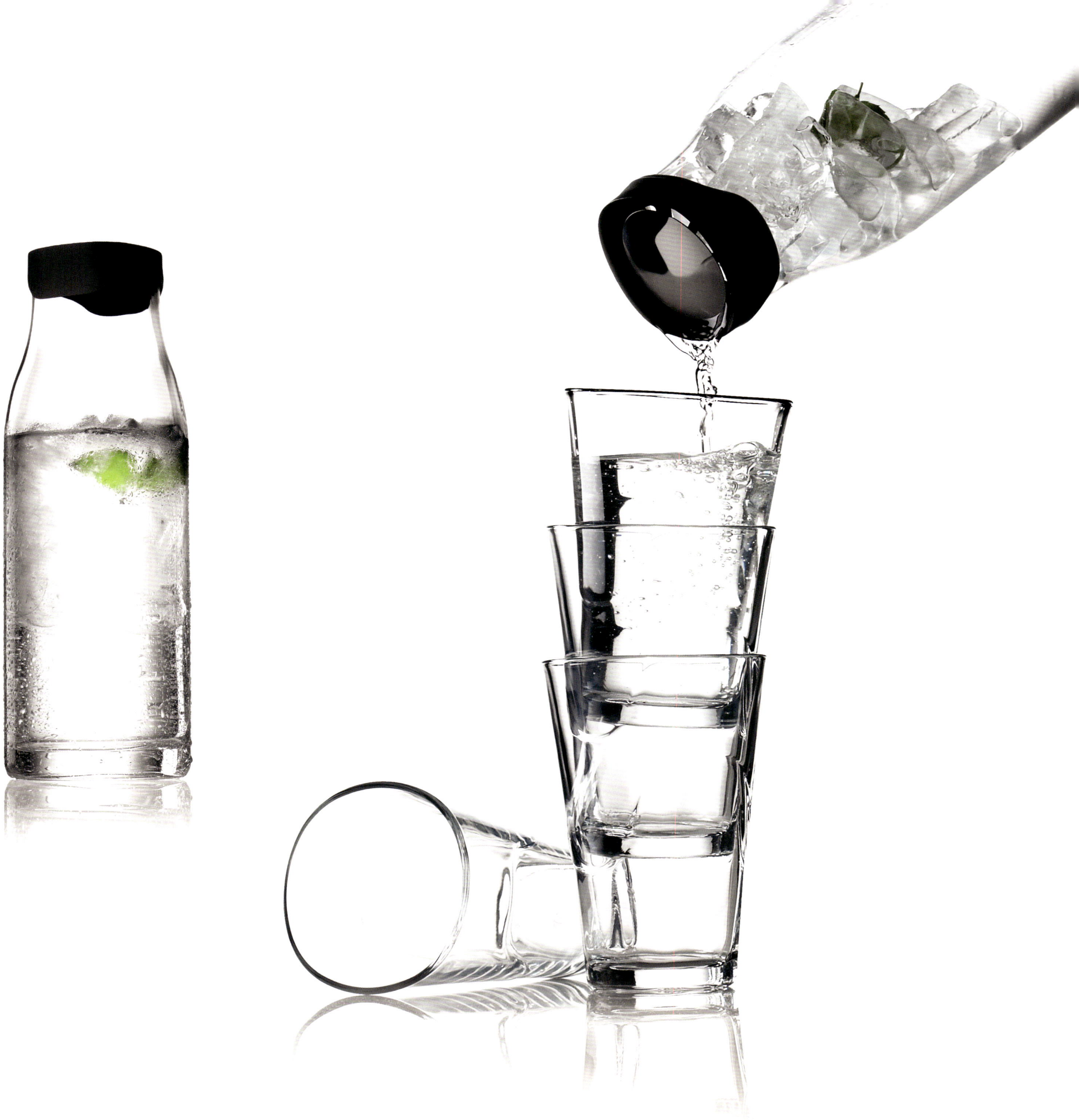

### Water Carafe / Wasserkaraffe

Menu A/S, Fredensborg, Denmark / Dänemark
Design: Jakob Wagner, Copenhagen, Denmark / Kopenhagen, Dänemark
www.menu.as

#### Refined balance

Carafes have always served to present their content in a refined manner. The period between 1830 to 1930, for instance, saw many noble carafes with a stopper; that is, a silver mounting around the carafe neck with a suitable silver lid. The advantage of this kind of carafe was that it prevented spilling, since the metal collar caught any drops running down the outside of the carafe. The design of the Menu water carafe refines the everyday serving of drinks such as water and juices in a contemporary manner, lending the classic shape of a carafe both new and interesting characteristics. Made of transparent glass and formed with slightly rounded and well-balanced radii, it looks appealing when placed on the table and its shape appears fresh and clear. At the centre of this carafe's innovative functionality is above all the sophisticated principle of the smart lid: it features a protective steel collar and a lid that opens automatically following the pouring movement. This stopper prevents the carafe from dripping and also holds back ice cubes and lemon slices so that they may not drop into the glass when pouring. This opening and closing of the carafe is impressive to watch, because when it opens up it reveals to the user what is inside while the stopper simultaneously prevents the visible lemon slices from falling into the glass. The lemon slices are caught shortly before escaping the carafe and for a moment seem to rest in natural balance. What this generates is a highly product-specific functionality – an almost tangible interaction between the inside and the outside of this carafe.

#### Kultivierte Balance

Die Karaffe verleiht ihrem Inhalt stets einen besonderen Rahmen der Präsentation. In der Zeit von ca. 1830 bis 1930 gab es etwa edle Karaffen mit einer Montierung, einer silbernen Einfassung des Karaffenhalses mit einem dazu passenden silbernen Deckel. Der Vorteil dieser Art von Karaffe war es, dass sie nicht tropfte, da der Metallrand den Tropfen einfach abschnitt. Die Gestaltung der Wasserkaraffe von Menu kultiviert das tägliche Servieren von Getränken wie Wasser und Säften auf zeitgemäße Art und Weise und fügt dabei der klassischen Form einer Karaffe interessante neue Eigenschaften hinzu. Aus klarem Glas gefertigt und mit leicht gerundeten und wohl austarierten Radien gestaltet, wirkt sie auf dem Tisch anmutig und ihre Form erscheint frisch und klar. Im Mittelpunkt der innovativen Funktionalität dieser Karaffe steht vor allem das durchdachte Prinzip des Smart Lid: Ein schützender Stahlkragen wird mit einem Deckel kombiniert, der sich automatisch immer nur dann öffnet, wenn eine Gießbewegung erfolgt. Mit diesem Verschluss tropft die Karaffe nicht und sie hält auch Eiswürfel oder Zitronenscheiben zurück, damit sie nicht ins Glas fallen. Dieses Öffnen und Schließen der Karaffe ist ein beeindruckendes Erlebnis, denn wenn sich die Kanne öffnet, sieht der Betrachter den Inhalt durchscheinen, obwohl der Verschluss die sichtbaren Zitronenscheiben zugleich davon zurückhält, ins Glas zu fallen. Sie scheinen dort kurz vor dem Austritt aufgehalten zu werden und in ihrer Balance verharren zu wollen. Was dabei entsteht, ist eine sehr produktspezifische Funktionalität – eine fast greifbare Interaktion zwischen dem Innen und Außen dieser Karaffe.

**Inipi Sauna**

Duravit AG, Hornberg,
Germany / Deutschland
Design: EOOS Design GmbH,
Vienna, Austria / Wien, Österreich
www.duravit.com
www.eoos.com

**The seven rites – design and tradition**
It is known through historical transmission that for the North American Indians the Inipi – the sweat lodge – was a spiritual place for cleansing and healing that followed a set of strictly defined rules. The Inipi ceremony is one of the Seven Sacred Rites of the Lakota people and continues to be performed today according to the rules of the ancient tradition. Inspired by this ceremony, the design of this sauna signifies a highly interesting interpretation of this principle – it traces the tradition back to its roots and lends it a new and contemporary form. The design aims to take the sauna "out of the cellar" and place it in the bathroom and living area, transforming it into a bright place for relaxation and well-being. Following a purist form language and designed to impart a strong sense of "warmth", this sauna turns into an inviting space within a space, and thus clearly follows the demands of clarity, harmony and structure. Similar to the Indian tradition, this sauna too becomes an integrative part of everyday life. The design concept is sophisticated to the last detail – there is nothing that disturbs the intended image of spiritual harmony. Free from directly visible technology, the sauna is positioned in the middle of a room; all units are hidden and mounted on a pull-out carrier. The control system, heater with ventilation unit and the evaporator are always accessible but never in view. The control concept too follows its Indian model of inspiration: in the same way as the age-old ceremony started by heating a stone in a fire and carrying it with a stag's antler into a tent, the sauna session also starts with a "stone" – in the form of a hand-held remote control with a clearly laid-out display.

**Die sieben Riten – Design und Tradition**
Aus Überlieferungen weiß man, dass das „Inipi", die Schwitzhütte, für die Indianer Nordamerikas ein spiritueller Ort der Reinigung und Heilung und das Schwitzen in ihr eine Zeremonie nach strengen Regeln war. Im Stamm der Lakota zählte das Inipi etwa zu den „Sieben Riten der Heiligen Pfeife" und wird auch heute noch nach den Regeln der alten Traditionen durchgeführt. Angelehnt an diese indianischen Zeremonien, bedeutet die Gestaltung dieser Sauna eine überaus interessante Interpretation dieses Prinzips – sie führt eine Tradition auf ihre Ursprünge zurück und verleiht ihr eine neue und zeitgemäße Form. Ziel der Gestaltung war es, die Sauna „herauszuholen aus dem Keller" und in den Bad- und Wohnbereich zu integrieren und sie so zu einem lichten Ort der Entspannung und Erholung werden zu lassen. Mit einer puristischen Formensprache und mit einer Anmutung des „Warmen" gestaltet, wirkt diese Sauna wie ein einladender Raum im Raum und entspricht damit eindeutig auch dem Verlangen nach Klarheit, Ruhe und Struktur. Im Sinne der indianischen Tradition wird die Sauna zu einem integrativen Teil des Lebens. Das Gestaltungskonzept ist durchdacht bis ins Detail – nichts stört das Bild von spiritueller Harmonie. Frei von sichtbarer Technologie steht die Sauna im Raum, alle Aggregate sind versteckt auf einem ausziehbaren Träger montiert. Die Steuerung, der Ofen mit Lüfter und auch der Verdampfer sind für den Nutzer stets zugänglich, aber nicht zu sehen. Auch das Bedienkonzept der Sauna folgt in allen Details dem indianischen Vorbild: Ebenso wie dort ein Stein im Feuer erhitzt und mit einem Hirschgeweih in ein Zelt getragen wird, beginnt der Saunagang sinnbildlich mit einem „Stein" – in Form einer handlichen Fernbedienung mit übersichtlich gestaltetem Display.

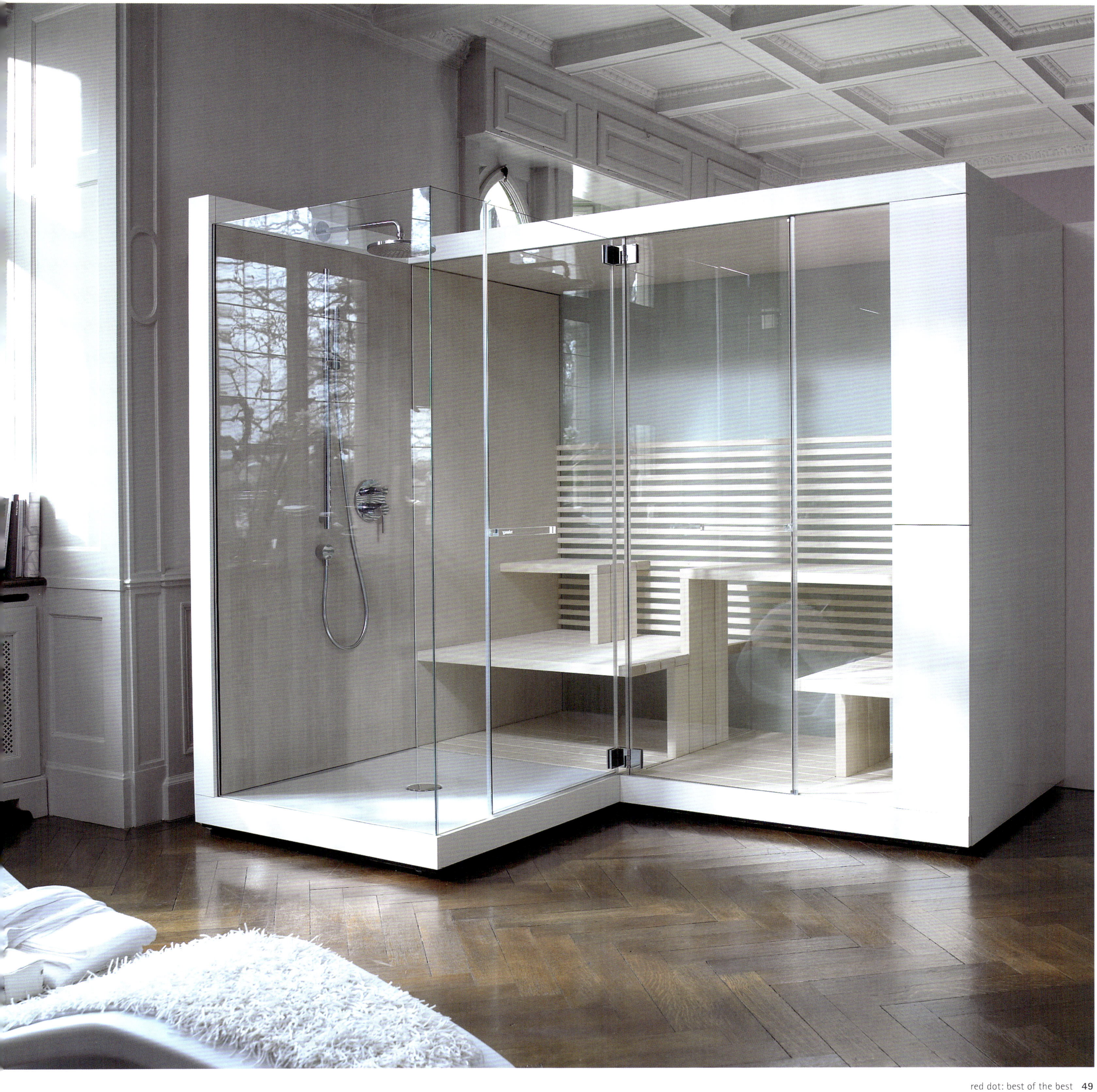

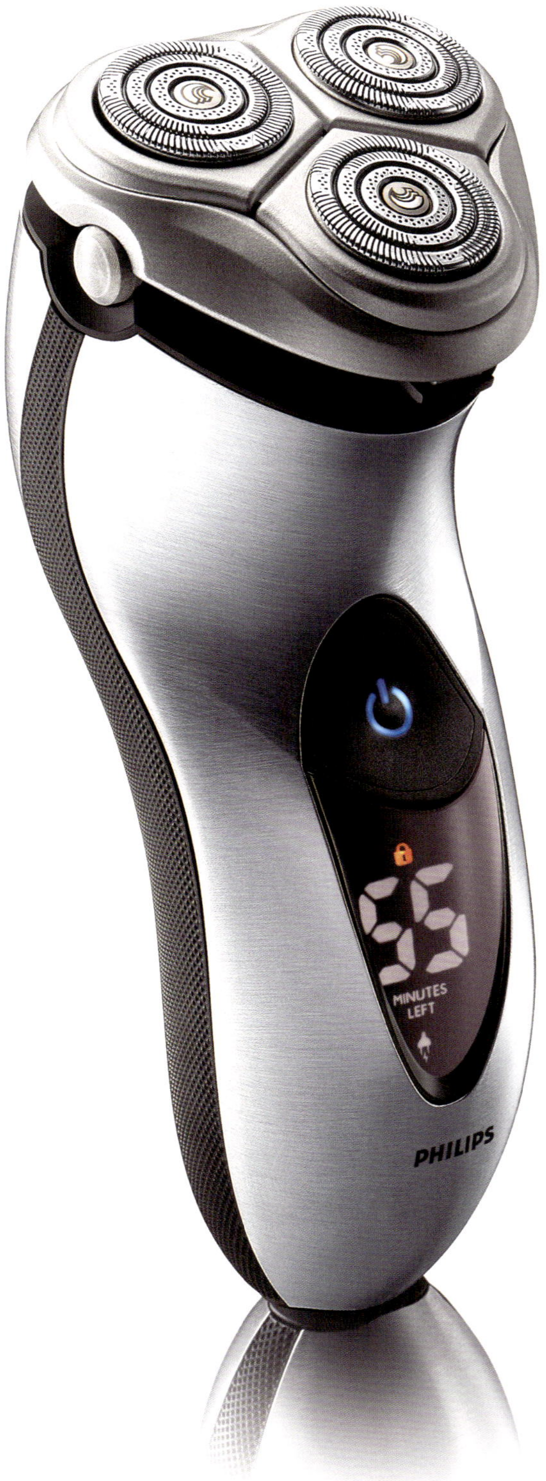
55
MINUTES
LEFT
PHILIPS

HQ8290 Speed XL2
Shaver / Rasierer

Philips, Eindhoven, NL
In-house design / Werksdesign:
Stefano Marzano & Team
www.philips.com

**Smart companion – design and living**
Stars with smart smiles such as actor Hugh Grant feature on many posters, acting as role models and embodying the image of the neatly trimmed and always well-shaven man – a familiar image in a globalised world in which the pace of many people's lives has become ever faster. Against this backdrop, the aim in designing the HQ8290 Speed XL2 shaver was to create a shaver that is highly targeted and well thought-out – its form and function is tailored especially to the needs of businessmen who have to travel a lot. The shaver needs only little time to accomplish the shaving task and is highly effective, giving the user a smooth skin for many hours. The shaving itself too is pleasant, since its three shaving heads, paired with an innovative SmartTouch function, follow and adjust ergonomically well to the contours of the face. The design of the HQ8290 Speed XL2 combines these sophisticated technological features with the appeal of a high-tech tool. Its design underscores an organic yet powerful appearance with a generous clear glass display, conveying a high degree of professionalism to the user. Well-balanced in its proportions, the shaver is pleasing to the touch and rests well in the hand: featuring a body of brushed aluminium and soft rubber material for the contact areas, the shaver smoothly nestles into the hand of a man. Another interesting functional aspect of its design is the JetClean system: the shaver cleans itself, and an antibacterial coating on the inside of the shaving heads subsequently disinfects the blades. The product periphery of the HQ8290 Speed XL2 too is sophisticated and target-group oriented: it recharges within an hour and is ready for operation for up to 17 days – thus designed, this smart companion is able to easily keep up with the pace of a global player.

**Smarter Begleiter –
Design und Lebenswelt**
Stars wie der Schauspieler Hugh Grant zeigen ihr smartes Lächeln auf den Plakaten und werden damit zum Vorbild des stets gepflegten und gut rasierten Mannes. Dies in einer globalisierten Welt, die für viele immer schnelllebiger wird. Die Gestaltung des Rasierers HQ8290 Speed XL2 geschah vor diesem Hintergrund sehr zielgerichtet und überlegt, denn in seiner Form und Funktion ist er speziell auf die Anforderungen eines viel reisenden Geschäftsmannes zugeschnitten. Die Rasur mit diesem Rasierer benötigt nur wenig Zeit und ist so effektiv, dass man sich über längere Zeit nicht mehr rasieren muss. Für den Nutzer ist die Rasur angenehm, da eine innovative SmartTouch-Konturanpassung in Verbindung mit einem Drei-Scheren-Prinzip sich ergonomisch gut an die Gesichtskonturen anpasst. Solche durchdachten technologischen Möglichkeiten kommuniziert die Gestaltung des HQ8290 Speed XL2 durch die technische Anmutung eines High-Tech-Tools. Eine organische und dennoch kraftvolle Gestaltung mit einem großzügigen Klarglasdisplay vermittelt dem Nutzer ein hohes Maß an Professionalität. In seinen Proportionen ausbalanciert, liegt dieser Rasierer gut in der Hand und auch haptisch ist er angenehm. Mit einem Korpus aus gebürstetem Chrom und einem weichen Gummimaterial für die Auflageflächen schmiegt er sich gut in die Hand des Mannes. Ein interessanter funktionaler Aspekt seiner Gestaltung ist darüber hinaus das JetClean-System: Der Rasierer reinigt sich selbst und eine antibakterielle Beschichtung auf der Innenseite der Schereinheit desinfiziert die Scheren. Auch die Produktperipherie des HQ8290 Speed XL2 ist durchdacht und zielgruppengerecht. Innerhalb einer Stunde ist er aufgeladen und bleibt bis zu 17 Tage betriebsbereit – derart gestaltet, kann dieser smarte Begleiter das Tempo eines Global Players mit Leichtigkeit nachvollziehen.

**Grohe Rainshower Icon**
Hand Shower / Handbrause

Grohe AG, Düsseldorf,
Germany / Deutschland
In-house design / Werksdesign
www.grohe.com

**New character – the spirit of change**
While classic bathrooms in the 1950s followed rather pragmatic designs and small dimensions, today bathrooms are in the process of transforming into a spacious retreat for relaxation and contemplation. It takes time however, before new design dogmas establish themselves and changes are turned into reality. Furthermore, many bathroom owners cannot easily change the design of their bathrooms, simply because they live in rented accommodation. The simple consumer insight "I have to renovate my bathroom to have a new shower" served as catalyst for the design concept of the Rainshower Icon. With its unique aesthetic resonating innovation and change the thinking was to challenge this preconceived notion. Like any new prototype in its class, it reinterprets the aesthetic of the shower: a part of the bathroom that so far was of little interest for renewals has turned into a stylish and modularly exchangeable product that lends the bathroom a new character. What the design centres on and what is distinctive about the aesthetic is above all the innovative form of its spray face: instead of an outer frame it features an intrinsic chrome ring lending it a character that looks friendly and familiar, yet iconic in the bathroom. The shower head with its very flat design augments this iconic effect: it seems to entice interaction and creates an instant emotional connection. With Rainshower Icon, users can add a new aesthetic value to their old bathrooms, without having to renew it in its entirety. The highly iconic character of the hand shower is further enhanced through the choice of suggestive colours such as Moon White in combination with Eco Chic Green or the brand signature colour scheme StarLight Chrome with Night-time Grey. The Eco Chic Green in combination with the white was selected to emphasise that the product was created with our fragile environment in mind. Equipped with highly modern technology and ecologically sound functions, such as the eco button (aqua dimmer) and DreamSpray ensuring water is efficiently and evenly distributed to every single nozzle. A new icon for hand-held showering which embodies the spirit of change.

**Frischer Wind – im Zeichen des Neuen**
Plante man in den 1950er Jahren das klassische Bad eher pragmatisch und mit kleineren Dimensionen, wandelt sich das Badezimmer heute mehr und mehr zu einem geräumigen Ort der Ruhe und Erholung. Neue gestalterische Dogmen brauchen aber ihre Zeit und es dauert lange, bis sich Veränderungen wirklich durchsetzen. Zudem können viele Badbesitzer nicht ohne Weiteres einfach das Aussehen ihres Bades verändern, da sie etwa in gemieteten Räumen wohnen. Die weitverbreitete Ansicht „Ich muss mein Badezimmer renovieren, um eine neue Dusche zu bekommen" diente als Grundlage für das Gestaltungskonzept der Handbrause Rainshower Icon. Mit ihrer besonderen, die Ästhetik verändernden Innovation und Wandelbarkeit zielt sie darauf ab, diese vorgefasste Meinung zu hinterfragen. Wie jeder neue Urtypus seiner Gattung interpretiert sie die Ästhetik einer Dusche neu: Aus einem bislang für Renovierungsvorhaben eher uninteressanten Teil des Badezimmers wird ein trendiges und modular austauschbares Produkt, das dem Bad eine neue Anmutung verleiht. Im Mittelpunkt der Gestaltung und prägend für die Ästhetik ist vor allem die innovative Form der Düsenoberfläche, statt eines äußeren Ringes hat Rainshower Icon einen innenliegenden Chromring, wodurch die Handbrause eine freundliche und vertraute, zugleich aber auch zeichenhafte Anmutung erlangt. Der sehr flach gestaltete Duschkopf verstärkt diese zeichenhaften Wirkung: Er scheint zur Interaktion aufzufordern und rasch entsteht eine emotionale Bindung zum Nutzer. Dieser kann mit Rainshower Icon sein altes Bad ästhetisch neu aufwerten, ohne es gleich ganz neu renovieren zu müssen. Verstärkend auf die sehr zeichenhafte Wirkung der Handbrause wirkt auch die Wahl der anregenden Farben wie Moon White in Kombination mit Eco Chic Green oder das markenrepräsentative Farbschema StarLight Chrome mit Night-time Grey. Die Wahl von Eco Chic Green in Verbindung mit Weiß hebt dabei hervor, dass das Produkt als ein Beitrag zum Schutz unserer gefährdeten Umwelt gedacht ist. Technologisch überaus zeitgemäß ausgestattet mit umweltfreundlichen Eigenschaften wie einer Ökotaste (Wasserdimmer) und der das Wasser effizient und gleichmäßig auf jede einzelne Düse verteilenden DreamSpray-Funktion. Eine neue Ikone im Handduschbereich, die den Geist der Veränderung verkörpert.

red dot: best of the best 53

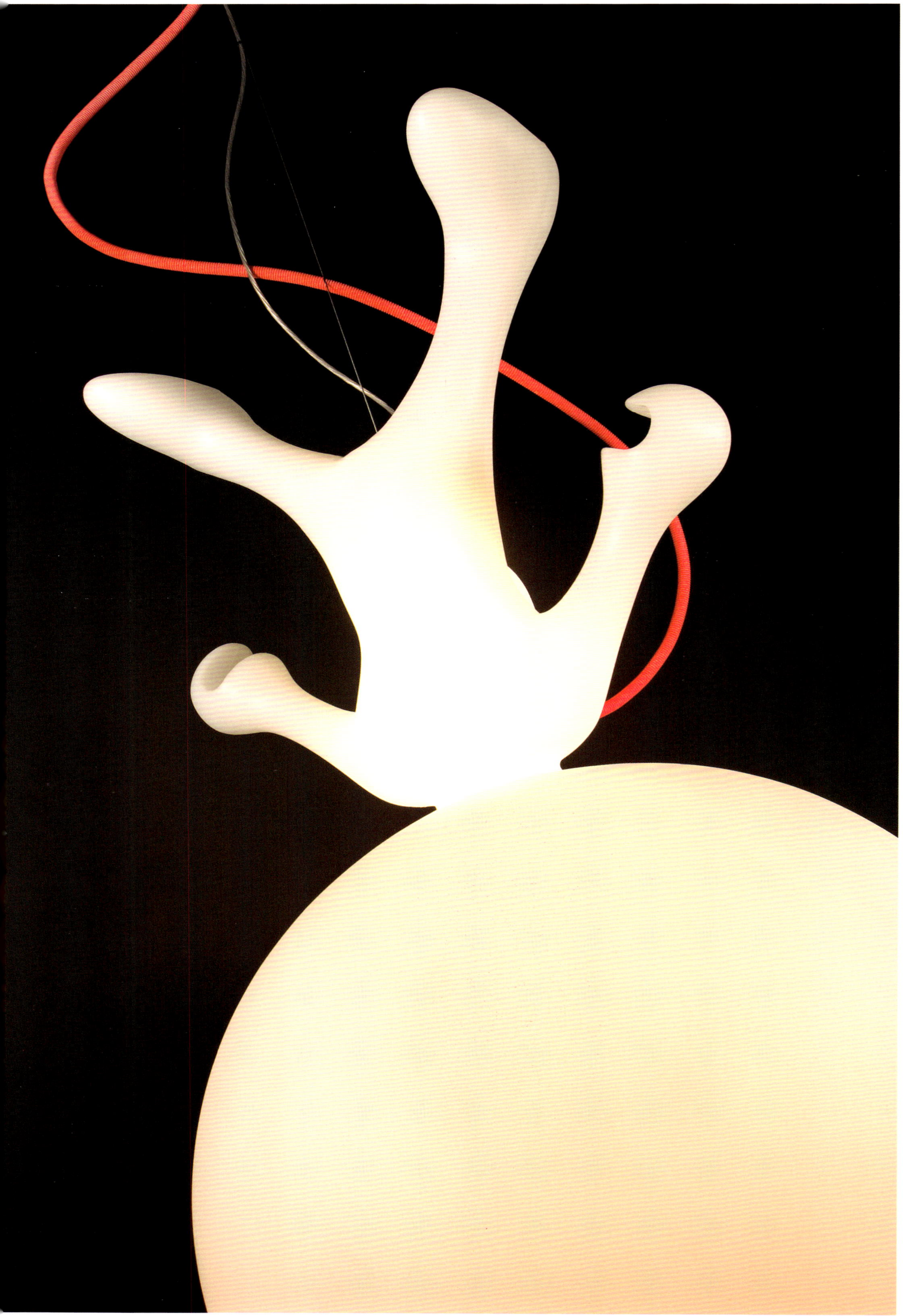

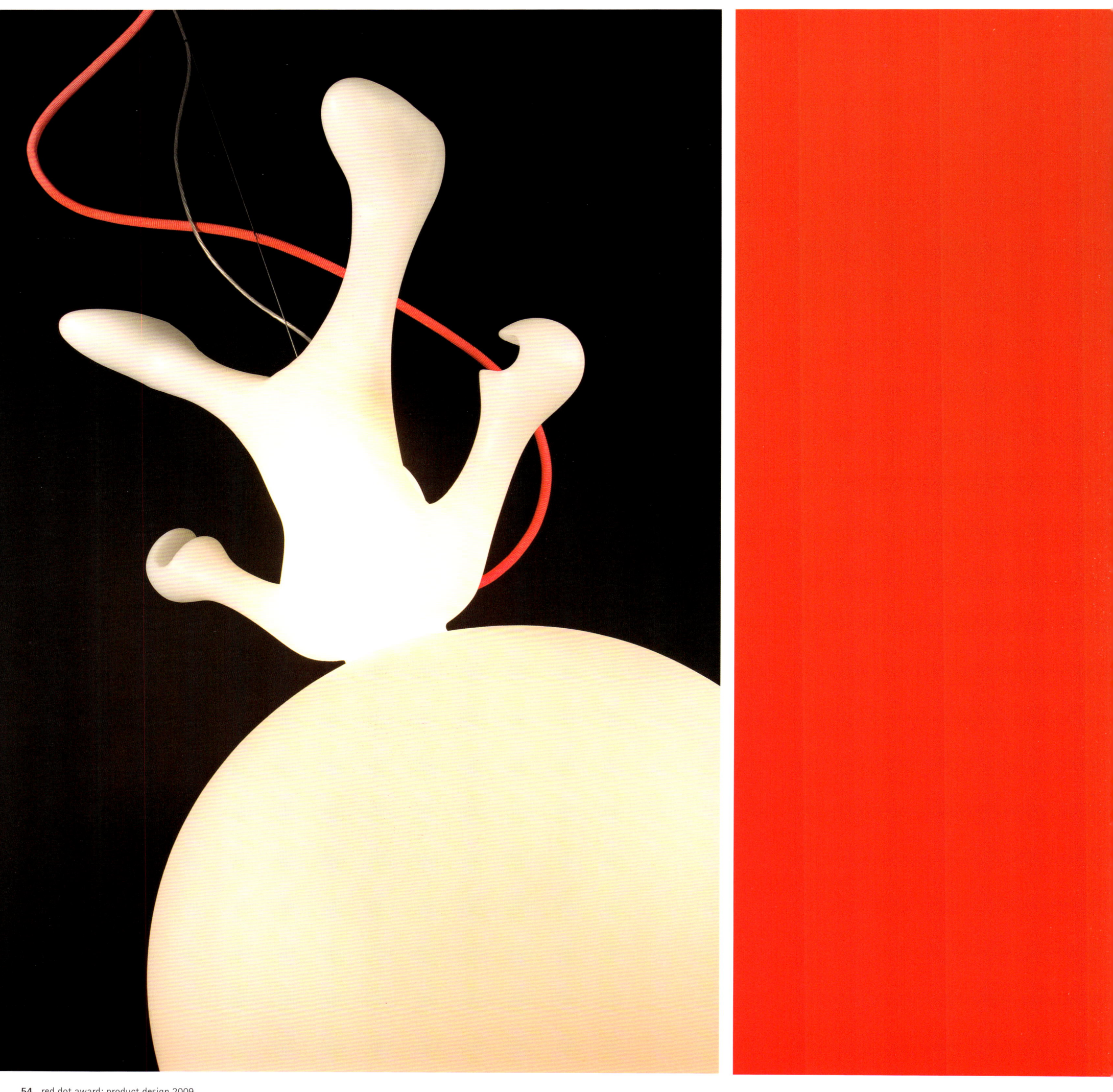

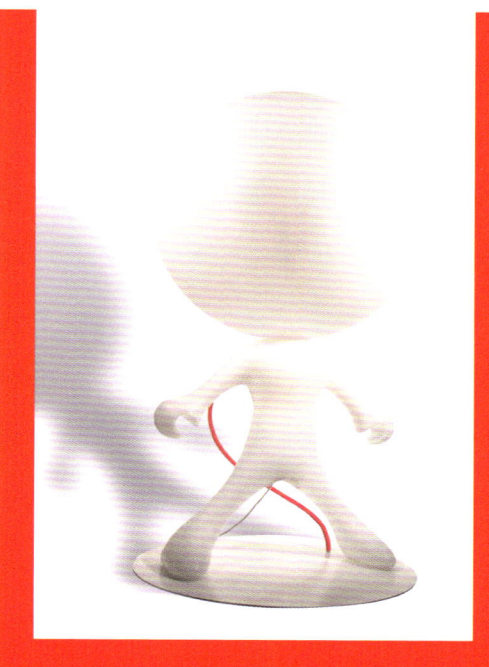

**Spacewalker**
Floor and Suspension Lamp/
Steh- und Hängeleuchte

Dark NV, Adegem, Belgium/Belgien
Design: Constantin Wortmann, Munich,
Germany/München, Deutschland
www.dark.be

**Visitor from space – design and inspiration**
"Zaphod stepped through the wall of the globe and relaxed on the sofa. He spread his two arms lazily along the back and with the third brushed some dust off his knee. His heads looked about, smiling; he put his feet up." This is how Douglas Adams in his famous book "The Hitchhiker's Guide to the Galaxy" describes the arrival of Zaphod Beeblebrox, the President of the Galaxy, on earth after he had just landed with his globe-shaped spacecraft. Though called a "guide to the galaxy", this book is of a very special kind of science fiction – it is funny and full of wit. To present a counter world in such a witty manner and be able to amuse people again and again is something that the Spacewalker lamp too manages to achieve. It also looks as if it had just stepped out of a spacecraft: an illuminated creature with a huge, oversized head that is hanging on a red cord and floats freely underneath the ceiling. The design of the Spacewalker lamp combines geometric elements and organic forms into a friendly lighting object for use within a room. The basic model is made of translucent white plastic and can be customised with the help of red, green or blue colour filters to create atmospheric and changing light scenarios. With its organic language of form and poetic appeal, the Spacewalker lamp looks like a friendly visitor from space and is not only for use in indoor living areas, but can just as easily be used outdoors. Made from durable materials and featuring a waterproof design, one version of this lamp can also be set up in the garden – where it would look like a visitor who is kindly asking to be let in.

**Besuch aus dem All –
Gestaltung und Inspiration**
„Zaphod schritt durch die Wand der Kugel und machte es sich auf dem Sofa bequem. Zwei seiner Arme breitete er auf der Rückenlehne aus und mit dem dritten wischte er sich ein Stäubchen vom Knie. Seine Köpfe blickten lächelnd in die Runde, seine Füße legte er hoch." So beschreibt Douglas Adams in seinem erfolgreichen Buch „Per Anhalter durch die Galaxis" die Ankunft von Zaphod Beeblebrox, des Präsidenten der Galaxis, nachdem dieser gerade mit seinem kugelförmigen Raumschiff gelandet ist. Als „Reiseführer durch die Galaxis" verkörpert dieses Buch eine besondere Form von Science Fiction – es ist amüsant und klug geschrieben. Solche Gegenwelten auf intelligente Art und Weise zu vermitteln und immer wieder aufs Neue zu verblüffen, das gelingt auch der Leuchte Spacewalker. Sie wirkt, als sei sie erst vor Kurzem einem Raumschiff entstiegen: Ein glühendes Männchen mit einem überdimensionierten Kopf hängt an einem roten Seil und schwebt frei unter der Decke. Geometrische Elemente und organische Formen verbinden sich bei der Gestaltung von Spacewalker zu einem freundlichen, leuchtenden Objekt im Raum. In der Grundausführung aus einem durchschimmernden weißen Kunststoff gefertigt, bietet die Leuchte darüber hinaus durch Farbfilter in Rot, Grün oder Blau stimmungsvolle wechselnde Lichtszenarien. Mit ihrer organischen und poetisch anmutenden Formensprache erscheint die Leuchte Spacewalker wie ein freundlicher Besucher, der im Wohnbereich seinen Platz findet, aber auch für den Objektbereich sehr interessant ist. Aus einem langlebigen Material und wasserdicht gestaltet, kann eine Version dieser Leuchte auch im Garten stehen – wo sie wirkt wie jemand, der gerade freundlich um Einlass bittet.

**Noto**
Pendant Lamp / Pendelleuchte

Artemide S.p.A.,
Pregnana Milanese, Italy/Italien
Design: Michele De Lucchi
www.artemide.com

### Dragon of light

"The dragon has nine sons. Each of them has his own duty, and each has his own likes and dislikes," reads an old Chinese saying. It communicates the many different meanings that the image of the dragon used to play in everyday Chinese life. As in all other parts of the world, in China the dragon is a strong and prevalent symbol. Stylised and represented as a snake, the dragon has been the symbol of the overpowering strength of the Chinese Empire for centuries and in China today is still associated with notions of eternity and power. A highly subtle translation of this symbol into our modern times is presented by the design of the Noto pendant lamp. Its designer, Michele De Lucchi, has transformed the symbol of the dragon into an abstract lighting structure: in a free design interpretation he has created an expressive dragon-like sculpture of glass and light – a lamp that is highly distinctive even when switched off. It produces a pleasant, diffuse lighting atmosphere when switched on. The design concept of the pendant lamp follows a highly logical structure: the frame of the lamp consists of a steel structure, while six movable cylinders made of hand-blown opal glass form the "dragon" diffuser that seems to float in the air. This floating effect, which is central to the lamp's appearance and presence, is facilitated through its special fixture: there is only one point where the mounting is fixed to the body of the lamp and it is hardly visible. The aim of the Noto's design, namely to use a symbol and exemplify its meaning, is achieved in a subtle manner. A lamp turns into an ambassador presenting the traditional values of the dragon symbol – at the same time it is also an ambassador of a highly refined design.

### Drache des Lichts

„Der Drache hat neun Söhne, jeder von ihnen ist verschieden", lautet ein altes Sprichwort in China. Es erzählt von den unzähligen Bedeutungen, die das Bild des Drachens im alltäglichen Leben Chinas einnimmt. Wie in allen Teilen der Erde ist der Drache auch dort ein starkes und sehr präsentes Symbol. Stilisiert und schlangenartig dargestellt, symbolisierte der Drache über Jahrhunderte die allumfassende Macht des Kaiserreichs und wird in China auch heute noch mit den Attributen der Ewigkeit und der Stärke in Verbindung gebracht. Eine überaus feinsinnige Übersetzung dieses Symbols schafft die Gestaltung der Pendelleuchte Noto. Der Designer Michele De Lucchi verwandelt das Drachensymbol dabei in ein abstraktes Leuchtengebilde: in einer freien gestalterischen Interpretation entstand eine ausdrucksstarke, drachenähnliche Skulptur aus Licht und Glas – eine Leuchte, die auch im ausgeschalteten Zustand präsent ist und eingeschaltet eine angenehme, diffuse Lichtstimmung erzeugt. Das Gestaltungskonzept von Noto folgt einer sehr logischen Struktur: Der Rahmen der Leuchte besteht aus Stahl und sechs bewegliche Zylinder aus weißem mundgeblasenem Opalglas formen den „Drachen", der frei im Raum zu schweben scheint. Dieser für die Anmutung und Präsenz der Leuchte wichtige Schwebeeffekt wird möglich durch die Art der Fixierung. Die Aufhängung von Noto ist nur an einem einzigen Punkt mit dem Leuchtenkörper verbunden und man nimmt sie kaum wahr. Das Ziel der Gestaltung von Noto, ein Symbol und dessen Bedeutung greifbar werden zu lassen, gelingt auf subtile Weise. Eine Leuchte wird zur Botschafterin der alten Werte des Drachensymbols – in einem Atemzug wird sie dabei auch zum Botschafter einer überaus feinsinnigen Gestaltung.

red dot: best of the best  57

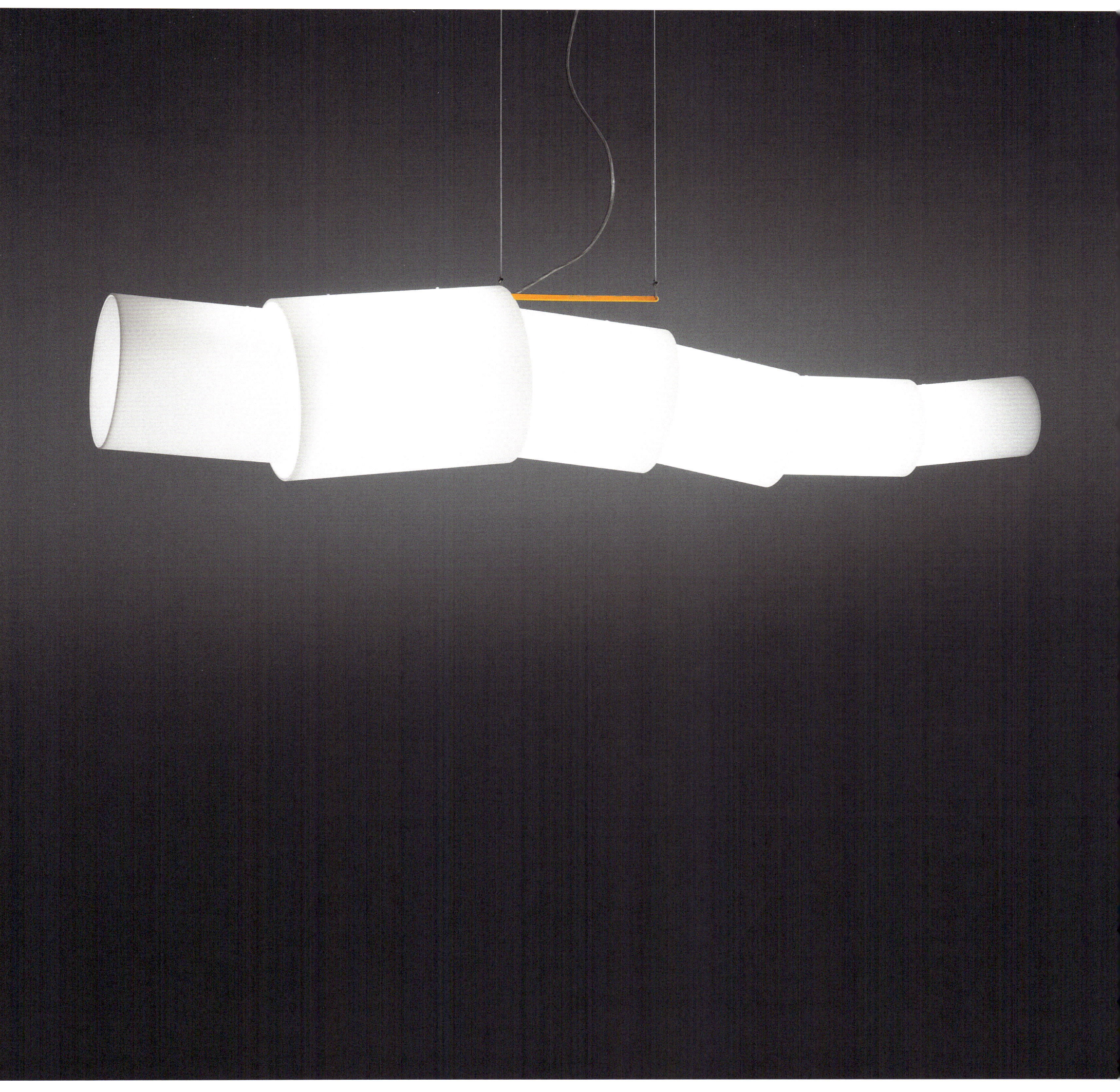

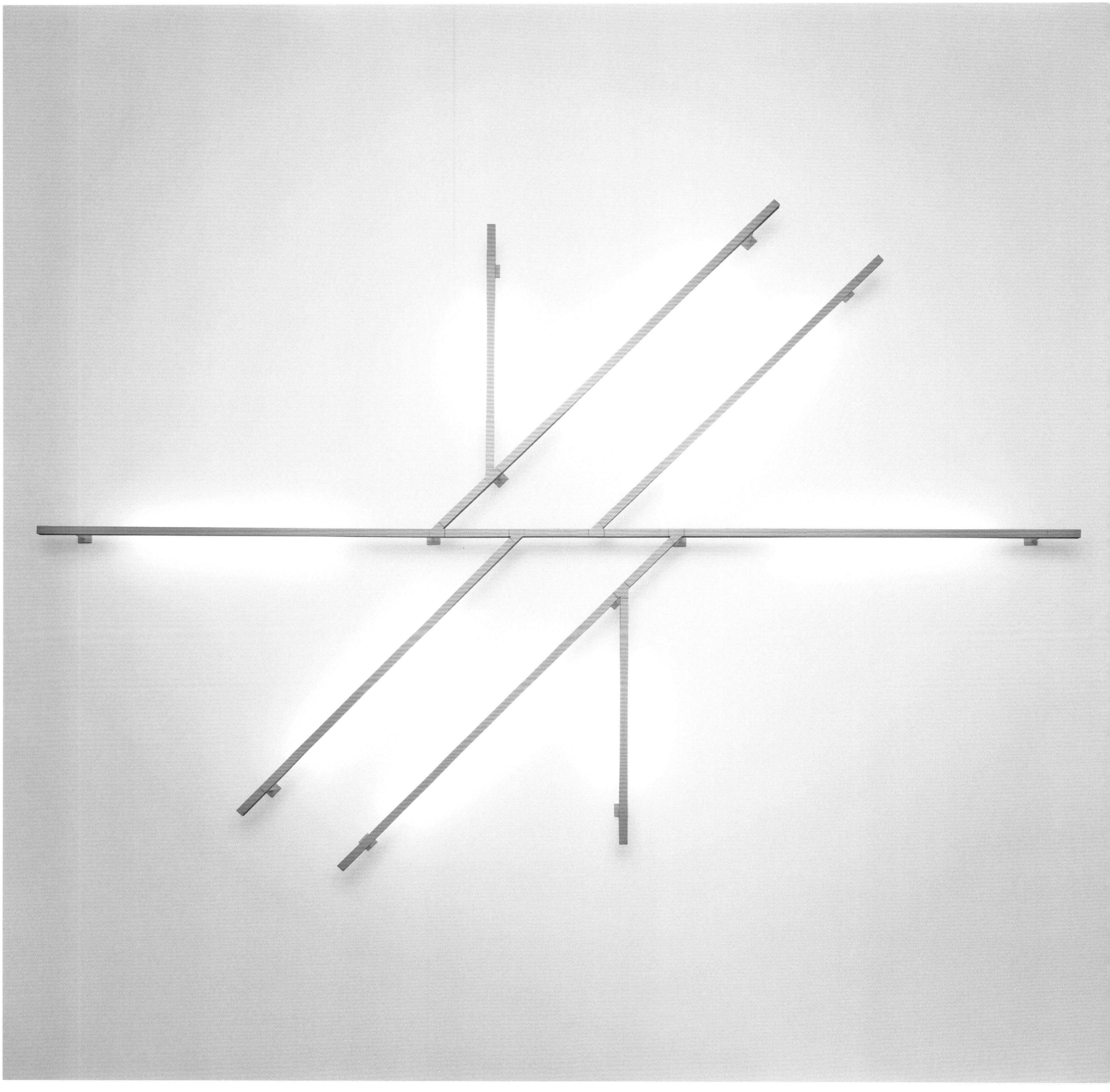

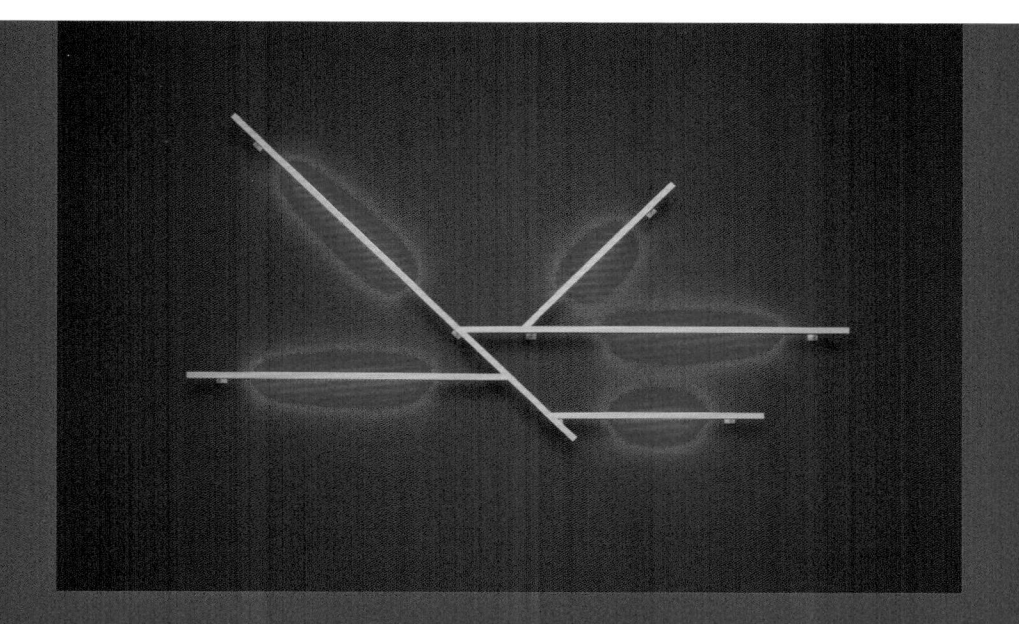

**Kao**
Wall, Ceiling or Pendant Lamp/
Wand-, Decken- oder Pendelleuchte

Artemide S.p.A.,
Pregnana Milanese, Italy/Italien
Design: Bruno Houssin
www.artemide.com

**Pure lines of nature**
"Every law of nature that becomes apparent to the observer hints towards a higher law of nature that is still undiscovered." This is how the humanist and natural scientist Alexander von Humboldt described the difficult-to-seize character of nature. Naturally grown structures possess their own, highly specific aesthetics. The branches of a tree, for instance, generate the most complex forms and, depending on the viewing angle, look entirely different. Such natural branching structures served as the source of inspiration for the Kao light fixtures series. Their language of form is an abstraction of a tree's polymorphic structures, which it interprets in a highly fascinating approach: graphically clear and like branches on a wall, an arrangement of individual white aluminium modules which, with their ramifications, compose lighting structures in two or three dimensions. Similar to the diversity found in nature, the arrangement of the individual fixtures too knows no limits and can be freely arranged in almost any combination. The aluminium modules' reduced section of 40 x 40 mm lends the Kao a filigree appearance – its fluorescent lamp emits a discreet, indirect light on the wall or ceiling. The Kao is particularly suited to the lighting of large entrance halls, reception areas or spacious corridors, and can be either suspended from the ceiling or mounted onto the wall. Depending on the size of the space available and the effect sought by the lighting designer, the fixtures can be arranged in an infinite number of ways, either individually or in clusters, to unfold their appeal to the full – like the pure lines of a symbiosis between nature and design.

**Pure Linien der Natur**
„Jedes Naturgesetz, das sich dem Beobachter offenbart, lässt auf ein höheres, noch unerkanntes schließen", so beschrieb der Humanist und Naturforscher Alexander von Humboldt den nur schwer greifbaren Charakter der Natur. Gewachsene Strukturen haben hier ihre eigene und sehr spezifische Ästhetik. Allein die Äste eines Baumes bringen die vielfältigsten Formen hervor und, je nach Perspektive, sehen die Astverbindungen völlig unterschiedlich aus. Solche in der Natur gefundenen Strukturen der Verästelung bildeten die Inspirationsquelle für die Gestaltung der Leuchtenserie Kao. Ihre Formensprache abstrahiert die polymorphen Strukturen eines Baumes und interpretiert diese auf faszinierende Art und Weise neu: Grafisch klar und wie Äste an der Wand wirkt die Anordnung einzelner weißer Aluminiummodule, die mit ihren originellen Verzweigungen zwei- oder auch dreidimensionale Beleuchtungskörper bilden. Ähnlich der Vielfalt der Natur sind auch hier der Anordnung der einzelnen Elemente keinerlei Grenzen gesetzt und sie können beliebig und in freier Form variiert werden. Da die Aluminiummodule zudem einen nur geringen Querschnitt von 40 x 40 mm haben, wirkt die Leuchte Kao filigran – mittels Leuchtstofflampen spendet sie an der Wand oder Decke ein dezentes, indirektes Licht. Sie ist insbesondere gestaltet für den Einsatz in großen Foyers, Eingangsbereichen oder weiträumigen Fluren, wo sie entweder als Hänge-, Decken- oder Wandleuchte dient. Je nach Raumvolumen und dem vom Lichtplaner beabsichtigten Effekt kann sie dort einzeln oder traubenförmig in einer schier unendlichen Vielzahl von Kombinationen ihre Wirkung entfalten – wie pure Linien einer Symbiose von Natur und Design.

LED1
Lamp / Leuchte

Tunto, Järvenpää, Finland / Finnland
In-house design / Werksdesign:
Tunto Design Ky (Mikko Kärkkäinen)
www.tunto.com

**A cultural touch of wood**
Wood is a very special material because it signifies a connection to the forest and thus to something that is non-artificial. Maybe that is the reason why natural wood is in vogue again and even unvarnished wood has long lost its old-fashioned image. A highly exciting interpretation of this material is presented by the LED1 lamp. It was created by the Finnish designer Mikko Kärkkäinen, who follows in the tradition of Finnish designers such as Alvar Aalto and Tapio Wirkkala, and who, with his products, aims to establish a connection with today's living environments – a self-proclaimed cultural transformation that he achieves well: the LED1 lamp features a design of geometrically clear lines which at first sight underscore the appearance of a highly functional light source equipped with the latest generation of LED lamps. However, when users touch the lamp's wood surface for the first time, they might be surprised. The "homely" and pleasing smoothness of the material also holds in store a tactile surprise: a touch-sensitive switch lies hidden underneath the wood surface and reacts immediately when touched even lightly. Thus, switching on the lamp conveys an experience of lightness – just as if this function was an organic part of the wood itself. This kind of design was facilitated through an innovative merging of traditional woodwork processing with new technologies; wood is thus reinterpreted in a new context. The LED1 embodies a lamp that unites not only apparent contradictions in material, but also those of the zeitgeist in a highly coherent product – a pleasure to experience that leaves one wanting to touch the lamp again and again.

**A cultural touch of wood**
Holz ist ein ganz besonderer Werkstoff, denn er stellt die Verbindung zu etwas Ursprünglichem und zum Wald her. Vielleicht sind deshalb Naturhölzer wieder en vogue und längst hat selbst rohes Holz das Image des Angestaubten verloren. Eine überaus spannende Interpretation dieses Materials zeigt die Leuchte LED1. Gestaltet hat sie der finnische Designer Mikko Kärkkäinen, der sich in der Tradition der finnischen Designer Alvar Aalto und Tapio Wirkkala sieht und mit seinen Produkten eine Verbindung zu heutigen Lebenswelten schaffen will. Eine angestrebte kulturelle Transformation, die ihm gut gelingt: LED1 ist eine mit geometrischen und klar anmutenden Linien gestaltete Leuchte, die auf den ersten Blick wie eine sehr funktionale Lichtquelle wirkt und mit LED-Lampen der neuesten Generation bestückt ist. Beschäftigt sich der Betrachter jedoch mit der Oberfläche aus Holz, so ist er überrascht. Eine „wohnliche" und angenehme Weichheit des Materials verbindet sich hier mit haptischen Erlebnissen. In der Holzoberfläche von LED1 verbirgt sich ein berührungsempfindlicher Schalter, der sofort und nur auf einen Fingertipp reagiert. Diese Leuchte einzuschalten, vermittelt das Gefühl funktionaler Leichtigkeit – so, als sei die Funktion ein organischer Bestandteil des Materials Holz. Möglich wurde diese Art der Gestaltung durch eine innovative Kombination traditioneller Holzbearbeitung mit neuen Technologien – das Material Holz wird in einem neuen Kontext gesehen. LED1 ist eine Leuchte, deren Gestaltung scheinbare Gegensätze der Materialien, aber zugleich auch die des Zeitgeistes in einem sehr stimmigen Produkt vereint – einem Handschmeichler, den man immer wieder berühren will.

red dot: best of the best  61

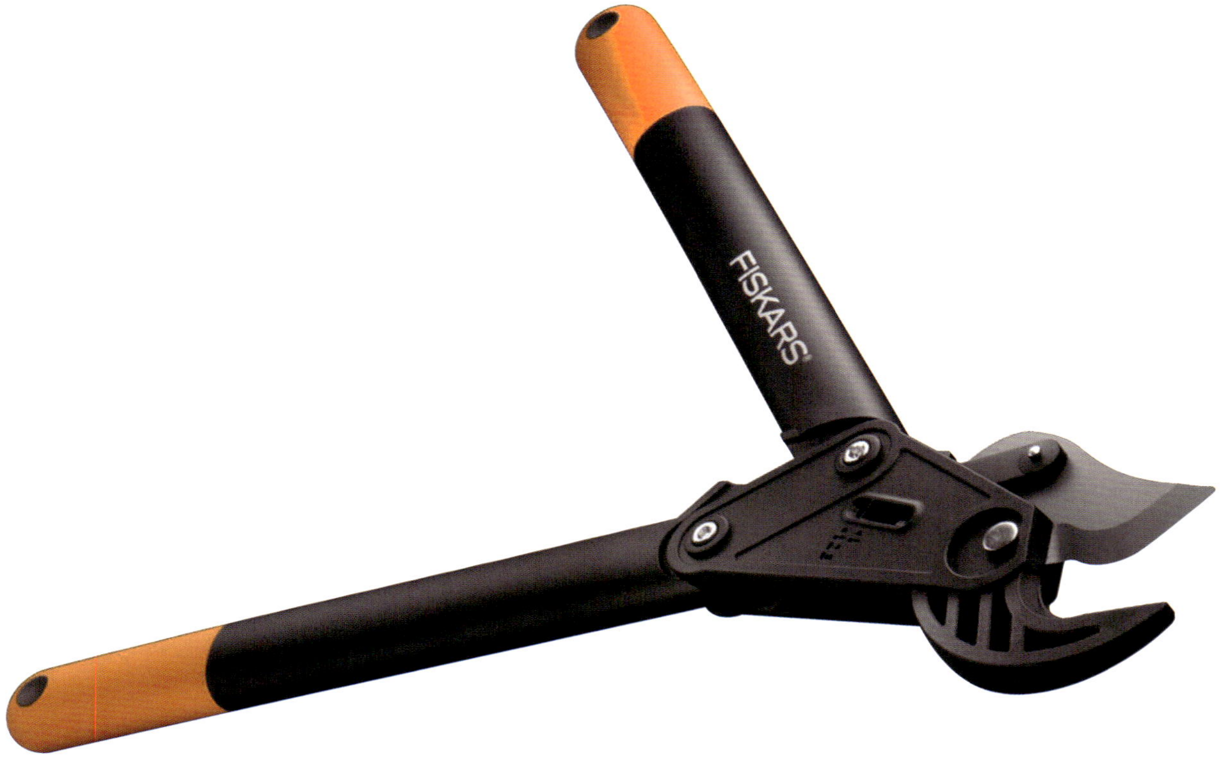
FISKARS

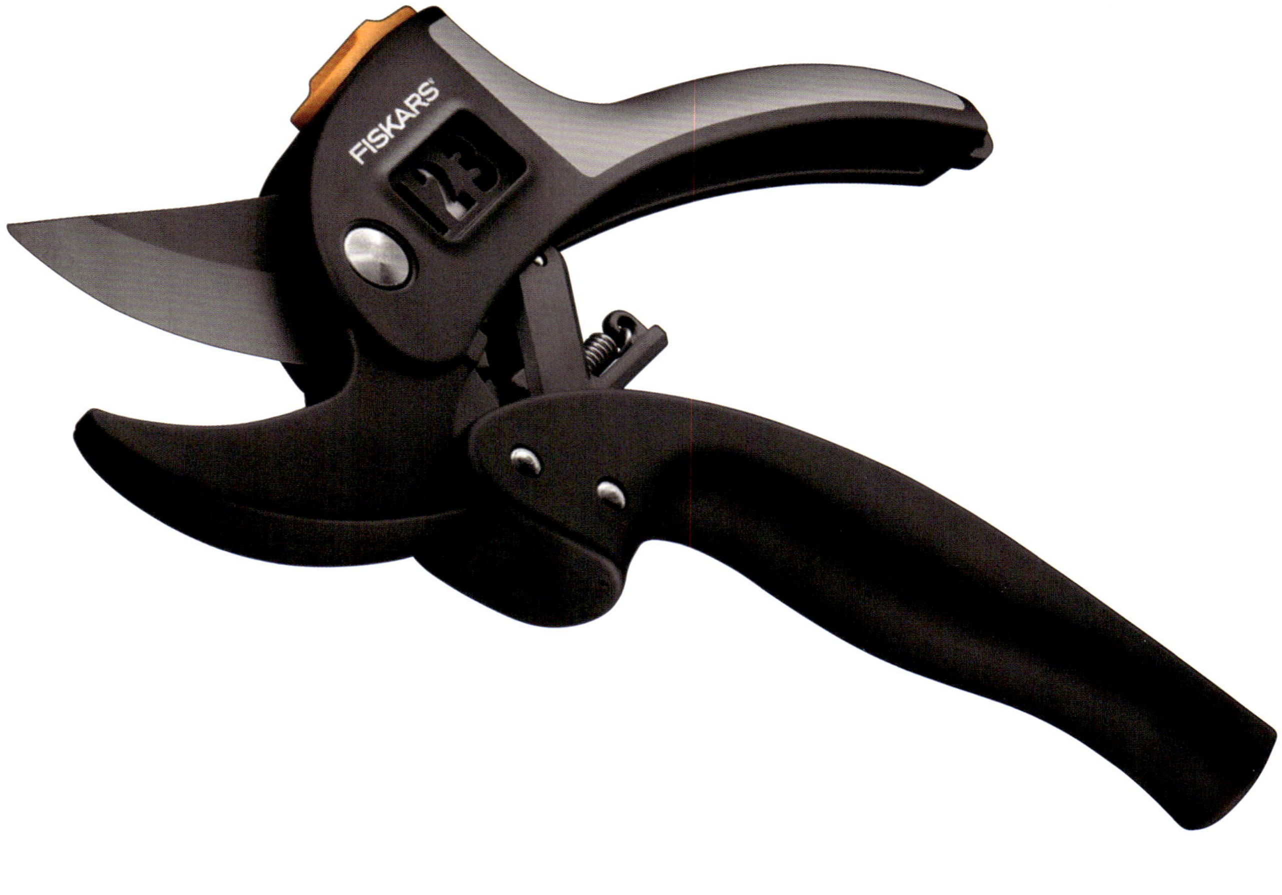
FISKARS

PowerStep
Pruner and Lopper/
Garten- und Astschere

Fiskars Brands Finland Oy Ab,
Billnäs, Finland/Finnland
In-house design/Werksdesign:
Olavi Lindén, Markus Paloheimo
www.fiskars.com

**Tacaruna or the taming of the jungle**
Tacaruna was designed to become a milestone in modern landscape gardening: when Edmundo Cavanellas and Oscar Niemeyer, an architect and pupil of Le Corbusier, met with Roberto Burle Marx in the Brazilian Pedro Do Rio in 1959, they commissioned him to create a true showpiece of a garden. And the landscape designer Roberto Burle Marx managed to really baffle them with his design: Tacaruna merges the geometric and almost sculptural arrangement of flower beds in a highly impressive manner with the giant trees of a "tamed" jungle. The design of the PowerStep pruner and lopper, with its form and function, allows the user to be similarly imaginative when working on their garden designs, because it lends the cutting of bush and tree boughs a new feeling of lightness. The design centres on an advanced cutting mechanism that automatically recognises the thickness of branches and then cuts them in several steps: thin branches are cut like twigs in a single step just like with "normal" pruners. When trying to cut thicker branches, however, the tools's PowerStep technology is automatically activated as soon as its handles are opened wider. How many of the three possible cutting steps are needed in order to cut a particular branch is determined in a highly intelligent and interactive manner, because as soon as the handles of the lopper open, the number of steps to accomplish the task shows up on the display. Thus it is not necessary to set the cutter manually – the garden tool "thinks along" so to speak and, in combination with the ergonomically optimised shape of the otherwise light pruner and lopper, makes the workload considerably easier on the gardener – through the tool's intelligent design, taming the private "garden jungle" turns into a functional and formal experience.

**Tacaruna oder die Zähmung des Dschungels**
Tacaruna sollte ein Meilenstein des modernen Gartenbaus werden: Als sich Edmundo Cavanellas und Oscar Niemeyer, Architekt und Schüler Le Corbusiers, 1959 mit Roberto Burle Marx im brasilianischen Pedro Do Rio trafen, wünschten sie von ihm einen Garten wie ein Schaustück. Und der Gartenbaukünstler Roberto Burle Marx verblüffte sie mit seiner Gestaltung. Geometrisch und fast skulptural angeordnete Blumenrabatten verbinden sich in Tacaruna auf imposante Art und Weise mit den Baumriesen eines „gezähmten" Dschungels. Die Gestaltung der Garten- und Astschere PowerStep erlaubt mit ihrer Form und Funktion eine ähnlich individuelle Gartengestaltung, denn das Schneiden von Ästen der Sträucher und Bäume geschieht mit einer neuen Art von Leichtigkeit. Im Mittelpunkt der Gestaltung steht ein hochentwickelter Stufenmechanismus, der die Dicke von Ästen erkennt und diese stufenweise abtrennt: Bei dünnen Ästen schneidet die Schere den Zweig wie eine „normale" Astschere in einem Schnitt durch. Beim Schneiden dickerer Äste wird dann automatisch die PowerStep-Technologie aktiviert, sobald die Griffe weiter geöffnet werden. Diese Einstellung in Schnittgrößen von ein bis drei Stufen geschieht auf sehr intelligente sowie interaktive Art und Weise, denn sobald man die Griffe der Astschere öffnet, um den entsprechenden Ast zu fassen, wird auf einem Display angezeigt, wie viele Schritte zum Schneiden ausgewählt wurden. Es ist deshalb nicht notwendig, die Einstellung manuell vorzunehmen – das Gartengerät „denkt mit". In Verbindung mit einer ergonomisch optimierten Handhabung der zudem leichtgewichtigen Garten- und Astschere wird die Arbeitsbelastung für den Gärtner erheblich verringert – die Zähmung des privaten „Gartendschungels" wird durch eine intelligente Gestaltung zum funktionalen und formalen Erlebnis.

**Tango**
Armchair / Sessel

Fischer Möbel GmbH, Schlierbach,
Germany / Deutschland
Design: Mads Odgård Design,
Copenhagen, Denmark /
Kopenhagen, Dänemark
www.fischer-moebel.de
www.odgard.dk

**Light muse of architecture**
They open up new horizons in thinking. By offering new interpretations, contemporary architectural designs like those by Daniel Libeskind and Frank Gehry also create new living environments. Open spaces are the hallmark of this form of architecture and, thus paired with a new lightness of being, they increasingly dissolve the boundaries within a house – the indoor and outdoor areas turn into actively used spaces without any perceived transition between them. The design of the Tango armchair incorporates these design maxims in many respects so that both its form and function highlight an aesthetically balanced appearance. At first glance it is the choice of materials that distinguishes Tango's clear and graceful form language: the curve-shaped frame made of rounded, robust stainless steel suitable also for outdoor use, harmoniously merges with a seating area featuring durable outdoor fabric. This fabric dries up quickly after rain and does not bleach when left in the sun. Thus, with its functional as well as ergonomically well thought-out design, the Tango armchair can easily swap between outdoor and indoor use without ever seeming misplaced. It is stackable to save space and light, allowing it to be carried quickly, for instance at a party, from the kitchen to the terrace. Ergonomically designed, the Tango armchair is highly comfortable and properly supports a correct seating position, thus allowing long periods of sitting at a table or using it for relaxed sunbathing while reading a book. With its well-balanced design, the Tango armchair is an expression of a lightness that can be felt and experienced in every detail. It is present yet unobtrusive – just like a light muse of architecture.

**Leichte Muse der Architektur**
Sie eröffnen Horizonte neuen Denkens. Zeitgenössische Architekten wie Daniel Libeskind und Frank Gehry schaffen mit ihren neuen Interpretationen der Architektur auch neue Lebenswelten. Offene Räume sind die Maximen dieser Architektur und mit einer damit einhergehenden Leichtigkeit des Lebens verschwimmen immer mehr auch die Grenzen des Lebens im Haus – der Indoor- und Outdoorbereich werden zum aktiv genutzten Raum ohne spürbaren Übergang. Die Gestaltung des Sessels Tango verinnerlicht diese Maximen in vielerlei Hinsicht und seine Form wie auch seine Funktion verleihen ihm einen ästhetisch ausgewogenen Ausdruck. Auf den ersten Blick ist es die Wahl der Materialien, welche die klare und leicht anmutende Formensprache des Sessels Tango prägen: Ein schwungvoll gestaltetes Gestell aus einem gerundeten, auch für den Außenbereich robusten Edelstahl verbindet sich harmonisch mit einem Sitz aus langlebigem Outdoorgewebe. Das Gewebe trocknet nach einem Regen schnell und es bleicht in der Sonne nicht aus. Derart funktional wie ergonomisch gut durchdacht, kann der Sessel Tango von Outdoor zu Indoor wechseln, ohne jemals deplaziert zu wirken. Er ist platzsparend stapelbar und leicht, weshalb er auf einer Party schnell von der Küche auf die Terrasse getragen werden kann. Ergonomisch gestaltet, ist der Sessel Tango sehr bequem und gibt dem Sitzenden einen guten Halt. Man kann auf ihm längere Zeit am Tisch, aber ebenso gut auch in der Sonne sitzen, um dort in aller Ruhe ein Buch zu lesen. Der Sessel Tango ist mit seiner ausgewogenen Gestaltung Ausdruck einer Leichtigkeit, die in allen Details spürbar und erfahrbar wird. Er ist präsent und zurückhaltend zugleich – wie eine leichte Muse der Architektur.

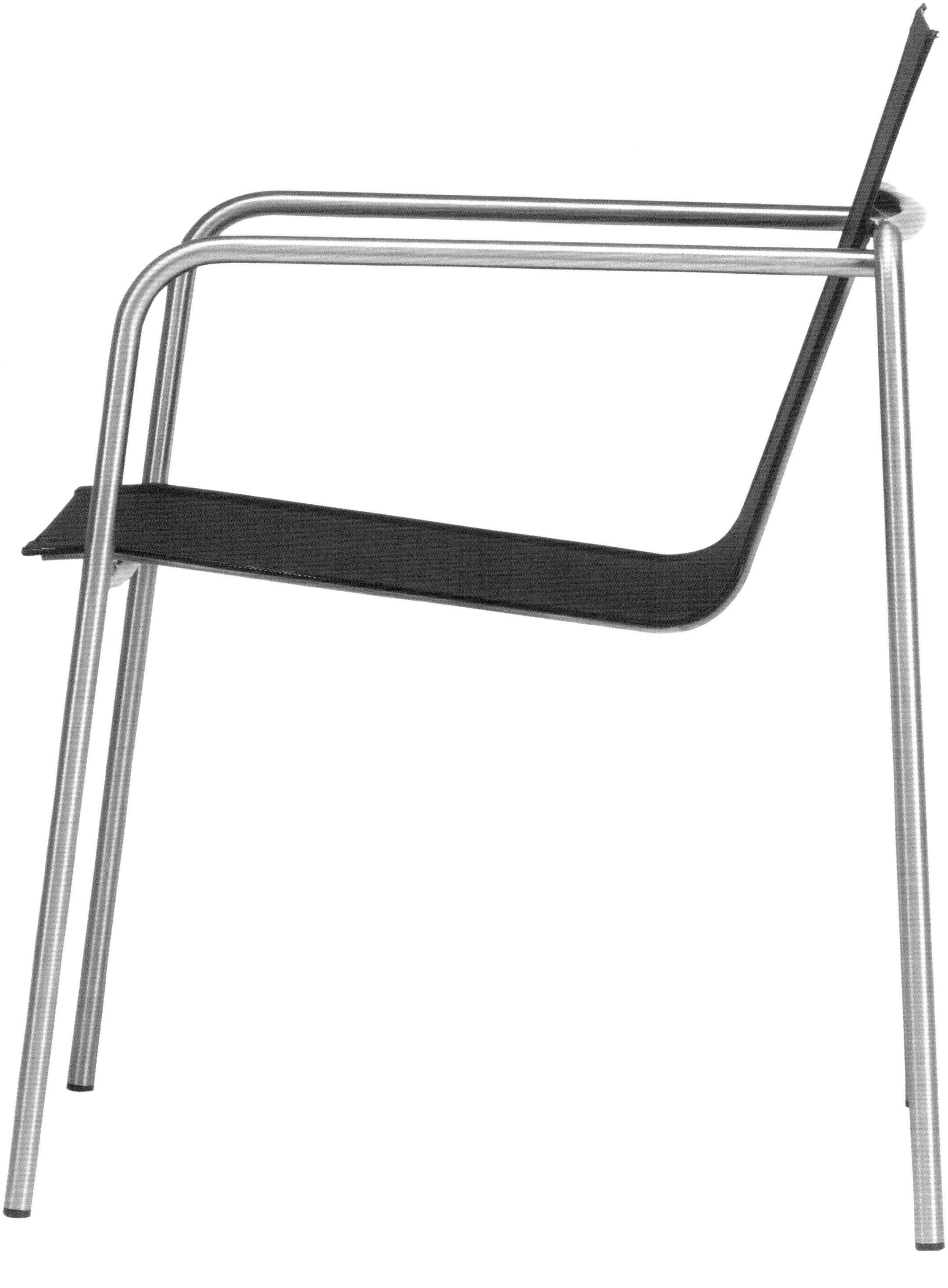

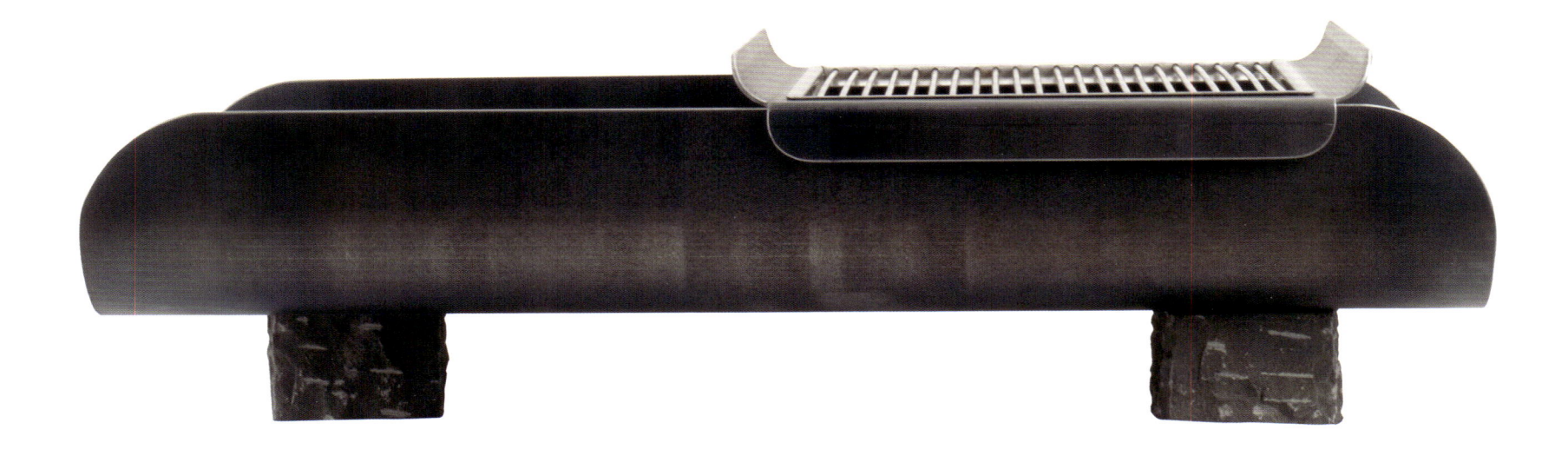

**Longgrill Fire Bowl and Grill /
Langgrill Feuerschale und Grill**

Möbel-Liebschaften, Hamburg,
Germany / Deutschland
In-house design / Werksdesign:
Christian Kusenbach, Martin Sessler
www.moebel-liebschaften.de

**The essence of fire**
Fire has been one of the most essential elements in shaping human civilisation. In 2004, at an excavation site in Israel called Gesher Benot Ya'aqov, remains were found of burned seeds, wood fragments and flint alongside unfired wood – possibly evidence that our ancestors had made use of open fire as early as 790,000 years ago. The design of the Longgrill combines a very old form of grate, the fire vessel, with the functionality of a grill, thus defining its form and function in an interesting approach. The basic body of the Longgrill, a formally well-balanced fire-resistant vessel made of 4-mm sheet steel, rests on three unfinished basalt stones. While the use of these materials gives the Longgrill the appearance of an ancient fireplace, this impression is counterbalanced by the clear and minimalist lines of the actual fire vessel – resulting in the looks of an impressive sculptural object. The Longgrill offers different kinds of fire use: it can visually take centre stage in a given space and be used for heating, or be used for barbecuing with the help of a sliding top frame. The design of the Longgrill thus incorporates the principles of both blaze and ember: At the same time as the barbecue is grilled on the embers, the Longgrill keeps a perfect fire and thus continues to produce additional embers for the barbecuing; the heat can be adjusted by easily sliding the top frame sideways. Interpreting familiar and archaic forms of fire use, the Longgrill's minimalist and functional design thus redefines this type of product – and with it the modern approach to the use of fire.

**Feuer-Form**

Das Feuer ist einer der wesentlichsten Wegbereiter der menschlichen Zivilisation. Im Jahre 2004 fand man an einer Fundstelle namens Gesher Benot Ya'aqov in Israel Überreste von verbrannten Samenkörnern, Holzreste und Feuerstein neben noch unbenutztem Holz. Ein möglicher Beweis dafür, dass unsere Vorfahren das offene Feuer schon vor 790.000 Jahren für sich nutzten. Die Gestaltung des Langgrills verbindet eine sehr alte Form des Feuergefäßes, die Feuerschale, mit der Funktionsweise eines Grills und definiert damit deren Form und Funktion auf interessante Art und Weise. Der Grundkörper des Langgrills, eine formal ausgewogene Feuerschale aus einem feuerbehandelten 4-mm-Stahlblech, ruht an drei Punkten auf rohen Basaltsteinen. Verleihen diese Materialien dem Langgrill die Anmutung einer sehr archaischen Feuerstelle, wird dieser Eindruck durch die klare und minimalistische Linienführung der eigentlichen Feuerschale wieder nivelliert – man sieht ein imposantes skulpturales Objekt. Der Langgrill bietet verschiedene Arten der Nutzung des Feuers: Er kann mit einer offenen Flamme zu einem visuellen Mittelpunkt des Raumes werden und diesen heizen, in der Glut lassen sich auf einem verschiebbaren Grillaufsatz zudem leicht auch Speisen zubereiten und grillen. Die Gestaltung des Langgrills vereint das Prinzip der lodernden Flamme mit dem der Glut: Wenn das Fleisch auf der bereits vorhandenen Glut grillt, brennt das Feuer weiter und sorgt so zusätzlich für ausreichend Glut. Um die Hitze zu regulieren, lässt sich der Grillaufsatz leichtgängig seitlich verschieben. Bekannte und archaische Formen interpretierend, definiert der Langgrill mit dieser minimalistischen und funktionalen Gestaltung seine Produktgattung neu – und damit auch die zeitgemäße Nutzung des Elementes Feuer.

**SecretSlide**
Sliding Door / Schiebetür

Brems Doors, Halen, Belgium / Belgien
In-house design / Werksdesign:
Stefan Vanderick
www.brems.be

**Open-minded – design and the interpretation of the new**

"Doors are holes in the wall for stepping in and out. One steps out to experience the world, loosing oneself therein, and one returns home to regain oneself, loosing the world that one had set out to conquer," the philosopher and sociologist Vilém Flusser wrote in his German essay "On the future of houses" addressing more than just the issue and pure form of a door. With the design of the SecretSlide sliding door the designer Stefan Vanderick too questions the principle of the door, interpreting it as a "transposition element" that goes beyond the level of pure functionality and becomes part of the furniture. Although the SecretSlide looks like a sliding door, it is not classically mounted on visible sliding rails. Rather the door panel seems to be floating in front of the doorway. This visually surprising design interpretation of a door was facilitated through an innovative sliding mechanism that turned the rail principle around: the rolling device is fixed to the wall, while the rail itself is integrated into the door. Thus when opening or closing the door, both the rail and the rolling device remain invisible, which lends the room a more self-contained appearance. Another architecturally highly interesting aspect of this door is the possibility to give it various and individual finishes: covered with lacquer, wood veneer, textile or leather, the door can turn into an integrated part of the room. When designing the SecretSlide door, one of the aims was to ensure easy installation in all situations – it thus presents a highly interesting interpretation for the form of a door, so that this architectural element gains a new and surprising appearance.

**Open-minded – Design und die Interpretation des Neuen**

„Türen sind Mauerlöcher zum Ein- und Ausgehen. Man geht aus, um die Welt zu erfahren, und verliert sich dort drinnen, und man kehrt heim, um sich wiederzufinden, und verliert dabei die Welt, die man erobern wollte", schreibt der Philosoph und Soziologe Vilém Flusser in seiner Abhandlung „Über die Zukunft des Hauses" und thematisiert dabei mehr als die reine Form einer Tür. Mit der Gestaltung der Schiebetür SecretSlide stellt auch der Designer Stefan Vanderick das Prinzip einer Tür in Frage, er interpretiert sie als ein „Transpositionselement", das die Ebene reiner Funktionalität verlasse und zum Teil des Mobiliars werde. Obwohl diese Tür wirkt wie eine Schiebetür, ist SecretSlide nicht auf traditionelle Art und Weise sichtbar auf Schienen montiert, sondern das Türblatt scheint vielmehr vor dem Durchgang zu schweben. Möglich wurde diese visuell überraschende gestalterische Interpretation einer Tür durch eine innovative Rollvorrichtung, die das Schienenprinzip umkehrt: Die Rollvorrichtung ist an der Wand befestigt, die Schiene selbst ist in die Tür integriert. Beim Öffnen und Schließen der Tür bleiben Schiene und Rollvorrichtung unsichtbar und der Raum wirkt geschlossen in seiner Anmutung. Ein architektonisch sehr interessanter Aspekt von SecretSlide ist darüber hinaus die Möglichkeit, diese Tür vielseitig und individuell zu gestalten. Lackiert, furniert, mit Stoff oder mit Leder bezogen wird sie zu einem homogenen Teil des Raumes. Bei der Gestaltung der Tür wurde darauf geachtet, dass sie in allen Situationen auf einfache Weise eingebaut werden kann – damit wird sie zu einem Ausdruck einer überaus interessanten Sichtweise auf die Form einer Tür, so dass dieses architektonische Element überraschend und neu erscheint.

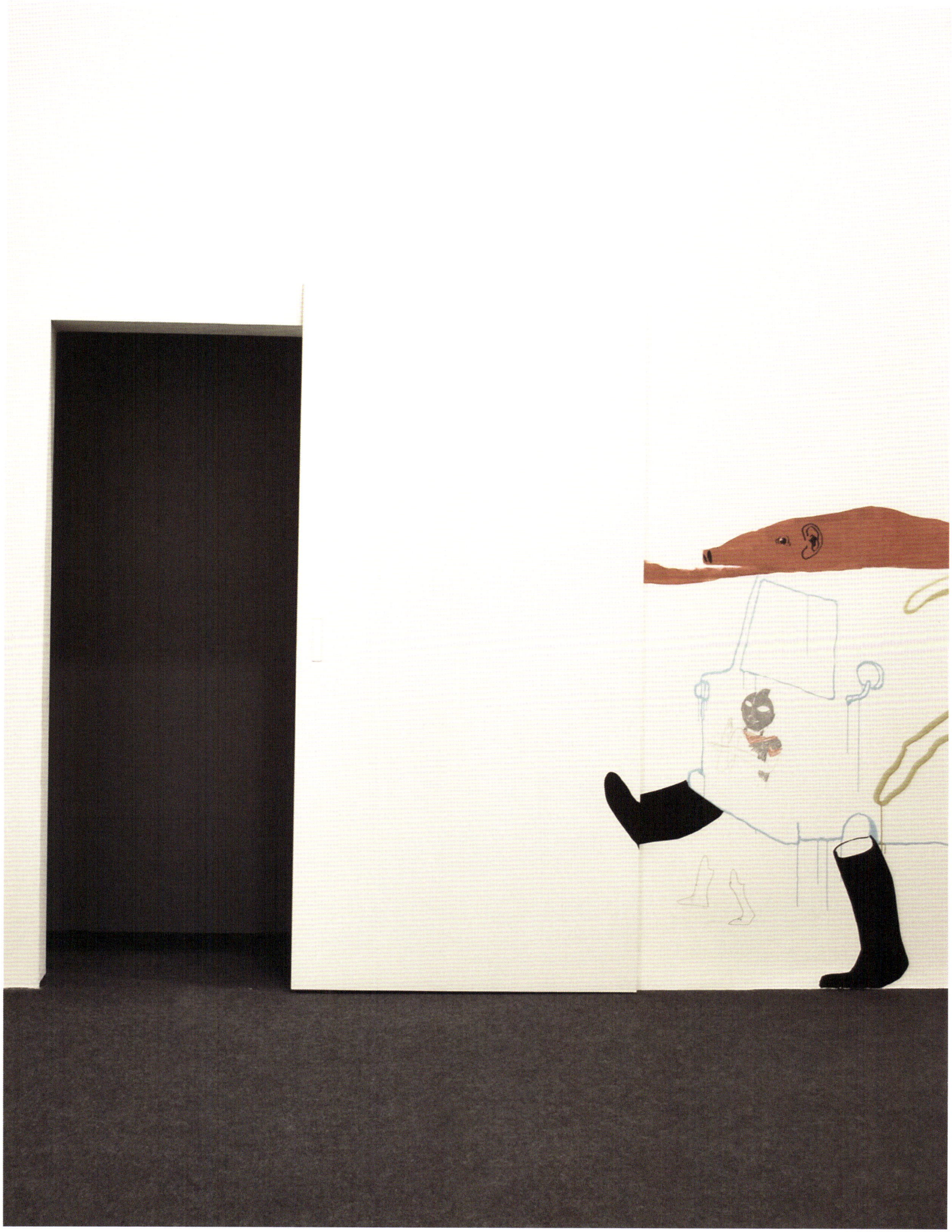

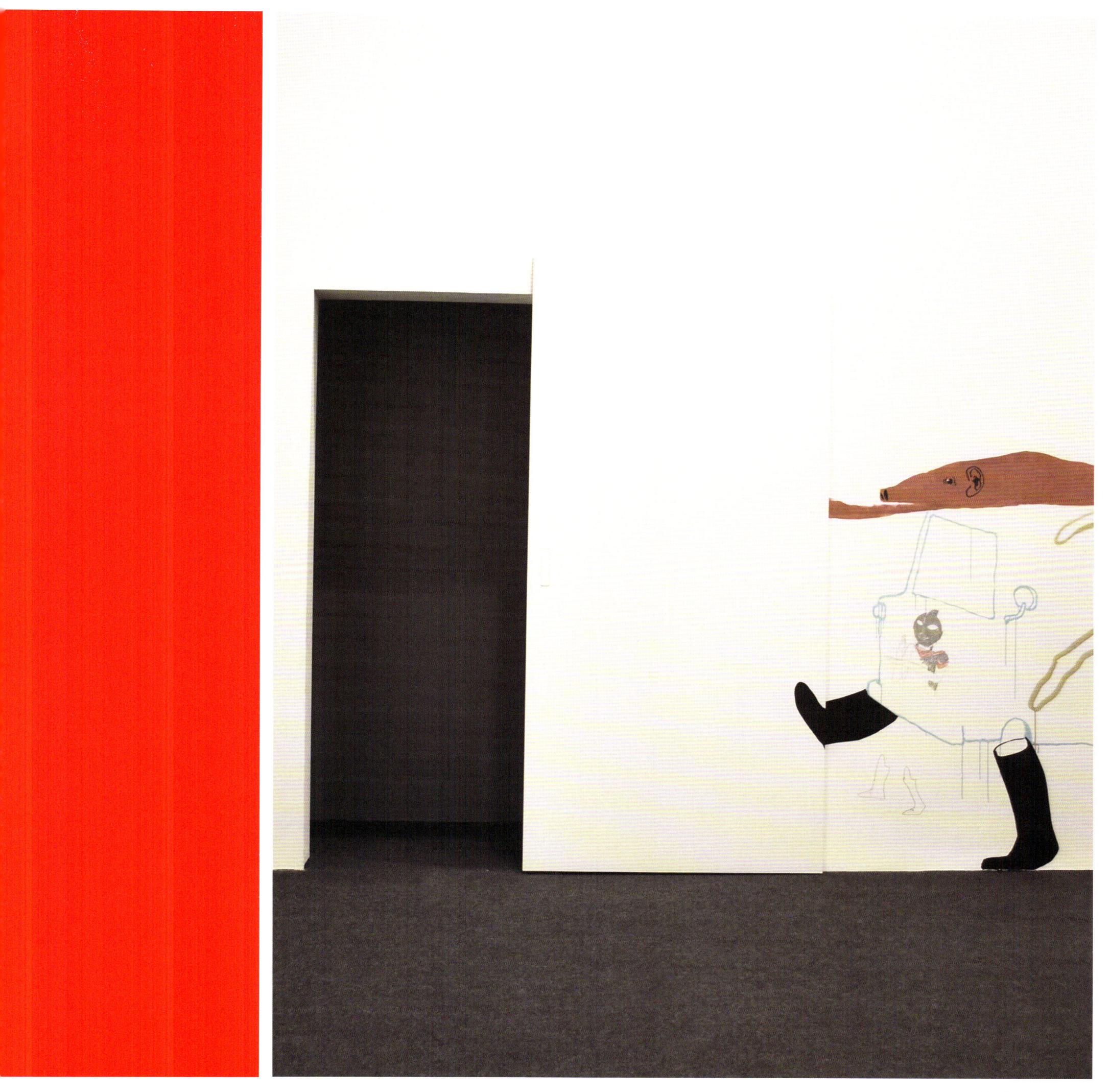

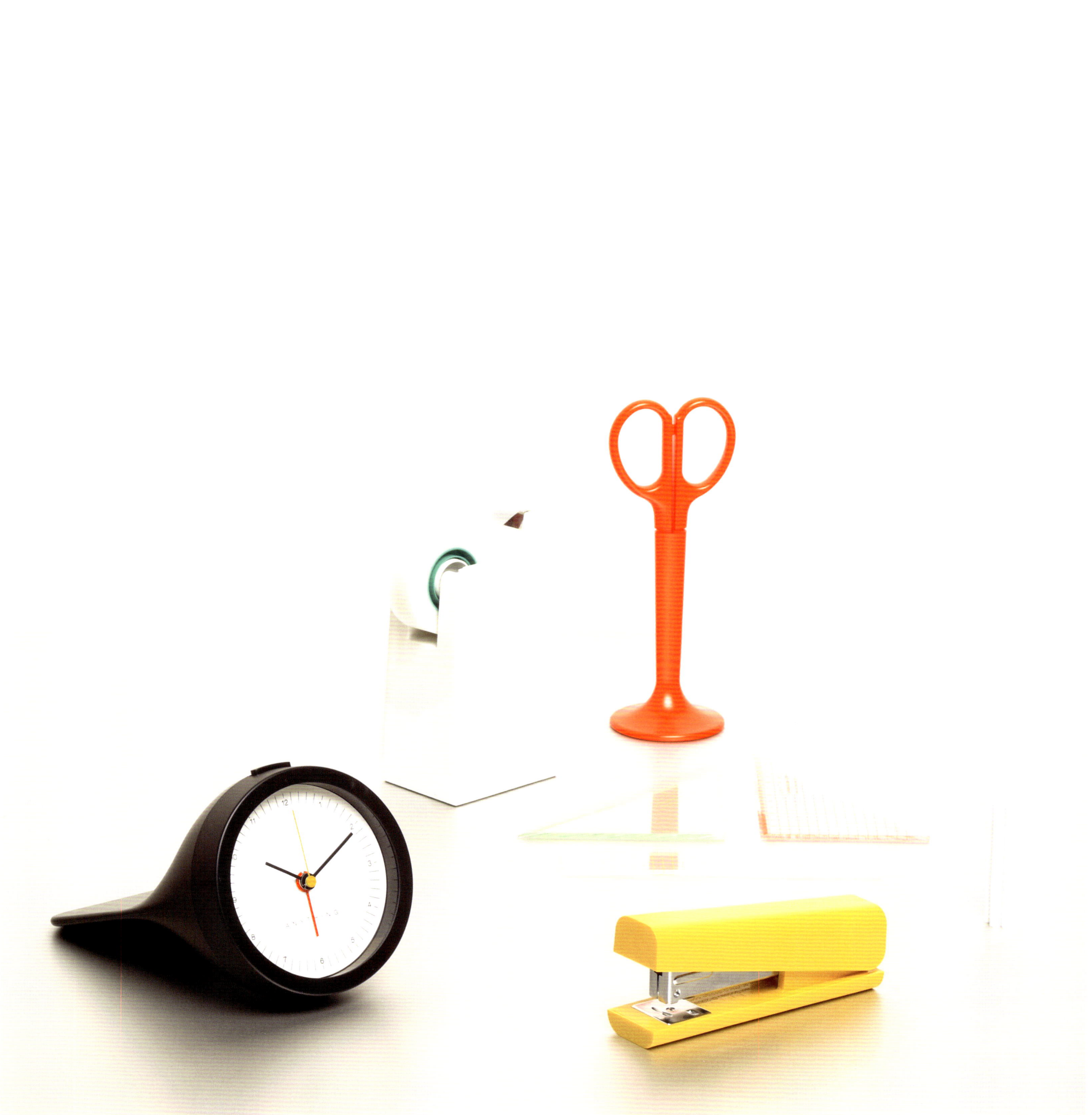

**Anything Collection**
Stationery / Bürobedarf

Suikosha Corporation, Osaka, Japan
Design: Michael Sodeau Partnership, London, GB
www.anything-design.com
www.michaelsodeau.com

**Landscapes of functionality**
Form and function are very closely related to one another and every well-designed product interprets this relation in its own often highly individual approach. "Each product serves its function, while addressing issues/changes within its environment," explains the designer of the Anything Collection, Michael Sodeau. According to this maxim, he created a formally well-balanced assortment of objects for the desk. The idea was to create an architectural landscape with the elements of this collection, and the longer one lets their forms work their magic, the clearer it becomes that this is exactly what their design achieves. The scissors, the clock and the tape dispenser are each self-contained in their form – yet they complement each other into a harmonious unit. An important guiding line for the design was freedom of form to create a product collection that wants to adapt to the demands of today's offices. The design mirrors this openness; the forms of cubist as well as organic appeal showcase elements of retro design in a highly idiosyncratic interpretation. The colour choice of yellow, white, orange and black further enhance this impression. A highly interesting solution are the scissors plus base: highly consistent in their individual forms, these two elements blend into a unity so that the scissors, which rest well in the hand, seem to formally flow into the shape of the base. A Japanese Samurai Tanto sword served as the inspiration for the combination of the scissors and base part which – just like that sword's sheath and handle – appear to seamlessly flow one into the other.

**Landschaften der Funktionalität**
Form und Funktion stehen in einem sehr engen Verhältnis und jedes gut gestaltete Produkt interpretiert dieses auf seine eigene und oft höchst individuelle Art und Weise. „Jedes Produkt hat seine Funktion, indem es auf die Fragen/Veränderungen innerhalb seines Umfeldes eingeht", sagt der Gestalter der Anything Collection, Michael Sodeau. Mit dieser Maxime entwarf er ein formal sehr ausgewogenes Sortiment von Objekten für den Schreibtisch. Eine architektonische Landschaft sollte dort mit den Elementen dieser Kollektion entstehen, und je länger man ihre Formen auf sich wirken lässt, umso deutlicher wird, dass ihre Gestaltung ebendies erreicht. Die Schere, die Uhr oder der Abroller für Klebestreifen sind eigenständig in ihrer Form und Funktion – ergänzen sich jedoch zu einem sehr stimmigen Ganzen. Ein wichtiger Leitfaden der Gestaltung war die Freiheit der Form, um eine Produktkollektion zu schaffen, die sich den Bedürfnissen des Büros unserer Zeit anpasst. Die Gestaltung spiegelt diese Offenheit wider, in den kubischen, aber auch organisch anmutenden Formen finden sich Elemente eines Retrodesigns in einer sehr eigenwilligen Interpretation. Auch die Farbgebung in Gelb, Weiß, Orange und Schwarz bekräftigt diesen Eindruck. Eine sehr interessante Lösung ist der Scherenhalter samt Schere. Formal sehr schlüssig bilden diese beiden Elemente eine Einheit und die gut in der Hand liegende Schere scheint förmlich in ihren Behälter überzufließen. Ein japanisches Tanto-Samurai-Schwert diente dabei als Inspiration für die Verbindung von Schere und Halter, so dass die Hülle und der Griff wie bei diesem Schwert nahtlos ineinander übergehen.

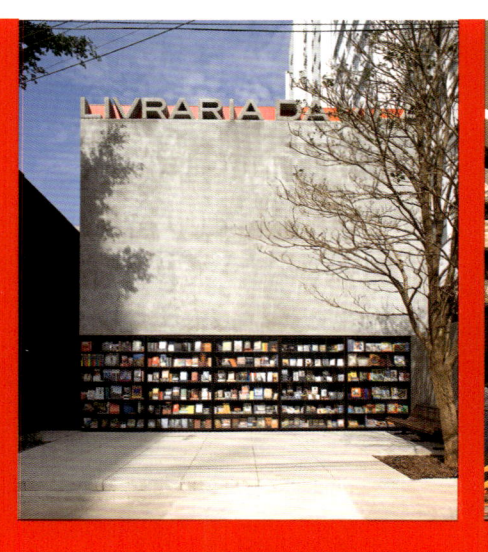

Livraria da Vila
Bookshop / Buchhandlung

Design: Isay Weinfeld,
Domingos Pascali,
Monica Cappa Santoni,
Marcelo Alvarenga, Juliana Garcia,
Leandro Garcia,
São Paulo, Brazil / Brasilien
www.isayweinfeld.com

Oasis of knowledge –
architecture and arrangement
They are places of peacefulness, where books never lose their significance. Libraries and bookshops are at the centre of cultural life, and buildings such as the Library of Congress in Washington look like monumental cathedrals of knowledge. The Livraria da Vila bookshop is a contemporary and, in its architectural arrangement, a highly interesting and consistent interpretation of a bookshop. When refurbishing a two-storey house that had been built on a very narrow plot in São Paulo, it was clear to the designers from start that an open plan was needed, as to better arrange the products on offer, as well as the circulation of customers. The inclusion of an additional basement level allowed for the setting up of an entire floor exclusively for children, in addition to a small auditorium to hold courses and lectures. With the aim to create a sense of openness and an architecturally inviting space for customers to peacefully and comfortably browse through the shelves, the Livraria da Vila was realised in a composition of low-ceiling spaces, dark tones, indirect lighting and infinite rows of shelves which, in careful disarray, cover all walls to the ceiling. Whichever direction the customer looks, there were to be books everywhere – an architecture that conveys the unpretentious feel of an antiquarian bookshop. These kinds of well-considered alterations yielded a highly pleasing atmosphere of peacefulness, an atmosphere that is further enhanced by the implementation of pivoting window-shelf-doors and void spaces that connect one floor to the next. A flush glass surface when closed, these pivoting doors open to turn into sales areas when opened. These elements too seem to invite customers into the world of books – intrigued, they enter and explore the Livraria da Vila.

Oase des Wissens –
Architektur und Organisation
Sie sind Orte der Ruhe, an denen das Buch seine Bedeutung niemals verliert. Bibliotheken und Buchhandlungen stehen im Zentrum des kulturellen Geschehens und Bauten wie die Kongressbibliothek in Washington wirken wie imposante Kathedralen des Wissens. Die Buchhandlung Livraria da Vila ist eine zeitgemäße und in ihrer architektonischen Gliederung sehr interessante und stimmige Interpretation einer Buchhandlung. Bei der nötigen Neugestaltung eines zweigeschossigen Hauses, das auf einem sehr kleinen Grundstück in São Paulo gebaut ist, war es den Gestaltern schon zu Beginn klar, dass es eines offenen Grundrisses bedurfte, um die dort angebotenen Produkte und den Kundenverkehr besser zu organisieren. Ein zusätzlich gebautes Untergeschoss ermöglichte es, ein ganzes Stockwerk ausschließlich für Kinder einzurichten, neben einem kleinen Zuhörerraum für Vorträge und Lehrveranstaltungen. Mit dem gestalterischen Ziel, Offenheit für die Kunden zu verwirklichen und auch architektonisch die nötige Ruhe und den Komfort zum Stöbern zu schaffen, entstand mit der Livraria da Vila ein eindrucksvolles Zusammenspiel von Räumen mit niedriger Decke, dunklen Tönen, indirekter Beleuchtung und endlosen Regalreihen, die in gewollter Unordnung an den Wänden bis zur Decke reichen. In welche Richtung der Besucher auch schaut, überall sollten Bücher sein – eine Architektur, die das entspannte Gefühl eines Antiquariats vermittelt. Durch diese Art der wohlbedachten Gestaltung entsteht eine sehr angenehme Atmosphäre der Stille, die durch Drehtüren und freie Flächen, welche eine Ebene mit der nächsten verbinden, noch zusätzlich bekräftigt wird. Im geschlossenen Zustand eine plane Glasfläche, öffnen sich diese Drehtüren und werden zu Verkaufsflächen. Auch diese Elemente scheinen den Kunden in die Welt der Bücher einzuladen – interessiert betritt und erkundet er die Livraria da Vila.

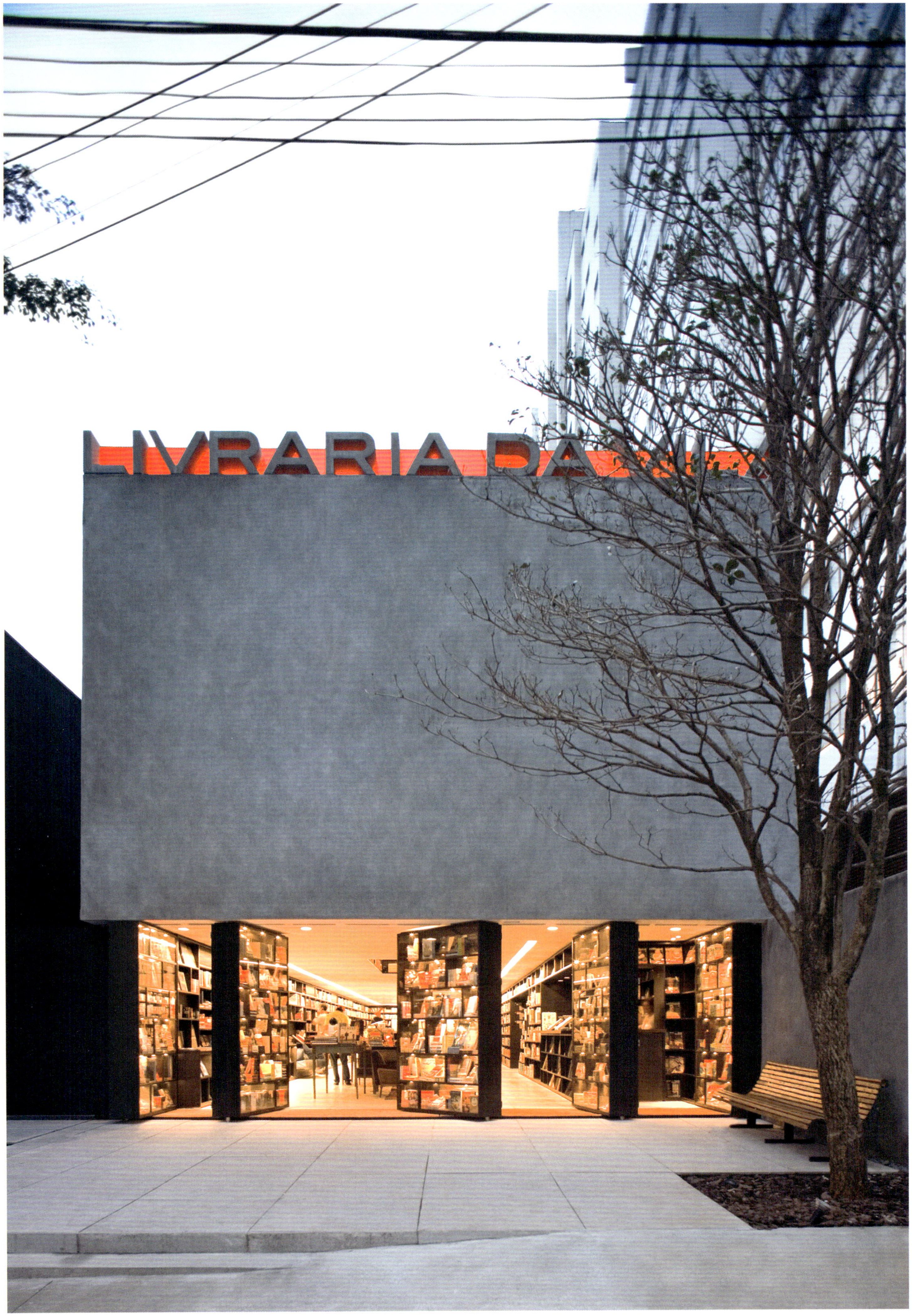
LIVRARIA DA

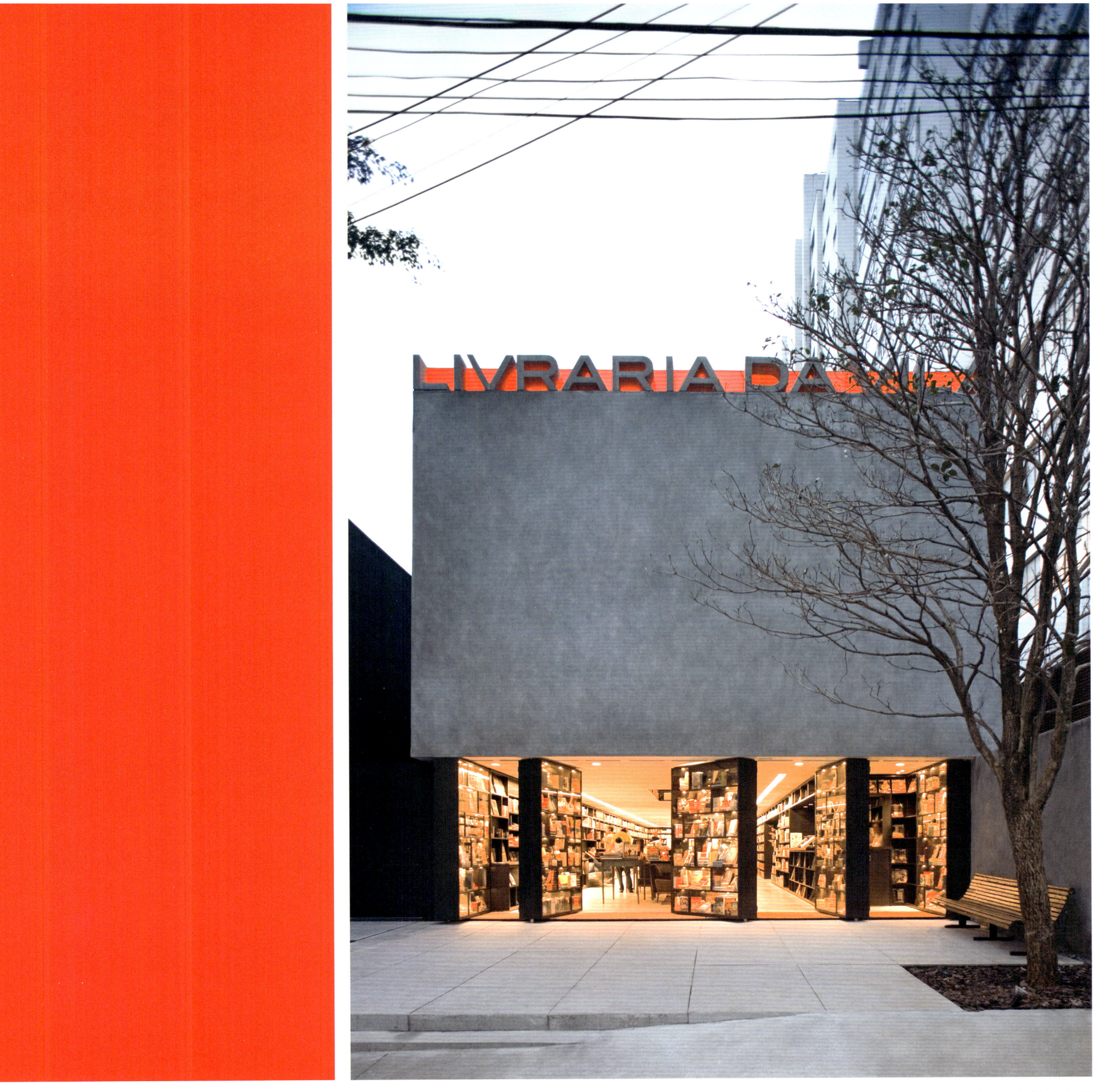

# The designers of the "red dot: best of the best"
## The best designers of their category

# Die Designer der red dot: best of the best
## Die besten Designer ihrer Kategorie

In the "red dot award: product design" the jury reserves the distinction of highest design quality for only a very few products. It can nominate three products from each product group for this award. The final selection is then made by democratic vote. Only design with excellent characteristics and maximum innovation receives the coveted "red dot: best of the best" award. The people behind these products, the designers and design teams complete with interviews, statements and photos are presented in the following pages.

Im red dot award: product design verleiht die Jury stets nur sehr wenigen Produkten die Auszeichnung für höchste Designqualität. In jeder Produktgruppe kann sie drei Produkte für diese Auszeichnung nominieren. Die Auswahl erfolgt dann nach einer demokratischen Abstimmung unter den Juroren. Nur Design mit exzellenten Qualitäten und einem Höchstmaß an Innovation erhält den begehrten red dot: best of the best. Auf den folgenden Seiten werden die Menschen hinter diesen Produkten, die Designer und Designteams mit Interviews, Statements und Fotos dargestellt.

MYchair Lounge Chair

Page / Seite 28 / 29

# UNStudio
# Ben van Berkel

Ben van Berkel studied architecture at the Gerrit Rietveld Academy in Amsterdam and at the Architectural Association in London. The Van Berkel & Bos Architectuurbureau has realised many projects, among others, the Karbouw office building and the NMR facilities for the University of Utrecht. In 1998, Ben van Berkel and Caroline Bos established the UNStudio (United Net), which presents itself as a network of specialists in architecture, urban development and infrastructure. With UNStudio, Ben van Berkel realised, amongst others, the Mercedes-Benz Museum in Stuttgart as well as a façade and the interior renovation for the Galleria Department store in Seoul.

Ben van Berkel studierte Architektur an der Gerrit-Rietveld-Akademie in Amsterdam und der Architectural Association in London. Das Van Berkel & Bos Architectuurbureau hat viele Projekte realisiert, darunter das Bürogebäude Karbouw und die NMR-Einrichtung der Universität Utrecht. Im Jahr 1998 gründeten Ben van Berkel und Caroline Bos das UNStudio (United Net), das sich als ein Netzwerk von Spezialisten in den Bereichen Stadtentwicklung und Infrastruktur versteht. Mit UNStudio verwirklichte Ben van Berkel unter anderem das Mercedes-Benz Museum in Stuttgart sowie eine Fassade und die Innenraumrenovierung des Einkaufshauses Galleria in Seoul.

Ben van Berkel, the designer of the MYchair lounge chair, on his design philosophy and the significance of furniture today:

### What design philosophies influence your work?
I like to observe how musicians educate their students. One method is to teach students how to improve their own playing by simply listening to music. In design, we tend to over-intellectualise design strategies. However, lately, I see design along the lines of composing and resonating one's visions and ideas more directly. I'm more interested in designing through an organic process, as opposed to a more linear or linguistic approach.

### What is the significance of furniture today?
I think that furniture needs to be concerned once again with environments; creating a form of awareness of both the space the object of furniture is occupying and the space within the piece of furniture itself. With our design for MYchair, this also includes empty space, which is considered through the physical and virtual theme of reflection.

Ben van Berkel, der Designer des Lounge Chairs „MYchair", über seine Designphilosophie und die Bedeutung von Möbeln in unserer Zeit:

### Welche Gestaltungsphilosophien beeinflussen Ihre Arbeit?
Mir gefällt die Art, wie Musiker ihre Schüler unterrichten. Eine Methode besteht darin, Studenten zu zeigen, wie sie ihr Spiel durch das Hören von Musik verbessern können. In der Gestaltung neigen wir zur Überbewertung von Strategien. Neuerdings aber verstehe ich Gestaltung als ein direkteres Komponieren und Widerhallen eigener Visionen und Ideen. Ich interessiere mich mehr für Gestaltung als einem organischen Prozess denn als einem linearen oder linguistischen Ansatz.

### Welche Bedeutung haben Möbel für unsere heutige Zeit?
Ich denke, dass Möbel wieder mehr auf die Umgebung eingehen und eine Form von Bewusstsein sowohl für den Raum, in dem das Objekt steht, als auch für den Raum, den das Möbelstück einnimmt, schaffen müssen. Bei unserer Gestaltung für den MYchair umfasst dies auch den leeren Raum, der durch das physische und virtuelle Thema der Reflexion einbezogen ist.

Confluences Sofa

Page/Seite 30/31

# Philippe Nigro

Philippe Nigro, born in 1975 in Nice, France, studied art and industrial design in Antibes, Lyon and Paris. He then worked as a freelance designer, developing projects for Nube, Felicerossi and Sintesi. Collaborating with the Studio De Lucchi in Milan, he participated in product, furniture, interior, events and scenography projects. Since 2005, Nigro has been supported by the French association VIA to realise designs including the "Spiral" shelf, the "Cross-unit", the "Universal base", the "Twin Chairs", and the "Intersection" which in 2009 became the Confluences sofa for Ligne Roset. He also started collaborating with the new Skitsch brand where his work has included the "Build up" cardboard furniture for children, the "Triangolazioni" table and the "Squilibri" shelf.

Philippe Nigro, geboren 1975 in Nizza, Frankreich, studierte Kunst und Industriedesign in Antibes, Lyon und Paris. Danach arbeitete er als freiberuflicher Gestalter und entwickelte Projekte für Nube, Felicerossi und Sintesi. In Zusammenarbeit mit dem Studio De Lucchi in Mailand war er an Projekten in den Bereichen Produkt-, Möbel-, Inneneinrichtungs-, Veranstaltungs- und Bühnenbildgestaltung beteiligt. Seit 2005 gestaltete Nigro – vom französischen VIA-Verband gefördert – das Regal „Spiral", die „Cross-unit", den „Universal Base", die „Twin Chairs" und das „Intersection", das 2009 zum Sofa „Confluences" für Ligne Roset wurde. Zudem begann er eine Zusammenarbeit mit der neuen Marke Skitsch, für die er das Kartonmöbel „Build up" für Kinder, den Tisch „Triangolazioni" und das Regal „Squilibri" entwarf.

Philippe Nigro on the things that inspired him while designing the red dot winning Confluences sofa family and on the role good design plays for him today:

What has inspired you while designing the Confluences sofa family?
The Confluences sofa family for Ligne Roset was born with the help of French VIA grants, while observing the irregularities and asymmetries in nature and in human beings. The eight modules are asymmetrical and have anthropomorphic attitudes like people leaning on one another. Those sofas are an answer which collects my observations and were also inspired by several artistic movements, through thinking about the concepts of accumulation, repetition and the meeting of simple shapes to create new ones, as well as through playing with colour harmonies – imagining this "democratic sofa" as a dynamic central piece in an interior but trying to take into account different tastes in colour, attitudes to comfort and the morphologies of users.

Considering the current difficult economic environment, what role does good design play?
It is maybe to make quotidian life better with affective and emotional objects. Good design could be also an honest way to understand real needs and helps us to see what is really important to develop and why we're developing it, in order not to end up creating too many ephemeral objects and waste. It's a way to create a really efficient and lasting intellectual relationship with a manufacturer in order to find clever solutions, to optimise production and make the resulting products durable and reassuring for users.

Philippe Nigro über die Dinge, die ihn bei der Gestaltung der mit dem red dot ausgezeichneten Sofafamilie „Confluences" inspirierten, und über die Rolle, die gutes Design für ihn heute spielt:

Was hat Sie bei der Gestaltung der Sofafamilie „Confluences" inspiriert?
Die Sofafamilie „Confluences" für Ligne Roset wurde mit Fördergeldern des VIA-Verbandes geboren und folgt den Unregelmäßigkeiten und Asymmetrien in der Natur und im Menschen. Die acht Module sind asymmetrisch und weisen antropomorphe Züge auf, wie Menschen, die sich gegenseitig stützen. Diese Sofas sind eine Antwort, in der sich meine Beobachtungen bündeln und die ebenso inspiriert ist von mehreren künstlerischen Handgriffen wie von dem Nachsinnen über die Konzepte der Sammlung, Wiederholung und dem Zusammentreffen einfacher Formen, um daraus neue zu schaffen, und ebenso durch das Spiel mit Farbharmonien – die Vorstellung dieses „demokratischen Sofas" als ein dynamisches Zentralstück inmitten einer Einrichtung, das aber verschiedenen Farbvorlieben, Komfortansprüchen sowie den Morphologien der Benutzer entgegenkommt.

Welche Rolle spielt gutes Design in Anbetracht des derzeit schwierigen ökonomischen Umfeldes?
So gesehen trägt es sicherlich dazu bei, das tägliche Leben durch gefühlsbezogene und emotionale Objekte besser zu gestalten. Gutes Design ist auch eine redliche Antwort auf reale Bedürfnisse und hilft dabei zu verstehen, was es zu entwickeln gilt und warum, um am Ende nicht mit zu vielen nutzlosen und kurzlebigen Produkten dazustehen. Zudem schafft es eine wirklich effiziente und anhaltende geistige Verwandtschaft mit einem Hersteller, bringt intelligente Lösungen hervor, optimiert die Herstellung und führt zu Produkten, die langlebig sind und auf die sich Benutzer verlassen können.

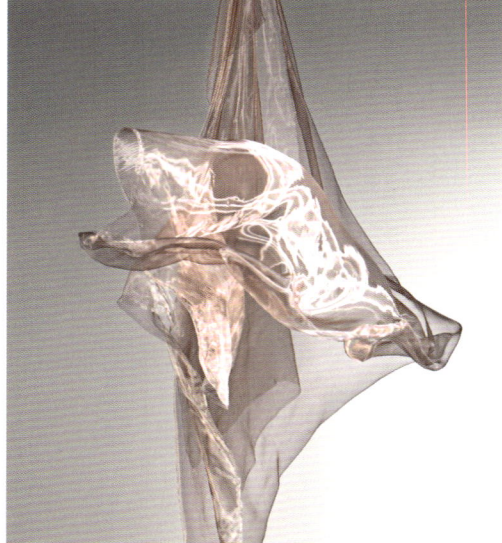

Phantom Textile Fabric /
Textilgewebe

Page / Seite 32 / 33

# Martin Leuthold
# und Designteam

Jakob Schlaepfer, a company with a long tradition and located in St. Gallen, Switzerland, creates for the Haute Couture and Prêt-à-porter collections for internationally renowned fashion houses. In 2008, under their own label, Jakob Schlaepfer presented their first Décor collection of home textiles. The creations involve the development of both technological innovations and new pattern ideas. Jakob Schlaepfer sees itself as an "industrial hand-made manufacturer" that merges traditional embroidery with new and constantly revised techniques. With the launch of the Décor collection, the design team at Jakob Schlaepfer, under the leadership of Art Director Martin Leuthold, is continually involved in collaborating and designing interior architectural projects.

Jakob Schlaepfer, ein traditionsreiches Unternehmen mit Sitz in St. Gallen, Schweiz, entwirft und produziert Kreationen für die Haute-Couture- und Prêt-à-porter-Kollektionen international renommierter Modehäuser. 2008 stellte Jakob Schlaepfer unter seinem eigenen Label erstmals eine Décor-Kollektion für Heimtextilien vor. Bei der Entstehung der Kreationen spielen technologische Innovationen ebenso eine Rolle wie neue Dessin-Ideen. Jakob Schlaepfer versteht sich als eine „industrielle Handmanufaktur", die traditionelle Stickerei mit fortwährend neu entwickelten Techniken kombinieren will. Mit der Lancierung der Décor-Kollektion gestaltet das Designteam aus St. Gallen unter der Leitung von Art Director Martin Leuthold auch immer wieder internationale Innenarchitekturprojekte mit.

Martin Leuthold, the designer of the Phantom textile fabric, about "textiles and interiors", the design of his winning product and the inspiration behind it:

We see a highly significant role for textiles in interior design. Aside from the technical and functional properties of the materials, we are of course interested in the creative and emotional message conveyed by textiles in rooms. In our view, we have attained our goal when creating textiles that inspire architects and interior designers and perhaps even animate them to create a design concept exclusively geared to this particular material.

In light of the current difficult economic situation – what is the significance of innovation in your eyes?
To us, innovation is independent from economic up- or downtrends and remains a constant challenge to design products that, time and again, initiate an exchange of ideas.

What has inspired you in the creation of your product, and what is special about it?
First and foremost, the airiness of the fabric, and secondly, that metal coating was still possible after all.

What were the particular challenges you had to cope with in order to realise your product?
The stability of the textile fabric.

What is your favourite project that you would like to realise at some point in the future?
To create a liquid crystal cloth!

Martin Leuthold, der Designer des Textilgewebes „Phantom", über „Textilien und Interieur", die Gestaltung des Gewinner- produktes und das, was ihn dazu inspirierte:

Wir sehen eine sehr große Bedeutung der Textilien in der Innen- architektur. Neben den technischen und funktionellen Eigen- schaften der Stoffe interessiert uns natürlich die kreative und emotionale Aussage von Stoffen in Räumen. Das Ziel ist für uns erreicht, wenn wir Stoffe schaffen, welche Architekten und Innenarchitekten in ihrer Arbeit inspirieren und vielleicht sogar zu einem eigens für den Stoff konzipierten Designkonzept animieren.

Vor dem aktuellen Hintergrund wirtschaftlich schwieriger Zeiten – welche Bedeutung hat für Sie Innovation?
Innovation ist von wirtschaftlich guten oder schlechten Zeiten unabhängig und bleibt für uns eine konstante Herausforderung, Produkte zu entwickeln, die immer wieder zu einem Gespräch Anstoß geben.

Was hat Sie zu Ihrem Produkt inspiriert und was ist das Besondere daran?
Als erstes die Leichtigkeit des Gewebes, und dass die Metall- beschichtung trotzdem realisierbar war.

Vor welchen speziellen Herausforderungen standen Sie bei der Realisierung Ihres Produktes?
Die Stabilität des Gewebes.

Welches Wunschprojekt würden Sie gerne einmal realisieren?
Einen Flüssigkristallstoff zu erschaffen!

DC24 Vacuum Cleaner / Staubsauger

Page / Seite 34 / 35

# James Dyson

James Dyson was born in Norfolk in 1947. While studying at the Royal College of Art during the 1960s, he developed an interest in design and engineering. He began work on his Dual Cyclone vacuum cleaner in 1978. Five years and 5,127 prototypes later, he perfected his no-loss-of-suction vacuum cleaner. Unsuccessful at first in finding a company prepared to manufacture his design, he took the vacuum cleaner to Japan where it was sold under the name G-Force from 1986. The DC01 was launched in 1993; it was the first vacuum cleaner under his own name. Dyson vacuum cleaners are now sold in forty-seven countries and James Dyson now works alongside 300 engineers in Malmesbury, Wiltshire, developing new and better technology.

James Dyson wurde 1947 in Norfolk geboren. Sein Interesse für Gestaltung und Maschinenbau entwickelte sich in den 1960er Jahren, als er am Royal College of Art studierte. Die Arbeit am Staubsauger „Dual Cyclone" begann 1978. Nach fünf Jahren und 5.127 Prototypen perfektionierte er den Staubsauger ohne Saugkraftverlust. Seine Suche nach einem Unternehmen zur Produktion seiner Erfindung blieb zunächst erfolglos, bis er den Staubsauger in Japan vorstellte, wo er ab 1986 unter dem Namen „G-Force" verkauft wurde. Der DC01 kam 1993 auf den Markt; dies war der erste Staubsauger unter seinem eigenen Namen. James Dyson arbeitet heute neben 300 Ingenieuren in Malmesbury, Wiltshire, an der Entwicklung neuer und besserer Technologie.

The design team of the DC24 vacuum cleaner on the design of this product:

What particular challenges did you encounter when realising your project?
If you have a look at conventional upright vacuum cleaners, they usually have fixed wheels that can only move in straight lines – backwards and forwards. But DC24's motor is mounted inside a ball, which gives the machine a lower centre of gravity, so it's much easier to steer around household obstacles such as chair legs and pets – and it can reach into the deepest corner of a room. No awkward arm movements are needed to turn the machine, so no scuffed elbows hitting the wall as one turns – just a flick of the wrist is needed.

Talking about "aesthetics", James Dyson was asked whether he cleaned himself:
I do indeed. And I find it satisfying. One minute you see the dirt on the floor, the next it is gone. And with the clear bins on a Dyson machine, one is able to see the amount of dust and dirt one has sucked up. It is confirmation of a job well done. But I am always thinking what else could be improved...

Das Designteam des Staubsaugers „DC24" über das Design dieses Produktes:

Welche besonderen Herausforderungen sind Ihnen während der Umsetzung des Projekts begegnet?
Wenn man sich herkömmliche Bürstenstaubsauger ansieht, haben diese für gewöhnlich fest installierte Räder, die sich nur entlang einer Richtung bewegen – vorwärts oder rückwärts. Der Motor des DC24 aber wurde in einen Ball montiert, was dem Gerät einen tieferen Schwerpunkt verleiht. Es kann dadurch leichter um Hindernisse im Haushalt wie etwa Stuhlbeine oder Haustiere herumgeführt werden – und dabei bis in die tiefsten Ecken eines Zimmer gelangen. Da keine unbeholfenen Armbewegungen mehr nötig sind, um das Gerät zu manövrieren, wetzen sich beim Wenden auch nicht mehr die Ellenbogen an den Wänden – es braucht nur einen Dreh im Handgelenk.

Im Gespräch über „Ästhetik" wurde James Dyson gefragt, ob er denn selbst sauge:
Das tue ich. Und ich genieße es. Gerade noch ist Schmutz auf dem Boden, und schon ist er weg. Und mit den durchsichtigen Auffangbehältern der Dyson-Geräte kann man die Menge an Schmutz und Staub sehen, die man aufgesaugt hat. Das ist die Bestätigung für eine gute Arbeit. Aber ich denke stets darüber nach, was sich noch verbessern lässt …

Allegra Serving Bowls and Plates /
Servierschalen und Servierteller

Page / Seite 36 / 37

# The Tupperware design teams

Tupperware products are created from a diverse group of designers. Susan Perkins leads the worldwide design teams based in Orlando, USA, and Aalst, Belgium. Rui Yuan Chen, Christian Olivari, Stacey Main, Famia Ablo, Doug Laib and Sheila Lopez form the American design team. Jan-Hendrik de Groote, based in Belgium, manages the European design studio with Vincent Jalet, Simone Pallotto, Judicaël Cornu and Yvette Verleysen. The designers work in close collaboration with the worldwide marketing and regional marketing offices to ensure Tupperware fulfils the diverse needs of consumers. Tupperware has created a culture of partnership between the design, engineering, CAD engineering and manufacturing teams, a culture that is critical in the creation of innovative and high-quality designs.

Produkte von Tupperware werden von einer vielseitigen Gruppe von Designern entworfen. Susan Perkins leitet die internationalen Designteams mit Sitz in Orlando, USA, und Aalst, Belgien. Rui Yuan Chen, Christian Olivari, Stacey Main, Famia Ablo, Doug Laib und Sheila Lopez bilden das amerikanische Designteam. Jan-Hendrik de Groote managt das europäische Designstudio in Belgien mit Vincent Jalet, Simone Pallotto, Judicaël Cornu und Yvette Verleysen. Um die mannigfaltigen Bedürfnisse der Tupperware-Kunden zu erfüllen, arbeiten die Gestalter eng mit den internationalen und regionalen Marketingabteilungen zusammen. Tupperware hat zwischen Design, Technik, CAD-Entwicklung und Herstellung eine Partnerschaftskultur entwickelt, die für die Schaffung innovativer und hochwertiger Entwürfe entscheidend ist.

The Tupperware design teams of the Allegra serving bowls and plates on the principle of the "flexible and simple":

The Allegra line's flexibility addresses the time constraints of the modern family. The consumer can serve and store, or prepare and serve using one bowl. The liquid tight seal ensures there will be no spills to clean up. The seal of the medium bowl fits the plate, so dinners can be prepared and stored for later use by family members working late or involved in school activities. The line is all dishwasher and microwave safe, thus ensuring simple, easy use and cleaning. The lifetime durability addresses consumers' ever-increasing awareness of the need to conserve natural resources. The timeless appeal of the Allegra's sophisticated simplicity echoes the natural beauty of a simple seashell found on the beaches of Florida. The rough white exterior and the shiny bold interior set the stage for the Allegra design.

Through thoughtful form and intuitive function, Tupperware products provide consumers with simple solutions for daily life.

Die Tupperware-Designteams der Servierschalen und Servierteller „Allegra" über das Prinzip des „Flexiblen und Schlichten":

Die Flexibilität der Allegra-Serie ist eine Antwort auf die Zeitbindung moderner Familien. Der Anwender kann mit nur einer Schale Essen vorbereiten und aufbewahren oder anrichten und servieren. Der wasserdichte Deckel beugt Fleckenbildung durch Auslaufen des Inhalts vor. Der Deckel der mittelgroßen Schale passt auf den Teller, sodass Abendessen vorbereitet und zum späteren Verzehr für mit langer Arbeit oder Schulaktivitäten beschäftigte Familienmitglieder bereitgestellt werden können. Die Serie ist komplett spülmaschinen- und mikrowellenfest und garantiert so ein einfaches Handhaben und Säubern. Die lebenslange Haltbarkeit ist eine Antwort auf das ständig wachsende Bewusstsein der Verbraucher für die Notwendigkeit, natürliche Ressourcen zu schonen. Die zeitlose Anmut der ausgeklügelten Schlichtheit von Allegra reflektiert die natürliche Schönheit einer einfachen Seemuschel am Strand von Florida. Die raue Außenseite und das schimmernde schwungvolle Innere inszenieren die Gestalt von Allegra.

Durch bedachte Form und intuitive Funktion bieten die Tupperware-Produkte den Konsumenten schlichte Lösungen für das tägliche Leben.

TT 4490 N Induction Hob /
Induktionskochfeld

Page / Seite 38 / 39

# Gerhard Nüssler
# Thomas Knöller

Gerhard Nüssler, born in 1961, trained as a model maker from 1982 until 1986 while already working in this profession. Subsequently, from 1986 until 1991, he studied industrial design at Darmstadt University of Applied Sciences. Then, in 1991, Nüssler joined Neumeister Design in Munich, where he worked as a designer, until he founded his own design studio in 1999 together with two partners. Since 2003, Gerhard Nüssler has been head of the Constructa-Neff Brand Design Department at BSH Bosch und Siemens Hausgeräte GmbH.

Gerhard Nüssler, geboren 1961, machte von 1982 bis 1986 eine Ausbildung zum Modellbauer und arbeitete auch in diesem Beruf. Anschließend studierte er von 1986 bis 1991 Industrie-Design an der Fachhochschule Darmstadt. Noch im selben Jahr 1991 ging Nüssler zu Neumeister Design nach München. Dort arbeitete er als Designer, bis er 1999 zusammen mit zwei Partnern ein eigenes Designbüro gründete. Seit 2003 ist Gerhard Nüssler Leiter der Abteilung Markendesign Constructa-Neff bei der BSH Bosch und Siemens Hausgeräte GmbH.

The designers Gerhard Nüssler and Thomas Knöller on the significance of the word "comfort" in designing the TT 4490 N induction hob:

What is special about this hob is, first of all, that it uses induction heating; it is an induction hob. Compared to conventional, so-called heat-emitting hobs, the heat here is produced in the base of the pan. Even if something should boil over, it does not burn on to the hob's surface. The TwistPad control combines the comfort of an easy-to-clean smooth surface with playful and easy operability: toggle to select the individual hob areas and turn to control the degree of heating. The magnetic rotary switch can easily be removed from the hob for cleaning and then "parked", for instance on the extractor hood, thus simultaneously functioning as a convenient and highly effective child safety feature.

Die Designer Gerhard Nüssler und Thomas Knöller über die Bedeutung des Wortes „Komfort" beim Design des Induktionskochfeldes „TT 4490 N":

Die Besonderheit dieses Kochfeldes liegt zunächst in der Art der Beheizung – es ist ein Induktionskochfeld. Im Unterschied zu konventionellen, sogenannten Strahlungskochfeldern entsteht die Wärme hier im Topfboden. Auf dem Kochfeld brennt nichts an, auch während schwieriger Kochphasen. Die TwistPad-Bedienung verbindet den Komfort der leichten Reinigung glatter Glaskeramikflächen mit einer spielerisch leichten Bedienung: Kippen zur Auswahl der Kochzone und Drehen zur Einstellung der Kochstufe. Der magnetische Drehwähler kann zur Reinigung leicht vom Kochfeld abgenommen und bei Bedarf zum Beispiel an der Dunstesse darüber „geparkt" werden. So entstand gleichzeitig auch eine komfortable und hochwirksame Kindersicherung.

DA6000W Cooker Hood /
Dunstabzugshaube

Page / Seite 40 / 41

# Miele Designteam
# Miele design team

The Miele brand is defined by the three factors of quality, innovation and design – all have been pivotal to its success. The company became aware very early on how important a self-sufficient, unmistakable product design is and thus, from 1971 on, had several employees working for them as "form designers" and, in 1991, they established their own design team for this task. Today, the team comprises a staff of 41 – a team of experienced, young male and female designers, assistants, and model makers – working in the Miele DesignCenter under the leadership of Andreas Enslin. In close co-operation with research and development, the marketing and other departments they develop the language of forms for the next generation of devices.

Die Marke Miele definiert die drei Faktoren Qualität, Innovation und Design als maßgeblich für ihren Erfolg. Wie wichtig ein eigenständiges, unverwechselbares Produktdesign ist, erkannte das Unternehmen früh und beschäftigte seit 1970 unter der Bezeichnung „Formgestaltung" einige Mitarbeiter. Seit 1991 bearbeitet ein eigenes Designteam diese Aufgabe. Heute sind 41 Mitarbeiterinnen und Mitarbeiter – eine Mannschaft aus erfahrenen und jungen Designern, Assistenten und Musterbauern – im Miele DesignCenter unter Leitung von Andreas Enslin tätig. In enger Kooperation mit der Forschung und Entwicklung, dem Marketing und anderen Fachabteilungen entwickeln sie die Formensprache für kommende Gerätegenerationen.

The Miele design team, the creators of the DA6000W cooker hood on the realisation of a corporate design for the kitchen and the challenges in designing this product:

Good design reflects the understanding of those who created it. Only thus does design turn into more than just an attractive and maybe fashionable shell, conveying both the understanding of a company of itself and of its customers. These are the values that have made our design so consistent over time and so unified across different product categories. They have lent our products an expression that has changed and been refined over the years, yet also one which, for itself, is highly consistent and unmistakable.

Das Miele Designteam, die Gestalter der Dunstabzugshaube „DA6000W", über die Verwirklichung eines Corporate Designs für die Küche und die gestalterischen Herausforderungen dieses Produkts:

Gutes Design erzählt von der Haltung derer, die ein Produkt geschaffen haben. Nur so wird aus Design nicht nur eine attraktive, vielleicht modische Hülle, sondern es kommuniziert die Einstellung eines Unternehmens zu sich selbst und seinen Kunden. Diese Werte sind es, die unser Design so kontinuierlich in der Zeit und so homogen über die Produktvielfalt machen. Sie geben unseren Produkten einen Ausdruck, der sich über die Jahre verändert und verfeinert, der in seiner Art aber so beständig wie unverwechselbar ist.

Caldafreddo Serving Dish / Servierschale

Page / Seite 42 / 43

# Leo Aerts

Alinea Design Objects, located in Geel, Belgium, is a design office specialising in the design of objects and furniture. The work of its leading designer, Leo Aerts, includes among other things interior architecture for private houses, shops and offices. The studio has won international design awards. In 2008, Alinea Design Objects was selected for the New Glass Review 30 to design the Curva cupboard, which won the Good Design Award 2008. In 2009, the studio won a "red dot: best of the best" for the Caldafreddo serving dish, as well as a "red dot" award for the product Curva.

Alinea Design Objects mit Sitz in Geel, Belgien, ist ein auf den Entwurf von Objekten und Möbeln spezialisiertes Gestaltungsbüro. Die Arbeiten seines Chefdesigners Leo Aerts umfassen unter anderem Architektur für Privathäuser, Geschäfte und Büros. Das Studio wurde mit internationalen Gestaltungspreisen ausgezeichnet. Alinea Design Objects wurde 2008 für den New Glass Review 30 ausgewählt, um den Schrank „Curva" zu gestalten, der mit einem Good Design Award 2008 ausgezeichnet wurde. 2009 gewann das Studio einen red dot: best of the best für die Servierschale „Caldafreddo" sowie einen red dot für das Produkt „Curva".

**Leo Aerts, the designer of the Caldafreddo, on the challenge of designing this serving dish and on the topic of "Creating a design object which is functional":**

The biggest challenge was to combine two totally different materials (silver and gel) into one object. Additional research was required in order to check the gel quantity in the hollow side of the silver dish and its working as a warm or cold buffer. This also determined the design.

Caldafreddo has been designed as a volume, formed by the combination of two moulded sheets that are welded together. The concave space between the upper and lower plates is filled with a special gel. Preheated in the oven or cooled in the freezer, the gel keeps its temperature for a long period. In both situations, numerous dishes can be served. If not used as a dish warmer or cooler, Caldafreddo is an aesthetic object that goes far beyond the merely functional.

**Leo Aerts, der Designer der Caldafreddo, über die Herausforderungen in der Gestaltung dieser Servierschale und zum Thema „Kreation eines Gestaltungsobjekts, das funktional ist":**

Die größte Herausforderung bestand in der Verbindung zweier grundsätzlich verschiedener Materialien (Silber und Gel) in einem Projekt. Dazu waren Untersuchungen nötig, um die Gelmenge im Innern der Silberschale und so ihre Funktion als Wärme- oder Kältespeicher zu ermitteln. Dies hat ebenfalls die Gestaltung bestimmt.

Caldafreddo wurde als Raum entworfen und folgt in seiner Form der Verbindung zweier profilierter und zusammengeschweißter Folien. Die konkave Aussparung zwischen der oberen und der unteren Platte ist mit Spezialgel ausgefüllt. Im Ofen aufgeheizt oder im Kühlschrank abgekühlt, speichert das Gel die Temperatur über einen längeren Zeitraum. Beide Anwendungen ermöglichen das Servieren mehrerer Gerichte nacheinander. Wenn Caldafreddo nicht als Wärm- oder Kühlplatte im Einsatz ist, präsentiert es sich als ein ästhetisches Objekt, das weit über das rein Funktionale hinausgeht.

# LSG Sky Chefs, Process Design

LSG Sky Chefs
LSG Sky Chefs offer an array of services in the domain of catering logistics, including airline catering, in-flight catering equipment and supply logistics, as well as the management of in-flight catering and in-flight sales. Furthermore, the company has a proven track record in the management of the entire in-flight service chain of logistics, working for many airlines worldwide.
The LSG Sky Chefs' young design department is responsible for the design of all passenger-related service products. Since 2006, all activities of the design department have been co-ordinated by designers Daniel Knies and Volker Klag. Today, the design department creates products for international airlines, including Virgin Atlantic, Condor, Czech Airlines, Aeroflot, Corsair, Brussels Airlines, US Airways, Air Berlin, TAM, and Lufthansa.

Process Design
For 15 years now, Process Design has been conveying the classic values of traditional Swiss design from its offices in Zurich, Lucerne and Taipei. Based on the philosophy that design projects should start by directly addressing the market and the needs of users, Process Design manages to fulfil the needs of its clients. Experience plays a major role in this: Innovative concepts often emerge out of the "in-between".
Process Design counts among its clients the Swiss Post, Laufen Bathrooms, Honeywell, Roche Diagnostics, and Credit Suisse.

LSG Sky Chefs
Die LSG Sky Chefs bieten differenzierte Dienstleistungen für den Bordservice der Fluggesellschaften. Dazu gehören Airline Catering, Bordserviceequipment und die damit verbundene Logistik sowie das Management des Bordservices und des Bordverkaufs. Darüber hinaus ist das Unternehmen ein erfolgreicher Anbieter im Bereich des Managements der gesamten In-flight Service Beschaffungskette für vielzählige Fluggesellschaften weltweit.
Innerhalb der LSG Sky Chefs ist das junge Design Department für die Gestaltung der passagierbezogenen Serviceprodukte verantwortlich. Seit 2006 leiten die Designer Daniel Knies und Volker Klag die Aktivitäten des Design Departments. Inzwischen entwirft das Design Department Produkte für internationale Fluggesellschaften wie Virgin Atlantic, Condor, Czech Airlines, Aeroflot, Corsair, Brussels Airlines, US Airways, Air Berlin, TAM und Lufthansa.

Process Design
Process Design vermittelt seit 15 Jahren an den Standorten Zürich, Luzern und Taipeh die klassischen Werte traditioneller schweizerischer Gestaltung. Ausgehend von der Philosophie, dass Designprojekte direkt am Markt und damit beim Nutzer beginnen sollten, kann Process Design die Bedürfnisse des Auftraggebers erfüllen. Dabei spielt die Erfahrung eine große Rolle: Innovative Konzepte entstehen meist im „Dazwischen".
Process Design gestaltet unter anderem für Kunden wie die Schweizerische Post, Laufen Bathrooms, Honeywell, Roche Diagnostics und die Credit Suisse.

Leaves In-Flight Tableware /
Flugzeuggeschirr

Page / Seite 44 / 45

Daniel Knies of the LSG Sky Chefs on the design of the Leaves airline tableware and the cooperation with Process Design:

How can the visual language of a cabin interior reflect in the design of dishes?
The visual language of the new Economy Class dishes has, for the first time, been matched to the unique Lufthansa design concept for products and cabin interiors. This design concept serves to clearly distinguish between the different cabin classes and their corresponding service and quality levels. Each class features a specified product language as well as material proposals and colour options, and the design of the new Lufthansa Economy Class seats is also matching that particular visual language. Formal details of the new dishes such as the form of the grip zone on cups and bowls deliberately reflect the cabin interior. The consistent design of all products on board contributes to an unmistakable Lufthansa image and conveys the message of a professional ambience in which the passenger can feel safe.

How does the collaboration as in-house design division of a large corporation with external design agencies work in particular?
As experts in our industry, we maintain a network of national and international design agencies as a basic principle, because these partners inspire us with their unbiased view on new product approaches. In return, we give them insights into the complex work steps, processes, and also restrictions in our industry, as well as into our visions and strategic planning. This form of collaboration results in mutual enrichment and value enhancement. Close collaboration and permanent unbiased exchange of ideas in the design process are very important to us. To that degree, the Swiss design agency "Process" is a competent partner for us that we can rely upon during our consolidated steps of development.

Daniel Knies von den LSG Sky Chefs über die Gestaltung des Flugzeuggeschirrs „Leaves" und die Zusammenarbeit mit Process Design:

Wie kann sich die Formensprache des Interieurs in einem Geschirr widerspiegeln?
Die Formensprache des neuen Economy-Class-Geschirrs ist erstmalig auf das einzigartige Lufthansa-Designleitbild für Produkte und Interieur abgestimmt. Dieses Designleitbild dient der klaren Differenzierung der Flugklassen und deren jeweiligem Serviceanspruch und der Servicequalität. Für jede Flugklasse sind eine spezifische Produktsprache sowie Materialvorschläge und Farbwelten festgelegt, an denen sich unter anderem auch das Design der neuen Lufthansa-Economy-Class-Sitze orientiert. Formale Details des neuen Geschirrs, wie der Verlauf des Griffbereichs an Tassen und Schalen, spiegeln das Interieur wider und wurden bewusst aufgegriffen. Die konsequente Gestaltung aller Produkte an Bord prägt ein unverwechselbares Lufthansa-Image und vermittelt dem Fluggast über die Unterstützung der Markenwerte ein professionelles Umfeld, in dem er sich sicher aufgehoben fühlen kann.

Wie funktioniert die Zusammenarbeit als Inhouse Design Division eines großen Konzerns mit externen Designbüros?
Als Experten unserer Branche pflegen wir ein Netzwerk nationaler und internationaler Designbüros, welche uns mit ihrem unbefangenen Blick zu neuen Produktansätzen inspirieren. Im Gegenzug geben wir Einblick in die komplexen Arbeitsschritte, Verfahren und auch Restriktionen unserer Industrie sowie in unsere Visionen und strategischen Planungen. Diese Form der Kooperation führt zu gegenseitiger Bereicherung und Wertschaffung. Wichtig dabei sind uns eine enge Zusammenarbeit und ein permanenter, unbefangener Austausch im Designprozess. Mit dem schweizerischen Designbüro „Process" haben wir einen kompetenten Partner, auf den man sich in den gemeinsamen Entwicklungsschritten verlassen kann.

# Jakob Wagner

Water Carafe /
Wasserkaraffe

Page / Seite 46 / 47

Jakob Wagner, born in 1963, received his Bachelor of Science degree in mechanical engineering in 1987. This was followed by various design courses in Milan, Paris and the USA, as well as two years of advanced studies at the Royal Danish Academy of Architecture, Department of Industrial Design. Wagner graduated from the Advanced Programme in Product Design at the Art Center College of Design (Europe) in Switzerland in 1992. He has won several international awards. Jakob Wagner teaches design courses at the Danish Design School and lectures at international conferences on design topics.

Jakob Wagner, geboren 1963, studierte an der Dänischen Ingenieursakademie und erhielt 1987 seinen Abschluss „Bakkalaureus der Wissenschaften" in Maschinenbau. Es folgten verschiedene Studien in Mailand, Paris und den USA sowie zwei Jahre mit weiterführenden Studien an der Fakultät für Industriegestaltung der Königlich Dänischen Kunstakademie. Seinen Abschluss machte Wagner 1992 im Aufbauprogramm Produktdesign am Art Center College of Design (Europa) in der Schweiz. Er wurde mit mehreren internationalen Preisen ausgezeichnet. Jakob Wagner hält Gestaltungskurse an der Danish Design School sowie Vorträge zu Designfragen auf internationalen Konferenzen.

Jakob Wagner, the designer of the Water Carafe, on his design philosophy and a "natural integrity" in his design:

### What was the inspiration for your product and what is special about it?
The form is inspired by the archetype of a bottle with simple clean lines, meant for everyday use over many years. You can put just water into it or decorate it when having guests over. I have given it a squarer footprint, which makes it easier to both handle and fit inside the fridge. The lid, made of silicone, is drip proof, which not only seals it against flavours present in the fridge, but also keeps out insects and prevents ice cubes from falling out. The glass is durable and everything can be put into the dishwasher.

### What design philosophies influence your work?
The cornerstones in my work are: Joy of everyday use, essential character, form sensuality, and playfulness. These values pull in different directions and my job is to find the right balance between them. It goes on for some time as an iterative process like a shortened version of evolution. When I succeed, the outcome is a meaningful object with natural integrity and a beauty that comes from within.

Jakob Wagner, der Gestalter der Wasserkaraffe, über seine Designphilosophie und eine „natürliche Integrität" in seiner Gestaltung:

### Was inspirierte Sie zu der Gestaltung des Produkts und was ist daran besonders?
Die Form ist von dem Urbild einer Flasche mit schlichten klaren Linien inspiriert und für den täglichen Gebrauch über viele Jahre gedacht. Man kann sie schlicht mit Wasser füllen oder dekorieren, wenn man Besuch hat. Ich habe ihr eine rechteckigere Form verliehen, damit sie leichter zu handhaben ist und besser in den Kühlschrank passt. Der tropffreie, aus Silicon gefertigte Deckel schließt sie nicht nur gegen Aromen im Kühlschrank ab, sondern schützt auch davor, dass Insekten eindringen oder Eiswürfel herausfallen können. Das Glas ist widerstandsfähig und alles ist spülmaschinentauglich.

### Welche Designphilosophien beeinflussen Ihre Arbeit?
Die Eckpfeiler meiner Gestaltung sind: Freude am täglichen Gebrauch, Unentbehrlichkeit, Sinnlichkeit der Form und Verspieltheit. Diese Werte streben in verschiedene Richtungen, und meine Aufgabe ist es, die richtige Balance zwischen ihnen zu finden. Dieser iterative Prozess hält eine Zeit lang an, wie eine Kurzversion der Evolution. Und wenn ich erfolgreich bin, so entsteht ein sinnvolles Objekt mit natürlicher Integrität und einer Schönheit, die von innen kommt.

Inipi Sauna

Page / Seite 48 / 49

# EOOS

Martin Bergmann (left) was born in 1963, Gernot Bohmann (right) in 1968 and Harald Gründl (middle) in 1967. After graduating from the University of Applied Arts in Vienna, they founded EOOS in 1995. EOOS specialises in furniture design, product design and brand spaces. As part of Poetical Analysis® they conduct research on rituals, myths and intuitive images as the starting point in their design process. EOOS understand design as a poetical discipline located between the parameters of the archaic and the high-tech. To this day, EOOS have received more than 50 international awards. In 2007, the Austrian Broadcasting Corporation (ORF) and the Die Presse newspaper elected the EOOS founders as "Austrians of the Year" in the area of creative industries.

Martin Bergmann (links) wurde 1963, Gernot Bohmann (rechts) 1968 und Harald Gründl (Mitte) 1967 geboren. Nach ihrem Studium an der Universität für angewandte Kunst in Wien gründeten sie EOOS im Jahr 1995. EOOS arbeitet in den Bereichen Furniture Design, Product Design und Brand Spaces. Im Rahmen der Poetischen Analyse® werden Rituale, Mythen und intuitive Bilder als Ausgangspunkt für Entwurfsprozesse erforscht. EOOS betrachtet Design als poetische Disziplin, die sich im Spannungsfeld zwischen Archaik und Hightech bewegt. Bis heute erhielt EOOS mehr als 50 internationale Auszeichnungen. 2007 wurden Martin Bergmann, Gernot Bohmann und Harald Gründl vom Österreichischen Rundfunk (ORF) und der Tageszeitung „Die Presse" zu den „Österreichern des Jahres" im Bereich Creative Industries gewählt.

EOOS, the designers of the Inipi sauna, on "the interpretation of a ritual" and the design of the winning product:

Cleansing and healing rituals are usually deeply rooted in a particular culture and their meaning closely linked to the symbolic values of a specific group. Often these rituals even have a religious or mythic background. With the Inipi we adopted the strong intuitive symbol of the heated stone, which as part of a ceremony is carried by the Lakota Indian into the sweat lodge. At the same time, however, we also radically liberated the sauna from the gravity of its cultural-spiritual backgrounds, translating it into a contemporary technological context. The transparent glass front further enhances the sense of lightness.

### What were the particular challenges you had to face when realising your product?
To translate an ancient culture-bound rite into a fresh technological context – and that on a very small surface area.

### Which role did ecological aspects play in the concept of your product?
Materials, their origin and possible separation have been carefully considered with regard to Inipi. In addition, one could emphasise the short heating time and the minimised room volume. Nevertheless: Climate protection only works in a large system. The user has to contribute his share to reduce the ecological footprint. Of course it makes a difference whether Inipi is operated by green electricity or nuclear power...

EOOS, die Designer der Sauna „Inipi", über die „Interpretation eines Rituals" und die Gestaltung des Gewinnerproduktes:

Schwitz- und Reinigungsrituale sind meist tief mit einem bestimmten Kulturkreis und dessen symbolischen Bedeutungszuschreibungen verbunden. Oft basieren sie sogar auf einem religiösen oder mythischen Fundament. Mit Inipi haben wir das starke intuitive Bild des glühenden Steins, der von den Lakota-Indianern zeremoniell in die Schwitzhütte getragen wird, übernommen. Gleichzeitig haben wir die Sauna aber radikal von der Schwere ihres spirituell-kulturellen Backgrounds befreit und in einen aktuellen technologischen Kontext übersetzt. Die transparente Glasfront sorgt zusätzlich für Leichtigkeit.

### Vor welchen speziellen Herausforderungen standen Sie bei der Realisierung Ihres Produktes?
Ein altes kulturgebundenes Ritual in einen frischen, technologischen Kontext zu übersetzen – und das auf einer sehr kleinen Grundfläche.

### Welche Rolle spielten ökologische Aspekte bei der Konzeption Ihres Produktes?
Materialien, deren Herkunft und mögliche Trennung wurden bei Inipi sehr sorgfältig überlegt. Außerdem könnte man die kurze Aufheizzeit und das minimierte Raumvolumen herausstreichen. Trotzdem: Klimaschutz funktioniert immer nur in einem größeren System. Um den ökologischen Fußabdruck zu verringern, muss auch der Nutzer seinen Teil dazu tun. Beispielsweise macht es einen großen Unterschied, ob Inipi durch Öko-Strom oder Atom-Strom betrieben wird …

HQ8290 Speed XL2
Shaver / Rasierer

Page / Seite 50 / 51

# The Philips Design Team

Philips Design is one of the largest and longest-established design organisations with over 500 employees spread across studios in Europe, Asia and North America. They serve the Philips organisation as well as external customers, and their diverse client roster includes 60 companies in the Fortune 500. The people-centric design approach of Philips Design is recognised with some 50 design awards every year. An extensive research programme helps the team to understand people, the contexts in which they live, their daily activities and the products and systems they use. Using such insights, the international, multidisciplinary design team is able to deliver relevant solutions that anticipate people's needs (...).

Philips Design ist eine der größten und ältesten Gestaltungseinrichtungen mit über 500 Mitarbeitern verteilt auf Studios in Europa, Asien und Nordamerika. Diese arbeiten für die Philips-Organisation sowie externe Kunden und zählen 60 Unternehmen aus den Fortune 500 auf ihrer facettenreichen Liste an Klienten. Der am Menschen orientierte Ansatz von Philips Design wird jedes Jahr mit etwa 50 Designpreisen gewürdigt. Ein umfangreiches Forschungsprogramm hilft dem Team dabei, Menschen und ihre Lebensumstände zu verstehen und mehr über ihre täglichen Aktivitäten und die Produkte und Systeme in ihrem Alltag zu erfahren. Mit diesen Erkenntnissen gelingt es dem internationalen, multidisziplinären Designteam, passende Lösungen zu liefern, die die Bedürfnisse der Menschen vorhersehen (...).

**The Philips Design Team, the designers of the HQ8290 Speed XL2 shaver, told us what "Designing for a global target audience" means:**

The most fundamental requirements men have when shaving are a close shave and no skin irritation. Basically they want the best results as quickly as possible. The new Speed XL 2 electric shaver from Philips was designed with these needs in mind. It is targeted predominantly at hard-working family men with a busy life. Personal appearance is important to them, but they remain down-to-earth and are only interested in innovation that brings real benefits.

In order to meet the expectations of this group we based our design around the key driver of 'honesty'. This had to be a product that 'does what it says on the box', that delivers reliable performance time and time again. To emphasise this, special attention was paid to the look and feel. Tight lines illustrate the waterproof character of the product, while the brush-metal finishing creates a professional, solid impression. The rubberised and diamond-textured side grips ensure a firm hold during use.

As far as performance is concerned, the three shaving tracks of the shaving heads offer 50% more shaving surface than single track heads, while the Lift & Cut system comfortably cuts even the shortest stubble. The whole shaving unit pivots around a central axis, constantly keeping the shaving heads in close contact with the skin. The chamber for collecting hair has a silver-ion-based antibacterial coating and also contains non-stick silicon, so it can be rinsed clean in seconds.

**Das Philips-Designteam, die Gestalter des Rasierers „HQ8290 Speed XL2", erzählte uns, was „Gestaltung für eine globale Zielgruppe" bedeutet:**

Die Rasur soll möglichst gründlich sein, und die Haut darf nicht gereizt werden – das ist es, worauf es dem Mann beim Rasieren ankommt. Grundsätzlich geht es um das bestmögliche Ergebnis in kürzester Zeit. Im Hinblick auf diese Anforderungen wurde der neue Elektrorasierer „Speed XL 2" von Philips entworfen. Er ist vor allem für den hart arbeitenden und viel beschäftigten Familienvater gedacht. Das eigene Aussehen ist ihm wichtig, aber er bleibt realistisch und ist nur dann an Neuem interessiert, wenn er auch wirklich einen Vorteil davon hat.

Um den Erwartungen dieser Zielgruppe gerecht zu werden, stand bei der Gestaltung der Schlüsselfaktor „Aufrichtigkeit" im Zentrum. Es sollte ein Produkt entworfen werden, das auch hält, was die Verpackung verspricht, das immer wieder von neuem eine verlässliche Leistung erbringt. Daher wurden dem Aussehen und der Haptik besondere Aufmerksamkeit geschenkt. Eine kompakte Linienführung veranschaulicht die wasserdichte Ausführung des Produkts. Die Oberfläche aus gebürstetem Metall vermittelt gleichzeitig einen professionellen, stabilen Ausdruck. Die seitlichen Griffleisten sind der Struktur eines Diamanten nachempfunden. Mit ihrer gummierten Fläche gewährleisten sie einen sicheren Halt.

Die drei Klingen der Scherköpfe bieten eine um 50 % größere Rasierfläche als ein einzelner Scherkopf, während die „Lift & Cut"-Technik selbst die kürzesten Haare abschneidet. Die Schereinheit dreht sich um eine zentrale Achse, wobei die Scherköpfe dicht an der Haut bleiben. Die Haarauffangkammer hat eine antibakterielle Silberionen-Beschichtung mit haftabweisendem Silikon, sodass sie in Sekundenschnelle gereinigt werden kann.

Grohe Rainshower Icon
Hand Shower / Handbrause

Page / Seite 52 / 53

# Grohe In-house Design Team

The in-house design team contributes a wealth of experience, expertise and knowledge to Grohe. Giving the brand a consistent design approach and ensuring Grohe products are both recognisable and enjoyed for the way they look and function. Since 2006, the design team has doubled in size to 15 full-time members, headed by the senior vice president of design, Paul Flowers, who is included on the prestigious "40 under 40" list established by the European Centre of Architecture, Art, Design and Urban Studies, a list that recognises the top 40 European creative talents under the age of 40. The team reports directly to the chief executive officer of Grohe, David J. Haines, affording them the creative freedom to redefine the industry.

Das In-house Design Team von Grohe verfügt über ein umfangreiches Reservoir an Erfahrung, Know-how und Kompetenz. Es verfolgt mit seiner Gestaltung die konsequente Designlinie der Marke sowie die Wiedererkennbarkeit der Produkte. Seit 2006 wurde die Zahl der Mitarbeiter im Designteam auf 15 Vollzeitkräfte verdoppelt. Geleitet wird es vom Senior Vice President Design Paul Flowers, der auf der renommierten „40 under 40"-Liste des European Centre of Architecture, Art, Design and Urban Studies mit den 40 wichtigsten kreativen Köpfen Europas unter 40 steht. Das Team berichtet direkt an den Chief Executive Officer David J. Haines und erlangt damit die erforderliche Freiheit, um neue und kreative Wege zu gehen.

**The Grohe in-house design team on the design of the Grohe Rainshower Icon and the inspiration that led to this product:**

The name "Icon" was chosen as it represents a new symbol for hand-held showers. Created to provide a unique interface to water, it challenges the very notion of a solid volume product. The halo-shaped spray face reduces the aesthetic mass and requires less water to deliver a large full spray. "Performance Art" – a powerful visual statement when not in use, it is transformed by water to deliver the perfect experience with reduced impact on the fragile environment in which we live.

**What inspires the Grohe in-house design team?**
We are an inquisitive, consumer-centric design team drawing inspiration from each other and our surroundings. Inspiration comes from so many sources, ranging from our trend-scouting activities, visiting trade fairs, galleries and exhibitions all over the world, to one of the greatest sources of all: nature.

**Das In-house Design Team von Grohe über die Gestaltung der Grohe Rainshower Icon und die Inspiration, die zu diesem Produkt führte:**

Der Name „Icon" charakterisiert das neue Symbol für Handbrausen. Diese Schnittstelle zwischen Mensch und Wasser beweist, dass ein großzügiger Strahl nicht unbedingt einen voluminösen Duschkopf voraussetzt. Der kreisförmige Strahlbildner lässt den Duschkopf optisch leichter erscheinen und bietet einen großen, vollen Strahl bei gleichzeitig reduziertem Wasserverbrauch. „Performance Art" – dies bedeutet: Ohne Wasserfluss verkörpert diese Brause ein starkes Designstatement; mit Wasserfluss garantiert sie ein perfektes Duscherlebnis und durch den reduzierten Ressourceneinsatz einen positiven Effekt auf unsere fragile Umwelt.

**Was inspiriert das In-house Design Team von Grohe?**
Wir sind ein neugieriges und konsequent verbraucherorientiertes Designteam, das sich wechselseitig inspiriert. Auch aus unserer Umgebung ziehen wir Inspiration, ebenso wie aus vielen anderen Quellen. Als Trendscouts besuchen wir Messen, Galerien und Ausstellungen in der ganzen Welt. Doch eine der größten Inspirationsquellen ist natürlich die Natur.

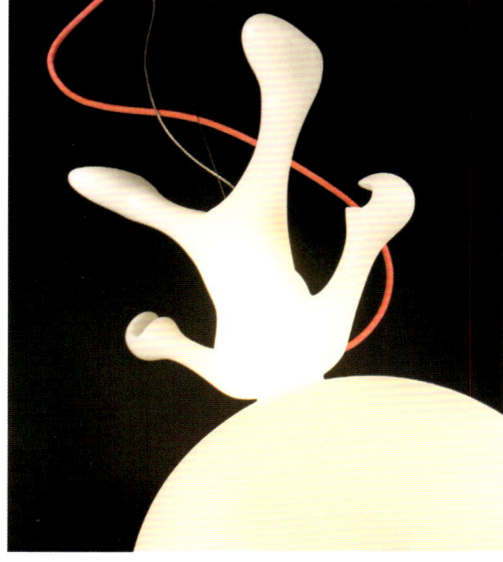

Spacewalker Floor Lamp /
Stehleuchte

Page / Seite 54 / 55

# Constantin Wortmann

Constantin Wortmann has run the "Büro für Form" design studio in Munich since 1999. The main focus of its work is on product, interior and lamp design for renowned international manufacturers. Wortmann emphasises the yearlong and intensive collaboration with manufacturers such as the German company Next, for which he has created many of his most famous products, including the "Liquid_Light" lamp family and the "Flapflap" table lamp. His works have featured in many publications and garnered numerous international design prizes. The red thread running though all his designs is the well-balanced combination of organic forms with geometric elements, as well as the emotionality of his products – often also intended to be humorous.

Constantin Wortmann betreibt das Designstudio „Büro für Form" seit 1999 in München. Der Schwerpunkt der Arbeit liegt in den Bereichen Produkt-, Interior- und Leuchten-Design für renommierte internationale Hersteller. Wichtig ist Wortmann die langjährige und intensive Zusammenarbeit mit Unternehmen wie der deutschen Firma Next, für die er viele seiner bekanntesten Produkte entwirft, so z. B. die Leuchtenfamilie „Liquid_Light" oder die Tischleuchte „Flapflap". Seine Arbeiten wurden vielfach veröffentlicht und mit zahlreichen internationalen Designpreisen ausgezeichnet. Der rote Faden, der sich durch seine Gestaltung zieht, ist eine gelungene Mischung aus organischen Formen und geometrischen Elementen sowie eine Emotionalität der Produkte – gerne auch mit einem kleinen Augenzwinkern.

Constantin Wortmann on the design concept of the Spacewalker floor lamp and the things that inspired him to the language of form:

What concept of a lamp does the design of the Spacewalker floor lamp embody?
The idea for this lamp occurred to me while playing with Lego bricks together with my small daughter: These characters with their slightly over-sized heads and hands, onto which things can be clipped – this was the "concept", both in technical and design terms... Products need more than just perfect function and ergonomics; they need some poetry!

What is distinctive about this lamp: I'd simply say that an astronaut as a lamp is something distinctive.

Constantin Wortmann über das gestalterische Konzept der Stehleuchte „Spacewalker" und die Dinge, die ihn zu deren Formensprache inspirierten:

Welches Leuchtenkonzept steckt in der Gestaltung der Stehleuchte „Spacewalker"?
Die Idee zu dieser Leuchte kam mir beim „Lego-Spielen" mit meiner kleinen Tochter: Die Figuren mit ihren etwas überdimensionalen Köpfen und Händen, an denen man Dinge festklipsen kann – dies war das „Konzept", technisch wie auch gestalterisch ... Produkte brauchen mehr als nur perfekte Funktion und Ergonomie, sie brauchen Poesie!

Das Besondere dieser Leuchte: Ich will einfach mal behaupten, ein Astronaut als Leuchte ist etwas Besonderes.

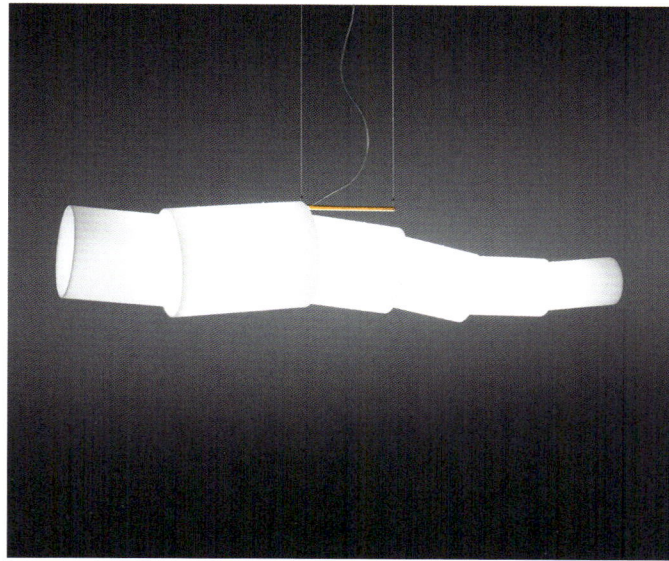

Noto Suspension Lamp /
Pendelleuchte

Page / Seite 56 / 57

# Michele De Lucchi

Michele De Lucchi was born in 1951 in Ferrara and graduated in architecture in Florence. He was a prominent figure in movements like Cavart, Alchymia, and Memphis. For Olivetti he was director of design from 1992 to 2002 and developed experimental projects for Compaq Computers, Philips, Siemens and Vitra. Selections of his products are exhibited in the most important design museums in Europe, the United States and Japan. In 2000, Michele De Lucchi was appointed Officer of the Italian Republic by President Ciampi, for services to design and architecture. In 2001 he was nominated ordinary professor at the design and art faculty at the University in Venice, and in 2008 was nominated ordinary professor at the design faculty of the Politecnico di Milano University.

Michele De Lucchi wurde 1951 in Ferrara geboren und studierte Architektur in Florence. Er spielte eine bedeutende Rolle in den Cavart-, Alchymia- und Memphis-Bewegungen. Von 1992 bis 2002 war er Direktor für Design bei Olivetti und entwickelte experimentelle Projekte für Compaq Computers, Philips, Siemens und Vitra. Eine Auswahl seiner Produkte wird in den bedeutendsten Museen in Europa, den Vereinigten Staaten und Japan gezeigt. Michele De Lucchi wurde im Jahr 2000 durch Präsident Ciampi der Verdienstorden „Offizier der Italienischen Republik" für Leistungen in den Bereichen Gestaltung und Architektur verliehen. 2001 wurde er zum ordentlichen Professor an der Fakultät für Kunst und Gestaltung der Universität von Venedig und 2008 zum ordentlichen Professor an der Fakultät für Gestaltung an der Polytechnischen Universität von Mailand ernannt.

Michele De Lucchi, designer of the Noto suspenson lamp, on "The Symbolic" and its significance in design:

In today's world there is a strong need for symbolic values, values that should leave the unmediated and practical aspect of the things behind. People need aims to aspire to, reference points in their lives, for their daily existence: these are the symbols of today's world. Just like buildings in the city – which gradually start to assume the role of being representative, attractive and communicative in order to convey a certain spirit and a message and thus act as a reference point in the urban conglomeration – design objects today are messages in the lives of people, signs of their personal existence.

Michele De Lucchi, der Designer der Pendelleuchte „Noto", über „Das Symbolische" und dessen Bedeutung im Design:

In der heutigen Welt besteht ein großes Bedürfnis nach symbolischen Werten, nach Werten, die den unvermittelten und funktionalen Aspekt der Dinge hinter sich lassen sollten. Menschen brauchen Ziele, die sie anstreben, Bezugspunkte in ihrem Leben, für ihr tägliches Dasein: Dies sind die Symbole der heutigen Welt. So wie Gebäude in der Stadt allmählich beginnen, sich repräsentativ, attraktiv oder kommunikativ zu geben, um so einen bestimmten Geist und eine Botschaft zu vermitteln, sowie einen Bezugspunkt im urbanen Zusammenhang zu bilden, so sind Design-Objekte heute Botschaften im Leben der Menschen, Zeichen für ihr persönliches Dasein.

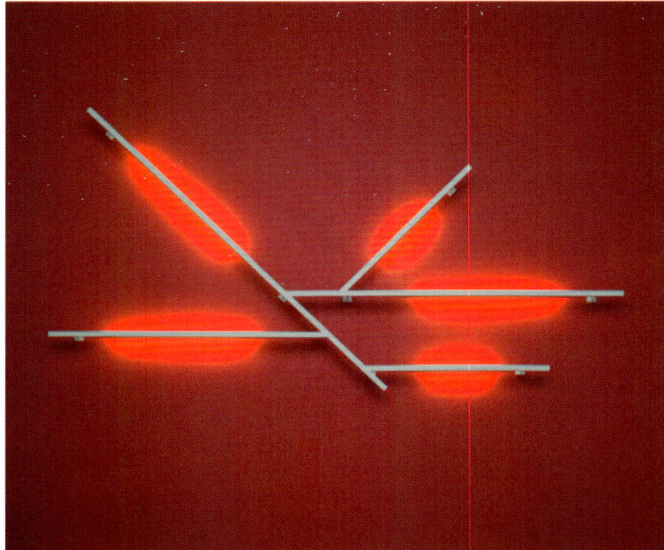

Kao Wall, Ceiling or Pendant Lamp /
Wand-, Decken- oder Pendelleuchte

Page / Seite 58 / 59

# Bruno Houssin

The work of Bruno Houssin is characterised by the creation of long-lasting objects. His approach to lighting, directly related to energy consumption, led him to new concepts according to the new environmental constraints. His creations are characterised by soft and pure shapes and aim to stimulate an emotional response, as is the case with Kao, a spectacular lighting structure inspired from graphic elements of trees and nature. Demanding a high level of dialogue quality between designer and manufacturer, Houssin believes that it is up to the designer to adapt himself to most of the methods.

Die Arbeit von Bruno Houssin ist durch die Gestaltung langlebiger Objekte charakterisiert. Sein Ansatz im Bereich Beleuchtung, der direkt mit dem Energieverbrauch in Beziehung steht, führte ihn angesichts der neuen Umwelteinschränkungen zu neuen Konzepten. Seine Kreationen sind gekennzeichnet durch weiche und klare Formen und sollen emotionale Reaktionen hervorrufen, wie es bei Kao der Fall ist, einem eindrucksvollen, durch grafische Elemente von Bäumen und Natur inspirierten Beleuchtungssystem. Einen hohen Grad an Dialogqualität zwischen Gestalter und Hersteller einfordernd ist Houssin der Ansicht, dass es dem Gestalter obliegt, sich den meisten Rahmenbedingungen anzupassen.

Bruno Houssin, designer of the Kao wall, ceiling or pendant lamp, on his inspiration for designing this product and the lighting of the future:

### What was your inspiration for designing the Kao lamp?
The origin of Kao's concept was a simple walk through a forest in winter, where I became aware of the graphical and structural richness of the ramifications formed by tree branches. When transposing this vision into a lighting fixture for interior spaces, it seemed relevant to me to create lighting structures in two or three dimensions. The combination of the polymorphic structures makes it possible to create infinitely varied installations that can convey the emotion one feels under a canopy. I also have a great admiration for the originality of Escher, who surely also had an influence in my creative approach.

### What will lighting be like in the future?
Lighting is in full change, in particular because of the ecological stakes. The future resides in new light sources that are sounder and more efficient from a consumption, lifetime and usage point of view. New scenarios of lights must be created, in and outside of the city. Use of light must be more delicate, like a watercolour painter painting with light... The hypnotic magic of the candle flame has not yet been equalled. Lighting fixtures of tomorrow will move toward that standard, a sacred light, a vector for emotion.

Bruno Houssin, Designer der Wand-, Decken- oder Pendelleuchte „Kao", über seine Inspiration zur Gestaltung dieses Produkts sowie die Beleuchtung der Zukunft:

### Was hat Sie zu dem Entwurf der Leuchte „Kao" inspiriert?
Der Ursprung des Kao-Konzepts war ein einfacher Spaziergang durch den Winterwald, wo ich mir der grafischen und strukturellen Fülle der Baumverästelungen bewusst wurde. Bei der Übertragung dieser Vision in eine Lichtinstallation für den Innenbereich war es mir wichtig, zwei- oder dreidimensionale Lichtstrukturen zu schaffen. Die Kombination der polymorphen Strukturen ermöglicht es, unendlich viele Kombinationsmöglichkeiten zu schaffen, die das Gefühl vermitteln, man stünde unter einem Blätterdach. Ich schätze überdies die Originalität von Escher sehr, der meinen kreativen Ansatz sicher ebenfalls beeinflusst hat.

### Wie wird Beleuchtung in der Zukunft aussehen?
Beleuchtung ist komplett im Wandel begriffen, insbesondere aus ökologischen Gründen. Die Zukunft findet sich in neuen Lichtquellen, die im Sinne von Verbrauch, ihrer Lebenszeit und Anwendung verträglicher und effizienter sind. Wir brauchen neue Lichtszenarien, in der Stadt und außerhalb. Der Einsatz von Licht muss einfühlsamer werden, so wie bei einem Aquarellmaler, der mit Licht malt ... Die hypnotische Magie einer Kerzenflamme ist nach wie vor unerreicht. Lichtinstallationen von morgen werden sich diesem Standard annähern, einem sakralen Licht, einem Überträger für Emotionen.

LED1 Lamp /
Leuchte

Page / Seite 60 / 61

# Mikko Kärkkäinen

Mikko Kärkkäinen, born 1976 in Järvenpää, Finland, graduated from Lahti University of Applied Sciences/Institute of Design. As a designer, he worked with Puutyö Pekaspuu Oy Carpenter from 1993 to 1999. He has been a designer and managing director at Muotoilutoimisto Tunto since 2000, as well as designer and managing director at Tunto Design since 2004. His designs have been shown at various exhibitions, such as Children Play I and II in Seoul, Korea, in 2006 and 2007. At Tunto, Mikko Kärkkäinen is designer of the Tunto collection and realised several interior projects such as the Amer/Suunto Oy, Honkarakenne Oyj, for Nokia. He is also involved in the design layout and realisation for restaurants and hair salons.

Mikko Kärkkäinen, geboren 1976 in Järvenpää, Finnland, machte seinen Abschluss an der Lahti-Hochschule für Angewandte Wissenschaften/Institut für Gestaltung. Von 1993 bis 1999 arbeitete er als Gestalter bei Puutyö Pekaspuu Oy Carpenter. Seit 2000 ist er Gestalter und Managing Director bei Muotoilutoimisto Tunto sowie seit 2004 Gestalter und Managing Director bei Tunto Design. Seine Entwürfe wurden in verschiedenen Ausstellungen gezeigt, so etwa 2006 und 2007 in der Children Play I und II in Seoul, Korea. Bei Tunto gestaltet Mikko Kärkkäinen die Tunto-Kollektion und verwirklichte verschiedene Inneneinrichtungsprojekte wie etwa Amer/Suunto Oy, Honkarakenne Oyj, für Nokia. Er ist auch an den Gestaltungsentwürfen und -umsetzungen für Restaurants und Friseursalons beteiligt.

Mikko Kärkkäinen, the designer of the LED1 lamp, on his inspiration as a designer and especially for the product winning a "red dot: best of the best":

What was the inspiration for your product and what is special about it?
You can say, "less is more" even in this case. Influences such as music, pop art, and various modern lifestyles connected with traditional woodworking methods and special technology like the hidden touch – this is what makes this lamp unique. It could not have been born anywhere else or at any other time than in today's Finland.

What inspires you?
Finnish nature, forests and wood itself inspire me, as well as the great giants of design like Alvar Aalto, Tapio Wirkkala, and Andy Warhol. I feel strongly that Tunto products should have a novelty value and connect to the present day. The visual and technical production methods speak of my own cultural background and lifestyle. For example, the Keinu swing is a direct reminiscence of a wood plank hanging from a backyard birch tree, and the Skede chair tells the story of my youth spent in an urban jungle.

Mikko Kärkkäinen, der Gestalter der Leuchte „LED1", über seine Inspiration als Gestalter und insbesondere das mit einem red dot: best of the best ausgezeichnete Produkt:

Was hat Sie zu Ihrem Produkt inspiriert und was ist das Besondere daran?
„Weniger ist mehr", kann man kann selbst in diesem Fall sagen. Einflüsse wie etwa Musik, Pop-Art und verschiedene moderne Lebensstile verbinden sich mit traditionellen Holzbearbeitungsmethoden und spezieller Technologie wie etwa dem versteckten Schalter – dies ist es, was die Leuchte einzigartig macht. Sie hätte nirgendwo anders oder zu keinem anderen Zeitpunkt als im heutigen Finnland entstehen können.

Was inspiriert Sie?
Die finnische Natur, die Wälder und das Holz selbst inspirieren mich ebenso wie die wirklich Großen der Gestaltung wie Alvar Aalto, Tapio Wirkkala und Andy Warhol. Mir liegt viel daran, dass Tunto-Produkte einen Innovationswert haben und zum Heute in Beziehung stehen. Die visuellen und technischen Produktionsmethoden lassen meine kulturelle Herkunft und Lebensart erkennen. Die Schaukel „Keinu" zum Beispiel ist eine direkte Reminiszenz an eine Holzplanke, die auf einem Hinterhof an einer Birke hängt, und der Stuhl „Skede" erzählt die Geschichte meiner Jugend im urbanen Dschungel.

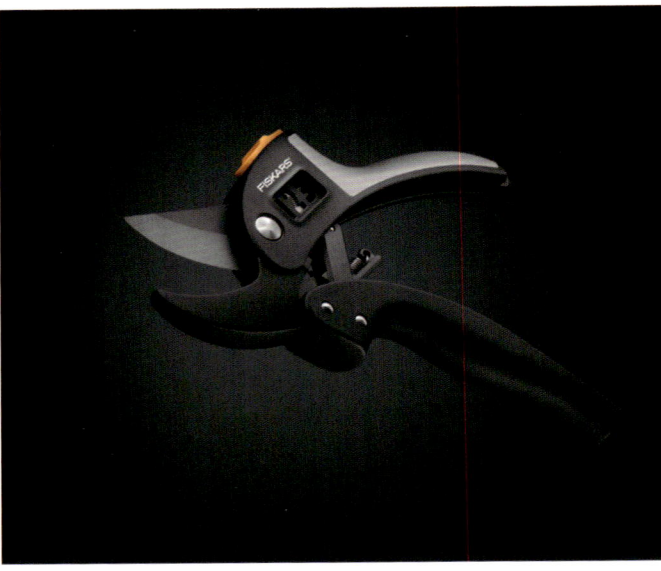

PowerStep Pruner and Lopper /
Garten- und Astschere

Page / Seite 62 / 63

# Olavi Lindén
# Markus Paloheimo

Markus Paloheimo was born in Helsinki, Finland, in 1970. Since 1999, he has worked with Fiskars Brands Finland Oy Ab, first as a product designer and, since 2001, as product development manager. Olavi Lindén was born in 1946 in Ekenäs, Finland. Lindén is first and foremost known for his industrial design achievements obtained during his long career with Fiskars. He started working at Fiskars in 1971. Today he is the chief designer of consumer products at Fiskars Brands Finland Oy Ab, Finland. In the course of his career, Lindén has registered numerous patents for his own ideas as well as those of his research and development team. Their works frequently receive awards in Finland, Europe and the US.

Markus Paloheimo wurde 1970 in Helsinki, Finnland, geboren. Ab 1999 arbeitete er zunächst als Produktgestalter bei der Fiskars Brands Finland Oy Ab, seit 2001 als Manager der Produktentwicklung.
Olavi Lindén wurde 1946 in Ekenäs, Finnland, geboren. Lindén ist in erster Linie für seine Errungenschaften im Industriedesign während seiner langen Karriere bei Fiskars bekannt. 1971 zu Fiskars gestoßen, ist er heute Chief Designer für Konsumgüter bei der Fiskars Brands Finland Oy Ab, Finnland. Im Laufe seiner Karriere meldete Lindén zahlreiche Patente für eigene Ideen sowie für die seines Forschungs- und Entwicklungsteams an. Ihre Arbeiten werden regelmäßig in Finnland, Europa und den USA ausgezeichnet.

Olavi Lindén, the chief designer of consumer products at Fiskars Brands Finland Oy Ab, on innovation and why nature is an unbeatable inspiration for design:

### What is the meaning of innovation?
Innovation to me means recombining familiar things to create new solutions. A great product is honest and simple. When people say to me: I could have thought of that myself, then I consider the design to be successful. Pure design, exclusive materials and high attention to ergonomics are some of the cornerstones of my creations. We can't just design beautiful things that people don't need, there has to be a demand for the product and the timing has to be right.

### What is the kind of inspiration that lies in nature?
Nature has long been an important source of inspiration and guide in Fiskars' strive to offer ergonomic and lightweight, yet powerful and durable products. Observing nature helps us make inspiring discoveries, but also to understand our own limits.

Olavi Lindén, der Chief Designer für Konsumgüter bei Fiskars Brands Finland Oy Ab, über Innovation sowie darüber, warum die Natur eine unübertroffene Inspiration für Gestaltung darstellt:

### Was bedeutet für Sie Innovation?
Für mich bedeutet Innovation, bekannte Dinge neu zu verknüpfen und so neue Lösungskonzepte zu schaffen. Ein bedeutsames Produkt ist aufrichtig und schlicht. Wenn Leute zu mir sagen: Da hätte ich auch selbst drauf kommen können, dann betrachte ich die Arbeit als erfolgreich. Klare Gestaltung, exklusive Materialien und ein großes Augenmerk auf Ergonomie sind einige der Grundpfeiler meiner Entwürfe. Wir können nicht einfache nur schöne Sachen kreieren, die kein Mensch braucht; das Produkt muss verlangt sein und das Timing muss stimmen.

### Welche Art von Inspiration ist in der Natur zu finden?
Die Natur ist seit Langem eine wichtige Inspirationsquelle und Richtschnur in Fiskars Anliegen, ergonomische und leichte, aber dennoch starke und beständige Produkte anzubieten. Die Natur zu beobachten hilft uns dabei, inspirierende Entdeckungen zu machen, aber auch unsere eigenen Grenzen zu verstehen.

Tango Armchair /
Sessel

Page/Seite 64/65

# Mads Odgård Design

Mads Odgård, born in 1960 in Ringkjøbing, Denmark, studied at the Royal Danish Academy of Fine Arts, as well as at Denmark's Design School and the Art Center Europe in Switzerland. From 1985 to 1986, he was employed as a designer at LEGO in Denmark. Since 1988, Mads Odgård has run his own office. His designs have been on display at several exhibitions such as in 1992 at the Expo '92 in Seville, Spain, and in 2000 at the Danish Museum of Art & Design (Kunstindustrimuseet) Copenhagen, Denmark, in the field of cutlery. In 2006, he took part at the Charlottenborg Fall Exhibition (Efterårsudstilling) in Copenhagen. Mads Odgård has won several international design awards.

Mads Odgård, 1960 im dänischen Ringkjøbing geboren, studierte an der Königlich Dänischen Akademie der Künste sowie an Dänemarks Design School und dem Art Center Europa in der Schweiz. Von 1985 bis 1986 war er als Gestalter bei LEGO in Dänemark angestellt. Seit 1988 leitet Mads Odgård sein eigenes Büro. Seine Arbeiten wurden in verschiedenen Ausstellungen gezeigt, so etwa 1992 auf der Expo '92 in Sevilla, Spanien, und im Jahr 2000 im Dänischen Museum für Kunst und Gestaltung (Kunstindustrimuseet) in Kopenhagen, Dänemark, im Bereich Essbesteck. 2006 nahm er an der Herbstausstellung in der Charlottenburg in Kopenhagen (Efterårsudstilling) teil. Mads Odgård wurde mit mehreren internationalen Preisen ausgezeichnet.

Mads Odgård, the designer of the Tango armchair, about his mission as a designer and what a good design solution is about:

### What is your mission as a designer?
To design and develop the objects we surround ourselves with.
The result must bestow the object with identity and logic.
The things we surround ourselves with must have a clear identity that echoes its function.
If a design appears to be universal, it will stand the test of time.

### What is a good design solution about?
To achieve a successful design solution, a number of invisible factors need to be in place: culture, economy, the supply-chain, and the technology. The result must be light (simple) and uncomplicated, embody harmony and satisfactorily fulfil function and ergonomics. First then, it is resolved.

Mads Odgård, der Gestalter des Sessels „Tango", über seine Mission als Designer und das Wesen einer guten Gestaltungslösung:

### Was sehen Sie als Ihre Mission als Designer an?
Das Gestalten und Entwickeln von Objekten, mit denen wir uns umgeben.
Das Ergebnis muss dem Objekt Identität und Logik verleihen.
Die Objekte, mit denen wir uns umgeben, müssen eine klare Identität haben, die ihre Funktion bestätigt.
Eine Gestaltung mit universeller Anmutung wird sich auch bewähren.

### Was ist in Ihren Augen eine gute Gestaltungslösung?
Um eine erfolgreiche Gestaltung zu erreichen, müssen eine Reihe unsichtbarer Faktoren zusammenspielen: Kultur, Wirtschaft, die Wertschöpfungskette und die Technologie. Das Ergebnis muss leicht (schlicht) und unkompliziert sein, Harmonie verkörpern und auf zufriedenstellende Art Funktion und Ergonomie erfüllen. Erst dann ist das Ziel erreicht.

Longgrill Fire Bowl and Grill /
Langgrill Feuerschale und Grill

Page / Seite 66 / 67

## Möbel-Liebschaften Design Team

Behind the Liebschaften furniture label stand Christian Kusenbach and Martin Sessler. They first met about 20 years ago and, respecting each other's abilities, started working together, at first sporadically. The two independent artists and furniture designers live in Heidelberg and Hamburg respectively. Together, in 2002, they founded their label in order to extend their collaboration. Their work is always the outcome of intensive design phases, during which they retreat for a couple of days from the current daily business to concentrate on further developing their design ideas. From the first draft to the final product, their designs undergo a long process of continuous scrutiny and further improvement.

Hinter dem Möbellabel Liebschaften stehen Christian Kusenbach und Martin Sessler. Beide kennen und schätzen sich seit rund 20 Jahren, in denen sie auch sporadisch zusammenarbeiteten. Die freischaffenden Künstler und Möbeldesigner leben in Heidelberg und Hamburg. Ihr Label gründeten sie 2002, um die Zusammenarbeit zu vertiefen. Ihre Entwürfe entstehen immer in intensiven Entwurfsphasen, zu denen sie sich für ein paar Tage aus dem Tagesgeschehen zurückziehen, um konzentriert an der Umsetzung zu arbeiten. Die dadurch entstehenden Produkte werden vom Entwurf bis zum fertigen Erzeugnis über einen langen Zeitraum entwickelt, wodurch die Grundidee immer wieder hinterfragt und Details überarbeitet werden.

**Christian Kusenbach and Martin Sessler on "minimalism and aesthetics" and their design philosophy:**

Our concept of aesthetic use of materials encompasses the idea that each product has to present itself in a harmonious balance with the material used, so that the material can display its very characteristics through the design. Such is the case with this award-winning grill whose fire bowl features a solid stainless steel design that, due to its solidity, can do without any edges or bent corners. Thus, minimalism is the outcome of a natural use of the material.

**Which design philosophy has an influence on your work?**
Our products result from experience in and observations from everyday life. Our drafts are not necessarily prepared in the sterile environment of an office but rather when cooking dishes or going for a hike in Alsace or even when waiting at the (already) green traffic light... We try to design all products in such a way that they integrate as if they had been there before without any doubt. It goes without saying that we want to get our customers addicted – and to some extent we are already being successful!

**Christian Kusenbach und Martin Sessler über „Minimalismus und Ästhetik" und ihre Designphilosophie:**

Unsere Idee von Ästhetik in Bezug auf die Verwendung von Materialien beinhaltet, dass sich jedes Produkt mit seinem verwendeten Material stimmig präsentiert, sodass das Material über die Gestaltung seine Eigenschaften visualisieren kann. Wie hier beim prämiierten Grill ist die Feuerschale in einer massiven Stahlausführung gefertigt, die durch ihre Massivität auf weitere Ecken und Kantungen verzichten kann. Somit ist Minimalismus selbstverständlich aus dem Umgang mit dem Material heraus entstanden.

**Welche Designphilosophie beeinflusst Ihre Arbeit?**
Unsere Produkte entstehen durch Erfahrungen und aus Beobachtungen im Alltag. Unsere Entwürfe entstehen weniger in der sterilen Umgebung eines Büros, sondern vorzugsweise beim Kochen und Wandern, z. B. im Elsass, oder auch beim Warten vor der (schon) grünen Ampel ... Wir versuchen, alle Produkte so zu gestalten, dass sie sich wie schon zweifellos da gewesen einfügen. Selbstredend möchten wir unsere Kunden süchtig machen – was uns in Teilen schon gelingt!

SecretSlide Sliding Door /
Schiebetür

Page / Seite 68 / 69

# Stefan Vanderick

Stefan Vanderick was born in 1975 and graduated in 1998 as an electromechanical engineer at Groep T in Leuven, Belgium. He started working as an organisational engineer in various industries and, in 2001 and 2002, graduated in information technology and business administration. In 2003, after five years of classical business, he joined the family company Brems, heading Brems Doors. Together with the dynamic production and sales teams, he re-launched the company into the design segment of the interior door market. Vanderick himself designs the products.

Stefan Vanderick wurde 1975 geboren und machte 1998 seinen Abschluss als Ingenieur in Elektromechanik an der Groep T in Leuven, Belgien. Nachdem er zunächst als Organisationsingenieur in verschiedenen Branchen arbeitete, folgten 2001 und 2002 Abschlüsse in Informationstechnologie und Betriebswirtschaft. Nach fünf Jahren klassischer Arbeitstätigkeit stieß er 2003 zu dem Familienunternehmen Brems, wo er Brems Doors leitete. Zusammen mit den dynamischen Produktions- und Verkaufsteams führte er das Unternehmen wieder erfolgreich in das Marktsegment für die Gestaltung von Innenbereichstüren ein. Die Produkte werden von Vanderick selbst gestaltet.

**Stefan Vanderick, the designer of the SecretSlide sliding door, on "The interpretation of functionality with the SecretSlide door":**

When we talk about interior doors we always refer to revolving doors, sliding doors or spring doors. Often they are named after their operating principle: hinges, rails, etc. Is it possible to think about interior doors on a higher level and consider them as transposing panels, seemingly floating in the sky? Panels that blend invisibly in a room or can be used as "furniture", finishing them with lacquer, wood veneer, textile or leather...

SecretSlide has the same functionality as a classical sliding door, but appears totally different in its environment. The panel seems to be floating in front of the doorway... No rails to be installed, no rail covers to be fitted...

**Stefan Vanderick, der Gestalter der Schiebetür „SecretSlide", über „Die Interpretation von Funktionalität bei der Secret-Slide-Tür":**

Wenn es um Türen für den Innenbereich geht, sprechen wir immer von Drehtüren, Schiebetüren oder Federtüren. Oft werden sie nach ihrem Funktionsprinzip benannt: Angel, Schiene etc. Ist es möglich, sich Innenbereichstüren auf einer höheren Ebene als Verschiebeelemente vorzustellen, die scheinbar am Himmel schweben? Türblätter, die sich unsichtbar in den Raum einfügen oder als Möbel fungieren, lackiert, furniert oder mit Stoff oder Leder bezogen ...

Die SecretSlide hat dieselbe Funktionsweise wie eine klassische Schiebetür, wirkt in ihrem Umfeld aber vollkommen anders. Die Türblätter scheinen vor dem Wanddurchgang regelrecht zu schweben ... Keine zu installierenden Laufschienen, keine anzubringenden Abblendungen ...

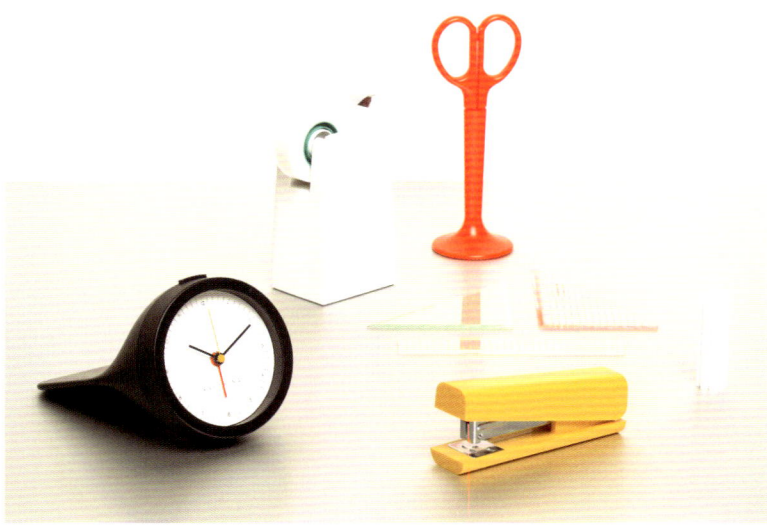

Anything Collection
Stationery / Bürobedarf

Page / Seite 70 / 71

# Michael Sodeau

Michael Sodeau, born in 1969, studied product design at London based Central Saint Martins College of Art and Design and received his BA (First Class Honours) in 1994. In the same year, he became a founding partner of Inflate and, in 1997, set up his own office, Michael Sodeau Partnership. There have been numerous exhibitions of his work, such as the "Michael Sodeau Retrospective" at Habiter in Paris in 2003 and, more recently, "Anything, Something & Nothing" in New York in 2009. His work is shown around the world and features in books such as the International Design Yearbook and other special editions such as "Design Secrets: Furniture" in 2006.

Michael Sodeau, geboren 1969, studierte Produktdesign am Central Saint Martins College of Art and Design in London und erhielt 1994 seinen BA-Abschluss mit höchster Auszeichnung. Im selben Jahr wurde er Gründungsmitglied von Inflate und eröffnete 1997 sein eigenes Studio „Michael Sodeau Partnership". Seine Arbeiten wurden in zahlreichen Ausstellungen gezeigt, darunter 2003 die „Michael Sodeau Retrospective" im Habiter in Paris und erst kürzlich, 2009, die „Anything, Something & Nothing" in New York. Seine Arbeiten sind weltweit zu sehen und in Büchern wie dem International Design Yearbook sowie anderen Sonderbänden vertreten, so 2006 in dem „Design Secrets: Furniture".

Michael Sodeau, the designer of the Anything Collection stationery, on "Designing things which are useful" and his philosophy as a designer:

"Designing things which are useful" – this has to be a designer's priority in this age of excess.

### What was the inspiration for your product and what is special about it?
I looked at the desk as a landscape and created objects as if they were table-top architecture. Each product serves its function, while addressing issues within its environment. The approach for each piece was to enhance its function and revisit how these items are used.

### What particular challenges did you encounter when realising your product?
Editing the products and making alterations. Spending hours fine-tuning the designs for production and finally... selecting colours.

### What design philosophies influence your work?
Modernism: 'form follows function' was something that was drilled into me while at college. It was a direction I fought at first, but have grown to appreciate with maturity. A simple, pared-down approach. Minimal with a twist... A new modernism.

Michael Sodeau, der Gestalter des Bürobedarfs „Anything Collection", über „Das Gestalten zweckdienlicher Dinge" und seine Philosophie als Gestalter:

„Das Gestalten zweckdienlicher Dinge" – dies muss in Zeiten des Übermaßes für Gestalter oberste Priorität sein.

### Was war die Inspiration für Ihr Produkt und was ist daran besonders?
Ich habe mir den Schreibtisch als Landschaft vorgestellt und dann Objekte geschaffen, als wären es Teile einer Architektur. Jedes Produkt erfüllt seine Funktion und steht dabei in Bezug zu Umweltfragen. Der Ansatz verfolgte eine funktionale Aufwertung jedes einzelnen Elements und lag darin, deren Gebrauchswert neu zu überdenken.

### Welche speziellen Herausforderungen sind Ihnen bei der Umsetzung Ihrer Produkte begegnet?
Die Produkte zu bearbeiten und Änderungen vorzunehmen. Stunden mit der Feinabstimmung der Entwürfe für die Produktion zu verbringen und schließlich ... die Farbauswahl.

### Welche Designphilosophien beeinflussen Ihre Arbeit?
Die Moderne: „Form folgt Funktion" ist ein Motto, das mir während meiner Studienzeit eingebläut worden ist – eine Weisung, der ich mich lange widersetzt hatte, die ich aber jetzt, da ich älter geworden bin, schätzen gelernt habe. Ein schlichter, auf das Notwendige reduzierter Ansatz. Minimal mit einem Kniff ... Ein neuer Modernismus.

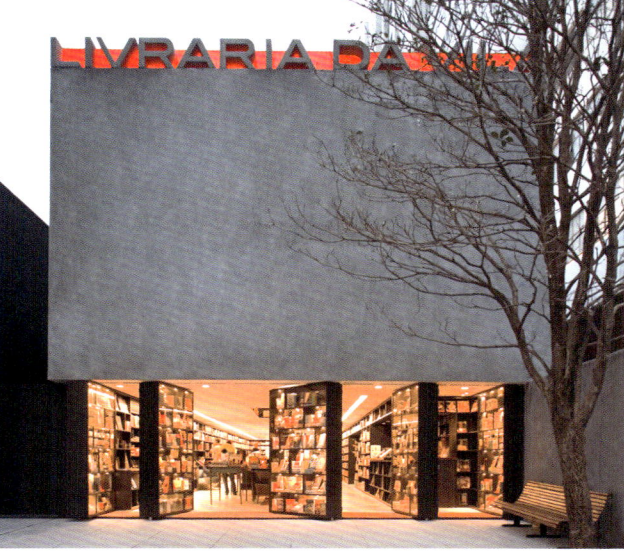

Livraria da Vila
Bookshop / Buchhandlung

Page / Seite 72 / 73

# Isay Weinfeld

Isay Weinfeld, born in 1952 in São Paulo, Brazil, graduated from the Instituto Presbiteriano Mackenzie's School of Architecture in São Paulo in 1975. He returned to the school years later to serve as tenured professor lecturing in the theory of architecture. Amongst the many projects he developed over more than 30 years, there are houses, commercial buildings, banks, advertising agencies, hotels, stores, restaurants and many others, both in Brazil and abroad. Awarded several prizes by the IAB (Brazilian Institute of Architects), he was also granted the Grand Prix in the VI Bienal Internacional de Arquitetura de São Paulo in 2005 for his Amauri Square project.

Isay Weinfeld, 1952 in São Paulo, Brasilien, geboren, erhielt 1975 seinen Abschluss von der Architekturschule des Instituto Presbiteriano Mackenzie in São Paulo. Jahre später kehrte er als beamteter Professor im Fach Architekturtheorie an die Schule zurück. Zu den zahlreichen Projekten, die er in über 30 Jahren realisierte, zählen Häuser, Geschäftsgebäude, Banken, Werbeagenturen, Hotels, Läden, Restaurants und vieles andere, sowohl in Brasilien als auch im Ausland. Er ist ein mehrfach vom brasilianischen Architekturinstitut (IAB) ausgezeichneter Preisträger und erhielt 2005 für sein Projekt „Amauri Square" zudem den Grand Prix der VI Bienal Internacional de Arquitetura de São Paulo.

**Isay Weinfeld, the designer of the Livraria da Vila bookshop, on "The way the bookstore interacts with its customers":**

In Livraria da Vila, comfort is translated into the composition of low-ceiling spaces, dark tones, indirect lighting and infinite shelves – in careful disarray – covering all walls to the ceiling. Whichever direction one looks at, there are books; and an unpretentious feel, reminiscent of used-book stores, puts customers at ease to browse the shelves for the books they want or to leaf through and even read them sitting on the couches and easy chairs scattered around the multiple floors.

The pivoting window-shelf-doors, and the voids "connecting" one floor to the next, are other project elements that, unexpectedly, invite customers to enter and explore the store and its various spaces.

Isay Weinfeld, der Gestalter der Buchhandlung „Livraria da Vila", über „Die Interaktion zwischen der Buchhandlung und den Kunden":

In der Livraria da Vila wurden Ruhe und Komfort übersetzt in ein Zusammenspiel von Räumen mit niedrigen Decken, dunklen Tönen, indirekter Beleuchtung sowie – in bedachter Unordnung – vom Boden bis zur Decke reichenden endlosen Regalreihen. In welche Richtung man auch blickt, überall stehen Bücher; und eine schlichte, an ein Antiquariat erinnernde Atmosphäre lädt Kunden zum Durchstöbern der Regale und Bücher ein oder gar dazu, diese bequem auf einem der Sofas oder der Stühle auf den verschiedenen Ebenen des Buchladens sitzend zu lesen.

Weitere Elemente bei dem Projekt sind die drehbaren Türen mit Ausstellungsregalen sowie die „Aussparungen" zwischen den Ebenen, die unerwartet zum Betreten und Erkunden des Geschäfts und seiner Räumlichkeiten einladen.

Dirk Schumann

Tony K. M. Chang

Prof. Dr. Florian Hufnagl

# Living rooms and bedrooms
## Individual design solutions

# Wohnen und Schlafen
## Individuelle Gestaltungslösungen

In the category "living rooms and bedrooms" designers are responding to the global problems with harmonious, meditative design elements. Clear colours, discreet forms and a return to the natural serve as sources of inspiration. New materials and innovative manufacturing techniques are perfected with good design solutions. Product structures are time and again opened up with lightness and transparency. Design often functions as a mediator between the latest printing technologies or manufacturing techniques, which are descriptively implemented. Designer often use elements from the design language of contemporary architecture. The trend lies in the products' extraordinarily high-quality workmanship and their sustainability. The flexible combination possibilities take into account the idea of individualisation.

In der Kategorie „Wohnen und Schlafen" reagieren die Designer auf die globalen Probleme mit harmonischen, meditativen Gestaltungselementen. Klare Farben, dezente Formen und eine Besinnung aufs Natürliche dienen als Inspirationsquelle. Neue Materialien und innovative Herstellungstechniken werden durch gestalterische Lösungen auf den Punkt gebracht. Mit Leichtigkeit und Transparenz wird die Statik der Produkte immer wieder aufgebrochen. Design fungiert häufig als Vermittlungsinstanz neuester Drucktechnologien oder Herstellungsverfahren, die in den Produkten eine deskriptive Umsetzung erfahren. Die Gestalter bedienen sich oft der Formensprachen aus dem Repertoire zeitgenössischer Architektur. Der Trend liegt in der außergewöhnlich hohen Verarbeitungsqualität und der Nachhaltigkeit der Produkte. Mit flexiblen Kombinationsmöglichkeiten wird dem Individualisierungsgedanken Rechnung getragen.

ladybug Sofa

brühl GmbH, Bad Steben,
Germany/Deutschland
Design: Kati Meyer-Brühl, Bad Steben,
Germany/Deutschland
www.bruehl.com

ladybug is conceived as a lounge formation offering an inspiring scope of arrangements. The lively curves of sofa sculpture and recamier create a luxury feelgood factor complemented by cubic stools in an exciting way. In this way, the open ensemble transforms into an "indoor pool" when sofa and recamier are placed in line with a stool. The design concept allows reclining in a harmonious comfort zone, as well as lounging with ample depth and sitting with casual ease. Conveying its modernity, ladybug is available in striking red with innovatively textured and dotted covers. As oversized sofa made of two recamiers, the ladybug lounge formation sets interesting formal standards in the room.

ladybug versteht sich als eine Lounge-Formation, die dem Nutzer einen inspirierenden Gestaltungsspielraum offeriert. Schwungvoll konstituieren sich die Sofaplastik und die Récamiere zu einem „Wohlfühl-Ensemble de Luxe", das formal spannend von kubischen Hockern ergänzt wird. Die offene Formation verwandelt sich auf diese Weise zum „Indoor-Pool", wenn das Sofa und die Récamiere mit einem Hocker längs aneinandergefügt werden. Das Gestaltungskonzept ermöglicht das Liegen in einer rundum stimmigen Komfortzone wie auch ein Lounging mit Tiefe, und es entstehen lässige Sitzplätze. Seine Modernität kommunizierend, ist ladybug in einem signifikanten Rot oder mit innovativ geprägten Punkt-Bezügen erhältlich. Formale Maßstäbe im Raum setzt die Lounge-Formation ladybug als Oversized-Sofa, gebildet aus zwei Récamieren.

Living rooms and bedrooms 103

## Blofield

Blofield, De Meern, NL
In-house design / Werksdesign:
Jeroen van de Kant
www.blofield.com

Blofield is an air-filled sofa that retains the look and properties of an authentic Chesterfield. As it is inflatable it combines the design and quality of this traditional sofa with a high degree of comfort and mobility. It answers the growing interest in innovative and mobile (garden) furniture, in a world where indoors and outdoors increasingly melt together. By using a durable and weatherproof material this sofa offers a variety of options. Blofield is delivered in a trolley bag and with an electrical pump. Thus, the sofa can be comfortably transported and stored. Within five minutes it is inflated: in the garden, on the beach, in the park or in the living room. At the bottom side the sofa features a protective nylon coating to assure long-term outdoor use.

Blofield ist ein luftgefülltes Sofa mit dem Aussehen und den Eigenschaften eines authentischen Chesterfield. Durch seinen aufblasbaren Charakter kombiniert es den Entwurf und die Qualität dieses traditionellen Sofas mit einem hohen Maß an Bequemlichkeit und Mobilität. Es entspricht damit dem wachsenden Interesse an innovativen und mobilen (Garten-)Möbeln in einer Welt, in der die Bereiche Drinnen und Draußen zunehmend verschmelzen. Durch die Verwendung eines langlebigen und wetterfesten Materials bietet dieses Sofa eine Vielzahl von Möglichkeiten. Blofield wird in einer Trolley-Tasche mit einer elektrischen Pumpe geliefert, worin sich das Sofa einfach transportieren und aufbewahren lässt. Innerhalb von fünf Minuten wird es aufgeblasen: im Garten, am Strand, im Park oder im Wohnzimmer. Die Unterseite des Sofas hat eine schützende Nylonschicht, wodurch ein langfristiger Gebrauch im Freien gewährleistet wird.

### 4U Seating Unit / Sitzelement

Nurus A.S., Istanbul, Turkey / Türkei
Design: Artful (Ece Yalim, Oguz Yalim), Ankara, Turkey / Türkei
www.nurus.com
www.artful.com.tr

4U is designed as a seating unit encouraging and enhancing socialisation in lounges and common areas. The aim of the design is to give people the chance to feel relieved from the business tempo. It also offers people a casual way to sit like back to back, face to face, or sometimes side by side, thanks to its backrests forming "seating cells" in variable dimensions. The backrest is height-adjustable. Despite its square design, 4U creates a dynamic and entertaining structure particularly when used side by side.

4U ist als Sitzelement entworfen, das zum gesellschaftlichen Kontakt in Lounges und Aufenthaltsräumen anregen und diesen erleichtern soll. Die Gestaltung zielt darauf ab, Menschen die Gelegenheit zu geben, sich für kurze Zeit aus der hektischen Betriebsamkeit des Geschäftsalltags zurückzuziehen. Die Gestaltung von „Sitzzellen" in unterschiedlichen Größen durch die Rückenlehnen eröffnet zudem die Möglichkeit, in entspannter Weise Rücken an Rücken, einander gegenüber oder Seite an Seite zu sitzen. Die Rückenlehne ist höhenverstellbar. Trotz der rechtwinkligen Gestaltung schafft 4U eine dynamische und unterhaltsame Struktur, vor allem, wenn mehrere Elemente kombiniert werden.

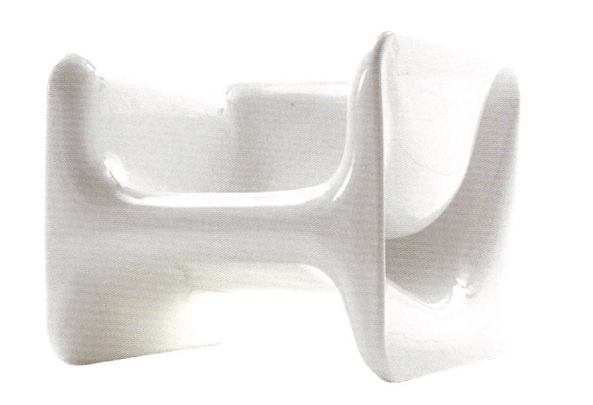

### Kloe Seat / Sitzmöbel

Desalto spa, Cantù (Como),
Italy / Italien
Design: Marco Acerbis, Bergamo,
Italy / Italien
www.desalto.it
www.marcoacerbis.com

Soft lines and an interesting appearance embody the concept of this seat, designed for both in- and outdoor use. The shape is stable in itself, and the material is capable of withstanding heavy weather – still, Kloe has a pleasant feel to the touch and is comfortable. The seat is made of nylon or polyethylene, using a rotational moulding process with which either a shining or a matt (in the polyethylene version) surface can be attained.

Weiche Linien und eine interessante Anmutung verkörpern das Konzept dieses Sitzmöbels, das sowohl für den Innen- als auch Außenraum gestaltet ist. Die Form ist in sich stabil und das Material kann dem Wetter widerstehen – Kloe fühlt sich haptisch angenehm an und ist bequem. Der Sitz wird aus Nylon oder Polyethylen in einem rotierenden Gussverfahren gefertigt, wobei eine glänzende bzw. matte (bei der Polyethylenversion) Oberfläche erzielt wird.

### True Love Sofa

GlobeZero4 A/S, Aarhus,
Denmark / Dänemark
Design: busk+hertzog i/s, Copenhagen,
Denmark / Kopenhagen, Dänemark
www.globezero4.dk
www.busk-hertzog.dk

The True Love sofa has an organic and sculptural appearance. It plays with modern architecture. Due to its compact size with a total depth of only 78 cm it is very versatile. Its back is designed in such a way that it can be used as a free-standing furniture especially where space is limited. The upholstery technique and the state-of-art moulded foam opens up for at world of colour- and fabric combinations with or without contrast stitchings. The interior designer or architect thus has many possibilities to adapt this sofa according to his project.

Das Sofa True Love ist organisch und skulptural gestaltet. Es spielt mit der modernen Architektur. Wegen seiner kompakten Größe mit einer Gesamttiefe von nur 78 cm ist es vielseitig einsetzbar. Speziell für den Einsatz in kleinen Räumen ist auch seine Rückseite so ausgeführt, dass es frei im Raum stehen kann. Die Polsterungstechnik und der geformte Schaum ermöglichen viele unterschiedliche Farb- und Stoffkombinationen, mit oder ohne Kontrastnähte. Auf diese Weise hat der Innenarchitekt oder Architekt viele Freiheiten, das Sofa seinem Projekt entsprechend anzupassen.

### Flip
Daybed

Seefelder Möbelwerkstätten GmbH,
Seefeld, Germany / Deutschland
Design: Jan Armgardt Design,
Schondorf, Germany / Deutschland
www.seefelder.com

Designed in terms of a "perfect wave for the living room" Flip is a daybed as well as an interior sculpture. Featuring a cheerful, wavy shape it invites the user to comfortably sit down, recline, read or relax. The slightly elastic back and the runners turn this divan bed into a movable piece of swinging furniture. The cosy cushion can be placed in three different positions: behind your back, as a pillow, or, turned by 180 degrees, positioned under your knees. Flip thus quickly becomes a place of relaxation.

Gestaltet im Sinne einer „perfekten Welle fürs Wohnzimmer" ist Flip ein Daybed sowie eine Raumskulptur. Mit einer fröhlich anmutenden und geschwungenen Form lädt es zum bequemen Sitzen und Liegen, Lesen und Entspannen ein. Der leicht federnde Rücken und die Kufen machen diese Liege zum beweglichen Schaukelmöbel. Das kuschelige Kissen lässt sich je nach Bedarf in drei Varianten positionieren: hinter dem Rücken, als Kopfkissen oder um 180 Grad gewendet unter den Knien. Auf diese Weise wird Flip schnell zu einem Entspannungsplatz.

## Parabolica
### Rotating Armchair / Drehsessel

Leolux Meubelfabriek BV, Venlo, NL
Design: Heiliger Design, Frankfurt/Main, Germany / Deutschland
www.leolux.com

Shaped as a single flowing movement this rotating armchair becomes an appealing object in the living room. With its asymmetric form Parabolica offers three different seating options: the user is invited to sit down in a relaxed position, a "normal" position or a working position using the armrest as work surface. The armchair is available in many upholsteries and colours allowing individual variations.

In einer einzigen fließenden Bewegung gestaltet, wird dieser Drehsessel mit seiner organischen Form zu einem anziehenden Objekt im Wohnzimmer. Aufgrund seiner asymmetrischen Form kann Parabolica drei verschiedene Nutzpositionen bieten: Er lädt zum entspannten Sitzen ein, zum „normalen" Sitzen oder aber zum Arbeiten mit der Armlehne als Arbeitsfläche. Der Sessel ist in vielerlei Bezügen und Farben erhältlich, so dass individuelle Ausführungen möglich sind.

## Ponton
### Modular Seating Programme / Modulares Sitzprogramm

Leolux Meubelfabriek BV, Venlo, NL
Design: Braun & Maniatis Design, Stuttgart, Germany / Deutschland
www.leolux.com

Ponton is versatile and multifunctional – it can be slid, turned, coupled and moved for individual seating ideas. The elements of cubist design with pivoting backs lend themselves to endless experimentation. This low seating landscape boasts a modern, youthful appearance and consists of 1.5-seater and 3-seater elements, two footstools, an arm cushion, a slumber cushion and two lumbar cushions. Cover options range from striking decorative stitching and coloured surfaces to leather piping along the sides.

Ponton ist vielseitig nutzbar und multifunktional – es lässt sich individuell schieben, drehen, verbinden und umstellen. Kubistisch gestaltete Elemente mit drehbaren Rücken laden zum endlosen Experimentieren ein. Diese niedrige Sitzlandschaft mit einer modernen, jungen Ausstrahlung setzt sich zusammen aus 1,5-Sitz- und 3-Sitz-Elementen, zwei Hockern, einem Armkissen, einem Schlummerkissen und zwei Lendenkissen. Die Bezugsoptionen variieren von auffälligen Zierstichen und farbigen Flächen bis zu einer ledernen Paspel an den Seitenrändern.

## Myon Easy Chair / Sessel

Intertime AG, Endingen, Switzerland / Schweiz
Design: zed. (Matthias Weber), Zürich, Switzerland / Schweiz
www.intertime.ch
www.zednetwork.com

The Myon compact swivel chair finds many different uses. With its unconventional and attractive design, it turns into a stylish enrichment in living ambiences and other spaces. An interesting design detail is the variety of back constructions challenging the viewer's perception. Insert modules allow a large number of different combinations and individual variations.

Der kompakte, drehbare Sessel Myon ist vielseitig einsetzbar. Durch seine unkonventionelle und ansprechende Gestaltung wird er zu einer stilvollen Bereicherung im Objekt- wie auch im Wohnbereich. Ein interessantes Detail seiner Gestaltung sind unterschiedliche Rückenausführungen, welche die Wahrnehmung des Betrachters herausfordern. Mittels Zwischenmodulen sind bei diesem Sessel vielfältige Kombinationen und individuelle Variationen möglich.

**Dondola**
Seating Programme / Sitzprogramm

Megaron, Izmir, Turkey / Türkei
Design: Defne Koz Design Studio,
Chicago, USA
www.megaron.org
www.defnekoz.com

This seating programme includes benches, rocking seats, and lounge chairs. A consistent design concept characterises the collection featuring gentle curves on linear lines. The sense of continuity is enhanced by self-reflections and a three-dimensional sensation, caused by the shape of the product. The objects are intended for one or several users, stimulating different ways of seating. An interesting aspect is the soft appearance of the metal achieved by folding it to gentle curves. It thus develops seamless volumes with no parting lines and no visible welding seams.

Dieses Sitzprogramm umfasst Bänke, Schaukelstühle und Clubsessel. Als durchgängiges gestalterisches Konzept prägen diese Kollektion sanft geschwungene Bögen auf geraden Linien. Unterstrichen wird dieser Eindruck von Kontinuität durch Selbstspiegelungen und eine dreidimensionale Wirkung, die durch die Form des Produkts entsteht. Die Objekte sind für einen oder mehrere Nutzer konzipiert und laden zu verschiedenen Sitzpositionen ein. Ein interessanter Aspekt ist die weiche Anmutung, die dadurch entsteht, dass das Metall zu sanften Kurven gefaltet wird. So ergeben sich nahtlose Körper ohne Trennlinien oder sichtbare Schweißnähte.

**Snap**
Chair / Stuhl

Feek, Antwerp, Belgium /
Antwerpen, Belgien
Karim Rashid, New York, USA
www.feek.be
www.karimrashid.com

This elegantly designed chair is 99 per cent recyclable and a well-done example of "Cradle to Cradle" design. Using only three different parts – metal frame, expanded polypropylene seat halves and plastic stoppers –, the entire life cycle was considered during the design process. Tooling and assembly costs are minimised by using two identical seat halves that simply snap onto a metal frame. The snap assembly allows the user to change colours and configurations at any time, and at the end of its life cycle the different parts (materials) are easily separated for recycling. The chair can also be easy upholstered by the customer.

Dieser elegant gestaltete Stuhl ist zu 99 Prozent recycelbar und ein gelungenes Beispiel für das „Cradle to Cradle"-Design. Er besteht aus nur drei verschiedenen Teilen – Metallrahmen, Polypropylen-Sitzhälften und Kunststoff-Stopper –, weil schon bei der Gestaltung die Gesamtlebensdauer mit in Betracht gezogen wurde. Durch Verwendung von zwei identischen Sitzhälften, die einfach mittels eines Clip-Mechanismus auf den Metallrahmen aufgesteckt werden, sind Werkzeuge zum Zusammenbau überflüssig. Dieser Mechanismus gestattet es dem Nutzer, jederzeit unterschiedliche Farbkombinationen und Sitzkonfigurationen zu wählen und am Ende des Gebrauchs die verschiedenen Komponenten schnell und einfach für das Recycling zu trennen. Der Stuhl lässt sich auch vom Nutzer ganz einfach mit Polstern beziehen.

**Black Diamond**
Armchair / Sessel

ilio, Istanbul, Turkey / Türkei
Design: Demirden Design (Sule Koc),
Istanbul, Turkey / Türkei
www.ilio.eu
www.demirden.com

With its multi-angled surfaces intersecting in three dimensions the form of the Black Diamond armchair embodies a dynamic sculpture. The general shape of the seating furniture seems to be torn out of a larger mass – whereas several side-by-side armchairs produce different formal perceptions. The user plays an active role in this change of form and style of usage. When the armchair is rotated at its outer edges the three surfaces in the centre create two different seating positions, an upright and an inclined one.

Mit vielwinkligen Oberflächen, die sich in drei Dimensionen kreuzen, verkörpert die Gestaltung des Sessels Black Diamond eine dynamische Skulptur. Die generelle Formgebung erscheint, als ob das Sitzmöbel aus einer größeren Masse herausgerissen sei – einige Sessel nebeneinander bewirken hingegen unterschiedliche äußerliche Wahrnehmungen. Der Benutzer spielt eine aktive Rolle bei diesem Wandel von Form und Stil des Gebrauchs. Dreht man den Sessel an den Außenkanten, ergeben die drei Oberflächen in der Mitte zwei verschiedene Sitzpositionen, eine aufrechte und eine schiefe.

Coco Upholstery / Polstermöbel

Rossin Srl,
Egna (Bolzano), Italy / Italien
Design: Lorenz*Kaz,
Milan, Italy / Mailand, Italien
www.rossin.it

In the design of the Coco upholstery series, the strictness of the shell creates a harmonic contrast with the easy lightness of the inserted cushion elements. The clarity of the outer lines combines with the comfort and cosiness of the savoir vivre. The objective of the design was to connect Coco Chanel's elegance and cosmopolitan openness with the feeling of safety and self-containment of a coconut. Thanks to the use of different fabrics and leathers, Coco offers the user a wide variety of options, ranging from an elegant clubbing atmosphere all the way to modern entry and waiting areas. It doesn't try to stand out, yet it still has a strong and expressive character.

In der Gestaltung der Polstermöbelserie Coco kontrastiert die Strenge der Schale auf harmonische Weise mit der legeren Lockerheit der eingesetzten Polsterelemente. Die Klarheit der äußeren Linie verbindet sich mit dem Komfort und der Behaglichkeit des Savoir-vivre. Das Ziel der Gestaltung war es, die Eleganz und kosmopolitische Weltoffenheit Coco Chanels mit dem Gefühl der Geborgenheit und des Insichgeschlossenseins einer Kokosnuss zu verbinden. Coco bietet dem Nutzer vielseitige Einsatzmöglichkeiten durch die Verwendung unterschiedlicher Bezugsmaterialien und Stoffdessins. Der Einsatzbereich reicht von einer gediegen eleganten Clubatmosphäre bis hin zu architektonisch modernen Eingangs- und Wartebereichen. Coco drängt sich nicht in den Vordergrund und besitzt dennoch einen starken aussagekräftigen Charakter.

**Dylan Seat / Sitzmöbel**

Wenzhou Huaqi Furniture Co.,
Ltd., Wenzhou, China
In-house design / Werksdesign:
ZuoGuang Wu
www.limitless.nl

Dylan showcases a crisp and unique style. Leather and steel are seamlessly joined together through "circles". The double-layered round seat and the surrounding steel round rod cover all signs of assembly to achieve unity in space. Such a design also guarantees sensibility in mechanical structure of the materials and a refreshing sense of comfort. Out of the simplistic design comes a mood of relaxed beauty.

Dylan zeigt eine frische und prägnante Formensprache. In Kreisformen miteinander verbunden gehen die Materialien Leder und Stahl nahtlos ineinander über. Der zweischichtige, runde Sitz und der umlaufende runde Stahlrahmen sind so zusammengefügt, dass sie im Raum eine Einheit bilden. Diese Art der Gestaltung schafft Vertrauen in die mechanische Beschaffenheit des Materials und bietet ein angenehmes Gefühl der Behaglichkeit. Der reduzierte Stil erzeugt einen Eindruck von in sich ruhender Schönheit.

Living rooms and bedrooms 111

**Foster 510**
Upholstered Bench / Polsterbank

Walter Knoll AG & Co.KG,
Herrenberg, Germany / Deutschland
Design: Foster and Partners, London, GB
www.walterknoll.de

The Foster 510 upholstered bench unites a minimalist stylistic language with a high degree of comfort. Its reduced form is a reminiscence of the classic English club armchair. Delicate stability characterises the minimalism of its legs. The appreciation for functionally mature details is a special aspect: fine-stitched piping and drawing-in characterise the volumes, hundreds of pocket spring cores support cultivated seating. Foster 510 can be placed in lobbies, museums, galleries or shops. The upholstered bench is available with or without backrest.

Die Polsterbank Foster 510 verbindet eine minimalistische Formensprache mit einem hohen Maß an Komfort. Ihre reduzierte Form ist eine Reminiszenz an den klassischen englischen Clubfauteuil, eine filigrane Stabilität prägt den Minimalismus ihrer Füße. Ein besonderer Aspekt ist der Sinn für funktional ausgereifte Details: Feine Keder-Steppungen und -Einzüge zeichnen die Volumen, und Hunderte von Taschenfederkernen unterstützen das kultivierte Sitzen. Eingesetzt werden kann Foster 510 in Lobbys, Museen, Galerien und Shops. Erhältlich ist die Polsterbank mit und ohne Rückenlehne.

**George**
Cantilever / Freischwinger

Walter Knoll AG & Co.KG,
Herrenberg, Germany / Deutschland
Design: EOOS, Vienna, Austria / Wien,
Österreich
www.walterknoll.de

The George cantilever offers a high degree of comfort. It features flowing lines at the tubular base and minimised, high-quality upholstery with a fine upholstered pad on top. With the appearance of quiet elegance and aesthetic understatement George brings special seating comfort to the table. The hand-sewn parallel stitching is an outstanding detail of the carefully finished leather-covered armrests. This chair is meant to be a sign of superior craftsmanship that has a soft and pleasant touch.

Der Freischwinger George bietet ein hohes Maß an Komfort. Gestaltet ist er mit fließenden Kurven des Rundrohrs, einem minimierten hochwertigen Polster und einer darauf liegenden, feinen Polstermatte. George will die besondere Bequemlichkeit an den Tisch bringen mit der Anmutung leiser Eleganz und Understatement für Ästheten. Sorgfalt erfuhr die Feinform der lederbezogenen Armlehnen mit dem meisterhaft ausgeführten Detail der Handnaht mit Parallelstich. Dieser Stuhl versteht sich als ein Zeichen hoher Handwerkskunst, welches weich und angenehm zu berühren ist.

Gio
Chair / Stuhl

Walter Knoll AG & Co.KG,
Herrenberg, Germany / Deutschland
Design: Claudio Bellini,
Milan, Italy / Mailand, Italien
www.walterknoll.de

Gio is made entirely of one material, enveloping it homogeneously from backrest to legs. The chair with a cover of monomaterial is ergonomically conceived and offer high comfort. Artful curves characterise the image inside and outside. Like a shell they protect their owner. Straps in the seat ensure soft cushioning. Together with the flexible back they grant enjoyable seating. Gio is available in leather and in some select fabric versions. Models with or without armrests individualise its comfort. The covers are easy to remove.

Gio ist vollständig aus nur einem Material gestaltet, welches ihn homogen umhüllt vom Rücken bis zu den Füßen. Der Stuhl mit einer Hülle aus Monomaterial ist ergonomisch durchdacht und bietet hohen Komfort. Raffiniert anmutende Rundungen prägen das Bild von innen und außen, wie eine Schale schützen sie seinen Besitzer. Im Sitz sorgen Gurte für die sanfte Federung, zusammen mit dem flexiblen Rücken ermöglichen sie ein angenehmes Sitzvergnügen. Gio ist in Leder und in einigen ausgewählten Stoffvarianten erhältlich, Versionen mit und ohne Armlehnen individualisieren seine Bequemlichkeit. Die Bezüge sind einfach abnehmbar.

**Lox**
Bar Stool / Barstuhl

Walter Knoll AG & Co.KG, Herrenberg, Germany / Deutschland
Design: PearsonLloyd, London, GB
www.walterknoll.de

Lox invitingly seems to ask the guest to take a seat. A stable base carries the flowing forms of seat and footrest and is signalling cultivated pleasure. The swivelling bar stool is very comfortable and adapts to different sizes. The button for adjusting the height is completely hidden in the seat – an interesting stylistic detail. The materials used, as there are cast plastics in white, black or grey, chromium-plated steel, and the upholstered seats of Lox, complement each other to form a dynamic shape.

Lox wirkt auf den Gast wie eine einladende Geste. Ein stabiler Fuß trägt die fließenden Formen von Sitz und Fußstütze und wird zu einem Zeichen für kultivierten Genuss. Der drehbare Barstuhl bietet einen guten Sitzkomfort und passt sich in der Höhe individuellen Größen an. Ein interessantes gestalterisches Detail ist der Auslöser für die Höhenverstellung, der vollständig im Sitz verborgen ist. Die verwendeten Materialien Kunststoffguss in Weiß, Schwarz oder Grau, verchromter Stahl und gepolsterte Sitzflächen ergänzen sich bei Lox zu einer dynamischen Gestalt.

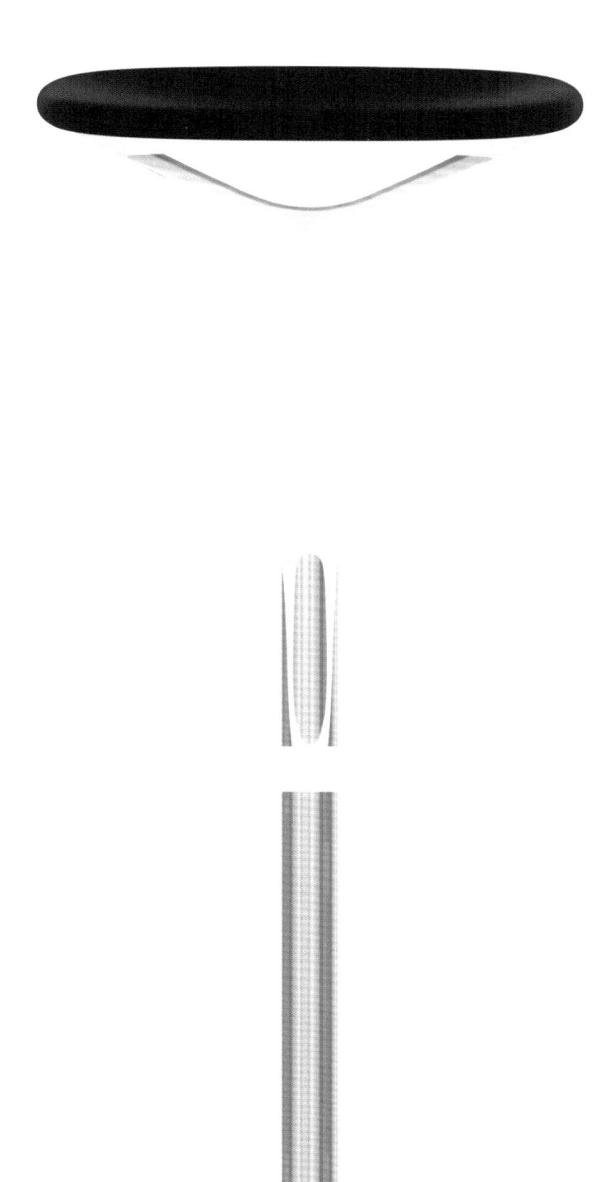

**Lignum**
Wooden Chair / Holzstuhl

Brune GmbH & Co. KG,
Königswinter, Germany / Deutschland
Design: Ostwald Design, Hamburg,
Germany / Deutschland
www.brune.de
www.ostwalddesign.net

Central attribute of the stackable Lignum chair is its puristically delicate and refined appearance. It is made of solid beech that is either coated with natural substances or stained. It is available with or without armrests. The seat and back consist of three-dimensionally shaped plywood parts. Partial upholstery, attractive stain colours and elegant upholstery fabrics permit different design options for individual customer specifications.

Eine puristisch leichte und edle Anmutung ist das zentrale Attribut des Stapelstuhls Lignum. Er ist aus massivem, naturlackiertem oder gebeiztem Buchenholz gefertigt und in Ausführungen mit und ohne Armlehnen erhältlich. Der Sitz und der Rücken bestehen aus dreidimensional verformten Sperrholzformteilen. Spiegelpolster, attraktive Beizfarben und elegante Polsterstoffe eröffnen Gestaltungsmöglichkeiten für individuelle Anforderungen.

**Sputnik**
Coffee and Side Tables /
Kaffee- und Beistelltische

Magnus Olesen A/S, Roslev,
Denmark / Dänemark
Design: busk+hertzog i/s, Copenhagen,
Denmark / Kopenhagen, Dänemark
www.magnus-olesen.dk
www.busk-hertzog.dk

Sputnik's concept is a functional and aesthetic combination of coffee and side tables in three different heights and diameters. All three tables feature three legs, which allows using them individually or in combination with each other. The smallest – and highest – table can therefore also serve as side table for a sofa or chair. The legs are made of lacquered steel, the tabletops of compact laminate with different colour options and finishes.

Das Konzept von Sputnik ist eine funktionale und ästhetische Kombination von Kaffee- und Beistelltischen in drei verschiedenen Höhen und Durchmessern. Alle drei Tische sind mit drei Beinen versehen, so dass es möglich ist, die Tische einzeln oder in Kombination mit jedem anderen zu verwenden. Der kleinste – und höchste – Tisch kann daher auch als Beistelltisch für ein Sofa oder einen Stuhl dienen. Die Beine sind aus lackiertem Stahl gefertigt, die Tischplatten aus einem kompakten Laminat mit optional wählbaren Farben und Oberflächen.

**Legato Stool / Hocker**

Dmitrovskiy Ltd, Moscow,
Russia / Moskau, Russland
Design: Dmitry Bukach, Moscow,
Russia / Moskau, Russland
boukatch@gmail.com

The Legato stool is made out of individual lacquered plywood panels joined together only by shoelaces. Even though neither adhesive nor screws have been used for this construction, this stool is absolutely stable. Within a few minutes it can be assembled or disassembled. This piece of furniture wants to be an appealing interior design element that features a characteristic imagery and an innovative construction technique.

Der Hocker Legato besteht aus einzelnen lackierten Holzteilen, die miteinander nur mittels Schnürsenkeln verbunden sind. Obwohl jeglicher Klebstoff oder Schrauben in der Konstruktion fehlen, ist der Hocker völlig standfest. Man kann ihn in ein paar Minuten montieren und abmontieren. Mit seiner ausgeprägten Symbolik ist dieses Möbelstück als ansprechendes Gestaltungselement für Innenräume konzipiert. Es wurde durch ein neues Verfahren hergestellt.

Blobina Seat / Sitzmöbel

Meritalia SPA, Mariano Comense,
Italy / Italien
Design: Karim Rashid, New York, USA
www.meritalia.it
www.karimrashid.com

Blobina is an extremely elementary element – a small "boulder" with a soft pouff (cushion) to sit on. It is made with the latest techniques for mould-shaping flexible polyurethane and is covered with an especially designed fabric in surprising and intense colours, characterised by an expressive force that distinguishes Karim Rashid's unmistakable design language. Its structure is made from foamed flexible cold-moulded polyurethane, the upholstery in fabric and the cover base in heat-moulded polyurethane.

Blobina ist ein sehr elementares Element, ein kleiner „Brocken" mit einem weichen Polster als Sitzauflage, das mit neuesten Verfahren für formgebendes Polyurethan hergestellt wurde und mit einem besonderen Designstoff bezogen ist. Die starke Aussagekraft der überraschenden und intensiven Farben ist kennzeichnend für die unverwechselbare Formensprache des Designers Karim Rashid. Der Körper besteht aus geschäumtem, flexiblem, kalt gepresstem Polyurethan, das Polster aus Stoff und der Bezug aus heiß geschäumtem Polyurethan.

**Network**
Decoration Fabric / Dekorationsstoff

Nya Nordiska Textiles GmbH,
Dannenberg, Germany / Deutschland
In-house design / Werksdesign:
Nya Textiles Design Team
www.nya.com

Network is a large-meshed grid weave with a high visual presence. It is made of gold- or silver-printed linen ribbons fixed by fine black cords in a classic raschel knit. Varying thicknesses of ribbons and cords produce a vivid interplay between vertical and diagonal layout. The cords of the golden version are interwoven with gold lurex, the silver version with silver lurex. There is also a black-and-white alternative, very puristic and up-to-date.

Network ist ein dekoratives, grobmaschiges Netz-Gewebe mit starker optischer Präsenz. Es wird aus gold- oder silberbedruckten Leinenbändchen gefertigt, die in einer klassischen Rascheltechnik durch feine schwarze Kordeln „gehalten" werden. Durch die unterschiedliche Stärke von Bändern und Kordeln entsteht ein lebendiges Wechselspiel zwischen vertikaler und diagonaler Linienführung. In der goldenen Variante sind die Kordeln mit Goldlurex, in der silbernen Version mit Silberlurex durchwirkt. Puristisch und zeitgemäß ist eine Alternative in Schwarz-Weiß.

## Quattro
### Multifunctional Modular Rail System / Multifunktionales Modul-Schienensystem

Nya Nordiska Textiles GmbH,
Dannenberg, Germany / Deutschland
In-house design / Werksdesign:
Nya Artline Design Team
www.nya.com

A multifunctional modular rail system, which can be used for decorations, panel tracks and as picture rail. Quattro is manufactured as a square profile and has a hidden inner runner. Therefore it can be additionally equipped with curtain rings or clamps. The fixation of the Quattro system is based on simple bolt and clamp mechanisms, so that after the wall and ceiling mounting no further screwing is necessary. Different bracket versions for wall and ceiling mounting are available. With the multiple brackets, both wall distance and the track distances to each other may be adjusted individually and easily. Also, the number of tracks can be freely chosen. The rail is available in four metal colours and also in black or white. Special varnishings in RAL colours are possible.

Ein multifunktionales Modul-Schienensystem, das für Dekorationszwecke eingesetzt werden kann, für Schiebevorhänge und Bilderschienen. Quattro wird als Vierkant-Profil hergestellt und hat versteckte innenliegende Rollen. Es kann daher zusätzlich mit Vorhangringen oder Klammern bestückt werden. Das Quattro-System beruht auf einem einfachen Bolzen-Spann-Mechanismus, so dass das Verschrauben nach der Wand- oder Deckenmontage entfällt. Es gibt verschiedene Trägerversionen für die Wand- oder Deckenmontage. Mit den Mehrfachklammern kann der Abstand von der Wand ebenso wie der Abstand zwischen den Schienen leicht und individuell eingestellt werden. Auch die Anzahl der Schienen ist frei wählbar. Die Schiene gibt es in vier Metallfarben sowie in Schwarz oder Weiß. Besondere Beschichtungen in RAL-Farben sind möglich.

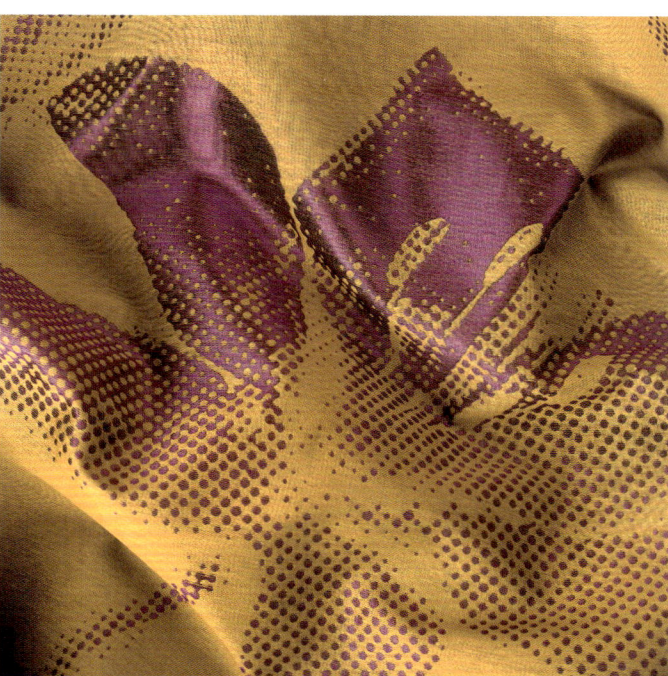

## Laila
### Decoration Fabric / Dekorationsstoff

Nya Nordiska Textiles GmbH,
Dannenberg, Germany / Deutschland
In-house design / Werksdesign:
Nya Textiles Design Team
www.nya.com

Reversible decoration fabric with an abstract pattern repeat of lily motifs woven in jacquard technique. The design looks like a grid print causing an intriguing tension between the romantic motif and its stringent-graphic realisation. Laila is woven with dry linen yarn and a shiny yarn. There is a choice of striking or discreet colour combinations.

Reversibel einsetzbarer Dekorationsstoff mit abstrahierten Lilienmotiven, die in Jacquardtechnik gefertigt sind. Das großrapportige Dessin erinnert an Rasterdruck und es entsteht eine faszinierende Spannung zwischen dem romantischen Motiv und seiner streng grafischen Umsetzung: Laila hat eine angenehme, trockene Haptik und ist aus Leinen und einem Glanzgarn gewebt. Zur Auswahl stehen aufmerksamkeitsstarke oder dezente Farbkombinationen.

## Sigma
### Decoration Fabric / Dekorationsstoff

Nya Nordiska Textiles GmbH,
Dannenberg, Germany / Deutschland
In-house design / Werksdesign:
Nya Textiles Design Team
www.nya.com

A caressing and super-transparent decoration fabric with a timeless modern design. The regularly arranged circular rings (diameter 14 cm) are made by a burn-out process. The specific is: this burnt-out is flame-retardant in compliance with international standards and thus suitable for contract use. Sigma communicates cosiness and elegance, also for furnishing contract projects.

Schmeichelnder, hauchzarter Dekorationsstoff mit einem zeitlos-modernen Dessin. Die regelmäßig angeordneten Kreisringe (Durchmesser 14 cm) sind mit einem Ausbrenner-Verfahren hergestellt – doch das Besondere: Dieser Ausbrenner ist schwerentflammbar nach internationalem Standard und damit auch objektgeeignet. Sigma transportiert Wohnlichkeit und Eleganz auch in die Objekteinrichtung.

## Lucy CS
Decoration Fabric / Dekorationsstoff

Nya Nordiska Textiles GmbH,
Dannenberg, Germany / Deutschland
In-house design / Werksdesign:
Nya Textiles Design Team
www.nya.com

This airy, transparent fabric is reminiscent of a highly enlarged bobbin lace. The very decorative all-over design of Lucy CS is achieved by the use of glittering yarns woven using the Scherli technique, which gives the appearance of the design levitating over the barely visible base of the fabric. The airy fuzziness of the pattern is generated by the fringed Scherli threads that overlie the contours. The extremely delicate workmanship is allowed only by the duplication of the wefts. Lucy CS shows a fine interplay of light and transparency. The decoration fabric is made of 100 per cent Trevira CS and thus suitable for contract use.

An eine große, handgeklöppelte Spitze erinnert dieser Transparentstoff. Das in fließenden Bögen geführte Allover-Dessin von Lucy CS ist mit Glanzgarnen und in Scherli-Technik gearbeitet und hebt sich scheinbar schwebend vom kaum sichtbaren Fond des Stoffes ab. Eine lässige Unschärfe im Muster entsteht durch die entlang der Kontur aufliegenden, leicht fransigen Scherli-Fäden. Die besonders filigrane Ausführung des Scherli wird durch eine Verdoppelung der Schüsse ermöglicht. Lucy CS zeigt ein feines Spiel mit Licht und Transparenz. Der Dekorationsstoff ist aus 100 Prozent Trevira CS und damit objekttauglich.

## Salvia
Decoration Fabric / Dekorationsstoff

Nya Nordiska Textiles GmbH,
Dannenberg, Germany / Deutschland
In-house design / Werksdesign:
Nya Textiles Design Team
www.nya.com

Decoration fabric made of a delicate matt organza with fine stripes in a sateen weave. Partial recess of the sateen stripes generates reduced leaf motifs, which are generously spread over the semi-transparent base. The liveliness of the design originates from the use of the Scherli technique. This technique produces thread sections that swell like wadding, which elaborate the contours of the leaves in a special way. Salvia is made of 100 per cent polyester. It offers easy care qualities and a feel similar to a very pleasant cotton quality.

Dekorationsstoff aus zart-mattem Organza mit feinen, eingewebten Streifen in Satinbindung. Durch partielle Aussparung der Satinstreifen entstehen reduzierte Blattmotive, die sich großzügig über das halbtransparente Gewebe verteilen. Seine Lebendigkeit erhält das Dessin durch den Einsatz der Scherli-Technik. Sie hinterlässt watteartig aufquellende Fadenabschnitte, die die Konturen der Blätter in besonderer Weise herausarbeiten. Salvia ist aus 100 Prozent Polyester, hat gute Pflegeeigenschaften und den Griff ähnlich einer sehr sympathischen Baumwollware.

## Lamé
Decoration Fabric / Dekorationsstoff

Nya Nordiska Textiles GmbH,
Dannenberg, Germany / Deutschland
In-house design / Werksdesign:
Nya Textiles Design Team
www.nya.com

"Hidden" double weave made of fine Lurex yarns and with a crash-like "hammer-blow pattern". With its volume and certain stiffness Lamé sets clear boundaries in the room. Nevertheless its haptics is pleasantly cosy. The decoration fabric is reversible, with an exciting interplay of a striking side and a soft, more restrained side. Lamé is available in the four colourings anthracite-gold-bronze, gold-silver, cyclamen-orange and copper-apricot.

„Verstecktes" Doppelgewebe aus feinen Lurexgarnen und mit crashähnlichem „Hammerschlag". Durch sein Volumen und eine gewisse Steifigkeit setzt Lamé klare Grenzen im Raum und ist dennoch haptisch angenehm schmeichelnd. Der Dekorationsstoff ist reversibel einsetzbar, wobei eine aufmerksamkeitsstarke und eine matte, eher dezent gehaltene Seite im spannungsreichen Wechsel stehen. Lamé gibt es in den vier Farbausführungen Anthrazit-Goldbronze, Gold-Silber, Cyclame-Orange und Kupfer-Apricot.

### View 2 Curtain Rail System / Vorhangstangensystem

JAB Josef Anstoetz KG, Bielefeld, Germany / Deutschland
Design: Peter Maly Design und Innenarchitektur, Hamburg, Germany / Deutschland;
Carsten Gollnick Product Design / Interior Design, Berlin, Germany / Deutschland
www.jab.de

The View 2 curtain rail system combines the materials stainless steel and glass in a functional and elegant way. The combination of a brushed stainless steel base plate and a glass element arranged at right angles results in a floating appearance of the rail. In this way, the bracket design turns into an eye catcher in the room. The View 2 strives to meet customers' desire for clearness and transparency.

In einer funktionalen und elegant anmutenden Gestaltung verbindet das Vorhangstangensystem View 2 die Materialien Edelstahl und Glas. Die Stange scheint in der Kombination aus einer mattierten Edelstahl-Grundplatte und einem im 90-Grad-Winkel dazu angebrachten Glaselement zu schweben. Die Träger des Systems werden durch diese Art der Gestaltung zum Blickfang im Raum. Mit dieser Anmutung will View 2 den Ansprüchen nach Klarheit und Transparenz entsprechen.

### Zag 7268/998
Rug / Teppich

JAB Teppiche Heinz Anstoetz KG, Herford, Germany / Deutschland
Design: Studio Vertijet (Kirsten Hoppert, Steffen Kroll), Halle, Germany / Deutschland
www.jab.de

Zag displays the theme of "lines" to its best advantage by way of skilful handicraft work. Diagonal lines of pure new wool which meet in the centre of this carpet seem to interfere with each other. As a lower lying loop, the fine lines of Zag are tufted. A higher velvet pile produces the harmonious interplay of the structure creating a relief effect which gets its distinct and incomparable character due to elaborate carving.

Zag setzt das Thema „Linien" durch gekonnte Handarbeit in Szene. Diagonale Linien aus reiner Schurwolle treffen sich im Mittelpunkt dieser Teppichkreation und scheinen sich optisch zu überlagern. Als tiefer liegende Schlinge werden bei Zag die feinen Linien getuftet. Für ein harmonisches Wechselspiel der edlen Struktur sorgt hier ein höherer Velours. Auf diese Weise entsteht optisch ein Relief, welches durch aufwendiges Fräsen seinen ausgeprägten und unvergleichlichen Charakter erhält.

**Breeze 7285/992**
Rug / Teppich

JAB Teppiche Heinz Anstoetz KG,
Herford, Germany / Deutschland
Design: Architekturbüro
Christian Werner, Hollenstedt,
Germany / Deutschland
www.jab.de

A tufted wave design in pure new wool is displayed on the design carpet Breeze. The individual lines, manufactured in elaborate handicraft work at two different heights, lend the carpet an especially three-dimensional effect. Subtle, inconspicuous colour contrasts underline the exclusive design concept of Breeze.

Ein getuftetes Wellendesign aus reiner Schurwolle prägt das Bild des Designteppichs Breeze. Die einzelnen Linien, die in aufwendiger Handarbeit in zwei Höhen gefertigt wurden, verleihen dem Teppich eine besonders plastische Wirkung. Dezente, zurückhaltende Farbkontraste unterstreichen zudem die exklusive Designsprache von Breeze.

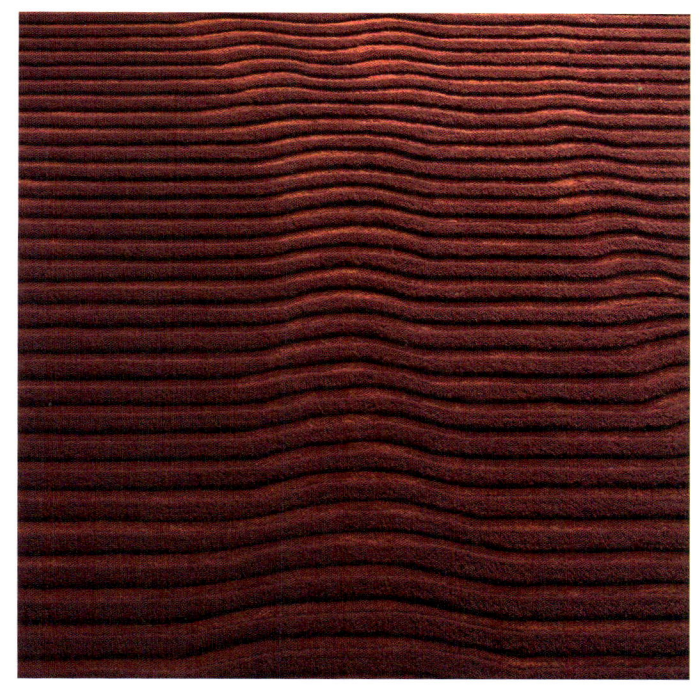

**Waldilla® – Best of Wood**
Curved Solid Wood Flooring /
Waldilla® – Die Walddiele
Geschwungene Massivholzdielen

holztec dipl.-ing. dieter herrmann,
Hipstedt, Germany / Deutschland
In-house design / Werksdesign:
Dieter Karsten Herrmann
www.waldilla.eu

From ancient times wood and its natural shape has been a place of refuge and inspiration forming the basis for the design of this solid wood flooring. Each individual plank retains the original curvature of the tree. This is achieved by an innovative manufacturing technology to precisely fit the planks to each other. Thus, the wooden floor grows into an organic unit. The knots are retained as a characteristic part of this unit and refined with crystal-clear cast resin. The surface is deliberately kept simple to emphasise the beauty and vitality of nature: it is merely sanded and treated with oil hard wax.

Die natürliche Form des Waldes, seit alten Zeiten ein Ort der Zuflucht und Inspiration, ist die Grundlage der Gestaltung dieser Massivholzdiele. Jede einzelne Diele bewahrt die ursprüngliche Krümmung des Baums. Hierfür wurde ein Herstellungsprozess mit innovativer Technik entwickelt, um die Dielen passgenau aneinander zu fügen. Dadurch wächst der Holzfußboden zu einer organischen Einheit. Die Äste des Baumes sind ein charakteristischer Teil dieser Einheit und werden mit einem glasklaren Gießharz veredelt. Um die Schönheit und Kraft der Natur zu betonen, ist die Oberfläche bewusst schlicht gehalten: Sie wird lediglich geschliffen und mit Öl-Hartwachs behandelt.

### SH05 ARIE
Shelf / Regal

E15 Design und Distributions GmbH,
Oberursel, Germany / Deutschland
Design: Arik Levy – Ldesign,
Paris, France / Frankreich
www.e15.com

The variable SH05 ARIE shelf characterises the playful design language of the designer as well as the conceptual design approach of E15. At first the design appears casual; on closer inspection however, the functional concept of the shelf becomes visible in the systematic order of its elements. The clever display component of the shelf provides a beautiful way to singularly present individual books or objects. The invisible structural elements of the shelf enable it to be used as a free-standing room divider or as a traditional against-the-wall unit. The shelf also comes in an alternative sideboard height.

Das multifunktionale Regal SH05 ARIE ist charakteristisch für den konzeptuellen Gestaltungsansatz des Herstellers E15. Auffallend ist die verspielte Formensprache, die auf den ersten Blick zufällig zu sein scheint. Doch bei genauerem Hinsehen wird das Funktionskonzept des Regals in der systematischen Ordnung seiner Elemente erkennbar. Das intelligente Displayelement des Regals zeigt auf ansprechende Weise, wie man einzelne Bücher oder Gegenstände aufstellen kann. Dank der unsichtbaren Bauteile des Regals kann es als freistehender Raumteiler, aber auch als herkömmliches Wandregal eingesetzt werden. Das Regal ist auch in einer alternativen Sideboard-Höhe erhältlich.

### Tetris
Shelf System / Regalsystem

Eternit (Schweiz) AG, Niederurnen,
Switzerland / Schweiz
Design: fries&zumbühl Industrial Design
(Jakob Zumbühl, Kevin Fries), Zürich,
Switzerland / Schweiz
www.eternit.ch
www.frieszumbuehl.ch

Playfully the individual modules of the Tetris shelf system can be stacked to, in or over one another, to create individual storage space for shoes and other things. Each shelf is handcrafted in Switzerland and therefore recognisable as a single piece.

Spielerisch lassen sich die einzelnen Module des Regalsystems Tetris aneinander, ineinander oder übereinander stapeln, so dass individuelle Stauräume für Schuhe und Weiteres entstehen. Jedes Element wird in der Schweiz von Hand geformt und ist dadurch deutlich als Einzelstück erkennbar.

**Cornice**
Closet System / Innensystem

raumplus GmbH & Co. KG, Bremen,
Germany / Deutschland
Design: Burkhard Heß, Hamburg,
Germany / Deutschland;
Gerhard Bernhold, Hamburg,
Germany / Deutschland
www.raumplus.de

Cornice is a new closet system with an Italian look and feel. Slim aluminium frames and shelves in lightweight construction, allowing spans of up to two metres, form the structure of the system. All the connections of the individual closet components are concealed – a construction, which characterises the high-grade manufacturing quality. Bureaus in three widths and two heights, various corner solutions and many practical additional elements round off the programme. The pivoting frame with a framed shelf element and a large mirror is particularly distinctive. It can serve as corner solution but it may also be arranged in a unit. The closet system is available in two depths. Height and width are customised in accordance with measurements and individual wishes.

Cornice ist ein innovatives Innensystem mit einer italienischen Anmutung. Schlanke Rahmen aus Aluminium und Fachböden in Leichtbautechnik, die Spannweiten bis zu zwei Meter ermöglichen, bilden die Struktur des Systems. Alle Verbindungen sind verdeckt konstruiert und visualisieren damit die hochwertige Verarbeitungsqualität. Kommoden in drei Breiten und zwei Höhen, verschiedene Ecklösungen und viele funktionale Zusatzelemente runden das Programm ab. Besonders markant ist der Drehrahmen mit eingefasstem Regalelement und großem Spiegel, der sich als Ecklösung, aber auch in einer Zeile einsetzen lässt. Das Innensystem wird in zwei Tiefen angeboten. Die Höhe und die Breite werden nach Aufmass und Kundenwunsch individuell gefertigt.

**Wake-up Light**
**Reading Lamp and Alarm Clock /**
**Leselampe und Wecker**

Philips, Eindhoven, NL
In-house design / Werksdesign:
Stefano Marzano & Team
www.philips.com

Combining a reading lamp with an alarm clock, the Wake-up Light offers a pleasant way to wake up by gradually lighting-up like sunrise and following the natural rhythm of the body. Additionally, the user can choose from a diversity of alarm sounds, such as sounds of nature or gentle ambient sounds. The alarm is easily switched off by a large metal button. The alarm display is clearly visible even from a greater distance. Once the lamp is fully illuminated, the lit-up part and the dark part of the object are separated from each other by a distinct line.

Das Wake-up Light ist gleichzeitig eine Leselampe und ein Wecker. Es erlaubt ein angenehmeres Aufwachen, da es, dem Sonnenaufgang gleich, langsam heller wird und dem natürlichen Rhythmus des Körpers folgt. Der Benutzer kann zusätzlich zwischen verschiedenen Wecktönen wählen, von der Natur entlehnten Tönen bis hin zu sanften Umgebungsgeräuschen. Der Alarm lässt sich über einen gut erkennbaren, langen Metallknopf ausschalten. Die Alarmanzeige ist über eine größere Entfernung gut sichtbar. Sobald die Lampe die volle Helligkeit erreicht hat, werden der beleuchtete und der dunkle Teil des Objekts durch eine klare Linie voneinander getrennt.

**Gira Event Clear / Gira Event Klar**
**Switch Range / Schalterprogramm**

Gira Giersiepen GmbH & Co. KG,
Radevormwald, Germany / Deutschland
In-house design / Werksdesign
Design: Phoenix Design, Stuttgart,
Germany / Deutschland
www.gira.de
www.phoenixdesign.de

The Gira Event Clear switch range is defined by a clear, three-dimensional look with a high-gloss surface. The innovative visual effect results from a special technology: transparent plastics are highlighted in colour; the incidence of light on the colours therefore changes. The following colours are offered: Event Clear white, black, green, aubergine, brown and sand. Inserts are available in glossy pure white, glossy cream white, anthracite and aluminium. The whole assortment of Gira Event Clear is available featuring more than 230 functions for modern electrical installation

Das Schalterprogramm Gira Event Klar ist definiert durch eine klare Tiefenoptik mit hochglänzender Oberfläche. Der innovative optische Effekt beruht auf einer speziellen Technologie, bei der transparenter Kunststoff farbig hinterlegt wird und sich der Lichteinfall auf die Farben, die angeboten werden, verändert: Event Klar Weiß, Schwarz, Grün, Aubergine, Braun und Sand. Einsätze dazu sind in Reinweiß glänzend und Cremeweiß glänzend sowie in Anthrazit und der Farbe Alu erhältlich. Die Reihe Gira Event Klar ist in voller Sortimentstiefe lieferbar, also mit über 230 Funktionen für die zeitgemäße Elektroinstallation.

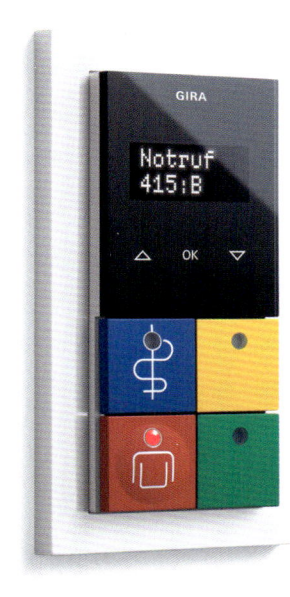

**Gira Nurse Call System /**
**Gira Rufsystem 834**

Gira Giersiepen GmbH & Co. KG,
Radevormwald, Germany / Deutschland
In-house design / Werksdesign
Design: Tesseraux + Partner, Potsdam,
Germany / Deutschland
www.gira.de
www.tesserauxundpartner.de

The Gira Nurse Call System is designed for operation in hospitals, nursing homes and other care organisations but it can also be used in physicians' practices and public sanitary installations. The various functions of the Gira Nurse Call System are an essential innovative aspect: they can be integrated in the frames of the Standard 55, E2, Event, Esprit and E22 switch ranges. The Nurse Call System thus matches the corresponding switch range, and the entire electrical installation can now be implemented in one and the same design.

Das Gira Rufsystem 834 ist für den Betrieb in Krankenhäusern, Pflegeheimen und Pflegeorganisationen ausgelegt, es kann aber auch in Arztpraxen oder öffentlichen Sanitäranlagen eingesetzt werden. Ein wesentlicher, innovativer Aspekt sind die verschiedenen Funktionen des Gira Rufsystems 834, die sich in die Rahmen der Schalterprogramme Standard 55, E2, Event, Esprit und E22 integrieren lassen. Damit passt das Rufsystem zum jeweiligen Schalterprogramm und die gesamte Elektroinstallation kann nun durchgängig in einer einheitlichen Formensprache realisiert werden.

**Gira Surface-Mounted Home Station**
**Video / Gira Wohnungsstation Video AP**

Gira Giersiepen GmbH & Co. KG,
Radevormwald, Germany / Deutschland
In-house design / Werksdesign
Design: Phoenix Design, Stuttgart,
Germany / Deutschland
www.gira.de
www.phoenixdesign.de

With its compact and elegant appearance and mature technology the Gira Surface-Mounted Home Station Video innovates door communication systems. A special feature of this home station is its homogeneous front. Loudspeaker and microphone are concealed at front view. The high-resolution 2" TFT colour display belongs to the latest generation and offers a high depth of focus as well as outstanding picture quality, even from different angles. The capacitive sensor technology allows convenient operation by softly touching the buttons.

Mit ihrer kompakten und elegant anmutenden Gestaltung stellt die technologisch ausgereifte Gira Wohnungsstation Video AP eine Innovation im Bereich der Türkommunikations-Systeme dar. Ein besonderes Merkmal dieser Wohnungsstation ist ihre homogene Front. Lautsprecher und Mikrofon sind von vorne nicht direkt sichtbar. Das hochauflösende 2"-TFT-Farbdisplay der neuesten Generation bietet selbst bei unterschiedlichen Blickwinkeln eine hohe Tiefenschärfe und eine sehr gute Bildqualität. Die kapazitive Sensortechnik erlaubt eine komfortable Bedienung durch leichtes Berühren der Tasten.

### Curva Cupboard / Schrank

Alinea Design Objects, Geel,
Belgium / Belgien
In-house design / Werksdesign:
Leo Aerts
www.alinea.be

This cupboard collection gives a clear impression. Its curved plywood consists of only a few components that can be assembled with aluminium parts to a complete cupboard in an easy and self-explanatory way. Due to the minimal material input and the loosely joined parts this cupboard is easy to recycle. It is available in walnut, wenge and maple veneer, or lacquered in white, black, grey, orange, red, blue and green.

Diese klar anmutende Schrank-Kollektion aus gebogenem Multiplex besteht aus nur wenigen Komponenten, die sich auf einfache und selbsterklärende Art und Weise durch Aluminiumteile zu einem kompletten Schrank zusammenfügen lassen. Durch den minimalen Materialaufwand und die lose Verbindung der Teile ist der Schrank sehr gut zu recyceln. Erhältlich ist er in den Furnieren Walnuss, Wenge, Ahorn oder aber lackiert in den Farben Weiß, Schwarz, Grau, Orange, Rot, Blau oder Grün.

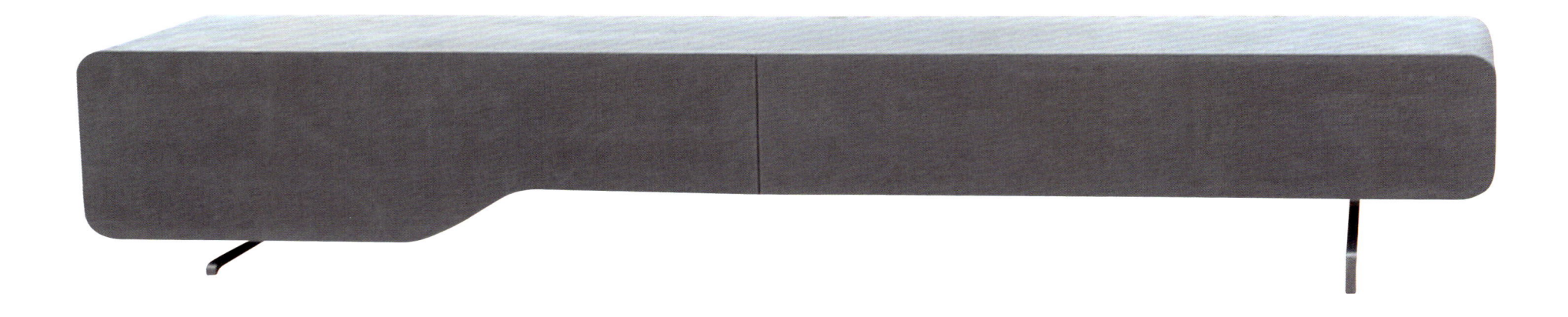

### Sideboard Fibre Cement ES1900 / Sideboard Faserzement ES1900

Labelform, Romanshorn,
Switzerland / Schweiz
Design: Dominique Helg
www.labelform.ch

The form of the Sideboard Fibre Cement ES1900 combines an unobtrusive appearance with sophisticated functionality. Standing on two stainless steel supports the sideboard is made of fibre cement – an unusual material for such furniture –, which gives him a plain form and a special look. Beside the surface the inside of the sideboard can also be used. Two drawers help to keep order. The sideboard comes in two colours: light grey and anthracite.

Die Gestaltung des Sideboards Faserzement ES1900 verbindet eine puristische Anmutung mit einer gut durchdachten Funktionalität. Gefertigt ist das auf zwei Edelstahlstützen stehende Sideboard aus dem für ein solches Möbel ungewöhnlichen Material Faserzement, welches ihm seine schlichte Form sowie eine spezielle Optik verleiht. Neben der Oberfläche kann auch das Innere des Sideboards genutzt werden, zwei Schubladen helfen, Ordnung zu halten. Das Sideboard ist in zwei Farben erhältlich: Hellgrau oder Anthrazit.

**BabyBjörn Babysitter Balance**

BabyBjörn AB, Danderyd,
Sweden / Schweden
In-house design / Werksdesign:
Andreas Zandrén, Lisen Elmberg
Design: Ergonomidesign AB
(Håkan Bergkvist), Bromma,
Sweden / Schweden
www.babybjorn.com
www.ergonomidesign.com

The BabyBjörn Babysitter Balance turns actions of small children into a smooth rocking movement. Thus, the sense of balance and motor activity are trained without using batteries. With a safety latch three different positions can be set: playing, resting and sleeping. The soft fabric offers a smooth feel and look; it adapts to the baby's body at the same time providing support for its head and back. The fabric as well as the innovative – since it is removable – safety harness are reversible to create new colour combinations.

Mit dem BabyBjörn Babysitter Balance werden die kindlichen Bewegungen in eine sanfte Wiegebewegung umgewandelt. Ohne den Einsatz von Batterien werden auf diese Weise der Gleichgewichtssinn und die Motorik des Kindes trainiert. Mit einem Sicherheitsriegel lassen sich die drei verschiedenen Positionen Spielen, Ausruhen und Schlafen einstellen. Ein weicher Bezugsstoff passt sich dem kindlichen Körper an, wobei gleichzeitig der Kopf und der Rücken gut gestützt werden. Sowohl der Bezug als auch ein innovatives, weil abnehmbares Haltesystem sind wendbar, wodurch sich stets neue Farbkombinationen ergeben.

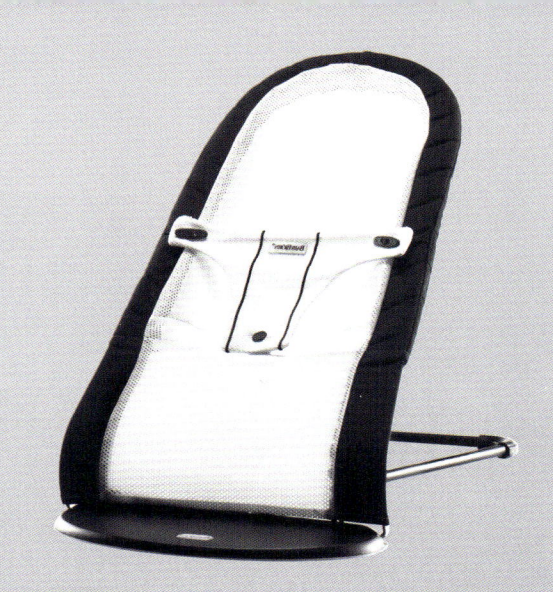

**Darling**
Bed / Bett

MOOBEL GmbH, Schönenwerd,
Switzerland / Schweiz
Design: friesÉzumbühl Industrial Design
(Jakob Zumbühl, Kevin Fries, Muriel
Weber), Zürich, Switzerland / Schweiz
www.moobel.ch
www.frieszumbuehl.ch

This multifunctional and sophisticated bed changes from a love nest into a children's room, a chambre séparée into a guest bed, or it quickly becomes a family camp. With regard to continuously changing sleeping habits and space requirements Darling is tailored to adapt adequately to these needs. It features two leg elements of form plywood and corresponding crossbars. With a flick of the wrist it can be adjusted to any mattress width in two minutes.

Multifunktional und durchdacht gestaltet, wird Darling vom Liebesnest zum Kinderzimmer, vom Chambre séparée zum Gästebett oder rasch zu einem robusten Familienlager. Vor dem Hintergrund, dass sich Schlafgewohnheiten und Raumbedürfnisse stetig ändern, vermag dieses Bett sich diesen wie „maßgeschneidert" anzupassen. Mit zwei Beinelementen aus Formsperrholz und entsprechenden Querlatten lässt es sich in zwei Minuten mit wenigen Handgriffen auf jede beliebige Matratzenbreite abstimmen.

**A5001/A5002**
Doorstops/Türstopper

Frost A/S, Hadsten,
Denmark/Dänemark
Design: busk+hertzog i/s, Copenhagen,
Denmark/Kopenhagen, Dänemark
www.frostdesign.dk
www.busk-hertzog.dk

The A5001/A5002 doorstops have a distinct and timeless form and can be used in many different ways. They can be both mounted to the floor or wall and directed towards any desired direction. With their minimalist design and a sophisticated combination of stainless steel grades, optionally chromed or brushed, the A5001/A5002 are a real asset of their product category: they add high aesthetic and stylistic value to a usually unalluring part of the interior.

Die Türstopper A5001/A5002 sind klar und zeitlos gestaltet sowie vielseitig einsetzbar. Sie können entweder auf dem Boden oder an der Wand montiert werden und lassen sich in jeder gewünschten Richtung orientieren. Mit ihrer minimalistischen Gestaltung und einer edel anmutenden Kombination von Edelstahl wahlweise verchromt oder gebürstet bereichern A5001/A5002 ihre Produktkategorie: Sie fügen einem in der Regel unattraktiven Teil der Innenausstattung eine hohe ästhetische und gestalterische Qualität hinzu.

## Arrow
### Hanger / Aufhänger

Design House Stockholm,
Stockholm, Sweden / Schweden
Design: Hallén Design, Nacka,
Sweden / Schweden
www.designhousestockholm.com
www.hallendesign.se

The aesthetically designed open Arrow is a functional hanger made of powder-coated aluminium. In a precise horizontal position the soft-edged hanger supports hefty loads, but is just as useful for a newly ironed shirt and a pair of trousers. If it is closed there are still three hooks on which to hang various items. When not in use, Arrow will adorn the wall like an iconic graphic symbol. One can also put several Arrows together to create various patterns, just waiting to be folded out and used.

Arrow ist ein ästhetisch anmutender, offener Pfeil aus pulverbeschichtetem Aluminium, der als funktionale Aufhängevorrichtung dient. In exakt waagrechter Stellung trägt der Aufhänger mit den abgerundeten Ecken schwere Lasten. Er eignet sich aber ebenso für ein frisch gebügeltes Hemd mit Hose. Wenn er geschlossen wird, gibt es immer noch drei Haken, an denen alles Mögliche aufgehängt werden kann. Wird er nicht gebraucht, schmückt Arrow die Wand wie ein Piktogramm. Mehrere Arrow-Pfeile können zu verschiedenen Mustern zusammengefügt werden, die dann nur noch auf ihren Einsatz warten.

## Re-Cube
### Door Element / Türelement

Kleine Türen-Manufaktur, KTM GmbH,
Bocholt, Germany / Deutschland
In-house design / Werksdesign:
Wolfgang Buttlar
www.ktmbocholt.de

Re-Cube is a door element that is flush with the wall. Its door leaf opens into the embrasure. This innovative construction allows linear and flush optics in a hallway or stairway. The design is clear and well devised: the door still opens into the room but on the hallway side a visually calm compound of surfaces is created. The simplest locking solution of Re-Cube comprises a lock with a magnetic trap. Cube whisper comfort locks with stainless steel cuffs are another option. For precise fit the door frames are manufactured according to the corresponding wall thicknesses. The exact rim width is derived from the internal measurements of the door.

Re-Cube ist ein wandbündiges Türelement, dessen Türblatt sich in die Leibung öffnet. Durch diese innovative Konstruktion ist eine geradlinige und flächenbündige Optik etwa im Flur oder im Treppenhaus möglich. Die Gestaltung ist durchdacht und klar: Die Tür öffnet sich nach wie vor weiterhin zur Zimmerseite, auf der Flurseite entsteht jedoch ein optisch ruhig anmutender Flächenverbund. Die schlichteste Verschlusslösung von Re-Cube besteht aus einem Schloss mit Magnetfalle, aber auch der Einsatz von Cube-Flüster-Komfortschlössern mit Edelstahlstulp ist möglich. Die Zargen werden passgenau auf die entsprechenden Wandstärken gefertigt, die exakte Maulweite wird von den Blindstockmaßen abgeleitet.

**mafi Vulcano Fresco Duna**
Natural Wood Floor / Naturholzboden

mafi Naturholzböden,
Schneegattern, Austria / Österreich
In-house design / Werksdesign
www.mafi.at

The three-dimensionally milled surface of the mafi Vulcano Fresco Duna generates a pleasant massage effect for body and mind. The plank is therefore particularly suited for wellness areas. The dark colouring is obtained by thermal treatment (a 100 per cent natural method). Refinement with natural oils enables the floor to breathe. It produces a warm and velvety surface and allows the wood to preserve all its beneficial natural properties.

Mit einer dreidimensional gefrästen Oberfläche entsteht bei mafi Vulcano Fresco Duna ein wohltuender Massageeffekt für Körper und Geist. Dadurch eignet sich die Diele besonders für Wellnessbereiche. Die dunkle Farbgebung wird durch eine thermische Behandlung (eine zu 100 Prozent natürliche Methode) erreicht. Die Veredelung mit natürlichen Ölen verleiht dem Boden die Möglichkeit zu atmen, bewirkt eine warme und samtige Oberfläche und lässt das Holz alle seine guten, natürlichen Eigenschaften behalten.

### Kiruna Rug / Teppich

Tisca Textil Ges.m.b.H. & Co. KG,
Thüringen, Austria / Österreich
In-house design / Werksdesign:
Christoph Aigner
www.tisca.at

The handmade look of the Kiruna rug is freshened up by lively accents in orange. The differences in the two yarns combined give the rug an elegant character. The felted wool yarns result in a tough material with a long life cycle.

Die handwerkliche Optik wird bei dem Teppich Kiruna durch frische Farbakzente in Orange unterbrochen. Der Gegensatz der beiden Materialaufarbeitungen verleiht ihm eine elegante Anmutung. Langlebig und strapazierfähig wird er durch gewalkte Wollgarne.

### Karibu Rug / Teppich

Tisca Textil Ges.m.b.H. & Co. KG,
Thüringen, Austria / Österreich
In-house design / Werksdesign:
Christoph Aigner
www.tisca.at

In a new interpretation of old techniques and craftsmanship, this rug represents modesty and elegance at an advanced level of manufacture. The structured surface creates light and shadow effects – Karibu produces both a lively and peaceful atmosphere in the room.

Alte Techniken und Handwerkskunst neu interpretierend, verkörpert dieser Teppich Zurückhaltung und Eleganz auf hohem handwerklichem Niveau. Durch eine strukturierte Oberfläche entstehen Licht- und Schatteneffekte – Karibu wirkt im Raum zugleich lebendig und beruhigend.

### Rugs* Metal
### Stainless Steel Rug Enclosure / Edelstahl-Teppicheinfassung

Object Carpet GmbH, Denkendorf,
Germany / Deutschland
In-house design / Werksdesign
www.object-carpet.com

This rug enclosure version is made of high-grade stainless steel and consists of individual links that are connected by a pressure-resistant substrate. The system is versatile and rollable due to its structure. In natural carpets rippling and bulging due to sewing tension or changes in form are excluded.

Diese Einfassvariante für einen Teppichboden besteht aus einzelnen, hochwertigen Edelstahlgliedern, die mit einem druckfesten Trägermaterial verbunden sind. Das System ist aufgrund seiner Gliederstruktur beweglich und rollbar. Wellenbildungen durch Nähspannung oder Formveränderungen bei Naturteppichen sind ausgeschlossen.

### Comma
**Chair / Stuhl**

Noti, Tarnowo Podgórne, Poland / Polen
Design: Renata Kalarus, Kraków,
Poland / Krakau, Polen
www.noti.pl

Comma's powerful lines emerge by substracting elemental forms from a cube. The cylindrical section removed from the base of the back provides space for comfort and room for garments. The double depth of the back offers good suspension and support and is visually and haptically inviting.

Die kräftigen Linien von Comma entstehen aus elementaren Formen, die einem Würfel entnommen wurden. Der zylindrische Abschnitt, der aus dem unteren Teil der Rückseite entfernt wurde, schafft Raum für Bequemlichkeit und für die Kleidung. Die doppelte Tiefe der Rückseite bietet nicht nur gute Federung und Halt, sondern wirkt auch haptisch einladend.

### Tiziana Sofa

Bretz Wohnträume GmbH,
Gensingen, Germany / Deutschland
In-house design / Werksdesign:
Eva Schröter
www.bretz.com

Fine sewing art in form of artisan button tufting and invisible sewing underlines the extravagant style of the Tiziana sofa. The design concept focuses on individual style: up to five different colours and materials can be chosen.

Feine Nahtkunst in Form von handwerklicher Knopf- und Blindheftung betont die extravagant anmutende Formensprache des Sofas Tiziana. Im Mittelpunkt des Gestaltungskonzepts steht der individuelle Stil: bis zu fünf unterschiedliche Farben und Materialien können gewählt werden.

### Qubit Sofa

Intertime AG, Endingen,
Switzerland / Schweiz
Design: zed. (Matthias Weber),
Zürich, Switzerland / Schweiz
www.intertime.ch
www.zednetwork.com

Uniting aesthetics and comfort Qubit invites to relax. With only three elements the most different combinations can be arranged. Thanks to its compact dimensions Qubit offers room for lounging around even when there is little space. In conjunction with a long stool this sofa transforms into a daybed.

Qubit lädt zum Relaxen ein und vereint Ästhetik und Komfort. Mit nur drei Elementen können unterschiedlichste Kombinationen zusammengestellt werden. Dank seiner kompakten Abmessungen bietet Qubit auch auf kleinem Raum Platz zum Lümmeln, in Kombination mit einem Langhocker wandelt sich das Sofa zum Daybed.

**Don Corleone Lounge Sofa**

Bretz Wohnträume GmbH,
Gensingen, Germany / Deutschland
In-house design / Werksdesign:
Bretz Brothers
www.bretz.com

Straight lines frame the opulently upholstered surfaces of the Don Corleone sofa, which want to abduct the owner into a gently caressing seating pleasure. Elaborate seaming art with ornamental stripes worked into felled seams is a striking design detail. Integrated drawing-ins in the seat, arm- and backrests create a play of light and shadow emphasising a smooth inviting look. As three-part corner group or four-seater in two different seat depths Don Corleone integrates into any room.

Bei dem Sofa Don Corleone umrahmen gerade Linien üppig aufgepolsterte Flächen, die den Besitzer in ein ihn sanft umschmeichelndes Sitzvergnügen entführen wollen. Auffällige Gestaltungsdetails sind eine aufwendige Nahtkunst mit in Kappnähten eingearbeiteten Zierstreifen. Integrierte Einzüge in Sitz, Arm- und Rückenlehnen erzeugen ein Licht- und Schattenspiel, das eine weiche, einladende Optik unterstützt. Als dreiteilige Eckgruppe oder als Viersitzer in zwei Sitztiefen fügt sich Don Corleone in jede Räumlichkeit ein.

**WK 469 scale**
Shelf System / Regalsystem

WK WOHNEN
GmbH & Co. Möbel Marketing KG,
Dreieich/Frankfurt, Germany/Deutschland
Design: Erwin Nagel
www.wkwohnen.de

The visual appearance of the WK 469 scale is quite different to conventional shelving; it appears more interesting. The design avoids adjustable and end-to-end shelves – it does without shelves that might bend under heavy weight. The rack has solid mounted shelves that are fixed to each other left or right at the strong sides or at the rear panel. However, in contrast to conventional racks, they do not take the complete breadth of the rack, but instead overlap. This results in a surprisingly new and innovative overall appearance, and this shelf design automatically provides space for different book sizes. Again fixed to each other on the left or the right side, it provides space for standard-sized books, books in larger format, illustrated books and magazines. Storage space for large books no longer requires adjusting of shelves. An insert completes the functionality and allows for storage of CD and DVD covers.

Die Optik des WK 469 scale weicht von herkömmlichen Regalen deutlich ab, es wirkt viel interessanter. Die Gestaltung vermeidet durchgehende und verstellbare Fachböden – es gibt folglich keine Böden, die sich bei Belastung durchbiegen könnten. Das Regal hat starke, fest montierte Böden, die wechselseitig links und rechts an den starken Seiten und an der Rückwand montiert sind, aber nicht die gesamte Breite einnehmen wie bei bekannten Regalen, sondern sich in der Länge überlappen. Auf diese Art entsteht eine überraschend gute und neuartige Gesamtansicht, und es wird bei dieser Fachgestaltung automatisch Platz geschaffen für die verschiedenen Buchgrößen. Auch wieder wechselseitig, einmal links, einmal rechts, werden Bereiche angeboten für normalgroße Bücher, für Bücher mit größerem Format, Bildbände und Zeitschriften. Es ist also kein Verstellen der Fächer mehr erforderlich, um große Bücher unterzubringen. Vervollständigt wird diese Funktionalität durch einen Einsatz für CD- und DVD-Kassetten.

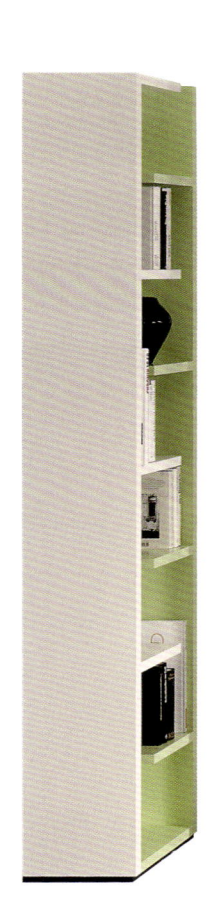

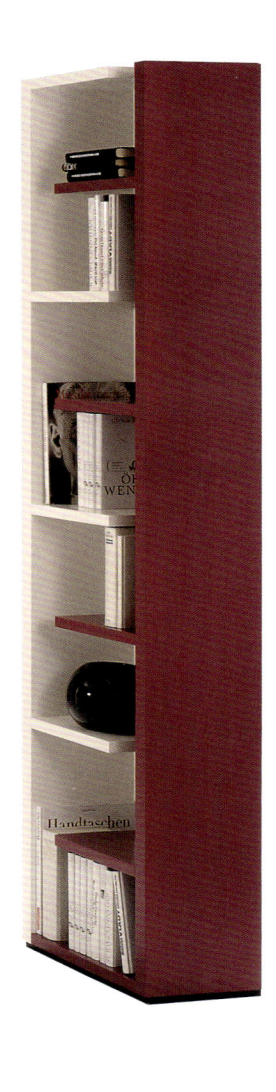

## Cammeo
### Containers / Behälter

Kähler Design A/S, Næstved,
Denmark / Dänemark
Design: Louise Campbell, Copenhagen,
Denmark / Kopenhagen, Dänemark
www.kahlerdesign.com

Cammeo defines itself as a piece of art with enough space for everyday storage. The series consists of clearly lined, functional containers that are machine-washable. They can be used in many different ways and appear modern and unique. It is a pleasure to use them.

Cammeo versteht sich als ein Kunstobjekt, das reichlich Platz für das Aufbewahren allerlei Dinge bietet. Die Reihe von klar konturierten, funktionalen Behältern ist waschmaschinenfest und vielseitig verwendbar. Die äußere Erscheinung der Behälter ist modern und einzigartig. Es macht Spaß, sie zu benutzen.

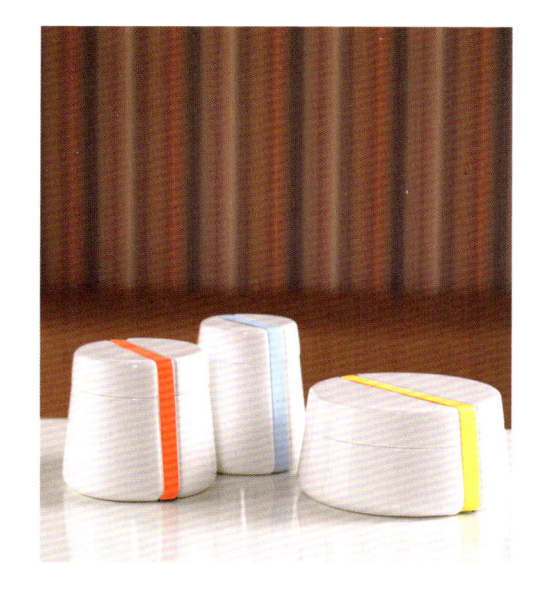

## system 400
### Shelves, Sideboards, Cabinets / Regale, Sideboards, Schränke

che möbel gmbh,
Werpeloh, Germany / Deutschland
Design: Hubertus Eilers,
Gröben, Germany / Deutschland
www.che-moebel.de
www.eilersarchitekten.de

The basic structure of the system 400 consists of grooved shelves and wall elements. These elements are fitted into each other to make them stable and self-supporting. The screwed back wall stabilises all bearing units. The upper board completes the basic structure. The system 400 affords three different levels and is optionally provided with a conductor rail, which extends it with sliding doors to sideboards and cabinets.

Das system 400 besteht in der Grundstruktur aus Boden und Wand. Diese werden genutet ineinandergeschoben und stehen dann vormontiert und selbständig. Die geschraubte Rückwand befestigt und stabilisiert so alle tragenden Bauteile. Der obere Abdeckboden schließt die Grundstruktur. Das system 400 ist in drei Modellhöhen angelegt, alternativ wird es mit Führungsschienen ausgestattet und erlaubt dann den Ausbau mit Schiebetüren zu Sideboards und Schränken.

## Lifeline
### Cabinet Furniture Programme / Kastenmöbelprogramm

Die Klose Kollektion GmbH,
Westerstede, Germany / Deutschland
Design: Bröker Design, Herzebrock-
Clarholz, Germany / Deutschland
www.klosekollektion.de

The Lifeline cabinet furniture programme comprises 19 freely combinable individual units. Horizontal lines stained in a dark hue, which recurrently run through the furniture fronts, are a distinctive design feature. The fronts can be opened by an intricately milled handle bar.

Das Kastenmöbelprogramm Lifeline besteht aus 19 frei kombinierbaren Einzeltypen. Ein markantes Gestaltungsmerkmal sind die waagerechten Linien in einem dunklen Beizton, die sich immer wiederkehrend durch die Möbelfronten hindurchziehen. Die Fronten lassen sich durch eine aufwendig eingefräste Griffleiste öffnen.

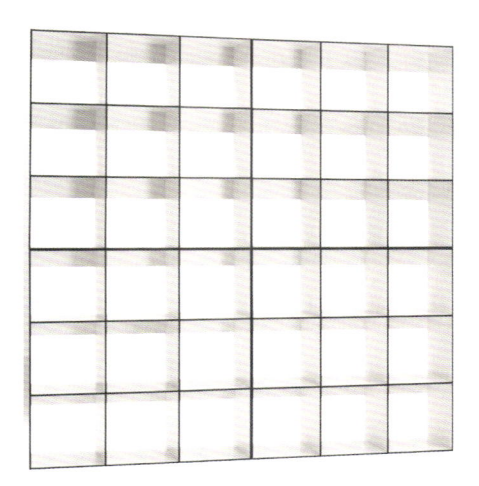

**Library / Bibliothek
Shelf System / Regalsystem**

h h furniture GmbH Hans Hansen,
Arnsberg, Germany / Deutschland
In-house design / Werksdesign
www.h-h-furniture.de

"Library" is a modular object shelf of a timeless minimalist design language that reinterprets the idea of a shelf. Made of HPL material – an innovative material since it is long-lasting and therefore suitable for indoor and outdoor use – this shelf system provides the most varied contents with a durable and common encasement.

„Bibliothek" ist ein modulares Objektregal in einer zeitlos minimalistischen Formensprache, welches das Prinzip eines Regals neu interpretiert. Gefertigt aus dem innovativen, weil langlebigen und deshalb outdoor und indoor einsetzbaren Material HPL, setzt dieses Regalsystem den unterschiedlichsten Inhalten dauerhaft eine gemeinsame Hülle entgegen.

**Boxpur Drawer Interior /
Schubladeninterieur**

cap. GmbH, Hüllhorst,
Germany / Deutschland
In-house design / Werksdesign:
Freimut Stehling
www.cap-direct.de

The Boxpur drawer interior add a high degree of aesthetic functionality to the interior of the furniture. Materials such as aluminium and fabrics like leather or silk are combined. Divisions are variable. The "iCompartment" for the proper placement of the mobile phone or iPod is an interesting detail.

Das Schubladeninterieur Boxpur verleiht dem Möbelinneren ein hohes Maß ästhetischer Funktionalität. Kombiniert werden die Materialien Aluminium und Stoffe wie Leder oder Seide. Variabel sind die Einteilungen, ein interessantes Detail ist das „iFach" für die geordnete Lagerung des Mobiltelefons oder iPods.

**hettinject VB insert
Invisible Connection Fitting /
Verdeckter Verbindungsbeschlag**

Hettich
Marketing- & Vertriebs GmbH & Co. KG,
Kirchlengern, Germany / Deutschland
In-house design / Werksdesign
www.hettich.com

This fitting is the basis for invisible connections between lightweight boards – 38 or 50 mm thickness with 4 mm outer layers. The fitting is inserted edgeways into the board and fixed to both outer layers simultaneously by glue forced through specially designed channels. Balanced distribution of forces ensures a solid connection and an end product with high load-bearing capacity.

Verborgen verbindet dieser Beschlag 38er und 50er Leichtbauplatten mit 4 mm dicken Decklagen. Der Beschlag wird stirnseitig eingelassen und befestigt sich über spezielle Klebekanäle an beide Deckschichten gleichzeitig. Die ideale Kraftverteilung gewährleistet eine hohe Belastbarkeit des fertigen Produkts.

système vantaux
Shelf System / Regalsystem

gelb4, Theiler & Rauscher GbR,
Karben, Germany / Deutschland
Design: Thomas Rauscher

The horizontal elements of the système vantaux are multiple, the vertical elements per horizontal edge once congruent drilled. The connection of these elements is done by inserted pins. Hereby a vertical axis is created that allows twisting of the vertical elements. Hence these elements serve bracing the entire rack. This shelf is limitless in height and length, branches or gaps are also possible. The vertical elements can be installed in a ordered or disordered way that determines the appearance of the rack decisively. The production expenditure is low, almost any plate material can be used, that simply has to be cut and drilled accordingly, as connection parts simple steel pins suffice.

Die Horizontalelemente des système vantaux sind mehrfach, die vertikalen pro horizontaler Stirnkante je einmal deckungsgleich gebohrt. Die Verbindung der Elemente erfolgt durch einzuschiebende Dorne. Hierdurch entsteht eine senkrechte Verbindungsachse, die ein Verdrehen der Vertikalelemente ermöglicht, die damit der Aussteifung des gesamten Regals dienen. Dieses Regal ist in der Höhe und Länge ohne Einschränkung, Verzweigungen oder Lücken sind ebenfalls möglich. Die Aufstellung der vertikalen Elemente, ungeordnet oder gleichartig, bestimmt maßgeblich das Erscheinungsbild des Regals. Der Fertigungsaufwand ist gering, es kann auf Plattenmaterial zugegriffen werden, welches lediglich zugeschnitten und entsprechend gebohrt werden muss, als Verbindungsmittel reichen blank gezogene Stahlstifte aus.

**Scan 58**
Wood-Burning Stove / Holzofen

Scan A/S, Vissenbjerg,
Denmark / Dänemark
In-house design / Werksdesign
Design: Harrit & Sørensen, Holte,
Denmark / Dänemark
www.scan.dk
www.harrit-sorensen.dk

The Scan 58 series consists of a range of wood-burning stoves built around an elliptic burn chamber. The stoves are designed with a relentless focus on smart details and user advantages. The result is an innovative true elliptic stove where glass touches glass on three sides and with an incredible view to the fire.

Die Produktreihe Scan 58 umfasst eine Auswahl an Holzöfen, die um eine elliptische Brennkammer herum gebaut sind. Bei der Gestaltung der Öfen wurde besonderes Augenmerk auf pfiffige Details und Vorzüge für den Nutzer gelegt. Das Ergebnis ist ein innovativer Ofen in vollendeter Ellipsenform, bei dem an drei Seiten Glas auf Glas stößt und eine außergewöhnliche Sicht auf das Feuer geboten wird.

**Kermos Bark**
Floor Tile / Bodenfliese

Saint Gobain Building Distribution
Deutschland GmbH, Marke Raab Karcher,
Frankfurt/Main, Germany / Deutschland
In-house design / Werksdesign

The lively, grained surface of this floor tile stages the trend topic of nature. It displays a structure that seems to have grown from layers. In addition, it is patinated by an innovative refinement method and a subtle change of colours, textures, and grades of gloss.

Die genarbte, lebendig anmutende Oberfläche dieser Bodenfliese inszeniert das Trendthema „Natur". Sie zeigt eine wie aus Schichten gewachsene Struktur, die durch innovative Veredelungsverfahren sowie einen feinen Wechsel von Farben, Texturen und Glanzgraden zusätzlich patiniert wird.

**Kermos Pompei**
Floor Tile / Bodenfliese

Saint Gobain Building Distribution
Deutschland GmbH, Marke Raab Karcher,
Frankfurt/Main, Germany / Deutschland
In-house design / Werksdesign

Thanks to the use of natural materials, this floor tile creates a soft and natural glitter effect. The result is a discreet and elegant appearance in the room – depending on the kind of illumination, the tiles shine in different intensity.

Bei dieser Bodenfliese entsteht durch den Einsatz natürlicher Materialien ein weicher und natürlicher Glitzereffekt. Erzielt wird so eine dezente und elegante Anmutung im Raum – je nach Art der Beleuchtung glitzern die Fliesen in unterschiedlicher Intensität.

**Cubic, Sun, Modis**
Fireplaces / Kamine

Arriaga Stone, Artesanos del Marmol SL,
Macael, Spain / Spanien
Design: Guiu Design,
Torrelavit (Barcelona), Spain / Spanien
www.arriagastone.com
www.guiudesign.com

The aim of designing this line of modern fireplaces was to break with the traditional perception of marble, and find the essence of materials, their shapes and surroundings. Made of natural stone which extends opportunities for versatility, this fireplaces want to offer a simple, natural and innovative method of adaptation that breathes life into the star element, the fire. In the quarries the highest quality stones are chosen and taken to the factory where they are cut and modelled to create the individual finish of each fireplace.

Die Idee zur Gestaltung dieser Modellreihe von modernen Kaminen bestand darin, sich von der üblichen Vorstellung des Materials Marmor zu lösen und das Wesen der Materialien, deren Formen und Umgebungen zu entdecken. Hergestellt aus Naturstein bieten sich abwechslungsreichere Möglichkeiten für diese Kamine, die dem Grundelement Feuer Leben einhauchen und eine neue, schlichte und natürliche Art des Umgangs zeigen. In den Steinbrüchen werden die wertvollsten Blöcke ausgewählt und in die Werkstatt gebracht, wo sie geschnitten und so bearbeitet werden, dass ganz individuelle Kamine entstehen.

### Trias Coffee Table / Couchtisch

Christine Kröncke Interior Design GmbH,
Munich, Germany / München, Deutschland
Design: Stephan Veit Produktdesign,
Stuttgart, Germany / Deutschland
www.christinekroencke.net

Reduced and concentrated on the basics this table nevertheless gives an opulent impression. The elegant curve of the metal frame imparts lightness. Furthermore, it can be combined with various lacquers and an inner surface of gold or silver conveying a sense of quality. Side tables are also part of the programme.

Reduziert und auf das Wesentliche konzentriert, mutet dieser Tisch dennoch opulent an. Der elegante Schwung des Metallgestells verleiht ihm Leichtigkeit. Er kann zudem mit verschiedenen Lackfarben sowie mit einer hochwertig beschichteten Innenfläche in Gold oder Silber kombiniert werden. Zum Programm zählen auch Beistelltische.

### Alina Alpaca Blanket / Alpacadecke

Steiner1888, Mandling,
Austria / Österreich
In-house design / Werksdesign
www.steiner1888.at

Simple sophistication and gentle purism create an innovative combination of nature, manufacture and aesthetics. With the beauty of precious natural fibres, this blanket are produced in-house from the first step all the way to its finish. The extravagant alpaca wool blankets are available in 21 intense, clear and fresh hues.

Schlichte Raffinesse und sanfter Purismus lassen ein innovatives Zusammenspiel aus Natur, Manufaktur und Ästhetik entstehen. Mit der Schönheit des Naturmaterials wird diese Decke vom ersten Schritt an im Unternehmen gefertigt. Aus der extravagant anmutenden Alpacamischung entstehen in breiter Palette 21 intensive, frische Farben.

### Great Balls of Wire
### Cable Holder / Kabelhalter

Bald & Bang, Copenhagen,
Denmark / Kopenhagen, Dänemark
Design: Søren Refsgaard, Copenhagen,
Denmark / Kopenhagen, Dänemark
www.bald-bang.com

Great Balls of Wire is a functionally and playfully designed cable holder. Lying on the floor with all one's cables in its "mouth", it seems to smile at the user. Great Balls of Wire is available in a variety of colours to suit different preferences and can swallow up to 1.5 metres of cable.

Great Balls of Wire ist ein funktionaler und verspielt anmutender Kabelhalter. Auf dem Boden liegend mit Kabeln in seinem „Mund" scheint er zum Benutzer hinaufzulächeln. In einer Vielzahl von individuellen Farben erhältlich kann Great Balls of Wire bis zu 1,5 Meter Kabel aufnehmen.

**magic desk**
Writing Table / Sekretär

Yomei GmbH, Detmold,
Germany / Deutschland
Design: s-designteam, Detmold,
Germany / Deutschland
www.yomei.de
www.s-designteam.de

magic desk is an exciting interpretation of the classic writing table. The combination of the table sides' harmonious proportions with a polished surface lends the furniture the appearance of meditative calm. The hinges, made of stainless steel, are thoroughly incorporated by hand.

magic desk ist eine spannende Interpretation des klassischen Sekretärs. Eine Kombination von ausgewogen gestalteten Proportionen der Tischseiten in Verbindung mit einer polierten Oberfläche verleiht ihm die Anmutung meditativer Ruhe. Die Scharniere werden handwerklich präzise aus Edelstahl eingearbeitet.

**Split**
Desk / Schreibtisch

Ligne Roset / Roset S.A.,
Briord, France / Frankreich
Design: Meike Rüssler, Schulensee,
Germany / Deutschland
www.ligne-roset.com

The finely drawn secretaire unites elements of traditional craftsmanship with modern design techniques, showcasing many precisely worked details, such as sliding storage chests, niches for paper and office equipment, sliding covers for cable tidies, a dock beneath the top for a multiway plug and a pivoting desk light.

Der fein gezeichnete Sekretär verbindet handwerkliche Tradition mit moderner Gestaltung und beinhaltet präzise ausgearbeitete Details wie beispielsweise verschiebbare Aufbewahrungskästen, Fächer für Papier und Büroutensilien, Schiebeklappen für Kabelfächer, ein Gehäuse unter der Tischplatte für Steckdosen und eine schwenkbare Tischleuchte.

**NICEtable08**
Table / Tisch

steininger.designers gmbh,
St. Martin/Mkr., Austria / Österreich
In-house design / Werksdesign:
Martin Steininger
www.steininger-designers.at

The NICEtable08 combines purist design with high-quality application of elegant materials. The frame is made of stainless steel and the tabletop of dark-brown suede-like Nextel lacquer. Its sophisticated pull-out mechanism makes it possible to extend the table to accommodate up to four extra seats.

Der NICEtable08 verbindet eine puristische Gestaltung mit der hochwertigen Verarbeitung edler Materialien. Das Gestell wurde aus Edelstahl, die Tischplatte aus wildlederartigem Nextel-Lack in Dunkelbraun hergestellt. Eine ausgeklügelte Auszieh-Mechanik ermöglicht es, den Tisch um bis zu vier Sitzplätze zu vergrößern.

**SP 300**
System Panel / Systempaneel

MeisterWerke Schulte GmbH, Rüthen,
Germany / Deutschland
In-house design / Werksdesign:
Guido Schulte, Karsten Herting
www.meisterwerke.com

With its distinctive look, the SP 300 system panel opens up new possibilities in the design of living spaces. A special double groove allows the fitting of a panel wall in 3D look. The narrow wall panel is supplied in three different widths of 80, 100 and 120 mm; the length is always 840 mm. Combined with a choice of eight different decors, this enables individual wall designs. The decor film covered MDF base board is also suitable for humid rooms.

Mit seiner charakteristischen Optik eröffnet das Systempaneel SP 300 neue Möglichkeiten der Wohnraumgestaltung. Eine spezielle Doppelnut erlaubt die Montage einer Paneelwand in 3D-Optik. Das schmale Wandpaneel wird in drei unterschiedlichen Breiten von je 80, 100 oder 120 mm gefertigt, die Länge beträgt jeweils 840 mm. Dies ermöglicht eine individuelle Wandgestaltung, es stehen zudem acht unterschiedliche Oberflächen zur Wahl. Die MDF-Trägerplatte, mit Dekorfolie ummantelt, lässt auch eine Verwendung in Feuchträumen zu.

SP 400
System Panel / Systempaneel

MeisterWerke Schulte GmbH, Rüthen, Germany / Deutschland
In-house design / Werksdesign:
Guido Schulte, Karsten Herting
www.meisterwerke.com

The SP 400 system panel with integrated quick-installation tongue and elegant visible joint not only showcases purist design; thanks to its versatile functions, new worlds can be created. The 15-mm-thick Terragen base board is available with either real wood surfaces or Terracell surfaces, which are suitable for humid rooms. The quick-installation tongue can be replaced during installation with a metal system rail, which is also available in a current-conducting version. With this rail, functional accessories such as clothes hooks, shelf supports, and also lights can be hung in.

Das Systempaneel SP 400 mit integrierter Schnellbaufeder und einer edlen Sichtfuge mutet puristisch an, mit seinen vielfältigen Funktionen lassen sich jedoch Lebenswelten neu gestalten. Die 15 mm starke Terragen-Trägerplatte ist sowohl mit Echtholz-Oberflächen als auch mit feuchtraumgeeigneten Terracell-Oberflächen erhältlich. Die Schnellbaufeder kann während der Montage durch eine System-Metallschiene ersetzt werden, die es auch in einer stromführenden Variante gibt. Mit dieser Schiene können funktionale Zubehörteile, wie Garderobenhaken, Regalhalter, aber auch Leuchten, eingehängt werden.

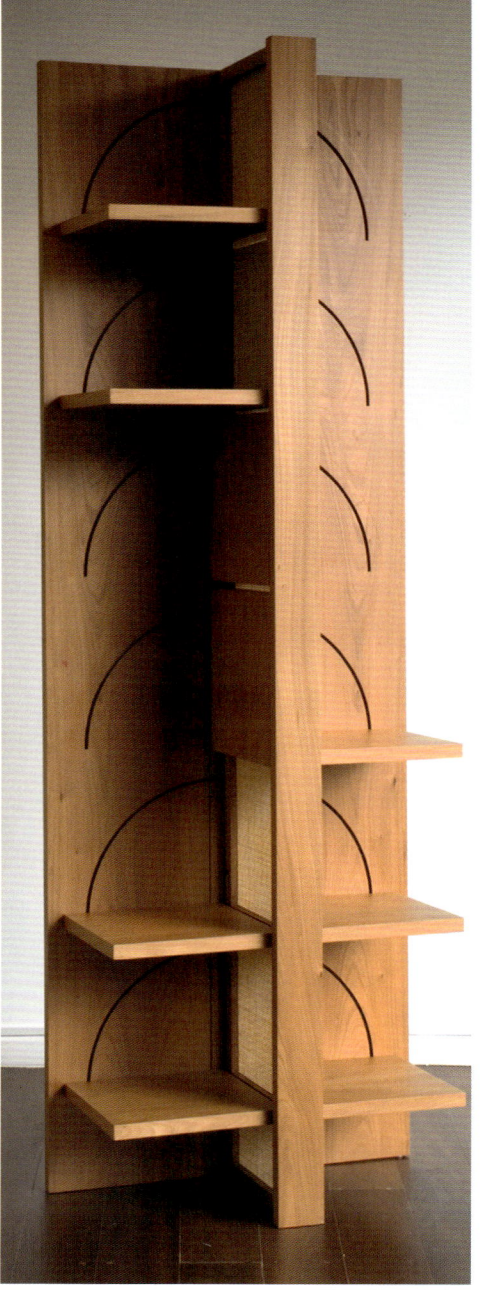

**Bedouin**
Bookshelf / Bücherregal

Etel Marcenaria, São Paulo,
Brazil / Brasilien
Design: Azul Arquitetura e Design
(Lia Siqueira), Rio de Janeiro,
Brazil / Brasilien

Bedouin is an elegantly designed bookshelf that can be transformed into a compact, easy-to-transport piece of luggage. It is operated by interactive movements: like a book that is opened, the shelves unfold to become a bookshelf. It is supported by a hollow centre axis, which also serves for ventilation.

Mit Bedouin wurde ein elegantes Bücherregal entwickelt, das in ein kompaktes, leicht zu transportierendes Gepäckstück verwandelt werden kann. Die Bedienung ist interaktiv: Vergleichbar einem Buch, das geöffnet wird, entfalten sich die Einlegeböden zu einem Bücherregal. Gestützt wird es von einer hohlen Mittelachse, die gleichzeitig der Durchlüftung dient.

**GJ Chair**

Lange Production ApS, Copenhagen,
Denmark / Kopenhagen, Dänemark
In-house design / Werksdesign: Grete Jalk
www.langeproduction.com

The design of the GJ Chair is a remake of the known draft created by the designer Grete Jalk in 1963. This chair is a classic in design history. On grounds of its complexity only about 300 copies were originally produced, very few of which still exist today. Form, function and finish should be realised in this chair like in the original. That is why the new GJ Chair is also made of the original wood species teak and Oregon pine.

Die Gestaltung des Stuhls GJ Chair ist eine Wiederauflage des bekannten Entwurfs der Designerin Grete Jalk von 1963. Dieser Stuhl ist ein Klassiker der Designgeschichte. Wegen seiner Komplexität wurden ursprünglich nur ca. 300 Exemplare produziert, von denen heute nur noch sehr wenige existieren. Die Form, die Funktion und das Finish sollten sich bei diesem Stuhl wie im Original verwirklichen, weshalb auch der aktuelle GJ Chair aus den ursprünglichen Holzarten Teak und Oregon Pine gefertigt wird.

### Roller-Mini
Design Castor / Designrolle

Wagner System GmbH, Lahr,
Germany / Deutschland
In-house design / Werksdesign:
Roland Wagner
www.wagner-system.de

Invisibility is the advantage of these little castors with integrated brake. Just placed in the bottom plate or the leg of a furniture or device the Roller-Minis make it "hover" at close distance to the ground. Thus, this castors offer elegant mobility and undisturbed freedom of designing furniture and devices – without the visual dominance of visible castors.

Der Vorteil dieser kleinen Rollen mit integrierter Bremse ist ihre Unsichtbarkeit. In der Bodenplatte oder in den Fuß eines Möbels oder Gerätes versenkt, lassen die Roller-Minis dieses in geringem Abstand zum Boden „schweben". Damit bieten sie der Gestaltung von Möbeln oder Geräten ungestörten Freiraum und elegante Mobilität – ohne die optische Dominanz sichtbarer Rollen.

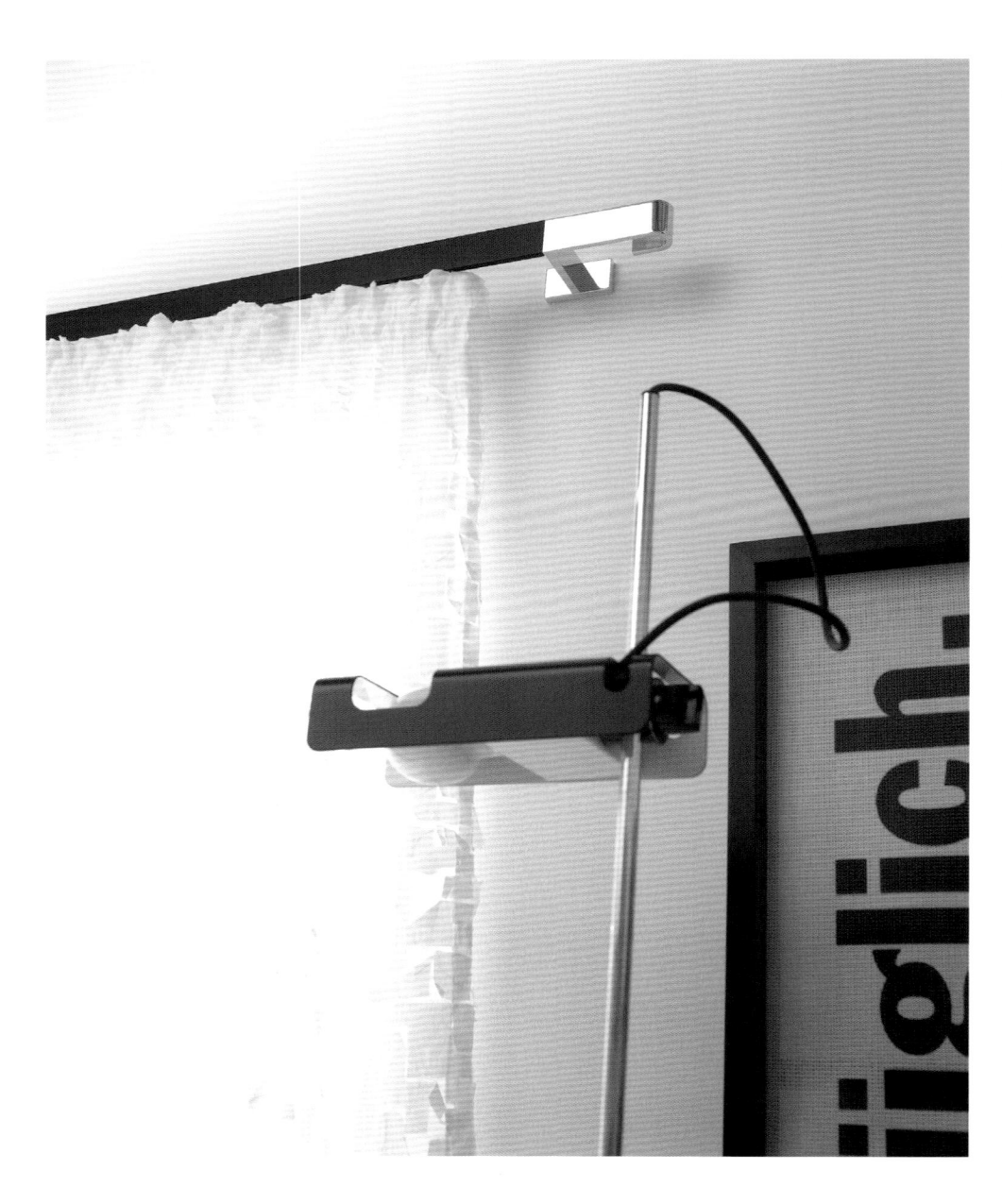

### Mood Curtain Rail System /
Vorhangstangensystem

JAB Josef Anstoetz KG, Bielefeld,
Germany / Deutschland
Design: Peter Maly Design und Innenarchitektur, Hamburg, Germany / Deutschland;
Carsten Gollnick Product Design / Interior Design, Berlin, Germany / Deutschland
www.jab.de

Mood consists of an inside-rail flat section in brushed aluminium, chrome or a combination with wood veneer in walnut and wenge. Its brackets form the aesthetic end fittings, which are available in chrome or brushed aluminium.

Mood besteht aus einem Innenlauf-Flachprofil in der Ausführung Aluminium mattiert, Chrom oder in einer Verbindung mit Holzfurnier in den Farben Nussbaum und Wenge. Die Träger bilden unmittelbar die ästhetisch gestalteten Endstücke, die in Chrom und Aluminium mattiert erhältlich sind.

**Kids Only
Children's Room Door /
Kinderzimmer-Tür**

Carla Lemgruber, Rio de Janeiro,
Brazil / Brasilien
In-house design / Werksdesign

The idea of this project is to use the common door as a way of bringing to reality the connection between two worlds: the children's room (the fantasy world) and the rest of the house (the adult world). Thinking about the funny ways of passing through hurdles, resulted in three different doors.

Dieses Projekt setzt die Idee um, eine gewöhnliche Tür für die Verbindung zwischen zwei Welten zu verwenden: das Kinderzimmer (die Welt der Phantasie) und der übrige Wohnbereich (die Welt der Erwachsenen). Überlegungen zu den witzigen Möglichkeiten, eine Hürde zu überwinden, führten zu drei verschiedenen Türen.

Prof. Renke He

Prof. Soon-In Lee

Simon Ong

# Households and kitchens
## Emotional added value through design

# Haushalt und Küche
## Emotionaler Mehrwert durch Design

In the "households and kitchens" category design creates an emotional added value which revolutionises the kitchen as a living space. The design concepts function as an authentic portrayal of our everyday culture. The technological development in the production process is translated into an ergonomic, aesthetically high-quality form and is expressed in the devices' intelligent, user-friendly operability. Digital technology determines the surfaces of modern kitchen appliances. Unusual design concepts open up completely new perspectives in the kitchen area. The aesthetics of operating elements is entirely determined by pure design. The design solutions are emotional while at the same time meeting the highest hygiene and safety standards. Energy efficiency due to optimised induction technology is one of the central themes for designers in the "households and kitchens" area.

Design schafft im Bereich „Haushalt und Küche" einen emotionalen Mehrwert, der die Küche als Lebensraum revolutioniert. Die Gestaltungskonzepte fungieren als authentisches Abbild unserer Alltagskultur. Die technologische Entwicklung im Produktionsprozess wird in eine ergonomische, ästhetisch hochwertige Gebrauchsform übersetzt und findet in einer intelligenten, nutzerfreundlichen Bedienbarkeit der Geräte Ausdruck. Digitaltechnik bestimmt die Oberflächen von modernen Küchengeräten. Außergewöhnliche Designkonzepte eröffnen völlig neue Perspektiven im Küchenbereich. Bedienelemente ordnen sich ästhetisch vollkommen der reinen Gestaltung unter. Die Designlösungen sind emotional und werden zugleich höchsten Hygiene- und Sicherheitsstandards gerecht. Energieeffizienz durch optimierte Induktionstechnik ist eines der Leitthemen der Gestalter im Bereich „Haushalt und Küche".

Ypsilon by Geba
Furniture Modules /
Einrichtungsmodule

Geba Möbelwerke, Löhne,
Germany / Deutschland
In-house design / Werksdesign
www.geba-kuechen.de

The furniture modules of this product line offer options for living environments that reach far beyond mere kitchen equipment. Among other features, the design, elaborate in form and function, finds its expression in concealed handles. The stylistic language of the horizontally and vertically arranged aluminium profiles underlines the puristic and classic appearance of the product line. All design elements form a stylistic unity, and the analogy of material and colour generate a harmonious overall picture. The quality of the materials used meets the highest international standard.

Die Einrichtungsmodule dieser Produktlinie bieten Optionen für Wohnwelten, die über eine reine Küchenanmutung hinausgehen. Die formal wie funktional aufwendige Gestaltung äußert sich auch in unsichtbaren Griffen. Die Formensprache der horizontal und vertikal verwendeten Aluminiumprofile unterstreicht das puristische und zeitlose Erscheinungsbild der Produktlinie. Alle Konstruktionselemente bilden eine stilistische Einheit und führen dank der Material- und Farbgleichheit zu einem harmonischen Gesamtbild. Die Qualität der eingesetzten Materialien entspricht dem höchsten internationalen Standard.

**KAD62S20, KAD62S50**
Fridge-Freezer /
Kühl-Gefrier-Kombination

Robert Bosch Hausgeräte GmbH,
Munich, Germany / München,
Deutschland
In-house design / Werksdesign:
Ralph Staud, Thomas Tischer
www.bosch-hausgeraete.de

Frameless glass fronts in white or black transform this spacious fridge-freezer into an elegant piece of refrigeration furniture for the home. Its two distinctive handles and the connecting elements are all manufactured from high-quality solid metal. The flush-recessed iced water dispenser, equipped with touch electronics, also emphasises the upmarket quality of this appliance in terms of visual presence, material choice and functionality. Its interior design places special emphasis on ease of handling. The innovative EasyLift shelf can be adjusted in height very quickly – and even single-handedly – and the fridge-freezer's individually adjustable compartments are made of transparent materials to assure clear viewing, offering a huge storage space for flexible accommodation of foodstuffs. Silver rails, handles and aluminium front trims are design elements that fit in consistently with the appearance of this refrigerator class.

Rahmenlose Glasfronten in Weiß oder Schwarz werten diese großzügig gestaltete Kühl-Gefrier-Kombination zu einem wohnlich eleganten Kühlmöbel auf. Die beiden markanten Griffleisten sind wie ihre Anbindung aus hochwertigem Echtmetall gefertigt. Auch der bündig eingelassene Ice-Water-Dispenser, ausgestattet mit einer komfortablen Touch-Elektronik, unterstreicht die gehobene Qualität des Geräts hinsichtlich Optik, Materialität und Funktionalität. Bei der Innenraumgestaltung wurde konsequent auf eine einfache sowie schnelle Handhabung Wert gelegt. Die innovative EasyLift-Platte ist mühelos, selbst mit nur einer Hand, in unterschiedliche Höhen zu verstellen. Der individuell unterteilbare Kühlschrank-Innenraum bietet viel Stauraum, der sich flexibel beladen lässt. Transparente Materialien ermöglichen eine gute Übersichtlichkeit. Silberne Bügel, Griffe und Alu-Frontleisten prägen als durchgängige Gestaltungselemente das Erscheinungsbild dieser Kühlgeräteklasse.

SMS69T08EU Free-Standing
Dishwasher /
Freistehender Geschirrspüler

Robert Bosch Hausgeräte GmbH,
Munich, Germany /
München, Deutschland
In-house design / Werksdesign:
Thomas Ott
www.bosch-hausgeraete.de

A slimline control panel with the typical unit of plain text display and operating control characterises the look of this free-standing dishwasher. The stainless steel finish accentuates its superior quality. A total of three individually adjustable loading levels with exclusive metal handles provide ample space. The dosage assistant, auto-rinse aid, aqua and load sensor add to the innovative heat exchanger technology and make it an economical appliance that effectively uses each litre of water.

Die Erscheinung dieses freistehenden Geschirrspülers wird durch seine schlanke Blende mit der charakteristischen Einheit aus Klartext-Anzeige und Bedienelement geprägt. Das Edelstahlfinish unterstreicht den qualitativen Anspruch. Insgesamt drei individuell einstellbare Beladungsebenen mit hochwertigen Metallgriffen bieten großzügigen Platz. Dosier-Assistent, Reiniger-Automatik, Aqua- und Beladungssensor ergänzen die innovative Wärmetauscher-Technologie zu einem sparsamen Gerät, das jeden Liter Wasser effektiv nutzt.

**SBI65T25EU**
Built-In Dishwasher/
Einbau-Geschirrspüler

Robert Bosch Hausgeräte GmbH,
Munich, Germany/
München, Deutschland
In-house design/Werksdesign:
Thomas Ott
www.bosch-hausgeraete.de

Of minimalist design, this fully integrated dishwasher blends in well with the architecture. It combines the respective kitchen front with an elegant stainless steel panel. In the illuminated interior sensors reduce consumption and noise level. The innovative Zeolith system excels in drying performance while considerably reducing energy consumption. Three additional options complement six programmes. They can easily be handled by touch controls that are ergonomically mounted at the upper door edge. Flexible VarioFlexPlus baskets with metal handles offer easy adjustment options.

Minimalistisch gestaltet fügt sich dieser voll integrierbare Geschirrspüler gut in die Architektur ein und kombiniert die jeweilige Küchenfront mit einer eleganten Edelstahlblende. Im beleuchteten Innenraum optimieren Sensoren sowohl den Verbrauch als auch die Geräuschentwicklung. Das innovative Zeolith-System bietet gute Trocknungsergebnisse bei geringem Energiebedarf. Drei zusätzliche Optionen ergänzen sechs Programme, welche ergonomisch bequem an der oberen Türkante per Touch-Bedienung gesteuert werden. Flexible VarioFlexPlus-Körbe mit Metallgriffen bieten gute Einstellmöglichkeiten.

**SBI69M15EU**
Built-In Dishwasher/
Einbau-Geschirrspüler

Robert Bosch Hausgeräte GmbH,
Munich, Germany/
München, Deutschland
In-house design/Werksdesign:
Thomas Ott
www.bosch-hausgeraete.de

As built-in type this dishwasher integrates any kitchen fronts that are visually completed by a stainless steel panel. Six programmes and other options to optimise cleaning ensure versatile and low-noise operation. The clear structure of the control panel is easy to understand: the main switch and start button are respectively positioned at its ends. Programme and option buttons are placed symmetrically around the centrally arranged display. A third loading level accounts for high efficiency rates that go along with comfortable variability.

Als Einbaugerät integriert sich dieser Geschirrspüler in beliebige Küchenfronten und rundet sie mit einer Edelstahlblende optisch ab. Sechs Programme und weitere Optimierungsmöglichkeiten bieten einen vielseitigen und geräuscharmen Betrieb. Die klare Gliederung der Bedienleiste erschließt sich leicht: Hauptschalter und Starttaste liegen außen, Programm- und Optionstasten sind symmetrisch um das mittige Display angeordnet. Hohe Effizienzwerte gehen mit einer komfortablen Variabilität, bedingt durch eine dritte Beladungsebene, einher.

**SBI69T05EU**
Built-In Dishwasher/
Einbau-Geschirrspüler

Robert Bosch Hausgeräte GmbH,
Munich, Germany/
München, Deutschland
In-house design/Werksdesign:
Thomas Ott
www.bosch-hausgeraete.de

The visual unity of display and handle characterises the appearance of this integrated stainless steel dishwasher. Thanks to its modern technology water and energy consumption have been optimised using short cycle times. A dosage assistant and an auto-rinse aid assure economical use of tab or powder cleaning products. Adjustable baskets for 14 standard place settings offer a high degree of flexibility. A third loading level accommodates cutlery and small dishes.

Eine optische Einheit aus Anzeige- und Griffelement prägt das Erscheinungsbild dieses integrierbaren Edelstahl-Geschirrspülers. Seine zeitgemäße Technologie optimiert den Wasser- und Energieverbrauch bei kurzen Laufzeiten, ein Dosier-Assistent sowie eine Reiniger-Automatik gewährleisten den sparsamen Einsatz von Tab- oder Pulverreinigern. Flexible Körbe für 14 Maßgedecke bieten ein hohes Maß an Flexibilität, wobei eine dritte Beladungsebene die Aufnahme von Besteck und Kleingeschirr erlaubt.

### HBC86P753
**Compact Oven with Microwave /
Kompaktbackofen mit Mikrowelle**

Robert Bosch Hausgeräte GmbH,
Munich, Germany / München,
Deutschland
In-house design / Werksdesign:
Robert Sachon, Bernd Kretschmer
www.bosch-hausgeraete.de

This compact multi-function appliance combines microwave technology and conventional heating methods, which does not only save space but also time and energy costs. Using select materials the design concept delivers the experience of technical perfection. Moreover, the high-grade control elements are precision-designed. The flush integrated, clearly arranged user interface is easy to operate. The use of a classic rotary control as well as the touch and display technology are up to date.

Die Kombination von Mikrowellentechnologie mit klassischen Heizarten spart bei diesem Kompakt-Kombigerät nicht nur Platz, sondern auch Zeit und Energiekosten. Das Gestaltungskonzept macht technische Perfektion durch ausgewählte Materialien erfahrbar. Darüber hinaus sind die hochwertigen Bedienungselemente präzise gestaltet. Das flächenbündig integrierte und klar gegliederte User-Interface ist leicht bedienbar, der Einsatz eines klassischen Drehwählers und einer Touch- und Display-Technologie zeitgemäß.

### HBC36D753
**Compact Steam Oven /
Kompakt-Dampfbackofen**

Robert Bosch Hausgeräte GmbH,
Munich, Germany /
München, Deutschland
In-house design / Werksdesign:
Robert Sachon, Bernd Kretschmer
www.bosch-hausgeraete.de

This compact steam oven features an innovative combination of steam and hot air. Thus it is possible to prepare roast that is juicy inside and crispy outside. The high degree of functionality is supported by the aesthetic stainless steel/glass front. Here the design concept focuses on high-class materials and presents precise details: the modern user interface was flush integrated into the stainless steel panel and characterises the control panel by a useful combination of rotary control and touch and display technology.

Eine innovative Kombination von Wasserdampf und Heißluft bietet dieser Kompakt-Dampfbackofen und erreicht damit, dass zum Beispiel Braten innen saftig und außen knusprig zubereitet werden kann. Das hohe Maß an Funktionalität unterstützt auch die ästhetische Edelstahl-Glas-Front, wobei das Gestaltungskonzept auf hochwertige Materialien setzt und präzise Details zeigt: Flächenbündig wurde das zeitgemäße User-Interface in die Edelstahlblende integriert und prägt das Bedienfeld durch eine sinnvolle Kombination von Drehwähler, Touch- und Display-Technologie.

### HBC26D553
**Compact Steamer /
Kompakt-Dampfgarer**

Robert Bosch Hausgeräte GmbH,
Munich,
Germany / München, Deutschland
In-house design / Werksdesign:
Robert Sachon, Bernd Kretschmer,
Florian Metz
www.bosch-hausgeraete.de

The professional standard of this steamer to prepare food in an especially gentle way is expressed in its outward appearance. Its quality and practical value are stressed by high-class material. The focus lies on the flush-integrated user interface, which is intuitively understood by its clear structure. Ergonomically sound the compact appliance combines a classic rotary control with a touch control panel and high-resolution display technology.

Der professionelle Anspruch dieses Dampfgarers, Nahrungsmittel besonders schonend zuzubereiten, setzt sich auch in seiner äußeren Formgebung fort. Seine Qualität und der Gebrauchswert werden durch hochwertige Materialien betont. Im Mittelpunkt der Gestaltung steht das flächenbündig integrierte und durch seine klare Gliederung intuitiv erfassbare User-Interface. Das Kompaktgerät kombiniert einen klassischen Drehwähler ergonomisch sinnvoll mit einem Touch-Bedienfeld und hochauflösender Display-Technologie.

**HBC86K753**
Compact Oven with Microwave /
Kompaktbackofen mit Mikrowelle

Robert Bosch Hausgeräte GmbH,
Munich, Germany /
München, Deutschland
In-house design / Werksdesign:
Robert Sachon, Bernd Kretschmer
www.bosch-hausgeraete.de

This compact oven with microwave can be installed in a modern open-plan kitchen setting with living room ambience. The glass surfaces impart airiness. Due to its clear structure the user interface attracts attention as an interesting design element of this product line. Deliberate material accents such as rotary control and handle complete the overall impression. Within its compact dimensions several automatic programmes and an autopilot function were integrated into the appliance.

Dieser Kompaktbackofen mit Mikrowelle eignet sich zum Einbau in eine zeitgemäß offene Küchensituation mit Wohnzimmerambiente. Die Glasoberflächen vermitteln Leichtigkeit, durch seine klare Gliederung fällt das User-Interface als interessantes Gestaltungselement dieser Produktlinie auf. Gezielt gesetzte Materialakzente von Drehwähler und Griff runden das Gesamterscheinungsbild ab. Innerhalb seiner kompakten Geräteabmessungen wurden zahlreiche Automatikprogramme und eine Autopilotfunktion integriert.

**TCC78K750**
Built-in Fully Automatic
Coffee Maker /
Einbau-Kaffeevollautomat

Robert Bosch Hausgeräte GmbH,
Munich, Germany /
München, Deutschland
In-house design / Werksdesign:
Robert Sachon, Christoph Ortmann
www.bosch-hausgeraete.de

While keeping a stringent style and uniform line shape, consistent with the other appliances of this built-in type series, this fully automatic coffee maker preserves an individual character. The atmospheric light concept is an attractive design detail making the preparation of coffee an emotional event. The outstanding interface control panel is a sign for intelligent user navigation and offers individual adjustment of the setting options. Flush-mounted, comfortably controllable MetalTouch control elements visually underline the high quality standards of the built-in type series. Thanks to the SoftEject system the appliance can be pulled out of the furniture front making filling and cleaning easy.

Trotz einer stringenten Formensprache und einheitlichen Linienführung, passend zu den anderen Geräten der Einbaugerätelinie, bewahrt dieser Kaffeevollautomat einen eigenständigen Charakter. Als aufmerksamkeitsstarkes Gestaltungsdetail wirkt insbesondere ein atmosphärisches Lichtkonzept, wodurch die Kaffeezubereitung emotionalisierend inszeniert wird. Das markante Interface-Bedienfeld steht zudem für eine intelligente Benutzerführung und bietet individualisierbare Einstellmöglichkeiten. Visuell unterstreichen flächenbündige, angenehm steuerbare MetalTouch-Bedienelemente den hohen Qualitätsanspruch der Einbaugeräteserie. Das Befüllen und Reinigen ist mittels SoftEject-Auszug, durch den sich das Gerät aus der Möbelfront herausziehen lässt, einfach gelöst.

### HEB78D720
**Built-In Cooker / Einbauherd**

Robert Bosch Hausgeräte GmbH,
Munich, Germany / München,
Deutschland
In-house design / Werksdesign:
Robert Sachon, Ulrich Goss
www.bosch-hausgeraete.de

The superior appearance of this white built-in cooker is contrasting with its black glass surfaces. In addition, precisely designed details such as faceted door applications, metallic controls and touch sensors underline a high quality standard. The striking autopilot interface ensures easy control of the manifold functions by a combination of a classic rotary selector, touch controls and plain text display. SoftLight, with its emotive appeal, an oven carriage and a self-cleaning function furthermore increase usability.

Die edle Anmutung dieses weißen Einbauherds steht im Kontrast zu seinen schwarzen Glasflächen. Zudem unterstreichen präzise gestaltete Details wie facettierte Türapplikationen, metallische Knebel und Touch-Sensoren einen hohen Qualitätsanspruch. Das prägnante Autopilot-Interface erlaubt eine einfache Bedienung der vielfältigen Funktionen durch die Kombination von klassischem Drehwähler, Touch-Control-Bedienung und Klartext-Anzeige. Das emotional ansprechende SoftLight, ein Backwagen und eine Selbstreinigungsfunktion steigern darüber hinaus den Gebrauchswert.

### HBA78B720
**Built-In Oven / Einbaubackofen**

Robert Bosch Hausgeräte GmbH,
Munich, Germany /
München, Deutschland
In-house design / Werksdesign:
Robert Sachon, Ulrich Goss
www.bosch-hausgeraete.de

The use of select materials in the shape of optical glass and clearly highlighted control elements in aluminium are in the focus of this white built-in oven. The characteristic white of the appliance front matches modern comfortable kitchen aesthetics. Thanks to an easy-to-use touch control interface many functions can be selected intuitively. The oven carriage features an automatic soft-close function and ensures comfortable access to the dishes.

Die Verwendung hochwertiger Materialien in Form von optischen Gläsern und deutlich akzentuierten Bedienelementen aus Aluminium steht bei diesem weißen Einbaubackofen im Vordergrund. Das charakteristische Weiß der Gerätefront ist auf eine zeitgemäß wohnliche Küchenästhetik abgestimmt. Mit Hilfe des leicht bedienbaren Touch-Control-Interface lassen sich vielfältige Gerätefunktionen intuitiv auswählen. Der Backwagen verfügt über einen automatischen Softeinzug und ermöglicht einen komfortablen Zugriff auf die Speisen.

### HBC86P723, HSC140P21
**Compact Oven with Warming Drawer / Kompaktbackofen mit Wärmeschublade**

Robert Bosch Hausgeräte GmbH,
Munich, Germany /
München, Deutschland
In-house design / Werksdesign:
Robert Sachon, Ulrich Goss, Florian Metz, Bernd Kretschmer
www.bosch-hausgeraete.de

The white glass surface of the compact oven with warming drawer conveys the impression of airiness. Although the most different heating technologies and several automatic programmes including a self-cleaning function have been integrated in this appliance, its appearance is remarkably simple. Even the display elements are reduced to a red LED light. Within its compact dimensions the appliance offers a generous baking area; the accessory warming drawer opens with a mature push/pull mechanism.

Die weiße Glasoberfläche vermittelt bei diesem Kompaktbackofen mit Wärmeschublade Leichtigkeit. Ungeachtet der Integration unterschiedlichster Heiztechnologien und zahlreicher Automatikprogramme bis hin zur Selbstreinigungsfunktion gibt sich das Äußere des Gerätes betont schlicht. Entsprechend wurden auch die Anzeigeelemente auf eine rote LED reduziert. Trotz der kompakten Geräteabmessungen ist der Backraum großzügig gestaltet, die zusätzliche Wärmeschublade öffnet sich mit Hilfe einer ausgereiften Push/Pull-Mechanik.

**HBC36D723, HSC140P21**
Compact Steamer with Warming Drawer / Kompakt-Dampfgarer mit Wärmeschublade

Robert Bosch Hausgeräte GmbH,
Munich, Germany /
München, Deutschland
In-house design / Werksdesign:
Robert Sachon, Ulrich Goss,
Florian Metz, Bernd Kretschmer
www.bosch-hausgeraete.de

Visual understatement of this white compact steamer with warming drawer goes along with high technical standards: the appliance cooks with water steam and hot air at the same time thus retaining the humidity of the cooked food and producing brown crispness. The warming drawer positioned below is a practical complement to built-in appliances like this one. Its multiple functions do not only include preheating dishes but also keeping meals hot and slow cooking.

Optisches Understatement geht bei diesem weißen Kompakt-Dampfgarer mit Wärmeschublade mit einem hohen technischen Anspruch einher. Das Gerät arbeitet gleichzeitig mit Wasserdampf und Heißluft und erhält somit die Feuchtigkeit des Garguts, während eine knusprige Bräune entsteht. Eine sinnvolle Ergänzung zu Einbaugeräten wie diesem stellt die sich darunter befindende Wärmeschublade dar. Nicht nur das Vorwärmen des Geschirrs, sondern auch das Warmhalten von Speisen und das Sanftgaren sind Teil der Funktionsvielfalt des Gerätes.

**NIB672T14E**
Induction Hob / Induktionskochfeld

Robert Bosch Hausgeräte GmbH,
Munich, Germany /
München, Deutschland
In-house design / Werksdesign:
Robert Sachon, Ulrich Goss
www.bosch-hausgeraete.de

This induction hob in purist white offers customers an alternative to the customary black ceramic hob. Designed to exude a living ambience, the white is harmoniously matched to the look of other White Range appliances. Since the glass ceramic surface is heated only slightly, even white induction hobs are exceedingly easy-care, as split liquids cannot burn onto the surface. Furthermore, flush-mounted surrounding metal trims afford good edge protection.

Eine Alternative zur schwarzen Glaskeramik stellt dieses Induktionskochfeld in puristischem Weiß dar. Das auf Wohnlichkeit abzielende Weiß ist optisch harmonisch auf weitere Geräte der White Range-Reihe abgestimmt. Durch die geringe Erhitzung der Glaskeramikfläche sind selbst weiße Induktionskochfelder äußerst pflegeleicht, da überkochende Flüssigkeit nicht einbrennt. Flächenbündig befestigte, umlaufende Metallprofile bieten darüber hinaus einen guten Kantenschutz.

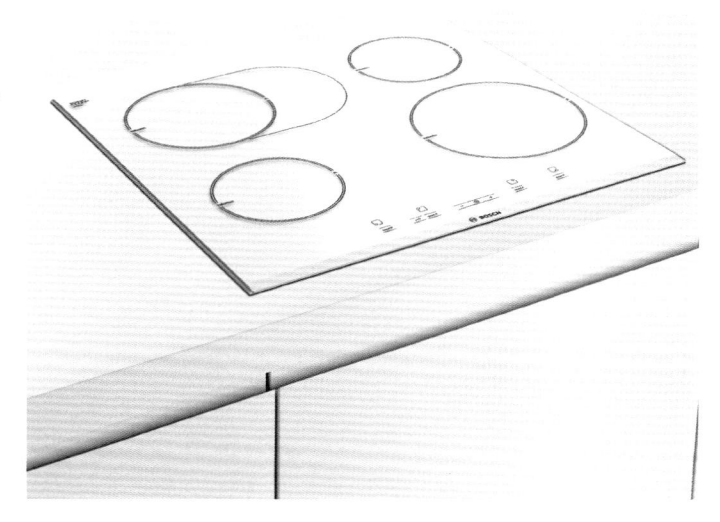

**PKN679C14D**
Ceramic Hob / Glaskeramik-Kochstelle

Robert Bosch Hausgeräte GmbH,
Munich, Germany /
München, Deutschland
In-house design / Werksdesign:
Robert Sachon, Ulrich Goss
www.bosch-hausgeraete.de

The white ceramic hob offers an interesting alternative to black versions in interior design. Puristic and aiming at a living ambience this hob can be harmoniously combined with other appliances of the White Range product line. Metallic knobs distinguished by their colour strikingly protrude allowing traditional operation. Metal trims fixed around the bevelled glass ceramic afford good edge protection without impairing the cleaning process.

Die weiße Glaskeramik-Kochstelle bietet eine innenarchitektonisch interessante Alternative zu schwarzen Produktausführungen. Puristisch und auf Wohnlichkeit abzielend lässt sich die Kochstelle harmonisch mit anderen Geräten der White Range-Produktserie kombinieren. Die farblich akzentuierten, metallischen Knebel ragen auffällig hervor und ermöglichen eine traditionelle Bedienung. An der facettierten Glaskeramik sind umlaufend Metallprofile befestigt, die einen guten Kantenschutz bieten, ohne beim Reinigen zu stören.

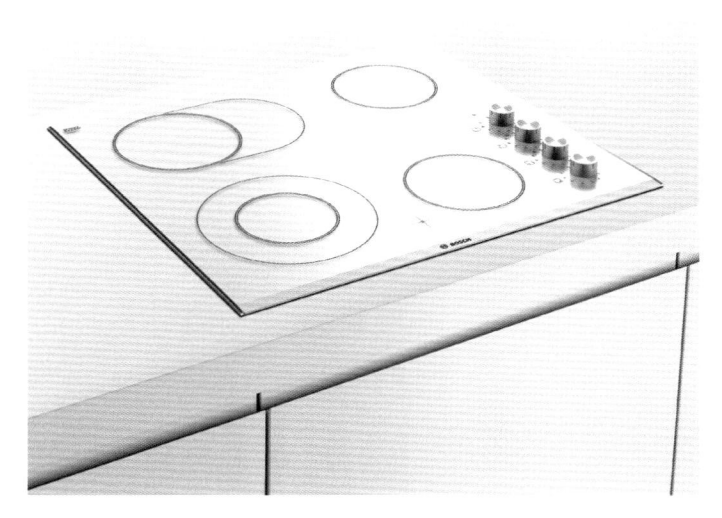

**PIE375N14E**
Induction Hob / Induktionskochfeld

Robert Bosch Hausgeräte GmbH,
Munich, Germany /
München, Deutschland
In-house design / Werksdesign: Robert Sachon, Ulrich Goss
www.bosch-hausgeraete.de

Induction heating elements like this two-part hob generate heat directly in the cookware without any loss of heat. In the sense of a uniform stylistic language, design features such as laterally flush stainless steel trims were integrated. They are also continued under the front edge and, in conjunction with the bevelled glass ceramic, afford good edge protection. With its flush surfaces this hob permits direct selection of energy-efficient heat settings via touch control interface.

Induktions-Heizelemente wie dieses zweigeteilte Kochfeld erzeugen direkt im Kochgeschirr Hitze ohne Wärmeverlust. Im Sinne einer einheitlichen Formensprache wurden Gestaltungsmerkmale wie seitlich abschließende Edelstahlleisten integriert, die auch unterhalb der Vorderkante weitergeführt werden und in Verbindung mit dem Facettenschliff der Glaskeramik einen guten Kantenschutz bieten. Flächenbündig eingebaut, ermöglicht dieses Kochfeld per Touch-Control-Interface die Direktwahl der energieeffizienten Heizstufen.

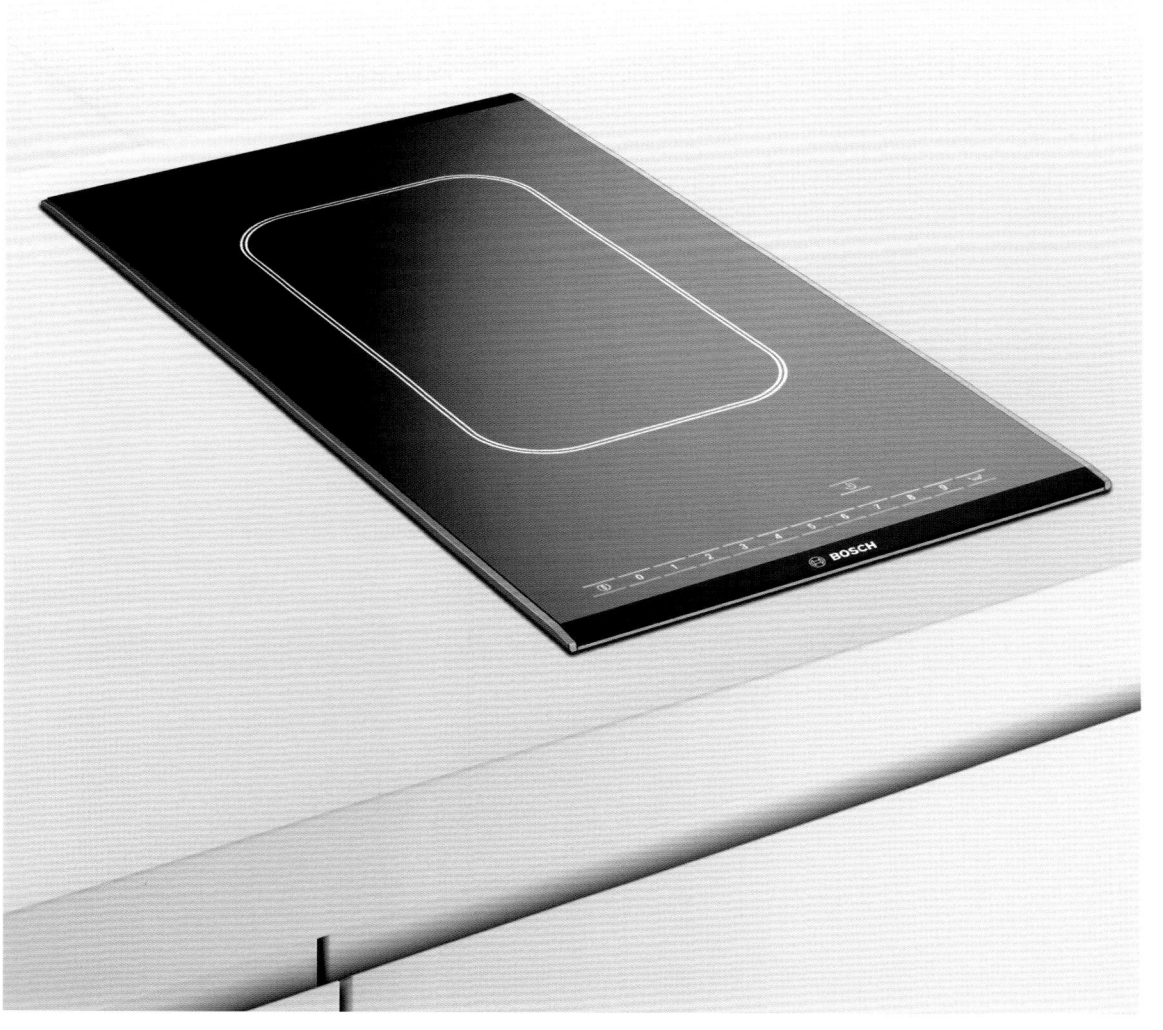

**PKT375N14E**
Ceramic Grill / Glaskeramik-Grill

Robert Bosch Hausgeräte GmbH,
Munich, Germany /
München, Deutschland
In-house design / Werksdesign:
Robert Sachon, Ulrich Goss
www.bosch-hausgeraete.de

Grilling directly on the hob surface is an energy-efficient method. Moreover, traditional cooking is also possible with this ceramic grill. Like all models of this product series it has brand-specific design features: laterally flush stainless steel trims, which in this model are also continued under the front edge; in conjunction with the bevelled glass ceramic they afford good edge protection. Flush surfaces ensure easy cleaning, they allow visually harmonious integration and flexible combination options with supplementary appliances. The touch control interface permits direct selection of heat settings appealingly accompanied by functional illumination.

Direkt auf der Kochfeld-Oberfläche zu grillen, ist eine energieeffiziente Methode, darüber hinaus lässt sich mit diesem Glaskeramik-Grill aber auch klassisch garen. Wie bei allen Ausführungen dieser Produktserie finden sich markenspezifische Gestaltungsmerkmale: Seitlich abschließende Edelstahlleisten, die hier auch unterhalb der Vorderkante weitergeführt werden, bieten in Verbindung mit dem Facettenschliff der Glaskeramik einen guten Kantenschutz. Zudem gewährleistet die Flächenbündigkeit eine leichte Reinigung und erlaubt einen optisch harmonischen Einbau sowie flexible Kombinationsmöglichkeiten mit ergänzenden Geräten. Das Touch-Control-Interface gestattet eine Direktwahl der Heizstufen und wird dabei reizvoll durch funktionelles Licht untermalt.

**PKF375N14E**
Ceramic Hob / Glaskeramik-Kochstelle

Robert Bosch Hausgeräte GmbH,
Munich, Germany /
München, Deutschland
In-house design / Werksdesign:
Robert Sachon, Ulrich Goss
www.bosch-hausgeraete.de

This ceramic hob is a part of the Domino built-in appliance series and can be used in any combination. It has a striking at the same time discreet design. Visual understatement accompanies the superior equipment of both cooking zones, one of them in two parts, which increases flexibility. Nine power levels can be directly selected by gently touching the control panel. Security power-off and a two-step indication of residual heat reduce the risk of burns.

Als Teil der frei kombinierbaren Domino-Einbaugeräteserie ist diese Glaskeramik-Kochstelle markant und zugleich dezent gestaltet. Optisches Understatement unterstreicht die gehobene Ausstattung der beiden Kochzonen, wobei ein zweikreisiges Kochfeld die Flexibilität steigert. Neun Leistungsstufen sind durch sanftes Berühren des Bedienfeldes direkt anwählbar, zudem reduzieren eine Sicherheitsabschaltung und eine zweistufige Restwärmeanzeige die Gefahr einer Verbrennung.

**PKU375N14E Lava Grill**

Robert Bosch Hausgeräte GmbH,
Munich, Germany /
München, Deutschland
In-house design / Werksdesign:
Robert Sachon, Ulrich Goss
www.bosch-hausgeraete.de

Even indoors this lava grill provides an authentic grill experience. Its flush-mounted matt black glass cover displays an appealing line shape in combination with other appliances of this series. The lamellar structure of the induction element is striking; its flush-surrounding stainless steel trims are discernible as a detail typical of the brand-specific design language. Supported by a functional illumination design the touch control interface permits direct selection of heat settings.

Dieser Lava-Grill ermöglicht auch indoor ein authentisches Grillerlebnis. Seine flächenbündige, mattschwarze Glasabdeckung zeigt eine ansprechende Linienführung in Kombination mit anderen Geräten dieser Baureihe. Auffällig ist die lamellenartige Struktur des Induktionsfeldes, deren bündig umlaufende Edelstahlleisten als typisches Element der herstellerspezifischen Formensprache erkennbar sind. Unterstützt durch funktionelles Lichtdesign, erlaubt das Touch-Control-Interface die Direktwahl der Heizstufen.

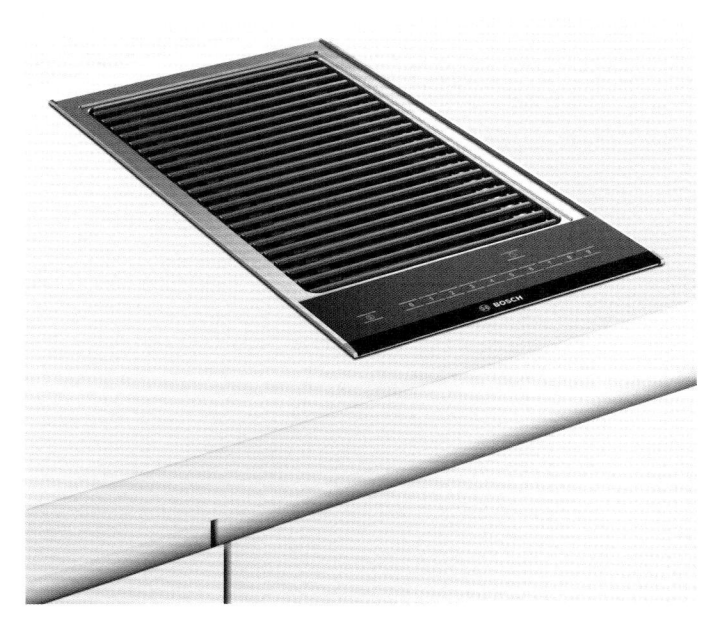

**PKA375N14E Deep Fat Fryer / Fritteuse**

Robert Bosch Hausgeräte GmbH,
Munich, Germany /
München, Deutschland
In-house design / Werksdesign:
Robert Sachon, Ulrich Goss
www.bosch-hausgeraete.de

With its black glass cover this novel deep fat fryer can be integrated seamlessly into the Domino product range. Its design, characterised by large radii and clearly laid-out container surfaces, and combined with consistent flush integration to adjacent appliances, assure ease of cleaning. In conjunction with the bevelled glass ceramic, the surrounding stainless steel trim affords good edge protection. Supported by a functional illumination design the touch control interface permits direct selection of heat settings.

Diese neuartige, mit einer schwarzen Glasabdeckung versehene Fritteuse lässt sich nahtlos in die Domino-Produktserie integrieren. Ihre Gestaltung mit großen Radien und übersichtlichen Hauptflächen der Wanne gewährleistet kombiniert mit einer konsequenten Flächenbündigkeit zu angrenzenden Geräten eine leichte Reinigung. Die umlaufende Edelstahlleiste bietet in Verbindung mit dem Facettenschliff der Glaskeramik einen guten Kantenschutz. Unterstützt durch funktionelles Lichtdesign, erlaubt das Touch-Control-Interface die Direktwahl der Heizstufen.

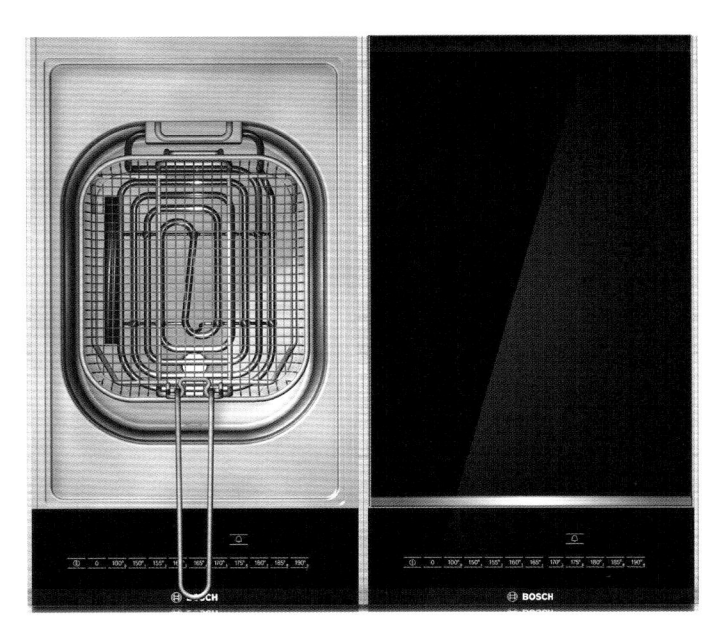

### PCQ755FDE
Gas Hob / Gaskochstelle

Robert Bosch Hausgeräte GmbH,
Munich, Germany /
München, Deutschland
In-house design / Werksdesign:
Alexander Marsch
www.bosch-hausgeraete.de

The distinctive design feature of this stainless steel gas hob is the straight and almost graphical design of the hob surface. The remarkably flat structure of the hob surface into which cast pans can be flush integrated, has been implemented true to the detail. A generous width dimension permits the arrangement of five cooking zones together with easy-to-use rotary controls. The qualitative standard also finds its expression in the shaping of the precision-crafted metallic control caps.

Prägendes Gestaltungsmerkmal dieser Edelstahl-Gaskochstelle ist die geradlinige, fast schon grafisch wirkende Aufteilung des Muldenblattes. Der auffallend flache Aufbau des Muldenblattes, in welches sich die Gusstopfträger flächenbündig integrieren, wurde detailgetreu umgesetzt. Ein großzügiges Breitenmaß erlaubt die Platzierung von fünf Kochzonen mit komfortabel bedienbaren Drehschaltern. Der hohe qualitative Anspruch setzt sich bis hin zur Ausgestaltung der präzise verarbeiteten, metallischen Knebelkappen fort.

### PKN675N34D
Ceramic HobM /
Glaskeramik-Kochstelle

Robert Bosch Hausgeräte GmbH,
Munich, Germany / München,
Deutschland
In-house design / Werksdesign:
Robert Sachon, Ulrich Goss
www.bosch-hausgeraete.de

In this ceramic hob two pop-up infrared sensors for monitoring cooking temperature do not only stand out visually. Moreover, a functionally arranged light band supports the multifaceted functions of the appliance. The intuitive DirectSelect touch control permits direct selection of the respective heat and intermediate settings. According to a simple operating principle the number of minutes of the cooking zone timer or the temperature can be set in single degree steps. Additionally, there are nine automatic programmes and a roasting sensor.

Bei dieser Glaskeramik-Kochstelle ragen zwei ausfahrbare Infrarotsensoren zur Überwachung der Kochtemperatur nicht nur optisch hervor. Visuell werden die vielseitigen Gerätefunktionen zudem durch einen funktionell gestalteten Lichtbalken unterstützt. Die intuitive DirectSelect-Touch-Bedienung erlaubt die Direktwahl der jeweiligen Heiz- bzw. Zwischenstufen. Nach einem einfachen Bedienprinzip können auch die Minutenanzahl des Kochstellentimers oder die Kochtemperatur gradgenau eingegeben werden. Zusätzlich stehen neun Automatikprogramme und ein Bratsensor zur Verfügung.

### HEB78D750
Built-In Multifunctional Cooker /
Einbau-Multifunktionsherd

Robert Bosch Hausgeräte GmbH,
Munich, Germany / München,
Deutschland
In-house design / Werksdesign:
Robert Sachon, Ulrich Goss
www.bosch-hausgeraete.de

Precise design details such as a faceted door application, metallic controls and touch sensors demonstrate the high quality standard of this product series. The conspicuous autopilot interface permits easy control of the multiple functions of the appliance by a combination of rotary selector, touch controls and high-end plain text display. It features 13 heating modes and 68 programmes. SoftLight, an oven carriage with SoftEject system and a self-cleaning function complete the comfortable equipment.

Präzise Gestaltungsdetails wie eine facettierte Türapplikation, metallische Knebel und Touch-Sensoren machen den hohen Qualitätsanspruch dieser Produktserie deutlich. Das prägnante Autopilot-Interface erlaubt durch die Kombination von Drehwähler, Touch-Control-Bedienung und hochwertiger Klartext-Anzeige eine einfache Bedienung der vielfältigen Funktionen des Gerätes mit seinen 13 Heizarten und 68 Programmen. SoftLight, ein Backwagen mit SoftEject-Auszug sowie eine Selbstreinigungsfunktion runden die komfortable Ausstattung ab.

**DWK096720**
Wall-Mounted Chimney Hood/
Wandesse

Robert Bosch Hausgeräte GmbH,
Munich, Germany/München,
Deutschland
In-house design/Werksdesign:
Robert Sachon, Christoph Ortmann
www.bosch-hausgeraete.de

Beside a combination of stainless steel and a polar white corpus the design concept of this wall-mounted chimney hood features a practically inclined shield. The clearly structured appearance visually underlines the use of an innovative peripheral extraction technology. Its invisible filter surfaces are not only elegant they also facilitate extractor hood cleaning. The bottom side of the appliance is a visual attraction and its inclination makes allowance for the ergonomic aspect of headroom.

Neben einer Kombination aus Edelstahl und polarweißem Korpus zeigt das Gestaltungskonzept dieser Wandesse einen zweckmäßig schräggestellten Schirm. Die klar strukturierte Anmutung unterstreicht optisch den Einsatz einer innovativen Randabsaugungstechnologie. Ihre unsichtbaren Filterflächen wirken nicht nur elegant, sondern erleichtern auch die Reinigung der Dunstabzugshaube. Als prägnanter Blickfang dient die Geräteunterseite, welche aufgrund ihrer Neigung dem ergonomischen Aspekt der Kopffreiheit dient.

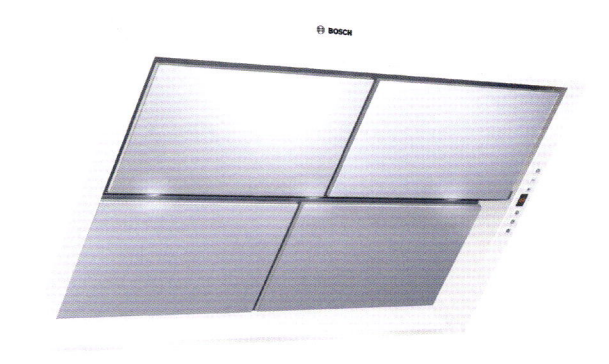

**DIT109850**
Island Chimney Hood/Inselesse

Robert Bosch Hausgeräte GmbH,
Munich, Germany/
München, Deutschland
In-house design / Werksdesign:
Robert Sachon, Christoph Ortmann
www.bosch-hausgeraete.de

Materiality, quality of workmanship and functionality of this cascaded island chimney hood are the expression of a high stylistic standard. The bottom side features an elegant peripheral suction system, and removable stainless steel covers conceal the filters that are installed below. Exhaust air is channelled through a surrounding vent opening into the inside of the appliance where a high degree of grease is separated. Specially developed touch sensors are flush-integrated in a stainless steel panel.

Materialität, Verarbeitung und Funktionalität dieser stufenförmigen Inselesse sind Ausdruck eines hohen gestalterischen Anspruchs. Die Geräteunterseite ist mit einer eleganten Randabsaugung versehen, wobei abnehmbare Edelstahlabdeckungen die darunter liegenden Filter optisch gut kaschieren. Die Abluft gelangt durch einen umlaufenden Spalt ins Geräteinnere, wo ein hoher Fettabscheidegrad erreicht wird. Speziell entwickelte Touch-Sensoren befinden sich flächenbündig integriert auf einer Edelstahlblende.

**PIB885N24E**
Ceramic Hob/Glaskeramik-Kochstelle

Robert Bosch Hausgeräte GmbH,
Munich, Germany/München,
Deutschland
In-house design/Werksdesign:
Robert Sachon, Ulrich Goss
www.bosch-hausgeraete.de

This ceramic hob is of generous width dimension and features a technically sophisticated MetalTouch control panel. Mounted on a high-end stainless steel surface the quality of the especially developed touch sensors presents itself not only visually but also haptically. Flush integration of display and control elements achieves stylistic homogeneity and facilitates cleaning. A illumination design concept supports intuitive operation.

Diese in einem großzügigen Breitenmaß gestaltete Glaskeramik-Kochstelle ist mit einer technisch anspruchsvollen MetalTouch-Bedienung ausgestattet. Platziert auf einer hochwertigen Edelstahloberfläche erschließt sich die Qualität der eigens entwickelten Touch-Sensoren nicht nur sichtbar, sondern auch fühlbar. Die flächenbündige Integration der einzelnen Anzeige- und Bedienelemente erleichtert die Reinigung und zeigt gestalterische Homogenität, wobei die intuitive Bedienung durch ein Lichtdesignkonzept unterstützt wird.

**System Accessories for Stainless Steel Sinks / Systemzubehör für Edelstahl-Spülen**

Blanco GmbH + Co KG, Sulzfeld, Germany / Deutschland
In-house design / Werksdesign
www.blanco-steelart.de

This two-piece system accessory serves as a functional supplement to the Blanco SteelArt stainless steel sink. Its elaborate design meets even superior demands. The first-grade stainless steel drainer tray precisely fits the sink rim. SteelArt combines a straight design language with sophisticated functionality: inside, the drain holds an innovative draining system which is invisible to the outside. Dripping dishwater therefore invisibly flows off into the sink. Moreover, this new system with hidden drainage prevents slipping – even glasses can be safely placed down. A solid, high-quality wooden chopping board is also available. It is made of walnut and matches the tray. The lateral grip element made of stainless steel conveys an elegant impression. Tray and chopping board are conveniently stackable and also serve for covering the sink.

Als funktionale Ergänzung zu den Blanco SteelArt Edelstahl-Becken zeigt dieses zweiteilige Systemzubehör eine durchdachte Gestaltung, die auch gehobenen Ansprüchen genügt. Der hochwertige Ablauftropf aus Edelstahl lässt sich passgenau am Beckenrand anlegen. SteelArt kombiniert geradlinige Formensprache mit intelligenter Funktionalität: In seinem Inneren birgt der Tropf ein innovatives Ablaufsystem, das äußerlich nicht zu erkennen ist. Abtropfendes Spülwasser fließt dadurch verdeckt ins Becken ab. Dieses neuartige System mit verdeckter Entwässerung ermöglicht zudem ein rutschsicheres Abtropfen am Becken, so dass selbst Gläser gefahrlos abgestellt werden können. Passend zum Tropf ist ein hochwertiges, massives Holzschneidebrett aus Nussbaum erhältlich. Elegant wirkt dabei das seitliche Griffelement aus Edelstahl. Tropf und Schneidebrett lassen sich gut aufeinander stapeln und dienen auch zum Abdecken des Beckens.

**Blancoelos-W**
Kitchen Tap / Küchenarmatur

Blanco GmbH + Co KG, Oberderdingen,
Germany / Deutschland
In-house design / Werksdesign
www.blanco.de

A wall tap such as this uncompromising purist type offers interesting design layouts for kitchens. Wall mounting offers the advantage of good space use and is helpful in order to arrange the wall design in accordance with the kitchen environment. With its polished chrome finish this generously proportioned tap matches every sink as well as modern wall colours, and it ensures barrier-free working at the sink centre not least due to its long, swivel spout. When not in use the spout can simply be swivelled sideways to the wall. Thanks to the high outlet position this wall tap is suitable for easy filling of pots and vases. Blancoelos-W is conceived as a high-pressure tap equipped with ceramic gaskets. It features a patented jet regulator ensuring considerably less limescale.

Eine Wandarmatur wie diese kompromisslos puristische Ausführung bietet eine interessante Gestaltungsvariante für Küchen. Ihre Wandmontage gewährleistet nicht nur eine gute Raumausnutzung, sondern bezieht auch die Wandgestaltung stärker in die Küchenplanung ein. Mit ihrer glänzenden Chromoberfläche passt diese Armatur sowohl zu allen Spülen als auch zu zeitgemäßen Wandfarben. Sie ist großzügig bemessen und gewährt nicht zuletzt dank ihres langen, schwenkbaren Auslaufs barrierefreies Arbeiten am Spülcenter. Bei Nichtbenutzung kann der Auslauf einfach seitlich an die Wand geschwenkt werden. Aufgrund der hohen Auslaufposition eignet sich diese Wandarmatur gut zum bequemen Befüllen von Töpfen und Vasen. Blancoelos-W wurde als Hochdruck-Armatur konzipiert und mit keramischen Dichtungen ausgestattet. Sie verfügt über einen patentierten Strahlregler, der eine deutlich geringere Verkalkung garantiert.

Blancoflow-IF
Stainless Steel Sink Centre /
Edelstahl-Spülcenter

Blanco GmbH + Co KG, Sulzfeld,
Germany / Deutschland
In-house design / Werksdesign
www.blanco-steelart.de

This stainless steel sink centre presents an appealingly symmetrical design language. Handcrafted and of superior quality, Blancoflow displays discreet elegance thanks to its unostentatious appearance. Innovative manufacturing technologies provide for its pleasantly flowing transitions and harmonious outlines. Finely wrought draining boards line the sink to its left and right. Its look is characterised by the concise sink radii of 10 mm. It has been integrated in the kitchen work plate according to strictly aesthetic aspects: without steps or joints the draining boards pass into a particularly flat built-in rim. The flowing transition to the centrally arranged sink emphasises the clear lines and offers a high degree of functionality and ease of use. As precisely fitting accessory, a functional chopping board that can be used to cover the sink is available, as well as a stainless steel strainer tray.

Dieses Edelstahl-Spülcenter ist mit einer ansprechenden, symmetrischen Formensprache gestaltet. Handgefertigt und qualitativ hochwertig, wirkt Blancoflow aufgrund seiner dezenten Anmutung unaufdringlich elegant. Innovative Fertigungstechnologien ermöglichen angenehm fließende Übergänge und harmonische Konturen. So säumen rechts wie links filigran wirkende Tropfflächen das Spülbecken. Die Optik wird zudem durch die prägnanten Beckenradien von 10 mm charakterisiert. Auch die Integration in die Küchenarbeitsplatte wurde nach strikt ästhetischen Gesichtspunkten vorgenommen: Die Tropfflächen gehen stufen- und fugenlos in einen besonders flachen Einbaurand über. Der fließende Übergang in das zentral angeordnete Spülbecken betont zudem die klare Linienführung und bietet ein hohes Maß an Funktionalität und Bedienungskomfort. Als passgenaues Zubehör sind ein funktionales Schneidebrett, mit dem sich das Spülbecken abdecken lässt, sowie eine Resteschale aus Edelstahl erhältlich.

**Blancostatura Crystal
Kitchen Sink / Küchenspüle**

Blanco GmbH + Co KG, Oberderdingen,
Germany / Deutschland
In-house design / Werksdesign
www.blanco.de

The Crystal-Deck made of safety glass gives this kitchen sink its highly consistent appearance. The sink thus integrates harmoniously into the kitchen environment and creates additional workspace. The glass Crystal-Deck can be slid over the whole length of the sink and can also serve as a chopping board. When placed on the sink, it combines with the tap ledge – also made of glass – on one side to create an elegant way of completely covering the sink. The kitchen sink is available in either black or white glass. While black glass matches particularly well with a ceramic hob, the white glass edition creates a clear, purist look of an equally noble match. The accessories include a multifunctional colander and a shallow multi-depot tray that can be hooked into the bowl. The sensor-controlled Blanco SensorControl pop-up is available as an optional accessory for additional convenience.

Das Crystal-Deck aus Sicherheitsglas verleiht dieser Küchenspüle ein in sich geschlossenes Erscheinungsbild. Dadurch lässt sich die Spüle harmonisch ins Küchenumfeld integrieren und schafft eine zusätzliche Arbeitsfläche. Das gläserne Crystal-Deck ist über die ganze Spülenlänge verschiebbar und zudem als Schneidebrett verwendbar. Auf der Spüle liegend, bildet es mit der seitlich sitzenden Armaturenbank, ebenfalls aus Glas, eine elegante und vollflächige Abdeckung. Die Spüle ist wahlweise in schwarzem oder weißem Glas erhältlich, wobei die schwarze Ausführung eine besonders harmonische Abstimmung mit einem Glaskeramik-Kochfeld gestattet. Die Variante in Weiß zeigt hingegen eine klare, puristische Optik, die sich ebenso edel kombinieren lässt. Zur Ausstattung gehören eine Multifunktionsschale und eine flache Multi-Depotschale zum Einhängen in das Becken. Als optionales Zubehör sorgt die sensorgesteuerte Ablauffernbedienung Blanco SensorControl für zusätzlichen Komfort.

### Copa 60 W-GL
Kitchen Sink / Küchenspüle

Teka Küchentechnik GmbH,
Haiger, Germany / Deutschland
In-house design / Werksdesign
www.teka.com

This sink of precious impression is an attractive combination of a satinated glass frame and a undermounted stainless steel sink combination. A small radius emphasises the clear structure of the form of the basis. Optionally it can be installed flush with the surrounding surface. Underneath the drainer a keep warm zone is hidden that can be heated up to 70 degrees centigrade by touch keys. A container for leftovers and a beech-wooden chopping board are accessories that increase the functionality of the sink, which is available in the three trend colours black, white and grey.

Eine ansprechende Verbindung aus satiniertem Glasrahmen und einer Edelstahl-Unterbaubeckenkombination zeigt diese edel anmutende Spüle. Die Gestaltung des Beckens betont durch einen schmalen Radius ihre klare Struktur, ein flächenbündiger Einbau ist optional möglich. Unter der Abtropffläche verbirgt sich eine Warmhaltezone, welche über Sensortasten auf bis zu 70 Grad aufgeheizt werden kann. Als Zubehör steigern eine Resteschale und ein Buchenholzschneidebrett die Funktionalität der Spüle, die in den drei Trendfarben Schwarz, Weiß und Grau erhältlich ist.

### Largo M-100
Kitchen Sink / Küchenspüle

Schock GmbH, Regen,
Germany / Deutschland
Design: platinumdesign, Stuttgart,
Germany / Deutschland
www.schock.de
www.platinumdesign.de

The design principle of the Largo modular sink features an oversized basin and a generously dimensioned drainboard that appears to be carved into a single piece of stone. A full-length faucet bank is arranged behind and allows installing standard faucets as well as classic three-hole models in country house style. Elaborate with regard to function, an additional small basin was integrated. Another aesthetic eye-catcher is the glass cutting board, which can be moved across the entire width of the sink. When inserted it is flush with the faucet bank.

Das Gestaltungsprinzip der Modulspüle Largo orientiert sich an einem großen Spülstein, in dem ein überdimensionales Becken und eine großzügige Abtropffläche eingearbeitet sind. Dahinter liegend ist eine durchgehende Armaturenbank angeordnet, auf der neben handelsüblichen Armaturen auch klassisch orientierte Drei-Loch-Armaturen im Landhausstil installiert werden können. Funktional durchdacht wurde ein zusätzliches kleines Ausgussbecken integriert. Ein weiterer ästhetischer Blickfang ist das über die ganze Breite verschiebbare Glasschneidebrett, welches im eingelegten Zustand eine Ebene mit der Armaturenbank bildet.

### Opus D-100
Kitchen Sink / Küchenspüle

Schock GmbH, Regen,
Germany / Deutschland
Design: platinumdesign, Stuttgart,
Germany / Deutschland
www.schock.de
www.platinumdesign.de

The elegant Opus kitchen sink is available in eight different colours; it clearly separates worktop from sink. A distinctive angle in the transition between the asymmetrical basin and drainboard characterises the appearance and plays around the faucet. The accurately fitting stainless steel strainer tray can be optionally mounted to the separate drain basin or the large basin where it can be smoothly moved. In addition, a square chopping board can be inserted in the drainboard or used as an additional worktop in the large basin.

Bei der eleganten Küchenspüle Opus, die in acht unterschiedlichen Farben erhältlich ist, sind Arbeitsfläche und Becken klar voneinander unterschieden. Ein markanter Knick im Übergang vom asymmetrischen Becken zur Abtropffläche prägt das Erscheinungsbild und umspielt die Armatur. Die passgenaue Resteschale aus Edelstahl lässt sich wahlweise in das separate Ausgussbecken einstellen oder in das große Becken einhängen, wo sie stufenlos verschoben werden kann. Zudem lässt sich ein quadratisches Schneidebrett sowohl in die Abtropffläche als auch, als zusätzliche Arbeitsfläche, in das große Becken einfügen.

**Boxtec Drawer Interior/
Schubladeninterieur**

cap. GmbH, Hüllhorst,
Germany/Deutschland
In-house design/Werksdesign:
Freimut Stehling
www.cap-direct.de

The idea of the system: extruded aluminium sheath and aluminium sheet are screwed together, forming an elaborate basic structure in combination with foamed plastic for a functional interior equipment of drawers. Foamed plastic is used, among others, in automotive engineering as well as in the shipbuilding and transportation sector. The interior drawer equipment, combined with extruded aluminium sheath, makes Boxtec a real innovation. Boxtec is also available with wooden inserts/aluminium.

Die Idee des Systems: Aluminiumstrangpressprofil und Aluminiumblech werden verschraubt und ergeben in einem Grundraster in Kombination mit Schaumstoff und Gummi eine funktionale Schubladenausstattung für jede Schublade in Küchen oder Möbeln. Schaumstoff wird unter anderem in der Automobilindustrie, im Schiffbau und im Transportwesen verarbeitet. Als Schubladeninterieur in der Kombination mit Aluminiumstrangpressprofil stellt Boxtec eine wirkliche Innovation dar. Alternativ ist Boxtec auch mit Holzeinsätzen/Aluminium erhältlich.

### Magic WPU-8200/8500
Water Purifier/Wasserreiniger

Tong Yang Magic Co., Ltd., Seoul, Korea
In-house design/Werksdesign:
Chang-Sung Kum, Do-Hyung Ha
Design: Design Studio S
(Fumie Shibata), Tokyo, Japan
www.magic.co.kr
www.design-ss.com

For efficient use in very small space this water purifier was developed as dispenser for hot or cold water. Its compact size with a minimal width dimension of only 255 mm is due to its innovative complex filter. With its unpretentious shape the corpus integrates harmoniously into any kitchen interior. The water intake zone was designed in the form of a large indentation for glasses and cups. Furthermore, the appliance features a child safety lock.

Für eine effiziente Nutzung auf kleinstem Raum wurde dieser Wasserreiniger als Heiß- und Kaltwasserspender entwickelt. Sein innovativer Komplexfilter erlaubt eine Gerätekonstruktion mit einem minimalen Breitenmaß von nur 255 mm. Die zurückhaltende Gestaltung des Korpus passt sich der jeweiligen Küchen-Inneneinrichtung harmonisch an. Der Wasserzulaufbereich wurde in Form einer großen Einbuchtung für Gläser und Tassen gestaltet, zudem ist das Gerät mit einer Kindersicherung ausgestattet.

### Magic GRA-40BG
Built-In Gas Hob/
Einbau-Gaskochfläche

Tong Yang Magic Co., Ltd., Seoul, Korea
In-house design/Werksdesign:
Jong-Yoon Yu, Seung-Ho Kim
www.magic.co.kr

The frameless design concept of this gas hob avoids protruding structures to give the compact appliance airiness. The non-character design with reduced surface segmentation and discreet style moreover wants to provide maximum combination options. In contrast to the matt, cast iron pan supports, the high-gloss, black glass ceramic appears very graceful. To prevent scratches the materials have been refined with finishes and for better protection the glass at the front and rear is bevelled. The 60 cm wide gas hob with its four laterally shifted burners is operated by easy-to-use rotary switches. All elements are easy to clean.

Das rahmenlose Gestaltungskonzept dieser Gaskochfläche verzichtet auf vorstehende Strukturen, um dem kompakten Gerät Leichtigkeit zu verleihen. Das Non-Character-Design mit reduzierter Flächenaufteilung und dezenter Formensprache sorgt zudem für maximale Kombinationsmöglichkeiten. Die hochglänzende, schwarze Glaskeramik wirkt dabei im Kontrast zu den matten, gusseisernen Topfträgern ausgesprochen edel. Um Kratzer zu vermeiden, wurden die Materialien durch Polituren veredelt. Die vordere und hintere Glaskante ist zum besseren Schutz schräg abgerundet. Die 60 cm breite Gaskochfläche mit ihren vier seitlich versetzten Brennern wird über leicht bedienbare Drehregler betätigt. Alle Elemente lassen sich gut reinigen.

## Samba Waste Management System / Abfallsystem

peka-system AG, Mosen,
Switzerland / Schweiz
In-house design / Werksdesign
Design: Tribecraft AG, Zürich,
Switzerland / Schweiz
www.peka-system.ch
www.tribecraft.ch

Samba was developed as a modern solution of waste management with a three-phase concept of motion. Adapting to the needs of catering the pull-out system allows quick disposal as the front briefly opens and mechanically closes. This can be easily handled with the foot pedal. In a next step the front is kept open at an inclined angle taking only little space. When completely pulled out the system is easily accessible. It comprises a 40-litre waste bin, deposit space, implements and small containers. An innovative bag-holder system, which at the same time serves as handle, allows the use of bin bags of different sizes.

Samba wurde als zeitgemäße Lösung für das Abfallhandling mit einem dreistufigen Bewegungskonzept entwickelt. In Anlehnung an die Gastronomie ermöglicht das Auszugssystem einen Schnelleinwurf, bei welchem die Front kurz aufklappt und sich selbständig schließt. Mit dem Fußpedal lässt sich dies komfortabel handhaben. In einem weiteren Benutzerschritt bleibt die schräggestellte Front offen, ohne dabei viel Platz einzunehmen. Im Vollauszug schließlich ist das gesamte System, bestehend aus einem 40-Liter-Abfalleimer, Ablageflächen und Kleinbehältern, offen erreichbar. Eine innovative Tütenspannvorrichtung, welche gleichzeitig als Tragbügel dient, erlaubt die Verwendung von abweichenden Kehrichtsackgrößen.

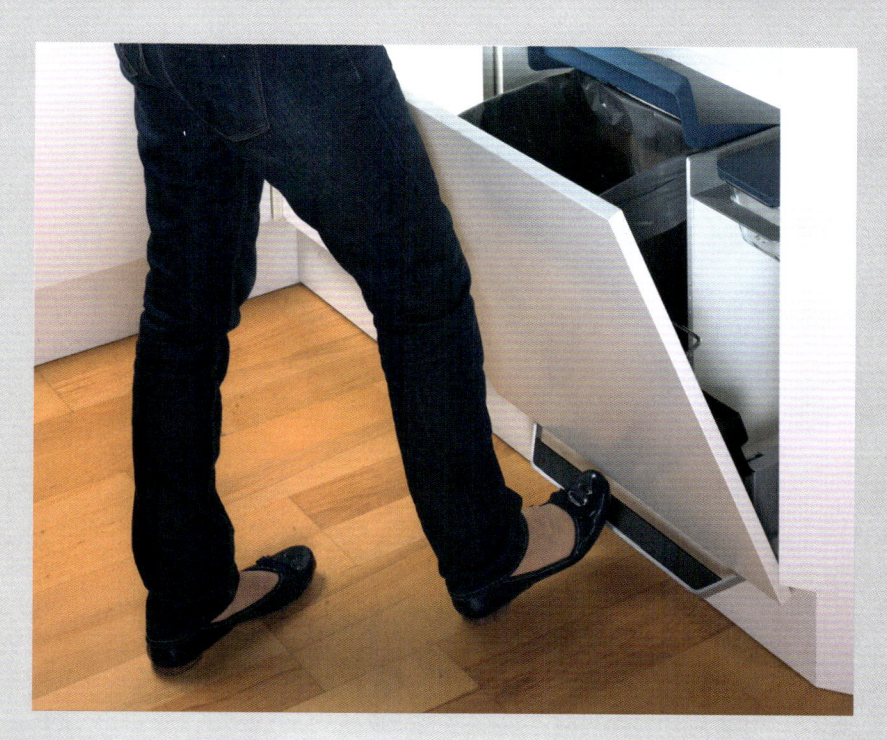

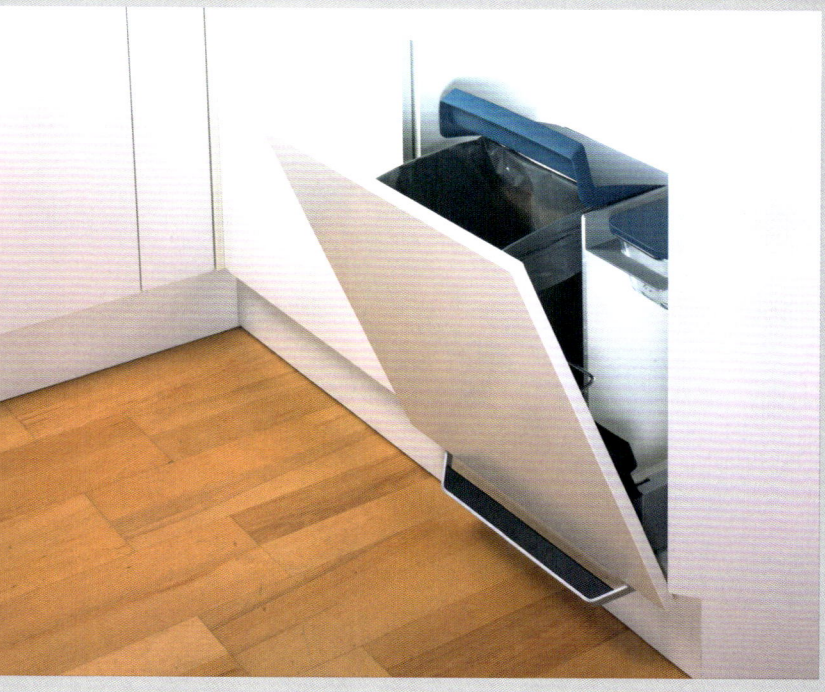

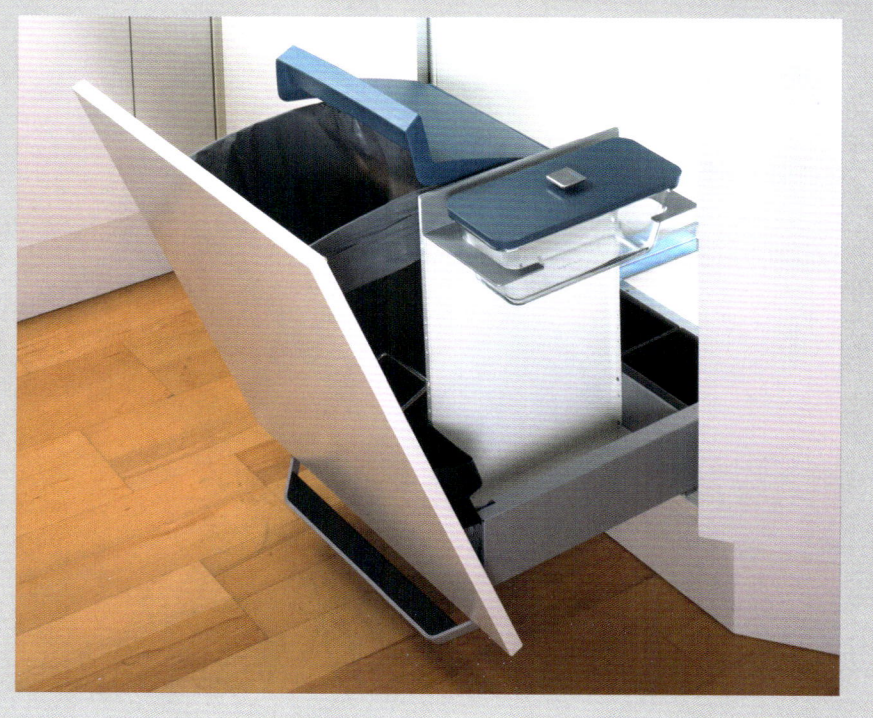

**TK 73001**
Fully Automatic Coffee Maker /
Kaffeevollautomat

BSH Bosch und Siemens Hausgeräte
GmbH, Munich, Germany / München,
Deutschland
In-house design / Werksdesign:
Helmut Kaiser, Gregor Luippold
Design: Daniels & Koitzsch
(Stefan Koitzsch, Micha Daniels),
Darmstadt, Germany / Deutschland
www.bsh-group.de
www.daniels-koitzsch.de

The design concept of this fully automatic coffee maker reflects sophisticated functionality. In addition, the superior ease of use comes along with a pleasant look, which reminds of professional catering. The combination of a stainless steel front and black corpus harmoniously blends in with up-to-date kitchen concepts. The one-touch function that even allows the fully automatic preparation of cappuccino and latte macchiato at the push of a button is quite user-friendly. This was achieved by the innovative movable outlet and the matching separate milk container. Further handling is pleasing, intuitive, and visually supported by a high-quality plain text LCD display. The especially developed "aroma pressure system" brewing technology with minimal heat-up time provide for impeccable taste. Furthermore, the "single portion cleaning system" facilitates cleaning the compact appliance.

Im Gestaltungskonzept dieses Kaffeevollautomaten spiegelt sich vor allem eine gut durchdachte Funktionalität wider. Außerdem wird der gehobene Bedienkomfort durch eine ansprechende Geräteoptik, die an die Profi-Gastronomie erinnert, ergänzt. Die Kombination aus Edelstahlfront und schwarzem Korpus fügt sich harmonisch in aktuelle Küchenkonzepte ein. Benutzerfreundlich ist insbesondere die One-Touch-Funktion, mittels der selbst Cappuccino und Latte Macchiato auf Knopfdruck vollautomatisch zubereitet werden können. Ermöglicht wird dies durch den innovativen, schwenkbaren Auslauf und den passenden, separaten Milchbehälter. Intuitiv und angenehm ist die weitere Gerätebedienung, die durch ein hochwertiges Klartext-LCD-Display visuell unterstützt wird. Für tadellosen Geschmack sorgt zudem die eigens entwickelte „aroma pressure system"-Brühtechnik bei minimaler Aufheizzeit. Das „single portion cleaning system" erleichtert darüber hinaus die Reinigung des kompakten Geräts.

TK 76009
Fully Automatic Coffee Maker/
Kaffeevollautomat

BSH Bosch und Siemens Hausgeräte
GmbH, Munich, Germany/
München, Deutschland
In-house design/Werksdesign:
Helmut Kaiser, Gregor Luippold
Design: Daniels & Koitzsch
(Stefan Koitzsch, Micha Daniels),
Darmstadt, Germany/Deutschland
www.bsh-group.de
www.daniels-koitzsch.de

The design of this fully automatic coffee maker visualises its superior standard of functionality. The one-touch function is a state-of-the-art detail that increases user comfort with this model of the product series as well. Thus, you can prepare cappuccino and latte macchiato fully automatically. By means of the innovative movable outlet the required milk is taken from the separate milk container and mixed ready to drink. The high-quality look of the professional appliance is based on a combination of different materials. The black front of the casing, standing in contrast to the stainless steel corpus, stresses its appearance. Intuitive easy handling is visually supported by a high-quality plain text LCD display that is easy to read. The "aroma pressure system" brewing technology requires minimal heat-up time and ensures full-bodied coffee pleasure. The "single portion cleaning system" facilitates cleaning the appliance.

Die Gestaltung dieses Kaffeevollautomaten visualisiert den hohen Anspruch an seine Funktionalität. Als technisch ausgereiftes Detail erhöht eine One-Touch-Funktion den Bedienungskomfort auch bei dieser Ausführung der Produktserie. Dadurch lassen sich Cappuccino und Latte Macchiato auf Knopfdruck vollautomatisch zubereiten. Die dafür erforderliche Milch wird aus dem separaten Milchbehälter über den innovativen, schwenkbaren Auslauf entnommen und tassenfertig vermischt. Die hochwertige Optik des Profi-Geräts beruht auf einem Materialmix, bei dem das Gehäuse mit seiner schwarzen Front im Kontrast zum Edelstahlkorpus steht. Die intuitiv leicht zu verstehende Gerätebedienung wird visuell durch ein gut lesbares Klartext-LCD-Display unterstützt. Für den vollmundigen Kaffeegenuss sorgt die „aroma pressure system"-Brühtechnik, die nur eine minimale Aufheizzeit benötigt. Die Reinigung des Geräts wird zudem durch das „single portion cleaning system" erleichtert.

Tassimo Hot Beverage System /
Heißgetränke-System

BSH Bosch und Siemens Hausgeräte
GmbH, Munich, Germany / München,
Deutschland
In-house design / Werksdesign:
Gregor Luippold
www.bsh-group.de

The Tassimo product series combines superior quality, intelligent technology and a compact design. Its sweeping lines and rounded profiles convey a pleasure-oriented zest for life and a modern stylistic sense. At the touch of a button the beverage system allows to prepare numerous hot beverages quickly and easily. Prior to operation only a very short heat-up period is required. An integrated automatic system for beverage identification uses a barcode detection system to control the desired quantity, brewing time and temperature and adapts these data if required. The product series comprises several appliance options of different size and form.

Die Tassimo-Produktserie vereint gehobene Qualität, ausgefeilte Technik und kompakte Konstruktion. Mit einer schwungvoll anmutenden Formensprache und abgerundeten Profilen vermittelt sie eine genussorientierte Lebensfreude und ein zeitgemäßes Stilgefühl. Der Getränkeautomat ermöglicht es, auf Knopfdruck eine Vielzahl von Heißgetränken schnell und unkompliziert zuzubereiten. Komfortabel ist zudem, dass vor dem Betrieb eine nur sehr kurze Aufheizphase abgewartet werden muss. Die gewünschte Menge, Brühdauer und Temperatur werden jeweils mittels einer integrierten, vollautomatischen Getränkeerkennung via Strichcode erfasst und bei Bedarf angepasst. Die Produktserie umfasst mehrere Geräteausstattungen unterschiedlicher Größenordnung und Gestaltung.

**Siemens KF 24 WA 40**
Built-In Wine Storage Cabinet/
Einbau-Weinlagerschrank

Siemens-Electrogeräte GmbH, Munich,
Germany/München, Deutschland
In-house design/Werksdesign:
Christoph Becke, Max Eicher
www.siemens-hausgeraete.de

The clear line arrangement and the combination of glass, stainless steel and a functional interior design make this built-in wine storage cabinet an eye-catcher. Only a light touch on the handle is needed to illuminate the interior and get an overview. The distinct style of the vinoThek is consistently continued in the interior due to high-value aluminium shelves and translucent plastic half shells. Illumination can be dimmed.

Seine klare Linienführung sowie die Kombination aus Glas, Edelstahl und einer funktionalen Innenraumgestaltung machen diesen Einbau-Weinlagerschrank zu einem Blickfang. Ein leichtes Berühren des Griffes genügt, um den Innenraum zu beleuchten und sich einen Überblick zu verschaffen. Die klare Formensprache der vinoThek findet im Innenraum dank hochwertiger Fachböden aus Aluminium und lichtdurchlässigen Kunststoffhalbschalen eine konsequente Fortführung. Die Beleuchtung ist mit einem Dimmer versehen.

**Siemens KG 28 FM 50 Fridge-Freezer/**
Kühl-Gefrier-Kombination

Siemens-Electrogeräte GmbH, Munich,
Germany/München, Deutschland
In-house design/Werksdesign:
Christoph Becke, Max Eicher
www.siemens-hausgeraete.de

The fridge-freezer is equipped with a 17" LCD display in 16:9 format. With its minimalist stylistic language, the integrated handle strips and dark glass doors this cooling solitaire corresponds to current design trends. The remote-controlled screen is hidden behind the glass front. Besides, the device features a USB port, a DVB-T tuner, and it is HD ready. In the interior there is a large zero-degree zone with drawers. The appliance is energy-saving and CFC/HFC-free.

Die Kühl-Gefrier-Kombination ist mit einem 17"-LCD-Display im 16:9-Format ausgestattet. Mit seiner reduzierten Formensprache, integrierten Griffleisten und dunklen Glastüren entspricht dieser Kältesolitär aktuellen Gestaltungstrends. Der fernbedienbare Bildschirm verbirgt sich hinter der Glasfront, zudem verfügt das Gerät über einen USB-Anschluss, einen DVB-T-Tuner und ist HD-kompatibel. Im Innenraum steht eine große Null-Grad-Zone mit Schubladen zur Verfügung. Das Gerät ist energiesparend und FCKW/FKW-frei.

### Siemens SN 26 T 890 EU
**Dishwasher / Geschirrspüler**

Siemens-Electrogeräte GmbH, Munich, Germany / München, Deutschland
In-house design / Werksdesign:
Wolfgang Kaczmarek
www.siemens-hausgeraete.de

This free-standing dishwasher in the colours of silver inox or white features an innovative piezo touch control panel. During operation a second display shows the programme sequence. The conveniently low-noise appliance offers three automatic programmes. The dishwasher has a quick wash, sanitise and half load option. Heavily soiled dishes can be comfortably placed in the high-intensity zone in the bottom basket. The height-adjustable and fully extractable upper basket contributes to its variability.

Dieser Stand-Geschirrspüler in Silver Inox oder Weiß verfügt über eine innovative Piezo-Touch-Bedienung. Während des Betriebs zeigt ein zweites Display den Programmablauf an. Das angenehm leise Gerät bietet drei automatische Prgramme. Optional kann der Geschirrspüler per Schnell- oder Hygieneprogramm sowie bei halber Beladung betrieben werden. Stark verschmutztes Geschirr lässt sich komfortabel in der Intensiv-Zone im Unterkorb spülen, der höhenverstellbare Oberkorb mit Vollauszug erhöht zudem die Variabilität.

### Siemens WM 10 S 368 TI
**Washing Machine / Waschmaschine**

Siemens-Electrogeräte GmbH, Munich, Germany / München, Deutschland
In-house design / Werksdesign:
Johannes Geyer
www.siemens-hausgeraete.de

The aluminium-coloured washing machine features ergonomically optimised panel operation on top of the appliance. Without bending down the user can select the various programmes for all modern fabrics. Optional features are clearly visible on a generous LED display. Self-explanatory information is provided in reading direction from left to right: all functions are plainly indicated, from adding detergent to selecting the wash programme. Designed in titanium look the operating buttons are based on touchControl technology. The functional appearance of the corpus is elegant as well as precise. The appliance is easily loaded due to its large porthole. The high-mounted door handle facilitates operation.

Die aluminiumfarbene Waschmaschine bietet eine ergonomisch optimierte Bedienung an der Geräteoberseite. Ohne sich bücken zu müssen, lassen sich die unterschiedlichen Programme für alle modernen Gewebearten auswählen. Die Bedienungserklärung erfolgt gut sichtbar in einem großzügigen LED-Display, die Angaben sind selbsterklärend in Leserichtung von links nach rechts zu verfolgen. Hier wird von der Zugabe des Waschmittels bis hin zur Programmwahl alles leicht verständlich angezeigt. Die Bedienungstasten sind in touchControl-Technologie in Titanoptik ausgeführt, das funktionale Erscheinungsbild des Korpus ist sowohl elegant als auch präzise. Leicht lässt sich das Gerät durch sein großes Bullauge beladen, der hoch angebrachte Türgriff macht die Handhabung komfortabel.

**Siemens EH 879 SB 11
Ceramic Cooking Unit /
Glaskeramik-Kochstelle**

Siemens-Electrogeräte GmbH, Munich,
Germany / München, Deutschland
In-house design / Werksdesign:
Gerd E. Wilsdorf, Jörn Ludwig
www.siemens-hausgeraete.de

With its new silver metallic design this ceramic cooking unit offers an alternative to all those who think a black cooking hob is too dull. The integration of its striking look in various kitchen worktops is convincingly homogeneous. The front features a black information zone allowing easy handling of the cooking unit. Furthermore, a modern induction heater ensures faster cooking thus saving energy.

Mit ihrem neuartigen Erscheinungsbild in Silber metallic bietet diese Glaskeramik-Kochstelle eine Alternative für all diejenigen, denen ein schwarzes Kochfeld zu trist erscheint. Die charakteristische Optik lässt sich überzeugend homogen in diverse Küchenarbeitsplatten eingliedern. An der Frontseite befindet sich eine schwarz gekennzeichnete Infozone, welche die Bedienung der Kochstelle komfortabel ermöglicht. Die zeitgemäße Induktionsheizung gewährleistet zudem ein schnelleres und damit energiesparendes Kochen.

**Siemens HQ 734507 N Range Cooker**

Siemens-Electrogeräte GmbH, Munich,
Germany / München, Deutschland
In-house design / Werksdesign:
Heiko Thielen
www.siemens-hausgeraete.de

This range cooker features a functionally, as well as visually, interesting design aimed at semi-professional kitchens. With up to six burners, it provides enough space for several pots, while the continuous pan supports allow pots to be moved easily from one burner to another. The large stainless steel toned rotary switches also ensure easy operation. The spacious oven compartment offers 103 litres of capacity and can be supplemented with an optional timer.

Dieser Range Cooker ist ein funktional und minimalistisch gestalteter Standherd für die semiprofessionelle Küche. Mit bis zu sechs Brennern bietet er großzügigen Stellplatz für viele Töpfe, ein flächiger Topfträger ermöglicht ein leichtgängiges Verschieben von Flamme zu Flamme. Auch die großen, edelstahlfarbenen Drehschalter vereinfachen die Bedienung. Beim geräumigen Backofen mit einem Fassungsvermögen von 103 Litern wird die technische Ausstattung durch einen optional einsetzbaren Timer sinnvoll ergänzt.

Siemens LC35953TI Wall-Mounted
Chimney Hood / Wandesse
Siemens ER 71231 Mx Gas Hob /
Gaskochstelle
Siemens HS243600W Sterilizer

Siemens-Electrogeräte GmbH, Munich,
Germany / München, Deutschland
In-house design / Werksdesign:
Julia Ehrensberger, Heiko Thielen
www.siemens-hausgeraete.de

The appeal of this appliance combination, comprising a wall-mounted chimney hood, a gas hob and a sterilizer, rests upon its consistent language of form. The chimney hood is of elegant appearance, with finely balanced proportions of its upper and lower box. The blend of stainless steel with a black glass insert further underlines the high quality of the unit with easy-to-use and easy-to-clean touch electronics. The sophisticated combination of black glass with metal is echoed in the gas hob and the specially designed pan support for a wok, which can be used on the left or right side. The two 3.6-kW burners are operated via knobs with metal caps protruding discreetly from the surface. The innovative look of the sterilizer is enhanced through stainless steel handles integrated into the appliance front, where they stand out boldly against the glass front with its fine, etched, dotted pattern. Complementing the handles, the design is rounded off by slim stainless steel strips.

Die Attraktivität dieser Gerätekombination, bestehend aus Wandesse, Gaskochstelle und Sterilizer, beruht auf einer einheitlichen Formensprache. Bei der Esse wirken die ausgewogenen Proportionen von unterer und oberer Box elegant. Ihr Materialmix aus Edelstahlkorpus und einem schwarzen Glaseinleger unterstreicht die hochwertige Ausführung mit einer bedien- und reinigungsfreundlichen Touch-Elektronik. Die edel anmutende Verbindung von schwarzem Glas und Metall wird bei der Gaskochstelle fortgeführt. Der für eine Wokpfanne angepasste Topfträger kann links wie rechts verwendet werden. Beide 3,6-kW-Brenner werden über dezent hervorgehobene Schalter mit metallischen Kappen bedient. Das innovative Erscheinungsbild des Sterilizers wird durch die in die Gerätefront integrierten Edelstahlgriffe betont. Optisch setzen sich diese deutlich von der Glasfront ab, welche mit einem feinen, geätzten Punktraster versehen ist. Korrespondierend zu den Griffen führen schmale Edelstahlblenden die Formensprache weiter.

**Siemens HB 78 LB 570, HB 78 RB 570 Built-In Oven with Revolving Door / Einbaubackofen mit Drehtür**

Siemens-Electrogeräte GmbH, Munich, Germany / München, Deutschland
In-house design / Werksdesign:
Gerd E. Wilsdorf, Frank Rieser
www.siemens-hausgeraete.de

This visually timeless oven features a side-mounted revolving door. Its shiny black glass front forms a contrast to control elements and applications, all made of stainless steel. An elaborate operating concept with white-on-black display and plain text user prompting, as well as a blue push-button confirmation, support the technical, innovative design standard. The oven can be supplemented with other appliances of the manufacturer.

Dieser optisch zeitlos gestaltete Backofen ist mit einer seitlich anschlagenden Drehtür versehen. Seine glänzende schwarze Front-Glasfläche wurde mit Edelstahlapplikationen und Bedienelementen aus Edelstahl kombiniert. Ein durchdachtes Bedienkonzept mit weiß-schwarzer Displayanzeige und Klartext-Benutzerführung sowie blauer Tastenquittierung unterstreicht den technisch-innovativen Gestaltungsanspruch. Der Backofen kann optional mit weiteren Geräten des Herstellers ergänzt werden.

**Siemens HB 78 BD 570 Built-In Oven / Einbaubackofen**
**Siemens TK 76 K 572 Built-in Fully Automatic Coffee Maker / Einbau-Kaffeevollautomat**
**Siemens HW 140 5P2 Built-In Warming Drawer / Einbau-Wärmeschublade**

Siemens-Electrogeräte GmbH, Munich, Germany / München, Deutschland
In-house design / Werksdesign:
Gerd E. Wilsdorf, Frank Rieser, Martin Müller
www.siemens-hausgeraete.de

This high-class kitchen appliance set consists of a built-in oven measuring 60 cm in width, a built-in fully automatic coffee maker and a built-in warming drawer. The striking look of the built-in oven is characterised by the portal design of its extensive shiny black glass front. The technical equipment of the appliance features different types of heating and the activeClean function for comfortable self-cleaning. With its easily readable indications in reading direction from left to right the lightControl concept facilitates operation. The built-in fully automatic coffee maker and the warming drawer mounted below follow the design language of this series as well as the same operating concept.

Diese hochwertige Küchen-Funktionseinheit besteht aus einem 60 cm breiten Einbaubackofen, einem Einbau-Kaffeevollautomaten sowie einer Einbau-Wärmeschublade. Die charakteristische Optik des Einbaubackofens wird durch die Portal-Gestaltung seiner großflächigen Glasfront in glänzendem Schwarz geprägt. Die technische Ausstattung des Geräts umfasst unterschiedliche Heizarten und die activeClean-Funktion zur komfortablen Selbstreinigung. Das Bedienkonzept lightControl vereinfacht die Steuerung mit gut lesbaren Informationen. Die Bedienung erfolgt in Leserichtung von links nach rechts. Der Einbau-Kaffeevollautomat mit darunter angeordneter Wärmeschublade ist entsprechend der Formensprache dieser Serie gestaltet und folgt dem gleichen Bedienkonzept.

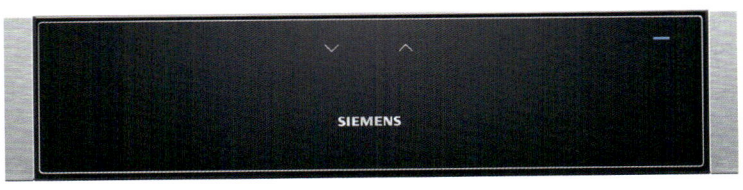

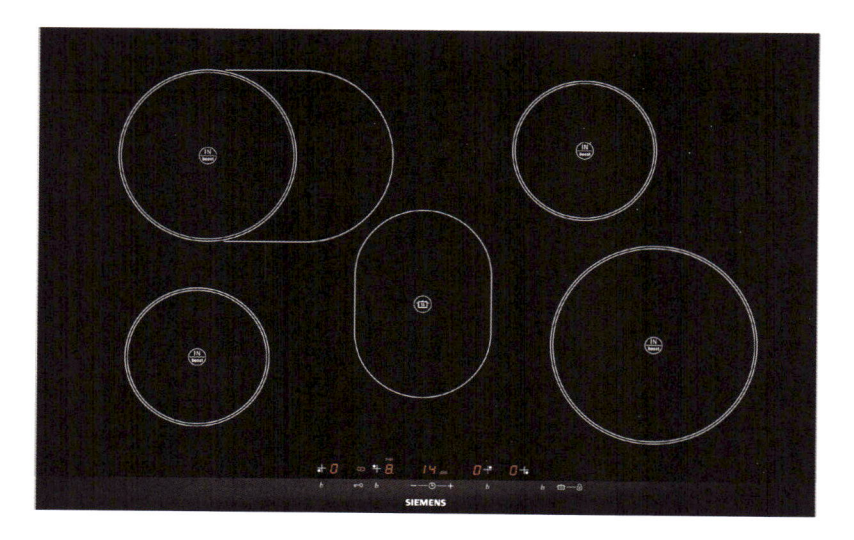

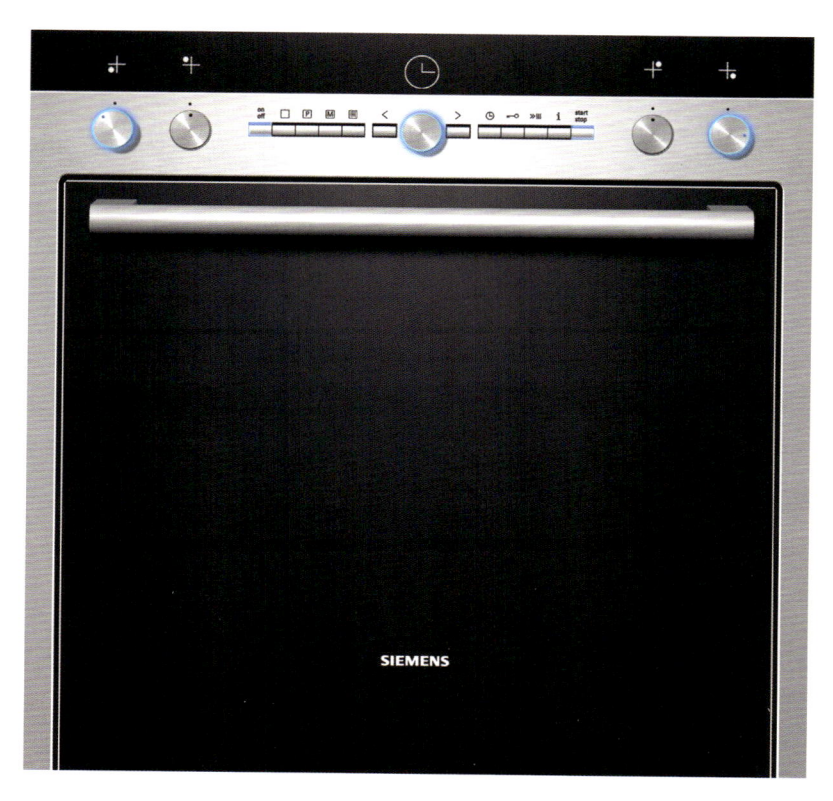

**Siemens EI 875 TB 11E**
Induction Hob / Induktionskochfeld
**Siemens HE 78 BD 570**
Built-In Cooker / Einbauherd
**Siemens LC 956 BA 70**
Chimney Hood with Light / Lichtesse

Siemens-Electrogeräte GmbH, Munich,
Germany / München, Deutschland
In-house design / Werksdesign:
Gerd E. Wilsdorf, Jörn Ludwig,
Frank Rieser
www.siemens-hausgeraete.de

The three-piece cooking appliance set consists of an induction hob, a built-in cooker and a chimney hood with light, all shaped in a consistent design. The user-friendly induction hob is 90 cm in width and has five cooking zones, one of them positioned in the centre. This allows flexible use of space with different-sized cookware. Operating controls are mounted on the front bevel. Delicately manufactured side profiles protect the glass ceramic at the transition to the worktop. The innovative built-in cooker in portal design features several heating systems. The additional activeClean function allows easy self-cleaning of the appliance. The cooker is controlled via the lightControl system with easy instructions shown on the display. The unobtrusive chimney hood with light features an information and operating area typical of the manufacturer with touch control at the front. This element illuminates the kitchen discreetly through its translucent glass at the upper side.

Die dreiteilige Kochfunktionseinheit, bestehend aus Induktionskochfeld, Einbauherd und Lichtesse, ist mit einer einheitlichen Formensprache gestaltet. Das nutzerfreundlich konzipierte Induktionskochfeld mit einer Breite von 90 cm besitzt fünf Kochzonen, wobei ein Kochfeld mittig angeordnet ist. Dies ermöglicht eine flexible Raumausnutzung bei unterschiedlich großem Kochgeschirr. Die Bedienung des Induktionskochfelds erfolgt auf der Frontfacette, filigrane Seitenprofile schützen die Glaskeramik im Übergang zur Arbeitsplatte. Der innovative Einbauherd in Portal-Optik verfügt über mehrere Heizarten, die activeClean-Funktion erlaubt zudem die komfortable Selbstreinigung des Gerätes. Der Herd wird über die lightControl-Bedienung gesteuert, wobei die Anweisungen im Display leicht verständlich sind. Die puristisch gestaltete Lichtesse weist an ihrer Frontseite die herstellertypische Info- und Bedienzone mit Touch-Bedienung auf. An ihrer Oberseite ermöglicht die Ausstattung mit lichtdurchlässigem Glas eine angenehm dezente Küchenbeleuchtung.

Siemens HB 78 BD 570
Built-In Oven / Einbaubackofen
Siemens EH 675 MB 11E
Ceramic Cooking Unit /
Glaskeramik-Kochstelle
Siemens LC 958 BA 90
Wall-Mounted Chimney Hood /
Wandesse

Siemens-Electrogeräte GmbH, Munich,
Germany / München, Deutschland
In-house design / Werksdesign:
Gerd E. Wilsdorf, Frank Rieser
www.siemens-hausgeraete.de

This appealing kitchen appliance set comprises a built-in oven, a ceramic cooking unit and a wall-mounted chimney hood. All three appliances harmonise and their equipment is of similar superior quality. The ceramic cooking unit measures 60 cm in width; its particular design features the front bevel typical of the manufacturer with a striking touchSlider control. Very lateral slim metal profiles complete the elegant design language; they furthermore serve as reliable glass protection. The built-in oven mounted directly below the cooking unit facilitates handling thanks to its pull-out oven carriage. The matt black front door forms an attractive contrast to the stainless steel coloured frame. The oven and the powerful chimney hood feature the modern lightControl operating concept and guarantee plain and easy handling.

Diese ansprechende Küchen-Funktionseinheit umfasst einen Einbaubackofen, eine Glaskeramik-Kochstelle und eine Wandesse. Alle drei Geräte sind aufeinander abgestimmt und gleich hochwertig in ihrer Ausstattung. Insbesondere die Gestaltung der 60 cm breiten Glaskeramik-Kochstelle weist die herstellertypische Frontfacette auf, prägnant erscheint dabei die touchSlider-Bedienung. Sehr schlanke, seitlich angebrachte Metallprofile runden die elegant anmutende Formensprache ab und dienen zudem als zuverlässiger Glasschutz. Der direkt unter der Kochstelle befindliche Einbaubackofen ist unter anderem durch einen ausziehbaren Backwagen einfach zu handhaben. Die mattschwarze Fronttür steht in einem reizvollen Kontrast zum edelstahlfarbenen Rahmen. Der Backofen wie auch die leistungsstarke Dunstesse verfügen über das innovative Bedienkonzept lightControl und bieten ihrem Benutzer eine leicht verständliche und komfortable Bedienung.

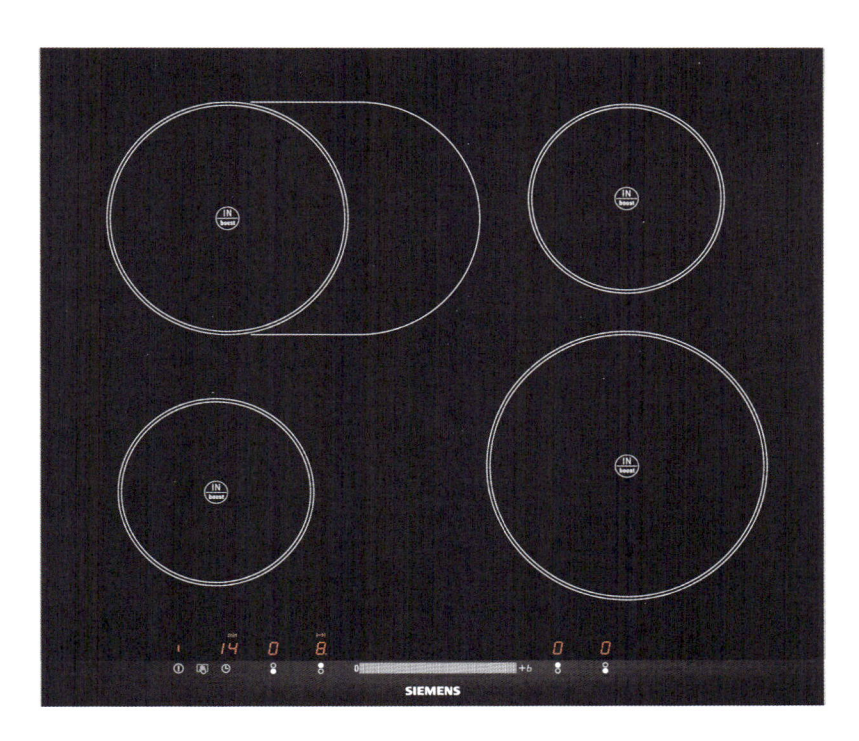

Siemens LC65953TI
Wall-Mounted Chimney Hood/
Wandesse
Siemens ER 71251 Mx
Gas Hob/Gaskochstelle

Siemens-Electrogeräte GmbH, Munich,
Germany / München, Deutschland
In-house design / Werksdesign:
Julia Ehrensberger, Heiko Thielen
www.siemens-hausgeraete.de

The impressive wedge-style chimney hood combines the advantages of a wall-mounted and a maximum headroom chimney hood to create a hood concept previously unknown to the Chinese market. Three removable baffle filters and a grease collection container that can be emptied separately are designed and positioned to suit the Chinese style of cooking. An interesting design detail is the illuminated display that runs along the entire breadth of the wedge-style chimney hood and optimally lights up the cooking area. The gas hob displays a reduced style. A pan support adapted to wok pans can be used on the left as well as on the right side. Two 3.6-kW gas burners allow rather quick and economical heating of the dishes. Both operating switches with metal caps discreetly project at the front frame of the appliance; living up to tradition they are operated manually.

Die imposant anmutende Keilesse verbindet die Vorteile einer Wand- sowie einer Kopffrei-Esse zu einem am chinesischen Markt bisher unbekannten Haubenkonzept. Drei herausnehmbare Baffle-Filter und ein separat entleerbarer Ölauffangbecher sind entsprechend den chinesischen Kochgewohnheiten konstruiert und positioniert. Ein besonders gestalterisches Detail ist das über die gesamte Breite der Keilesse laufende Leuchtband, das das Kochfeld in optimaler Weise ausleuchtet. Bei der puristisch gestalteten Gaskochstelle kann ein speziell für eine Wokpfanne angepasster Topfträger auf der linken wie auf der rechten Seite verwendet werden. Zwei 3,6-kW-Gasbrenner ermöglichen eine vergleichsweise schnelle und sparsame Erhitzung der Speisen. Die beiden Bedienungsschalter mit ihren metallischen Kappen treten im vorderen Geräterahmen dezent hervor und bieten eine traditionell manuelle Handhabung.

Siemens HB 26 D 552
Steamer / Dampfgarer
Siemens HB 36 D 572
Steam Oven / Dampfbackofen
Siemens HB 86 P 572
Microwave Combination Oven /
Mikrokombibackofen
Siemens TK 76 K 572
Fully Automatic Coffee Maker /
Kaffeevollautomat

Siemens-Electrogeräte GmbH, Munich,
Germany / München, Deutschland
In-house design / Werksdesign:
Gerd E. Wilsdorf, Frank Rieser,
Martin Müller
www.siemens-hausgeraete.de

The programme for horizontally arranged built-in appliances of stainless steel comprises a steamer, steam oven, microwave combination oven and a fully automatic coffee maker. The conspicuous appearance of the product system underlines the technical, innovative design standard. Much emphasis was placed on a matching design of the individual components. A clear design language expresses the new interpretation of the interplay of first-rate materials: with smooth surfaces and harmonious transitions stylistic material handling is captivating. A combination of shiny black glass surfaces with control elements and applications, all made of stainless steel, conveys a characteristic look. The operating concept is based on an easy-to-read white-on-black display with plain text user prompting and blue push-button confirmation.

Das horizontal angeordnete Einbaugeräteprogramm in Edelstahl-Optik umfasst einen Dampfgarer, einen Dampfbackofen, einen Mikrokombibackofen und einen Kaffeevollautomaten. Das prägnante Erscheinungsbild des Produktsystems unterstreicht den technisch-innovativen Gestaltungsanspruch. Dabei wurde auf die formale Abstimmung der einzelnen Komponenten viel Wert gelegt. Die klare Formensprache verleiht zudem der Neuinterpretation des Zusammenspiels hochwertiger Materialien besonderen Ausdruck: Der gestalterische Umgang mit den Materialien besticht durch glatte Oberflächen und harmonische Übergänge. Optisch prägend ist dabei die Kombination von glänzenden schwarzen Glasflächen mit Edelstahlapplikationen und Bedienelementen aus Edelstahl. Das Bedienkonzept basiert auf einer gut lesbaren weiß-schwarzen Displayanzeige mit Klartext-Benutzerführung und blauer Tastenquittierung.

**SX 65 T2/SV 65 T2**
Dishwasher/Geschirrspüler

Constructa-Neff Vertriebs GmbH,
Munich, Germany/München,
Deutschland
In-house design/Werksdesign:
Elena Leinmüller, Gerhard Nüssler
www.neff.de

For this dishwasher, the maxim of purist design, typical of this product range, find its expression in a full-surface stainless steel front, the reduced form language of which is interrupted only by a slender handle, an element reminiscent of cabinet design. This interesting design concept strongly focuses on the elegant appearance of the materials used: the stainless steel front aims to communicate a sense of technical perfection. Opening the door reveals the user control panel, which is set into a high-gloss, black door inlay in the upper edge of the door. Recessed therein is a PiezoTouchControl operation with clearly structured print, easy-to-understand symbols and two seven-segment displays. When opened, the interior also reveals itself to the user with EmotionLight blue illumination. Six washing programmes plus four special functions yield the desired cleaning and drying results, and the novel VarioFlexPlus baskets allow for flexible adjustments when loading the machine.

Die Maxime der puristischen Gestaltung dieser Produktserie findet bei der Geschirrspülmaschine ihren Ausdruck in einer vollflächigen Edelstahlfront. Einzig ein schmaler, eher an ein Schrankelement erinnernder Griff unterbricht die reduzierte Formensprache. Das interessante Gestaltungskonzept konzentriert sich konsequent auf die elegante Wirkung des Materials. Die Edelstahlfront soll als Ausdruck technischer Perfektion verstanden werden. Erst beim Öffnen der Tür zeigt sich die Bedienleiste auf der Türoberkante in Form eines hochglänzenden, schwarzen Türeinlegers. Darin eingebettet befindet sich eine PiezoTouchControl-Bedienung mit klar strukturierter Bedruckung, eindeutiger Symbolik und zwei Sieben-Segment-Anzeigen. Ferner fällt beim Öffnen der mit EmotionLight blau erleuchtete Innenraum ins Auge. Sechs Spülprogramme und vier Sonderfunktionen sorgen für die gewünschten Reinigungs- und Trocknungsergebnisse. Die Innenausstattung mit ihren neuartigen VarioFlexPlus-Körben erlaubt eine variable Raumauslastung.

**SH 65 TN / SI 65 TN**
Dishwasher / Geschirrspüler

Constructa-Neff Vertriebs GmbH,
Munich, Germany / München,
Deutschland
In-house design / Werksdesign:
Elena Leinmüller, Gerhard Nüssler
www.neff.de

The elegant appearance of this dishwasher distinguishes itself through a large-surface stainless steel front. Its clear language of form is an expression of upmarket demands on both technology and looks, featuring fine details, such as the faceting of the slightly curved glass inlay in the distinctively embossed stainless steel control panel, as well as a modern plain text display and an ergonomically well thought-out PiezoTouchControl operation on the upper edge of the door. When the door is shut, the control panel is hidden, lending the dishwasher a purist and noble appearance. Six washing programmes plus four special functions yield outstanding cleaning and drying results. Thanks to an innovative technological development, the Zeolith drying, the machine is highly energy-efficient and its interior, which features a sophisticated combination of several VarioFlexPlus baskets, offers comfortable flexibility.

Eine großflächige Edelstahlfront prägt das elegante Erscheinungsbild dieses Geschirrspülers. Ihre klare Formensprache visualisiert einen gehobenen Anspruch an Optik und Technik. Beim Gestaltungskonzept stechen feine Details wie die Facettierung des leicht geschwungenen Glaseinlegers in der markant geprägten Edelstahl-Bedienblende hervor. Eine zeitgemäße Klartextanzeige sowie eine ergonomisch günstige PiezoTouchControl-Bedienung befinden sich versteckt auf der Oberkante der Tür. Aufgrund dieser dezenten Anordnung des Bedienfeldes wirkt die Spülmaschine im geschlossenen Zustand puristisch edel. Sechs Spülprogramme sowie vier Sonderfunktionen erzielen sehr gute Reinigungs- und Trocknungsergebnisse. Dank einer technisch innovativen Neuentwicklung, dem Zeolith-Trocknen, arbeitet das Gerät mit einer hohen Energieeffizienz. Im Innenraum bietet eine durchdachte Kombination mehrerer VarioFlexPlus-Körbe komfortable Flexibilität.

Mega SHE 4542 N
Built-In Electro Oven /
Elektro-Einbaubackofen

Constructa-Neff Vertriebs GmbH,
Munich, Germany / München,
Deutschland
In-house design / Werksdesign:
Gerhard Nüssler, Ralf Grobleben
Design: Tesseraux + Partner,
Potsdam, Germany / Deutschland
www.neff.de

The form of this built-in oven follows a uniform and clearly structured design language. Remarkably conspicuous is the faceting of the edges as a recurring design element. As it were, the smoothly rounded handle strip forms an ellipse harmoniously rounding off the appearance. The operating concept and the display functions are always easy to understand. This oven offers a multitude of functional equipment features such as an embossed control panel with a slightly curved glass insert as well as faceted, fully retractable control knobs. The ergonomically revolving "Slide" door handle and the fully retractable "Hide" oven door allow easy access to the generous interior space. The oven system comprises five operating modes for quick and economical preparation of various dishes.

Die Gestaltung dieses Einbaubackofens folgt einer einheitlichen und klar strukturierten Formensprache. Auffallend prägnant zeigt sich insbesondere die Facettierung der Kanten als wiederkehrendes Gestaltungselement. Die glatt abgerundete Griffleiste des Backofens bildet gleichsam eine Ellipse und schließt das Erscheinungsbild ausgewogen ab. Ausgestattet mit einem durchgängig leicht verständlichen Bedien- und Anzeigenkonzept verfügt dieser Backofen über eine Vielzahl funktionaler Ausstattungsmerkmale wie eine geprägte Bedienblende mit einem nach unten leicht geschwungenen Glaseinleger sowie facettierten, voll versenkbaren Bedienknebeln. Der ergonomisch mitdrehende Türgriff „Slide" und die voll versenkbare Backofentür „Hide" ermöglichen einen komfortablen Zugriff auf den großzügigen Innenraum. Das Backofensystem umfasst fünf Betriebsarten für eine schnelle und sparsame Zubereitung der verschiedenen Speisen.

Mega SHE 4554 N
Built-In Electro Oven /
Elektro-Einbaubackofen

Constructa-Neff Vertriebs GmbH,
Munich, Germany / München,
Deutschland
In-house design / Werksdesign:
Gerhard Nüssler, Ralf Grobleben
Design: Tesseraux + Partner,
Potsdam, Germany / Deutschland
www.neff.de

In this oven the modern design concept of the product series combines high functionality and superior technical equipment. As an interesting product feature the consistent operating concept and display functions attract attention. As a recurring design element the finely chiselled facets of the stainless steel edges follow a uniform design language. The curved line of an ellipse characterises the form of the valuable handle strip. At the upper end of the appliance the embossed control panel with a slightly curved glass insert gives an elegant impression. The centrally arranged one-button control is fully retractable. Moreover, the ergonomically revolving "Slide" door handle and the fully retractable "Hide" oven door assure the user of the high utility value of the appliance. This model and its mature duo oven system also features more than 12 operating modes that make the preparation of dishes interesting and efficient.

Das innovative Gestaltungskonzept der Produktserie verbindet sich auch bei diesem Backofen mit einer guten Funktionalität und einer hochwertigen technischen Ausstattung. Als interessantes Produktmerkmal fällt das durchgängige Bedien- und Anzeigenkonzept auf. Als wiederkehrendes Gestaltungselement folgen die filigranen Facetten der Edelstahlkanten einer einheitlichen Formensprache. Die geschwungene Linie einer Ellipse bestimmt die Ausgestaltung der edlen Griffleiste. Am oberen Geräteabschluss vermittelt die geprägte Bedienblende mit ihrem leicht geschwungenen Glaseinleger eine elegante Anmutung. Die dort zentral platzierte Einknopf-Bedienung ist voll versenkbar. Ferner überzeugen der ergonomisch mitdrehende Türgriff „Slide" und die voll versenkbare Backofentür „Hide" den Nutzer vom hohen Gebrauchswert des Gerätes. Auch bei dieser Ausführung verfügt das ausgereifte Duo-Backofensystem über zwölf Betriebsarten, die das Zubereiten von Speisen vielseitig und effizient machen.

Mega SHE 4674 N
Built-In Electro Oven /
Elektro-Einbaubackofen

Constructa-Neff Vertriebs GmbH,
Munich, Germany / München,
Deutschland
In-house design / Werksdesign:
Gerhard Nüssler, Ralf Grobleben
Design: Tesseraux + Partner,
Potsdam, Germany / Deutschland
www.neff.de

As is the case with other ovens of this product series, the form of this product layout wants to raise emotions. A stainless steel frame, open to the top, serves as superior matrix along which the whole line arrangement is adjusted. The interplay of the different design aspects can be depicted as being attractive and full of suspense. The appearance is determined by the subtle faceting of the edges, and additionally, an ellipse serves as a cryptic design element. The embossed control panel with its centrally arranged one-button control and the above-mounted glass insert with plain text electronics are striking features. Two further eye-catchers are the ergonomically revolving "Slide" door handle and the fully retractable "Hide" oven door. This state-of-the-art duo oven system with 12 operating modes allows comfortable and varied preparation of the most different dishes.

Wie bei den anderen Backöfen dieser Produktserie weckt auch die Gestaltung dieser Produktausführung Emotionen. Ein nach oben offener Rahmen aus Edelstahl dient als übergeordnete Matrix, an der sich die gesamte Linienführung ausrichtet. Spannungsgeladen und reizvoll ist das Zusammenspiel der unterschiedlichen Gestaltungsaspekte. Das Erscheinungsbild wird zum einen von der feinen Facettierung der Kanten bestimmt, zudem dient eine Ellipse als hintergründiges Gestaltungselement. Auffallend ist auch die geprägte Bedienblende mit ihrer zentral platzierten Einknopf-Bedienung und dem darüber liegenden Glaseinleger mit Klartext-Elektronik. Ein weiterer Blickfang sind der ergonomisch mitdrehende Türgriff „Slide" und die voll versenkbare Backofentür „Hide". Das technisch ausgereifte Duo-Backofensystem verfügt über zwölf Betriebsarten und ermöglicht eine komfortable und variantenreiche Zubereitung unterschiedlichster Speisen.

**CV 7760 N**
Coffee Centre /
Einbau-Kaffeevollautomat

Constructa-Neff Vertriebs GmbH,
Munich, Germany / München,
Deutschland
In-house design / Werksdesign:
Gerhard Nüssler, Elena Leinmüller
www.neff.de

The clear contours and the reduced form language of this built-in fully automatic coffee maker reflect its high-quality technical features. The design concept for this range of built-in appliances opts for the effectiveness of recurring design elements and thus puts faceted, rounded-off glass and stainless steel edges centre stage. Other outstanding features are the control elements and the embossed control panel. The rounded surface of the glass inlay takes on an elliptical form. An innovative aspect of the fully automatic coffee maker is its quick readiness for operation: the heat-up time to brew the first cup takes just 30 seconds.

The brewing quality is kept constant at all times, delivering not only finely frothed milk foam on demand but also the right amount of espresso crema, while the machine's SensoFlow system keeps energy consumption low.

Eine klare Linienführung sowie eine reduzierte Formensprache treffen bei diesem Einbau-Kaffeevollautomaten auf eine technisch hochwertige Ausstattung. Das Gestaltungskonzept der Einbaugeräteserie nutzt die Wirkung wiederkehrender Gestaltungselemente und richtet einen deutlichen Fokus auf die Facettierung der abgerundeten Glas- und Edelstahlkanten. Darüber hinaus fallen die Bedienelemente ebenso wie die Prägung der Bedienblende auf. Die geschwungene Oberfläche des Glaseinlegers greift die Form einer Ellipse auf. Ein innovativer Aspekt des Kaffeevollautomaten ist außerdem seine schnelle Betriebsbereitschaft, die Aufwärmphase für die erste Tasse beträgt nur 30 Sekunden. Zudem bietet das Gerät eine konstant gleichbleibende Brühqualität, es produziert feinporigen Milchschaum und auch der Espresso wird mit der gewünschten Crema serviert. Das SensoFlow-System gewährleistet eine hohe Energieeffizienz.

**DBF 7735 N**
**Wall-Mounted Chimney Hood/ Wandesse**

Constructa-Neff Vertriebs GmbH,
Munich, Germany/München,
Deutschland
In-house design/Werksdesign:
Ralf Grobleben, Gerhard Nüssler
www.neff.de

Elegant look and professional technology characterise this wall-mounted chimney hood. A circumferential stainless steel facet defines its clear style as a distinctive feature of high recognition value. Balanced proportions contrast a slim corpus to a powerful-looking funnel. Its two-part box construction increases flexibility when mounting the device. With their visually unusual press cut both removable filters harmoniously round off the look of the chimney hood. With high, finely adjustable suction performance and two large filter surfaces kitchen steam is dispelled quickly and quietly. Operation with four push-buttons and a seven-segment display provides easy handling. The hob is well illuminated in the front and rear area by four unobtrusive, square halogen lights.

Eine elegante Anmutung und professionelle Technik zeichnen diese Wandesse aus. Als prägnantes Gestaltungsdetail von hohem Wiedererkennungswert definiert eine umlaufende Edelstahlfacette die klare Formensprache. Ausgewogene Proportionen setzen den schlanken Korpus in Kontrast zum kraftvoll wirkenden Kamin. Die zweiteilige Box-Bauweise erhöht die Flexibilität beim Einbau des Geräts. Mit ihrer optisch auffälligen Stanzung runden die beiden herausnehmbaren Filter das Erscheinungsbild der Esse harmonisch ab. Mit einer hohen und fein dosierbaren Luftleistung wird der Küchendunst über die zwei großen Filterflächen schnell und geräuscharm beseitigt. Die Bedienung mit Hilfe von vier Kurzhubtasten und einer Sieben-Segment-Anzeige erlaubt eine komfortable Handhabung. Das Kochfeld wird durch vier dezent gestaltete, quadratische Halogenlampen im vorderen wie auch im hinteren Bereich gut ausgeleuchtet.

**TT 4440 N**
Separate Induction Hob /
Autarkes Induktionskochfeld

Constructa-Neff Vertriebs GmbH,
Munich, Germany / München,
Deutschland
In-house design / Werksdesign:
Gerhard Nüssler, Thomas Knöller
Design: Tesseraux + Partner,
Potsdam, Germany / Deutschland
www.neff.de

The design of this separate induction hob places a strong emphasis on high user comfort and thus adopts a formal appearance that is as functional as it is elegant. The purist aesthetic was realised through the interplay of an unusually shallow stainless steel decorative trim and raised, finely faceted glass ceramic. Graphical lines clearly structure the four differently sized zones of the hob. The semi-professional cooking area features one more remarkable technical aspect: it is operated by gently putting down, tipping and turning the magnetic TwistPad, which can also be removed for remote control and for easy cleaning after cooking. Together with other technical details, such as a surface-friendly safety pilot function and a comfortable heat retention function, the innovative induction heating ensures high cooking utility.

Bei der Gestaltung dieses autarken Induktionskochfelds wurde großer Wert auf einen hohen Bedienkomfort gelegt. Umgesetzt wurde dies in einer funktionalen und elegant anmutenden Form. Die puristische Ästhetik entsteht im Zusammenspiel eines auffallend flachen Edelstahl-Zierrahmens und einer aufgesetzten, fein facettierten Glaskeramik. Dabei kennzeichnen grafisch klar strukturierte Linien die vier unterschiedlich großen Kochzonen. Die technische Ausstattung des semiprofessionellen Kochfelds ist in einem weiteren Aspekt bemerkenswert: Die Gerätesteuerung reagiert auf ein leichtes Aufsetzen, Antippen und Drehen des magnetischen TwistPads, der sich zur individuellen Bedienung und auch nach Gebrauch zur leichteren Reinigung abnehmen lässt. Die innovative Induktionsbeheizung und weitere technische Ausstattungsmerkmale wie eine oberflächenschonende Wischschutzfunktion und eine komfortable Warmhaltefunktion tragen zum gehobenen Gebrauchswert bei.

### ZKes 453 Humidor

Liebherr-Hausgeräte GmbH,
Ochsenhausen, Germany / Deutschland
In-house design / Werksdesign
www.liebherr.com

For storing and maturing cigars this humidor ensures optimised climatic conditions. Touch electronics combined with temperature and humidity sensors control temperature and humidity, which are shown on a display. A changeable activated carbon filter arranges for the desired air quality. A stainless steel case and a lockable insulating glass door enclose the illuminated interior space and two removable presentation boxes of Spanish cedar wood.

Für die Lagerung und Reifung von Zigarren gewährleistet dieser Humidor optimierte Klimabedingungen. Eine Touch-Elektronik in Verbindung mit Temperatur- und Feuchtigkeitssensoren regelt Temperatur und Luftfeuchtigkeit, welche per Display angezeigt werden. Für die gewünschte Luftqualität sorgt ein wechselbarer Aktivkohlefilter. Den beleuchteten Innenraum und die zwei herausnehmbaren Präsentationsboxen aus Spanischem Zedernholz umschließt ein Gehäuse aus Edelstahl mit abschließbarer Isolierglastür.

### CNes 6256
Fridge-Freezer /
Kühl-Gefrier-Kombination

Liebherr-Hausgeräte GmbH,
Ochsenhausen, Germany / Deutschland
Design: Prodesign (Bernd Brüssing),
Neu-Ulm, Germany / Deutschland
www.liebherr.com
www.prodesign-ulm.de

The CNes 6256 fridge-freezer offers a net capacity of 500 litres. Thanks to its French door design with stainless steel doors and aluminium handles it is a real eye-catcher. An interesting design aspect is the LED lighting scheme – light columns and ceiling lighting ensure uniform illumination of the whole cooling unit. The variable interior equipment comprises storage shelves and door racks with solid aluminium trims. The NoFrost technology freezes the food with recirculating air – as in professional appliances.

Die Kühl-Gefrier-Kombination CNes 6256 bietet einen Nutzinhalt von 500 Litern. Ihre French-Door-Gestaltung mit Edelstahltüren und Aluminiumgriffen lässt sie zu einem Blickfang werden. Ein interessanter Gestaltungsaspekt ist zudem das LED-Lichtkonzept, welches mittels Lichtsäulen und Deckenbeleuchtung eine gleichmäßige Ausleuchtung des gesamten Kühlteils gewährleistet. Die variable Innenraum-Ausstattung umfasst Abstellflächen und Türborde mit massiven Aluminiumleisten. Durch die NoFrost-Technologie wird das Gefriergut wie bei Profigeräten per Umluft eingefroren.

### CBNes 3967
Fridge-Freezer /
Kühl-Gefrier-Kombination

Liebherr-Hausgeräte GmbH,
Ochsenhausen, Germany / Deutschland
Design: Prodesign (Bernd Brüssing),
Neu-Ulm, Germany / Deutschland
www.liebherr.com
www.prodesign-ulm.de

The innovative BioFreshPlus technology of the CBNes 3967 fridge-freezer allows the storage in three different climate zones: DrySafe with low humidity is suitable for meat and dairy products, while fruit and vegetables are stored in the HydroSafe at high humidity. To store fish the temperature of the upper compartment can be lowered down to minus two degrees centigrade. The clearly arranged LCD display inserted in the door shows the menu navigation. It is operated by touch and allows controlling external devices.

Die innovative BioFreshPlus-Technologie der Kühl-Gefrier-Kombination CBNes 3967 ermöglicht die Lagerung in drei verschiedenen Klimazonen: Der DrySafe mit niedriger Luftfeuchtigkeit empfiehlt sich für Fleisch und Milchprodukte, während Obst und Gemüse im HydroSafe bei hoher Luftfeuchtigkeit gelagert werden. Für Fisch kann die Temperatur im oberen Fach auf minus zwei Grad abgesenkt werden. Das übersichtlich gestaltete LCD-Display in der Tür verfügt über eine Menüführung mit Touch-Bedienkonzept, welches die Steuerung externer Geräte zulässt.

### GKE 9851.0M
Built-In Gas Hob /
Einbau-Gaskochfläche

Küppersbusch Hausgeräte AG,
Gelsenkirchen, Germany / Deutschland
Design: Keicheldesign (Klaus Keichel),
Düsseldorf, Germany / Deutschland
www.kueppersbusch-hausgeraete.de

The generously arranged built-in gas hob features a well-balanced design language and a high degree of functionality. Controlling the power settings of the five individual gas burners is simple and easy thanks to an innovative sensor control. Superior manufacture as well as the special HardLine frame design allowing seamlessly integration in the kitchen work plate underline the professional requirements of the built-in gas hob.

Die großzügig angeordnete Einbau-Gaskochfläche weist eine ausgewogene Formensprache und ein hohes Maß an Funktionalität auf. Mit Hilfe einer innovativen Sensorsteuerung lassen sich die Leistungsstufen der fünf einzelnen Brenner einfach und komfortabel regulieren. Die hochwertige Verarbeitung sowie das spezielle HardLine-Rahmendesign, das eine übergangslose Integration in die Küchenarbeitsplatte erlaubt, unterstreichen den professionellen Anspruch der Einbau-Gaskochfläche.

### ESGK 4500.0M
Built-In Sink / Einbauspüle

Küppersbusch Hausgeräte AG,
Gelsenkirchen, Germany / Deutschland
Design: Keicheldesign (Klaus Keichel),
Düsseldorf, Germany / Deutschland
www.kueppersbusch-hausgeraete.de

This built-in sink made of glass-ceramic displays clear lines and gives the impression of a professional kitchen due to its exclusive materials. The well-defined style of the HardLine design unites both the functional areas cooking and dish washing. The qualitatively superior sink centre is part of the VarioLine series and can therefore be combined with several devices of this series. Accordingly, the components allow seamless integration.

Diese Einbauspüle aus Glaskeramik zeigt eine schlichte Linienführung, die durch hochwertige Materialien der Anmutung einer Profi-Küche nahe kommt. Die klare Formensprache des HardLine-Designs verbindet die Funktionsbereiche Kochen und Spülen. Das qualitativ anspruchsvolle Spülcenter ist als ein Element der VarioLine-Serie mit unterschiedlichen Geräten dieser Produktserie variierbar, die Elemente lassen sich entsprechend nahtlos einbauen.

### EEBG 6400.8MX
Built-In Oven / Einbaubackofen

Küppersbusch Hausgeräte AG,
Gelsenkirchen, Germany / Deutschland
Design: Keicheldesign (Klaus Keichel),
Düsseldorf, Germany / Deutschland
www.kueppersbusch-hausgeraete.de

The most striking features of this built-in oven are its two separately controlled oven compartments allowing efficient use of energy. In addition, pizza, grilled toast and other dishes with little space requirement can be comfortably prepared in an integrated grill drawer. An electronic sensor control comprehensibly navigates through all functions of the visually pleasing appliance. With nine selectable heating modes it meets high standards.

Das Auffälligste an diesem Einbaubackofen sind seine zwei getrennt regulierbaren Backräume, wodurch eine effiziente Energienutzung möglich wird. Zudem lassen sich in einer integrierten Grillschublade Pizza, überbackene Toasts oder weitere Speisen mit geringem Platzbedarf komfortabel zubereiten. Eine elektronische Sensorbedienung führt leicht und verständlich durch alle Funktionen des optisch ansprechend gestalteten Gerätes, das mit neun wählbaren Beheizungsarten gehobene Ansprüche erfüllt.

**SERVO-DRIVE für AVENTOS HF**
Electrical Lift System /
Elektrischer Klappenbeschlag

Julius Blum GmbH, Höchst,
Austria / Österreich
In-house design / Werksdesign
Design: Form Orange (Wolfgang Held),
Hard, Austria / Österreich
www.blum.com
www.form-orange.com

To provide the desired functionality for furniture without handles this innovative cover fitting with electrical opening and closing was developed. The lift system fronts open and close remarkably easily and silently. A light touch on the front will automatically open the lift system. A stylish and unobtrusive switch is located on the corpus at the favoured access area allowing comfortable automatic closing.

Dieser innovative Klappenbeschlag mit elektrischer Öffnungs- und Schließunterstützung verleiht grifflosen Möbeln ihre gewünschte Funktionalität. Damit lassen sich Klappfronten bemerkenswert sanft und leise betätigen – es genügt ein kurzes Antippen der Front und die Klappen öffnen sich automatisch. Ein formschöner und schlichter Schalter befindet sich am Korpus im bevorzugten Zugriffsbereich und ermöglicht ein komfortables, automatisches Schließen.

**S7**
Upright Vacuum Cleaner /
Upright-Staubsauger

Miele & Cie. KG, Gütersloh,
Germany / Deutschland
In-house design / Werksdesign
www.miele.de

The powerful S7 vacuum cleaner with its upright body was developed for the upright markets in the USA, Canada and Great Britain. The patented double swivel neck is an innovative feature considerably increasing manoeuvrability. A clear, modern style language complements its high manufacturing quality; the long-lasting appliances are tested for a service life of 20 years. Its functional accessories are well integrated and therefore a visual part of the unit. Two model versions in six colours are available.

Der leistungsstarke Staubsauger S7 wurde mit seinem senkrecht ausgerichteten Aufbau für die Upright-Märkte USA, Kanada und Großbritannien konzipiert. Innovativ ist dabei besonders das patentierte Dreh-Kipp-Gelenk, welches die Beweglichkeit deutlich erhöht. Eine klare, zeitgemäße Formensprache ergänzt die hohe Verarbeitungsqualität, die langlebigen Geräte werden auf 20 Jahre getestet. Das Saugzubehör ist formal gut integriert und dadurch auch optisch Bestandteil des Ganzen. Es sind zwei Gerätevarianten in sechs Farben erhältlich.

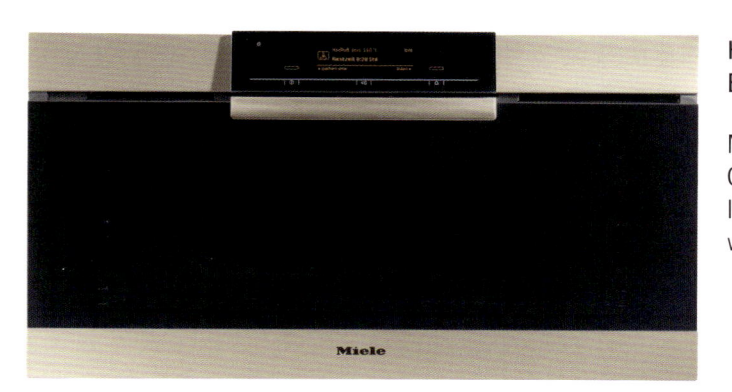

**H 5981 BP**
Built-In Oven / Einbaubackofen

Miele & Cie. KG, Gütersloh,
Germany / Deutschland
In-house design / Werksdesign
www.miele.de

Measuring 90 cm in width the built-in oven has a cooking chamber volume of 85 litres, where two hot air blowers grant rapid heat-up times. The elegant stainless steel / glass front charmingly stages a centrally arranged control panel that is slightly tilted forward. In addition to conventional operations users have more than 100 automatic programmes at their disposal, some of them sensor-controlled. Cooking with additional moisture supply is a special feature; the oven is self-cleaning.

Der 90 cm breite Einbaubackofen hat ein Garraum-Volumen von 85 Litern. Zwei Heißluftgebläse sorgen für schnelle Aufheizzeiten. Die elegante Edelstahl-Glas-Front setzt ein zentral angeordnetes, leicht nach vorn geneigtes Bedienpult optisch reizvoll in Szene. Neben konventionellen Anwendungen stehen dem Benutzer über 100, zum Teil sensorunterstützte Automatikprogramme zur Verfügung. Eine Besonderheit ist das Klimagaren mit Feuchtigkeitsunterstützung, der Backofen ist außerdem selbstreinigend.

**KFN 14927 SD ed**
Free-Standing Fridge-Freezer /
Stand-Kühl-Gefrier-Kombination

Miele & Cie. KG, Gütersloh,
Germany / Deutschland
In-house design / Werksdesign
www.miele.de

The minimalist design of this free-standing fridge-freezer is defined by an elegantly curved stainless steel front. The interior is marked by sophisticated technology, including a touch-sensor control user interface and an automatic, load-controlled SuperFrost system. Additional technology ensures uniform temperature and humidity distribution. The interior furthermore features double roof lighting, a door rack system suitable for serving food, as well as drawers on fully telescopic runners.

Die minimalistische Gestaltung dieser Stand-Kühl-Gefrier-Kombination wird von einer elegant geschwungenen Edelstahlfront bestimmt. Dahinter verbirgt sich eine technisch ausgereifte Ausstattung mitsamt einer Sensortasten-Bedienoberfläche und einer mengengesteuerten SuperFrost-Automatik. Weitere technische Details sorgen für eine gleichmäßige Temperatur- und Luftfeuchtigkeitsverteilung. Der Innenraum ist mit einer zweifachen Deckenbeleuchtung, einem servierfertigen Türabstellersystem sowie Schubfächern auf ausziehbaren Teleskopschienen ausgestattet.

**F 1471 Vi, K 1801 Vi**
Fridge-Freezer /
Kühl-Gefrier-Kombination

Miele & Cie. KG, Gütersloh,
Germany / Deutschland
In-house design / Werksdesign
www.miele.de

The fridge-freezer combines European design aspects with American ideals of size and user convenience. The built-in unit uses high-quality materials and features a clearly arranged and storage space optimised interior. The MasterCool touch control as well as a dispenser unit integrated into the door round off the unit's functionality. Chilled water, ice cubes or crushed ice can be dispensed via a sensor control without having to open the refrigerator.

Die Kühl-Gefrier-Kombination verbindet europäische Gestaltungsaspekte mit amerikanischen Größenordnungen und Gebrauchsgewohnheiten. Das Einbaugerät wurde mit hochwertigen Materialien gestaltet und verfügt über einen sicht- und stauraumoptimierten Innenraum. Die MasterCool-Touch-Bedienung sowie eine in der Tür integrierte Ausgabeeinheit runden die gute Funktionalität ab. Über eine Sensorbedienung lassen sich gekühltes Wasser, Eiswürfel oder zerkleinertes Eis entnehmen, ohne dafür den Kühlschrank öffnen zu müssen.

**KWT 1601 Vi**
Wine Cooler Cabinet /
Weintemperierschrank

Miele & Cie. KG, Gütersloh,
Germany / Deutschland
In-house design / Werksdesign
www.miele.de

The fully integrated wine cooler cabinet of the MasterCool product range features pull-out shelves made of acacia wood, upon which the wine bottles rest. With its translucent front and atmospheric lighting, the cooler cabinet displays an elegant appearance that blends harmoniously into the kitchen. The glass door is either fitted with a stainless steel frame or is integrated in the furniture front. All three temperature zones have separate electronic controls ensuring good storage conditions.

In diesem voll integrierbaren Weintemperierschrank der MasterCool-Produktlinie lagert der häusliche Weinvorrat auf ausziehbaren Tablaren aus edlem Akazienholz. Durch seine transparente Front und die akzentuierte Beleuchtung wirkt der Temperierschrank elegant und fügt sich harmonisch in die Küche ein. Die Glastür kann wahlweise mit Edelstahl umfasst oder in die Möbelfront eingebaut werden. Drei Temperaturzonen sind unabhängig voneinander elektronisch regelbar und bieten gute Lagerbedingungen.

**Competence E 4105-5-M
Built-In Oven / Einbaubackofen**

Electrolux Dienstleistungs GmbH,
Nuremberg, Germany / Nürnberg,
Deutschland
In-house design / Werksdesign
www.electrolux.de

This built-in oven features the innovative Backwagen Pro oven carriage. When opening the door, the baking tins roll out, making it easy to place food into the oven or take it back out again. Eliminating the risk of accidental burns, all steps can be performed easily and safely from above. When rolled out, the baking tins on all levels can be removed towards the sides. The Backwagen Pro opens and closes silently and gently, while a special soft-close feature automatically pulls the oven door the last few centimetres shut.

Dieser Einbaubackofen ist mit dem innovativen Backwagen Pro ausgestattet, der sich komplett nach vorne ausfahren lässt, um das Be- und Entladen zu erleichtern und Verbrennungen vorzubeugen. Alle Zubereitungsschritte können komfortabel und sicher von oben vorgenommen werden. Bei ausgezogenem Backwagen sind die Backbleche auf allen Ebenen seitlich zu entnehmen. Der Backwagen Pro gleitet sanft und leise auf und zu und löst mit Hilfe eines Soft-Einzugs auf den letzten Zentimetern das automatische Schließen der Ofentür aus.

**AEG Santo 85628 SK
Fridge-Freezer /
Kühl-Gefrier-Kombination**

Electrolux Dienstleistungs GmbH,
Nuremberg, Germany / Nürnberg,
Deutschland
In-house design / Werksdesign
www.electrolux.de

With its distinctive silhouette lines, the design of this fridge-freezer counts on the impact of its full-surface stainless steel exterior. The left, slightly smaller French door features a flush-integrated icemaker, which allows just the right amount of ice cubes to be made when needed. The spacious American-size interior allows food items to stored in separate compartments: two big compartments to keep fruits and vegetables fresh at adjustable humidity, and a separate cold compartment to store meat and fish at close to zero degree centigrade.

Markant in ihrer Linienführung setzt die Gestaltung dieser Kühl-Gefrier-Kombination auf die Wirkung des vollflächigen Edelstahlkorpus. In der linken, etwas schmaleren French Door wurde ein Eisbereiter bündig eingelassen, mit dem Eiswürfel bedarfsgerecht hergestellt und entnommen werden können. Im großzügigen American-Size-Innenraum lagern Lebensmittel in unterschiedlichen Kühlzonen: Obst und Gemüse in zwei geräumigen Frische-Boxen bei regulierbarer Luftfeuchtigkeit, Fleisch und Fisch im separaten Kältefach bei knapp null Grad.

**AEG Santo 75598 KG
Fridge-Freezer /
Kühl-Gefrier-Kombination**

Electrolux Dienstleistungs GmbH,
Nuremberg, Germany / Nürnberg,
Deutschland
In-house design / Werksdesign
www.electrolux.de

This multi-function appliance with wing doors is an elegant combination of wine cooler, a no-frost freezer and a refrigerator. Its doors and sidewalls, together with the plinth and top, and the pleasantly rounded-off bar handles are all made of stainless steel. With its elegant appearance it can integrate with other kitchen furniture or act as a stand-alone solution. The well-structured interior has plenty of space for food and wines, while a double-insulated, UV-blocking glass door makes the interior visible.

Eine elegante Kombination von Weinlager, No-Frost-Gefrierfach und Kühlzone bietet dieses Kombigerät mit Flügeltüren. Seine Türen und Seitenwände einschließlich Sockel und Abdeckung sowie die angenehm abgerundeten Griffstangen sind aus Edelstahl gefertigt. Das edle Erscheinungsbild lässt eine Platzierung zwischen Küchenmöbeln als auch eine Aufstellung als Solitär zu. Der gut strukturierte Innenraum verfügt über ausreichend Platz für Lebensmittel und den häuslichen Weinvorrat, wobei eine Glastür mit UV-Schutz und Doppelisolierung Einblick gewährt.

**FrontLine Modular System**
Hob System / Kochfeldsystem

Electrolux Dienstleistungs GmbH,
Nuremberg, Germany / Nürnberg,
Deutschland
In-house design / Werksdesign
www.electrolux.de

The FrontLine Modular System can be customised according to user needs by combining different hobs. Alongside a ceramic hob, the selection comprises a gas-on-glass hob, an induction grill, as well as a wok induction hob. Black glass surfaces, into which the individual hobs are fitted, create a consistent appearance. The timeless and elegant design concept connects all the elements with the elegant appearance of an aluminium bar, which divides the hob into user interface and function zone.

Je nach Bedarf lassen sich mit dem FrontLine Modular System unterschiedliche Kochfelder individuell zusammenstellen. Zur Auswahl stehen neben einem Glaskeramik-Kochfeld ein Gas-auf-Glas-Kochfeld, ein Induktionsgrill sowie eine Wok-Mulde mit Induktionsbeheizung. Schwarze Glasflächen, in welche die jeweiligen Ausstattungsdetails integriert sind, schaffen ein einheitliches Erscheinungsbild. Das zeitlos elegante Gestaltungskonzept verbindet die verschiedenen Elemente mit einer edel anmutenden Aluminiumleiste zwischen Bedienungs- und Funktionsbereich.

**AEG MaxiSense 88032 K-mn**
Induction Hob / Induktionskochmulde

Electrolux Dienstleistungs GmbH,
Nuremberg, Germany / Nürnberg,
Deutschland
In-house design / Werksdesign
www.electrolux.de

The visually and technically sophisticated design of this induction hob offers a great variety of uses. Sensors in the middle of the cooking zones recognise the size of the pots and regulate the heat level; a power management system allows two cooking zones to be combined. Innovative features, such as a timer, an automatic switch-off function, a residual heat display, a child safety lock and the Stop+Go function for short interruptions, enhance usability, while the touch control user and display panel is ergonomically assigned to the cooking zones.

Die optisch wie technisch ausgereifte Gestaltung dieser Induktionskochmulde ermöglicht viele Anwendungen. Sensoren in der Mitte der Kochzonen erkennen die Topfgröße und reduzieren die notwendige Energie, ein Power-Management erlaubt die Zusammenschaltung von zwei Kochzonen. Innovative Ausstattungsmerkmale wie Timer, Abschaltautomatik, Restwärmeanzeige, Kindersicherung und die Stop+Go-Funktion für kurze Unterbrechungen schaffen einen hohen Nutzwert, wobei die Touch-Bedienung und ihre Anzeigenoberfläche den Kochzonen ergonomisch sinnvoll zugeordnet ist.

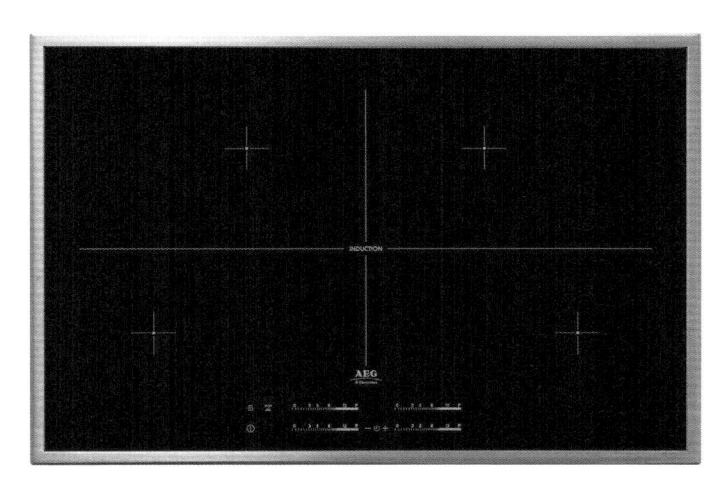

**Juno JHD 80240 Infinite**
Induction Hob / Induktionskochmulde

Electrolux Dienstleistungs GmbH,
Nuremberg, Germany / Nürnberg,
Deutschland
In-house design / Werksdesign
www.electrolux.de

The reduced design language of this induction hob highlights an innovative technology that centres on the direct-touch control unit. Ergonomically well thought-out, this control unit allows the four cooking zones to be controlled simply by fingertip touch. Both the power and all additional comfort features can be adjusted immediately. In order to further facilitate easy control of the hob, all important power steps are marked with numbers and all user elements are clearly labelled.

Die reduzierte Formensprache dieser Induktionskochmulde unterstreicht eine innovative Technik, in deren Mittelpunkt die Direct-Control-Bedieneinheit steht. Ergonomisch durchdacht, ist eine Regelung der vier Kochzonen leicht per Fingerdruck möglich. Sowohl die Leistung wie auch alle weiteren Komfortfunktionen können zeitnah gesteuert werden. Um die intuitive Bedienung zu erleichtern, sind die wichtigsten Kochstufen durch Zahlen markiert und alle Bedienelemente eindeutig gekennzeichnet.

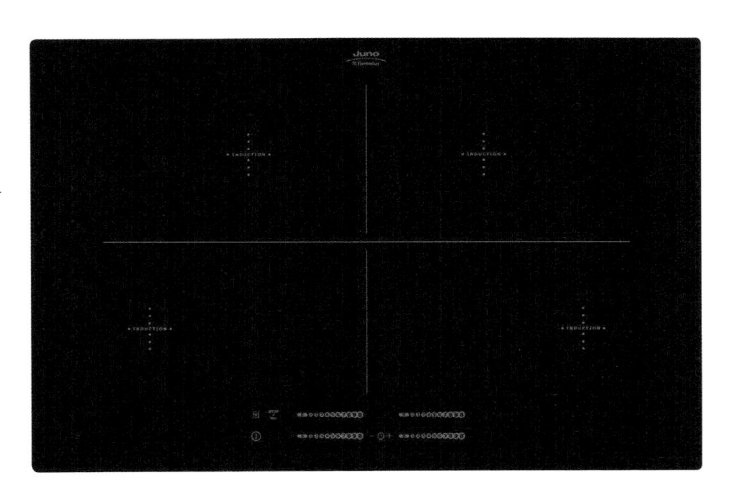

### ZTD100F-04C Sterilizer

Ningbo Fotile Kitchen Ware Co., Ltd.,
Cixi, Ningbo, China
In-house design / Werksdesign
www.fotile.com

This sterilizer of superior design uses a new technique that automatically measures the internal temperature and humidity changes. Its patented U-shaped tube sterilizes thoroughly and eliminates shadowing. Moreover, the input of negative ions removes unpleasant smells. Inside there is much storage space; its solid steel cavity stays permanently clean. A touch control and a safety lock complete the comfortable equipment.

Dieser hochwertig gestaltete Sterilizer funktioniert nach einem neuen Verfahren, welches die Innentemperatur sowie Veränderungen der Feuchtigkeit automatisch erfasst. Seine patentierte, U-förmige Röhre sterilisiert gründlich und entfernt Ablagerungen. Darüber hinaus lassen sich mit Hilfe von negativen Ionen unangenehme Gerüche entfernen. Das Innere des Sterilizers aus robustem Stahl bietet viel Stauraum und bleibt dauerhaft sauber. Ein Touch-Bedienelement sowie ein Sicherheitsschloss runden die komfortable Ausstattung ab.

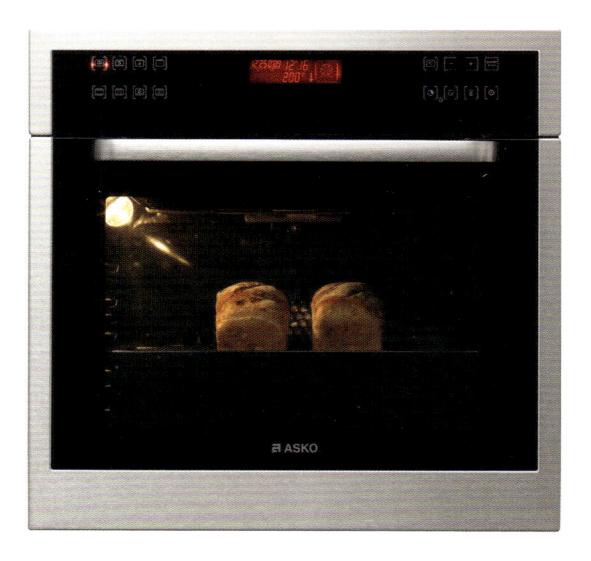

### Asko Sense Series OP8640 Built-In Oven / Einbaubackofen

Asko Appliances AB, Vara,
Sweden / Schweden
In-house design / Werksdesign
Design: Propeller, Stockholm,
Sweden / Schweden
www.asko.com

This built-in oven combines a clear stylistic expression with superior equipment. As part of a broad collection it stands out by a minimalist appearance. The straight lines of its stainless steel front create haptic pleasure for the user. It harmoniously blends in with the horizontal or vertical arrangement of other electrical devices.

Eine klare Formensprache wird bei diesem Einbaubackofen mit einer gehobenen Ausstattung kombiniert. Als Teil einer umfassenden Produktserie zeichnet er sich durch ein minimalistisches Erscheinungsbild aus. Die geraden Linien seiner Edelstahlfront sind für den Nutzer haptisch angenehm und fügen sich harmonisch in eine horizontale oder vertikale Anordnung mit anderen Elektrogeräten ein.

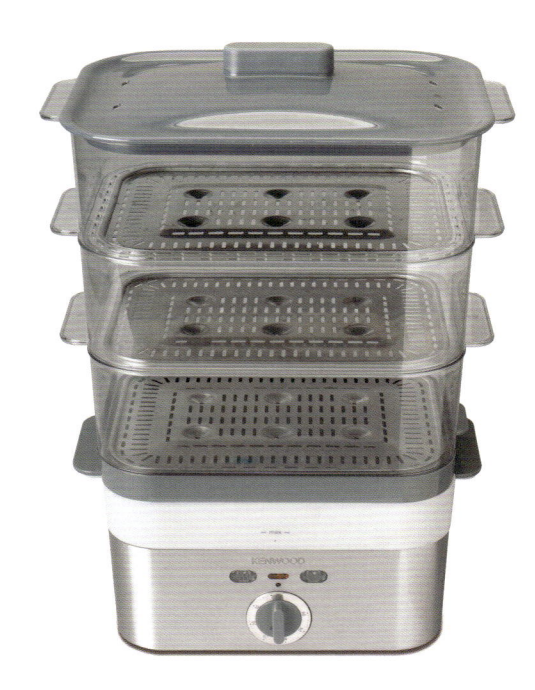

### Kenwood FS620 Steamer / Dampfgarer

Kenwood Ltd, Havant, GB
In-house design / Werksdesign:
Jamie Weaden
www.kenwoodworld.com

This electronic steamer with digital operating control and automatic keep warm function has a 60-minute timer. The end of cooking time is indicated by an acoustic signal. The powerful device with 2,000 watts has a total capacity of 12 litres, divided up between three transparent steam trays of 3.5 litres, 4.0 litres and 4.5 litres volume. The dishwasher-safe trays are stackable and therefore require little space. Stainless steel tray inserts can be used in addition to cook large quantities and avoid unpleasant smells.

Dieser elektronische Dampfgarer mit digitaler Betriebskontrolle und automatischer Warmhaltefunktion verfügt über einen 60-Minuten-Timer. Das Ende der Kochzeit wird jeweils mit einem akustischen Signal angezeigt. Das leistungsstarke Gerät mit 2.000 Watt hat eine Gesamtkapazität von 12 Litern, die sich auf drei transparente Dampfkörbe mit je 3,5 Liter, 4,0 Liter und 4,5 Liter Inhalt verteilen. Die spülmaschinenfesten Körbe sind platzsparend stapelbar. Ergänzend können weitere Korbeinlagen aus Edelstahl benutzt werden, die zum Garen von großen Mengen und zur Vermeidung von störenden Gerüchen dienen.

**Farou E**
Extractor Hood / Dunstabzugshaube

Oranier Heiz- und Kochtechnik,
Gladenbach, Germany / Deutschland
In-house design / Werksdesign
www.oranier.com

With its ergonomically appropriate, inclined screen this elegant wall-mounted extractor hood offers maximum headroom. The touch control system is integrated in an operation panel, which projects forward from the lower surface of the appliance, it is thus easy to reach. Kitchen vapour is removed through a powerful peripheral extraction system. Different performance levels as well as a follow-up automatic can be set if required. Two unobtrusive halogen lights provide for sufficient illumination of the hob.

Ein Maximum an Kopffreiheit bietet diese elegante Wandhaube mit ihrem ergonomisch zweckmäßigen, schräggestellten Schirm. Die Touch-Control-Steuerung ist in eine aus der Geräteunterseite nach vorn ragenden Bedienkonsole integriert und daher komfortabel erreichbar. Der Küchendunst wird über eine leistungsstarke Randabsaugung entfernt, neben unterschiedlichen Leistungsstufen kann bei Bedarf auch eine Nachlaufautomatik eingestellt werden. Zwei dezent anmutende Halogenlampen sorgen für eine ausreichende Beleuchtung des Kochfeldes.

**Microwave / Mikrowelle**

LG Electronics, Seoul, Korea
In-house design / Werksdesign:
Kyung A Lee, Soo Yeon Kim
www.lge.com

With a superior handle made of matt finished aluminium this microwave picks up the design trend "glass combined with metal". The laterally arranged control panel is also mounted to a black glass surface. Thanks to the large-size glass door it is possible to easily watch the cooking process. Cooking time is adjusted to the respective fill quantity and controlled by a wheel dial. Furthermore, the appliance features a power save function.

Mit einem edel wirkenden Griff aus mattiertem Aluminium greift diese Mikrowelle den Gestaltungstrend „Glas kombiniert mit Metall" auf. Auch das seitlich angeordnete Bedienfeld befindet sich auf einer schwarzen Glasfläche. Die große Glastür ermöglicht einen guten Einblick ins Kochgeschehen, wobei sich die Kochzeit abgestimmt auf die jeweilige Füllmenge per Drehrad einstellen lässt. Das Gerät bietet zudem eine energiesparende Power-Save-Funktion.

**Washing Machine / Waschmaschine**

LG Electronics, Seoul, Korea
In-house design / Werksdesign:
Kyeong Chul Cho, Hyoung Won Roh,
Bowon Suh
www.lge.com

A conspicuous square door determines the look of this washing machine; a striking high-gloss stainless steel panel arches around the tinted porthole. Correspondingly the programme rotary knob was manufactured in stainless steel. To its right an LCD display shows the easy-to-read programme cycle. The large-size porthole opens widely and facilitates loading considerably. In addition, the machine, which to a great extent is made of recycled materials, allows economical use.

Eine prägnante, quadratische Tür bestimmt die Optik dieser Waschmaschine. Auffallend charakteristisch wölbt sich eine hochglänzende Edelstahlblende um das abgetönte Bullauge. Korrespondierend dazu ist der Programm-Drehknopf aus Edelstahl gefertigt. Rechts daneben befindet sich ein LCD-Display, welches den Programmablauf gut lesbar anzeigt. Das großflächige und weit zu öffnende Bullauge erleichtert das Beladen deutlich. Zudem erlaubt die größtenteils aus recycelten Materialien gefertigte Maschine einen sparsamen Einsatz.

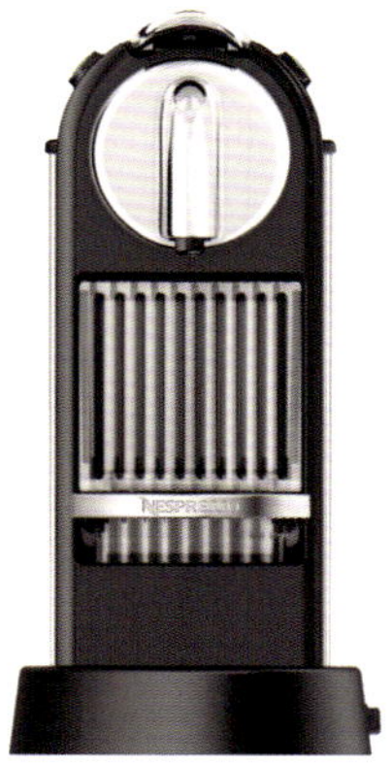

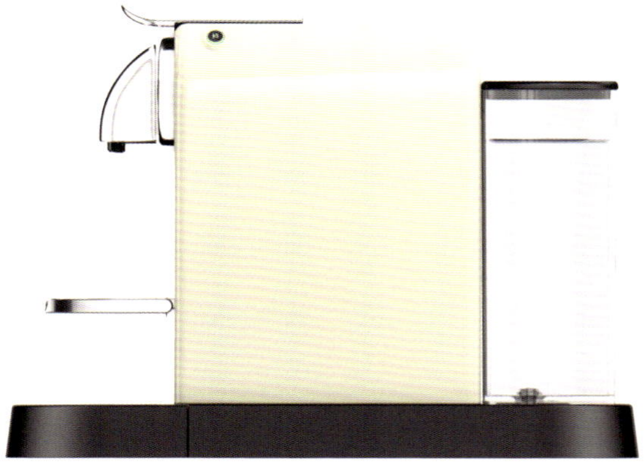

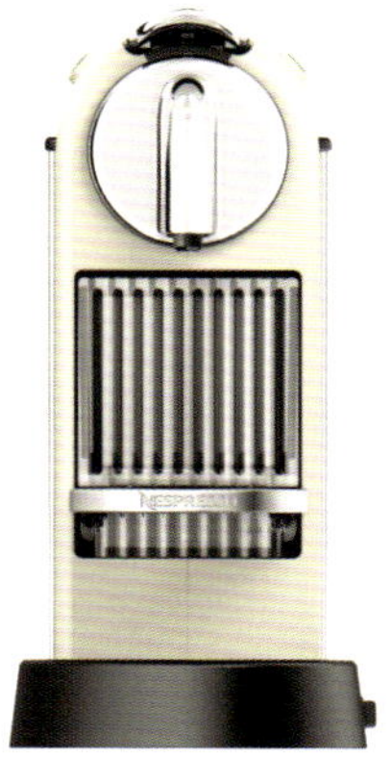

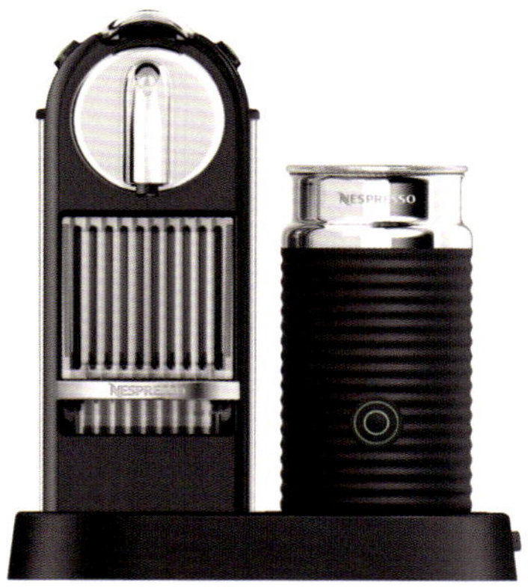

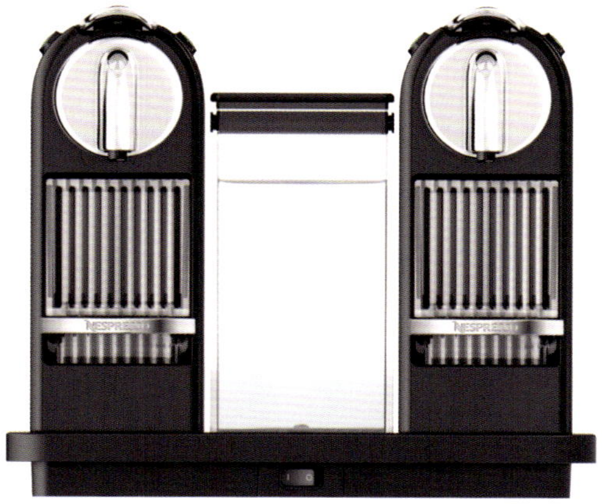

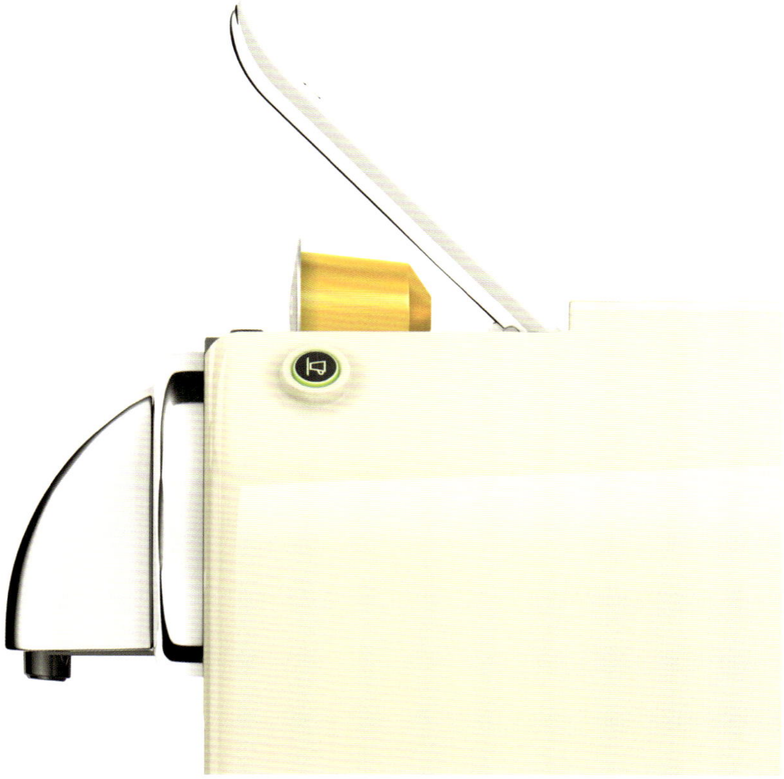

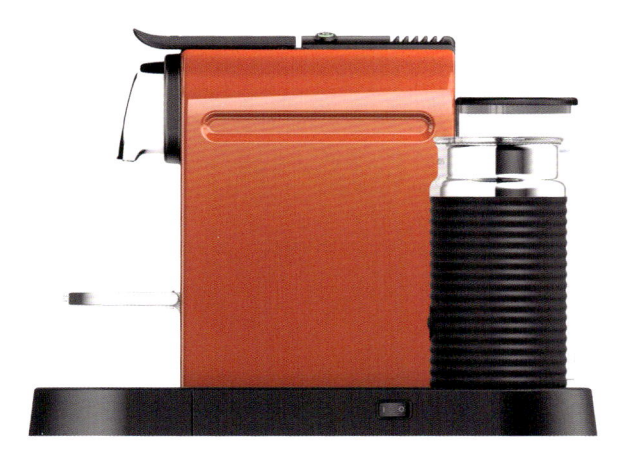

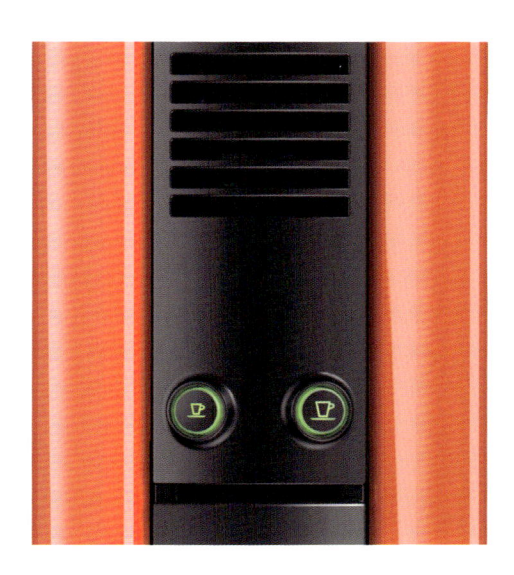

Nespresso Citiz
Coffee Maker / Kaffeemaschine

Nestlé Nespresso SA, Paudex,
Switzerland / Schweiz
Design: Les Ateliers du Nord
(Antoine Cahen, Philippe Cahen),
Lausanne, Switzerland / Schweiz
www.nespresso.com
www.adn-design.ch

The development of this coffee maker series is based on the new "mini brewing unit" of the tried and tested Nespresso brewing system. The use of Nespresso capsules ensures easy handling of the appliance. The combination of a core unit with several additional modules offers three configurations in two different designs and various colours, taking advantage of different product properties without changing the design identity of the series. A simple coffee maker, an appliance with an Aeroccino milk frother and a double machine are available. Consequently, minimal solutions that offer users intuitive and easy handling have been favoured. The capsules are vertically inserted into the brewing unit, allowing the preparation of coffee with one single hand motion by closing the handle. By gravity capsules are automatically ejected after operation by lifting the handle. The drip tray and the capsule container can be removed and cleaned together. A movable cup support for large macchiato glasses was integrated.

Die Entwicklung dieser Kaffeemaschinenserie basiert auf der neuen „Minibrüheinheit" der seit langem bewährten Nespresso-Brühtechnik. Dabei kommen Nespresso-Kapseln zum Einsatz, die eine komfortable Handhabung des Geräts gewährleisten. Die Kombination eines Basismodells mit mehreren Zusatzteilen ermöglicht drei Konfigurationen in zwei unterschiedlichen Ausführungen und verschiedenen Farben mit je eigenen Produkteigenschaften, ohne die Designidentität der Serie zu verändern. Erhältlich sind eine einfache Kaffeemaschine, eine Maschine mit Aeroccino-Milchschäumer sowie eine Doppelmaschine. Konsequent fiel die Entscheidung dabei auf minimale Lösungen, die den Benutzern eine intuitive und angenehme Bedienung erlauben. Zu den Produkteigenschaften zählt unter anderem ein vertikaler Kapseleinzug in die Brüheinheit, der das Kaffeebrühen mit einer einzigen Handbewegung, dem Schließen des Griffs, ermöglicht. Nach dem Betrieb wird ein automatischer, schwerkraftbedingter Auswurf der Kapsel durch das Anheben des Griffs ausgelöst. Sowohl der Wasser- als auch der Kapselauffangbehälter können gleichzeitig entfernt und gereinigt werden. Für große Macchiato-Gläser wurde ein beweglicher Tassenuntersatz integriert.

**WMF 800**
Fully Automatic Coffee Maker /
Kaffeevollautomat

WMF AG, Geislingen,
Germany / Deutschland
Design: Metz & Kindler Produktdesign,
Darmstadt, Germany / Deutschland
www.wmf.de
www.metz-kindler.de

The look of the WMF 800 fully automatic coffee maker expresses superior quality and convincing ease of use. Its appearance confirms a distinct style, contemporary material selection supporting the design concept. In correspondence with the kitchen ambience the appliance is optionally available in black/silver or completely in black. The control elements are of a pointedly discreet look and are integrated harmoniously and flush in the casing. Nothing interrupts the reduced front design since even the milk duct is concealed and runs inside. An electronic touch control panel features plain symbols and permits intuitive and quick use of the professional technology embedded in the appliance.

Gehobene Qualität und überzeugenden Bedienkomfort strahlt die Optik des Kaffeevollautomaten WMF 800 aus. Sein Erscheinungsbild setzt auf eine klare Formensprache, wobei die zeitgemäße Materialauswahl das Gestaltungskonzept unterstützt. Das Gerät ist passend zum jeweiligen Küchenambiente optional in den Farbausführungen Schwarz/Silber oder komplett in Schwarz erhältlich. Betont dezent gestaltete Bedienungselemente sind harmonisch und flächenbündig in das Gehäuse integriert. Da selbst der Milchschlauch verdeckt geführt wird, stört nichts die reduzierte Frontgestaltung. Ein vollelektronisches Touch-Bedienfeld zeigt leicht verständliche Symbole und erlaubt eine intuitive wie auch schnelle Nutzung der im Gerät verborgenen, professionellen Technologie.

Melitta Stage
Filter Coffee Maker /
Filterkaffeemaschine

Melitta Haushaltsprodukte GmbH,
Minden, Germany / Deutschland
Design: Signce Design GmbH, Munich,
Germany / München, Deutschland
www.melitta.de
www.signce.eu

The design of the Melitta Stage filter coffee maker plays with forms and materials. Matt-finished stainless steel encases the cylindrical corpus of a thermos flask as well as a swing-out filter made of high-gloss plastics. An integrated system consisting of lamp, mirror and lenses accommodates an innovative brewing process indicator. A blue light bar shows the brewing progress. It corresponds harmoniously to an auto-off switch also illuminated in blue. An aroma selector and a removable water tank are further equipment details.

Die Gestaltung der Filterkaffeemaschine Melitta Stage spielt mit Formen und Materialien. Matter Edelstahl umfasst den zylindrischen Korpus der Edelstahl-Thermoskanne sowie den Schwenkfilter aus hochglänzendem Kunststoff. Ein innovativer Brüh-Prozess-Indikator als integriertes System aus Lampe, Spiegel und Linsen zeigt den Brühfortschritt durch einen blau leuchtenden Balken an. Optisch harmonisch korrespondiert damit ein blau beleuchteter Auto-Off-Schalter. Weitere Ausstattungsdetails sind ein Aroma-Selektor und ein abnehmbarer Tank.

alfino
Fully Automatic Coffee Maker /
Kaffeevollautomat

alfi GmbH, Wertheim,
Germany / Deutschland
Design: Metz & Kindler Produktdesign,
Darmstadt, Germany / Deutschland
www.alfi.de

One characteristic design feature of the alfino fully automatic coffee maker is its distinctive and compact design with lateral edges set off in white. The pot function is a technological innovation thanks to which a whole pot of café crème can be served before long. The discreetly concealed professional technology features the adjustable precision disc grinder, the comfortable 3-in-1 spout and the removable easy-to-clean brewing unit. The functions are controlled via a SensitiveTouch operation panel.

Ein charakteristisches Gestaltungselement des Kaffeevollautomaten alfino ist seine markante und kompakte Formgebung mit weiß abgesetzten Seitenkanten. Eine technologische Innovation ist die Kannenfunktion, dank derer gleich eine ganze Kanne Café Crème ausgeschenkt werden kann. Zur dezent verborgenen, professionellen Technologie zählen unter anderem das verstellbare Scheibenmahlwerk, der komfortable 3-in-1-Auslauf und die Brühgruppe, welche zu Reinigungszwecken leicht herausgenommen werden kann. Die Funktionen des Gerätes lassen sich bequem über ein SensitiveTouch-Bedienfeld steuern.

Resolute
Chef's Knife Series / Kochmesserserie

Solicut Distribution GmbH, Solingen, Germany / Deutschland
Design: Carsten Gollnick Product Design / Interior Design, Berlin, Germany / Deutschland
www.solicut.de
www.gollnick-design.de

With sophisticated functionality and a pleasant appearance this chef's knife series wants to redefine the ease of use of a chef's knife. With their functionally optimised and visually expressive design the blades, made of true razor blade steel, cut food precisely and cleanly. To obtain a seamless flow of lines from the blade to the handle an innovative connection technique was particularly developed for this knife series. The invisibly jointed stainless steel caps of the handle add elegance and the appeal of handcrafted quality goods to the knives. With its design the chef's knife series smoothly integrates into the high-grade furniture of a modern kitchen.

Diese Kochmesserserie will durch eine durchdachte Funktionalität und ein ansprechendes Erscheinungsbild den Bedienkomfort eines Kochmessers neu definieren. Ihre funktionsoptimierten und optisch ausdrucksstarken Klingenformen aus echtem Rasierklingenstahl schneiden Lebensmittel präzise und sauber. Um einen kompromisslos fließenden Übergang der Klingen in den Griff zu erreichen, wurde eine innovative Verbindungstechnik speziell für diese Messerserie entwickelt. Die unsichtbar miteinander verbundenen Edelstahlkappen des Griffs verleihen den Messern Eleganz und die Anmutung handgeschmiedeter Qualitätsware. Die Kochmesserserie fügt sich durch ihre Gestaltung nahtlos in die hochwertige Einrichtung einer modernen Küche ein.

**Signature Knives and Block /
Messer und Messerblock**

Robert Welch Designs Limited,
Chipping Campden, GB
In-house design / Werksdesign:
Paul deBretton Gordon, Rupert Welch
www.robertwelch.com

The fully forged Signature knives use a unique combination of cutting edge technologies developed to provide precision blades for effortless cutting. The block incorporates an integral knife sharpener to maintain a sharp cutting edge. To complete the knife storage solution, a magnetic locator in each slot prevents damage to the blade edge when inserting the knives. The ergonomic DuPont material handles are moulded onto the full tang, and the carefully weighted knife block is made from ABS.

Bei den voll geschmiedeten Signature-Messern kommt eine einzigartige Kombination von Spitzentechnologien zur Herstellung von Präzisionsklingen für müheloses Schneiden zum Einsatz. Der Messerblock verfügt über einen Integralschleifer, um eine scharfe Schnittkante zu gewährleisten. Das Messerlagerungssystem ist mit einem magnetischen Lokalisierungsmechanismus in jedem Schlitz ausgestattet, wodurch mögliche Schäden an der Klinge verhindert werden, wenn man die Messer in den Block steckt. Die ergonomischen, aus DuPont-Kunststoffen hergestellten Griffe sind auf den gesamten Erl formgepresst, der sorgfältig gewichtete Messerblock besteht aus ABS.

**Ceramic Chopping Knife with
Bamboo Chopping Board /
Keramik-Wiegemesser mit
Bambusbrett**

Kuhn Rikon AG, Rikon, Switzerland /
Schweiz
In-house design / Werksdesign:
Philipp Beyeler
www.kuhnrikon.ch

A haptic specialty of this ceramic chopping knife is the handle that is pulled over the blade and which is made of soft-touch material. This supports the safe use of the knife. Due to its shape this all-round knife is suitable for cutting herbs and vegetables. After use, the knife is simply pushed into the slot of the bamboo chopping board. Thus, it is safely and conveniently stored. The bamboo chopping board features a chopping hollow so that the chopped food does not fall off the sides. The board stands on non-slip silicone feet and reliably withstands the cutting force of the chopping knife.

Eine haptische Besonderheit an diesem Keramik-Wiegemesser ist der über die Klinge gezogene Griff aus Soft-Touch-Material. Dadurch ist eine sichere Anwendung des Messers gegeben. Dank seiner Klingenform eignet sich das Allround-Messer zum schwungvollen Schneiden von Kräutern oder Gemüse. Nach dem Gebrauch kann das Messer in den dafür vorgesehenen Schlitz des Bambusbretts geschoben und somit sicher und praktisch aufbewahrt werden. Damit das Schnittgut nicht an den Seiten herunterfällt, verfügt das Bambusbrett über eine Wiegemulde. Das Brett steht auf rutschsicheren Silikonfüßen und hält verlässlich der Schneidkraft des Wiegemessers stand.

## Vinissimo ebony
### Sommelier Knife / Sommeliermesser

Richartz GmbH, Solingen,
Germany / Deutschland
Design: pro industria (Manfred Lang),
Wiehl, Germany / Deutschland
www.richartz.com

Inspired by the traditional French sommelier knives Vinissimo ebony as modern version of a professional wine knife features a functional and appealing design. The multifunctional tool includes a robust corkscrew, a cork and cap lifter and a serrated blade for removing the aluminium foil. Hidden in a high-quality ebony handle that features a centred, hand-polished stainless steel inlay, they are easy to fold out and into the handle.

In Anlehnung an die traditionellen französischen Sommeliermesser wurde Vinissimo ebony als aktuelle Version eines professionellen Weinmessers ansprechend und funktional gestaltet. Das Multifunktionstool umfasst einen stabilen Korkenzieher, einen Korken- und Kapselheber sowie eine gezahnte Klinge zum Ablösen der Aluminiumfolie. Leicht aus- und wieder einklappbar verbergen sich diese in einem Griff aus hochwertigem Ebenholz, der mittig mit einer handpolierten Edelstahleinlage versehen ist.

## TopTool
### Kitchen Aids / Küchenhelfer

Silit-Werke GmbH & Co. KG,
Riedlingen, Germany / Deutschland
In-house design / Werksdesign
www.silit.de

TopTool is a kitchen aid series designed for right- and left-handers. The dishwasher-safe kitchen implements have a uniform look. In part, the tools have a front part coated with special plastics. The ergonomic handles allow a safe, non-slip grip and prevent the tools from rolling away on the worktop. After use, the kitchen aids can be comfortably clamped into the wall holder.

TopTool ist eine Küchenhelferserie, welche für Rechts- und Linkshänder geeignet ist. Die spülmaschinenfesten Küchenutensilien weisen eine einheitliche Optik auf. Die Tools haben teilweise ein mit Spezialkunststoff beschichtetes Vorderteil. Die ergonomisch geformten Rutschstopp-Griffe ermöglichen eine sichere Handhabung und verhindern das Wegrollen auf der Arbeitsfläche. Nach dem Gebrauch können die Küchenhelfer wieder komfortabel in die Wandhalterung geklemmt werden.

## Rock-N-Hold Ceramic Knife Set / Keramik-Messerset

Silicone Zone Ltd, Hong Kong
Design: designtrip (Nunzia Paola Carallo), Milan, Italy / Mailand, Italien
www.siliconezone.com
www.designtrip.it

The seven-piece Rock-N-Hold ceramic knife set is characterised by its material properties. It is of good cutting quality, the cut edges stay sharp for longer than usual. The material is corrosion-free, rust-proof and dirt-resistant. It neither leaves any smell nor taste in food. Developed with ecology in mind the silicone rubber handle convinces as a food-safe recycling product. The black safety handle was designed in order to meet ergonomic needs.

Das siebenteilige Keramik-Messerset Rock-N-Hold zeichnet sich durch seine Materialeigenschaften aus – es schneidet nicht nur gut, sondern seine Schnittkanten bleiben auch länger scharf. Das Material ist korrosions- und rostfrei sowie schmutzabweisend und hinterlässt daher keinen Geruch oder Geschmack an Lebensmitteln. Als ökologisch sinnvolle Produktentwicklung überzeugt der Griff aus Silikonkautschuk, einem lebensmittelechten Recyclingprodukt. Der schwarze Sicherheitsgriff liegt gut in der Hand und ist nach ergonomischen Gesichtspunkten gestaltet.

## Zyliss Pizza Slicer / Pizzaschneider

DKB Household USA Corp., Irvine, USA
Design: RKS Design
(Ravi Sawhney, Christopher Glupker),
Thousand Oaks, USA
www.zylissusa.com
www.rksdesign.com

Designed in striking colours the handle of this pizza slicer features an ergonomic form for both right- and left-handed users. Its high-quality stainless steel blade smoothly portions pizzas, cakes or quiches. Thanks to an innovative crust cutter, positioned behind the cutting wheel, the edges of baking trays can be reached and even hard crusts can be smoothly cut. For safe storage there is a snap-on blade cover. The stainless steel blade is removable.

Der Handgriff dieses farblich auffällig gestalteten Pizzaschneiders weist eine ergonomisch gut durchdachte Form auf – er ist für Rechts- wie Linkshänder geeignet. Seine hochwertige Edelstahlklinge portioniert Pizza, Kuchen oder Quiches leichtgängig. Dank einem innovativen Krustenschneider, der hinter dem Schneiderad angebracht ist, können Backblechecken erreicht und selbst harte Krusten leicht geschnitten werden. Zur sicheren Aufbewahrung gibt es einen aufsteckbaren Klingenschutz, die Edelstahlklinge ist abnehmbar.

## Potter
### Teapot / Teekanne

Stelton A/S, Copenhagen, Denmark /
Kopenhagen, Dänemark
Design: Jehs+Laub GbR, Stuttgart,
Germany / Deutschland
www.stelton.com
www.jehs-laub.com

The Potter teapot combines an exceptional look with good usability. Its straight, cylindrical form was upgraded with a matt stainless steel surface. The unusual form of the handle harmoniously adds to the overall look and facilitates pouring. To obtain an optimum tea aroma a large-size removable strainer was integrated. Thus the tea has enough space to develop its aroma. Potter is available in the colours soft black and soft midnight blue.

Die Teekanne Potter verbindet eine extravagante Optik mit guten Gebrauchseigenschaften. Ihre gerade, zylindrische Form wurde mit einer matten Oberfläche aus Edelstahl veredelt. Die ungewöhnliche Form des Griffes wirkt im Gesamterscheinungsbild ausgewogen und erleichtert das Ausgießen. Um optimalen Teegeschmack zu erhalten, wurde ein herausnehmbares Sieb mit großem Umfang integriert. Es gibt so dem Tee den nötigen Raum, sein Aroma zu entfalten. Potter ist in den Farben Soft-Schwarz und Soft-Mitternachtsblau erhältlich.

## b.zen Cookware / Kochgeschirr

Heinrich Berndes Haushaltstechnik
GmbH, Arnsberg, Germany /
Deutschland
In-house design / Werksdesign
www.berndes.com

The b.zen cookware series allows low-fat cooking following the philosophy "Silence is the feeling for a moment". The aesthetics of the balanced styling was combined with innovative properties: cast aluminium is a proven heat conductor with good storage capacities. Cooking time is thus reduced and energy saved. Pot and lid are heat-resistant up to 160 degrees centigrade. To match the pots (available in 20, 24 and 28 cm), porcelain services in Japanese teacup design are available as well.

Die Kochgeschirrserie b.zen ermöglicht fettarmes Kochen im Sinne der Philosophie „Ruhe ist das Gefühl für den Moment". Die Ästhetik der harmonischen Formgebung wurde mit innovativen Eigenschaften kombiniert: Aluguss ist als Wärmeleiter mit guter Speicherkapazität erprobt, somit verkürzt sich die Kochzeit und der Energieverbrauch sinkt. Topf mit Deckel sind bis 160 Grad backofentauglich. Passend zu den Töpfen (in 20, 24 und 28 cm erhältlich) gibt es Servierporzellan in japanischem Teeschalen-Design.

**Fissler perfection**
Knife Range / Messerserie

Fissler GmbH, Idar-Oberstein,
Germany / Deutschland
Design: via 4 Design GmbH
(Prof. Thomas Gerlach), Nagold,
Germany / Deutschland
www.fissler.de
www.via4.com

Cooks who care about aesthetics want their kitchen equipment to have a design that is particularly special. The knives of the "perfection" product line were designed for a target group that loves the extraordinary. The innovative design with a tang rotated by 90 degrees, and a gently curved handle, make these knives ideal for anyone who sets high value not only on optimum sharpness, functionality and safety but on a unique look and outstanding workmanship as well. All 16 knives in this line are precision-forged in Solingen, Germany, and made of corrosion-resistant special steel (chromium molybdenum vanadium steel). Special buffing and non-slip plastic handles ensure razor-blade sharpness and a firm grip when cutting.

Ein Kochästhet legt bei seinen Küchengeräten vor allem Wert auf das Design. Die Messer der Serie perfection wurden für eine Zielgruppe entwickelt, die das Außergewöhnliche liebt. Die innovative Gestaltung mit einem charakteristisch um 90 Grad gedrehten Erl und die leicht geschwungene Griffform machen die Messer ideal für all jene, die neben optimaler Schärfe, Funktionalität und Sicherheit gesteigerten Wert auf eine unverwechselbare Optik und hochwertige Verarbeitung legen. Alle 16 Messer dieser Serie werden in Solingen, Deutschland, aus korrosionsbeständigem Spezialstahl (Chrom-Molybdän-Vanadium-Stahl) präzisionsgeschmiedet. Ein spezieller Polierabzug und rutschfeste Kunststoffgriffe sorgen für eine optimierte Schärfe und einen sicheren Halt beim Schneiden.

**Fissler passion**
Knife Range / Messerserie

Fissler GmbH, Idar-Oberstein,
Germany / Deutschland
Design: via 4 Design GmbH
(Prof. Thomas Gerlach), Nagold,
Germany / Deutschland
www.fissler.de
www.via4.com

The knives of the "passion" product line were designed for people who are cooking frequently and with passion. Aside from the design for which black, elegantly rounded handles and a waved blade shape is characteristic, emphasis was placed on functionality. The knives are robust, durable, and easy to use. The "passion" series is manufactured in Germany and includes 16 knives, all precision-forged from corrosion-resistant special steel. This special steel is a chromium molybdenum vanadium compound which makes the blades especially resistant and durable. The non-slip solid plastic handles and special buffing ensure razor-blade sharpness and a firm grip for cutting.

Die Messer der Serie passion wurden für Konsumenten entwickelt, die häufig und mit Leidenschaft kochen. Neben der Gestaltung, für die schwarze, elegant abgerundete Griffe und eine geschwungene Klingenform charakteristisch sind, steht vor allem die Funktionalität im Vordergrund. Die Messer sind robust, langlebig und leicht zu handhaben. Die Serie passion wird in Deutschland produziert und umfasst 16 Messer, die aus korrosionsbeständigem Spezialstahl präzisionsgeschmiedet werden. Der Spezialstahl ist eine Chrom-Molybdän-Vanadium-Verbindung und macht die Klingen besonders widerstandsfähig und langlebig. Die rutschfesten Vollkunststoffgriffe und der spezielle Polierabzug sorgen für einen sicheren Halt sowie einen sehr hohen Schärfegrad beim Schneiden.

**Easy Food Dicer**
Kitchen Utensil / Küchengerät

Cosso International Ltd., Hong Kong
In-house design / Werksdesign: Yiu Joe Cheung, Toyo Ito
www.cosso.com.hk

This useful kitchen utensil smoothly cuts fruits and vegetables into cubes or wedges. Among others, the compact dicer is suitable for potatoes, onions, celery, carrots, cucumbers as well as apples and other hard fruits. With only a few moves decorative ingredients for salads or dishes can be produced. A mechanical pusher pushes the food forward, then a lever is activated, which presses the food through the sharp stainless steel blades. Thanks to the functionally well thought-out construction this is done quickly and without much effort. A knife guide can optionally be employed to cut or dice the food in any length by adjusting the knife. The low-contact handling of the device makes dicing safe and moreover prevents undesired smell on the hand.

Dieses nützliche Küchengerät schneidet Obst und Gemüse leichtgängig in exakte Würfel oder keilförmige Stücke. Der kompakt gestaltete Würfelschneider eignet sich unter anderem für Kartoffeln, Zwiebeln, Sellerie, Karotten, Gurken sowie Äpfel und andere harte Früchte. Mit nur wenigen Handgriffen lassen sich dekorative Zutaten für Salate und andere Gerichte herstellen. Ein mechanischer Schieber drückt das jeweilige Lebensmittel nach vorn, danach wird ein Hebel betätigt, der es durch die scharfen Edelstahlblätter presst. Dies geschieht dank der funktional gut durchdachten Konstruktion schnell und ohne großen Kraftaufwand. Optional kann ein Messerführer eingesetzt werden, wodurch das Nahrungsmittel in jeder Länge geschnitten oder gewürfelt werden kann, dabei wird das Schneidemesser justiert. Die berührungsarme Handhabung des Geräts gestaltet das Würfeln sicher und verhindert zudem unerwünschte Gerüche an den Händen.

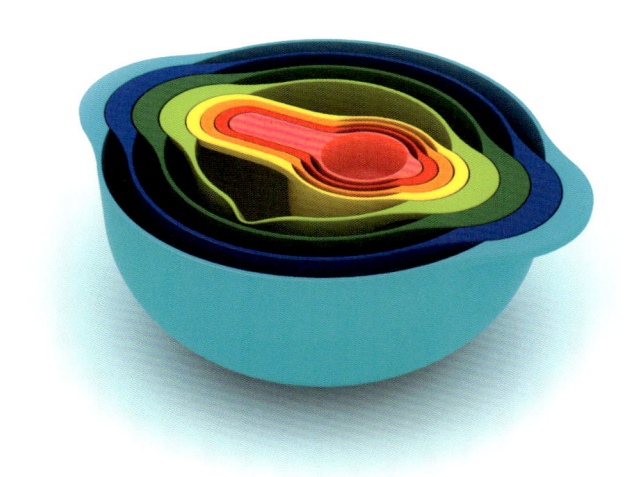

**Nest8 Kitchenware / Küchengeschirr**

Joseph Joseph Ltd, London, GB
Design: Morph, London, GB
www.josephjoseph.com

To meet limited work surface in the kitchen with efficient utilisation of space this eight-piece bowl set is of high practical value in form and function. The bowls serve for food preparation and storage at the same time. The set includes many established kitchen aids: a non-slip mixing bowl, colander and sieve as well as measuring cups of different sizes. All parts accurately fit into one another requiring minimal space.

Um einer eingeschränkten Küchenarbeitsfläche mit einer effektiven Platznutzung zu begegnen, bietet dieser achtteilige Schüsselsatz sowohl in Form als auch Funktion einen hohen Gebrauchswert. Die Schüsseln dienen dabei der Speisezubereitung und Aufbewahrung in einem. Das Set umfasst viele gängige Küchenhelfer, angefangen bei der Mixschüssel mit Antirutsch-Boden, Sieb und Feinsieb bis hin zu Messlöffeln unterschiedlicher Größe. Alle Bestandteile sind platzsparend und passgenau stapelbar.

**Flexi-fold
Kitchenware / Küchengeschirr**

King Fai Industrial (HK) Co. Ltd., Hong Kong
In-house design / Werksdesign: Edward Choi

Made of silicone these storage boxes and steamers are extremely heat- and cold-resistant and flexible to use. Their material properties permit the use at temperatures from –40 to +250 degrees centigrade. Accordingly, they can be used for freezing food or for comfortable heating in the microwave, oven or steamer. Since silicone hardly conducts heat the risk of getting burned is considerably reduced when the containers are touched. Three different-sized boxes can be folded to become a flat form of only a few centimetres, requiring only minimal storage space. Moreover, the colourful design supports the high utility value of the dishwasher-safe kitchenware.

Die flexibel einsetzbaren Aufbewahrungsboxen und Dämpfer aus Silikon sind extrem hitze- und kältebeständig. Ihre Materialbeschaffenheit erlaubt einen Einsatz bei Temperaturen von –40 bis +250 Grad. Entsprechend können Lebensmittel darin nicht nur eingefroren, sondern auch in der Mikrowelle, in einem Backofen oder im Dampfgarer erhitzt werden. Da Silikon darüber hinaus Hitze kaum weiterleitet, reduziert sich die Verbrennungsgefahr beim Berühren der Gefäße merklich. Die drei unterschiedlich großen Boxen sind jeweils auf eine flache Form von nur wenigen Zentimetern faltbar und benötigen minimalen Stauraum. Zudem unterstützt die farbenfrohe Gestaltung den hohen Gebrauchswert des spülmaschinentauglichen Küchengeschirrs.

**Time Savers Speedy Chef**
Beater / Mixer

Tupperware Belgium N.V., Aalst,
Belgium / Belgien
In-house design / Werksdesign:
Tupperware General Services N.V.
(Vincent Jalet)
www.tupperware.com

The Time Savers Speedy Chef efficiently and silently beats and stirs all kinds of creams, egg white etc. without the need to use electricity. Speedy Chef consists of two parts, a vessel and a cover with an integrated crank handle, seal, top cover and six whisks. It requires very little time to assemble and disassemble the parts. The vessel with a capacity of one litre features a measurement scale. The transparent material allows the user to observe the content while being mixed. Thanks to its soft rim the top cover fits securely on the vessel. This prevents spillage during use.

Im Time Savers Speedy Chef können ohne Strom alle Arten von Cremes, Eiweiß etc. schnell und geräuschlos gerührt und geschlagen werden. Speedy Chef besteht aus zwei Teilen, einem Behälter und einer Abdeckung mit integrierter Kurbel, Dichtung, Deckel und sechs Rührstäben. Die Bestandteile sind in kürzester Zeit zusammengebaut und auseinandergenommen. In den Behälter mit einem Volumen von einem Liter ist eine Messskala eingearbeitet. Das durchsichtige Material macht es möglich, den Inhalt während des Rührvorgangs zu beobachten. Der Deckel schließt durch seinen weichen Rand den Behälter dicht ab. Damit ist sichergestellt, dass keine Flüssigkeiten während des Rührvorgangs austreten können.

**UltraPro™ Cookware / Kochgeschirr**

Tupperware France S.A., Joué-les-Tours,
France / Frankreich
In-house design / Werksdesign:
Tupperware General Services N.V.
(Jan-Hendrik de Groote), Aalst,
Belgium / Belgien
www.tupperware.com

This cookware series comprises a 3.5-litre and a 2-litre casserole as well as a corresponding 800-ml cooking lid. Thanks to varied combinations dishes can be cooked on several levels at the same time. In addition, an almost non-stick surface permits low-fat cooking. By systematically distributing heat the rounded shape of the casseroles and the special shape of the domed cooking lid optimise the cooking process in the oven, in the microwave or in a combination of both. The steam release vents at both sides between cooking lid and casserole orderly dissipates the generated steam. Liquid ingredients can be simply and purposefully drained off over two edges.

Diese Kochgeschirr-Serie besteht aus einer 3,5-Liter- und einer 2,0-Liter-Kasserolle sowie einem jeweils dazugehörigen 800-ml-Gardeckel. Sie erlaubt durch vielfältige Kombinationsmöglichkeiten das zeitgleiche Garen von Speisen auf mehreren Ebenen, eine wenig haftende Oberfläche ermöglicht zudem fettarmes Kochen. Die abgerundete Form der Kasserollen und die spezielle Form des gewölbten Gardeckels optimieren durch eine gezielte Wärmeverteilung den Garprozess im Backofen, in der Mikrowelle und in der Kombination von beidem. Das Ventilationssystem an den beiden Längsseiten zwischen Gardeckel und Kasserolle leitet den erzeugten Dampf gezielt ab. Über zwei Ecken lassen sich außerdem flüssige Zutaten einfach und präzise ausgießen.

## Haval Vario Cupholder / Becherhalter

Haval, Gemert, NL
Design: GBO Design & Engineering
(Mark Hetterich), Helmond, NL
www.haval.nl
www.gbo.nl

Flowing transitions from radii into segments of circles are a distinctive feature of the design concept of this cupholder. The charming colouring creates an additional benefit when used as accessory at public drink dispensers. An ergonomically shaped handle facilitates drinking from polystyrene cups and prevents inadvertent spilling or burning. The cupholder is conceived without bottom to fit to different cup sizes; it is recyclable and stackable in order to save space.

Fließende Übergänge von Radien in Kreissegmente prägen das Gestaltungskonzept dieses Becherhalters. Auch die sympathisch anmutende Farbgebung schafft einen Zusatznutzen beim ergänzenden Einsatz an öffentlichen Getränkeautomaten. Ein ergonomisch geformter Griff erleichtert das Trinken aus Polystyrolbechern und beugt versehentlichem Verschütten oder Verbrennungen vor. Der wiederverwertbare Becherhalter wurde ohne Boden konzipiert, damit er zu verschiedenen Bechergrößen passt, zudem ist er platzsparend stapelbar.

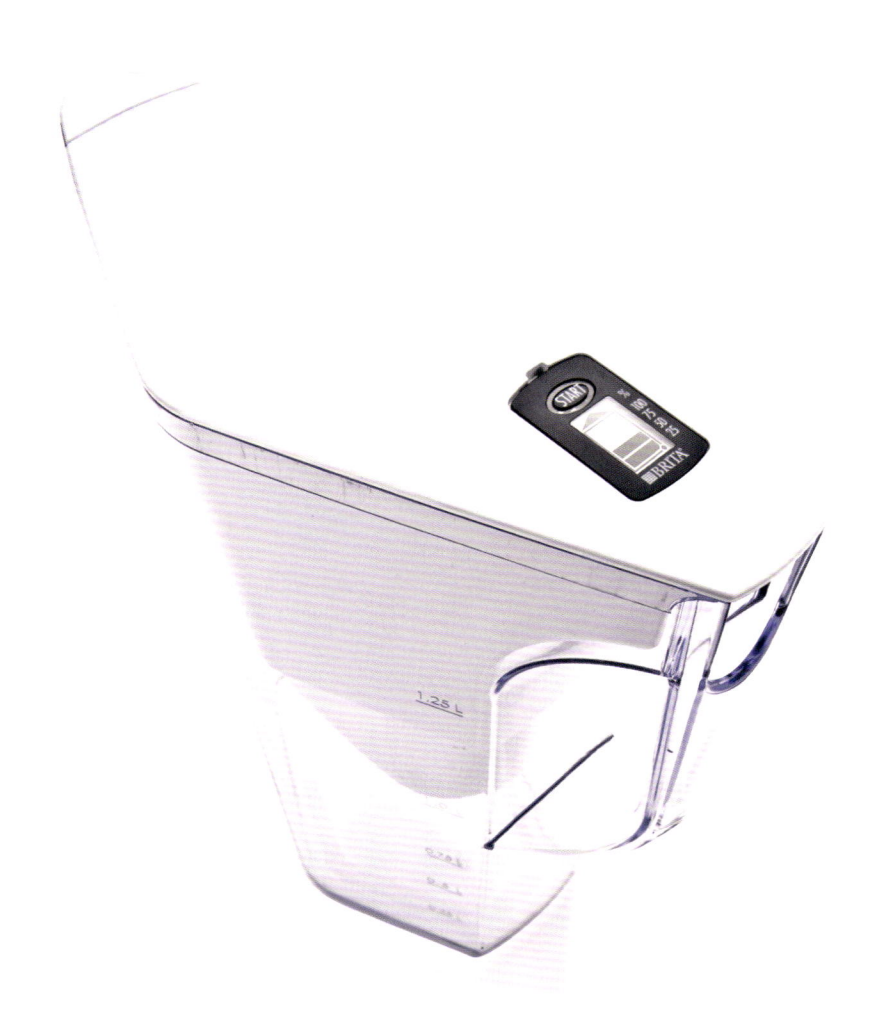

## Navelia Water Filter / Wasserfilter

Brita GmbH, Taunusstein,
Germany / Deutschland
Design: Solutions Branding & Design
Companies AG (Anne Carls,
Thomas Milewski), Hamburg,
Germany / Deutschland
www.brita.net

The diamond-shaped form is the most significant characteristic of the water filter Navelia. The puristic design endorsed by the clear materials emanates the aesthetic silence of pure water. Inspired by Asian simplicity and plain elegance Navelia was conceived for the upper market segment. The conspicuously curved contour lines create a basic form that broadens towards the top and requires little utility space. The water filter is therefore easily storable even in reduced space conditions. With its nonetheless large filling volume it offers its user easy and comfortable functionality.

Charakteristisch für den Tischwasserfilter Navelia ist seine Rautenform. Die puristische Gestaltung, unterstützt durch die Klarheit der Materialien, strahlt die ästhetische Ruhe reinen Wassers aus. In Anlehnung an asiatische Einfachheit und schlichte Eleganz wurde Navelia für das gehobene Marktsegment konzipiert. Die prägnant geschwungene Linienführung kreiert eine sich nach oben öffnende Grundform, die nur wenig Stellfläche benötigt. Somit kann der Wasserfilter auch bei beschränkten Platzverhältnissen leicht untergebracht werden. Mit seinem dennoch großen Füllvolumen bietet er seinem Nutzer eine gute und komfortable Funktionalität.

**la mamma – the oven on the table /
la mamma – der Ofen auf dem Tisch**

Eisfink Max Maier GmbH & Co. KG,
Ludwigsburg, Germany / Deutschland
In-house design / Werksdesign:
Max Maier, Ralph Martin
www.eisfink.de

"la mamma" is an intelligent tabletop induction appliance. Its control system can be programmed to make prepared meals at a definite time thus saving energy. With its rounded edges the appliance presents a harmonious shape of lines that is consistently incorporated in the design of all three elements: the electric sub frame, the filling device as well as the lid are made of different materials and characteristic of a purely functional look. The appliance is mainly used to heat ready meals or delivered dishes in private and public premises. Thus the meals delivered to cafeterias by a catering supplier can be prepared ready-to-eat without any cooking know-how. Gentle heating of the food keeps up the quality with regard to nutrients. Operation of the appliance is focused on saving energy.

„la mamma" ist ein intelligentes Induktions-Auftisch-Gerät, welches durch eine programmierte Steuerung vorbereitete Speisen auf den Punkt genau und damit energieeffizient zubereiten kann. Mit seinen abgerundeten Ecken zeigt das Gerät eine harmonische Linienführung, die sich konsequent durch die Gestaltung aller drei Elemente zieht: Sowohl der Elektrounterbau als auch das Einfüllgefäß und der Deckel sind aus unterschiedlichen Materialien gefertigt und prägen eine rein funktional ausgerichtete Optik. Der Anwendungsbereich des Gerätes fokussiert sich auf die Erhitzung von Fertiggerichten oder angelieferten Speisen im privaten wie im öffentlichen Raum. So kann etwa das in Kantinen von einem Catering-Anbieter angelieferte Essen ohne Kochkenntnisse verzehrfertig bereitgestellt werden. Die schonende Erhitzung hält die nährstoffrelevante Qualität der Lebensmittel aufrecht. Zudem arbeitet das Gerät stromsparend.

### Brio Bar
Bar Accessories / Bar-Zubehör

Chef'n Corporation, Seattle, USA
In-house design / Werksdesign:
Matt Krus, Josh Stewart, David Holcomb
www.chefn.com

This bar set is functionally designed for the preparation of cocktails and constitutes a high-quality and aesthetic set of tools for the bar. Bar accessories such as muddler, tongs, stirring spoon and bottle opener hang on a stand and can be fitted in the ice bucket in a space-saving way; in addition, a cutting board is integrated. The appendant 3-in-1 cocktail shaker allows the user to measure drinks and serve cocktails quickly and easily. Built into the elegant profile is an integrated strainer and a measuring cup.

Dieses Bar-Set ist funktional gestaltet für die Zubereitung von Cocktails. Es ist ein hochwertiges und ästhetisches Werkzeug für die Bar. Das Bar-Zubehör, wie Muddler, Zangen, Rührlöffel und Flaschenöffner, hängt an einer Vorrichtung und kann platzsparend im Eis-Eimer verstaut werden, integriert ist zudem ein Schneidebrett. Der zugehörige 3-in-1-Cocktail-Shaker erlaubt es, Getränke leicht abzumessen und den Cocktail schnell zu servieren. Elegant in die Form eingelassen sind ein eingebautes Sieb und ein Messbecher.

### Wave Caddy
Carrier Bag / Tragetasche

Ante International Limited, Hong Kong
In-house design / Werksdesign:
Norman Siu Nam Tang, Shun Yiu Yeung
www.antevanilla.com

Wave Caddy is functionally designed for carrying and cooling many bottles of wine or soft drinks together. It is also useful for storing fruits or organising magazines to free up space. The special wavy design keeps fragile glass bottles separate to avoid unpleasant noises of the glass bottles striking each other or even breaking during transportation. The strong handle is ergonomically designed and positioned at the centre for maximum comfort when carried. Furthermore, the wave structure is designed to align with the human lower body when it is being carried. Wave Caddy is an efficient and user-friendly accessory that can be stacked up to minimise storage space.

Wave Caddy ist funktionell gestaltet und gut geeignet für den Transport und die Kühlung von Wein und anderen Getränken. Die Tragetasche kann aber auch als Obstkorb oder Zeitschriftenablage verwendet werden, um Platz zu schaffen. Die besondere, wellenförmige Gestaltung ermöglicht es, zerbrechliche Glasflaschen voneinander zu trennen, um unangenehme Geräusche oder gar Glasbruch durch das Aneinanderschlagen der Flaschen zu vermeiden. Der stabile, ergonomisch geformte Griff ist in der Mitte platziert, um einen maximalen Tragekomfort zu gewährleisten. Die Wellenstruktur ist so ausgeführt, dass sie sich der Form des Unterkörpers beim Tragen anpasst. Wave Caddy ist ein effizientes und benutzerfreundliches Accessoire, das außerdem stapelbar ist, um wenig Lagerfläche zu beanspruchen.

**Onzo Smart Energy Kit**
Monitoring System / Kontrollsystem

Onzo Ltd, London, GB
In-house design / Werksdesign
www.onzo.com

Onzo's smart energy kit consists of a sensor, display, and personalised website designed to put consumers in control of their energy use. Every interaction is designed with the user's needs in mind, resulting in a combination of friendly aesthetic and innovative features, matched by functionality that drives simple, engaging, and useful information delivery. The self-charging sensor wirelessly transmits data to the display which is recharged through USB and uploads data to the website. A versatile form factor allows flexible positioning for individual user requirements.

Das intelligente Energieüberwachungssystem von Onzo besteht aus einem Sensor, einem Display und einer personalisierten Website, um Nutzer in die Lage zu versetzen, ihren Energieverbrauch zu kontrollieren. Jede Interaktion wurde den Bedürfnissen der Nutzer entsprechend gestaltet, was zu einer Kombination von freundlich anmutenden, innovativen Merkmalen und klarer Funktionalität geführt hat: Alle Informationen werden auf einfache, komfortable und nützliche Weise übermittelt. Der automatisch aufladbare Sensor überträgt die Daten drahtlos auf das Display, das über USB betrieben wird, und führt einen Upload auf die Website durch. Aufgrund seiner variablen Konstruktion lässt sich das System flexibel den individuellen Anforderungen des Nutzers anpassen.

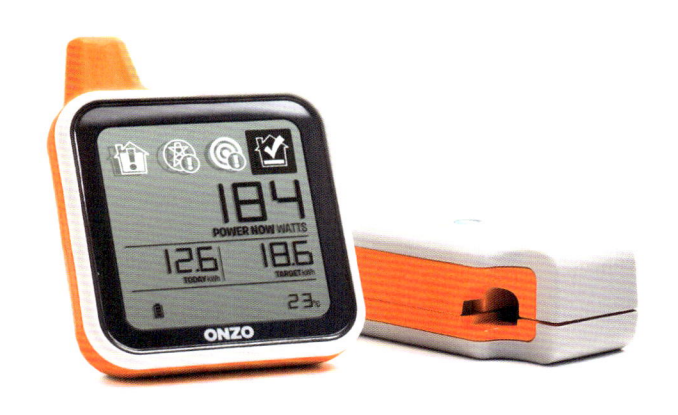

**DC23 Vacuum Cleaner / Staubsauger**

Dyson GmbH,
Cologne, Germany / Köln, Deutschland
In-house design / Werksdesign
www.dyson.com

The space-saving DC23 vacuum cleaner can be positioned on the step of a staircase. Its handling is simple thanks to its telescopic tube. The vessel can be emptied at the push of a button, powerful centrifugal forces separate the dirt from the air and assure constant suction power. The patented cyclone technology was refined to such a degree that the dirt passes three levels of separation and even microscopic particulate matter is filtered.

Der Staubsauger DC23 lässt sich auch auf Treppenstufen positionieren und ist mit seinem Teleskoprohr einfach zu bedienen und platzsparend zu verstauen. Der Behälter lässt sich per Knopfdruck leeren, starke Zentrifugalkräfte trennen den Schmutz aus der Luft und sorgen für konstante Saugkraft. Die patentierte Cyclone-Technologie wurde so weiterentwickelt, dass nun der Schmutz drei Stufen der Separation durchläuft und selbst mikroskopisch kleiner Feinstaub herausgefiltert wird.

**DC22 Vacuum Cleaner / Staubsauger**

Dyson GmbH,
Cologne, Germany / Köln, Deutschland
In-house design / Werksdesign
www.dyson.com

The DC22 cylinder vacuum cleaner has a compact design. It is up to one third smaller than other vacuum cleaner types of the same manufacturer. In addition, a patented cyclone technology was developed into the so-called core separator. Absorbed dirt passes three levels of separation. Particles at a size of up to 0.3 micrometre such as bacteria and pollen are separated from the air. The vessel is hygienically emptied at the push of a button.

Die Bodenstaubsauger-Modellreihe DC22 ist kompakt gestaltet und bis zu einem Drittel kleiner als andere Staubsaugermodelle des Herstellers. Zudem wurde die patentierte Cyclone-Technologie zum sogenannten Core Separator weiterentwickelt. Aufgesaugter Schmutz durchläuft dabei drei Stufen der Separation, wodurch Partikel mit einer Größe von bis zu 0,3 Mikrometern, wie Bakterien und Pollen, von der Luft getrennt werden. Die Behälterentleerung erfolgt hygienisch auf Knopfdruck.

VC-CX200D Vacuum Cleaner/
Staubsauger

Toshiba Home Appliances Corporation,
Tokyo, Japan
In-house design/Werksdesign: Toshiba
Corporation (Toshiyuki Yamanouchi),
Tokyo, Japan
www.toshiba.co.jp

This environmentally sound cyclone vacuum cleaner is distinguished by easy use and high suction power. The futuristic form of the wheel improves its manoeuvrability, reduces operating noise and prevents floor damage. With a long hose it is easy to clean places that are difficult to access. A vertical air current deposits the dust on a mesh filter. It is then collected in the dust containers on both sides without affecting the air current. In the automatic eco mode power consumption and carbon dioxide emission are reduced.

Dieser umweltfreundliche Zyklonstaubsauger zeichnet sich durch leichte Bedienbarkeit und hohe Saugleistung aus. Das futuristisch gestaltete Rad verbessert seine Wendigkeit, reduziert Laufgeräusche und verhindert die Beschädigung des Bodens. Ein langer Schlauch erleichtert die Reinigung schwer zugänglicher Stellen. Durch einen vertikalen Luftstrom wird der Staub auf einem Netzfilter abgelagert und sammelt sich dann in den beidseitig angeordneten Staubbehältern, ohne den Luftstrom zu beeinträchtigen. Im automatischen Öko-Betrieb werden der Stromverbrauch und die Kohlendioxidabgabe reduziert.

VC-Z100L Vacuum Cleaner/
Staubsauger

Toshiba Home Appliances Corporation,
Tokyo, Japan
In-house design / Werksdesign: Toshiba
Corporation (Takashi Gumisawa,
Toshiyuki Yamanouchi, Tomoyoshi
Nakamura), Tokyo, Japan
www.toshiba.co.jp

Weighing 2.1 kg only this cyclone vacuum cleaner features a high suction power of 50 watts and is easy to transport. With its numerous accessories the vacuum cleaner can be used not only in room corners but also for walls, ceilings, air-conditioners or in cars. Thanks to its simple, distinctive design and its high-quality materials the appliance does not seem out of place and can be used immediately and everywhere if required.

Dieser leicht tragbare Zyklonstaubsauger verfügt über eine hohe Saugleistung von 50 Watt bei nur 2,1 kg Gewicht. Mit seinen zahlreichen Aufsätzen kann der Staubsauger nicht nur in Zimmerecken, sondern auch für die Reinigung von Wänden, Decken und Klimaanlagen oder in Autos eingesetzt werden. Die schlichte, akzentuierte Gestaltung sorgt in Verbindung mit hochwertigen Materialien dafür, dass das Gerät auch im Zimmer nicht fehl am Platz erscheint und überall sofort bei Bedarf eingesetzt werden kann.

## Subway "white pearl" Kitchen Sink / Küchenspüle

Villeroy & Boch AG, Mettlach, Germany / Deutschland
In-house design / Werksdesign
www.villeroy-boch.com

The feel and look of this sink reminds of high-quality bone china; tableware sets such as Gray Pearl and Ivoire inspired the designers. Thanks to the luminance of Subway "white pearl" the elegant décor conveys an unobtrusive and distinguished impression.

Diese Spüle erinnert in ihrer Haptik und Optik an hochwertiges Porzellan, Geschirrserien wie Gray Pearl und Ivoire inspirierten die Gestalter. Dank der Leuchtkraft von Subway „white pearl" wirkt auch das elegante Dekor unaufdringlich edel.

## Crevasse Prep Sink / Zubereitungsspüle

Kohler Company, Kohler, USA
In-house design / Werksdesign:
Kohler Design Team
www.kohler.com

This prep sink has the shape of a 78 cm long trough and is made of stainless steel. It provides an integrated discharge system where scraps are rinsed and disposed by means of a food waste chopper. At the push of a button water rinsing as well as the chopper are activated.

Diese Zubereitungsspüle hat die Form einer 78 cm langen Rinne aus rostfreiem Edelstahl. Sie bietet eine integrierte Ablaufeinrichtung, die das Wegspülen von Essensresten und deren Entsorgung durch einen Müllhäcksler verbindet. Per Knopfdruck werden die Wasserspülung wie auch der Häcksler aktiviert.

**Polar Ice Tray**
**Ice Cube Tray / Eiswürfelbereiter**

U-CUBE Creative Ltd., Taipei, Taiwan
In-house design / Werksdesign: Jack Chu
Design: AVECPLUS (Jacky Wu), Taipei, Taiwan
www.polar-ice.com.tw
www.u-cube.com.tw

As a product inspired by nature the Polar Ice Tray is producing crystal clear ice cubes. As with a lake, the water in the vessel freezes up on top and remains liquid underneath. Thus tasteless and hygienically perfect ice is produced that can be easily removed. The freezer device does not require additional power. The design is inspired by the form of a smooth pebble and intended to reflect the principle of natural purity and simplicity.

Als durch die Natur inspiriertes Produkt ermöglicht der Polar Ice Tray die Herstellung kristallklarer Eiswürfel. Wie bei einem See friert das Wasser im Behälter von oben zu, darunter bleibt es flüssig. Auf diese Weise entsteht ein geschmacksneutrales und hygienisch einwandfreies Eis, das sich leicht entnehmen lässt. Die Gefriervorrichtung benötigt keinen zusätzlichen Strom. Die Gestaltung ist einem glatten Kieselstein nachempfunden und soll das Prinzip der natürlichen Reinheit und Einfachheit widerspiegeln.

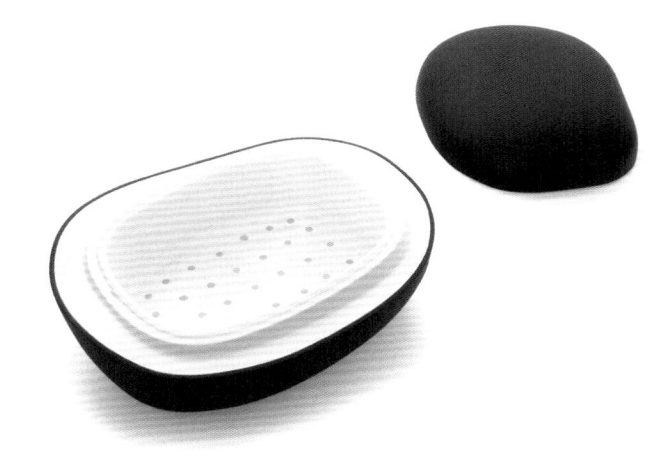

**Stacket**
**Bucket / Eimer**

Gnoo Designs, Mumbai, India / Indien
Design: Futuring Design Pvt. Ltd.
(Jashish Kambli, Vijay Kumar),
Mumbai, India / Indien
www.futuringdesign.com

As millions of people in India have a critical problem of access to water and storing it in small bathrooms, this functionally designed product offers new ways of handling water. Stacket is an innovative square bucket designed to be stackable. This makes it three times more space-efficient, providing a meaningful and affordable yet beautiful solution.

Da Millionen von Menschen in Indien ein ernsthaftes Problem mit freiem Zugang zu Wasser und seiner Lagerung haben, bietet dieses funktionell gestaltete Produkt neue Möglichkeiten, diesem Problem zu begegnen. Stacket ist ein innovativer stapelbarer Eimer in quadratischer Form. Mit ihm lassen sich bis zu zwei Drittel des herkömmlichen Platzes sparen, womit er eine bedeutsame und erschwingliche, aber auch ästhetisch gelungene Lösung darstellt.

**NatureMill Automatic Composter /**
**Automatischer Komposter**

NatureMill, San Francisco, USA
In-house design / Werksdesign
www.naturemill.com

The design of this automatic composter realises the recycling principle: it transforms organic waste into compost, and, furthermore, it is made from recycled and recyclable materials. The compact, electronic device can be used indoors and produces no trash odours so that it can be integrated into the kitchen range or as a separate solitaire.

Das Prinzip des Recyclings verwirklicht das Gestaltungskonzept dieses automatischen Komposters: Zum einen wandelt er organische Abfälle in Kompost um, zum anderen ist er selbst aus recycelten und recycelbaren Materialien gefertigt. Das strombetriebene Kompaktgerät kann im Innenraum benutzt werden. Es produziert keine Abfallgerüche, so dass es als Solitär platziert oder in die Küchenzeile integriert werden kann.

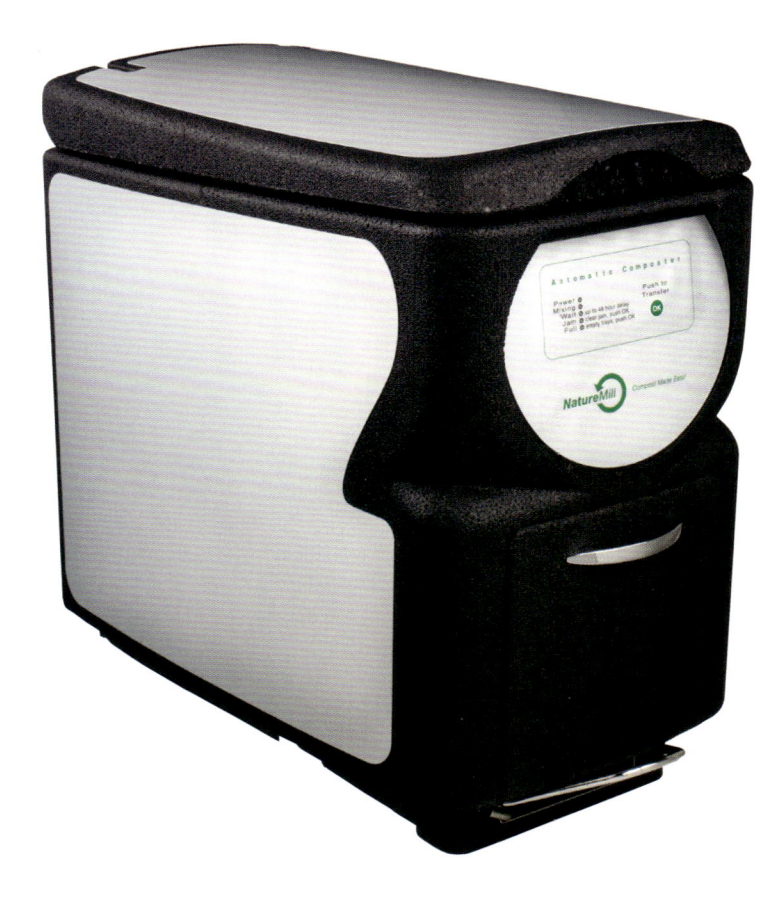

**WM06 Food Waste Processor /
Verarbeitungsgerät für
Nahrungsmittelabfälle**

Woongjin Coway Co., Ltd., Seoul, Korea
In-house design / Werksdesign:
Jin-Gyu Seo, Sun-Young Seo
www.coway.co.kr

This food waste processor offers an innovative method of clean disposal. Within a few hours leftovers are dried and pulverised. As a result, low-volume waste in form of powder is obtained; proliferation of bacteria and smells is avoided. The curved front silhouette demonstrates a striking form language. Cover and corpus are available in trend colours. To reduce the size of the device the back is designed narrower than the front.

Dieses Verarbeitungsgerät für Nahrungsmittelabfälle bietet eine innovative Methode der sauberen Entsorgung. Innerhalb weniger Stunden werden Speisereste getrocknet und pulverisiert. Als Ergebnis entsteht geringvolumiger Abfall in Form von Pulver, die Verbreitung von Bakterien und Gerüchen wird so vermieden. Die geschwungene Silhouette der Vorderseite zeigt eine prägnante Formensprache, Deckel wie Korpus sind in Trendfarben erhältlich. Um die Größe des Gerätes zu reduzieren, wurde die Rückseite schmaler als die Vorderseite gehalten.

**flow Star 150**
Exhaust System / Abluftsystem

Naber GmbH, Nordhorn,
Germany / Deutschland
In-house design / Werksdesign:
Hans-Joachim Naber,
Prof. Dr. Ing. Wolf-Christoph Friebel
www.naber.de

This exhaust system can be integrated unobtrusively into the kitchen. Only the elegant stainless steel front plate is visible in the room, its mature technology is hidden. An optimised air flow progress incorporating the external wall sleeve provides for high efficiency. Furthermore, the pressure of the air flow generated by the extractor hood fan is utilised for opening and closing. An innovative mechanism controls the path of motion of the maintenance-free, ball bearing carriage installed in the plastic housing.

Dezent lässt sich dieses Abluftsystem in die Küche integrieren. Im Raum ist nur die elegant anmutende Edelstahl-Frontplatte zu sehen, die eine ausgereifte Technik verbirgt. Diese sorgt durch einen optimalen Strömungsverlauf unter Einbeziehung des Außenwand-Mauerkastens für eine hohe Leistungseffizienz des Gerätes. Zudem wird der Druck des vom Hauben-Ventilator erzeugten Luftstroms zum Öffnen und Schließen genutzt. Eine innovative Mechanik steuert den Bewegungsablauf des im Kunststoffgehäuse wartungsfrei installierten, kugelgelagerten Schlittens.

**Solaire Ambiente**
Extractor Hood / Dunstabzugshaube

Oranier Heiz- und Kochtechnik,
Gladenbach, Germany / Deutschland
In-house design / Werksdesign
www.oranier.com

The expressive stainless steel corpus of this extractor hood is interrupted by matt-finished light panels. The electronic control and segment display appear markedly reduced. The wall-mounted chimney hood additionally offers a reliable peripheral extraction technology and a parboil and follow-up automatic.

Der markante Edelstahlkorpus dieser Dunstabzugshaube wird an der Front durch mattierte Leuchtblenden unterbrochen. Auffallend reduziert wirken die Bedienelektronik und die Segmentanzeige. Die Wandesse bietet neben einer zuverlässigen Randabsaugung eine Ankoch- und Nachlaufautomatik.

Manuel Alvarez Fuentes

Danny Venlet

Sybs Bauer

# Tableware
## Modernity and tradition go hand in hand

# Tableware
## Moderne und Tradition Hand in Hand

In the "tableware" category it is acceptable to break away from timeless, reduced design quality and follow current trends. The designs are consistent throughout, and their aesthetic quality is exceptionally high. Innovation and tradition go hand in hand. In no other category does the new compete in such an obvious way with the familiar, nowhere else does the form dominate the products to such a great extent. The designers get their inspiration from everyday use; their designs are functionally elaborate and reflect great attention to detail. The products provide insights into the design process, and a return to craftsmanship is clearly discernible. German design has a long tradition in this area and keeps setting quality standards; however, material, production and design standards are as high as never before also on an international scale. Naturalness, charm and ecological awareness inspire the designs. The future is fine, soft elegance and feminine forms. Traditional forms are re-interpreted and implemented in a high-quality, modern way.

Im Bereich „Tableware" darf eine zeitlose, reduzierte Designqualität aufgebrochen und aktuellen Trends gefolgt werden. Die Entwürfe sind in ihrer Gestaltung durchgängig konsequent und stimmig, die ästhetische Qualität ist außerordentlich hoch. Moderne und Tradition gehen Hand in Hand. In keinem anderen Bereich konkurriert das Neue so auffallend mit dem Gewohnten, nirgendwo sonst beherrscht die reine Formgebung so sehr das Produkt. Die Designer lassen sich vom alltäglichen Gebrauch inspirieren, ihre Gestaltung ist funktional durchdacht und detailverliebt. Die Produkte geben Einblick in den Designprozess, eine Besinnung auf das Handwerk ist klar erkennbar. Deutsches Design hat in diesem Bereich eine lange Tradition und setzt auch heute noch Qualitätsmaßstäbe, der Anspruch an Material, Produktion und Gestaltung ist jedoch auch international so hoch wie nie zuvor. Natürlichkeit, Charme und ein ökologisches Bewusstsein inspirieren die Gestaltung. Die Zukunft liegt in einer feinen, weichen Eleganz und femininen Formen. Formale Traditionen werden neu interpretiert und erfahren eine zeitgemäße, hochwertige gestalterische Umsetzung.

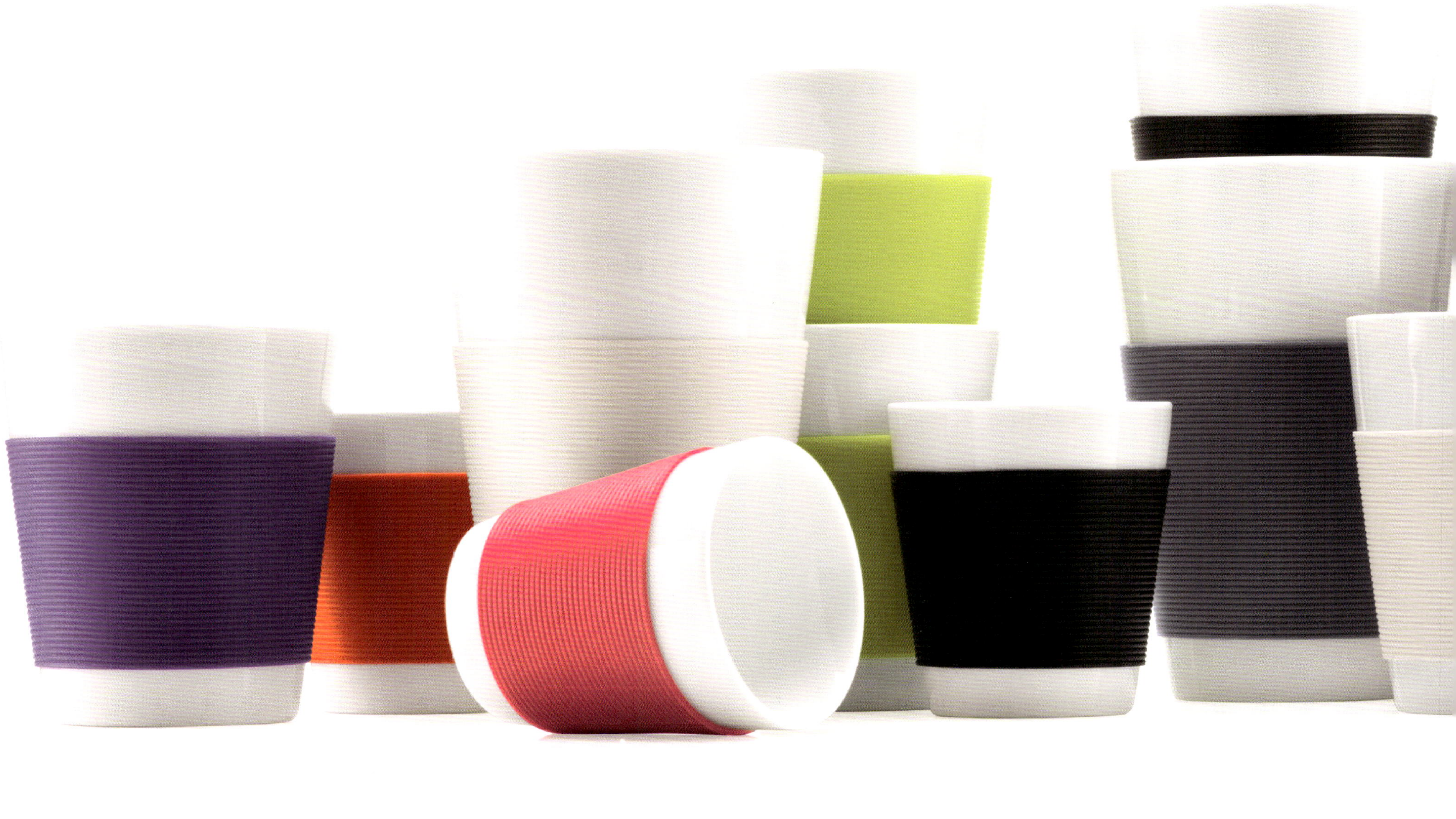

**Bodum Canteen
Double-Wall Mug /
Doppelwandige Tasse**

Bodum AG, Triengen,
Switzerland / Schweiz
In-house design / Werksdesign:
Bodum Design Group
www.bodum.com

The Bodum Canteen double-wall mug represents a new way of enjoying coffee, tea or hot chocolate. One's favourite drink can be prepared in this mug, and the innovative double-wall design keeps the drink hot or cold over a longer period of time. Made of white porcelain and surrounded by a non-slip silicone sleeve, the Bodum Canteen is available in eight beautiful fresh colours. The mug comes in three different sizes: 0.1, 0.2 and 0.35 litre. They are dishwasher-safe.

Die doppelwandige Tasse Bodum Canteen repräsentiert eine neue Art des Kaffeegenusses, und auch von Tee oder heißer Schokolade. Das Lieblingsgetränk kann in dieser Tasse bereitet werden und ihre innovative doppelwandige Gestaltung ermöglicht es, dass die Temperatur über einen längeren Zeitraum erhalten bleibt – sowohl bei heißen wie auch bei kalten Getränken. Aus weißem Porzellan gefertigt und von einem rutschfesten Silikonband eingefasst, ist Bodum Canteen in acht schönen und frisch anmutenden Farben erhältlich. Die Tasse gibt es in den drei verschiedenen Größen 0,1, 0,2 und 0,35 Liter und sie ist spülmaschinenfest.

**Swan**
Decanter / Dekanter

Tiroler Glashütte GmbH,
Kufstein, Austria / Österreich
In-house design / Werksdesign:
Georg J. Riedel, Maximilian J. Riedel
www.riedel.com

Swan is a decanter with a distinctive design that becomes an eye-catcher just by its form alone. Well-balanced, it combines a high-grade and innovative appearance with a high degree of functionality. It is mouth-blown and handmade of lead crystal. Designed for sophisticated wine lovers and connoisseurs, pouring wine into a glass with this decanter turns into a "celebration" and aesthetic experience. It is the result of the first-time cooperation between father and son of the manufacturer and reflects the high standard and long tradition of the company.

Swan ist ein markant gestalteter Dekanter, der allein durch seine Form zum Blickfang wird. Gut ausbalanciert, verbindet er eine hochwertige und innovative Anmutung mit einem hohen Maß an Funktionalität. Er wird mundgeblasen und aus Bleikristall handgefertigt. Da er für Liebhaber und Kenner der gehobenen Weinkultur gestaltet ist, soll das Weineinschenken mit diesem Dekanter geradezu „zelebriert" und zu einem ästhetischen Erlebnis werden. Er entstand in der erstmaligen Designzusammenarbeit von Vater und Sohn und spiegelt einen hohen Anspruch sowie die Tradition des Unternehmens wider.

Shtox
Whisky Tumbler / Whiskyglas

Evgeny Bushkovskiy,
St. Petersburg, Russia / Russland
In-house design / Werksdesign
www.shtox.com

The innovative bottom structure enables this glass to rotate around its axis on any smooth surface. This form of a whisky tumbler wants to highlight the fact that enjoying noble drinks such as whisky can turn into a whole new extraordinary experience. Really taking one's time for a drink, inhaling its aroma, beholding its shine and colour – this glass with its unique "twist" is ideal for that purpose. Shtox can deliver new incentives in meetings of all kinds. This glass can be twisted on the table, thereby eliciting all the fragrant secrets and charms of the drink. The user can engage in a sort of inspiring optic and haptic "dialogue" with this glass, making the drinking experience even more intriguing.

Die innovative Bodenkonstruktion dieses Glases erlaubt ein stabiles Rotieren um die eigene Achse auf jeder glatten Oberfläche. Diese Form eines Whiskyglases soll betonen, dass der Genuss solch edler Getränke wie Whisky eine neue außergewöhnliche Erfahrung sein kann. Sich wirklich Zeit für einen Drink zu nehmen, sein Aroma zu riechen, seinen goldenen Glanz auf sich einwirken zu lassen – dieses Glas mit dem einzigartigen „Dreh" ist das ideale Trinkgefäß für solche Anlässe. Shtox kann bei Treffen aller Art neue Anreize und Impulse liefern. Dieses Glas kann auf dem Tisch gedreht werden, um dem Drink sein duftendes Geheimnis und seinen Charme zu entlocken. Der Benutzer kann mit diesem Glas aber auch in eine Art inspirierenden optischen und haptischen „Dialog" treten, was den Trinkgenuss noch faszinierender macht.

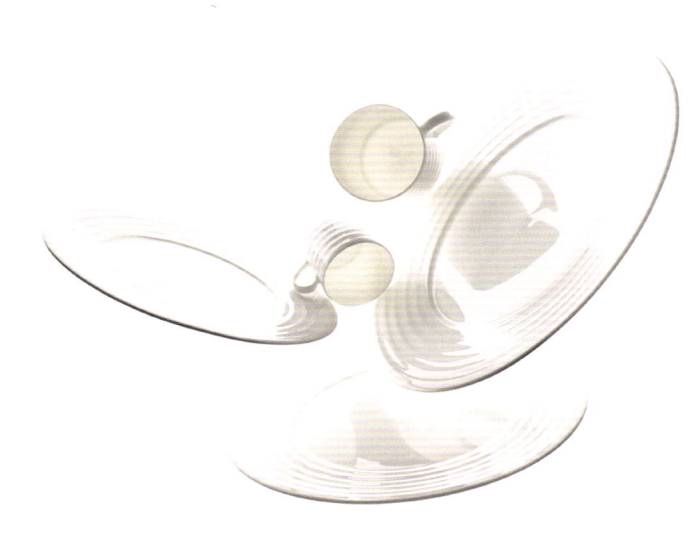

**Relief**
Fine Bone China

Dibbern GmbH, Bargteheide,
Germany / Deutschland
In-house design / Werksdesign:
Dibbern Design Studio
www.dibbern.de

The design of Relief combines traditional craftsmanship with well thought-out aesthetic simplicity. The fine bone china series is an expression of ceramic manufacture at its best, in terms of craftsmanship. The individual pieces are handmade in our own manufacture, resulting in particularly thin wall thickness and an unprecedented degree of stability and use value. The cadmium- and lead-free glaze has an exceedingly smooth surface. The integrated cascading lines on the brim enhance the unpretentious and classic design of this series.

Die Gestaltung von Relief verbindet traditionelle Handwerkskunst mit ästhetisch durchdachter Einfachheit. Das Fine Bone China ist Ausdruck der handwerklich höchsten Stufe der keramischen Herstellung, bei der die Einzelteile in der eigenen Manufaktur von Hand gedreht werden, wodurch eine besonders feine Wandstärke mit einer unerreicht hohen Stabilität und einem hohen Gebrauchswert erzeugt wird. Die Glasur hat eine besonders glatte Oberfläche und ist blei- und cadmiumfrei. Die integrierten Stufen auf dem Tellerrand unterstreichen diese schlichte und klassisch gestaltete Serie.

**Serving Tray Series /
Servier- und Schneidebrettserie**

Menu A/S, Fredensborg,
Denmark / Dänemark
Design: Norm Design A/S
(Jonas Bjerre-Poulsen, Kasper Rønn),
Charlottenlund, Denmark / Dänemark
www.menu.as

This innovative series of serving trays in black melamine comes with accessories for aesthetic serving or carving. The serving set version is a stylish three-piece serving set with melamine tray, flat porcelain dish and an added cooling pad. Its design with a curved shape provides a sturdy grip. Tray and dish can be used together or each on its own. The carving set version is a melamine tray and a cutting board made of environmentally friendly bamboo hard wood, a natural material with antibacterial properties. The two pieces can also be used together or each on its own. By placing the cutting board in the tray, one has an ideal carving set for slicing or serving meat. The board has rubber feet and a hole in the middle so that juices from the meat drain into the tray – and not onto one's tablecloth.

Diese innovative Serie von Servier- und Schneidebrettern aus schwarzem Melamin enthält verschiedenes Zubehör für das ästhetisch ansprechende Servieren oder Schneiden von Lebensmitteln. Die Ausführung als Servierbrett ist ein stilvolles dreiteiliges Set, bestehend aus einem Brett aus Melamin, einer flachen Porzellanschale und einem Kühlblock. Die Gestaltung mit einer gewundenen Form sorgt für einen sicheren Griff. Brett und Schale können zusammen oder einzeln verwendet werden. Die Ausführung als Schneidebrett besteht aus einer Unterschale aus Melamin und einem Schneidebrett aus umweltfreundlichem Bambus-Hartholz, einem natürlichen Material mit antibakteriellen Eigenschaften. Auch diese beiden Teile können entweder zusammen oder einzeln verwendet werden. Legt man das Schneidebrett in die Unterschale, hat man ein ideales Set zum Schneiden und Servieren von Fleisch. Das Brett verfügt über Gummifüße und ein Loch in der Mitte, so dass der Saft des Fleisches in die Unterschale und nicht auf das Tischtuch fließt.

**Aspen Goblet / Aspen-Pokal**
Beer Goblet / Bier-Pokal

Sahm GmbH + Co. KG,
Höhr-Grenzhausen,
Germany / Deutschland
Design: Prof. Michael Boehm,
Berlin, Germany / Deutschland
www.sahm.de

This elegant beer goblet is designed for the young gastronomy scene. Because of its modern contours and beautiful foot, this goblet is ideally suited for presenting beer in an extraordinary way. As such, it is an enrichment for each set table.

Dieser elegant anmutende Bier-Pokal ist gestaltet für die junge Gastronomie-Szene. Durch seine zeitgemäße Linienführung und einen schönen Fuß ist dieser Pokal sehr gut geeignet, um ein Bier außergewöhnlich zu präsentieren. Damit ist er zugleich eine Bereicherung für jeden gedeckten Tisch.

**ICE**
Glass / Glas

Ricordi and Sfera Co., Ltd., Kyoto, Japan
Design: Iwasaki Design Studio
(Ichiro Iwasaki), Tokyo, Japan
www.iwasaki-design-studio.net

With its unconventional visual language, this series of glasses surprises the viewer. In contrast to circular glasses, this design concept features an irregular radius, creating a harmonious and self-contained impression. Due to the thin walls, the glasses impart an appearance of filigree and elegant aesthetics. Handling the glass challenges the tactile senses in a startling way, yet the unexpected haptics are perceived as quite pleasant. By experience, the relaxed tactile feel intensifies when the hand gradually gets used to the new contours. This can easily result in a frequent use. The glass is available in two different sizes.

Eine unkonventionelle Formgebung verblüfft den Betrachter dieser Glasserie. Im Kontrast zu kreisrunden Gläsern zeigt dieses Gestaltungskonzept einen unregelmäßig verlaufenden Radius, dessen Formensprache in sich geschlossen und harmonisch wirkt. Dünnwandig gefertigt erzeugt die Glasserie eine filigran und elegant anmutende Ästhetik. Die Handhabung des Glases fordert den menschlichen Tastsinn auf überraschende Weise heraus, wobei die unerwartete Haptik als angenehm erlebt wird. Erfahrungsgemäß verstärkt sich das entspannte Tastgefühl dadurch, dass sich die Hand allmählich an die neue Kontur gewöhnt, was zur täglichen Benutzung verführt. Das Glas ist in zwei unterschiedlichen Größen erhältlich.

**Landscape**
**Dining Concept / Dining-Konzept**

Rosenthal AG, Selb,
Germany / Deutschland
Design: Studio Urquiola,
Milan, Italy / Mailand, Italien
www.rosenthal.de
www.patriciaurquiola.com

Different three-dimensional patterns lend the Landscape porcelain series an extra dimension and emphasise its high quality. The seven different reliefs on porcelain elements are sometimes arranged asymmetrically, sometimes covering the entire surface. Here and there, the pattern breaks out across the rim, reshaping its line. As such, this individual design and formal feature allows versatile alternative combinations. The transparency, a major property of high-quality porcelain products, is particularly evident in this design concept.

Verschiedene dreidimensionale Muster geben der Porzellanserie Landscape eine zusätzliche Dimension und unterstreichen deren Wertigkeit. Die sieben unterschiedlichen Reliefs auf den Porzellanteilen sind teils asymmetrisch angeordnet, teils bedecken sie die gesamte Oberfläche. In einigen Fällen durchbricht das Muster den Rand und es entsteht eine neue Linienführung. Diese individuelle Gestaltung und formale Besonderheit erlaubt vielfältige Kombinationsmöglichkeiten. Besonders auffällig bei diesem Entwurf ist die Transparenz, ein wesentliches Qualitätsmerkmal der hochwertigen Porzellanprodukte dieses Designkonzepts.

### V20 Vase

RaptusLab,
Milan, Italy / Mailand, Italien
Design: Change Design Srl,
Venezia Mestre, Italy / Italien
www.raptuslab.com

V20 is a limited edition vase. It is the first in a family of taped fabric objects with innovative and original design. Its particular construction process makes it a fashion object with a strong creative valve given by the collaboration with artists. The vase is formed by several pieces of fabric with a waterproof membrane built together as a puzzle that is stitched and taped for complete watertightness. It is made by applying a unique process of design, taking the fashion industry knowledge out of its context and creating an object that works as a vase but is constructed as a raincoat – a new visual language for interior decoration.

V20 ist eine Sonderserie von Vasen mit begrenzter Stückzahl. Sie ist die erste in einer Reihe von Vasen aus Textilstoffen mit einer innovativen und originellen Gestaltung. Die enge Zusammenarbeit mit fantasievollen Künstlern bei der Fertigung dieser Vase macht sie zu einem modischen Objekt mit hohem kreativem Anspruch. Sie besteht aus mehreren miteinander vernähten Patches von Textilstoffen mit einer wasserdichten Membran, die wie ein Puzzle zusammengefügt sind. Bei diesem besonderen Gestaltungsvorgang werden einschlägige Kenntnisse aus der Modebranche ihrem gewöhnlichen Kontext entnommen und zur Herstellung eines Objekts eingesetzt, das die Funktion einer Vase erfüllt, aber wie ein Regenmantel gefertigt ist – eine neue visuelle Sprache für die Innendekoration.

### Lounge
Bowl / Schale

WMF AG, Geislingen,
Germany / Deutschland
Design: Metz & Kindler Produktdesign,
Darmstadt, Germany / Deutschland
www.wmf.de
www.metz-kindler.de

Like a mirror this multifunctional bowl reflects its content. The Cromargan is polished to high finish and thanks to its double-wall manufacture it communicates a voluminous impression. The object appears very compact and seems to have been cast from solid steel. Useful for many purposes the bowl can take up fruits; with flowers, twigs or stones it can also be used as a decorative object. Thanks to its sculptural style the bowl is well positioned in a room even without content.

Gleich einem Spiegel reflektiert diese multifunktionale Schale ihren Inhalt. Das auf Hochglanz polierte Cromargan hat dank seiner doppelwandigen Ausführung eine vollvolumige Anmutung. Es wirkt so kompakt, als sei das Objekt aus massivem Stahl gegossen. Flexibel einsetzbar eignet sich die Schale zur Aufbewahrung von Obst und Früchten, aber auch für rein dekorative Zwecke, für Blumen, Zweige oder Steine. Dank ihrer skulpturalen Formensprache steht sie aber auch ohne Inhalt nicht deplatziert im Raum.

### To Go
Thermo Cup / Thermobecher

Stelton A/S, Copenhagen,
Denmark / Kopenhagen, Dänemark
Design: Designit, Aarhus,
Denmark / Dänemark
www.stelton.com
www.designit.com

The To Go thermo cup features a patented rocker stopper allowing travellers to enjoy hot coffee or cold ice tea on the go. It is handled like a conventional cup and conveys the feeling of a cup without a lid, because the rocker stopper allows the user to drink in any position and from all 360 degrees around the cup. The cup is made of high-grade stainless steel and ABS plastics.

Der Thermobecher To Go ist gestaltet mit einem patentierten Kippverschluss, der es dem Reisenden ermöglicht, während der Fahrt entspannt heißen Kaffee oder kalten Eistee zu genießen. Er lässt sich handhaben wie ein normaler Becher und vermittelt dabei das Gefühl eines Bechers ohne Deckel, denn der Kippverschluss erlaubt das Trinken aus allen Positionen und allen Winkeln. Der Becher ist gefertigt aus hochwertigem Edelstahl und ABS-Kunststoff.

**Moon**
Centrepiece / Tafelaufsatz

Magppie Retail Ltd., Delhi, India / Indien
In-house design / Werksdesign
www.magppie.com

The sensuality in the form of this centrepiece has come alive with its soft elegant curves. The little raise from the ground lends a shadow that evokes a sense of divine aura about itself. The purity of aesthetics makes it suitable for adding beauty to the decoration by itself or it could act as a holder for other pretty collectibles.

Die sinnliche Form dieses Tafelaufsatzes vermittelt mit ihren weichen, eleganten Kurven einen lebendigen Eindruck. Die kleine Erhebung vom Boden erzeugt einen Schatten, der die Empfindung einer geradezu himmlischen Aura beschwört. Seine reine Ästhetik macht das Objekt schon für sich zu einem schönen Dekorationselement. Es kann aber auch andere schöne Gegenstände präsentieren.

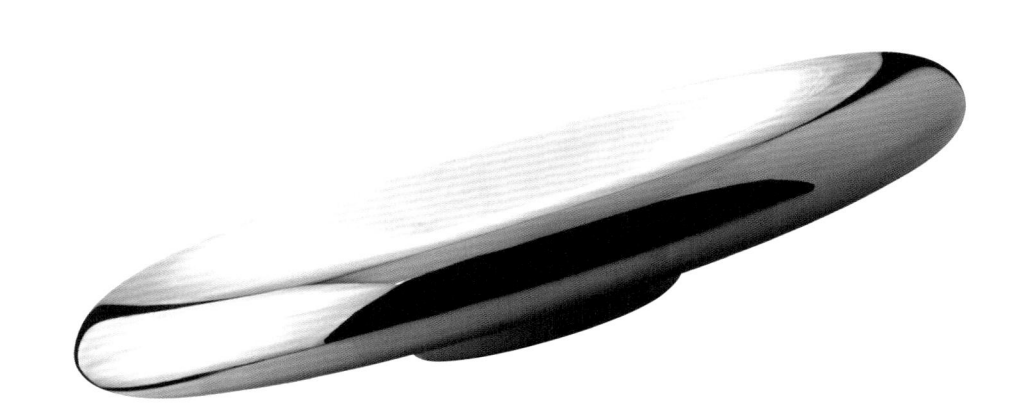

**Vane**
Cutlery / Besteck

Auerhahn Bestecke GmbH,
Altensteig, Germany / Deutschland
Design: Produktgestaltung Claudia Christl, Hamburg,
Germany / Deutschland
www.auerhahn-bestecke.de

The Vane cutlery shows a well-balanced design giving the user a feeling of personal freedom. Its soft and flowing contours are pleasing both to the eye and the touch. The transitions between the front and the handles are finely modelled, and the sensitively crafted balance of the materials give the set an elegant appearance. Continuous ergonomics of the oval handles additionally enhance the haptic experience.

Vane ist ein ausgewogen gestaltetes Besteck für den persönlichen Freiraum. Seine weichen und fließenden Außenkonturen sind visuell wie auch haptisch angenehm. Die Übergänge zwischen Vorderteilen und Stielen sind fein modelliert, sensibel austarierte Materialstärken verleihen Vane eine gute Balance. Seine durchgängige Ergonomie in ovalen Stielquerschnitten erhöht das haptische Erleben zusätzlich.

Apoll
Fireplace / Feuerstelle

Carl Mertens, Solingen,
Germany / Deutschland
Design: Studio Wagner:Design
(Wolf Udo Wagner), Frankfurt/Main,
Germany / Deutschland
www.carl-mertens.com
www.wagner-design.de

The design of the Apoll fireplace focused on well thought-out functionality and a clear visual language – Apoll understands itself as a stage for fire. As an alternative to conventional fireplaces with the same dimensions as firesides, Apoll is conceived for use on tables or sideboards, thus being suitable for all living spaces. Bioethanol (ethanol 96 per cent) is used for the fireplace. This is highly pure biological alcohol leaving nothing but water vapour and carbon dioxide when burning it. It is smoke- and odour-free.

Bei der Gestaltung der Feuerstelle Apoll spielten eine durchdachte Funktionalität sowie eine klare Formensprache eine zentrale Rolle – Apoll versteht sich als eine Bühne für das Feuer. Als Alternative zu bekannten Feuerstellen mit Baumaßen wie bei Kaminen ist Apoll für Tisch, Tafel oder Sideboard konzipiert und somit für alle Wohnsituationen geeignet. Die Feuerstelle wird mit Bioalkohol (Ethanol 96 Prozent) betrieben. Dabei handelt es sich um hochreinen biologischen Alkohol, der ohne Rauch- und Geruchsbildung zu Wasserdampf und Kohlendioxid verbrennt.

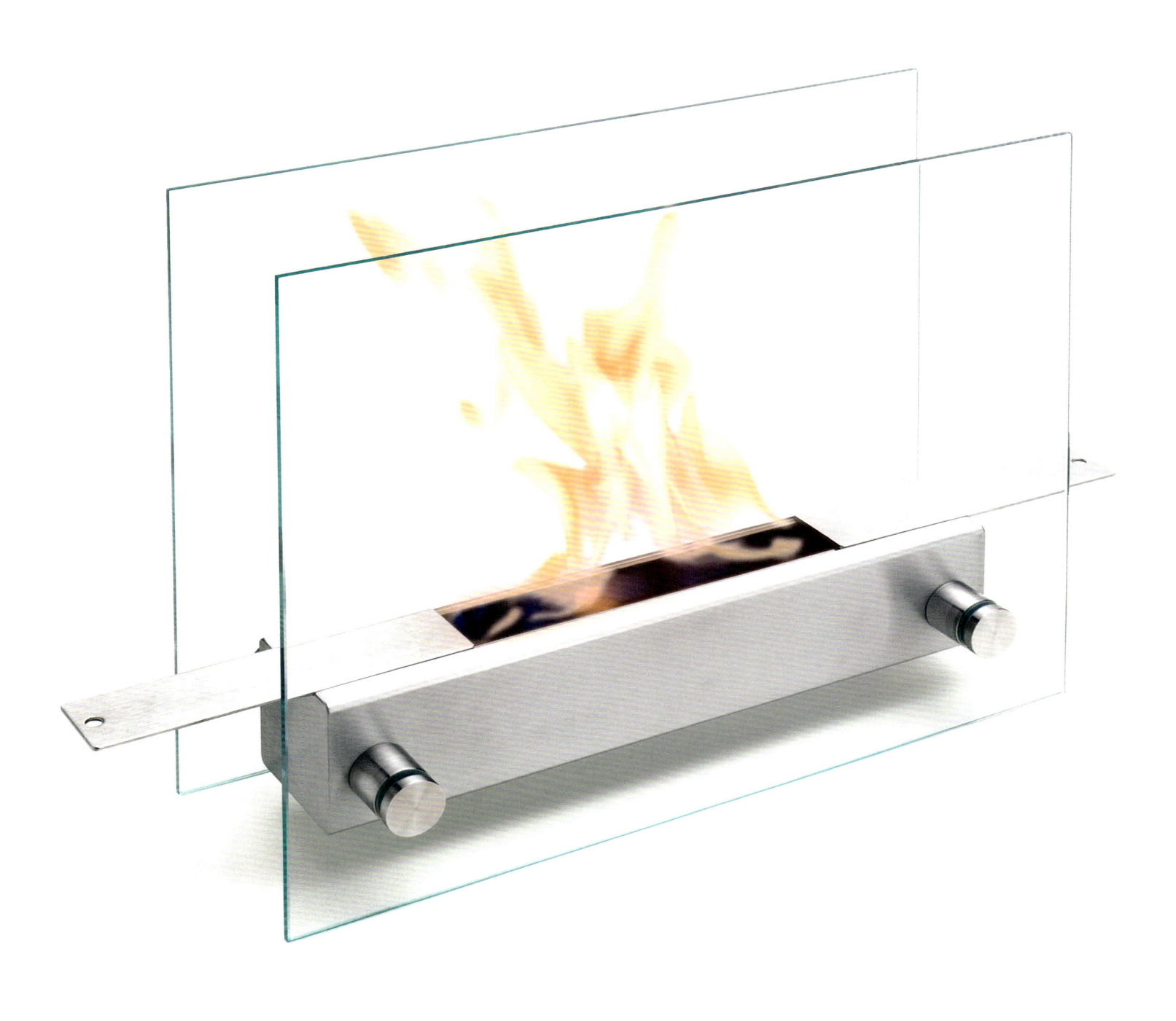

**a.**
**Water Pipe / Wasserpfeife**

TRIBUDESIGN s.a.r.l.,
Beirut, Lebanon / Libanon
In-house design / Werksdesign:
TRIBUDESIGN / Zareh Sarabian
www.tribudesign.net

The design of "a." is an unconventional approach to a very traditional item: the Middle Eastern water pipe. With its flat and slim minimalist shape, it sets new aesthetic standards and inspires new social behaviours. The form is the result of cutting-edge techniques and the use of carefully selected materials like stainless steel. Its biggest innovation is that "a." is one of the first water pipes that is industrially designed, with the biggest challenge being the replacement of a usually three-part element with a single unibody, thus making it easy to use and to take care of. Its shape is practical and user-friendly, and it can be used in different contexts and settings. The solid surface and the use of stainless steel makes it more hygienic and considerably reduces health damages usually inflicted by conventional water pipes.

Die Gestaltung von a. beruht auf einem unkonventionellen Ansatz zur Formgebung eines Gegenstands mit langer Tradition: der orientalischen Wasserpfeife. Mit ihrer flachen und minimalistischen Formensprache setzt sie neue ästhetische Standards und inspiriert zu einer neuen Art des gesellschaftlichen Zusammenseins. Die Form ist das Ergebnis innovativer Fertigungstechniken und der Verwendung sorgfältig ausgewählter Materialien wie Edelstahl. Die besondere Innovation liegt darin, dass a. eine der ersten Wasserpfeifen ist, die industriell hergestellt wird. Die größte Herausforderung dabei war, einen Gegenstand, der gewöhnlich aus drei Teilen besteht, durchgehend aus einem einzigen zu fertigen, wodurch Handhabung und Pflege vereinfacht werden. Die Form ist praktisch und benutzerfreundlich, weshalb die Pfeife bei unterschiedlichsten Anlässen zum Einsatz kommen kann. Die robuste Oberfläche und die Verwendung von Edelstahl sorgen für ein höheres Maß an Hygiene und verringern die von konventionellen Wasserpfeifen gewöhnlich ausgehenden Gesundheitsrisiken.

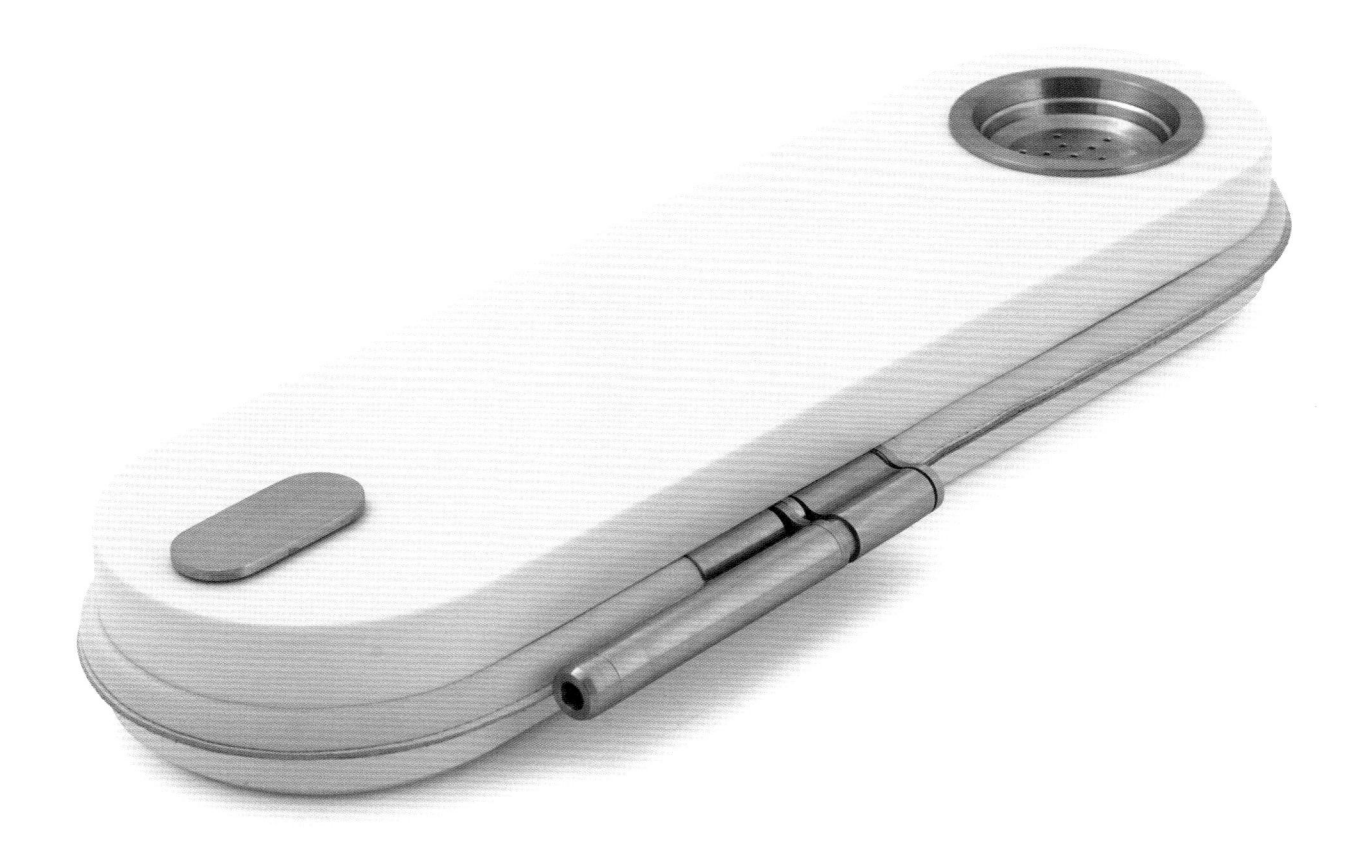

**Paloma**
Tumbler / Becherglas

Diversion Manufacture Royale,
Montolieu, France / Frankreich
Design: BiS Productions Ltd
(Brook Sigal, Julienne Daniaux),
London, GB

Paloma is a thin mouth-blown tumbler with a height of 11 cm, using a unique manufacturing process to create a sensual effect of subtly spun threads of glass, available in limitless combinations of colours. With its size, conical shape and light weight, Paloma rests comfortably in one's hands. The delicate texture of the glass swirls is pleasant and seems to magnify the beverage. Furthermore, sets of multi- or single-colour carafes and different-sized tumblers used for water, wine, tea or coffee can be made to order.

Paloma ist ein dünnes mundgeblasenes Glas mit einer Höhe von 11 cm, bei dem ein einzigartiger Fertigungsprozess zum Einsatz kommt. Das Glas ist in vielen Farbkombinationen erhältlich und wirkt auf den Betrachter so, als ob feine Fäden aus Glas in seine Wand eingesponnen wären, was ihm eine sinnliche Haptik verleiht. Durch seine Größe, die konisch zulaufende Form und sein geringes Gewicht liegt Paloma angenehm in der Hand. Die filigrane Oberflächenstruktur der Wirbel ist ansprechend und scheint die Menge an Flüssigkeit zu vergrößern. Sowohl ein- als auch mehrfarbige Sets von Karaffen und Gläsern in unterschiedlichen Größen für Wasser, Wein, Tee oder Kaffee sind erhältlich.

**Gemme**
Salad Set / Salat-Set

Fratelli Guzzini, Recanati, Italy / Italien
Design: Caterina Fadda Studio
(Caterina Fadda, Fran Santos),
London, GB
www.fratelliguzzini.com
www.caterinafadda.com

This salad set is named after its gem-like quality: the material and richness of colour is emphasised by variations in the wall thickness. Here a good degree of technical knowledge has been applied to obtain the sinuous profile. The sensual lines of the bowls respond to tactile and ergonomic considerations, while the salad servers emphasise the lens-like quality of the material. The set consists of six units made of SAN plastic, injection moulded: salad bowls in two sizes, a medium and a small bowl, and a pair of salad servers.

Dieses Salat-Set erhielt seinen Namen aufgrund seiner edelsteinartigen Qualitäten: Das Material und die Farbvielfalt erfahren eine zusätzliche Betonung durch die Ausführung in unterschiedlichen Wandstärken. Das gewundene Profil ist das Ergebnis ausgeklügelten technischen Wissens. Die sinnlichen Linien der Schüsseln sprechen mit ihrer Ergonomie den Tastsinn an, während der vordere Teil der Salatlöffel den Eindruck von optischen Linsen hervorruft. Das Set besteht aus sechs Teilen, die aus SAN-Kunststoff im Spritzgussverfahren hergestellt werden: Salatschüsseln in zwei Größen, eine mittelgroße und eine kleine Schale sowie ein Paar Servierlöffel.

Forest
Glass Set / Glas-Serie

ilio, Istanbul, Turkey / Türkei
Design: Demirden Design
(H. Demir Obuz), Istanbul,
Turkey / Türkei
www.ilio.eu
www.demirden.com

Forest has been designed as a tabletop landscape bringing together stylised forms of different tree shapes. Emulating nature, the elements of this set draw a new landscape each time they are set on the table. Forest is made of crystalline glass, a natural and recyclable material. Despite the varying shapes and sizes within the Forest set, the glasses all have the same volume with a common aesthetic language. Random allocation of the glasses to each person at the table is the highlight of this set.

Forest ist als eine Tischlandschaft entworfen, die stilisierte Formen vielfältiger Baumumrisse zusammenbringt. In Anlehnung an die Natur schaffen die Elemente dieser Serie immer wieder neue Landschaftsbilder, wenn sie auf dem Tisch platziert werden. Forest ist aus Kristallglas gefertigt, einem natürlichen und wiederverwertbaren Material. Trotz der unterschiedlichen Formen und Größen innerhalb von Forest haben alle Gläser das gleiche Fassungsvermögen und weisen eine gemeinsame ästhetische Sprache auf. Die Verteilung der Gläser an die einzelnen Gäste am Tisch erfolgt nach dem Zufallsprinzip.

**Halm**
Salad Servers / Salatbesteck

Carl Mertens, Solingen,
Germany / Deutschland
Design: Jehs+Laub GbR, Stuttgart,
Germany / Deutschland
www.carl-mertens.com
www.jehs-laub.com

Halm was inspired by nature and the beauty of organic forms. The result is a purist yet refined design. With its extended length, it displays strict clarity with an Asian touch. Thanks to its high-quality manufacture and classic shape, it is a durable accessory intended to outlive short-term fashion fads and giving decades of joy to its owner.

Für Halm stand ein Vorbild aus der Natur Pate. Inspiriert von der schlichten Schönheit organischer Formen, wurde ein puristisch, aber dennoch raffiniert anmutendes Salatbesteck geschaffen. Überlang gestaltet, besitzt es eine strenge, asiatisch wirkende Klarheit. Dank seiner hochwertigen Verarbeitung und der klassischen Form ist es ein langlebiges Accessoire, das schnelle Moden überdauern und dem Besitzer über Jahrzehnte Freude bereiten will.

**Prime**
Ceramic Tableware / Keramikgeschirr

Royal Porcelain Public Company Limited,
Bangkok, Thailand
In-house design / Werksdesign:
Chakhree Wikranharit
www.royalporcelain.co.th

Prime is designed to answer the challenge of how to modify typical square rim or coupe dinnerware in such a way that it will look interesting, simple and elegant. With a rim design on two sides and coupe design on the others, the result is a square dinner service that also has the look and feel of a rectangular one.

Prime ist die gestalterische Antwort auf die Herausforderung, einen typisch quadratischen Rand oder eine quadratische Coupeplatte so zu ändern, dass es interessant, einfach und elegant wirkt. Mit einem Randdesign auf zwei Seiten und einem Coupedesign auf den anderen Seiten entstand ein quadratisches Tafelgeschirr, das das Aussehen und Gefühl eines rechteckigen Service vermittelt.

Flow
Water Set / Wasser-Set

Glesia d.o.o., Ljubljana,
Slovenia / Slowenien
In-house design / Werksdesign: Tanja Pak
www.tanjapak.com

Flowing water and lyrical themes gave the inspiration for the design of this water set: the body is 75 per cent water and it undulates with each breath. The movement needs the water to propel this incredible construction. A dewdrop in the morning light slides down a leaf towards the fragrant ground. The whole world is within a drop. A bottle and a glass of water on the desk. It flows like the stream of thoughts. The body is 75 per cent water and it is one sole light.

Die Gestaltung dieses Wasser-Sets verkörpert das Fließen des Wassers. Sie ist inspiriert von lyrischen Themen: Der Körper besteht zu 75 Prozent aus Wasser. Jedes Einatmen und jedes Ausatmen lässt es aufwallen. Bewegung und Lachen brauchen Wasser, es treibt diese unglaubliche Maschine an. Im Morgenlicht gleitet ein Tautropfen vom Blatt zum duftenden Boden. Die ganze Welt ist in einem Tropfen. Auf dem Schreibtisch ein Fläschchen und ein Glas Wasser. Es fließt wie der Fluss der Gedanken. Der Körper ist zu 75 Prozent Wasser und pures Licht.

**Bone China Teapot/
Bone-China-Teekanne**

Yehidea Home Design, Beijing, China
In-house design/Werksdesign:
Yu-Hsuan Yeh
www.yehidea.com

The form of this teapot celebrates water and its flowing characteristics. It is made of high-quality bone china without a handle. Thanks to its innovative patented double wall, it keeps water hot without risking to burn one's hand when handling the teapot.

Die Form dieser Teekanne zelebriert das Wasser und dessen Fließkräfte. Gestaltet ist sie ohne Griff und aus hochwertigem Bone China. Durch eine innovative, patentrechtlich geschützte doppelte Wand hält sie das Wasser warm, ohne dass man sich verbrennt.

**Twins Square/Round
Teapot and Teacups/
Teekanne und Teetassen**

Dragonfly Gallery Co. Ltd., Taipei, Taiwan
In-house design/Werksdesign:
Dah Yue Shi
www.dragonfly.com.tw

The design concept of this teapot and teacups originates from the Chinese philosophy of the universe. The circle stands for the heaven, the square stands for the earth. Circle and square symbolise completeness and harmony in Chinese culture. The idea was to blend the basic visual elements of classic Chinese aesthetics into a product with a contemporary touch.

Das Gestaltungskonzept dieser Teekanne und Teetassen beruht auf der chinesischen Philosophie des Universums. Der Kreis steht für den Himmel, das Quadrat für die Erde. In der chinesischen Kultur verkörpern Kreis und Quadrat Vollkommenheit und Harmonie. Die Gestaltungsidee zielt darauf ab, grundlegende visuelle Elemente der klassischen chinesischen Ästhetik in ein Produkt mit zeitgenössischem Touch zu integrieren.

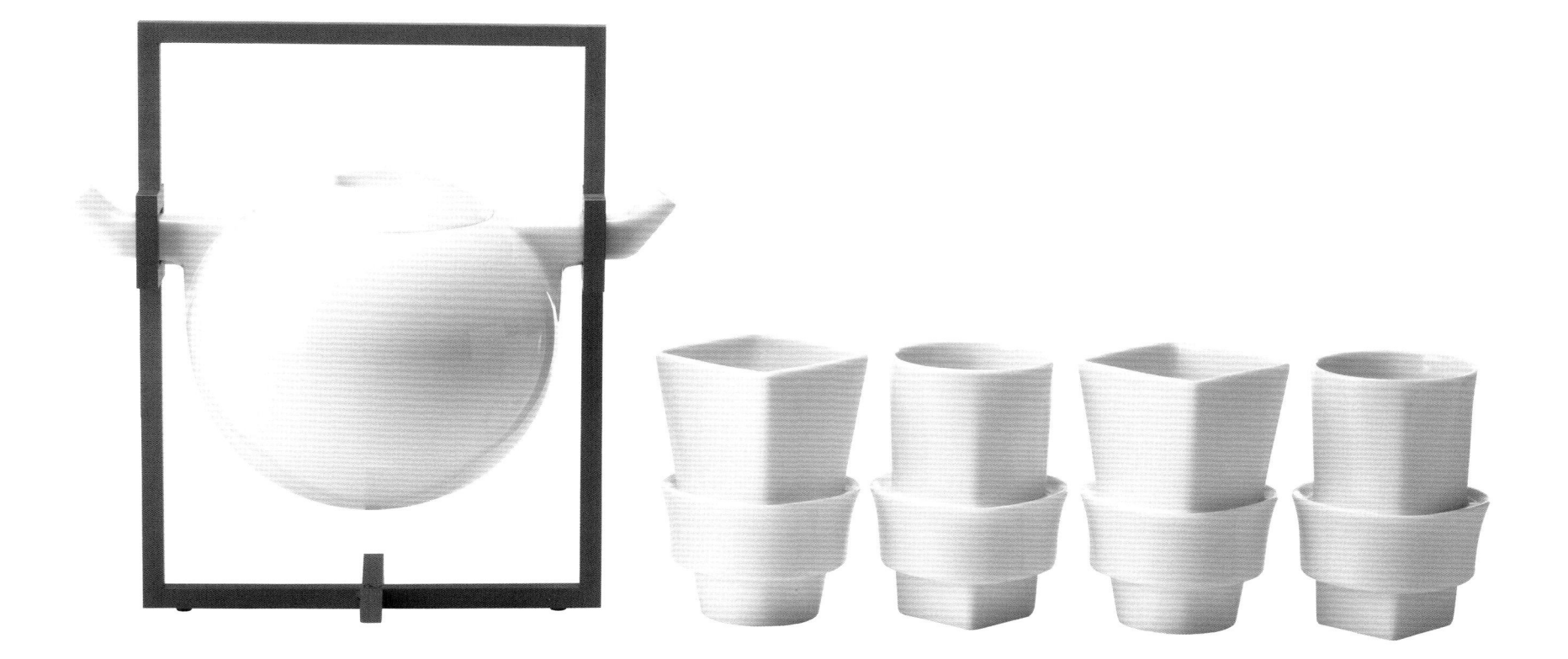

**Boogie Woogie**
Salt and Pepper Shaker /
Salz- und Pfefferstreuer

Menu A/S, Fredensborg,
Denmark / Dänemark
Design: Murken Hansen,
Berlin, Germany / Deutschland
www.menu.as

Boogie Woogie is a salt and pepper shaker on wheels. With its special design, it lets the good times roll. The idea is to give the elegant shaker a gentle push and thus to wheel the salt or pepper to one's guests.

Boogie Woogie ist ein Salz- und Pfefferstreuer auf Rädern. Mit seiner speziellen Gestaltung sorgt er für gute Laune am Esstisch. Die Idee ist, dem Streuer einen leichten Schubs zu geben und so Salz oder Pfeffer zu den Gästen hinüberzurollen.

**Zisha Tea Project**
Ceramics / Keramik

neri & hu, inc., Shanghai, China
In-house design / Werksdesign
www.neriandhu.com

The Zisha Tea Project follows traditional teacups, in terms of purity of the material and its form. The colour hues of the collection are intended to animate the user to appreciate the quality of the Zisha material. Tea connoisseurs enjoy the different sorts of tea through the perception of colour, texture, taste and form.

Das Zisha Tea Project ist durch die Reinheit des Materials und der Form an traditionelle Teebehälter angelehnt. Die Farbtöne der Kollektion wollen den Benutzer dazu animieren, die Qualitäten des Materials Zisha zu würdigen. Teekenner genießen dabei die verschiedenen Teearten durch die Wahrnehmung von Farbe, Textur, Geschmack und Form.

**Twin**
Salt and Pepper Grinder /
Salz- und Pfeffermühle

Bodum AG, Triengen,
Switzerland / Schweiz
In-house design / Werksdesign:
Bodum Design Group
www.bodum.com

The Twin salt and pepper grinder spices up kitchen counters and dinner tables alike. With a simple turn of the coloured silicone band serving as a non-slip handle, the grinder switches between pepper and salt. The Twin's shape is round on top and elliptical at the bottom, combining the ergonomically correct shape for hands with the advantage of taking up less space. Its powerful ceramic gears make this manual grinder easy to use. A window shows when the grinder needs to be refilled.

Die Salz- und Pfeffermühle Twin findet Einsatz in der Küche sowie auf dem Esstisch. Durch eine einfache Drehung des farbigen Silikonbands, welches als rutschfester Griff dient, wechselt die Mühle von Pfeffer zu Salz. Twin ist oben rund und unten elliptisch gestaltet und kombiniert so die ergonomisch korrekte Form für die Hände mit dem Vorteil einer besseren Platznutzung. Mit kraftvollen Keramikmahlwerken ist diese manuelle Mühle gut zu handhaben. Ein Sichtfenster zeigt an, wann die Mühle nachgefüllt werden muss.

Prof. Carlos Hinrichsen

Prof. Stefan Lengyel

Prof. Ron Nabarro

# Bathrooms, spa and air-conditioning
## Highest quality and sensuality

# Bad, Wellness und Klimatechnik
## Höchste Qualität und Sinnlichkeit

The manufacturers of the category "bathrooms, spa and air-conditioning" also attempt to position themselves in the market with high quality and well though-out innovations in order to prevail against the competition. High-quality, well-manufactured and thus durable products are in line with the trend. In times of crisis the consumers put increasing emphasis on the highest quality and durability. The design in the category "bathrooms, spa and air-conditioning" arouses emotions and appeals to the senses – the holistic wellness idea dominates the design. Harmonious combinations of different materials and design languages question traditional values and integrate ideas from Far Eastern cultures in a holistic, deliberate product design.

Auch die Hersteller in der Kategorie „Bad, Wellness und Klimatechnik" versuchen, sich mit einer hohen Qualität und durchdachten Innovationen am Markt zu positionieren und sich im Wettbewerb zu behaupten. Hochwertige, gut verarbeitete und damit langlebige Produkte sind im Trend. In Zeiten der Krise legen die Verbraucher zunehmend Wert auf höchste Qualität und Nachhaltigkeit. Das Design im Bereich „Bad, Wellness und Klimatechnik" weckt Emotionen und appelliert an die Sinnlichkeit – der ganzheitliche Wellness-Gedanke bestimmt die Gestaltung. Harmonische Kombinationen verschiedener Materialien und Formensprachen stellen traditionelle Wertvorstellungen infrage und integrieren das Gedankengut fernöstlicher Kulturen in eine ganzheitliche, bewusste Produktgestaltung.

**Poresta Slot**
**Floor-Level Shower System/**
**Bodenebenes Duschsystem**

illbruck Sanitärtechnik GmbH,
Bad Wildungen, Germany/Deutschland
In-house design/Werksdesign
www.poresta.de

The visual attraction of this floor-level shower system is the minimalist design of the water drain creating an undisturbed, puristic view of the room setting. The harmony of the floor with large-scale tiling is neither disturbed nor interrupted by any other design element. The result is that the shower itself is hardly perceived. The continuous floor causes the positive visual effect of enlarging the room. The design of the innovative drainage system is consistent and allows the shower water to elegantly drain off: it seeps away completely in a hardly visible shadow gap. An integrated gradient ensures full outflow of the shower water falling down on the tiled floor. The remaining splash water rolls directly off the wall into the shadow gap, which is located at the lower angle between the wall and the floor. With a maximum width of 7 mm it is not identified as drainage system. It is possible to flexibly adapt the aesthetic shower area in form, size and drainage performance to the respective architectural settings.

Der optische Reiz dieses bodenebenen Duschsystems liegt in der minimalistischen Gestaltung des Wasserablaufs, wodurch ein ungestörtes, puristisches Raumbild geschaffen wird. Die Harmonie des großflächig gefliesten Bodens wird durch kein weiteres Gestaltungselement gestört oder unterbrochen. Hierdurch entsteht der Effekt, dass die Dusche als solche kaum wahrgenommen wird. Der durchgehende Bodenbelag hat zudem die positive Wirkung, den Raum optisch zu vergrößern. Konsequent durchdacht sorgt das innovative Entwässerungssystem für einen eleganten Ablauf des Duschwassers: Es versickert vollständig in eine kaum sichtbare Schattenfuge. Ein eingearbeitetes Gefälle im Boden gewährleistet den vollständigen Abfluss des Duschwassers, das auf den Fliesenboden fällt. Das restliche Spritzwasser perlt direkt von der Wand in die Schattenfuge ab. Diese befindet sich im unteren Winkel zwischen Wand und Duschboden und fällt mit ihrer maximalen Breite von 7 mm nicht als Ablaufsystem auf. Der ästhetisch anmutende Duschplatz kann in Form, Größe und Ablaufleistung flexibel den jeweiligen architektonischen Gegebenheiten angepasst werden.

Bathrooms, spa and air-conditioning  251

### Nirvana
### Bathtub / Badewanne

**Bathroom Design Co., Ltd.,
Bangkok, Thailand
Design: Bathroom Design Team
www.bathroomtomorrow.com**

Due to an innovative design concept, the Nirvana bathtub uses 60 per cent less water than bathtubs of a similar size. The result is a smooth and ergonomically shaped bath. As if it was made out of a single piece, the transition of the inside and outside of this bathtub is seamless. This is possible by processing a high-grade acrylic sheet (i-Crylic) whose translucent attribute highlights a pleasant light concept. 360 LED light spots furnish a new kind of chromotherapy; the user feels like drifting through the galaxy. The control system was inconspicuously integrated underneath the bathtub so that no technical feature interrupts its organic appearance. When the user slides his hand over the respective symbol, the hand shower moves upwards. In the tub, the colour light can be switched on or off. The Nirvana bathtub features an electronic tap and an automatic water fill/stop function. The temperature is indicated on the rim of the bathtub.

Durch ein innovatives Gestaltungskonzept benötigt die Badewanne Nirvana 60 Prozent weniger Wasser als Badewannen vergleichbarer Größe. Das Ergebnis ist eine geschmeidig und ergonomisch geformte Wanne, die aufgrund ihrer fließenden Übergänge von der Außen- zur Innenseite wie aus einem Stück gefertigt zu sein scheint. Möglich gemacht wurde dies durch Verarbeitung hochwertiger Acrylglaskomponenten (i-Crylic), deren durchscheinende Eigenschaften ein interessantes und ansprechendes Lichtgestaltungskonzept zum Ausdruck bringen. 360 LED-Lichtspots haben auf den Nutzer die Wirkung einer neuen Form von Farb- und Lichttherapie, die dem Gefühl nahekommt, durch die Galaxis zu schweben. Das Bediensystem ist unauffällig in die Unterseite der Wanne integriert, so dass ihre organische Gesamterscheinung nicht durch technische Details unterbrochen wird. Wenn der Nutzer mit seiner Hand über das entsprechende Bediensymbol gleitet, bewegt sich die Handbrause nach oben. Das farbige Licht in der Wanne kann je nach Wunsch ein- oder ausgeschaltet werden. Nirvana verfügt über eine elektronische Wassereinlass- und eine automatische Wasserstopp-Funktion. Die Wassertemperatur wird jederzeit am Badewannenrand angezeigt.

**Neorest LE**
Toilet / Toilette

Toto Ltd., Kitakyushu, Fukuoka Pre.,
Japan
In-house design / Werksdesign:
Masahiro Maruhashi
www.toto.co.jp/en

This innovative toilet combines mature Washlet technologies with a number of advanced product specifications. A reduced, neutral silhouette with a slightly curved lid hides a luxurious toilet with an integrated shower function. Additional functions comprise a sensor-controlled lid and automatic flushing. Furthermore, various cleansing functions and a warm air-drying function increase its utility value. Optionally a deodoriser can be activated for enhanced comfort; the temperature of the seat can be set at discretion. The CeFiONtect surface coating as well as the Tornado flush ensure self-cleansing of the ceramic without any residues. All functions are set with an elegant and ergonomically useful remote control. Consistent with the toilet the flush plate is made of translucent epoxy resin material.

Diese innovative Toilette vereint die ausgereifte Washlet-Technologie mit einer Reihe fortschrittlicher Produkteigenschaften. Eine zurückgenommen neutrale Silhouette mit leicht geschwungenem Deckel verbirgt ein luxuriöses WC mit integrierter Duschfunktion. Zusätzliche Funktionen umfassen einen sensorgesteuerten Deckel sowie eine automatische Spülung. Darüber hinaus steigern verschiedene Reinigungsfunktionen sowie eine Trocknungsfunktion mit warmer Luft den Gebrauchswert. Für zusätzlichen Komfort kann optional eine Duftfunktion eingeschaltet und die Temperatur des Sitzrings nach Belieben eingestellt werden. Die CeFiONtect-Beschichtung und die Tornado-Spülung sorgen für die Selbstreinigung der Keramik, ohne unangenehme Rückstände. Alle Funktionen werden mit einer eleganten und ergonomisch sinnvollen Fernbedienung gesteuert. Bei der Fertigung der zum WC gehörigen Drückerplatte wird transparentes Epoxidmaterial stimmig eingesetzt.

### Lunacrystal
Washbasin / Waschtisch

Toto Ltd., Kitakyushu,
Fukuoka Pre., Japan
In-house design / Werksdesign:
Masanobu Wano, Shigeru Aso
www.toto.co.jp

Soft light characterises the appearance of this integrated washbasin that is made of transparent epoxy resin crystal material and seamlessly blends in with a dark counter. Its concept is to break up fixed forms and give users the feeling that their hands would disappear behind a veil of light. To achieve this effect energy-saving LEDs were integrated in the basin. The bottom of the washbasin is made of the same material as the counter increasing the impression of a mysterious light rim.

Sanftes Licht prägt das Erscheinungsbild dieses integrierten Waschtisches, der aus einem transparenten Epoxidharz-Kristall-Material gefertigt und nahtlos in eine dunkle Waschtischplatte eingefügt ist. Dahinter steht der Anspruch, feste Formen aufzubrechen und dem Nutzer das Gefühl zu vermitteln, seine Hände würden hinter einem Schleier aus Licht verschwinden. Um diesen Effekt zu erreichen, wurden energiesparende LEDs ins Becken integriert. Der Boden des Waschbeckens ist aus dem gleichen Material wie der Waschtisch gestaltet, was den Eindruck eines mysteriösen Lichtrands verstärkt.

### Neorest AH
Toilet / Toilette

Toto Ltd., Kitakyushu,
Fukuoka Pre., Japan
In-house design / Werksdesign:
Yasushi Takahashi, Minoru Tani
www.toto.co.jp

With regard to functionality and visual appearance the innovative design concept of this toilet matches superior needs. An elegant, slightly curved line concept reduces the visible contours to a minimum. Inside, there is a rimless water basin as well as a stain-resistant, CeFiONtect-coated surface that is easy to clean. Besides, a patented Tornado flush destroys germs. Neorest AH was designed as an environmentally friendly and cost-saving product solution. Only 5.5 litres of water per flush are therefore used. Thanks to its hybrid ecology system this toilet is moreover suitable for high-rise buildings and environments with low water pressure.

Das innovative Gestaltungskonzept dieser Toilette orientiert sich an den gehobenen Ansprüchen hinsichtlich Funktionalität und Optik. Eine elegante, leicht geschwungene Linienführung reduziert die von außen sichtbaren Konturen auf ein Minimum. Im Innern verbirgt sich ein randloses Wasserbecken und eine fleckenresistente, mit CeFiONtect beschichtete Oberfläche, welche die Reinigung vereinfacht. Die patentierte Tornado-Spülung vernichtet zudem Bakterien. Neorest AH wurde als umweltfreundliche und kostensparende Produktlösung konzipiert, daher verbraucht die Spülung nur 5,5 Liter Wasser pro Spülgang. Dank ihres hybriden Öko-Systems ist diese Toilette auch in Hochhäusern und anderen Orten mit niedrigem Wasserdruck sehr gut einsetzbar.

**Neorest LE**
Washbasin / Waschtisch

Toto Ltd., Kitakyushu, Fukuoka Pre.,
Japan
In-house design / Werksdesign:
Yasushi Takahashi, Mitsuya Obara
www.toto.co.jp/en

Crafted from an innovative, translucent material this washbasin ensemble combines the elegant appearance of a well-balanced style with high technical perfection. The advantages of the Luminist material comprise the transparent properties of glass as well as an exceptional durability. An embedded LED light emits gentle illumination through the translucent surface of the washbasin. This centrally accentuated light surface creates a pleasant atmosphere in the bathroom. In a harmonious interplay the slim, elegant faucet corresponds with the washbasin. Out of its slightly rounded angular contour a jet stream pours forth like a waterfall. The temperature is set by a highly responsive control knob, which is arranged at the lower right of the basin edge in close vicinity of the user. Thus, handling is not only easy but also offers instant and precise control of the water flow and temperature.

Gefertigt aus einem innovativen, lichtdurchlässigen Material vereint dieses Waschtisch-Ensemble die edle Anmutung einer ausgewogenen Formgebung mit einer hohen technischen Perfektion. Die Vorteile des Materials Luminist umfassen dabei sowohl die transparenten Eigenschaften von Glas als auch eine außergewöhnlich hohe Widerstandsfähigkeit. Durch die transparente Oberfläche des Waschtischs strahlt eine eingebettete LED-Leuchte eine sanfte Beleuchtung aus, diese mittig akzentuierte Lichtfläche schafft eine angenehme Atmosphäre im Bad. Die schlanke, elegante Armatur korrespondiert in harmonischem Zusammenspiel mit dem Waschbecken. Aus ihrer dezent abgerundeten Winkelkontur ergießt sich ein wasserfallartiger Strahl. Seine Temperatur wird durch einen hochsensiblen Bedienungsknopf reguliert, der sich in unmittelbarer Nähe zum Benutzer am unteren rechten Beckenrand befindet. Dadurch ist die Bedienung nicht nur einfach, sondern bietet zudem eine sofortige und präzise Steuerung des Wasserflusses und der Temperatur.

**PuraVida**
Bathroom Series / Badserie

Duravit AG, Hornberg,
Germany / Deutschland
Design: Phoenix Design
(Tom Schönherr), Stuttgart,
Germany / Deutschland
www.duravit.com
www.phoenixdesign.com

Filigree lines and gently rounded forms give this bathroom furnishing a timeless, comfortable ambience. The design accent of the free-standing bathtub is focused on the elegant stylistic language. Furthermore, the extensive product line comprises numerous ceramic and furniture options. The outlines of the various consoles, vanity units and tall cabinets are also gently rounded. All surfaces are available in the trend colour high-gloss white, in red, black, ebony and aluminium.

Eine filigrane Linienführung sowie sanft abgerundete Formen geben dieser Badezimmer-Ausstattung ein zeitloses wohnliches Ambiente. Auch bei der freistehenden Wanne liegt der Gestaltungsakzent ganz auf der eleganten Formensprache, die umfangreiche Produktserie umfasst zudem zahlreiche Keramik- und Möbelvarianten. Auch die Konturen der unterschiedlichen Konsolen, Unterschränke und Hochschränke sind weich abgerundet. Alle Oberflächen stehen neben der Trendfarbe Weiß-Hochglanz in Rot, Schwarz, Ebenholz oder Aluminium zur Auswahl.

**mimo by Laufen**
Complete Bathroom / Komplettbad

Laufen Bathrooms AG, Laufen,
Switzerland / Schweiz
Design: Phoenix Design, Stuttgart,
Germany / Deutschland
www.laufen.com
www.phoenixdesign.com

The design of this complete bathroom is appealing and harmonious. Its oval shape recurs in the moulding of the ceramic, the fittings and the décor design of the furniture. Bellied curves correspond with shimmering surfaces in pink, white and black. Since mimo was developed for small dimensions in particular it is a space-saving and flexible furniture. The deep bathtub for example requires only little space and is also suitable for showering. The high-gloss surface of the vanity units is made from recycled materials.

Dieses Komplettbad ist ansprechend und ausgewogen gestaltet. Seine ovale Grundform wiederholt sich in der Ausformung der Keramik, der Armaturen sowie in der Dekor-Ausgestaltung der Möbel. Bauchige Rundungen korrespondieren mit schimmernden Oberflächen in Pink, Weiß und Schwarz. Da mimo speziell für kleine Grundrisse entwickelt wurde, ist es raumsparend und flexibel einsetzbar. So beansprucht die tiefe Badewanne nur wenig Stellplatz und eignet sich auch zum Duschen. Die Hochglanzoberfläche der Unterschränke wird aus recycelten Materialien gefertigt.

**Blend**
Sanitary Ware Series / Badkeramik-Serie

Artceram srl, Civita Castellana,
Italy / Italien
Design: Meneghello Paolelli Associati,
Milan, Italy / Mailand, Italien
www.artceram.it
www.meneghellopaolelli.com

Bearing the human body in mind this sanitary ware series shows a smoothly shaped line contour. In addition, contrasting qualities such as dynamic and relaxing, feminine and masculine, cold and hot shall be visualised. In harmonious unison with each other all elements of the product range feature a seamless and flowing style. The agreeably smooth surface of the sides is characterised by the straight cut of the lower part that appears masculine and elegant at the same time.

In Anlehnung an den menschlichen Körper zeigt diese Badkeramik-Serie eine sanft geschwungene Linienführung. Zudem sollen Gegensätze wie dynamisch und entspannt, feminin und maskulin, kühl und heiß visuell symbolisiert werden. In harmonischer Abstimmung untereinander sind alle Elemente der Produktserie in einer nahtlosen und fließenden Formensprache gehalten. Die angenehm sanfte Oberfläche der Seiten ist durch den geraden Schnitt im unteren Teil charakterisiert, der zugleich maskulin und elegant wirkt.

Grohe Nova
Flushing System / Spülsystem

Grohe AG, Düsseldorf,
Germany / Deutschland
In-house design / Werksdesign
www.grohe.com

The minimalist Grohe Nova flushing system convinces with its demonstratively simple geometry. The underlying design concept was carefully aligned with the Grohe Cosmopolitan collections. The aesthetics of the WC flushing plate is characterised by a design almost level with the wall in connection with a long-lasting chrome surface. The puristic combination of a rectangular plate and an inner circle received a discreet chamfer to facilitate intuitive use. The circle itself divides into a small and a large segment encouraging the user to activate the eco flush function. Depending on the surrounding conditions Grohe Nova can be mounted in both portrait and landscape position. It is available in chrome, matt chrome and alpine white. With the innovative EasyConnect system the valve of the faucet can be connected by simply plugging it into the hose fitting.

Das minimalistisch anmutende Spülsystem Grohe Nova überzeugt durch seine betont einfache Geometrie. Das zugrundeliegende Gestaltungskonzept wurde sorgfältig auf die Cosmopolitan-Kollektionen von Grohe abgestimmt. Die Ästhetik der WC-Betätigungsplatte wird von einer fast wandebenen Formensprache in Verbindung mit einer langlebigen Chromoberfläche geprägt. Dabei wurde die puristische Kombination aus einer rechteckigen Platte und einem innenliegenden Kreis zur leichteren intuitiven Handhabung mit einer dezenten Kante versehen. Der Kreis selbst teilt sich in ein kleines und ein größeres Segment, welches zur Benutzung der integrierten Sparfunktion animieren soll. Je nach Umfeld-Gegebenheiten lässt sich Grohe Nova optional hoch- oder querformatig montieren, wobei die Abdeckplatte in Chrom, Mattchrom und Alpin-Weiß erhältlich ist. Das innovative EasyConnect-System erlaubt den Ventilanschluss der Armatur per Schlauchverbindung durch ein einfaches Aufstecken.

Tempoplex & Domoplex
Cover Hoods for Shower Drains/
Ablaufhauben für
Duschwannenabläufe

Viega GmbH & Co. KG, Attendorn,
Germany/Deutschland
Design: Artefakt
(Achim Pohl, Tomas Fiegl),
Darmstadt, Germany/Deutschland
www.viega.de
www.artefakt.de

Unobtrusive and puristic the "Plex" cover hoods are shadowing the drain openings of shower basins. An interestingly designed detail unites optimised functionality with an attractive look: To improve drainage performance the high-gloss chrome surface features a discreet suction opening. This design detail was skilfully elaborated. It has the form of a small, elegantly cut-out circular line that is laterally offset. The suction opening, bearing the manufacturer's logo, allows faster drainage since the overpressure escapes simultaneously. This element with its polarising appearance grants high brand recognition to the cover hood, which is part of an otherwise rather unimpressive product type. The cover hoods are available in three different sizes.

Zurückhaltend puristisch verschatten die „Plex"-Abdeckhauben die Ablauföffnungen von Duschwannen. Dabei vereint ein interessant gestaltetes Detail die optimierte Funktionalität mit einer reizvollen Optik: Zur Verbesserung der Ablaufleistung befindet sich auf der hochglänzenden Chromfläche eine dezente Ansaugöffnung. Dieses Gestaltungsdetail wurde in Form einer kleinen, elegant ausgestanzten Kreislinie, die etwas seitlich versetzt positioniert ist, gekonnt herausgearbeitet. Die mit dem Herstellerlogo markierte Ansaugöffnung ermöglicht durch das zeitgleiche Entweichen des Überdrucks ein schnelleres Ablaufen des Duschwassers. Dieses in seiner Anmutung polarisierende Element verleiht der Abdeckhaube in einer ansonsten eher unscheinbaren Produktgattung einen hohen Wiedererkennungswert. Die Abdeckhauben sind in drei unterschiedlichen Größen erhältlich.

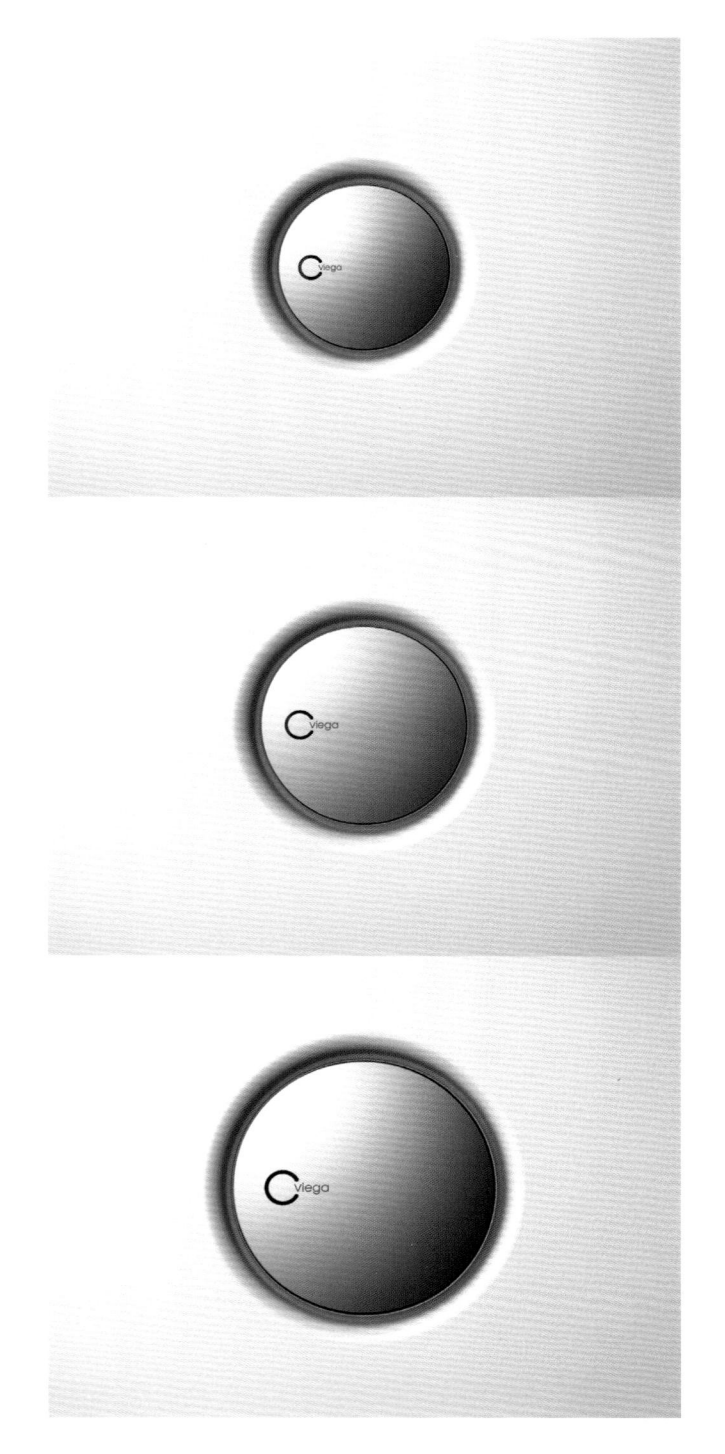

**Visign for Style 13 & 14**
Flush Plates / Betätigungsplatten

Viega GmbH & Co. KG, Attendorn,
Germany / Deutschland
Design: Artefakt
(Achim Pohl, Tomas Fiegl),
Darmstadt, Germany / Deutschland
www.viega.de
www.artefakt.de

With regard to formal aspects the flush plates for toilet cisterns of this product range present themselves in two distinctly different versions. The designers thus comply with a conception that varies in form to meet the requirements of a coherent bath design. Consequently the product version No. 13 features a soft, circular design language, which stands in contrast to the puristic rectangular shape of the version No. 14. Both types feature a user-oriented plate arrangement whose surfaces are tilted at an ergonomically useful angle. The versions for the urinal follow the same concept, the only difference is that there is no differentiation between an eco and a normal flush function.

Die Spülkasten-Betätigungsplatten dieser Produktserie präsentieren sich in zwei nach formalen Gesichtspunkten auffallend unterschiedlichen Ausführungen. Die Gestalter folgen damit einer in der Form variierenden Konzeption, um den Anforderungen einer ganzheitlichen Badgestaltung zu entsprechen. Daher zeigt die Produktausführung Nr. 13 eine weiche kreisförmige Formensprache, welche im Kontrast zur puristisch rechteckigen Formgebung der Ausführung Nr. 14 steht. Beiden Modellen gemeinsam ist die benutzerorientierte Anordnung der Platten, deren Flächen in einem ergonomisch sinnvollen Winkel geneigt sind. Die Ausführungen für das Urinal folgen dem gleichen Konzept, nur dass es hier keine Unterteilung zur Differenzierung einer wassersparenden Spülfunktion gibt.

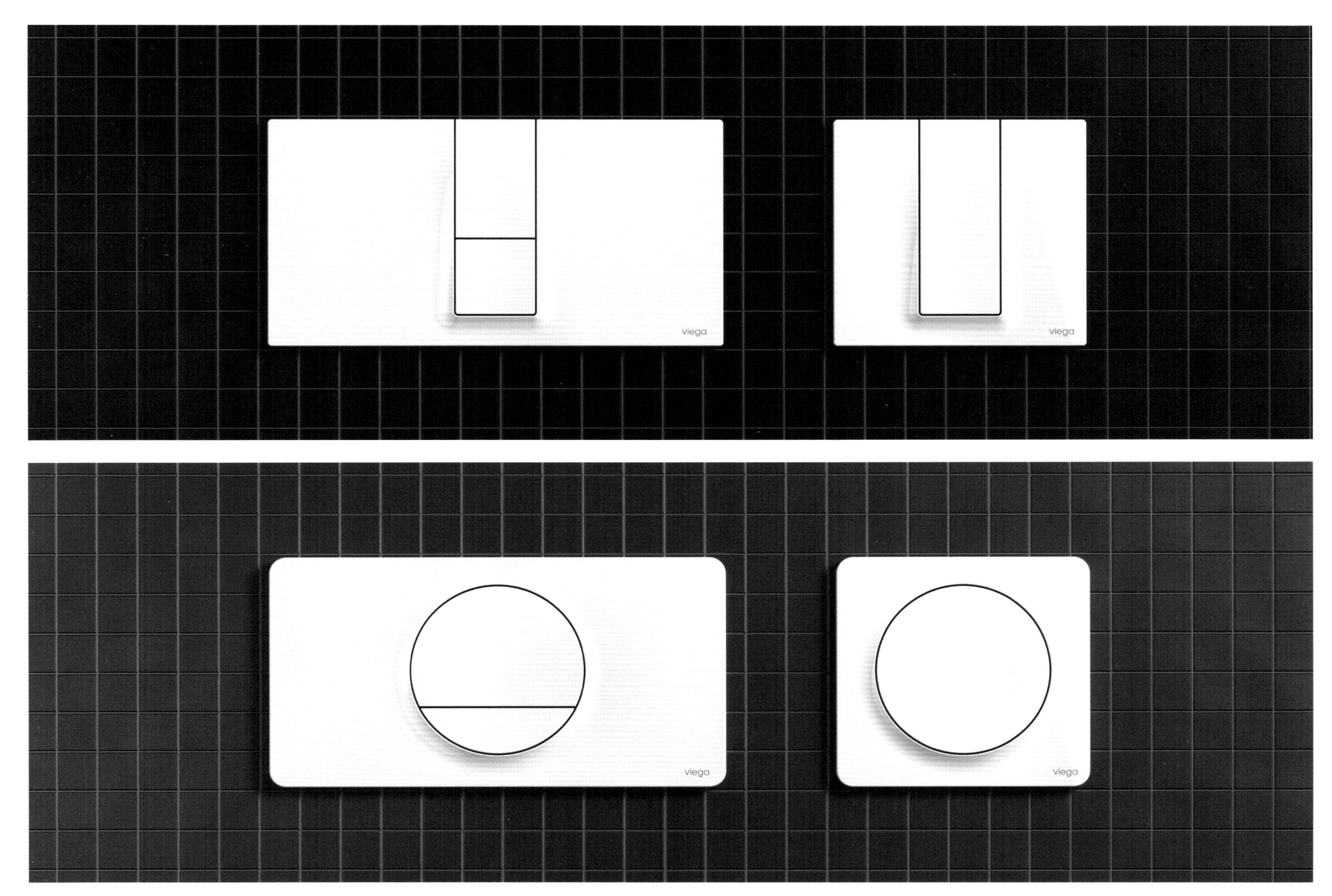

### Hansatempra Style
#### Shower Tap / Duscharmatur

Hansa Metallwerke AG, Stuttgart,
Germany / Deutschland
Design: Noa, Aachen,
Germany / Deutschland
www.hansa.de
www.noa.de

This thermostat mixer is the synthesis of the well-known cylindrical product image and modern contoured forms, thus creating a characteristic overall image with high recognition value. The self-explanatory styling of the thermostat intuitively visualises the optimum lever position (38 degrees centigrade = ideal shower temperature) and also allows easy and comfortable handling. Intelligent details like the cold body, a diverter integrated in the lever, as well as the hot water barrier and the Eco function, guarantee a high degree of security and comfort.

Dieser Thermostat stellt die Synthese aus bekanntem zylindrischem Produktbild und modernen konturierten Formen dar und schafft damit ein charakteristisches Gesamtbild mit hohem Wiedererkennungswert. Die selbsterklärende Formgebung des Thermostates visualisiert intuitiv die optimale Hebelstellung (38 Grad = ideale Duschtemperatur) und ermöglicht darüber hinaus eine komfortable, griffige Bedienung. Für ein hohes Maß an Sicherheit und Komfort stehen intelligente Details wie der kalte Korpus, der im Griff integrierte Umsteller sowie die Heißwassersperre und Eco-Funktion.

### ACO Showerdrain curve
#### Shower Drain System / Duschablaufsystem

ACO Haustechnik, Stadtlengsfeld,
Germany / Deutschland
In-house design / Werksdesign
www.aco-haustechnik.de

With its transparent look the generous walk-in shower appears to be fine and puristic. Optionally the level access design also allows the installation of a platform version. The expressive shower drain system ensures safe hold of the curved glass element: a fine stainless steel channel keeps the 9-mm laminated safety glass so safely in place that a single wall profile suffices. Comfort is enhanced by a glass wall, which can be inserted separately in front of the entrance.

Ihre transparente Optik lässt die großzügige Walk-in-Dusche puristisch und edel erscheinen. Die bodenebene Konzeption bietet sich auch als Einbauvariante auf einem Podest an. Für einen sicheren Stand des gebogenen Glaselementes sorgt das ausdrucksstark gestaltete Duschablaufsystem: Ein filigraner Edelstahl-Rinnenkörper hält das 9-mm-Verbundsicherheitsglas so sicher, dass ein einziges wandseitiges Profil genügt. Zusätzlichen Komfort gewährleistet eine separat vor dem Zugang einsetzbare Glaswand.

### Puzzle
#### Tile Collection / Fliesenkollektion

Pukkila Oy Ab, Turku, Finland / Finnland
Design: Helorinne & Kallio Oy
(Jarkko Kallio, Harri Helorinne),
Helsinki, Finland / Finnland
www.pukkila.com
www.helorinnekallio.fi

Elements from nature inspired the designers of this tile collection for walls and floors to create a typical Finnish colour world. The easy-to-clean surfaces were designed for the use in public space. The collection includes two sizes, four different surfaces and 14 colours; there is a choice from altogether 40 different versions. The environmentally friendly manufactured tile product line ranges from smooth matt to strongly structured matt surfaces, from metal to ice-like surfaces.

Elemente aus der Natur inspirierten die Gestalter dieser Fliesenkollektion für Wand und Boden zu einer typisch finnischen Farbwelt. Die leicht sauber zu haltenden Oberflächen wurden für den Einsatz in öffentlichen Räumen entworfen. Die Kollektion umfasst zwei Größen, vier verschiedene Oberflächen und 14 Farben – insgesamt kann aus 40 unterschiedlichen Ausführungen ausgewählt werden. Von glatt matt, stark strukturiert matt über Metalloberflächen bis hin zur Eisflächen-Anmutung reicht das umweltfreundlich hergestellte Fliesensortiment.

## Jasba – NATURAL GLAMOUR
Tile / Fliese

Jasba Mosaik GmbH, Ötzingen,
Germany / Deutschland
In-house design / Werksdesign:
Deutsche Steinzeug Keramik GmbH
(Christiane Lion), Ötzingen,
Germany / Deutschland
Design: Köhler & Wilms
Products GbR (Irmy Wilms),
Herford, Germany / Deutschland
www.jasba.de

An innovative glazing technique produces brilliant effects on the Jasba – NATURAL GLAMOUR ceramic tile series. Contrasts between matt, metallic, lustre and colour can be individually varied with these mosaic tiles. Individually preferred arrangements of changing surfaces and combinations of format and colour create architecturally charming ornaments. Furthermore, the various models form a relief-like wall structure. Craftsmen can quickly and easily install even complex mosaics. For the production of the tiles only natural materials are used. The surface finishing Hydrotect features remarkable properties: it is easy to clean, antibacterial and it eliminates odours and air pollutants. The slip-resistant Secura surface offers safety in wet areas.

Eine innovative Glasurtechnik ermöglicht die glanzvollen Effekte der keramischen Fliesenserie Jasba – NATURAL GLAMOUR. Mit diesen Mosaikfliesen lassen sich individuell die Kontraste zwischen Matt, Metallic, Lüster oder Farbe kreativ variieren. Architektonisch reizvolle Ornamente entstehen dabei wahlweise durch die jeweils bevorzugte Anordnung von wechselnden Oberflächen, Format- und Farbkombinationen. Die verschiedenen Ausführungen schaffen zudem eine reliefartige Wandstruktur, Handwerker können selbst komplex anmutende Mosaike schnell und komfortabel anbringen. Bei der Herstellung der Fliesen werden ausschließlich natürliche Rohstoffe verwendet, wobei die Oberflächenveredelung Hydrotect bemerkenswerte Eigenschaften besitzt: Sie ist reinigungsfreundlich, antibakteriell und baut Gerüche sowie Luftschadstoffe ab. Sicherheit bei Nässe bietet darüber hinaus die rutschhemmende Oberfläche Secura.

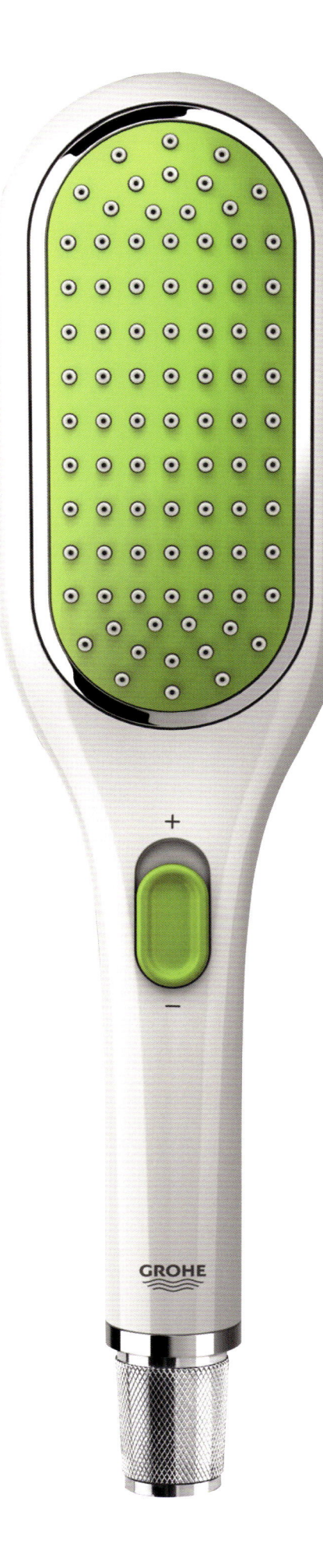

### Grohe Rainshower Eco
Hand Shower / Handbrause

Grohe AG, Düsseldorf,
Germany / Deutschland
In-house design / Werksdesign
www.grohe.com

The Grohe Rainshower collection follows an innovative design concept underlining its high degree of functionality with striking optics, in terms of colour and form, and a wide range of hand shower varieties. The self-contained appearance of material and colour combinations renders a futuristic impression: on the one hand, a light green nozzle element, enfolded and highlighted by a shining chrome ring, is combined with a housing in Moon White, on the other hand, a shining chrome surface with shimmering grey nozzle element is offered as part of the flat-designed hand showers. The appealing oval shape of the Rainshower Eco is oriented towards the shape of the human body and guarantees an even and efficient distribution of water. The high user value is additionally enhanced by the comfortable, intuitively operated eco function reducing water consumption but maintaining the same level of shower comfort. In order to avoid limescale, the filigree water nozzles can be cleaned with one wipe of the finger, thanks to the SpeedClean technology.

Die Handbrausen-Kollektion Grohe Rainshower folgt einem innovativen Gestaltungskonzept, welches seine gehobene Funktionalität durch in Farbe und Form auffällige Optik unterstreicht sowie eine breite Auswahl ermöglicht. Das in sich geschlossene Erscheinungsbild der Material- und Farbkombinationen mutet futuristisch an: Zum einen wird ein hellgrüner Strahlbildner, akzentvoll umfasst von einem glänzenden Chromring, mit einem Armaturkorpus in Moon White kombiniert, zum anderen steht eine glänzende Chromoberfläche mit einem schimmernd grauen Strahlbildner der flach konstruierten Handbrausen zur Wahl. Das ansprechende Rundoval von Rainshower Eco orientiert sich an der Form des menschlichen Körpers und sorgt für eine gleichmäßige und effiziente Wasserverteilung. Der hohe Gebrauchswert wird zudem durch die komfortable und intuitiv zu bedienende Eco-Funktion verstärkt, welche den Wasserverbrauch bei gleichem Duschkomfort reduziert. Um Kalkablagerungen zu verhindern, lassen sich die filigranen Wasserdüsen durch die SpeedClean-Technologie mittels Schnellreinigung mit einer kurzen Bewegung des Fingers über die Düsen reinigen.

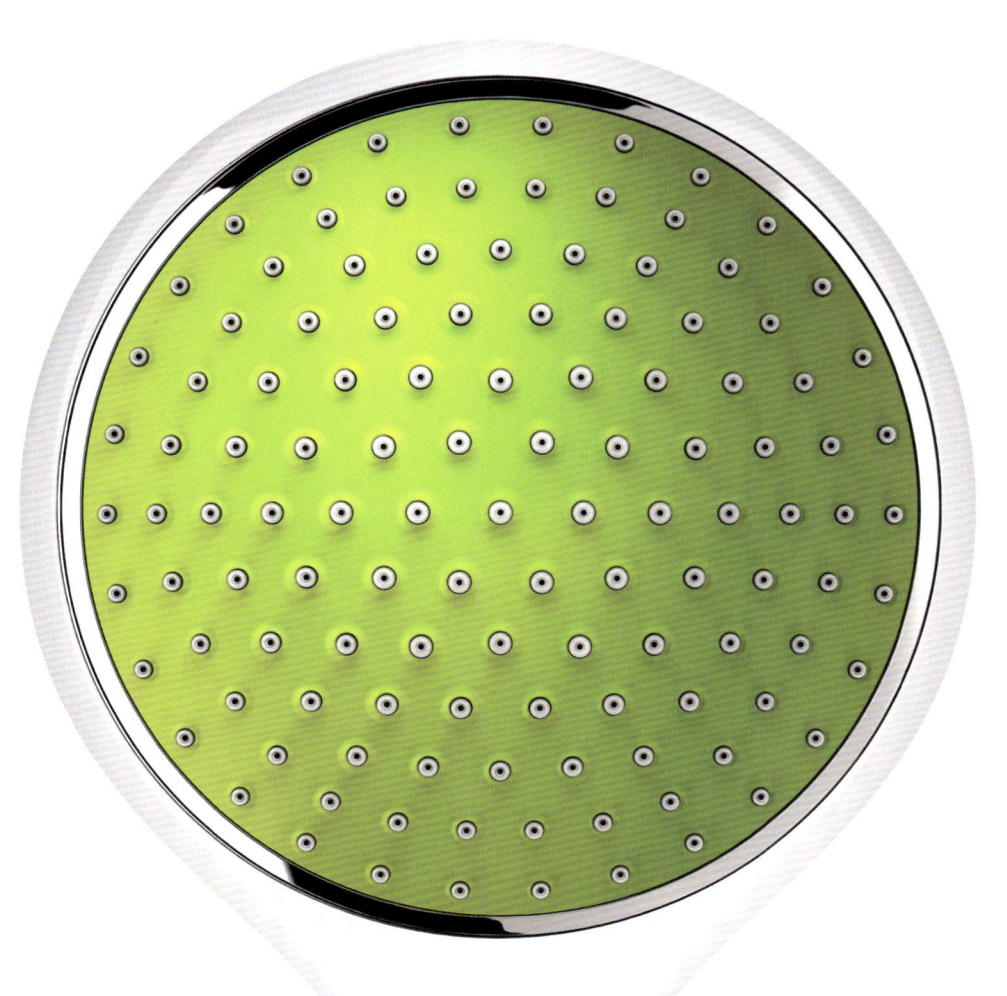

### Grohe Rainshower Solo
Hand Shower / Handbrause

Grohe AG, Düsseldorf,
Germany / Deutschland
In-house design / Werksdesign
www.grohe.com

This shower tap from the Grohe Rainshower series also stresses its superior functionality with a look that is striking in colour and form. With an unusually flat design language it also combines a light green nozzle element, enfolded by a chrome ring, with a housing in Moon White. The large-scale, round shower head forms a water jet that is perceived as very agreeable and rich. As with the other hand showers of this product series, the Rainshower Solo features a water-saving eco function. The intuitively operated switch serves to save water without diminishing shower comfort or blocking parts of the nozzles. Thanks to the DreamSpray technology optimum water distribution to all nozzles is guaranteed for all functions – the prerequisite for a full spray face.

Ihre gehobene Funktionalität unterstreicht auch diese Duscharmatur aus der Serie Grohe Rainshower mit einer in Farbe und Form auffälligen Optik. Ungewöhnlich flach in ihrer Formensprache, kombiniert auch diese Ausführung der Handbrause einen hellgrünen Strahlbildner, eingefasst in einen Chromring, mit einem Brausengehäuse in Moon White. Der großflächige und runde Brausekopf bildet einen Wasserstrahl, der als sehr angenehm und reichhaltig empfunden wird. Entsprechend den Handbrausen dieser Produktserie wurde auch Rainshower Solo mit einer wassersparenden Eco-Funktion ausgestattet. Dieser intuitiv bedienbare Schalter ermöglicht bei gleichem Duschkomfort eine Wasserersparnis, ohne dass dabei Teile der Düsen blockiert werden. Dank der DreamSpray-Technologie wird in allen Funktionen eine optimale Wasserverteilung auf alle Düsen garantiert – die Voraussetzung für ein volles Strahlbild.

**Grohe Euphoria**
Hand Shower / Handbrause

Grohe AG, Düsseldorf,
Germany / Deutschland
In-house design / Werksdesign
www.grohe.com

The innovative Grohe Euphoria hand shower reduces its appearance to clear and elegant style: gentle curves create a harmonious yet intense silhouette. The handle and the spray face flow seamlessly in a sensual transition. Shining like velvet the handle and the spray face stand out from the attractively structure spray former. Ergonomically well designed the chrome hand shower emphasises the dual spray modes rain and champagne. A chrome ring and elaborately fabricated nozzles characterise the look of precision manufactured shower former. Its generous diameter of 110 mm delivers a pleasant shower experience whilst water consumption is reduced. The water reduction is ensured through the inner parts – distributing water evenly to every nozzle. In addition there is the option to choose between a massage or pure jet spray.

Die innovative Handbrause Grohe Euphoria reduziert sich in ihrem Erscheinungsbild auf eine klare und elegante Formensprache: Sanfte Rundungen schaffen eine gleichermaßen harmonische wie spannungsreiche Silhouette. Auffällig bei diesem Gestaltungskonzept ist zudem, dass der Griff und der Brausekopf vollkommen nahtlos ineinander übergehen. Samtig glänzend setzen sich Griff und Kopfteil von einem grafisch strukturierten Strahlbildner ab. Die ergonomisch gut konzipierte Chrom-Handbrause akzentuiert dabei die beiden hochwertigen Strahlarten Rain und Champagne. Ein Chromring sowie aufwendig gefertigte Düsen prägen die Optik des präzise gestalteten Brausebodens. Dessen großzügig bemessener Durchmesser von 110 mm ermöglicht ein unvergleichliches Duscherlebnis bei reduziertem Wasserverbrauch. Der geringere Wasserverbrauch wird durch eine gleichmäßige innere Verteilung des Wassers auf die Düsen gewährleistet. Darüber hinaus können auch Brausevarianten mit Massage- oder Pure-Strahlarten gewählt werden.

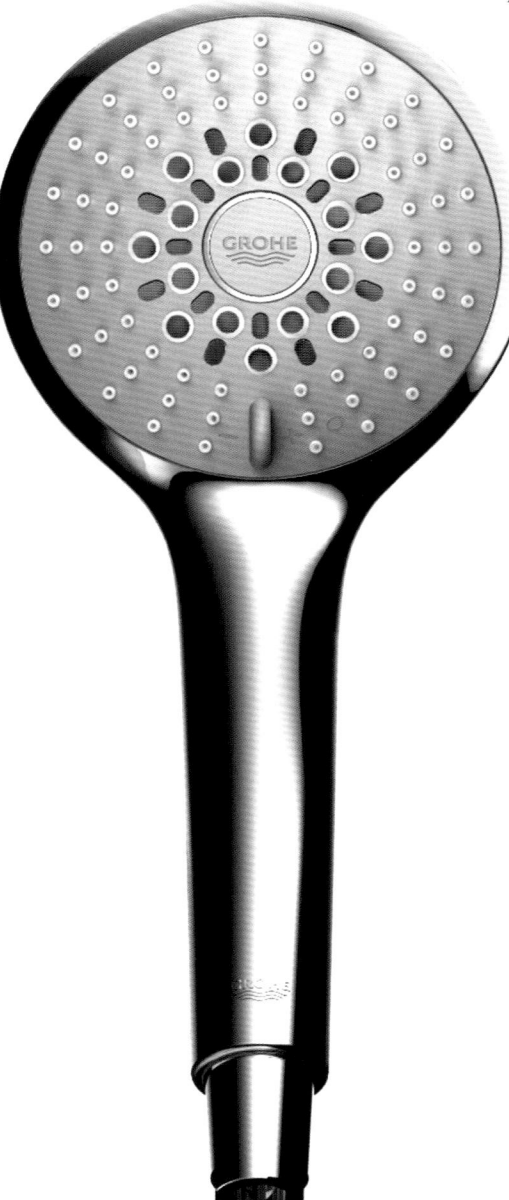

**Grohe Grohtherm 3000 Cosmopolitan Thermostat Collection / Thermostat-Kollektion**

Grohe AG, Düsseldorf, Germany / Deutschland
In-house design / Werksdesign
www.grohe.com

These iconic shower and tub thermostats combine a design of timeless aesthetics with a number of features focusing on comfort. It exhibits in both versions harmonious proportions representing balance and simplicity. A discrete graphic on the left facilitates intuitive and safe mixing of warm and cold water while the home position is set to the preferred temperature of 38 degrees centigrade. With regard to consistently devised ergonomics two easy-to-operate keys ensure convenient handling. The housing of the thermostat stays agreeably cool even when hot water is flowing through. The product is designed for wall mounting and features dirt strainers. An eco button, integrated mixed water shut-off, and a built-in safety feature to prevent the water from flowing back promise superior product performance.

Die ikonischen Brause- und Wannenthermostate verbinden eine zeitlos ästhetische Gestaltung in Kombination mit komfortorientierten Funktionsmerkmalen. Die harmonischen Proportionen der Thermostatgehäuse verkörpern Ausgeglichenheit, Schlichtheit sowie Harmonie. Eine dezente Grafik auf der linken Seite erleichtert die intuitive und sichere Benutzung von warmem und kaltem Wasser, wobei die Grundposition auf der bevorzugten Temperatur von 38 Grad justiert ist. Zwei leicht zu bedienende Tasten erlauben die Handhabung im Sinne einer konsequent durchdachten Ergonomie. Das Gehäuse des Thermostats bleibt auch beim Heißwasserdurchlauf angenehm kühl. Das für die Wandmontage ausgelegte Produkt wurde mit Schmutzfangsieben ausgestattet. Eine Spartaste, eine integrierte Mischwasserabsperrung sowie eine eingebaute Sicherung gegen Rückfließen versprechen eine gehobene Produktleistung.

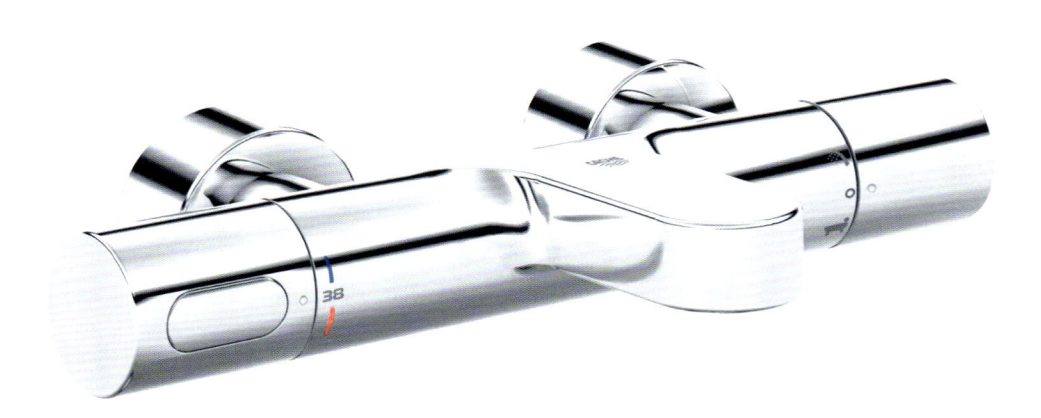

**Again 041860**
Faucet / Armatur

ABM Building Materials Technology Co., Ltd., Foshan, Guangdong, China
In-house design / Werksdesign:
Xiaoping Tang
www.abm365.com

The exceptional structure of this compact faucet for washstands and tubs is the result of a green design concept. Inspired by a water pipe a discreet water nozzle was integrated directly into a laterally bent water tap, which in turn runs into an interestingly shaped operation element. The minimalist look of the tap makes allowance for the requirement to reduce the complexity of the production processes by a preferably sustainable design. Reduction to simple forms corresponds to the ergonomic orientation of the faucet that is operated with only one hand. The optical interruption by a matt-finished metal ring, which shows the respective direction of rotation for warm and cold water by blue and red marks, forms an attractive contrast to the shining stainless steel surface. IMD technology was applied in the production of these long-lasting colour marks.

Ihren ungewöhnlichen Strukturaufbau verdankt diese kompakte Armatur für Waschtische und Badewannen einem umweltbewussten Gestaltungskonzept. In Anlehnung an ein Wasserrohr wurde eine dezente Wasserdüse unmittelbar in einen seitlich gebogenen Wasserhahn integriert, welcher wiederum in ein interessant geformtes Bedienungselement mündet. Die minimalistische Optik des Wasserhahns trägt dem Anspruch Rechnung, die Komplexität der Produktionsprozesse durch eine möglichst umweltgerechte Gestaltung zu verringern. Die Reduktion auf eine einfache Formgebung korrespondiert zudem mit der ergonomischen Ausrichtung der einhändig bedienbaren Armatur. Im reizvollen Kontrast zur glänzenden Edelstahloberfläche steht die optische Unterbrechung durch einen mattierten Metallring, der mittels einer blauen und roten Markierung die jeweilige Drehrichtung für warmes und kaltes Wasser anzeigt. Bei der Fertigung dieser langlebigen Farbmarkierung wurde die innovative IMD-Technologie eingesetzt.

**Again 041460**
**Faucet/Armatur**

**ABM Building Materials Technology Co., Ltd., Foshan, Guangdong, China**
In-house design/Werksdesign:
Xiaoping Tang
www.abm365.com

This faucet product line wants to represent sustainable, future-proof water handling. The simple form of a water pipe inspired the designers to develop a reduced stylistic language, which at the same time emphasises efficiency. Furthermore, the design focused on reducing the complexity of the production process. Accordingly, the faucet seems to be made in one casting. At an ergonomically expedient angle it emerges from the mounting in a bend while a restrained water nozzle is positioned hardly visible at the front bend of the faucet. More striking on the other hand is the delicately designed operation element at the outer end of the tap. A matt-finished metal ring interrupts the shining stainless steel surface. Red and blue marks indicate the respective direction of rotation for mixing warm and cold water.

Einen ökologisch zukunftsweisenden Umgang mit Wasser möchte diese Armaturen-Produktlinie verkörpern. Die einfache Form eines Wasserrohrs inspirierte die Gestalter zu einer reduzierten Formensprache, die zugleich die Effizienz in den Vordergrund stellt. Die Produktgestaltung wurde zudem darauf ausgerichtet, die Komplexität der Produktionsprozesse zu verringern, entsprechend scheint die Armatur fast wie aus einem Stück gefertigt. In einem ergonomisch durchdachten Winkel krümmt sich die Armatur aus ihrer Verankerung, während eine dezent anmutende Wasserdüse sich kaum sichtbar im vorderen Knick der Armatur befindet. Auffälliger ist hingegen das filigran gestaltete Bedienungselement am äußeren Ende des Wasserhahns. Ein mattierter Metallring unterbricht die glänzende Edelstahloberfläche und zeigt mittels einer blauen und roten Markierung die jeweilige Drehrichtung zum Abmischen von warmem und kaltem Wasser an.

**Story Faucet**
Faucet / Armatur

Shengtai Brassware Co., Ltd.,
Chang Hua, Taiwan
In-house design / Werksdesign:
JUSTIME Design Team
www.justime.com

This playful interpretation of a washbasin faucet was created in the style of the traditional shape of a wall-mounted faucet. The design wants to evoke memories of historical faucets. Shaped like a ball it communicates a friendly appearance and draws the attention to the white turning knobs. Thanks to an interesting material mix of brass and ceramics the surface of this operating element is haptically pleasant. The fitting is available in two versions: wall- and basin-mounted.

In Anlehnung an die traditionelle Form eines wandmontierten Wasserhahns entstand diese verspielte Interpretation einer Waschbecken-Armatur. Die Gestaltung möchte die Geschichte des Wasserhahns in Erinnerung rufen. In der Form eines Balls vermittelt sie eine sympathische Anmutung und lenkt den Blick auf die weißen Drehknöpfe. Ein interessanter Materialmix aus Messing und Keramik schafft die haptisch angenehme Oberfläche dieses Bedienungselements. Die Armatur ist in zwei Ausführungen für die Wand- sowie für die Waschbecken-Montage erhältlich.

**Tai Chi**
Faucet / Armatur

Shengtai Brassware Co., Ltd.,
Chang Hua, Taiwan
In-house design / Werksdesign:
Tiki Hwang
www.justime.com

The design concept of the Tai Chi faucet series provides for a sculptural appearance that intends to imitate a human bow in a stylised way. Inspired by the harmonious movements of Tai Chi four different washbasin faucets were created, two shower head faucets, and a bidet and kitchen faucet respectively. The multi-version product range simplifies an individual choice, in which rather feminine as well as masculine models also go together well. All faucets feature an integrated energy-saving aerator and match international standards for material quality, longevity and ease of use.

Das Gestaltungskonzept der Armaturen-Serie Tai Chi hat eine skulpturale Anmutung, die stark abstrahiert das Verbeugen eines Menschen nachahmen möchte. Inspiriert durch die harmonischen Bewegungsabläufe beim Tai Chi entstanden vier unterschiedliche Waschbecken-Armaturen, zwei Dusch-Armaturen und jeweils eine Bidet- und Küchen-Armatur. Die variantenreiche Produktauswahl erleichtert eine individuelle Zusammenstellung, wobei sowohl eher feminin als auch maskulin wirkende Ausführungen gut miteinander kombiniert werden können. Sämtliche Armaturen sind durch einen eingebauten Luftsprudler wassersparsam einsetzbar und erfüllen internationale Standards hinsichtlich Materialqualität, Langlebigkeit und Bedienkomfort.

**Hansgrohe PuraVida**
Washbasin Mixer / Waschtischmischer

Hansgrohe AG, Schiltach,
Germany / Deutschland
Design: Phoenix Design,
Stuttgart, Germany / Deutschland
www.hansgrohe.com
www.phoenixdesign.com

With an innovative combination of white lacquer surfaces and shining chrome this washbasin mixer provides a refined accent to any bath. The organically shaped lower surfaces merge seamlessly with the chrome-shining upper surface thanks to a new production technology. The sensual design language of the mixer made in one piece represents a sign of high-quality perfection. With its white-lacquered carcase the mixer seems to grow out of the ceramic, reaching up to the intuitive-to-operate, slender pin handle.

Mit einer innovativen Kombination aus weißen Lackflächen und glänzendem Chrom bringt dieser Waschtischmischer einen edlen Akzent ins Bad. Die organisch geformten Unterseiten in klarem Weiß wechseln dank einer neuen Fertigungs-technik nahtlos in die obere, chrom-glänzende Fläche. Die sinnliche Formen-sprache des aus einem Stück gefertigten Mischers ist Zeichen für hochwertige Per-fektion. Der weiß lackierte Korpus scheint aus der Keramik herauszuwachsen, bis hin zum schlanken, intuitiv bedienbaren Pin-Griff.

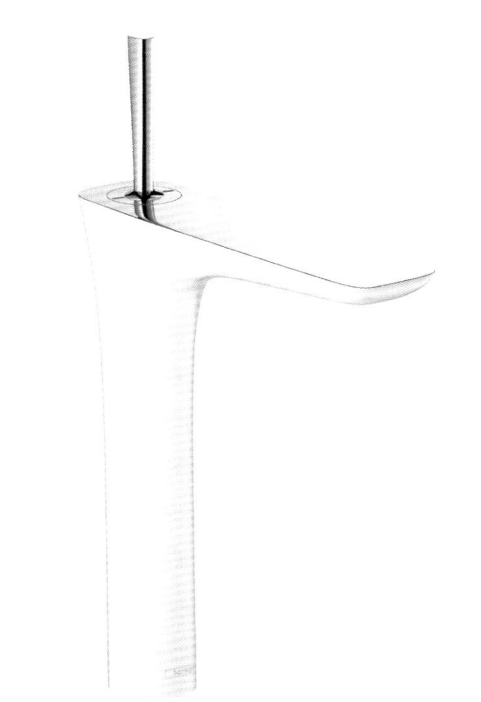

**Axor Urquiola**
Washbasin with Basin Mixer /
Waschtisch mit Armatur

Hansgrohe AG, Schiltach,
Germany / Deutschland
Design: Patricia Urquiola,
Milan, Italy / Mailand, Italien
www.hansgrohe.com
www.patriciaurquiola.com

Mixer tap and washbowl form a harmonious ensemble. The design of the washbowl takes up the archaic style of a traditional washing trough. Thanks to the innovative material it is possible to produce this unusual form. Two slit-shaped openings on both sides do not only recall loop-shaped handles, they can also be used as towel holders. In addition to the fundamentally organic and asymmetric approach of the design language the single lever mixer fulfils more than one function and therefore provides additional service.

Armatur und Waschschüssel bilden hier ein harmonisches Ensemble. Die Gestaltung der Waschschüssel greift die archaische Formensprache eines traditio-nellen Waschzubers auf, wobei ihr inno-vatives Material die Herstellung der unge-wöhnlichen Form ermöglicht. Zwei schlitz-förmige Öffnungen an beiden Seiten erin-nern dabei nicht nur an Henkel, sondern können auch als Handtuchhalter genutzt werden. Neben dem grundsätzlich orga-nischen und asymmetrischen Ansatz der Designsprache erfüllt der Einhebelmischer mehr als eine Funktion und bietet damit zusätzlichen Service.

**Bodum Nero**
Laundry Bag / Wäschesack

Bodum AG, Triengen,
Switzerland / Schweiz
In-house design / Werksdesign:
Bodum Design Group
www.bodum.com

The colour design and the textile materials of the Bodum Nero laundry bag remind of a sports bag. The six fashionable colours pink, lilac, black, grey, white and red offer an individual choice. Visually exciting colour accents can thus be integrated in the bathroom ambience. In addition, the laundry bag provides high practical value since the use of different-coloured bags makes it easy to sort the laundry. Magnetic locks at the top ensure comfortable handling when the bag is opened and closed. With its loop handles the laundry bag is easy to transport and can be stored in a hanging position. Thanks to the robust material of a round bottom insert the laundry bag is free-standing when empty or full. Bodum Nero is made of a neoprene-like material whose textile property guarantees long service life. Its well-insulated surface prevents unpleasant odours from escaping to the outside. The inner lining is a cotton-polyester mix so the laundry bag can be washed when necessary.

Die farbige Gestaltung sowie die textile Materialität des Wäschesacks Bodum Nero erinnern an eine Sporttasche. Eine individuelle Auswahl ermöglicht dabei die Farbgebung in den sechs aktuellen Farben Pink, Lila, Schwarz, Grau, Weiß und Rot. Auf diese Weise lassen sich optisch reizvolle Farbakzente ins Badambiente integrieren. Zudem bietet der Wäschesack einen hohen Gebrauchswert, indem sich durch den Einsatz mehrerer Varianten die Wäsche leichter sortieren lässt. Magnetverschlüsse am oberen Rand sorgen für eine komfortable Handhabung beim Öffnen und Verschließen. Mit seinen zwei Griffschlaufen ist der Wäschesack darüber hinaus leicht zu transportieren und im Bedarfsfall auch hängend zu verstauen. Durch den runden Bodeneinsatz des stabilen Materials bleibt der Wäschesack, gefüllt oder leer, eigenständig stehen. Bodum Nero ist aus einem neoprenähnlichen Material gefertigt, dessen Textilbeschaffenheit eine langlebige Qualität garantiert. Durch seine gut isolierende Oberfläche können unangenehme Gerüche nicht nach außen dringen. Die innere Hülle besteht aus einem weichen Baumwoll-Polyester-Mix, der Wäschesack ist entsprechend bei Bedarf waschbar.

Bathrooms, spa and air-conditioning  271

sam miro
Cosmetic Mirror with LED Lighting/
Kosmetikspiegel mit LED-Beleuchtung

sam Vertriebs GmbH + Co. KG,
Menden, Germany/Deutschland
In-house design/Werksdesign
www.sam.de

The expressive, remarkably flat design turns this new product generation of cosmetic mirrors into decorative eye-catchers in the bathroom. Their lighting is of high practical value and can be dimmed by a touch LED sensor. To harmoniously continue the delicate line contour of the mirror casing a special light guiding system was developed. Thus, a small light rim profile of only 6 mm width and a generous mirror surface with a diameter of 200 mm could be achieved. The sophisticated interaction of light guide, reflector and radiation provides a natural, genuine light sensation that is sufficiently bright but still pleasant to the eye. Without any visible cable connection that might disturb the elegant appearance the mirror is pivot-mounted on a double pivot arm that can be folded flat against the wall. Users can choose flexibly between three magnification levels: 2.5, 5 and 7 times.

Eine ausdrucksstarke, auffallend flache Formensprache lässt diese neue Produktgeneration von Kosmetikspiegeln zu einem dekorativen Blickfang im Badezimmer werden. Die mittels Touch-LED-Sensor dimmbare Beleuchtung sorgt zudem für einen sehr guten Gebrauchswert. Um die filigrane Linienführung des Spiegelgehäuses harmonisch fortzusetzen, wurde ein spezielles Lichtleitsystem entwickelt, womit ein schmales Leuchtrand-Profil von nur 6 mm bei einer großzügigen Spiegelfläche mit einem Durchmesser von 200 mm erreicht werden konnte. Das ausgereifte Zusammenspiel von Lichtleiter, Reflektor und Abstrahlcharakteristik bietet eine natürliche, ausreichend helle und dennoch für das Auge angenehme, unverfälschte Lichtempfindung. Ohne dass eine sichtbare Kabelverbindung das elegante Erscheinungsbild stören könnte, ist der Spiegel an einem wandanschmiegsam ineinander klappbaren Doppelgelenkarm beweglich gelagert. Die Nutzer können zwischen drei Vergrößerungsstufen flexibel wählen: 2,5-, 5- bzw. 7-fach.

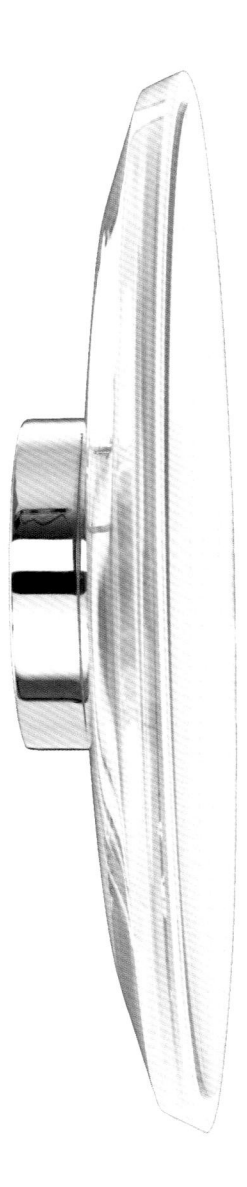

**Carvis Hair Clipper /
Haarschneidemaschine**

Procter & Gamble
International Operations SA,
Petit-Lancy, Switzerland / Schweiz
Design: Florian Seiffert Design,
Wiesbaden, Germany / Deutschland
www.pg.com
www.wella.com

The design language of this professional hair clipper displays an exclusive design. Accurately curved chrome surfaces frame a centred rubber control panel. Its arrangement as well as the line contours allow for ergonomically intuitive handling. With its revolutionary cutting angle Carvis enables texturising effects with soft cutting lines. Hairdressers thus have additional options to act intuitively and live out their creativity.

Die Formensprache dieser professionellen Haarschneidemaschine zeigt eine exklusive Gestaltung. Präzise gezeichnete Chromoberflächen umrahmen eine mittig zentrierte, gummierte Bedienblende. Sowohl deren Anordnung wie auch ihre Linienführung erlauben eine ergonomisch intuitive Handhabung. Mit einem revolutionären Schnittwinkel ermöglicht Carvis insbesondere akzentuierte Effekte mit sanften Schnittlinien. Dem Friseur werden damit zusätzliche intuitive und kreative Möglichkeiten geboten.

**Eva Solo Mirror Box /
Eva Solo Spiegelbox**

Eva Denmark A/S, Måløv,
Denmark / Dänemark
Design: Tools Design (Henrik Holbæk,
Claus Jensen), Copenhagen,
Denmark / Kopenhagen, Dänemark
www.evadenmark.com
www.toolsdesign.dk

This functional mirror box, made of stainless steel and plastics, has a puristic and elegant appearance. The multi-purpose box is suitable for storing cosmetics, jewellery or a shaving kit. A high-quality mirror inside is opened together with the lid and serves as make-up or razor mirror. Optionally, the lid may simply rest on the rim of the box, which is available in two sizes.

Diese funktionale Spiegelbox aus Edelstahl und Kunststoff ist mit einer puristischen wie eleganten Anmutung gestaltet. Als flexibel nutzbarer Behälter eignet sie sich unter anderem zum Aufbewahren von Kosmetik, Schmuck oder Rasierzeug. Ein hochwertiger Spiegel im Inneren wird mit dem Deckel nach oben geklappt und kann somit als Make-up- oder Rasierspiegel dienen, wahlweise kann der Deckel auch einfach auf dem Rand der Box stehen bleiben. Die Spiegelbox ist in zwei unterschiedlichen Größen erhältlich.

bodycruZer
Body Groomer

Braun GmbH / Procter & Gamble,
Kronberg im Taunus,
Germany / Deutschland
In-house design / Werksdesign:
Björn Kling, Benjamin Wilson
www.braun.com

This body groomer represents an innovative combination of a trimmer and a shaver. With a 2-in-1 solution its superior value in use is convincing, which is also reflected in the appearance of the handy device: focusing on function the stylistic language is reduced to highlight the individual control and operating elements in terms of colour. The compact double-layer arrangement of both areas of operation allows ergonomically simple as well as comfortable handling. At the flick of a wrist the user can choose between shaving function, trimming of sensitive zones of the body or simultaneous trimming and shaving. Five gradually arranged Gillette-Fusion-Blades afford gentle and thorough shaving. Fine fins below the blades tighten the skin and lift the beard hairs. The Indicator Lubrastrip contains moisturising ingredients that allow the blades to glide gently over the skin preventing irritations of the skin. With special attachments the high-performance cutting system trims hair to the desired length.

Eine innovative Kombination aus Haarschneidemaschine und Rasierer bietet dieser Bodygroomer. Als 2-in-1-Lösung überzeugt ein hoher Gebrauchswert, der sich auch im Erscheinungsbild des handlichen Geräts widerspiegelt: Funktional ausgerichtet reduziert sich die Formensprache auf die farbliche Hervorhebung der einzelnen Steuerungs- und Funktionselemente. Die kompakte Doppeldecker-Anordnung der beiden Funktionsbereiche erlaubt eine ergonomisch einfache wie komfortable Bedienung. Mit nur einem Handgriff kann der Benutzer zwischen einer Rasur, dem Trimmen sensibler Körperzonen sowie dem gleichzeitigen Trimmen und Rasieren wählen. Fünf stufenweise angeordnete Gillette-Fusion-Klingen rasieren gründlich und schonend, wobei filigrane Lamellen am unteren Klingenrand die Haut straffen und die Barthaare anheben. Der Indicator Lubrastrip enthält feuchtigkeitsspendende Inhaltsstoffe, welche die Klinge sanft über die Haut gleiten lassen und Hautirritationen vorbeugen. Mit Hilfe spezieller Aufsätze trimmt das leistungsstarke Schneidesystem die Haare auf die gewünschte Länge.

Silk-épil® Xpressive
Epilator / Epilierer

Braun GmbH / Procter & Gamble,
Kronberg im Taunus,
Germany / Deutschland
In-house design / Werksdesign:
Björn Kling
www.braun.com

This washable epilator is the expression of a modern functional design concept. The circular chrome control element and the operation light encircled in red are a striking visual attraction. Thanks to its consistent ergonomics the epilator feels good in the hand and can be intuitively managed. By means of the patented HairLift system the Silk-épil Xpressive removes even short or flat lying hair as short as 0.5 mm at the root. The movable pivot head operates thoroughly as it adapts flexibly to different body contours and tilts in two directions up to 15 degrees. Thus epilation can always be performed at the optimum angle to the skin. The result lasts up to four weeks. An active massage attachment stimulates the skin to reduce pain sensation after hair removal.

Dieser abwaschbare Epilierer ist Ausdruck eines zeitgemäß funktionalen Gestaltungskonzepts. Aus dem eleganten Weiß des Gehäuses stechen das ringförmige Bedienelement aus Chrom sowie die Rot umrandete Betriebsleuchte optisch reizvoll hervor. Dank seiner konsequent umgesetzten Ergonomie liegt der Epilierer gut in der Hand und lässt sich intuitiv bedienen. Der Silk-épil Xpressive entfernt mit Hilfe des patentierten HairLift-Systems selbst kurze oder eng anliegende Haare ab 0,5 mm Länge direkt an der Wurzel. Zur besonderen Gründlichkeit trägt dabei der bewegliche Schwingkopf bei, der sich durch seine Neigungsfähigkeit von bis zu 15 Grad in zwei Richtungen flexibel unterschiedlichen Körperkonturen anpasst. Auf diese Weise kann die Epilation stets im optimalen Winkel zur Haut durchgeführt werden, das gewünschte Ergebnis hält bis zu vier Wochen. Aktive Massagerollen sorgen für eine natürliche Stimulation der Haut, um so vom Zugempfinden abzulenken.

**Airfel Pen Remote**
Air Conditioner Remote Control /
Klimaanlagen-Fernbedienung

Airfel Heating and Cooling System,
Istanbul, Turkey / Türkei
In-house design / Werksdesign:
Hulusi Neci
www.airfel.com

The Pen Remote air conditioner remote control is delicately shaped. In spite of its small diameter of 21 mm it features many functions: The pen-like casing hides humidity meter, room thermometer and table clock. The control keys have been designed with regard to ergonomic aspects; they are supplemented by a user-friendly interface and iconic graphics. Thanks to automatic tab it is also suitable for blind people. For effective operation only one AA battery is required.

Sehr filigran ist die Klimaanlagen-Fernbedienung Pen Remote gestaltet. Multifunktional nutzbar verbirgt das stiftförmige Gehäuse – trotz seines geringen Durchmessers von 21 mm – einen Luftfeuchtigkeitsmesser, ein Raumthermometer sowie eine Tischuhr. Die nach ergonomischen Gesichtspunkten entworfenen Steuerungstasten werden durch ein benutzerfreundliches Interface mit ikonisierten Grafiken ergänzt, das auch für blinde Menschen bedienbar ist mit automatischem Tab. Zum effektiven Betrieb reicht eine AA-Batterie aus.

**Solar-Ripp Modul**
Solar Pool Heater /
Schwimmbad-Solarheizung

Solar-Ripp, Sinzig,
Germany / Deutschland
In-house design / Werksdesign:
Andreas Appel
www.solarripp.com

The rib-shaped surface geometry of these solar modules is not only visually outstanding; it forms the basis for the remarkably high efficiency factor of 91 per cent. By means of this innovative form of solar energy generation private swimming pools can be heated up with a neutral carbon footprint. This product line offers various options for positioning the modules thanks to their flexible solar tubes: thus, arched roofs, flat roofs or walls can be used for solar-thermal concepts. The long-lasting system comprises five components and is mounted easily and permanently by means of plug connections.

Die rippenförmige Oberflächengeometrie dieser Solarmodule ist nicht nur optisch prägnant, sie ist auch die Basis für den bemerkenswert hohen Wirkungsgrad von 91 Prozent. Mit Hilfe dieser innovativen Form der Sonnenenergiegewinnung lassen sich private Schwimmbäder kohlendioxidneutral aufheizen. Die Produktserie bietet dank ihrer biegsamen Solarrohre flexible Möglichkeiten der Platzierung: So können auch Tonnendächer, Flachdächer oder Mauern solarthermisch genutzt werden. Bestehend aus fünf Einzelteilen wird das langlebige System unkompliziert und dauerhaft mittels Steckverbindungen befestigt.

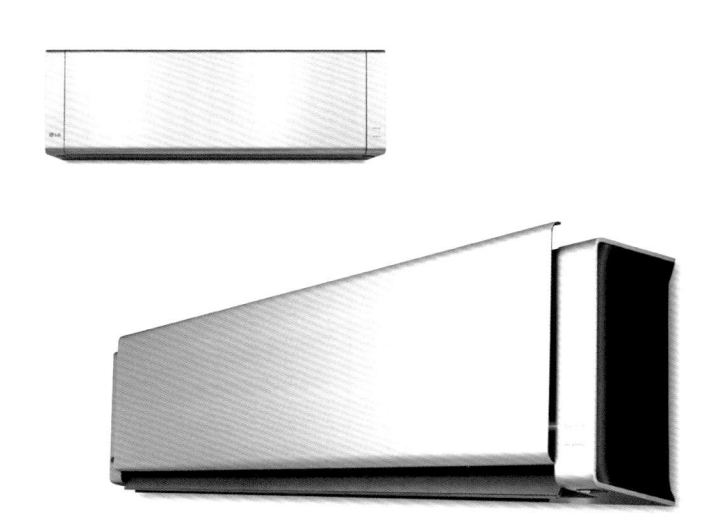

**Air Conditioner / Klimaanlage**

LG Electronics, Seoul, Korea
In-house design / Werksdesign:
Mun-Woo Lee, Il-Ha Park,
Joo-Gyeom Kim
www.lge.com

A sleek aluminium body encases this unobtrusive air conditioner that harmoniously blends in with modern furnishing styles. When it is activated by an easy-to-understand remote control the softly rounded front opens upwards to allow the alternating air current to flow. The display indicates the actual state. The device is suitable for cooling as well as heating the ambient temperature. No harmful substances were used in production; recyclable components were favoured instead.

Ein geschmeidiger Korpus aus Aluminium umschließt diese dezente Klimaanlage, die sich in zeitgemäße Einrichtungsstile harmonisch integrieren lässt. Bei der Inbetriebnahme durch eine leicht verständliche Fernbedienung öffnet sich die sanft abgerundete Front nach oben, um den wechselnden Luftstrom zu ermöglichen. Auf einem Display lässt sich der jeweilige Modus ablesen, das Gerät ist sowohl zum Kühlen als auch zum Erwärmen der Raumtemperatur einsetzbar. Bei der Fertigung wurden umweltschädliche Materialien gemieden und recycelbare Bestandteile bevorzugt.

**eqo**
Sauna Bucket /
Sauna-Aufgusskübel

Silgmann Ges.m.b.H. & Co KG,
Salzburg, Austria / Österreich
Design: Michael Kogelnik, Linz,
Austria / Österreich
www.silgmann.com

Milled out of a piece of solid wood this sauna bucket has an elegant and ergonomic shape. The use of heat-treated wood minimises later swelling and shrinking of the wood making the otherwise obligatory plastic container inside unnecessary. The machine-made bucket consists of 100 per cent renewable raw material and is completely compostable. The water content of one litre is sufficient even for big saunas. Its low weight facilitates lifting. The handle was positioned in a way to protect the hand from the steam rising during the steam treatment. The outlet, a combination of overflow protection and discharge, is functional and allows dripless pouring.

Aus einem vollen Stück Holz gefräst, ist dieser Sauna-Aufgusskübel ergonomisch und elegant gestaltet. Die Verwendung von unter Hitze behandeltem Holz minimiert das spätere „Arbeiten" des Holzes, wodurch der sonst obligatorische Kunststoffbehälter im Inneren überflüssig wird. Somit besteht der maschinell gefertigte Kübel zu 100 Prozent aus nachwachsenden Rohstoffen und ist vollständig kompostierbar. Der Wasserinhalt von etwa einem Liter soll auch für große Saunaräume ausreichen, das geringe Gewicht des Kübels erleichtert das Anheben. Die Position des Griffs wurde so gewählt, dass die Hand während des Aufgusses vor aufsteigendem heißem Dampf geschützt ist. Eine funktional durchdachte Ausgussöffnung, eine Kombination von Überlaufschutz und Ausgussöffnung, ermöglicht ein Ausgießen ohne zu tropfen.

**BA13**
**Digital Bidet**

Woongjin Coway Co., Ltd., Seoul, Korea
In-house design / Werksdesign:
Hun-Jung Choi, Bum-Jeong Baik
www.coway.co.kr

This unobtrusive bidet hides innovative technology. The successful composition of sleek and elegant individual elements creates a spirited style. The aim was to optimise the size of the seat; the result is a remarkably flat construction that still incorporates the mature technology of remote-controlled warm water flow. The neutral and slightly curved corpus was kept simple to avoid possible refusal of electric compact devices in the bathroom. The design concept creates an appearance that harmonises with different furnishing styles. The water tap employed for the cleansing function is made of environment-friendly aluminium and ensures reliable cleansing. In addition, the energy-saving design provides safe and agreeable use by means of an ergonomic fast-acting remote control.

Eine innovative Technologie verbirgt dieses dezent gestaltete Bidet. Die gelungene Zusammenstellung aus schmalen und eleganten Einzelelementen schafft dabei eine schwungvolle Formensprache. Mit dem Ziel, die Sitzgröße zu optimieren, ergab sich eine auffallend flache Konstruktion, welche dennoch die aufwendige Technik einer fernbedienbaren Warmwasserführung umfasst. Der neutrale, leicht geschwungene Korpus wurde schlicht gehalten, um eine eventuelle Ablehnung eines elektrischen Kompaktgerätes im Bad zu vermeiden. Das Gestaltungskonzept erzeugt zudem ein Erscheinungsbild, das mit unterschiedlichen Einrichtungsstilen harmoniert. Der bei der Bidetfunktion verwendete Wasserhahn ist aus umweltfreundlichem Aluminium gefertigt und sorgt für einen zuverlässigen Reinigungseffekt. Energiesparend konzipiert, ermöglicht das Gerät darüber hinaus eine sichere und komfortable Anwendung mit Hilfe einer ergonomisch gestalteten und ohne Verzögerung reagierenden Fernbedienung.

**Aires**
Air Purifier / Luftreiniger

Woongjin Coway Co., Ltd., Seoul, Korea
In-house design / Werksdesign:
Hun-Jung Choi, Bum-Jeong Baik
www.coway.co.kr

A pebble that has been polished smooth by the water inspired the designers of this air purifier. The basic motif also expresses the intention to reflect the green device properties in its appearance. The striking recess at the upper edge deliberately interrupts the harmonious lines and refers to the place where the air flow is drawn into the filter system. When in operation the actual status of the air cleaning process is indicated through light interactions. To express the naturalness of materials at the surface of the device a matt ABS colour layering was applied. Attention was also paid to an environment-friendly manufacture. Efficient design maxims achieved a cost reduction of 25 percent without any loss of quality. The interior of the device is freely accessible. The self-contained and compact corpus consists of a minimal three-part construction.

Ein vom Wasser glatt geschliffener Kieselstein inspirierte die Gestalter dieses Luftreinigers. In diesem Grundmotiv zeigt sich auch die Intention, die umweltfreundlichen Eigenschaften des Geräts im Erscheinungsbild widerzuspiegeln. Die auffällige Aussparung am oberen Eck bricht bewusst mit der harmonischen Linienführung und verweist auf die Stelle, wo der Luftstrom ins Filtersystem eingesaugt wird. Während des Betriebs wird der aktuelle Stand der Luftreinigung durch interessante Lichtinteraktionen angezeigt. Um die Natürlichkeit der Materialien auch an der Geräteoberfläche fühlbar zu machen, wurde eine matte ABS-Farbbeschichtung aufgetragen. Dabei wurde zudem auf eine umweltfreundliche Fertigung geachtet. Effiziente Gestaltungsmaximen bedingen eine Kostenreduzierung um 25 Prozent, ohne Qualitätseinbußen hinnehmen zu müssen. Das Innenleben des Geräts ist frei zugänglich, wobei der eigenständig und kompakt wirkende Korpus aus einer minimalistischen dreiteiligen Konstruktion besteht.

Tork Elevation
Dispensers for Public Washrooms /
Spender für öffentliche Waschräume

SCA, Göteborg, Sweden / Schweden
Design: Thomas Meyerhoffer,
Montara, USA
www.sca.com
www.sca-tork.com
www.meyerhoffer.com

Soft, organic forms and clear lines are the main design features of this hygiene dispenser line for public washrooms. The dispensers protrude gently from the wall. Unobtrusively and harmoniously they match with any washroom ambience. The colour concept is kept neutral and comprises a white and a black version. The minimalist design of the hygiene dispenser line highlights its reliable functionality: the dispensers enclose and protect their content like a capsule. The dispenser product line allows intuitive, simple handling and due to the use of semi-transparent viewing windows maintenance by service staff is considerably facilitated.

Weiche, organische Formen sowie klare Linien prägen die Anmutung dieser Hygienespenderlinie für öffentliche Waschräume. Sich von der Wand sanft abhebend, passen sich die Spender jedem beliebigen Waschraum-Ambiente unaufdringlich und optisch harmonisch an. Das neutral gehaltene Farbkonzept umschließt eine weiße sowie eine schwarze Ausführung, wobei die minimalistische Gestaltung der Hygienespenderlinie eine hohe Funktionalität in Szene setzt: Ähnlich einer Kapsel umschließen und schützen die Spender den Spenderinhalt. Die Spenderlinie ermöglicht dem Benutzer eine intuitiv einfache Bedienung. Zudem wird die Wartungsarbeit des Servicepersonals durch den Einsatz von halbtransparenten Sichtfenstern merklich erleichtert.

## ParadiseLine
Dispenser System / Spendersystem

CWS-boco International GmbH,
Duisburg, Germany / Deutschland
Design: brains4design GmbH
(Jens Pattberg, Barbara Riedmann,
Christine Hartwein,
Vincent Holger Weckert), Munich,
Germany / München, Deutschland
www.cws-boco.com

A functionally oriented and discreet appearance ensures that the towel, soap and fragrance dispensers of the ParadiseLine harmoniously adapt to different washrooms. The exchangeable panels of the ParadiseLine dispensers allow additional individual design options with regard to colour and motif. The panels of the standard series are available in classic white, modern black, red and champagne as well as silver, wood and carbon look. As it was the objective to offer corporate as well as customer specific solutions, the integration of individual graphics and text completes the range. The modern discreet towel dispensers are technically mature and allow hygienic use of the cotton towel rolls. Like all product solutions of the company this washroom product line is offered as complete solution in combination with a comprehensive rental service.

Ein funktional ausgerichtetes und dezent wirkendes Erscheinungsbild sorgt dafür, dass sich die Stoffhandtuch-, Seifen- und Duftspender der ParadiseLine unterschiedlichen Waschräumen harmonisch anpassen. Die austauschbaren Blenden (Panels) der ParadiseLine-Spender erlauben dabei zusätzliche individuelle Gestaltungsmöglichkeiten hinsichtlich Farbe und Motiv. Die Panels der Standardserie sind in klassischem Weiß, modernem Schwarz, Rot und Champagner sowie in Silber-, Holz- oder Carbonoptik erhältlich. Mit der Zielsetzung, unternehmens- und kundenspezifische Lösungen anzubieten, wird das Angebot durch die Einbindung individueller Bild- und Textgestaltungen abgerundet. Die zeitgemäß dezenten Handtuchspender sind technisch ausgereift und ermöglichen eine hygienische Nutzung der Stoffhandtuchrollen. Wie alle Produktlösungen des Herstellers wird auch diese Waschraum-Linie als Komplettsystem in Verbindung mit einem umfassenden Mietservice angeboten.

### Royal Integral
### Mirror Cabinet / Spiegelschrank

Keuco GmbH & Co. KG, Hemer,
Germany / Deutschland
Design: Tesseraux + Partner,
Potsdam, Germany / Deutschland
www.keuco.de

Level and flush with the wall, this mirror cabinet blends into different room architectures. On the outside only a restrained elegant mirror surface is visible. Generous storage space is hidden inside. Equipped with striking glass shelves and a multi-functional operation panel the value of use is increased by an integrated radio and full illumination. High-grade materials and precise workmanship attest to a high quality standard.

Plan und wandbündig fügt sich dieser Spiegelschrank in die jeweilige Raumarchitektur ein. Während außen nur eine zurückhaltend elegante Spiegelfläche sichtbar ist, verbirgt sich im Inneren ein großzügig gestalteter Stauraum. Mit seinen auffälligen Glasablagen und einer multifunktionalen Bedienkonsole steigert sich der Gebrauchswert zusätzlich durch ein integriertes Radio sowie eine komplette Ausleuchtung. Hochwertige Materialien und die präzise Verarbeitung stellen einen hohen Qualitätsanspruch unter Beweis.

### Plan Integral
### Modular Accessories / Einbauaccessoires

Keuco GmbH & Co. KG, Hemer,
Germany / Deutschland
Design: Ingenhoven Architekten,
Düsseldorf, Germany / Deutschland
www.keuco.de

The modular accessories designed for the washbasin and WC area blend into the particular room architecture since they are plane and level with the wall. A reduced and discreet design and functionality fuse into a convincing unit. Designed in the size of the common tile grid of 15 cm Plan Integral can be easily integrated in interior conditions. With an installation depth of 125 mm the modules can be combined with all common front wall installation systems.

Plan und wandeben fügen sich die im Waschtisch- und WC-Bereich einsetzbaren Einbauaccessoires in die jeweilige Raumarchitektur ein. Eine zurückhaltend dezente Formensprache und eine gute Funktionalität verschmelzen dabei zu einer überzeugenden Einheit. In den Maßen des gängigen Fliesenrasters von 15 cm gestaltet, lässt sich Plan Integral gut in die Ausstattungsgegebenheiten integrieren. Mit ihren Einbaumaßen von 125 mm Tiefe sind die Module zudem mit allen markttüblichen Vorwandinstallationssystemen kombinierbar.

### VARIA 826 KNX
### Individual Room
### Controller / Einzelraumregler

Theben AG, Haigerloch,
Germany / Deutschland
In-house design / Werksdesign
www.theben.de

This elegant individual room controller with multi-function display was developed for a modern white living ambience. Its puristic housing features a square glass front shining in matt white. LED lighting on the back provides for an interesting lighting effect. Different room functions such as heating, air conditioning, ventilation, light, and sun protection are automatically controlled or manually operated with solid aluminium buttons. Moreover, the display informs about weather data, room temperature, carbon dioxide concentration etc.

Im Einklang mit einem zeitgemäß weißen Wohnambiente ist dieser elegant anmutende Einzelraumregler mit Multifunktionsdisplay einsetzbar. Sein puristisches Gehäuse ist mit einer quadratischen und mattweiß schimmernden Glasfront gestaltet. Für einen interessanten Lichteffekt sorgt die rückseitige LED-Beleuchtung. Unterschiedliche Raumfunktionen wie Heizung, Klima, Lüftung, Licht und Sonnenschutz werden automatisch gesteuert oder von Hand durch robuste Alu-Tasten bedient. Zudem können Wetterdaten, Raumtemperatur, Kohlendioxid-Konzentration etc. im Display abgelesen werden.

**designo Single Pipe Rosette
Stockholm Chrome /
designo-Einzelrosette
Stockholm Chrom**

Megaro GmbH & Co. KG,
Kämpfelbach, Germany / Deutschland
In-house design / Werksdesign:
Sven Kessler
www.designo-rosetten.de

The chrome single pipe rosette refines and protects the transition between the radiator and the floor covering by charmingly hiding the radiator connections. Even installation tolerances of the individual radiator pipes are adjusted. Puristic and elegant the chrome surface can be integrated in various furniture environments. The protective tubes are resistant to pressure and impact; they feature longitudinal slots and are made of flexible material for subsequent easy fitting.

Die Einzelrosette aus Chrom ästhetisiert und schützt den Übergang zwischen Heizkörper und Bodenbelag, indem sie Heizkörperanschlüsse optisch reizvoll abdeckt. Selbst Montagetoleranzen der einzelnen Heizungsrohre werden ausgeglichen. Puristisch elegant lässt sich die Chromoberfläche harmonisch in unterschiedliche Einrichtungsstile integrieren. Die druck- und stoßresistenten Schutzrohre sind längs geschlitzt und zudem aus flexiblem Material gefertigt, so dass sie sich auch nachträglich leicht montieren lassen.

**Planus
Towel Drying Radiator /
Handtuchwärmer**

Zehnder Group Produktion Gränichen AG,
Gränichen, Switzerland / Schweiz
Design: King & Miranda Design Srl
(Perry King, Santiago Miranda),
Milan, Italy / Mailand, Italien
www.zehndergroup.com
www.kingmiranda.com

This electric-heated towel drying radiator has a puristic appearance and is easily integrated in all kinds of bathrooms. Thanks to its innovative heating technology the device is heated within a few minutes. An integrated timer limits the heating performance of 250 watts and thus power consumption according to individual requirements. Planus is rotatable up to 180 degrees and can therefore be mounted in limited space. In addition, it is simply installed by a mounting rail and easy to operate by pushing the operation switch once.

Puristisch gestaltet, lässt sich dieser elektrische Handtuchwärmer gut in unterschiedliche Badezimmer integrieren. Dank seiner innovativen Heiztechnik erwärmt sich das Gerät innerhalb von wenigen Minuten, wobei ein eingebauter Timer die Heizleistung von 250 Watt und damit den Stromverbrauch bedarfsgerecht beschränkt. Planus ist bis 180 Grad schwenkbar und kann dadurch platzsparend eingebaut werden. Zudem ist er mittels einer Montageschiene einfach zu montieren und durch einmaliges Drücken eines Schalters komfortabel zu bedienen.

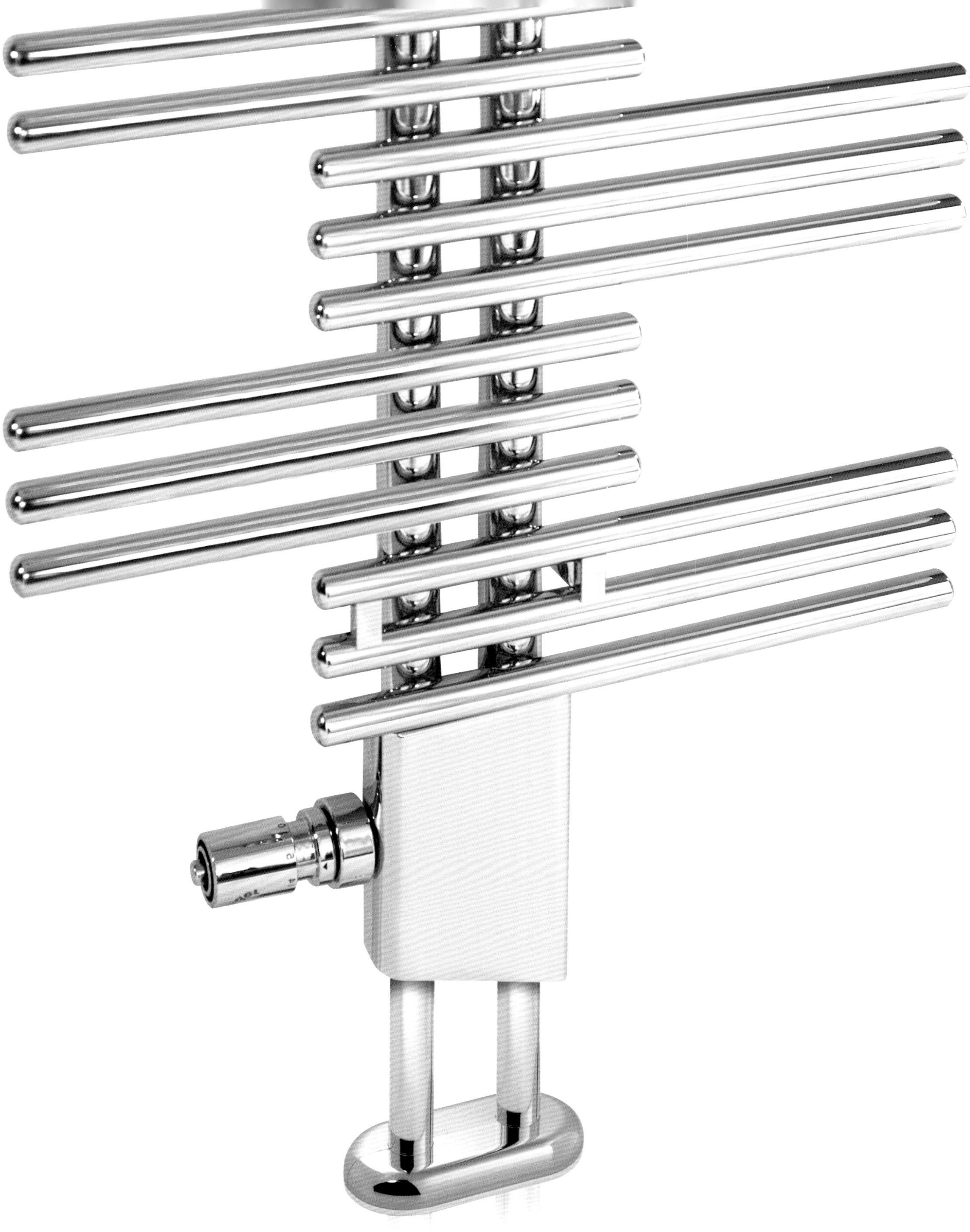

designo Single Pipe Rosette Milan
Inox Look /
designo-Einzelrosette Mailand
Inox gebürstet

Megaro GmbH & Co. KG,
Kämpfelbach, Germany / Deutschland
In-house design / Werksdesign:
Sven Kessler
www.designo-rosetten.de

The designo single pipe rosette with protective tube is designed for decoratively covering radiator connections; it creates a harmonious transition between the radiator and floor covering. Its plain, elegantly reduced stylistic expression enhances rather neglected areas adding architectural charm. In addition, the modern design can be flexibly integrated in different furniture styles. The most different surface coatings from matt to high-gloss are available for further combinations. Its special construction with horizontal and vertical bars makes the rosette durable as well as pressure and impact-resistant. Robust pin and hole joints between the two parts of the rosette ensure firm hold and easy assembly. The protective tube allows for installation tolerances of the radiator pipes that often prove to be rather inconvenient. For easy fitting, even if required subsequently, the protective tubes are made of flexible material and feature longitudinal slots.

Die designo-Einzelrosette mit Schutzrohr dient der dekorativen Abdeckung von Heizkörperanschlüssen und schafft somit einen harmonischen Übergang zwischen Heizkörper und Bodenbelag. Ihre schlichte, elegant zurückhaltende Formensprache ermöglicht eine architektonisch reizvolle Aufwertung von bislang eher vernachlässigten Bereichen. Zudem lässt sich die zeitgemäße Gestaltung flexibel in unterschiedliche Einrichtungsstile integrieren. Um weitere Kombinationsvarianten zu bieten, sind verschiedenste Oberflächenbeschichtungen von matt bis hochglänzend erhältlich. Die Konstruktion mit horizontalen und vertikalen Stegen macht die Rosette langlebig sowie druck- und stoßresistent. Stabile Loch-Zapfen-Verbindungen zwischen den beiden Rosettenteilen gewährleisten einen stabilen Halt und eine einfache Montage. Dabei dient das Schutzrohr zum Ausgleich von Montagetoleranzen der Heizungsrohre, die ansonsten optisch eher als störend empfunden werden. Für eine leichte, im Bedarfsfall auch nachträgliche Anbringung sind die Schutzrohre längs geschlitzt und aus flexiblem Material gefertigt.

**auroTHERM exclusive
Vacuum Tube Solar Collector /
auroTHERM exclusiv
Solar-Vakuumröhrenkollektor**

Vaillant GmbH, Remscheid,
Germany / Deutschland
In-house design / Werksdesign:
Vaillant Design
www.vaillant.de

The design concept of the "auroTHERM exclusive" vacuum tube solar collector combines high-energy efficiency and simple installation features with an elegant appearance. The compact construction, which is visually characterised by slim, dark tubes, allows harmonious integration into different roof types. Innovative tube pods ensure safe transport and quick installation. If necessary, single tubes will be easily exchanged.

Das Gestaltungskonzept des Solar-Vakuumröhrenkollektors auroTHERM exclusiv kombiniert eine hohe Energieeffizienz und eine einfache Montagetauglichkeit mit einem eleganten Erscheinungsbild. Die kompakte Bauweise, welche optisch von den schlanken und dunklen Röhren geprägt wird, ermöglicht die harmonische Integration in unterschiedliche Dachformen. Dabei erlauben innovative Röhrenhalter den sicheren Transport und eine schnelle Montage, im Bedarfsfall können einzelne Röhren unkompliziert ausgetauscht werden.

**auroSTEP plus
Solar Storage Unit /
Solarspeichereinheit**

Vaillant GmbH, Remscheid,
Germany / Deutschland
In-house design / Werksdesign:
Vaillant Design
www.vaillant.de

The "auroSTEP plus" is a technically and optically mature storage unit for solar potable water treatment. With its compact construction all function-relevant components such as controller, tube and pump groups can be integrated. The interplay of brand-specific design elements underlines the ties to the product family. The storage unit needs only little space and can be installed quickly and easily. With a plug-and-play solution the heater becomes an ecological useful addition to the solar thermal system for potable water treatment. The intuitively manageable control in the easily accessible terminal offers high ease of use.

auroSTEP plus ist eine technisch wie optisch gut durchdachte Speichereinheit für die solare Trinkwasserbereitung. Ihrer kompakten Bauweise gelingt die Integration aller funktionsrelevanten Komponenten wie Regler, Rohr- und Pumpengruppen in einen harmonisch abgerundeten Gerätekorpus, wobei das Zusammenspiel markentypischer Gestaltungselemente die Zugehörigkeit zur Produktfamilie verdeutlicht. Die Speichereinheit benötigt nur wenig Stellplatz und lässt sich schnell und unkompliziert installieren. Per Plug-and-Play-Lösung wird die ökologisch sinnvolle Ergänzung der Heizung zur solarthermischen Trinkwasserbereitungsanlage ermöglicht. Auch die intuitiv bedienbare Steuerung im gut zugänglichen Terminal bietet einen hohen Bedienkomfort.

**auroTHERM**
**Solar Flat Plate Collector /
Solar-Flachkollektor**

Vaillant GmbH, Remscheid,
Germany / Deutschland
In-house design / Werksdesign:
Vaillant Design
Design: Vistapark GmbH,
Wuppertal, Germany / Deutschland
www.vaillant.de

The almost rimless frame of the milky matt surface glass defines the puristic appearance of these solar flat plate collectors. A subtly and smoothly structured surface is thus created forming a visually unobtrusive element on the roof area. Correspondingly, ecologically sound solar energy generation can become a visually harmonious, integral part of contemporary architecture. The "auroTHERM" solar flat plate collector combines technically mature performance efficiency with an elegant look and easy handling. The compact construction with a particularly flat frame ensures harmonious installation on diverse roof shapes. The assembly concept is identical for all solar collectors produced by the manufacturer and allows quick and safe installation.

Die fast randlose Fassung des milchig-matten Oberflächenglases definiert das puristische Erscheinungsbild dieser Solar-Flachkollektoren. Somit entsteht eine zurückhaltend glatt strukturierte Fläche, die in Kombination mit weiteren Solar-Flachkollektoren ein visuell unaufdringliches Element der Dachfläche bildet. Entsprechend kann die umweltgerechte Sonnenenergiegewinnung auch visuell stimmig zum integralen Bestandteil zeitgemäßer Architektur werden. Der Solar-Flachkollektor auroTHERM kombiniert dabei eine technisch ausgereifte Leistungseffizienz und eine elegante Gestaltung mit einer einfachen Handhabung. Die kompakte Bauweise mit einem besonders flachen Rahmen erlaubt die harmonische Installation in unterschiedlichste Dachformen. Das Montagesystem, welches für alle herstellereigenen Solar-Kollektoren identisch ist, ermöglicht eine schnelle und sichere Montage.

### WPL 12 HT
Air/Water Heat Pump/
Luft/Wasser-Wärmepumpe

Stiebel Eltron GmbH & Co. KG,
Holzminden, Germany/Deutschland
Design: EDF Recherche & Dévelopment,
Département Ener BAT
(Guillaume Foissac), Moret-sur-Loing,
France/Frankreich;
burmeister industrial design
(Kay Burmeister), Hanover,
Germany/Hannover, Deutschland
www.stiebel-eltron.com

The air/water heat pump was developed for the refurbishment market in housing supply and allows with its high flow temperatures the use of the existing heat distribution system. Furthermore, it ensures that the drinking water is heated. With its discreet style and accentuated colour schemes the outward appearance harmoniously integrates into different room settings. Elegantly rounded contours lend the compact floor-mounted appliance more lightness and dynamism. The modern design concept underlines the main idea to offer heating energy concepts for all types of buildings.

Die für den Renovierungsmarkt im Wohnungsbestand entwickelte Luft/Wasser-Wärmepumpe ermöglicht mit hohen Vorlauftemperaturen die Nutzung des vorhandenen Heizverteilsystems und stellt darüber hinaus die Trinkwassererwärmung sicher. Mit einer eigenständigen Formensprache und akzentuierter Farbgebung fügt sich das äußere Erscheinungsbild harmonisch in verschiedenste Raumgegebenheiten ein. Elegant abgerundete Konturen verleihen dem kompakten Standgerät Leichtigkeit und Dynamik. Das zeitgemäße Gestaltungskonzept unterstreicht den Leitgedanken, innovative Heizenergiekonzepte für alle Arten von Gebäuden anzubieten.

### WPF 10 E
Brine/Water Heat Pump/
Sole/Wasser-Wärmepumpe

Stiebel Eltron GmbH & Co. KG,
Holzminden, Germany/Deutschland
Design: burmeister industrial design
(Kay Burmeister), Hanover,
Germany/Hannover, Deutschland
www.stiebel-eltron.com

This brine/water heat pump features a clear line contour. Distinct contrasts in materials and surfaces as well as a flowing design lend the floor-mounted appliance a dynamic appearance. It was conceived to supply heat and water to residential buildings and offers an innovative technology as well as high-quality and long-lasting workmanship. The ergonomic arrangement of the operation panel with a pull-out control box allows simple handling for all user groups as well as easy mounting.

Eine klare Linienführung zeigt diese Sole/Wasser-Wärmepumpe. Deutliche Material- und Oberflächenkontraste sowie eine fließende Formgebung verleihen dem Standgerät eine dynamische Anmutung. Konzipiert für die Heizungs- und Warmwasserversorgung von Wohngebäuden bietet sie eine innovative Technik bei einer hohen und langlebigen Verarbeitungsqualität. Die ergonomische Anordnung der Bedienblende mit ihrem herausziehbaren Schaltkasten ermöglicht sowohl eine leichte Handhabung für alle Benutzergruppen als auch eine unkomplizierte Montage.

**Aquastrom VT
Regulating Valve / Regelventil**

F.W. Oventrop GmbH & Co. KG,
Olsberg, Germany / Deutschland
In-house design / Werksdesign
Design: D&I (Prof. Ulrich Hirsch),
Brügge, Germany / Deutschland
www.oventrop.de

The Aquastrom VT red bronze tap is an easy-to-use and easy-to-read regulating valve for potable water circuits. The design concept placed a holistic focus on function, form and economical material use. Correspondingly the valve is simply engineered, maintenance-free and composed of few robust parts. Designed for long-term use the potable water fitting is made to last 25 to 30 years: it operates without auxiliary energy and is made of recyclable, green materials. The compact design hides two functions: on the one hand, there is a thermal control that keeps the pre-set temperature at a constant level while the valve supports automatic thermal disinfection. On the other hand, the valve performs hydraulic adjustment to comply with the pre-set temperature requirement in each pipe of the circulation system. The integrated ball valve allows for quick isolation without the need for disassembling the insulation shells.

Die Rotguss-Armatur Aquastrom VT ist ein leicht bedien- und ablesbares Regelventil für Trinkwasser-Zirkulationsleitungen. Bei ihrer Gestaltung stand eine ganzheitliche Berücksichtigung von Funktion, Form und sparsamen Materialeinsatz im Vordergrund. Das Ventil ist entsprechend einfach konstruiert, wartungsfrei und aus wenigen robusten Teilen zusammengesetzt. Langfristig ausgerichtet hält die Trinkwasserarmatur 25 bis 30 Jahre, sie arbeitet ohne Hilfsenergie und besteht aus recycelfähigen und umweltverträglichen Materialien. Zwei Funktionen verbirgt die kompakte Gestaltung: Zum einen die thermische Regelung, wobei eine voreinstellbare Temperatur konstant gehalten wird. Dabei unterstützt das Ventil auch die automatische thermische Desinfektion. Zudem dient es dem hydraulischen Abgleich, um in jedem Strang der Zirkulationsanlage die vorgegebene Temperaturanforderung zu erfüllen. Der integrierte Kugelhahn ermöglicht eine Schnellabsperrung ohne Demontage der Isolierschalen.

**Kouple
Sanitary Ware Series/
Badkeramik-Serie**

Saturnbath Co. Ltd., Seoul, Korea
Design: Karim Rashid, New York, USA
www.saturn.co.kr
www.karimrashid.com

With its provocative and bold appearance this sanitary ware series coloured in pink embodies a joyful colour concept. In contrast to pure white the colour selection is adopted as a statement. The shape of two water drops was the essential source of inspiration for its design. Bathtub and washbasin feature an ergonomically curved shape expressing an inviting offer to use them in pairs.

Provokant und verwegen anmutend, verkörpert diese Badkeramik-Serie in Pink ein lebensfrohes Farbkonzept. Im Gegensatz zum schlichten Weiß wird hier die Farbwahl zum Statement erhoben. Als gestaltungsprägende Inspiration wurde die Form zweier Wassertropfen aufgegriffen. Badewanne wie Waschbecken zeigen gleichermaßen eine ergonomisch geschwungene Formgebung, die zur Benutzung zu zweit einlädt.

**Mira Divisa Electric Shower/
Durchlauferhitzer für Duschen**

Kohler Mira Limited, Cheltenham,
Gloucestershire, GB
In-house design/Werksdesign:
Mark Cooper

A flow-type heater is the integral part of the design concept for this shower system. A fixed shower head and a separate hand shower harmoniously blend in with its distinct stylistic language. A special coating reduces limescale.

Bei diesem Duschsystem ist ein Durchlauferhitzer integraler Bestandteil des Gestaltungskonzepts. In dessen klare Formensprache fügen sich ein fest montierter Brausekopf sowie eine separate Handbrause harmonisch ein. Eine Spezialbeschichtung verringert Kalkablagerungen.

Tony K. M. Chang

Prof. Dr. Florian Hufnagl

Dirk Schumann

# Lighting and lamps
## Focus on form and function

# Licht und Leuchten
## Fokus auf Form und Funktion

The category "lighting and lamps" displays an exceptional wealth of ideas. Despite the regret about the disappearance of the traditional light bulb and its specific quality of light designers experiment with new technologies in an inspiring way – in a way that not only saves our resources but also fascinates and appeals to emotions. In all areas, from lighting for living spaces to the area of medical technology, the use of LED technology enables completely new, intelligent design possibilities. Admittedly, the designs created using this comparatively young technology still require further development; however, it is already possible to make the material of the technical elements disappear almost completely behind the aesthetic form of the lamp. The focus is on the design itself, on the immediate form and function. Efficient, environmentally friendly and interactive – the modern lighting technology holds enormous potential, and allows a look into the future today.

Der Ideenreichtum im Bereich „Licht und Leuchten" ist ungewöhnlich hoch. Trotz des Bedauerns über das Verschwinden der traditionellen Glühbirne und ihrer spezifischen Lichtqualität wird mit den neuen Technologien auf eine mitreißende Art und Weise experimentiert – in einer Form, die nicht nur unsere Ressourcen schont, sondern auch emotional begeistert. In allen Bereichen, von der Wohnraumbeleuchtung bis in den Bereich der Medizintechnik, eröffnet der Einsatz von LED-Technik völlig neue, intelligente Gestaltungsmöglichkeiten. Zwar besteht im gestalterischen Umgang mit dieser vergleichsweise jungen Technologie noch immer Entwicklungsbedarf, doch gelingt es bereits jetzt, die Stofflichkeit der technischen Elemente hinter der ästhetischen Form der Leuchte fast vollständig verschwinden zu lassen. Der Fokus liegt auf dem Design selbst, auf der unmittelbaren Form und Funktion. Effizient, umweltbewusst und interaktiv – die moderne Lichttechnik birgt ein enormes Potenzial, das schon heute einen Blick in die gestalterische Zukunft gewährt.

## QLD-201
### LED Light/LED-Leuchte

Qisda Corporation, Taipei, Taiwan
Design: QisDesign, Taipei, Taiwan
www.qisda.com
www.qisdesign.com

Sculptural elegance and a high degree of lightness are the attributes of the innovative QLD-201 LED light. It reminds of a piano floating in the air, and the individual piano keys form independent illumination units that can be set as required. QLD-201 emphasises the need for a creative, playful light design. The light appears brighter at one side, more subdued on the other side. QLD-201 can be used for creating a pleasant room ambience, and it is also suitable for targeted illumination.

Eine skulpturale Eleganz und ein hohes Maß an Leichtigkeit sind die Attribute der innovativen LED-Leuchte QLD-201. Sie mutet an wie ein in der Luft schwebendes Klavier, die einzelnen Tasten der Klaviatur bilden dabei unabhängige Beleuchtungseinheiten und können individuell eingestellt werden. Dadurch unterstützt die Leuchte das Bedürfnis nach einer kreativen, spielerischen Lichtgestaltung. Das Licht tritt auf der einen Seite heller, auf der anderen Seite gedämpfter aus. QLD-201 kann sowohl als stimmungsvolle Raumleuchte als auch zur gezielten Beleuchtung eingesetzt werden.

QLD-202
LED Ceiling Light/
LED-Deckenleuchte

Qisda Corporation, Taipei, Taiwan
Design: QisDesign, Taipei, Taiwan
www.qisda.com
www.qisdesign.com

Surrounded by a metal frame the QLD-202 LED ceiling light has a long-shaped corpus lending it a smooth, shining appearance. Light is emitted at both sides of the unit. The upper side is responsible for illuminating the environment; the lower part provides bright lighting required for reading. A puristic and timeless form creates a subtle elegance giving the ceiling light an expressive and vivid character.

Die LED-Deckenleuchte QLD-202 besteht aus einem länglichen, von einem Metallrahmen umgebenen Korpus, welcher ihr eine glatte und glänzende Anmutung verleiht. Beide Seiten der Einheit können Licht ausstrahlen. Die Oberseite schafft den Raumlichteffekt, die Unterseite liefert die helle Beleuchtung, die beim Lesen benötigt wird. Durch eine puristische und zeitlose Gestaltung entsteht eine subtile Eleganz, die der Deckenleuchte einen ausdrucksvollen und präsenten Charakter verleiht.

**QLD-102**
**LED Table Lamp /**
**LED-Tischlampe**

Qisda Corporation, Taipei, Taiwan
Design: QisDesign, Taipei, Taiwan
www.qisda.com
www.qisdesign.com

The QLD-102 table lamp offers individual options to combine its units. Thus, the user can deal with light and its effect in a playful and creative way. Each unit features a light diode that doesn't heat – even after long-time use, luminaire can therefore be rearranged. The form of a coral inspired the design of the individual elements whereas the ensemble reminds of a hydrangea in full blossom.

Durch die Möglichkeit einer individuellen Kombination ihrer Einheiten erlaubt es die Tischlampe QLD-102 dem Benutzer, spielerisch und kreativ mit Licht und dessen Wirkung umzugehen. Jede der Einheiten ist mit einer Leuchtdiode versehen, die sich nicht erhitzt, was eine Umgestaltung der Leuchte auch nach längerem Betrieb ermöglicht. Das Design der einzelnen Elemente wurde von den Formen einer Koralle inspiriert. Als Ganzes erinnert die Leuchte hingegen an eine Hortensie in voller Blüte.

**QLD-101**
LED Lighting Fixture/
LED-Beleuchtungskörper

Qisda Corporation, Taipei, Taiwan
Design: QisDesign, Taipei, Taiwan
www.qisda.com
www.qisdesign.com

The modular QLD-101 LED lighting fixture entices the user to play a game with geometry. It consists of polyhedral basic units, which can be arranged individually by magnets. Thus, a sculptural wall or table lamp is created. If the elements are arranged in a circle the lamp will automatically identify the time zone and indicate the time with two different lighting colours. Luminosity will be automatically adapted to the environment. The lamp even responds to music by projecting lights and colours, which reflect rhythm and beat.

QLD-101 ist ein modularer LED-Beleuchtungskörper, der zum Spiel mit der Geometrie einlädt. Er besteht aus polyedrischen Grundeinheiten, die mit Hilfe von Magneten individuell zusammengestellt werden können. Auf diese Weise kann eine skulpturale Wand- oder Tischleuchte entstehen. Werden die Elemente kreisförmig angeordnet, erkennt die Leuchte automatisch die Zeitzone und zeigt mittels zweier verschiedener Beleuchtungsfarben die Zeit an. Die Helligkeit wird automatisch an die Umgebung angepasst. Durch Projektion von Lichtern und Farben, die Rhythmus und Takt reflektieren, kann die Leuchte auch auf Musik reagieren.

**Saturn K**
Pendant Lamp / Pendelleuchte

Taewon Lighting Co. Ltd., Seoul, Korea
In-house design / Werksdesign: Park Woo Sung (Seoul Women's University), Kang Keun Young, Kim Min Cheol
www.taewon.co.kr

The Saturn K pendant lamp is an innovative concept of a series of lamps that aims at usability and interaction. Softly curved lines evoke associations of the shapes of Korean porcelain. As it were, it reminds of the planet Saturn and thus combines a traditional form with a futuristic appearance. Apart from a main light emitting warm rays this innovative lamp offers further functions. A thermal sensor discovers approaching persons and automatically switches on dim light for orientation in the dark.

Die Pendelleuchte Saturn K stellt ein innovatives Konzept einer auf Benutzerfreundlichkeit und Interaktion angelegten Serie von Leuchten dar. Mit einer sanft geschwungenen Linienführung schafft sie Assoziationen an die Formen koreanischen Porzellans. Sie erinnert gleichsam an den Himmelskörper Saturn und vereint so eine traditionelle Form mit einer futuristisch anmutenden Gestaltung. Neben einem warm austretenden Hauptlicht bietet die innovative Leuchte weitere Funktionen. Ein thermischer Sensor erkennt, wenn sich eine Person nähert und schaltet automatisch ein abgeblendetes Licht zur nächtlichen Orientierung ein.

**Square K**
Pendant Lamp / Pendelleuchte

Taewon Lighting Co. Ltd., Seoul, Korea
In-house design / Werksdesign: Park Woo Sung (Seoul Women's University), Sun Hwa Joo, Kim Sang Sung
www.taewon.co.kr

Functionality and aesthetics are characteristic features of the Square K pendant lamp. With distinct and at the same time flowing lines it follows the tradition of Korean architecture and seems to be modern as well as futuristic. If someone approaches the lamp a thermal sensor activates dim light to offer orientation during the night. When switched on a non-glare main light provides for a pleasant, soft light atmosphere around the lighting fixture. Square K is available in a coloured or chromium-plated version.

Funktionalität und Ästhetik sind die Attribute der Pendelleuchte Square K. Mit einer prägnanten und fließenden Linienführung steht sie in der Tradition koreanischer Architektur und mutet zugleich zeitgemäß und futuristisch an. Nähert man sich der Leuchte, aktiviert ein thermischer Sensor ein abgedämpftes Licht, um so nachts Orientierung zu bieten. Eingeschaltet schafft ein blendfreies Hauptlicht eine angenehme, weiche Lichtatmosphäre um den Beleuchtungskörper. Square K ist in farbiger oder verchromter Ausführung erhältlich.

# Pirce
Pendant Lamp / Pendelleuchte

Artemide S.p.A.,
Pregnana Milanese, Italy / Italien
Design: Giuseppe Maurizio Scutellà
www.artemide.com

The Pirce pendant lamp reminds of a scissor-cut mobile. From a white, irregularly shaped aluminium disc gently curved rings unfold downward in spirals ending in a small disc that is arched inwards like a bowl. Here is hidden the illuminant, which creates exciting effects of light and shadow. Pirce is made of aluminium and uses halogen light.

Die Pendelleuchte Pirce erinnert an ein Mobile in Scherenschnitt-Technik. Aus einer weißen, unregelmäßigen Aluminiumscheibe entfalten sich sanft geschwungene Ringe spiralförmig nach unten und enden in einer kleinen, schalenförmig nach innen gewölbten Scheibe. Hier verbirgt sich das Leuchtmittel, das spannende Licht- und Schatteneffekte entstehen lässt. Pirce besteht aus Aluminium und ist mit einer Halogenlampe bestückt.

**conof.**
**Desk Light / Tischleuchte**

Silver Seiko, Tokyo, Japan
Design: Color (Noriyuki Shirasu,
Toru Sato), Tokyo, Japan
www.silver-reed.co.jp
www.color-81.com

This desk light combines a distinct, striking form and innovative functionality. Soft line contours turn it into an expressive object of timeless style without appearing presumptuous. An iPod docking station and two USB ports are integrated in the light, which can be hidden by a slider if not in use. The fixture heading is rotatable allowing directed illumination. The desk light can either be placed upright or sideways.

Diese Tischleuchte verbindet eine klare, ausdrucksvolle Formgebung mit einer innovativen Funktionalität. Eine sanft geschwungene Linienführung macht sie zu einem auffallenden Objekt mit einer zeitlosen Anmutung, ohne dabei aufdringlich zu wirken. In die Leuchte integriert sind eine iPod-Docking-Station sowie zwei USB-Anschlüsse, die bei Nichtgebrauch mittels eines Schiebers verborgen werden können. Der Leuchtenkopf ist drehbar und ermöglicht so eine gezielte Beleuchtung. Die Tischleuchte kann sowohl gestellt als auch auf die Seite gelegt werden.

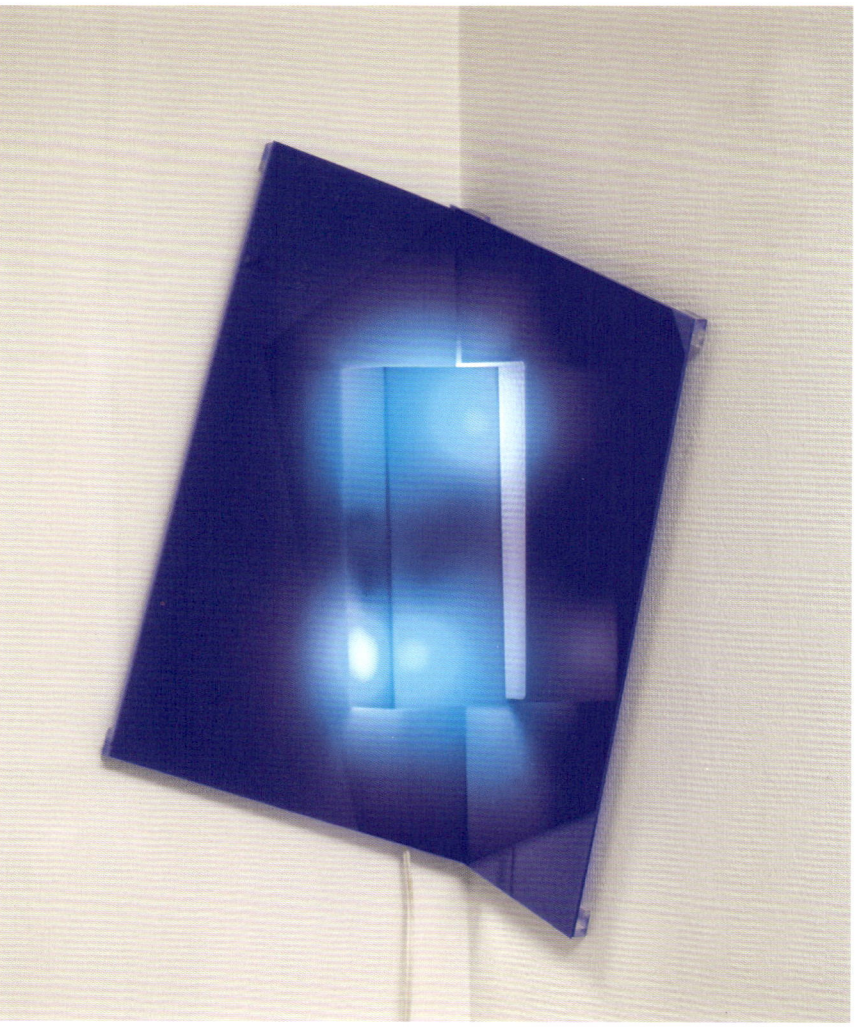

**Canto Rojo, Canto Azul**
Corner Lighting / Eckleuchte

Juna Ryang, Düsseldorf,
Germany / Deutschland
In-house design / Werksdesign
www.juna-ryang.de

This corner lighting realises the idea to create an elegant and reduced light object. With clear lines it naturally fits into any architectural surroundings. It comprises two elements so it can be variably installed in inner or exposed corners or at one wall side. Discreet light diffusion provides ambient and pleasant illumination.

Diese Eckleuchte entstand aus der Idee, ein elegantes und formal reduziertes Lichtobjekt zu schaffen. Mit einer klaren Linienführung fügt sich die Leuchte auf natürliche Weise in jede architektonische Umgebung ein. Sie besteht aus zwei Elementen, die es ermöglichen, sie variabel in inneren oder offenen Ecken oder auch in der Ebene aufzuhängen. Eine diskrete Lichtstreuung sorgt für eine atmosphärische, angenehme Beleuchtung.

## Pawww
### Wall Lamp / Wandleuchte

Dark NV, Adegem, Belgium / Belgien
Design: Christophe De Ryck,
Kemzeke, Belgium / Belgien
www.dark.be

Pawww reminds of a frozen lightning. Taking architectural aspects into account this lamp forms a conspicuous, distinctive object in space. It is made of aluminium; the lamp comes in black or matt white.

Pawww birgt Assoziationen an einen festgefrorenen Blitz. Architekturorientiert gestaltet, bildet diese Leuchte ein präsentes, unverkennbares Objekt im Raum. Die Leuchte besteht aus Aluminium und ist in Schwarz oder Mattweiß erhältlich.

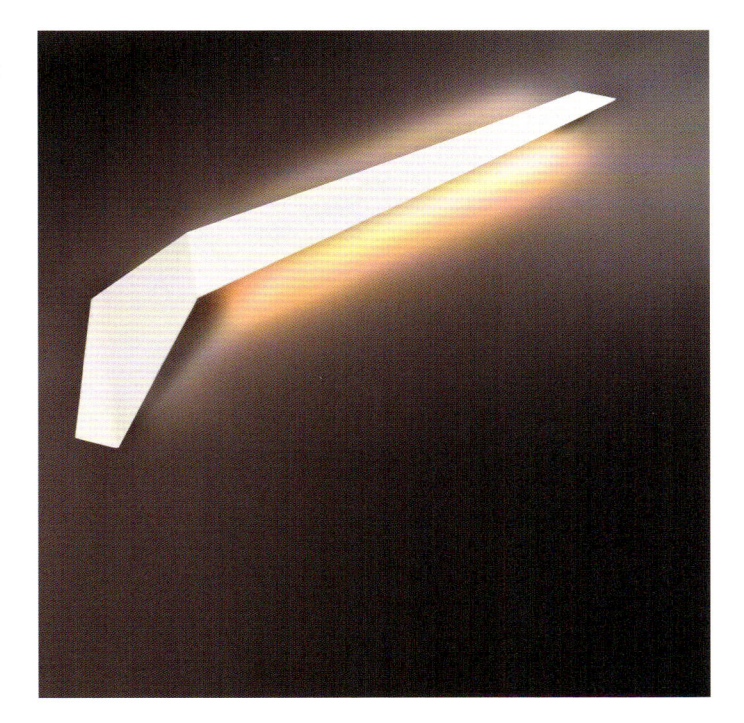

## Twolve
### Ceiling Lamp / Deckenleuchte

Dark NV, Adegem, Belgium / Belgien
Design: Christophe De Ryck,
Kemzeke, Belgium / Belgien
www.dark.be

Sculptural forms, versatility and expressiveness are characteristic features of the Twolve ceiling lamp. Depending on the angle of view the lamp of cubist design shows a different form. It is designed as a landmark for large rooms and presents an interesting light object that is suitable for superior architectural requirements as well.

Skulpturalität, Vielseitigkeit und Ausdrucksstärke sind die Attribute der Deckenleuchte Twolve. Je nach Blickwinkel erscheint die kubistisch gehaltene Leuchte in einer anderen Form. Speziell als Landmark für große Räume gestaltet, bildet sie ein interessantes Lichtobjekt, das auch für hohe architektonische Ansprüche geeignet ist.

## T&T
### Ceiling Lamp / Deckenleuchte

Dark NV, Adegem, Belgium / Belgien
Design: Christophe De Ryck, Kemzeke,
Belgium / Belgien
www.dark.be

The T&T ceiling lamp presents itself in an expressive, ostentatious and unconventional way. It embodies associations with an exploding geometrical body that is frozen in movement.

Ausdrucksstark, präsent und unkonventionell inszeniert sich die Deckenleuchte T&T. Sie erzeugt Assoziationen an einen explodierenden geometrischen Körper, eingefroren in der Bewegung.

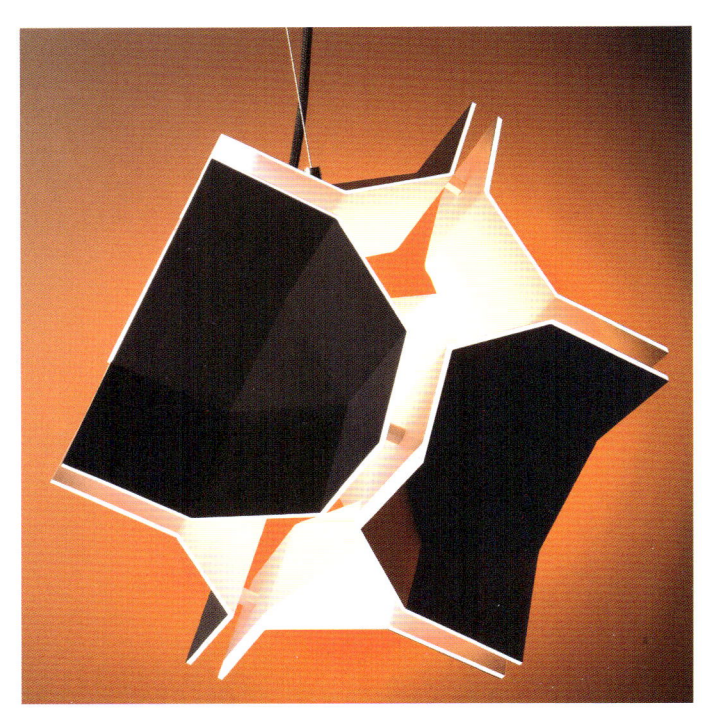

**millelumen**
Light Series / Leuchtenserie

Casablanca GmbH,
Offenbach, Germany / Deutschland
In-house design / Werksdesign:
Dieter K. Weis, Uwe K. Ruppert
www.millelumen.de

The design of the millelumen light series follows a holistic approach: the overall view of the light objects is the result of the harmonious interplay of a formally reduced corpus and the emerging lighting image. The form of the light series is based on an edged rectangle profile forming a striking unit with the end caps and the cover plate with defined shadow gaps. An easy-to-operate, variable light control ensures a high degree of functionality. millelumen is made of aluminium and features long-lasting LEDs.

Der Gestaltung der Leuchtenlinie millelumen liegt ein ganzheitlicher Ansatz zugrunde: Das Gesamtbild der Lichtobjekte resultiert aus dem harmonischen Zusammenspiel eines formal reduzierten Korpus mit dem austretenden Lichtbild. Die Form der Leuchtenserie basiert auf einem kantigen Rechteckprofil, das mit den Endkappen und der Abdeckplatte mit definierter Schattenfuge eine markante Einheit bildet. Eine unkompliziert zu bedienende, variable Lichtsteuerung erlaubt ein hohes Maß an Funktionalität. millelumen ist aus Aluminium gefertigt und mit langlebigen Leuchtdioden bestückt.

**Topix**
Wall Lamp / Wandleuchte

Delta Light nv,
Wevelgem, Belgium / Belgien
In-house design / Werksdesign
www.deltalight.com

Topix invites users to individually create their own lighting designs that easily integrate into almost any interior environment. The body of this wall lamp showcases a design of expressive and cubist lines that harmonise with the light surfaces they create on the wall. Together they produce an enticing interplay of geometric forms that lend the lamp the appearance of an art object. By combining several lamps, users have the freedom to put together creative arrangements and interesting light installations. This lighting appliance is provided with two high-power LEDs that can be switched between warm white, cold white or blue light. The fixture itself is available in aluminium with white or grey structure lacquer.

Topix animiert zu einer individuellen, kreativen Lichtgestaltung, die sich gut in jedes architektonische Umfeld integrieren lässt. Der Korpus dieser Wandleuchte ist in einer ausdrucksvollen, kubistischen Linienführung gestaltet. Die erzeugte Lichtfläche harmoniert mit der Form des Korpus und ergibt ein spannendes Zusammenspiel geometrischer Formen, die der Leuchte die Anmutung eines Kunstobjekts verleihen. Durch die Kombination mehrerer Leuchten lassen sich kreative Arrangements und interessante Lichtinstallationen schaffen. Topix wird mit zwei Power-LEDs bestückt, die wahlweise warmweißes, kaltweißes oder blaues Licht erzeugen. Die Ausstattung selbst ist in Aluminium mit einem weißen oder grauen Strukturlack erhältlich.

### Emanon
**Lighting System / Beleuchtungssystem**

Erco, Lüdenscheid,
Germany / Deutschland
Design: fuseproject
(Yves Behar, Pichaya Puttorngul),
San Francisco, USA
www.erco.com
www.fuseproject.com

Aesthetics, minimalism and intuitive functionality are the attributes of this spotlight system. The recesses on the corpus made of cast metal incite the user to touch the light spontaneously. A high-end mechanism allows precise alignment and ensures risk-free adjustment thanks to the use of heat-dissipating materials. The system was optimised for the application of the intelligent Dali software, which allows targeted controlling of individual spotlights.

Ästhetik, Minimalismus und eine intuitive Funktionalität sind die Attribute dieses Strahlersystems. Die Vertiefungen auf dem Korpus aus Gussmetall laden zum spontanen Berühren der Leuchte ein. Eine hochwertige Mechanik ermöglicht die präzise Ausrichtung und sorgt dank des Einsatzes wärmeableitender Materialien für eine gefahrlose Justierung. Das System ist für die Verwendung der intelligenten Dali-Software optimiert, die eine gezielte Steuerung einzelner Strahler erlaubt.

### Concrete Tube
**Pendant Lamp / Pendelleuchte**

Wever & Ducré,
Roeselare, Belgium / Belgien
Design: Wall-y, Eke, Belgium / Belgien
www.wever-ducre.com

The Concrete Tube pendant lamp presents itself in a conspicuous and unconventional way. By using unusual materials it forms an object in space that defines itself as an integral part of architecture. The corpus of the lamp is made of concrete and asks for touching; it surprises the viewer by its floating, airy appearance. Concrete Tube is suited for living space as well as lofts, restaurants and offices.

Auffällig und unkonventionell präsentiert sich die Pendelleuchte Concrete Tube. Durch ihre ungewöhnliche Materialität bildet sie ein Objekt im Raum, das sich als integraler Bestandteil der Architektur definiert. Der aus Beton gefertigte Korpus der Leuchte lädt zum Berühren ein und überrascht den Betrachter durch seine schwebende und leichte Anmutung. Concrete Tube eignet sich sowohl für Wohnräume als auch für Lofts, Restaurants oder Geschäftsräume.

### Light Tune
**Combination of Lighting & Sound Equipment**

GS Engineering & Construction,
Seoul, Korea
In-house design / Werksdesign:
Eun Young Kim, Kyoung Bok Lee
Design: Alto Lighting Co. Ltd.
(Dong-Hak Kim, Dong-Hyuk Kim),
Seoul, Korea

The synthesis of light and sound was the object of the design of Light Tune. With its repetitive ring shape it evokes associations of the membrane of a loudspeaker. The system unites sound body and lamp: it can be connected to a hi-fi system or an MP3 player. By using waterproof loudspeakers and a water-repellent surface Light Tune can be easily installed in the bathroom. It features long-lasting and energy-saving light diodes.

Ziel der Gestaltung von Light Tune war die Synthese von Licht und Ton. So ruft die sich wiederholende Ringform Assoziationen an die Membran eines Lautsprechers hervor. Das System vereint Klangkörper und Leuchte und kann mit der Stereoanlage oder einem MP3-Player verbunden werden. Durch den Einsatz wasserdichter Lautsprecher und einer wasserabweisenden Oberfläche lässt sich Light Tune problemlos auch im Badezimmer installieren. Bestückt ist das System mit langlebigen und energiesparenden Leuchtdioden.

**Ardea**
Task Lamp / Arbeitsleuchte

Herman Miller, Holland, USA
Design: fuseproject (Yves Behar),
San Francisco, USA
www.hermanmiller.com
www.fuseproject.com

The designers of the expressive Ardea lamp paid special attention to a high degree of ecological compatibility. A 90-degree rotatable aluminium corpus stabilises the lamp, which is infinitely adjustable. Flexible fabric-sheathed joints offer multi-axis settings for simple and stable light alignment. The light source encased in a mirror reflector provides a warm and even light distribution while the lampshade remains cool.

Bei der Gestaltung der ausdrucksstarken Leuchte Ardea wurde besonderer Wert auf ein hohes Maß an ökologischer Verträglichkeit gelegt. Ein um 90 Grad drehbarer Aluminiumkorpus stabilisiert die Leuchte und lässt sich unbegrenzt verstellen. Flexible, stoffverkleidete Gelenke ermöglichen mehrachsige Einstellungen für eine einfache und stabile Ausrichtung des Lichts. Die von einem Spiegelreflektor umgebene Lichtquelle sorgt für eine warme, gleichmäßige Lichtstreuung, während der Schirm kühl bleibt.

**Irvine w082**
LED Task Lamp / LED-Arbeitsleuchte

Wästberg, Helsingborg,
Sweden / Schweden
Design: James Irvine Srl,
Milan, Italy / Mailand, Italien
www.wastberg.com
www.james-irvine.com

Carefully worked-out details are characteristic of this task lamp. With its clear lines and an austere, architectural basic design it communicates style and calmness even when not in use. Being in harmony with its aesthetic form it emits glare-free warm-white light by means of an optical lens and a diffuser. It has three joints with a jacket construction that enables 360-degree movement.

Die auch im Detail sorgfältig gestaltete Arbeitsleuchte vermittelt mit klaren Linien und einer strengen, architektonischen Grundform Stil und Ruhe auch bei Nichtgebrauch. Mittels einer optischen Linse und eines Diffusors verströmt sie ein blendfreies, warmweißes Licht, das im Einklang mit ihrer ästhetischen Erscheinung steht. Sie hat drei Gelenke mit einer Rahmenkonstruktion, die eine 360-Grad-Bewegung erlaubt.

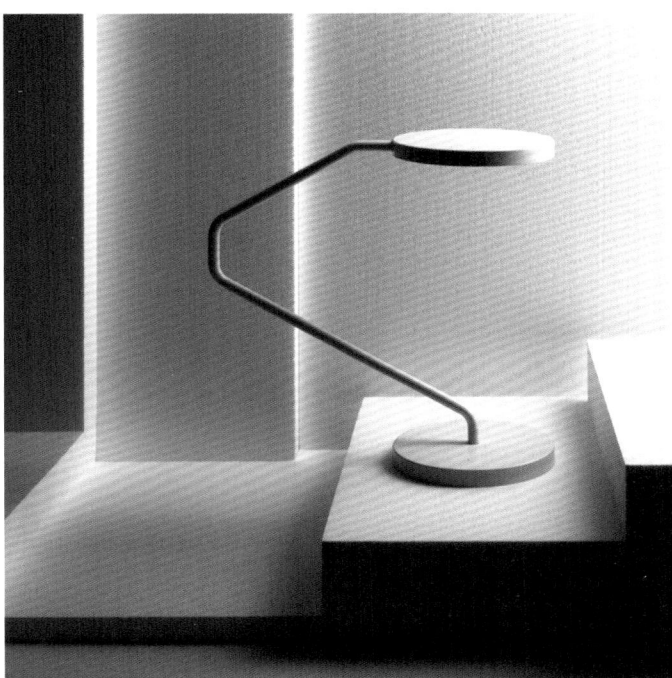

**Massaud w083**
LED Task Lamp / LED-Arbeitsleuchte

Wästberg, Helsingborg,
Sweden / Schweden
Design: Studio Massaud,
Paris, France / Frankreich
www.wastberg.com
www.massaud.com

This task lamp appears airy and functional. Warm-white light diodes featuring optical lenses and a glare-free diffuser dispense pleasant light. Lamp and foot are connected to each other via a magnetic construction ensuring easy and targeted alignment. It is available in the colour variations black and white and in aluminium with a grey foot. The lamp consumes only three watts of energy.

Filigran und funktional mutet diese Arbeitsleuchte an. Sie spendet ein angenehmes Licht aus warmweißen Leuchtdioden, die mit optischen Linsen und einem blendfreien Diffusor versehen sind. Leuchte und Fuß sind über eine Magnetkonstruktion miteinander verbunden, die eine leichte und gezielte Ausrichtung ermöglicht. Erhältlich ist die Leuchte in den Farbvariationen Schwarz, Weiß und Aluminium mit grauem Fuß. Die Leuchte hat nur einen Energieverbrauch von drei Watt.

Circolo
Pendant Lamp / Pendelleuchte

Sattler Objektlicht,
Heiningen, Germany / Deutschland
In-house design / Werksdesign
www.sattler-objektlicht.de

Circolo is a pendant lamp featuring a reduced and puristic form. In spite of its size it conveys a graceful floating impression. It has a corpus made of dark grey aluminium and an inner ring of satined acrylic glass. An LED colour control provides 2 million colours, which can be recalled manually and time-controlled in pre-programmed colour sequences. Circolo is available with diameters of 700, 900, 1320, 1600 and 2300 mm. The lamp can be installed by a one- or three-point ceiling suspension.

Circolo ist eine Pendelleuchte, die in einer reduzierten, puristischen Grundform gestaltet wurde. Trotz ihrer Größe hat sie eine grazile, schwebende Anmutung. Sie besteht aus einem Korpus von anthrazitfarbenem Aluminium und einem inneren Ring aus satiniertem Acrylglas. Eine LED-Farbsteuerung ermöglicht 2 Mio. Farben, die in vorprogrammierten Farbsequenzen manuell oder zeitgesteuert abgerufen werden können. Erhältlich ist Circolo in den Durchmessern 700, 900, 1320, 1600 und 2300 mm. Die Leuchte kann mit Ein- oder Drei-Punkt-Deckenaufhängung in variabler Länge installiert werden.

Mesh RGB
Modular LED System /
Modulares LED-System

Traxon Technologies Ltd., Hong Kong
Design: Scazziga Ltd.
(Lorenzo Scazziga), Hong Kong
www.traxontechnologies.com

Traxon's Mesh RGB is a modular system of LED modules for different applications. Each unit consists of eight grid elements connected by flexible joints. Thus, the system can adapt to the most different contours. Five strings of 32 high-performance LEDs allow for 160 individually controllable pixels per unit. Mesh RGB can serve as two-sided room divider by combining two units back to back with its clipping system.

Traxon Mesh RGB ist ein modulares System von LED-Modulen für unterschiedliche Anwendungsbereiche. Jede Einheit besteht aus acht Elementen, die durch flexible Gelenke miteinander verbunden sind. So kann sich das System den unterschiedlichsten Konturen anpassen. Fünf Reihen mit je 32 Hochleistungs-LEDs ermöglichen 160 individuell steuerbare „Pixel" pro Einheit. Mittels eines rückwandigen Clip-Systems lässt sich Mesh RGB auch in Doppelausführung als zweiseitiger Raumteiler installieren.

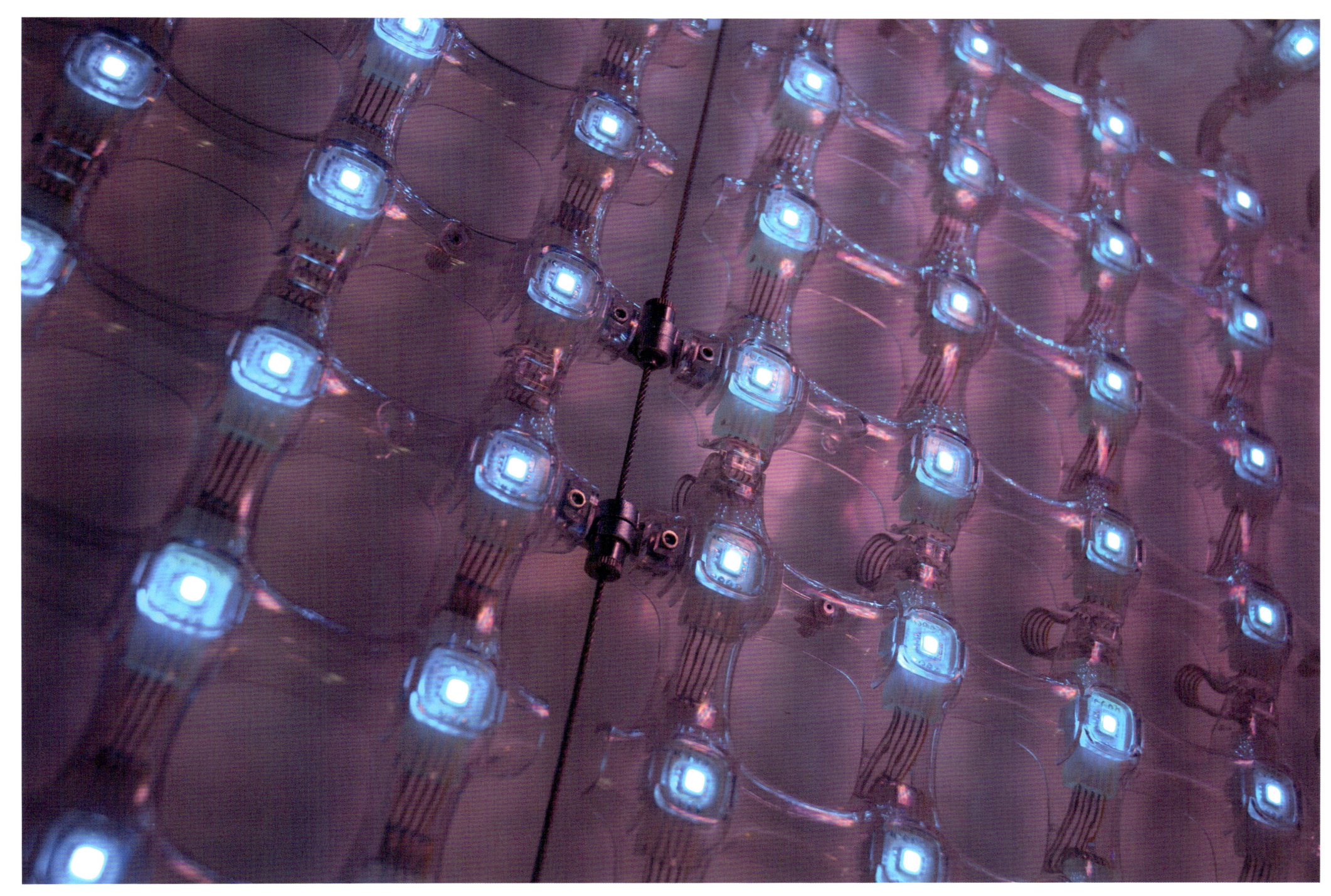

**Falling**
Suspension Lamp / Hängeleuchte

Tobias Grau GmbH,
Rellingen, Germany / Deutschland
In-house design / Werksdesign:
Tobias Grau
www.tobias-grau.com

The Falling suspension lamp merges contemporary LED technology with a creative aesthetic language, seemingly letting light fall from it like water. The flowing shape lends the suspension lamp a sculptural character and creates accents in almost any interior. Falling is made of polished aluminium, fitted with high-quality LEDs, and available in two sizes with a diameter of 5 or 8 cm.

Die Hängeleuchte Falling kombiniert zeitgemäße LED-Technologie mit einer kreativen Ästhetik. Wie einen Wassertropfen lässt sie das Licht nach unten fallen. Die fließende Formgebung verleiht der Hängeleuchte einen skulpturalen Charakter und setzt Akzente im Raum. Falling besteht aus poliertem Aluminium und ist mit hochwertigen LEDs bestückt. Es gibt sie in zwei Größen mit einem Durchmesser von 5 oder 8 cm.

**Aeros**
Pendant Lamp / Pendelleuchte

Louis Poulsen Lighting A/S,
Copenhagen, Denmark / Kopenhagen,
Dänemark
Design: Ross Lovegrove, London, GB
www.louispoulsen.com

The creative look of Aeros is the result of a combination of innovative technology and a well-balanced object-like design. The pendant fixture seems to float ethereally in space and calls up associations of Byzantine art and organic tissue structures. The corpus is made of anodised deep-drawn aluminium and holds a shade made of acrylic Satiné that both shields and spreads light.

Die kreativ anmutende Erscheinung von Aeros ist das Ergebnis einer Kombination von innovativer Technologie mit einer ausgewogenen, objekthaften Gestaltung. Ätherisch scheint die Pendelleuchte im Raum zu schweben und weckt Assoziationen an byzantinische Kunst oder an organische Gewebestrukturen. Der Korpus ist aus anodisiertem, gezogenem Aluminium gefertigt und birgt einen Schirm aus Acryl-Satiné, welcher sowohl das Leuchtmittel abschirmt als auch der Lichtstreuung dient.

**Snow**
Floor Lamp / Stehleuchte

Louis Poulsen Lighting A/S,
Copenhagen, Denmark / Kopenhagen,
Dänemark
Design: Louise Campbell,
Copenhagen, Denmark / Kopenhagen,
Dänemark
www.louispoulsen.com

The expressive Snow floor fixture unites art and technology. It consists of two joining cone forms, the small one forming the fixture head. A snow theme printed in several layers creates subtle shade effects and ensures non-glare lighting. The corpus is made from 4 mm thick twin-sheet formed acrylic; it is stabilised by a levitating counterweight resembling a frozen-up snowball.

Die ausdrucksvolle Stehleuchte Snow vereint Kunst und Technik. Sie besteht aus zwei kombinierten Kegelformen, von denen die kleinere den Leuchtenkopf bildet. Ein in mehreren Schichten aufgedrucktes Schneemotiv lässt feine Schattenwirkungen entstehen und sorgt für blendfreies Licht. Der Korpus ist aus 4 mm starkem Twin-Sheet-Acryl gefertigt und wird mit einem freischwebenden Gegengewicht stabilisiert, das an einen festgefrorenen Schneeball erinnert.

## Kap
### Recessed Downlight / Einbaustrahler

Antares Iluminación S.A.,
Ribarroja, Spain / Spanien
In-house design / Werksdesign
www.antares-lighting.com

Kap is a series of recessed downlights whose design is inspired by works of the sculptor Anish Kapoor. Thanks to an innovative installation structure they form a perfect unit with the ceiling. The position of the deeply countersunk light source and the use of a large glass diffuser create a pleasant, subdued light and allow for precisely controllable light guidance. Reflectors inside produce manifold light effects.

Kap ist eine Serie von Einbaustrahlern, deren Gestaltung von den Arbeiten des Bildhauers Anish Kapoor inspiriert wurde. Durch eine innovative Montagestruktur bilden sie eine perfekte Einheit mit der Decke. Die Position der tief eingelassenen Leuchtquelle und die Verwendung eines breiten Streukörperglases schaffen ein angenehm gedämpftes Licht und ermöglichen eine präzise steuerbare Lichtführung. Reflektoren im Inneren sorgen für vielfältige Lichteffekte.

## Slim
### Lamp / Leuchte

Vertigo Bird,
Ljubljana, Slovenia / Slowenien
Design: Bevk Perović Arhitekti d.o.o.,
Ljubljana, Slovenia / Slowenien
www.vertigo-bird.com
www.bevkperovic.com

For the Slim lamp, the design goal was to unite a standard fluorescent tube and the ballast module into one single object. The result is a lamp of monolithic and elegant appearance with an unusually slim body. Slim can be used as a wall lamp, a free-standing lamp or as a standard office lamp. The direction of the light beam is regulated by hand, therefore the lamp is coated in soft-touch matt white colour.

Ziel der Gestaltung von Slim war es, eine herkömmliche Leuchtstoffröhre mit dem Ballastmodul zu einem einzigen Objekt zu vereinen. So entstand eine monolithisch und elegant anmutende Leuchte mit einem ungewohnt schlanken Korpus. Slim kann als Steh- oder Wandleuchte eingesetzt werden und eignet sich auch als Büroleuchte. Die Ausrichtung des Lichtstrahls erfolgt von Hand, deshalb hat die Leuchte eine mattweiße Soft-Touch-Beschichtung.

## Moonjelly
### Pendant Lamp / Pendelleuchte

Limpalux, Wuppertal,
Germany / Deutschland
In-house design / Werksdesign:
Anja Eder, Michael Römer
www.limpalux.de

The Moonjelly pendant lamp realises the design concept to create a sculptural light object with organic structures. It consists of paper slats forming a softly shining corpus. The lamellar body enwraps the light source and allows the light to flow down. Depending on the angle of the penetrating daylight and the air movements in the room the form and colouring of the lamp will change and turn it into an animated, gently re-swinging sculpture.

Die Motivation für die Gestaltung der Pendelleuchte Moonjelly war, ein skulpturales Lichtobjekt mit organisch anmutenden Strukturen zu schaffen. Sie besteht aus Papierlamellen, die einen weich leuchtenden Korpus bilden. Der Lamellenkörper umgibt die Lichtquelle und lässt das Licht nach unten ausströmen. Abhängig vom eintretenden Tageslicht und den Luftbewegungen im Raum verändert sich die Form und Farbwirkung der Leuchte und verwandelt sie in eine lebendige, sanft nachschwingende Skulptur.

### Wald-Haus WS01 / WS04
Floor Lamp / Stehleuchte

Wald-Haus Furniture,
Wald, Switzerland / Schweiz
Design: fries&zumbühl Industrial Design
(Jakob Zumbühl, Kevin Fries), Zürich,
Switzerland / Schweiz
www.wald-haus.ch
www.frieszumbuehl.ch

The Wald-Haus floor lamp is captivating with its choice of natural materials and an expressive stylistic language. Delicately and elegantly shaped it transports warmth and sensuality to living spaces. The lampshades are made of FSC fibre-reinforced ash veneer. The lamp are switched on and off by pull switches.

Die Stehleuchte von Wald-Haus besticht durch die Wahl natürlicher Materialien und deren ausdrucksstarker Formensprache. Filigran und elegant verleiht sie dem Wohnraum Wärme und Sinnlichkeit. Die Lampenschirme bestehen aus faserverstärktem Eschenfurnier FSC. Ein- und ausgeschaltet wird die Leuchte mittels Zugschaltern.

**XT Plug&Dim**
Switch and Socket Range /
Schalter- und Steckdosenprogramm

Tobias Grau GmbH,
Rellingen, Germany / Deutschland
In-house design / Werksdesign:
Tobias Grau
www.tobias-grau.com

The XT Plug&Dim switch and socket range combines an elegant and expressive aesthetic language with a high level of convenience. The switches, dimmers and sockets can be used individually or combined in any sequence or length desired. The range furthermore includes radio switches, sockets for antennae, as well as sockets for telecommunication and EDV devices, and is available in white, black, grey and red.

Bei dem Schalter- und Steckdosenprogramm XT Plug&Dim verbindet sich eine ausdrucksvolle und elegante Ästhetik mit einem hohen Bedienkomfort. Schalter, Dimmer und Steckdosen können einzeln oder in beliebiger Reihenfolge und Länge miteinander kombiniert werden. Das Programm beinhaltet darüber hinaus Funktaster, Antennenbuchsen und Anschlussdosen für Telekommunikation und EDV. Es ist in den Farben Weiß, Schwarz, Grau und Rot erhältlich.

**CKS.003.02**
Ceiling Lamp / Deckenleuchte

.PSLAB, Beirut, Lebanon / Libanon
In-house design / Werksdesign
www.pslab.net

This series of ceiling lamps is designed with a conical and puristic basic shape. The lamp houses a firmly fixed illuminant whose light escapes through an asymmetrical opening at the end of the body. When the lamp is installed as an ensemble the light unit evokes the association with an additional level floating beneath the real ceiling.

Diese Serie von Deckenleuchten ist mit einer konischen und puristischen Grundform gestaltet. Die Leuchte beherbergt ein fest installiertes Leuchtmittel, dessen Licht aus einer asymmetrische Öffnung am Ende des Korpus austritt. Im Ensemble installiert, werden Assoziationen an eine zusätzliche, unterhalb der eigentlichen Decke schwebenden Ebene erzeugt.

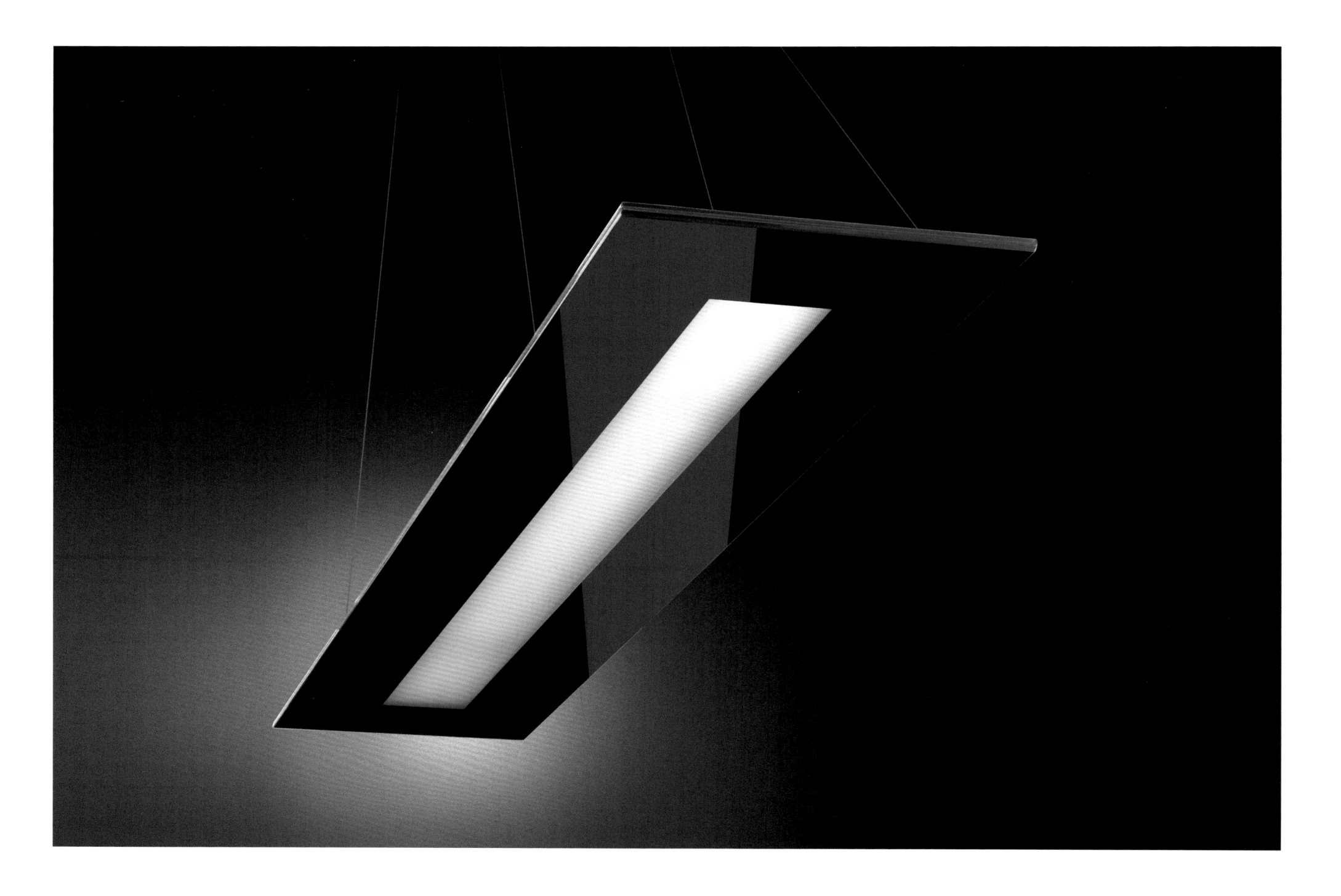

**Xonic**
Office Lighting / Bürobeleuchtung

WILA Lichttechnik GmbH,
Iserlohn, Germany / Deutschland
In-house design / Werksdesign
www.wila.com

With its clear and reduced language of form, Xonic facilitates unobtrusive integration into the interiors of modern architecture. High-quality, reflective laminated glass lends the luminaire range a subtle appearance that blends in with the colours of almost any interior. Xonic radiates a well-balanced direct/indirect light that ensures a high degree of lighting comfort, and is available as a pendant or wall luminaire in either black or white.

Mit einer klaren und reduzierten Formensprache lässt sich Xonic subtil in die Architektur zeitgemäßer Bürogebäude integrieren. Hochwertig verspiegelte Gläser korrespondieren mit der Farbkombination des Raumes und verleihen der Leuchte eine zurückhaltende Anmutung. Xonic verbreitet eine ausgewogene direkte/indirekte Lichtverteilung und gewährleistet so einen hohen Sehkomfort. Sie ist als Pendel- oder Wandleuchte in schwarzer und weißer Ausführung erhältlich.

Avion
Pendant Luminaire / Pendelleuchte

Fagerhult, Habo, Sweden / Schweden
Design: Propeller,
Stockholm, Sweden / Schweden
www.fagerhult.com
www.propeller.se

The Avion pendant luminaire evokes associations with ice drifting on water. As if weightless, it seems to hover in the air. With regard to design it was important to ensure that technical elements were hidden in the elegant, softly curved corpus. Avion's characteristic long side sets an exciting accent in the room. It can be mounted as solitaire or part of an ensemble.

Die Pendelleuchte Avion weckt Assoziationen an auf dem Wasser treibendes Eis. Wie schwerelos scheint sie in der Luft zu schweben. Bei ihrer Gestaltung wurde besondere Aufmerksamkeit darauf gelegt, die technischen Elemente in dem eleganten, sanft geschwungenen Korpus zu verbergen. Mit ihrer charakteristischen Längsseite setzt Avion einen spannenden Akzent im Raum. Sie kann als Solitär oder Ensemble montiert werden.

### Knarf Spotlight

Dark NV, Adegem, Belgium / Belgien
Design: Frank Janssens,
Zoersel, Belgium / Belgien
www.dark.be

A distinctly structured, expressive stylistic language determines the design of the Knarf ceiling spotlight. The system is suitable for showrooms and restaurants. It is available in the colours black and white.

Eine klar strukturierte und ausdrucksvolle Formensprache bestimmt die Gestaltung des Deckenstrahlers Knarf. Das System eignet sich speziell für Verkaufsräume und Restaurants. Erhältlich ist es in den Farben Schwarz oder Weiß.

### Canna-2 Spotlight

Dark NV, Adegem, Belgium / Belgien
Design: Frank Janssens,
Zoersel, Belgium / Belgien
www.dark.be

The Canna-2 spotlight has a cylindrical corpus with a chrome cover on the side creating a harmonious and superior accent. A freely rotatable light head allows for precise illumination with a soft light cone.

Der Strahler Canna-2 besteht aus einem zylindrischen Korpus, dem ein verchromter Seitenabschluss einen harmonischen und edel anmutenden Akzent verleiht. Der frei schwenkbare Leuchtenkopf ermöglicht eine präzise Illumination mit einem weichen Lichtkegel.

### Box
#### Wall Lamp / Wandleuchte

Casablanca GmbH,
Offenbach, Germany / Deutschland
In-house design / Werksdesign:
Dieter K. Weis
www.millelumen.de

A puristic form and harmonious interaction of lamp and light image have determined the design of the Box wall lamp. Its structural shape allows the use of energy-saving lamps without any loss of illumination quality.

Bei der Gestaltung der Wandleuchte Box standen eine puristische Form und ein harmonisches Zusammenspiel von Leuchte und Lichtbild im Vordergrund. Die Bauform ermöglicht den Einsatz energiesparender Lampen, ohne an Beleuchtungsqualität zu verlieren.

**Fixon**
Multifunctional Street Lighting /
Multifunktionale Straßenbeleuchtung

GS Engineering & Construction,
Seoul, Korea
In-house design / Werksdesign:
Hye Ri Jeong, Sang Dae Park
Design: Alto Lighting Co. Ltd.
(Eun-Soo Kim, Byeong-Guk Min),
Seoul, Korea

Fixon is an outdoor lamp with a slender, harmonious shape paired with organic lines and curves. Optimised for flexibility, the pole system allows modular integration of additional functions such as cameras, loudspeakers and emergency switches.

Fixon ist eine Außenleuchte mit einer schlanken, harmonischen Grundform und einer organischen Linienführung. Das auf Flexibilität optimierte Mastsystem erlaubt es, weitere Funktionen wie Kameras, Lautsprecher oder Alarmknöpfe modular zu integrieren.

**Solvan Black**
Luminaire / Leuchte

Trilux GmbH & Co. KG,
Arnsberg, Germany / Deutschland
Design: Lichtconzepte Manfred Grimm
(Manfred Grimm),
Arnsberg, Germany / Deutschland
www.trilux.de
www.grimm-lichtconzepte.de

With the design of the Trilux Solvan Black a "slim line" is established. Thanks to elaborate optical systems the suspended luminaire in black design with end caps in anodised semi-specular aluminium allows for an optimal illumination of both horizontal and vertical areas. Thanks to the classic purist design there are no limits at all concerning the application range of the Solvan Black.

Mit der Gestaltung der Trilux Solvan Black wird eine „schlanke Linie" etabliert. Als abgependelte Leuchte in schwarzer Anmutung mit Kopfstücken aus eloxiertem, mattem Aluminium können dank durchdachter optischer Systeme sowohl horizontale wie auch vertikale Flächen optimal beleuchtet werden. Durch ihre klassisch-puristische Bauform sind der Solvan Black im Einsatz zudem keinerlei Grenzen gesetzt.

**Podolog Circle – RLL Q6**
LED Magnifying Luminaire /
LED-Lupenleuchte

H. Waldmann GmbH & Co. KG,
Villingen-Schwenningen,
Germany / Deutschland
Design: Hellmut Ruck GmbH
(Michael Fürtsch),
Neuenbürg, Germany / Deutschland
www.waldmann.com
www.hellmut-ruck.de

The Podolog Circle – RLL Q6 LED magnifying luminaire was designed for ambulant and stationary use in foot care. The silicone-shielded gooseneck ensures high flexibility; it is supported by a light head that is integrated in the swivel joint.

Die LED-Lupenleuchte Podolog Circle – RLL Q6 wurde für den ambulanten und stationären Einsatz in der Fußpflege entwickelt. Der mit Silikon ummantelte Schwanenhals sorgt für hohe Beweglichkeit, unterstützt durch ein im Leuchtenkopf integriertes Drehgelenk.

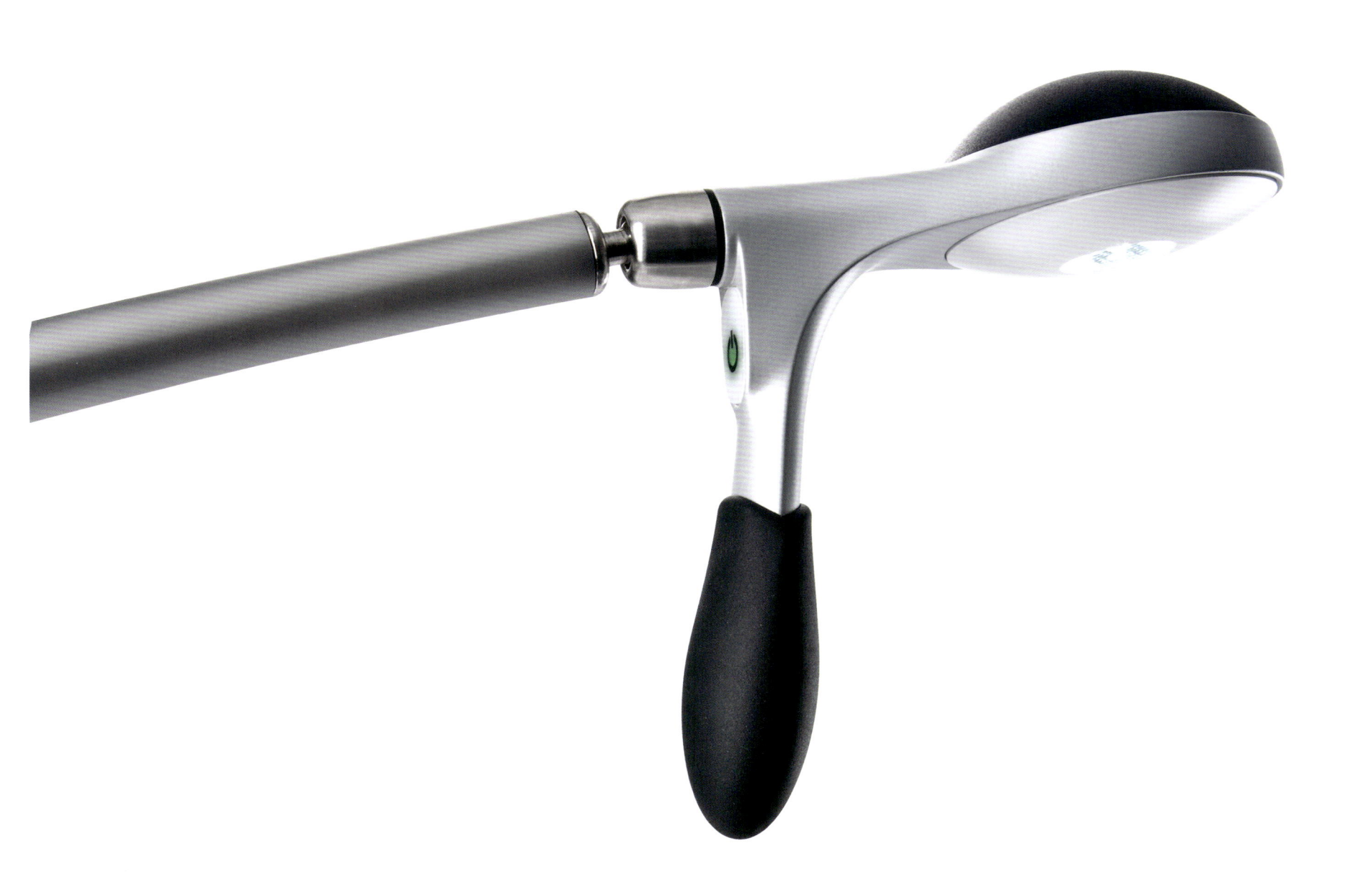

**Mera**
**LED Reading Lamp/
LED-Leseleuchte**

RZB Rudolf Zimmermann, Bamberg GmbH,
Bamberg, Germany/Deutschland
Design: ID Design Agentur
(Ansgar Brossardt), Krailling,
Germany/Deutschland
www.rzb.de
www.id-design.de

Mera represents an elegant concept of reading lamps, particularly for people with restricted mobility. An arch-like arm guides the light head from the bed frame to the operator's arm. The operating controls are integrated in the non-slip grip. Without touching them two options for the brightness of the LED reading head are offered. The swivel joint can be adjusted in many ways and a green LED indicates the position of the operating arm when it is dark.

Mera bildet ein elegant gestaltetes Konzept von mobilen Leseleuchten insbesondere für Personen mit eingeschränkter Beweglichkeit. Ein bogenförmiger Ausleger führt den Leuchtenkopf vom Bettrahmen zum Arm des Bedieners. In dem rutschfesten Haltegriff sind die Bedienelemente integriert, die berührungslos zwei Helligkeitseinstellungen des LED-Lesekopfes ermöglichen. Das Kugelgelenk ist vielseitig einstellbar und zeigt bei Dunkelheit mittels einer grünen LED die Position des Bedienarmes an.

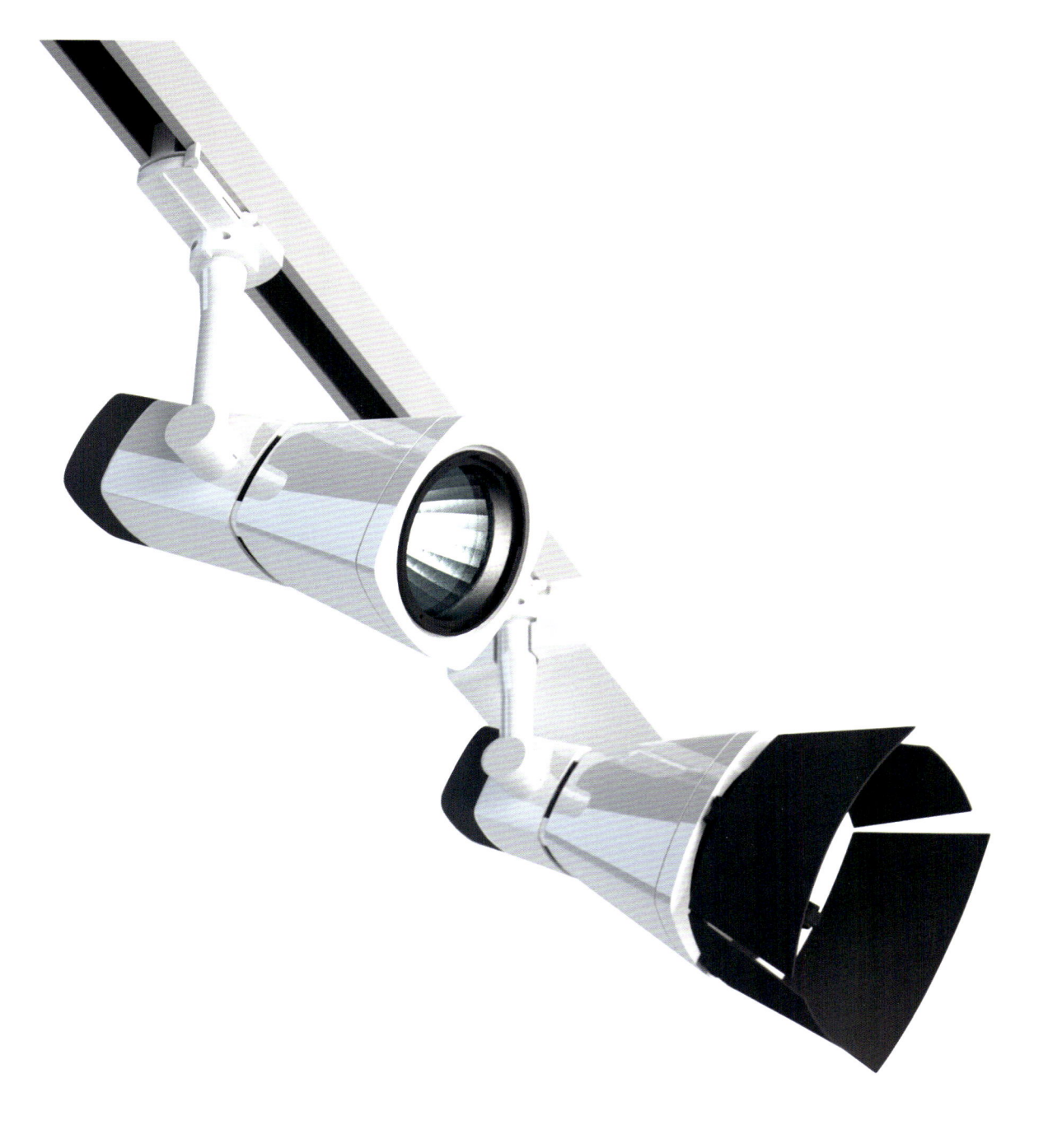

**Catwalk
Spotlights & Downlights**

Fagerhult Retail Lighting,
Bollebygd, Sweden / Schweden
Design: LundbergDesign (Olle Lundberg),
Stockholm, Sweden / Schweden
www.fagerhult.se
www.lundbergdesign.se

Catwalk consists of a number of puristic spotlights and downlights for targeted and accentuated illumination. It deliberately features a sophisticated design and strong personality to naturally coexist with architectural details. By adding a square frame various combinations of downlights can be produced in an unlimited number. A great variety of colours, surfaces and accessories allow its use in many different architectural surroundings.

Catwalk ist eine Reihe von puristisch anmutenden Spotlights und Downlights für eine gezielte und akzentuierte Beleuchtung. Die Serie zeigt eine wohldurchdachte Gestaltung und einen ausgeprägten Charakter, um wie selbstverständlich neben architektonischen Details zu bestehen. Durch Hinzufügen eines quadratischen Rahmens lassen sich verschiedene Kombinationen von Downlights in unbegrenzter Anzahl erzeugen. Eine große Auswahl an Farben, Oberflächen und Zubehör erlaubt den Einsatz in vielfältigen architektonischen Umfeldern.

**Claesson Koivisto Rune w081**
LED Task Lamp / LED-Arbeitsleuchte

Wästberg, Helsingborg,
Sweden / Schweden
Design: Claesson Koivisto Rune,
Stockholm, Sweden / Schweden
www.wastberg.com
www.ckr.se

This task lamp unites high functionality with a timeless and clearly structured design. It hides its mechanic and electronic elements in order to convey a puristic and aesthetic form.

Diese Arbeitsleuchte vereint eine hohe Funktionalität mit einer zeitlosen und klar strukturierten Gestaltung. Sie verbirgt ihre mechanischen und elektronischen Elemente und konzentriert sich ganz auf ihre puristische und ästhetische Form.

**A1**
Reading Light / Leselicht

Philips Research Asia – Shanghai,
Shanghai, China
In-house design / Werksdesign:
Philips Design, Branch Hong Kong
Design: Shanghai Moma Industrial
Product Design Co., Ltd.
(Wei Ding, Wen Gu), Shanghai, China
www.research.philips.com
www.design.philips.com
www.designmoma.com

This innovative reading light is a lamp and a bookmark in one. The design of the LED light is extremely flat and lightweight. It illuminates the book and not its surroundings.

Dieses innovative Leselicht ist gleichzeitig Leuchte und Lesezeichen. Die LED-Leuchte wurde extrem flach und leicht gestaltet. Sie beleuchtet das Buch, und nicht die Umgebung.

**Box Light**
Lamp / Leuchte

Design House Stockholm,
Stockholm, Sweden / Schweden
Design: Jonas Hakkaniemi, Jyväskylä,
Finland / Finnland
www.designhousestockholm.com

With a clear line and minimised dimensions Box Light combines puristic design with an interactive control concept. The surface of the lamp is touch-sensitive and allows simple handling by touching it.

Mit klaren Linien und geringen Abmessungen kombiniert Box Light eine puristische Gestaltung mit einem interaktiven Bedienkonzept. Die Oberfläche der Leuchte ist berührungsempfindlich und ermöglicht dadurch eine einfache Bedienung.

**LST-4**
LED Light / LED-Leuchte

Taewon Lighting Co. Ltd., Seoul, Korea
In-house design / Werksdesign:
Lim Jung Ho, Yang Young Hee,
Bae Seong Su
www.taewon.co.kr

With its harmonious and restrained design LST-4 is part of an aesthetic concept for user-friendly orientation in domestic life. The LED light is installed in passages and reacts to approaching persons by means of sensors.

Harmonisch und zurückhaltend gestaltet, ist LST-4 Teil eines ästhetischen Konzepts zur benutzerfreundlichen Orientierung im Haushalt. Die LED-Leuchte wird in Durchgängen installiert und reagiert mittels Sensoren auf sich nähernde Personen.

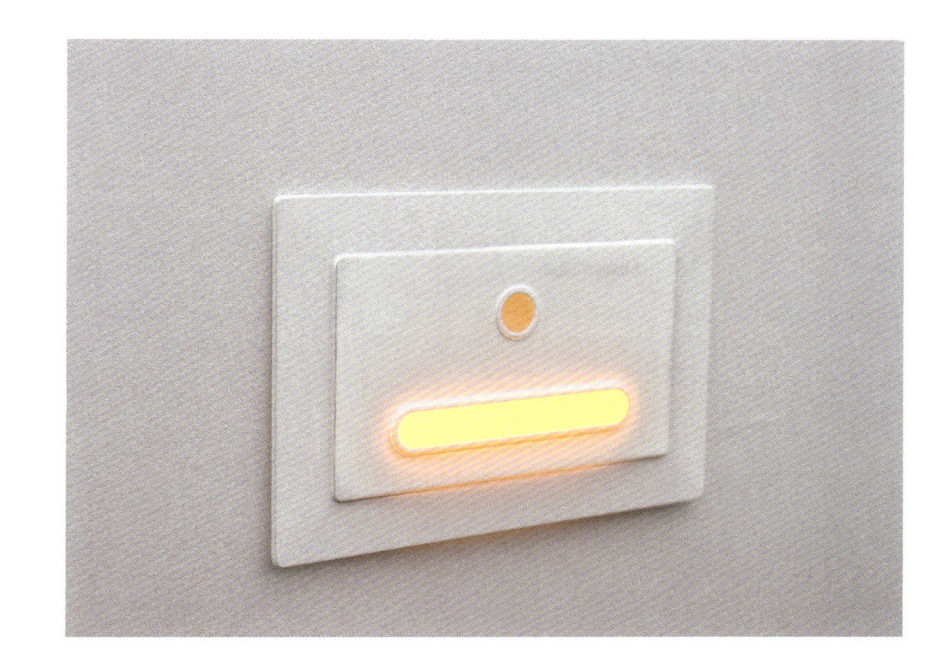

**Nulla**
Wall Lamp / Wandleuchte

Artemide S.p.A.,
Pregnana Milanese, Italy / Italien
Design: L.E.S. – Light Engineering Studio
www.artemide.com

The Nulla wall-recessed lamp presents itself puristic and unpretentious. A fluorescent tube behind an engine-driven shutter provides indirect light. When the shutter is closed peripheral LEDs provide a guiding light.

Puristisch und unprätentiös präsentiert sich die Wandeinbauleuchte Nulla. Eine Leuchtstoffröhre hinter einer motorbetriebenen Blende sorgt für indirektes Licht. Bei geschlossener Blende erfüllen periphere LEDs die Funktion eines Orientierungslichts.

**Ipogeo**
Floor Lamp / Stehleuchte

Artemide S.p.A.,
Pregnana Milanese, Italy / Italien
Design: Joe Wentworth
www.artemide.com

The Ipogeo floor lamp combines generous dimensions with a high level of flexibility. The meticulous balancing of each component and the adjustable lamp head allow it to be directed to all corners of a room.

Die Stehleuchte Ipogeo verbindet großzügige Dimensionen mit einem hohen Maß an Flexibilität. Eine exakte Ausbalancierung der einzelnen Komponenten und ein drehbarer Leuchtenkopf ermöglichen es, das Licht gezielt in alle Ecken des Raumes zu richten.

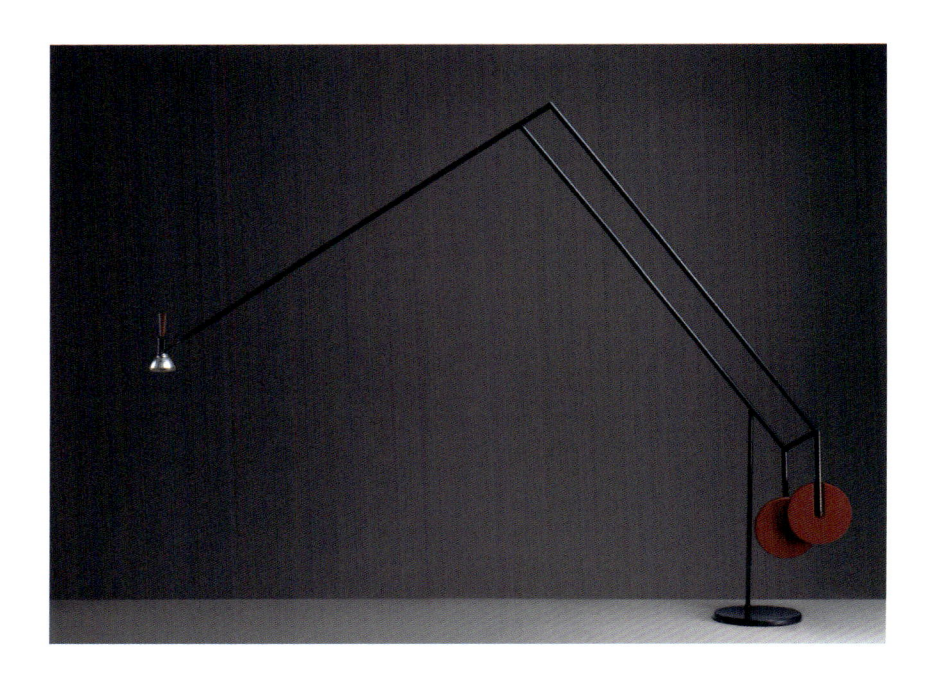

### Level
**Wall Lamp / Wandleuchte**

Grossmann Leuchten GmbH & Co. KG,
Ense, Germany / Deutschland
In-house design / Werksdesign:
Nadine Klassen
www.grossmann-leuchten.de

The Level wall lamp radiates both lightness and elegance. It features luminescent front and rear glass reflectors that light up not only the room area but also projects a beautiful ambient glow on to the rear wall surface.

Leichtigkeit und Eleganz vermittelt die Wandleuchte Level. Sie verfügt über einen lumineszenten Glasreflektor, der gleichermaßen Raum und Wandflächen beleuchtet und harmonisch direktes mit indirektem Licht kombiniert.

### miar
**Outdoor Lamp / Außenleuchte**

IP 44 Schmalhorst GmbH & Co. KG,
Rheda-Wiedenbrück,
Germany / Deutschland
Design: Sebastian David Büscher,
Gütersloh, Germany / Deutschland
www.ip44.de
www.sebastian-buescher.de

At daytime, the miar lamp spreads an atmosphere reminding of structural engineering. But when it is getting dark a metamorphosis takes place: an asymmetrical light pattern emerges from the corpus transforming miar into an expressive light object.

Während die Leuchte miar tagsüber einen bautechnischen Charakter vermittelt, findet in der Dämmerung eine Metamorphose statt: Aus dem Korpus strömt ein asymmetrisches Lichtbild, welches miar in ein ausdrucksvolles Lichtobjekt verwandelt.

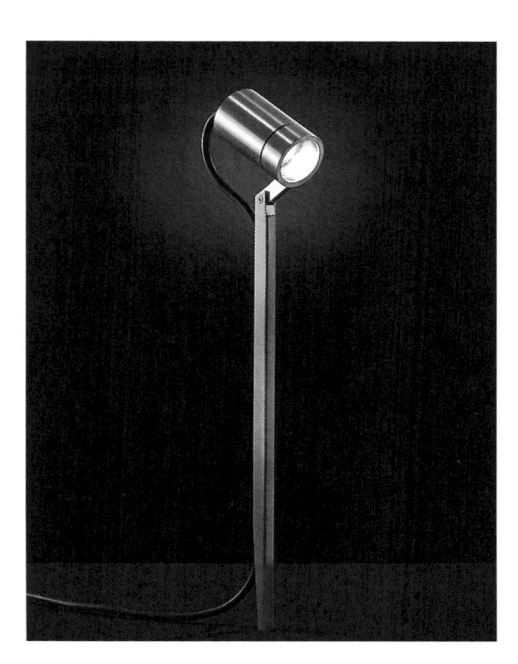

### piek
**Outdoor Lamp / Außenleuchte**

IP 44 Schmalhorst GmbH & Co. KG,
Rheda-Wiedenbrück,
Germany / Deutschland
Design: Sebastian David Büscher,
Gütersloh, Germany / Deutschland
www.ip44.de
www.sebastian-buescher.de

Breaking away from conventions the head of the piek outdoor lamp was mounted in the front of the corpus. With an extravagant and monolithic appearance piek sets special accents in its environment without losing its functionality.

Aus gewohnten Konventionen ausbrechend, wurde bei der Gestaltung der Außenleuchte piek der Kopf vorderseitig am Korpus angebracht. Extravagant und monolithisch anmutend, setzt piek Akzente in der Umgebung, ohne dabei an Funktionalität einzubüßen.

### Elect
Office Floor Light/
Büro-Standleuchte

Schmitz-Leuchten GmbH & Co. KG,
Arnsberg, Germany/Deutschland
Design: Eva Louis,
Stein AR, Switzerland/Schweiz
www.schmitz-leuchten.de
www.louis-design.ch

The design of the Elect floor light focused on the idea to create a formally reduced, architectural basic form. The corpus is made of silver-grey or white aluminium and features with a de-glaring prism a non-glare fluorescent lamp.

Bei der Gestaltung der Standleuchte Elect wurde Wert auf die Schaffung einer formal reduzierten, architektonischen Grundform gelegt. Der Korpus besteht aus silbergrauem oder weißem Aluminium und ist mit einer, durch ein Kegelentblendungsprisma, blendfreien Leuchtstofflampe bestückt.

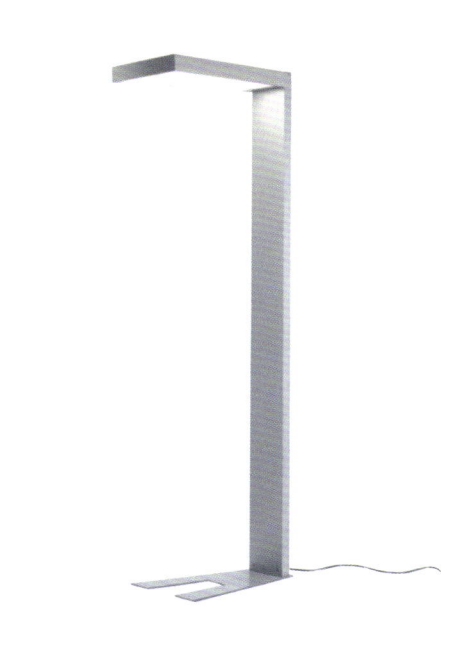

### MicroiRoll 65, MiniRoll 65
Wall and Ceiling Lights/
Wand- und Deckenleuchten

iGuzzini illuminazione spa,
Recanati, Italy/Italien
In-house design/Werksdesign
www.iguzzini.com

MicroiRoll 65 and MiniRoll 65 unite innovative LED technology with a distinct stylistic language. They can be used as wall or ceiling lights and feature a large choice of accessories making them useful for many urban applications.

MicroiRoll 65 und MiniRoll 65 vereinen eine innovative LED-Technik mit einer klaren Formensprache. Als Wand- oder Deckenleuchten einsetzbar und mit einem umfassenden Angebot an Zubehör ausgestattet, eignen sie sich für vielfältige städtebauliche Anwendungen.

### Express
Downlight/Einbauleuchte

iGuzzini illuminazione spa,
Recanati, Italy/Italien
Design: Jean-Michel Wilmotte,
Paris, France/Frankreich
www.iguzzini.com

Express is a flexible and harmoniously shaped downlight for direct illumination. The fitting can be pulled out and specifically aligned. The series is available with various frames for one, two or three elements.

Express ist eine flexibel und harmonisch gestaltete Einbauleuchte für die direkte Beleuchtung. Der Korpus lässt sich herausziehen und gezielt ausrichten. Die Serie ist mit verschiedenen Rahmen für ein, zwei oder drei Leuchtenkörper erhältlich.

Mondana
Wall and Ceiling Lights/
Wand- und Deckenleuchten

RZB Rudolf Zimmermann, Bamberg GmbH,
Bamberg, Germany/Deutschland
Design: hartmut s. engel design studio,
Ludwigsburg, Germany/Deutschland
www.rzb.de

Mondana is a high-quality, timeless system of recessed, semi-recessed and surface-mounted lights. It has been developed to be used at ceilings and walls, indoors and outdoors. Featuring partly indirect light Mondana creates a generous light surface in front of which it seems to float as a flat, directly shining disc. It was especially developed for T16 fluorescent circular lamps and with IP 65 rating is dust- and waterproof. It is available in three installation sizes with diameters of 280 to 650 mm.

Mit Mondana wurde ein hochwertiges und zeitloses System von Einbau-, Halbeinbau- und Anbauleuchten entwickelt für den Einsatz an Decke und Wand für Innenräume und Außenräume. Mit einem indirekten Lichtanteil gestaltet, erzeugt Mondana eine großzügige Lichtfläche, vor der sie als flache, direkt leuchtende Scheibe zu schweben scheint. Die Leuchte wurde speziell für T16-Leuchtstoff-Ringlampen entworfen und ist mit der Schutzart IP 65 staubdicht und wasserdicht ausgelegt. Erhältlich ist sie in drei Baugrößen mit Durchmessern von 280 bis 650 mm.

## XT Downlight, XT Spot
Recessed Lights / Einbauleuchten

Tobias Grau GmbH,
Rellingen, Germany / Deutschland
In-house design / Werksdesign:
Tobias Grau
www.tobias-grau.com

XT Downlight and XT Spot form a spotlight system of puristic and unobtrusive appearance. A particularly deeply countersunk illuminant provides for glare-free light. The spotlights come in black or white.

Mit XT Downlight und XT Spot wurde ein puristisches und dezent anmutendes Strahlerprogramm gestaltet. Ein besonders tief liegendes Leuchtmittel sorgt für ein blendfreies Licht. Die Strahler sind in Schwarz oder Weiß erhältlich.

## senses
Interactive Light / Interaktive Leuchte

senses, Einsiedeln,
Switzerland / Schweiz
Design: Kurz Kurz Design (Dorian Kurz),
Solingen, Germany / Deutschland
www.spirit-of-senses.ch
www.kurz-kurz-design.de

The interactive "senses" light unites innovative technology with elegant style. Concealed inside is a sensor that turns up the light as soon as somebody is nearby. Duration of illumination, detection range and twilight threshold can be individually set. "senses" comes in different forms and sizes.

Die interaktive Leuchte senses vereint innovative Technologie mit einer eleganten Gestaltung. Im Inneren der Leuchte befindet sich ein Sensor, der das Licht hochdimmt, sobald sich eine Person in der Nähe befindet. Die Leuchtdauer, Erfassungsreichweite und Lichtschaltschwelle können individuell gewählt werden. senses ist in verschiedenen Formen und Größen erhältlich.

### QLD-103
LED Pendant Light / LED-Pendelleuchte

Qisda Corporation, Taipei, Taiwan
Design: QisDesign, Taipei, Taiwan
www.qisda.com
www.qisdesign.com

The shape of a coral was the source of inspiration for the design of the QLD-103 LED pendant light. The LEDs shine through the units reminding of flowers. Light and shadow are merged in an impressive way. QLD-103 can be installed individually or in groups.

Die Gestaltung der LED-Pendelleuchte QLD-103 ist von den Formen einer Koralle inspiriert. Die LEDs durchscheinen die an Blüten erinnernden Einheiten und mischen derart effektvoll Licht und Schatten. Die Leuchte kann einzeln oder als Ensemble installiert werden.

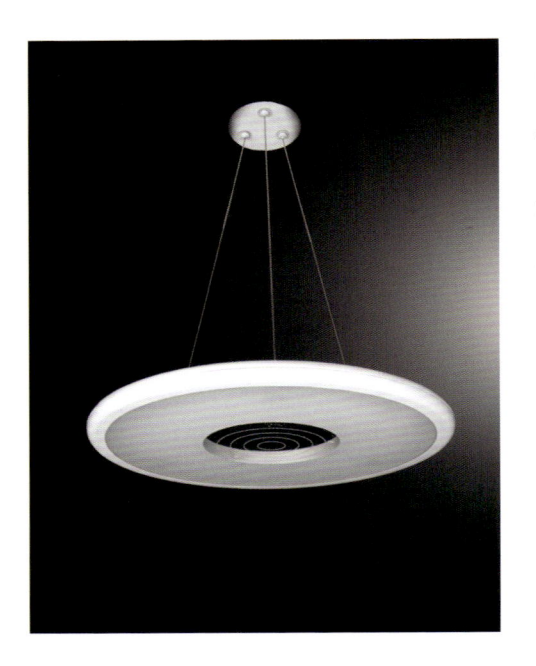

### LP-3
Pendant Lamp / Pendelleuchte

Taewon Lighting Co. Ltd., Seoul, Korea
In-house design / Werksdesign:
Sun Hwa Joo, Park Woo Sung
(Seoul Women's University),
Shin Seung Hyun
www.taewon.co.kr

A futurist appearance and an interesting interplay of reflections and shades are the traits that characterise the LP-3 pendant lamp. Its LED light sources are positioned on the side to ensure pleasant light dispersion without glare.

Eine futuristische Anmutung und interessante Lichtreflexe und -schattierungen sind die Attribute der Pendelleuchte LP-3. Die seitliche Positionierung der LED-Lichtquellen sorgt für eine angenehme und blendfreie Lichtstreuung.

### Skygarden
Pendant Lamp / Pendelleuchte

Flos SPA, Bovezzo, Italy / Italien
Design: Marcel Wanders Studio,
Amsterdam, NL
www.flos.com
www.marcelwanders.com

With its clear and purist elementary form on the outside, the Skygarden pendant lamp showcases the looks of an antique white plaster ceiling surface hidden on the inside. Skygarden is available in two sizes in white, brown, black or gold.

Äußerlich in einer klaren, puristischen Grundform gestaltet, verbirgt sich im Inneren der Pendelleuchte Skygarden ein antik anmutendes Stuckrelief. Skygarden ist in zwei verschiedenen Größen in Weiß, Braun, Schwarz oder Gold erhältlich.

**Cable Holders / Kabelhalter**

.PSLAB, Beirut, Lebanon / Libanon
In-house design / Werksdesign
www.pslab.net

This series of cable holders was designed in order to provide an aesthetic product periphery for lamps. The units feature U-shaped casings that can easily take up cables of any length and form.

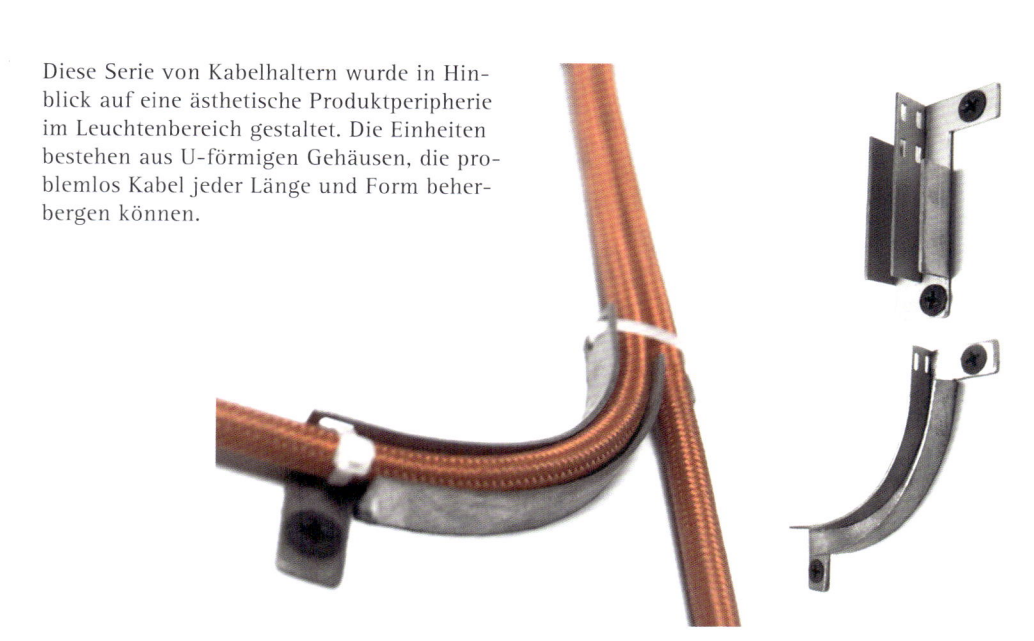

Diese Serie von Kabelhaltern wurde in Hinblick auf eine ästhetische Produktperipherie im Leuchtenbereich gestaltet. Die Einheiten bestehen aus U-förmigen Gehäusen, die problemlos Kabel jeder Länge und Form beherbergen können.

**CKS.003.01**
**Wall and Ceiling Lamp / Wand- und Deckenleuchte**

.PSLAB, Beirut, Lebanon / Libanon
In-house design / Werksdesign
www.pslab.net

This wall and ceiling lamp is designed with a conical basic form. Light is emitted through the gap between surface and body as well as through the opening of the corpus creating interesting light reflexes.

Diese Wand- und Deckenleuchte ist in einer konischen Grundform gestaltet. Das Licht tritt sowohl aus der Lücke zwischen Oberfläche und Korpus aus als auch aus der Öffnung des Korpus und erzeugt auf diese Weise interessante Lichtreflexe.

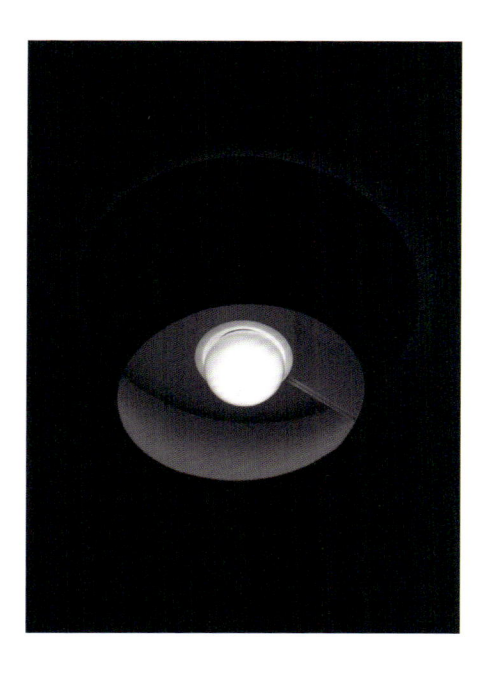

**WBS.011.01**
**Wall Lamp / Wandleuchte**

.PSLAB, Beirut, Lebanon / Libanon
In-house design / Werksdesign
www.pslab.net

The illuminant of this wall lamp hides under a folded metal sheet forming the lamp's corpus. The result is a light object that emits ambient, glare-free light.

Die Lichtquelle dieser Wandleuchte verbirgt sich unter einem gefalteten Metallblatt, das den Korpus der Leuchte bildet. Das so entstehende Lichtobjekt verströmt ein angenehmes, blendfreies Licht.

Prof. Rido Busse

Robin Edman

Tapani Hyvönen

# Gardens
## Intelligent functionality and high comfort

# Garten
## Intelligente Funktionalität und hoher Komfort

In the category "gardens" designers experiment with materials, forms, and concept interpretations. The designs are original and hold great future potential. As a continuation of the indoor area the significance of the garden will also further increase in the coming years. With intelligent functionality and high ease-of-use the garden has gained a new value. Weather-resistant and easy to use from day to day, the products feature a natural and harmonious aesthetics. With outstanding functionality, ergonomics and form, the design language is emotional and sensitive throughout. Innovative materials become essential parts of the design process with the human being the centre of the design focus.

In der Kategorie „Garten" scheinen die Designer mit Materialien, Formen und Konzeptinterpretationen zu experimentieren. Die Gestaltungslösungen sind originell und bergen großes Zukunftspotenzial. Als Fortführung des Interieurbereichs wird die Bedeutung des Gartens auch in den kommenden Jahren weiter wachsen. Mit intelligenter Funktionalität und hohem Produktkomfort wird dem Garten ein neuer Wert zugesprochen. Wetterbeständig und alltagstauglich im Gebrauch, sind die Produkte natürlich und harmonisch in ihrer Ästhetik. Herausragend in Funktionalität, Ergonomie und Formgebung bedient sich die Gestaltung einer emotionalen, sensiblen Ästhetik. Materialinnovationen werden zum wesentlichen Bestandteil des Designprozesses, der Mensch steht im Zentrum des gestalterischen Interesses.

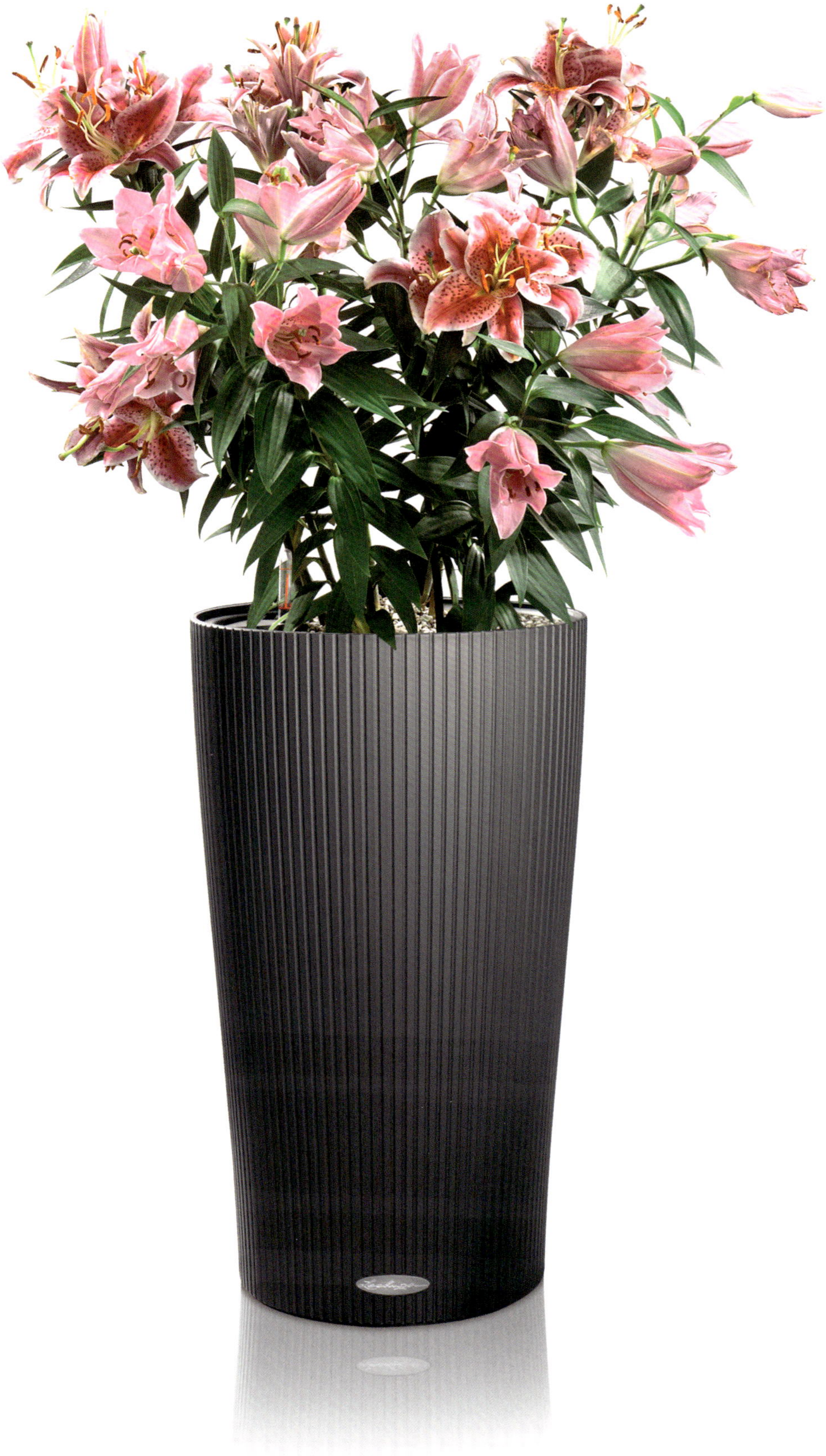

**Lechuza Cilindro 23 Planter/
Pflanzgefäß**

geobra Brandstätter GmbH & Co. KG,
Zirndorf, Germany/Deutschland
In-house design/Werksdesign
www.lechuza.de

The Lechuza Cilindro 23 planter combines a high degree of functionality with aesthetic and timeless design. The integrated water storage system at the base of the planter keeps the plants watered for up to 12 weeks without refilling. As such, Cilindro 23 is particularly suitable for plants with high water demand. The planters are break-proof, UV- and frost-resistant. An exchangeable plant insert with overflow function and a soil watering set are part of the standard version. Cilindro 23 is made of environmentally friendly and durable polypropylene. The planter is available in white, aubergine, granite, mocca, silver and black.

Mit dem Pflanzgefäß Lechuza Cilindro 23 wurde ein hohes Maß an Funktionalität mit einer ästhetischen und zeitlosen Gestaltung verbunden. Mittels eines integrierten Wasserspeichers im Gefäßboden können Pflanzen bis zu zwölf Wochen ohne Nachgießen versorgt werden. Somit ist Cilindro 23 besonders für Pflanzen geeignet, die einen hohen Wasserbedarf haben. Die Pflanzgefäße sind bruchsicher, UV- und frostbeständig. Ein wechselbarer Pflanzeinsatz mit Überlauffunktion und ein Erdbewässerungsset gehören zur Standardausführung der Pflanzgefäße. Cilindro 23 ist aus umweltfreundlichem und langlebigem Polypropylen gefertigt. Erhältlich ist das Pflanzgefäß in Weiß, Aubergine, Granit, Mokka, Silber und Schwarz.

**Lechuza Delta 20 Planter / Pflanzgefäß**

geobra Brandstätter GmbH & Co. KG,
Zirndorf, Germany / Deutschland
In-house design / Werksdesign
www.lechuza.de

This self-watering planter turns any window sill into a mini oasis. Lechuza Delta 20 is very versatile – indoor plants, pot-herbs and small vegetables can be grown. Even if there is no space for opulent flowerpots this container finds use. Thanks to its soil irrigation system with a two-litre water reservoir the long-term water supply of the plants is ensured. Due to its flowing stylistic expression the unobtrusive form harmoniously adapts to different surroundings. The planter is available in eight metallic and high-gloss shades of colour: white, black, apple green, orange, scarlet red, espresso, silver and charcoal.

Mit diesem selbstbewässernden Pflanzgefäß kann sich jede Fensterbank in eine Mini-Oase verwandeln. Lechuza Delta 20 ist vielseitig einsetzbar, und es lassen sich darin Zimmerpflanzen, Küchenkräuter oder kleinwüchsiges Gemüse kultivieren. Auch dort, wo kein Platz für üppige Blumentöpfe ist, lässt sich das Pflanzgefäß nutzen. Dank seines Erdbewässerungssystems mit einem zwei Liter fassenden Wasserspeicher ist die Langzeitversorgung der Pflanzen gesichert. Die dezente Gestaltung passt sich aufgrund ihrer fließenden Formensprache unterschiedlichen Umgebungen harmonisch an. Erhältlich ist das Pflanzgefäß in acht Metallic- und Hochglanztönen: Weiß, Schwarz, Apfelgrün, Orange, Scarlet-Rot, Espresso, Silber und Anthrazit.

Gardens 333

### Sahara
#### Flower Pot / Pflanztopf

Gandia Blasco S.A., Ontinyent (Valencia), Spain / Spanien
In-house design / Werksdesign:
Pablo Girones Ferrer
www.gandiablasco.com

Sahara is a series of versatile flower pots with elegant design for indoor and outdoor use. With the option to install fluorescent illuminants inside the pot, Sahara turns into a fascinating luminaire. The pots consist of durable waterproof polyethylene and are available in different colours and sizes.

Mit Sahara wurde eine elegant geformte und vielseitige Serie von Pflanzgefäßen für den Innen- und Außenbereich gestaltet. Durch die Möglichkeit, im Inneren des Gefäßes fluoreszierende Leuchtmittel zu installieren, verwandelt sich Sahara in einen spannend illuminierten Leuchtkörper. Die Gefäße bestehen aus langlebigem, wasserfestem Polyethylen und sind in verschiedenen Größen und Farben erhältlich.

### Cubik-S Planter / Pflanzgefäß

Eternit Werke L. Hatschek AG, Vöcklabruck, Austria / Österreich
Design: Martin Mostböck D.I. Arch., Vienna, Austria / Wien, Österreich
www.eternit.at

The user can arrange the Cubik-S in 13 (so far known) different placement options. Hence, it is possible to adapt the planters to the specific circumstances of the ambience, to create several variants, and to introduce one's own creativity when it comes to different configurations. A weatherproof seating element made of coated PU foam complements the series and thus expands the existing functions. Cubik-S presents an innovative design element for landscape designers, landscape gardeners and creative users.

Der Benutzer kann Cubik-S in bis dato 13 (bekannten) unterschiedlichen Varianten aufstellen. Somit kann er auf die speziellen Gegebenheiten des Aufstellungsortes eingehen, Varianten kreieren und damit eigene Kreativität in den Gestaltungsprozess einbringen. Ein wetterfester Sitzeinsatz aus beschichtetem PU-Schaum ergänzt die Serie und erweitert so die bisherigen Funktionen. Cubik-S ist ein innovatives Gestaltungselement für Landschaftsplaner, Gartenarchitekten und kreative Anwender.

### Skyline
**Lounge Armchair / Lounge-Sessel**

solpuri GmbH, Munich,
Germany / München, Deutschland
In-house design / Werksdesign
www.solpuri.com

The Skyline lounge armchair appears massive, yet surprises with its lightness. It is made of a filigree stainless steel frame and large surfaces made of a weatherproof textilene fabric. A resilient back construction and wide armrests guarantee a high degree of seating comfort.

Der Lounge-Sessel Skyline wirkt massiv, überrascht aber dennoch durch seine Leichtigkeit. Er ist gestaltet mit einem filigranen Edelstahlrahmen und groß dimensionierten Flächen aus witterungsbeständigen Textilene-Fasern. Eine federnde Rückenkonstruktion und breite Armauflagen gewährleisten einen hohen Sitzkomfort.

### Fiore
**Garden Sofa / Gartensofa**

Impulses International Furniture Co., Ltd., Bern, Switzerland / Schweiz
In-house design / Werksdesign:
Shirley (Xue Qin) Sun Benoit
www.b-alance.ch
www.impulses.ch

Inspired by the form of blossoms, the handmade Fiore garden sofa allows for a wide range of combinations. It can be arranged as set, lounger or as daybed. Fiore consists of a stable rust-free aluminium frame and synthetic rattan. The material is appealing to the touch, does not become brittle under intense sunshine, and is resistant against mould. Thanks to UV- and colour protection, Fiore can safely stay outside at any time of the year.

Von Blütenformen inspiriert, erlaubt das handgefertigte Gartensofa Fiore vielfältige Kombinationen. Es kann als Set, Lounger oder Liegebett aufgestellt werden und lässt weitere Anordnungsmöglichkeiten zu. Fiore besteht aus einem stabilen, rostfreien Aluminiumrahmen und synthetischem Rattan. Das haptisch ansprechende Material wird auch unter Sonneneinstrahlung nicht brüchig und ist resistent gegen Pilzbefall. Dank UV- und Farb-Schutz kann Fiore zu jeder Jahreszeit im Außenbereich stehen bleiben.

### Comfort Secateurs / Comfort Gartenscheren

Gardena GmbH,
Ulm, Germany / Deutschland
Design: Attivo Creative Resource Srl
(Aleks Tatic, Christian Eisenegger,
Silvina Iglesias, Ivàn Colominas),
Milan, Italy / Mailand, Italien
www.gardena.com
www.attivocreative.com

The design of the Comfort Secateurs placed emphasis on a high degree of ergonomics and flexibility. They offer two gripping positions for flowers or young shoots as well as for stronger branches. They can be individually adjusted for large and small hands and are also suitable for left-handers. The bypass models include a sap drain for precise, smooth cutting of young plants. With the anvil models for woody branches, the anvil supports the branch to protect the bark.

Die Comfort Gartenscheren sind im Hinblick auf ein hohes Maß an Ergonomie und Flexibilität gestaltet. Sie ermöglichen zwei Griffpositionen für Blumen oder junge Triebe und für stärkere Zweige. Sie lassen sich für große und kleine Hände einstellen und eignen sich zudem auch für Linkshänder. Die Bypass-Modelle verfügen über eine Saftrille zur präzisen, ansatzlosen Schnittpflege für junge Pflanzen. Bei den Amboss-Modellen für holzige Zweige stützt der Amboss rindenschonend den Zweig.

### Wide-Range Circle Pulse Sprinkler / Großflächen-Kreisregner

Gardena GmbH,
Ulm, Germany / Deutschland
Design: Attivo Creative Resource Srl
(Aleks Tatic, Silvina Iglesias, Nicola Girotti, Marco Picco),
Milan, Italy / Mailand, Italien
www.gardena.com
www.attivocreative.com

The wide-range circle pulse sprinkler irrigates large surfaces of 75 sqm and upwards precisely, comfortably and silently. It is available as sled- or spike-mounted version. An ergonomically shaped turning knob and specially arranged adjustment rings allow the user to precisely and comfortably adjust the irrigation range. A deflector assures an even water spread and puddle-free irrigation. Several wide-range sprinklers can be connected in sequence if needed.

Präzise, komfortabel und leise beregnet der Großflächen-Kreisregner große Flächen ab 75 qm. Er ist als Schlitten- oder Spike-Modell erhältlich. Ein ergonomischer Drehgriff und feinstufig einstellbare Verstellringe ermöglichen eine bequeme Einstellung der Wurfweite des Wassers. Mittels eines Deflektors wird eine gleichmäßige, pfützenfreie Wasserverteilung erreicht. Bei Bedarf können mehrere Großflächenregner hintereinander angeschlossen werden.

**T-Racer T 400**
Hard Surface Cleaner/
Hartflächenreiniger

Alfred Kärcher GmbH & Co. KG,
Winnenden, Germany/Deutschland
In-house design/Werksdesign:
Michael Meyer, Nicole Suwito
www.kaercher.de

The design of the T-Racer T 400 hard surface cleaner placed particular emphasis on an innovative and characteristic form. The corpus has a pointed front with an additional power nozzle positioned in its forward angle. This synthesis of form and technology allows powerful and comfortable cleaning in corners and along edges. Changing from area to edge cleaning is done by stepping on a foot switch. To clean walls or gates, the T 400 is attached to the spray gun without extension tubes and held by its stable handles. The yellow/black design with grey operating elements is a visual expression typical of the manufacturer, and the T-Racer T 400 is recognisably part of a larger product family.

Bei der Gestaltung des Hartflächenreinigers T-Racer T 400 wurde besonderer Wert auf eine innovative und charakteristische Form gelegt. Der Korpus ist in einer dynamischen Pfeilform gestaltet, in deren Winkel eine zusätzliche Hochdruckdüse positioniert ist. Diese Synthese von Form und Technik erlaubt es, auch in Ecken und an Kanten entlang kraftvoll und komfortabel zu reinigen. Die Umschaltung von Flächen- auf Eckenreinigung erfolgt durch eine Fußtaste. Um Wände oder Tore zu reinigen, wird der T 400 ohne Verlängerungsrohr auf die Pistole gesteckt und an stabilen Handgriffen geführt. Die gelb-schwarze Farbgebung mit grau abgesetzten Bedienelementen ist Ausdruck der herstellertypischen Formensprache und lässt den T-Racer T 400 als Teil einer größeren Produktfamilie erkennen.

**Safe-T**
Splitting Wedge / Drehspaltkeil

Fiskars Brands France,
La Rochette, France / Frankreich
In-house design / Werksdesign
www.fiskars.com

The Safe-T is a carefully designed splitting wedge for large-diameter or long pieces of wood. The helix shape allows for energy-efficient splitting by rotation in the wood. A striking surface made of high-grade polymer reduces vibrations and prevents splintering. It can easily be replaced after three to four years. The choice of bright orange as colour for the wedge guarantees that it can be easily found again when used in the woods.

Safe-T ist ein sorgfältig gestalteter Drehspaltkeil zum Spalten großer oder langer Holzstücke. Die Helixform ermöglicht ein kraftsparendes Spalten durch Drehen im Holz. Eine Schlagfläche aus hochwertigem Polymer reduziert die Vibration und verhindert Absplitterungen. Sie kann nach drei bis vier Jahren problemlos erneuert werden. Die Wahl der Signalfarbe Orange sorgt dafür, dass der Keil auch im Wald jederzeit wiedergefunden werden kann.

**Belpasso**
Concrete Slab / Betonsteinplatte

Metten Stein+Design GmbH & Co. KG,
Overath, Germany / Deutschland
In-house design / Werksdesign
www.metten.de

The Belpasso slab combines distinctive design with a special high-grade surface protection. It is resistant against soiling, for example from stains of leaves, mustard, ketchup, or barbecue fat and is suitable for the use of high-pressure cleaners. Of particular significance for public spaces is the low chewing gum adherence. The surface protection system is permanently bonded with the stone so that impregnation at a later point is not necessary.

Die Belpasso-Platte verbindet eine charakteristische Flächengestaltung mit einem hochwertigen Oberflächenschutz. Sie ist resistent gegen Verschmutzungen wie Laubflecken, Senf, Ketchup oder Grillfette und eignet sich für die Verwendung von Hochdruckreinigern. Von besonderer Bedeutung für den öffentlichen Bereich ist zudem die geringe Kaugummi-Anhaftung. Das Oberflächenschutzsystem ist dauerhaft mit dem Stein verbunden, so dass eine nachträgliche Imprägnierung nicht erforderlich ist.

**Terrazza Glasoase**
Conservatory/Wintergarten

weinor GmbH & Co. KG, Cologne,
Germany/Köln, Deutschland
In-house design/Werksdesign
www.weinor.de

Terrazza is a finely adjusted system of patio roof and base elements. The result is a Glasoase (glass oasis) closing the gap between roof and conservatory. All commercially available glass elements can be manufactured on request. Powder-coated profiles are available in a selection of 47 standard RAL colours, 150 special RAL colours and eight scratch-resistant structure colours. All marquees can be combined, using an innovative method of system construction, and integrated, in terms of form, colour and function, into the overall Terrazza system.

Mit Terrazza wurde ein fein aufeinander abgestimmtes System von Terrassendach und Unterbauelementen geschaffen. So entsteht eine Glasoase, welche die Lücke zwischen Dach und Wintergarten schließt. Es können alle marktüblichen Glaselemente auf Wunsch gefertigt werden. Farbgleiche, pulverbeschichtete Profile stehen in einer Auswahl von 47 Standard-RAL-Farben, 150 RAL-Sonderfarben und acht kratzfesten Strukturfarben zur Verfügung. Alle Markisen lassen sich durch eine innovative Systembauweise kombinieren und betten sich in Form, Farbe und Funktion in das Gesamtsystem Terrazza ein.

**easyRoll Plus**
Hose Trolley / Schlauchwagen

Gardena GmbH,
Ulm, Germany / Deutschland
Design: Attivo Creative Resource Srl
(Aleks Tatic, Marco Picco, Iván Colominas),
Milan, Italy / Mailand, Italien
www.gardena.com
www.attivocreative.com

The easyRoll Plus hose trolley is the result of a homogeneous interplay of form, ergonomics and functionality. The hose is automatically wound up layer by layer without having to bend over in order to guide it.

Bei dem Schlauchwagen easyRoll Plus wurde ein homogenes Zusammenspiel von Form, Ergonomie und Funktionalität verwirklicht. Mittels einer automatischen Schlauchführung lässt sich der Schlauch auch im Stehen ordentlich aufwickeln.

**Elan**
**Teak Outdoor Furniture /
Teak-Gartenmöbel**

Gloster, Bristol, GB
Design: Enthoven Associates,
Antwerp, Belgium / Antwerpen, Belgien
www.gloster.com
www.ea-dc.com

Elan consists of laminated teak wood and surprises the viewer with its lightness. The minimalist design language is clearly structured, emphasising a slim aesthetic whilst showing the form and support of this inspirational design. The design of Elan allows for ease in assembly highlighting the quality of both manufacture and design. The comfort of the seating in both dining and deep seating, together with flexible tables and accessory products, make this a complete range for the client who enjoys both high design and superb manufacturing detail.

Elan ist aus beschichtetem Teakholz hergestellt und überrascht durch sein erstaunlich leichtes Gewicht. Die minimalistische Formensprache ist klar und betont die schlanke Ästhetik. Gleichzeitig verweist sie auf Struktur und Basis dieser inspirierten Gestaltung. Die Formgebung von Elan unterstützt eine einfache Montage und unterstreicht die qualitativ hochwertige Verarbeitung und Ausführung. Die komfortablen Esszimmer- und Wohnzimmerstühle sowie die vielseitig einsetzbaren Tische mit Zubehör bilden eine vollständige Möbelserie. Der Kunde erfreut sich am gehobenen Design wie auch an besonderen Produktionsdetails.

Shashi Caan

Mårten Claesson

Joachim H. Faust

# Architecture and interior design
## Efficiency and flexibility

# Architektur und Interior Design
## Effizienz und Flexibilität

Efficiency and flexibility are the main criteria of good design in the category "architecture and interior design". With durable materials and sustainable product concepts designers manage to combine the highest quality with elegant details. Sophisticated designs form the basis of implementations with excellent craftsmanship. The simpler a product appears to be at first glance, the more complex its utility is. Intelligent and individual solutions offer high utility value and maximum ease-of-use. The designers exploit established forms and strive more to optimise existing solutions rather than create new innovations. The work with proven elements creates a solid basis and suggests consistency and trust to consumers.

Effizienz und Flexibilität sind die Hauptkriterien für gute Gestaltung im Bereich „Architektur und Interior Design". Mit langlebigen Materialien und nachhaltigen Produktkonzepten gelingt es den Designern, höchste Qualität mit eleganten Details zu verknüpfen. Durchdachte Entwürfe bilden die Grundlage für eine handwerklich herausragende Umsetzung. Je einfacher ein Produkt auf den ersten Blick scheint, desto komplexer ist sein Nutzen. Intelligente und individuelle Lösungen bieten einen hohen Gebrauchswert und größten Komfort. Die Designer schöpfen bereits etablierte Formen aus und streben mehr nach einer Optimierung bestehender Lösungsansätze als nach neuesten Innovationen. Die Arbeit mit dem Bewährten schafft eine solide Basis und suggeriert Beständigkeit und Vertrauen auf Seiten der Konsumenten.

### Theatre Chair / Theaterstuhl

Getama Danmark A/S,
Gedsted, Denmark / Dänemark
Design: Lundgaard & Tranberg
Arkitekter (Signe Baadsgaard,
Kenneth Warnke), Copenhagen,
Denmark / Kopenhagen, Dänemark
www.getama.dk
www.ltarkitekter.dk

The design concept of this theatre chair was inspired by the freedom of movement, which the modern theatre – not only confined to the stage – demands from its audience. The spectator must always be able to move freely in his seat. A round seat and the curved back of the chair allow for a variety of different viewing positions. They offer comfortable sitting even when the chair is turned by 45 degrees. Occupied or vacant, the chairs are equally sound absorbing.

Der Ansatzpunkt für die Gestaltung dieses Theaterstuhls ist jene Bewegungsfreiheit, die die moderne, sich nicht nur auf die Bühne beschränkende Theaterkunst ihrem Publikum abverlangt. Der Zuschauer muss sich an seinem Platz stets frei bewegen können. Eine runde Sitzfläche und die geschwungene Lehne des Stuhls erlauben eine Vielzahl verschiedener Sichtpositionen und bieten selbst bei einer um 45 Grad gedrehten Stellung ein bequemes Sitzen. Der Stuhl ist sowohl in besetztem als auch in unbesetztem Zustand gleichermaßen schallabsorbierend.

Architecture and interior design 345

**walchentrance09**
Entrance Door / Eingangstür

Walch GmbH,
Ludesch, Austria / Österreich
Design: Christian Walch
www.walchfenster.at

walchentrance09 is an entrance door with modern architectural design. It integrates a wide range of user-friendly functions into a reduced and puristic style. Motors for automatic opening and closing are concealed but still accessible for inspection. Door automation has been designed to support everyday manual operation without any hindrance. In case of power failure, manual operation and mechanical locking by a concealed integral lock are guaranteed. Large-size touch sensors positioned behind glass replace the conventional control panel. The handle bar of the door hides an access control that is managed by fingerprints. With regard to heat and sound insulation walchentrance09 features high-level technical specifications.

walchentrance09 ist eine Eingangstür mit einer zeitgemäßen, architekturorientierten Gestaltung. Sie kombiniert eine umfangreiche Palette an benutzerfreundlichen Funktionen mit einer reduzierten und puristischen Form. Die Motoren für die automatischen Öffnungs- und Schließfunktionen sind verdeckt integriert, sie sind aber dennoch für Revisionsarbeiten zugänglich. Die Automatisierung der Tür ist so angelegt, dass sie eine alltägliche manuelle Bedienung unterstützt und nicht behindert. Auch bei Stromausfall ist die manuelle Bedienung und mechanische Verriegelung durch ein versteckt integriertes Schloss gewährleistet. Das herkömmliche Bedienfeld wird durch hinter dem Glas positionierte, großflächige Tastsensoren ersetzt. In der Griffstange der Tür verbirgt sich eine Zutrittskontrolle, die mittels Fingerabdruck gesteuert wird. Auch in Bezug auf Wärme- und Schallschutz liegen die technischen Werte von walchentrance09 auf einem hohen Niveau.

HOBA T30-1 Typ 5
Fire-Resistant Door / Feuerschutztür

Holzbau Schmid GmbH & Co. KG,
Adelberg, Germany / Deutschland
In-house design / Werksdesign:
Claus Schmid, Andreas Schembecker
www.hoba.de

Fire protection presents a problem to many architects and designers since it will be difficult to realise creative ideas with elements of fire protection customary in trade. This fire-resistant door presents a solution that unites functionality, safety and aesthetics in one product. The superior all-glass door features a particularly slim stainless steel frame with a revolving wing drive. Categorised in fire resistance class T30, with built-in floor sealing, and access control with electric door opener it meets high standards of functional fire protection and safety systems. The fire-resistant door is available with top and bottom door closer and can be easily integrated in conventional construction settings.

Brandschutz ist für viele Architekten und Planer problematisch, da sich gestalterische Absichten mit handelsüblichen Brandschutzelementen selten verwirklichen lassen. Diese Feuerschutztür vereint nun Funktionalität, Sicherheit und Ästhetik in einem Produkt. Die edel anmutende Vollglastür besteht aus einem sehr schmalen Edelstahlrahmen mit Drehflügelantrieb. Mit der Feuerwiderstandsklasse T30, eingebauter Bodendichtung und einer Zugangskontrolle mit elektrischem Türöffner wird sie auch hohen Ansprüchen an funktionale Brandschutz- und Sicherheitssysteme gerecht. Erhältlich ist die Feuerschutztür mit Oben- oder Bodentürschließer. Sie lässt sich gut in konventionelle Einbausituationen integrieren.

**GM Windoorail**
Rail Glass
Modules / Glasgeländermodule

Glas Marte GmbH,
Bregenz, Austria / Österreich
In-house design / Werksdesign:
Bernhard Feigl
www.glasmarte.at

GM Windoorail is a set of rail glass modules for window elements that reach below the required railing height. In the event of high impact loads these emerging impelling forces are absorbed by a controlled change of position in the fitting. The impact is not abruptly blocked but so strongly cushioned that the joints of the linked components endure these strong impact forces without any damage. The railing is fixed back into its original position by simple pressure.

GM Windoorail sind Glasgeländermodule mit absturzsichernder Funktion für Fensterelemente, die unter die geforderte Brüstungshöhe reichen. Im Falle hoher Aufprall-Lasten werden entstehende Impulskräfte durch eine kontrollierte Lageänderung im Beschlag abgefedert. Der Aufprall wird nicht abrupt abgeblockt, sondern so stark gedämpft, dass die Verbindungen der angeschlossenen Bauteile diese starken Impulskräfte unbeschadet überstehen. Das Geländer kann durch einfachen Druck wieder in der originalen Ausgangsposition fixiert werden.

**Geze Vetroslide**
All-Glass Rail / Ganzglaslaufschiene

Geze GmbH,
Leonberg, Germany / Deutschland
In-house design / Werksdesign
www.geze.com

Geze Vetroslide is a point-fixed all-glass rail developed for manual all-glass sliding door systems. It combines functionality and elegance and it gives architects a wide scope of design options since the customary stainless steel guiding rails have been replaced by a point-fixed "glass sword". Visible fittings are thus reduced to a minimum. Fabricated from special high-performance synthetics the ball-bearing supported rollers ensure durability and almost silent running of the door leaf. The system is suitable for leaf weights up to 80 kg and fixed frame weights up to 150 kg.

Mit Geze Vetroslide wurde eine punktgehaltene Ganzglaslaufschiene für manuelle Ganzglas-Schiebetüranlagen entwickelt. Sie verbindet Funktionalität mit einer eleganten Anmutung und eröffnet Architekten ein hohes Maß an Gestaltungsmöglichkeiten. Marktübliche Führungsschienen aus Edelstahl werden hier durch ein punktgehaltenes „Glasschwert" ersetzt. Sichtbare Beschläge reduzieren sich so auf ein Minimum. Die aus einem speziellen Hochleistungskunststoff gefertigten, kugelgelagerten Laufrollen sorgen für Langlebigkeit und einen nahezu lautlosen, sicheren Lauf des Türblattes. Das System eignet sich für Flügelgewichte bis zu 80 kg und Festfeldgewichte bis zu 150 kg.

## MET
### Flush Interior Door System / Bündiges Innentürsystem

Josko Fenster und Türen,
Kopfing, Austria / Österreich
In-house design / Werksdesign
www.josko.at

MET is a flush interior door system that seems to merge with the wall. The aluminium frame, flush with the door leaf, is also a prefabricated frame and a subframe. This frame and the door leaf can be coated with wall paint on site. If the walls are redesigned it will possible to paint the whole system in one workflow granting flexible options to create new interior designs. The system is available with doors opening inwards and outwards.

MET ist ein bündiges Innentürsystem, das mit der Wand zu verschmelzen scheint. Die flächenbündig zum Türblatt gestaltete Aluminium-Zarge ist zugleich Blindstock und fertige Zarge. Sowohl das Türblatt als auch die Zarge können bauseits mit Wandfarbe gestrichen werden. Werden die Wände neu gestaltet, lässt sich das System in einem Arbeitsgang mitstreichen, wodurch flexible Möglichkeiten für eine kreative Raumgestaltung entstehen. Das System ist mit nach innen und nach außen öffnenden Türen erhältlich.

## Platin HS
### Glass Wall System / Glaswandsystem

Josko Fenster und Türen,
Kopfing, Austria / Österreich
In-house design / Werksdesign
www.josko.at

Special focus was put on a slim and pure appearance when Platin HS was designed. There are no frames on any of the four sides of the all-glass wall system. It features flush sliding elements as well as tilt and turn units. High-quality composite profiles ensure optimised heat insulation and statics. The windows are available in heights from floor to floor and suitable for low-energy and passive houses. Thanks to barrier-free thresholds and an intelligent water-drain system at floor level Platin HS windows afford a high degree of flexibility. The range also includes a screwless windowsill and integrated ventilation of the glass panels as well as integrated drainage.

Bei der Gestaltung von Platin HS steht eine schlanke und schlichte Anmutung im Vordergrund. Das Ganzglas-Wandsystem ist vierseitig rahmenlos und besteht aus bündigen Schiebe- und Drehkippelementen. Hochwertige Werkstoff-Verbundprofile sorgen für eine optimierte Wärmedämmung und Statik. Die Fenster sind in geschosshoher Ausführung erhältlich und eignen sich auch für die Verwendung in Niedrigenergie- und Passivhäusern. Dank barrierefreier Schwellen und einer durchdachten Wasserabführung im Bodenbereich erlauben die Platin HS-Fenster ein hohes Maß an Flexibilität. Das Programm umfasst weiterhin eine schraubenlose Fensterbank mit integrierter Glashinterlüftung und Entwässerung.

**Parador Edition 1**
Laminate / Laminat

Parador GmbH & Co. KG,
Coesfeld, Germany / Deutschland
In-house design / Werksdesign
Design: Konstantin Grcic (Sunray),
Karim Rashid (Orgo), Matteo Thun
(Wood Memory 1), Ben van Berkel
(Driftwood), Ora Ito (Infinity Capsule),
Jean-Marie Massaud (Aleph)
www.parador.de

The Edition 1 laminate by Parador gives the floor new significance without the need to place it in an unknown room context. In 12 decors by six renowned designers materials and finishing are appreciated as aesthetic values. The collection lifts the architectural limits of the floor as well as those of the laminate, which originally was a product created as an imitation of wood. By realising the flooring design with the ArtPrint technology developed and patented by Parador, it is possible to grant creative freedom to the highest degree. The digital technology, which elevates the laminate floor to a high level of the trend towards individualisation, offers advantages over conventional analogue technologies. There is the free choice of patterns, high colour brilliance and intensity with a resolution quality of up to 1,440 x 1,440 dpi. The Luxury Flooring Concepts by Parador are staged in their own Trend Center in Coesfeld / Germany.

Die Laminat Edition 1 von Parador verleiht dem Boden einen neuen Stellenwert, ohne ihn in einen fremden Raumkontext setzen zu müssen. In den zwölf Dekoren sechs renommierter Designer werden Material und Bearbeitung als ästhetischer Wert gewürdigt. Die Kollektion hebt die Grenze des ursprünglich als Holznachbildung ins Produktleben gerufenen Laminats auf, ebenso wie die architektonische Grenze des Bodens. Durch die Umsetzung der Bodendesigns mit der von Parador entwickelten und patentierten ArtPrint-Drucktechnologie ist unendlicher Gestaltungsspielraum möglich. Die digitale Technologie, die den Laminatboden auf ein hohes Niveau des Individualisierungstrends hebt, bietet Vorteile gegenüber der herkömmlichen analogen Technik. Dazu gehören die Freiheit der Motivwahl, hohe Farbbrillanz sowie Farbintensität bei einer Auflösungsqualität von bis zu 1.440 x 1.440 dpi. Die Luxury Flooring Concepts von Parador werden im eigenen Trend Center in Coesfeld inszeniert.

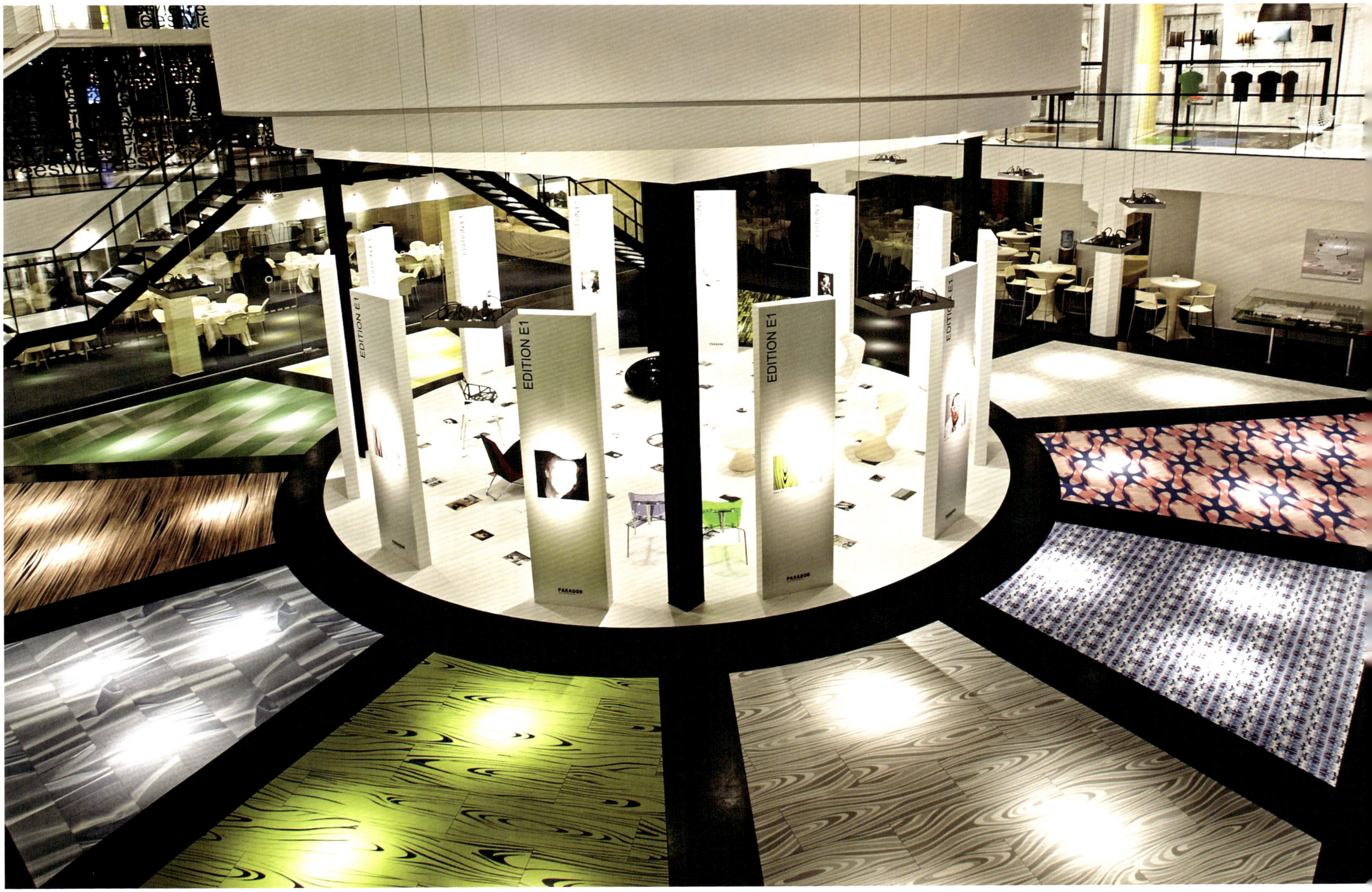
EDITION E1
EDITION E1

**DLW Linoleum Collection 2008/
DLW Linoleum Kollektion 2008**

Armstrong, Bietigheim-Bissingen,
Germany/Deutschland
In-house design/Werksdesign:
Heike Rittler
Design: Peter Zoernack –
Farbkonzepte für Gebautes,
Dassel, Germany/Deutschland
www.armstrong.eu
www.zoernack.de

The DLW Linoleum Collection was developed as a colour system for flooring with special emphasis on sustainability and environmental compatibility. It consists of a mixture of organic materials and minerals, 80 per cent of which are renewable. The colouring is mainly inspired by the colours found in nature. With 56 colours the DLW Collection covers the whole range. With differentiated shades of lightness in cool and warm nuances the palette of grey/black tones is particularly extensive.

Mit der DLW Linoleum Kollektion wurde ein Farbsystem für einen Bodenbelag entwickelt, bei dem besonderer Wert auf Nachhaltigkeit und Umweltverträglichkeit gelegt wurde. Der Bodenbelag besteht aus einer Mischung organischer und mineralischer Rohstoffe, von denen rund 80 Prozent natürlich nachwachsend sind. Zentrale Inspirationsquelle für das Farbsystem sind ausschließlich in der Natur vorkommende Farben. Die DLW Kollektion deckt mit 56 Farben das komplette Spektrum ab. Die Palette grau-schwarzer Töne ist besonders umfassend, mit differenzierten Helligkeitsabstufungen in sowohl kühlen als auch warmen Nuancen.

### Saima Design
### Wood Flooring / Holzbodenbelag

Karelia-Upofloor Oy,
Kuopio, Finland / Finnland
Design: Karelia-Upofloor Oy,
Design Studio Muotohiomo Oy /
Pekka Toivanen, Tapio Wirkkala,
Kuopio / Helsinki, Finland / Finnland
www.kareliaparketti.fi
www.saimafloors.com
www.muotohiomo.com

Saima is a wood flooring that reflects light in a specific way generated by the wood properties of the Finnish birch. The top layer of the precious wood does not proceed horizontally but the wood fibres are arranged vertically, thus creating the reflection effect. The most important innovation is the colouring method for the birch wood fibres, which maintain their ability of reflecting light. The colour does not only stay on the surface but penetrates all birch layers. Originally Tapio Wirkkala developed the colour in the 1980s. Now it is manufactured on an industrial scale thanks to new production methods. Pekka Toivanen designed Saima Raita as a combination of dark-coloured birch veneer layers with natural-coloured layers. The result was a special product variation. The broad range of manifold combinations, among them different options to lay the flooring, create a new sense of space.

Saima ist ein Holzbodenbelag, der das Licht aufgrund der Holzeigenschaften der finnischen Birke auf besondere Art und Weise reflektiert. Seine Edelholznutzschicht besteht nicht aus einer horizontal verlaufenden Holzschicht, sondern die Holzfasern sind vertikal aufgestellt, was den Reflexionseffekt bewirkt. Die wichtigste Neuerung liegt in der Methode der Einfärbung der Birkenholzfasern, wobei die Fähigkeit der Lichtreflexion erhalten bleibt. Die Farbe wird nicht nur oberflächlich aufgetragen, sondern durchdringt die ganze Birkendeckschicht. Die Farbe, ursprünglich von Tapio Wirkkala in den 1980er Jahren entwickelt, kann nun aufgrund neuer Produktionsmethoden industriell eingesetzt werden. Bei Saima Raita, gestaltet von Pekka Toivanen, werden dunkel eingefärbte Birkenfurnierschichten nach einem Zufallsprinzip mit naturfarbenen Schichten kombiniert, wodurch eine besondere Produktvariation entsteht. Vielfältige Kompositionen, auch durch die Vielfalt der Verlegemöglichkeiten, schaffen ein neues Raumgefühl.

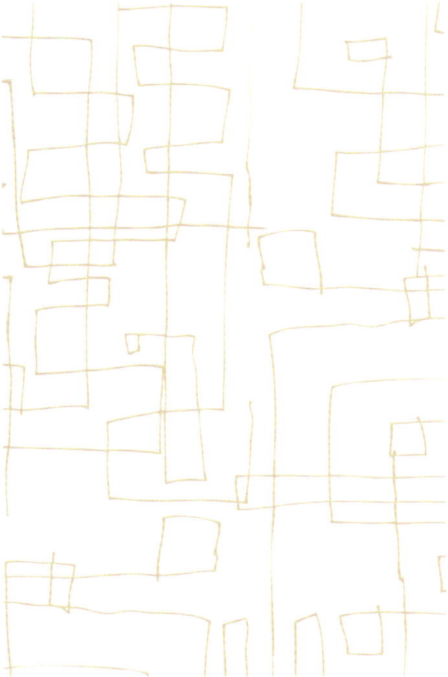
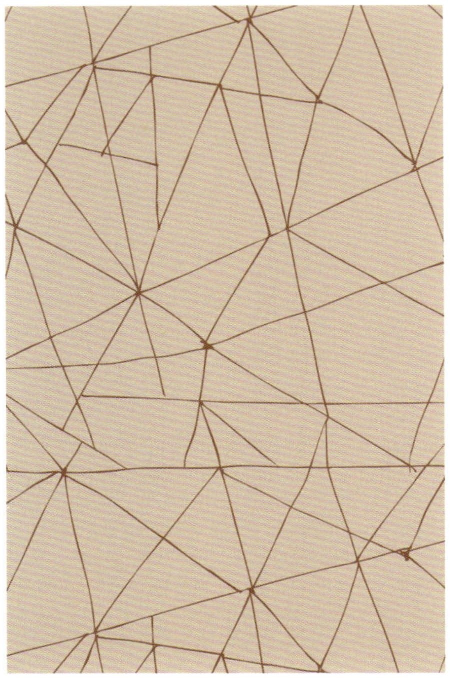

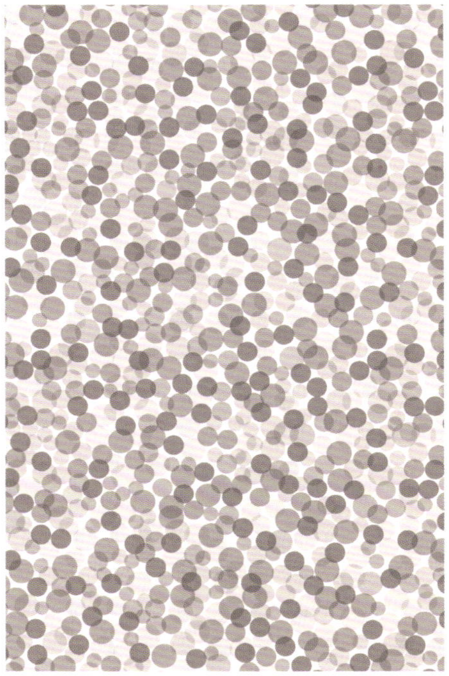
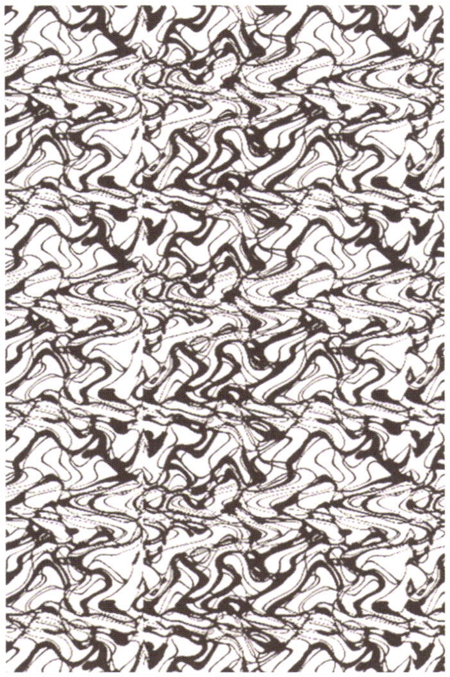
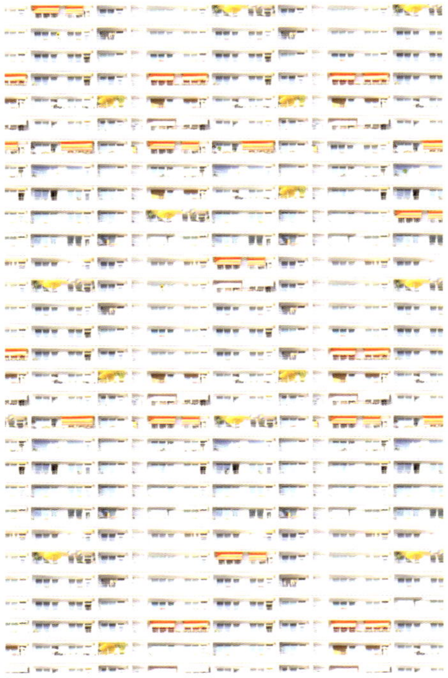
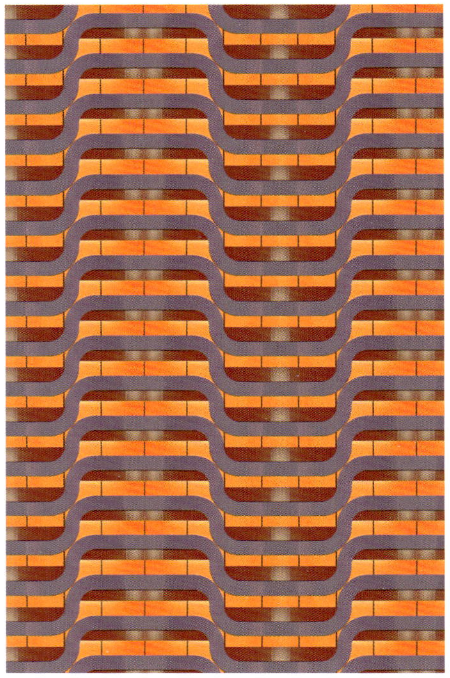

**Thermopal Designers' Collection**
**HPL (High Pressure Laminate)**

Thermopal GmbH, Leutkirch im Allgäu,
Germany / Deutschland
Design: Javier Mariscal (notas, trencadis),
Alfredo Häberli (phong, nayar),
Dr. Regina Dahmen-Ingenhoven
(lovers, criminal),
Simone Micheli (atomic, elastic),
aPLEX (balcony, tunnel),
GRAFT (airplanes, fish)
www.thermopal.com
www.thermopal-designerscollection.com

Six internationally renowned designers and architectural practices created HPL (High Pressure Laminate) for upmarket interior construction. The exceptional collection "By creatives for creatives" is intended to inspire planners to break new ground in the field of interior design. In future, 54 designs for individual aesthetic creations with special requirements to material are at the disposal. HPL is very robust; it is easy to clean and features high resistance to wear, scratch and moisture. The surface represents no health hazard and is approved for contact with food.

Sechs international renommierte Designer und Architekturbüros haben HPL (High Pressure Laminate) für den gehobenen Innenausbau gestaltet. Die interessante Kollektion „Von Kreativen für Kreative" möchte Planern zu neuen Wegen in der innenarchitektonischen Gestaltung inspirieren. 54 Designs für die individuelle ästhetische Gestaltung stehen zur Verfügung. Dabei werden gleichzeitig hohe Anforderungen an das Material gestellt. HPL ist sehr robust, es verfügt über ein hohes Maß an Abrieb- und Kratzfestigkeit sowie Feuchtebeständigkeit bei leichter Reinigung. Die Oberfläche ist physiologisch unbedenklich und für den Kontakt mit Lebensmitteln zugelassen.

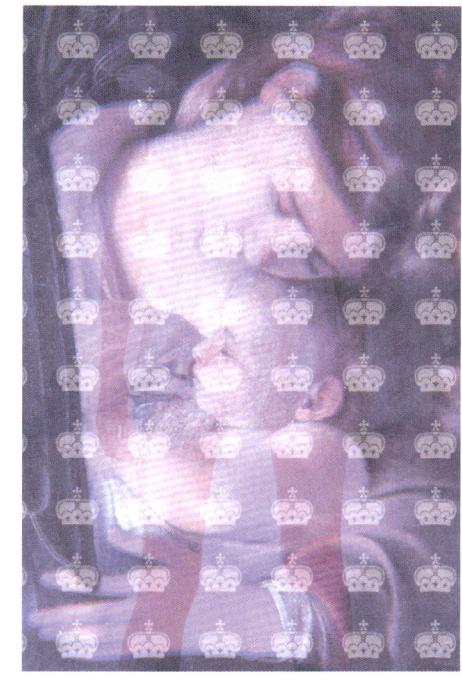

**Reflex**
Ceramic Tile / Keramikfliese

Agrob Buchtal, Schwarzenfeld,
Germany / Deutschland
In-house design / Werksdesign:
Christiane von der Laake
www.agrob-buchtal.de

Characteristic features of these ceramic tiles are exciting matt-gloss impressions and a dynamic relief structure that communicates a coarsely woven materiality. The effects are based on a special finishing technique that has been further developed for these tiles. They are equally suitable for floors and walls. Filigree apertures and gradations in the relief appear like traces of manual processing. Unevenly shimmering surfaces are reminiscent of the patina of ancient stone floors. This superior impression is further intensified by the decoration elements, which produce a glamorous shine due to their metallic look. The contrasting aspects of craftsmanship and luxury create an ambience full of unconventional poetry and austere elegance.

Prägnante Merkmale dieser Keramikfliesen sind interessante Matt-Glanz-Impressionen und eine rhythmische Reliefstruktur, die eine grob gewebte Stofflichkeit vermittelt. Die Effekte basieren auf einem speziellen Finishing-Verfahren, das für diese Fliesen weiterentwickelt wurde. Die Fliesen sind für Boden und Wand gleichermaßen geeignet. Filigrane Durchbrüche und Nuancierungen des Reliefs erscheinen wie handwerkliche Bearbeitungsspuren und unregelmäßig schimmernde Oberflächen erinnern an die Patina uralter Steinböden. Diese edle Anmutung verdichtet sich in den Dekorelementen, die durch ihre metallische Optik einen glamourösen Glanz verströmen. Dieses Spannungsfeld von Handwerklichkeit und Luxus schafft ein Ambiente eigenwilliger Poesie und herber Eleganz.

**Vision**
Ceramic Tile / Keramikfliese

Agrob Buchtal, Schwarzenfeld,
Germany / Deutschland
In-house design / Werksdesign:
Christiane von der Laake
www.agrob-buchtal.de

Delicate "threads" lying closely next to each other characterise this ceramic tile creation for walls and floors in an emblematic way. In conjunction with subtle colour shadings a homogeneous, finely engraved texture is created, which evokes associations of engravings or stress marks on materials such as iron, wood, concrete or asphalt. Thanks to the ceramic material and interpretation it is, however, not an imitation but a distinctive feature. This is expressively underlined by a mystically shimmering, multi-coloured decoration element and the colours of the individually combinable standard surface formats: they convey this impression in a sensuous way without straining for effects.

Diese Keramikfliesen-Kreation für Wand und Boden wird buchstäblich „geprägt" durch zarte, dicht nebeneinander liegende „Fäden". In Verbindung mit subtilen Farbnuancierungen entsteht so eine ganzheitliche, fein ziseliert wirkende Textur, die Assoziationen an Schraffuren bzw. Schleifspuren in Materialien wie Eisen, Holz, Beton oder Asphalt weckt. Es handelt sich jedoch nicht um eine Nachahmung. Vielmehr entsteht durch keramische Materialität und Interpretation eine eigenständige Anmutung. Ausdrucksvoll unterstrichen wird dies durch das mystisch schillernde, mehrfarbige Dekorelement und die Farbstellungen modular kombinierbarer Flächenformate: Sie vermitteln die Anmutung dieser Kreation auf sinnliche Art und Weise, ohne Effekthascherei.

## Orientile
### Wall Tile Series / Wandfliesenserie

Kaleseramik, Istanbul, Turkey / Türkei
Design: Can Yalman Design,
Istanbul, Turkey / Türkei
www.e-kale.com

Following the current trend towards orientalism the Orientile wall tile series reflects the rich heritage of the Ottomans and Seljuks. Realised in an exquisite series of wall tiles the graceful patterns of ancient cultures experience a new interpretation by forming a symbiotic relationship with modern design. While the Aya series is inspired by the rich embellishments of the ceremonial robes of Ottoman sultans the Feza tile range follows the patterns and colours of the Seljuk culture. The wall tiles are available in manifold colours; in some way they are the expression of an interior design that is committed to history as well as modern spirit.

Der aktuellen Hinwendung zum Orientalismus folgend will die Wandfliesenserie Orientile das reichhaltige ästhetische Erbe der Osmanen und Seldschuken widerspiegeln. Die anmutigen Muster der alten Kulturen erfahren eine Neuinterpretation, die in Symbiose mit einer zeitgemäßen Gestaltung in einer edel anmutenden Serie von Wandfliesen verwirklicht wird. Während bei der Linie Aya die reichhaltigen Verzierungen der Zeremoniegewänder ottomanischer Sultane Pate stehen, ist die Fliesenreihe Feza von den Mustern und Farben der Seldschuken-Kultur inspiriert. Die Wandfliesen sind in einer umfangreichen Farbpalette erhältlich und bilden einen eleganten Ausdruck einer gleichsam historisch orientierten wie zeitgemäß anmutenden Raumgestaltung.

Architecture and interior design  359

### Beige & Brown Stroken
Tiles / Fliesen

Royal Mosa, Maastricht, NL
In-house design / Werksdesign
www.mosa.nl

Beige & Brown represent a remarkable combination of tile strips with a corresponding joint pattern. They are frequently used by architects, who want to emphasise the desired interplay of lines on a spatial area. Combining different-coloured tile strips of this new collection on a single surface creates a subtle and natural mix of shades. This constant change of hues leads to a surprising new effect in the strips.

Bei Beige & Brown handelt es sich um eine interessante Ausführung einer Kombination von Fliesenstreifen mit dem dazugehörigen Fugenmuster, die häufig von Architekten eingesetzt werden, um die gewünschte Linienführung einer räumlichen Fläche zu betonen. Werden Fliesenstreifen aus dieser neuen Kollektion mit ihren unterschiedlichen Farben in einer einzigen Fläche zusammengeführt, entsteht eine durchdachte, natürliche Mischung aus Farbtönen. Dieser stetige Wechsel von Farbnuancen führt zu einem überraschend neuen Bild bei den Streifen.

### Aimée
Wall and Floor Tiles / Wand- und Bodenfliesen

V&B Fliesen GmbH, Merzig, Germany / Deutschland
In-house design / Werksdesign
www.villeroy-boch.com

Aimée is a spatial concept in 30 x 90 cm (wall) and 45 x 45 cm (floor) formats and features a glossed surface in cream, red and black as well as decorations with exquisite artisan details. Genuine manufacturing processes and industrial production have been forged into a new type of production. This innovative manufacturing process is unrivalled, and each tile is unique. A relief with hand-laid gold or silver inlays creates the design's plasticity. A new glazing technique has been developed which lends the precious metals an authentic mat look and, therefore, adds extra touches and value. The working of a relief in a large-format tile (30 x 90 cm) is also unique.

Aimée ist ein Raumkonzept in den Formaten 30 x 90 cm (Wand) und 45 x 45 cm (Boden) mit einer satinierten Oberfläche in Creme, Rot und Schwarz sowie Dekoren mit exquisiten handwerklichen Details. Zur Herstellung der Dekore werden reine Manufakturabläufe und industrielle Fertigung zu einer neuen Produktionsart kombiniert. Dieser innovative Herstellungsprozess ist außergewöhnlich und jede Fliese somit ein Unikat. Die Plastizität des Designs wird durch ein Relief erzeugt, in das per Hand die Edelmetalle Gold oder Silber eingelegt werden. Es wurde eine neue Glasurtechnik entwickelt, die den Edelmetallen eine authentische Mattierung und somit Akzentuierung und Wertigkeit verleiht. Außergewöhnlich ist auch die Ausarbeitung eines Reliefs in einer großformatigen Fliese der Größe 30 x 90 cm.

### Eco
Carpet / Teppichboden

Carpet Concept Objekt Teppichboden GmbH, Bielefeld, Germany / Deutschland
Design:
Eco Syn: two product development and integrated design (Claudia de Bruyn, Achim Nagel), Ratingen, Germany / Deutschland;
Eco Tec: Hadi Teherani AG, Hamburg, Germany / Deutschland;
Eco Zen: Carsten Gollnick Product Design / Interior Design, Berlin, Germany / Deutschland
www.carpet-concept.de

Eco is the epitome of top-quality flat-woven carpets. The particularly reduced form, in comparison to jacquard, originates in the weaving process. Whereas in loop fabric, the pile fabric is woven over pile wires so that the loop is retained, flat-woven fabric is produced without pile wires with weft yarns woven under the knops. The technology makes the weave visible, immediately revealing the craftsmanship. The selection of excellent yarns with three-dimensional effects results in dynamic surfaces.

Eco ist der Inbegriff für hochwertig flachgewebte Teppichböden. Die besonders reduzierte Form im Vergleich zum Jacquard gründet im Webprozess. Wird beim Jacquard das Polmaterial über Ruten gewebt, so dass die Schlinge stehen bleibt, so kommt das Flachgewebe durch unter die Noppen eingewebte Schussfäden ohne Ruten aus. Die Technologie macht das Gewebe sichtbar und offenbart den handwerklichen Charakter unmittelbar. Die Auswahl exzellenter Garne mit plastischen Effekten führt zu dynamischen Oberflächen.

**Collection Q**
Carpet Tile / Teppichfliese

InterfaceFLOR, Interface Deutschland
GmbH, Krefeld, Germany / Deutschland
In-house design / Werksdesign:
InterfaceFLOR Design & Development
Design: RKW Rhode Kellermann
Wawrowsky (Daniel Kas), Düsseldorf,
Germany / Deutschland
www.interfaceflor.eu
www.rkw-as.de

The Collection Q is a flooring for ambitious and creative object solutions. It is the result of an exclusive development for the manufacturer. The design of the tiles consists of squares in four shades of colours harmonised with each other. Creating mosaic patterns with small dimensions produces the impression of jointless and directionless flatness. From a close view the floor seems to be dynamic; the whole surface, however, appears to be calm, clear and well regulated. The available colour spectrum ranges from subdued tinges of grey to lively and accentuated colours.

Die Collection Q ist ein Bodenbelag für anspruchsvolle und kreative Objektlösungen. Sie ist das Ergebnis einer exklusiven Entwicklung für den Hersteller. Die Gestaltung der Fliesen besteht aus Quadraten in vier nuanciert aufeinander abgestimmten Farbtönen. Durch die Aufrasterung in kleinere Ausmaße ergibt sich eine fugen- und richtungslose Flächigkeit. Aus der Nähe betrachtet entsteht Dynamik, die Fläche wirkt jedoch gleichzeitig ruhig, klar und geordnet. Das Spektrum erhältlicher Farben erstreckt sich von gedämpften Grautönen bis hin zu lebendigen und akzentuierten Farben.

**Xi-Pixwall**
Modular Sound-Proof Wall System /
Modulares Lärmschutzwand-System

GS Engineering & Construction,
Seoul, Korea
In-house design / Werksdesign:
Myoung Hoe Seo
Design: Sewon Precision & Ind. Co.
(Hoe-Soo Kim), Seoul, Korea

Xi-Pixwall is a modular sound-proof wall system for road construction. Its organic form breaks with the compactness of traditional sound-proof walls and allows the system to enter into a harmonious symbiosis with its environment. Xi-Pixwall features six electronic block modules turning the wall into a large screen. With the Mosaic Creator software it is easy to create projections with favoured themes.

Xi-Pixwall ist ein modulares Lärmschutzwand-System für den Straßenbau. Seine organisch anmutende Form bricht mit der Massivität herkömmlicher Lärmschutzwände und lässt das System in eine harmonische Symbiose mit der Umgebung eintreten. Xi-Pixwall ist mit sechs elektronischen Blockmodulen ausgestattet, welche die Wand in einen großen Bildschirm verwandeln. Mittels der Software Mosaic Creator lassen sich gewünschte Motive unkompliziert in Projektionen verwandeln.

**zipSCREEN**
Sunscreen / Sonnenschutz

Hassinger GmbH & Co. KG,
Roma Gruppe, Ludwigshafen,
Germany / Deutschland
In-house design / Werksdesign
www.hassinger-sonnenschutz.de

zipSCREEN is a sunscreen with mature functions. Much importance was placed on a clearly defined design, technical solidity and authentic material surfaces. It is conceived for constructions up to 18 sqm and features an integrated protection against insects. A guidance lug mountable in three positions supports, together with a lateral fabric guiding, high wind stability and reduces the formation of folds.

zipSCREEN ist ein funktional durchdachter Sonnenschutz, bei dessen Gestaltung Wert auf eine klar strukturierte Formensprache, handwerkliche Solidität und authentische Materialoberflächen gelegt wurde. Er ist für Anlagen von bis zu 18 qm konzipiert und verfügt optional über eine Insektenschutzfunktion. Die in drei Positionen montierbare Tuchleitnase in Verbindung mit der seitlichen Tuchführung unterstützt die hohe Windstabilität und gewährleistet eine reduzierte Faltenbildung.

# Twine
## Radiator / Heizkörper

Jaga, Diepenbeek, Belgium / Belgien
Design: Jaga design team & nivodesign,
Hasselt, Belgium / Belgien
www.theradiatorfactory.com

The Twine radiator is a new interpretation of the classic column radiator. Its superior design standard is demonstrated in particular by the high degree of flexibility and the harmonious integration of the functional components. Air vent, drain cock and an integrated valve are hidden in the corpus. With the low models height 50 and 90 cm, the thermostat seamlessly merges with the heater and succeeds in emphasising Twine's effect as an independent object in space. There is an option to choose from different colours and forms for the individual sections. With an innovative, rotatable suspension clip the connection point of the radiator can be freely selected. With an output of 1,000 Watt/m² at a setting of 55/45. Twine is particularly suited for low temperatures. All components are exchangeable and recyclable.

Der Heizkörper Twine ist eine Neuinterpretation des klassischen Rippenheizkörpers. Sein hoher Gestaltungsanspruch zeigt sich insbesondere in einem hohen Maß an Flexibilität und einer harmonischen Einbindung der Funktionselemente. Entlüfter, Ablass-Stopp und ein integriertes Ventil wurden im Korpus verborgen. Bei den niedrigen Modellen mit 50 und 90 cm Höhe geht der Thermostat nahtlos in den Heizkörper über und lässt Twine als eigenständiges Objekt im Raum wirken. Sowohl Farben als auch Formen der einzelnen Rippen sind frei kombinierbar. Ein innovativer, drehbarer Aufhängebügel ermöglicht es, die Anschlussposition des Heizkörpers frei zu wählen. Twine eignet sich vor allem für niedrige Wassertemperaturen mit einer Leistung von 1.000 Watt/m² im 55/45-Betrieb. Alle Bauteile sind austausch- und wiederverwertbar.

## Mysterious
### Switch Programme / Schalterprogramm

nv Niko sa, Sint Niklaas,
Belgium / Belgien
In-house design / Werksdesign
www.mysterious.be
www.niko.be

Mysterious is a set of switching material with a puristic design that can be seamlessly integrated into the wall. When mounted, only a discreet round edge remains visible. In the dark this outer edge lights up with the warm white glow of an LED lamp arranged in the switch. The switch can be papered and painted like the wall. The switch programme comprises push-buttons with one to four key points, sockets, orientation lighting and TV connection boxes. The design is inspired by the contemporary needs of creative people to freely design their living space. Whatever the style, Mysterious displays all the beauty of completely smooth walls and integrates well into residents' living spaces.

Mysterious ist ein puristisch gestaltetes Schalterprogramm, das sich nahtlos in die Wand integrieren lässt. Eingebaut bleibt von dem Schalter nur ein diskreter runder Rand sichtbar. Im Dunkeln wird dieser äußere Rand mit dem warm-weißen Schein einer LED-Leuchte im Schalter beleuchtet, der genau wie die Wand tapeziert und gestrichen werden kann. Das Schalterprogramm enthält Taster mit ein bis vier Tastpunkten, mit Orientierungslicht, Steckdosen und Antennenanschlussdosen. Die Gestaltung orientiert sich an den zeitgemäßen Bedürfnissen kreativer Menschen zur freien Wohnraumgestaltung. Ganz gleich welche Stilrichtung – Mysterious zeigt die volle Schönheit vollständig glatter Wände und integriert sich gut in den Lebensraum des Bewohners.

## 22
Electrical Wall Accessory /
Elektrisches Wandzubehör

Bocci Design and Manufacturing Inc.,
Vancouver, Canada / Kanada
In-house design / Werksdesign:
Omer Arbel
www.bocci.ca

The 22 series is a range of electrical wall accessories, which reinterpret a traditional product. An innovative installation system allows mounting of elements like ports, dimmers, switches, telephone and data jacks, or cable and loudspeaker ports flush to walls or wood panels. Using traditional cover plates is no longer necessary. In an unobtrusive and aesthetic way the elements integrate harmoniously into the architecture. The 22 system is CSA approved to UL standards.

Die Serie 22 besteht aus elektrischem Wandzubehör, welches eine Neuinterpretation eines klassischen Produktes bildet. Durch ein innovatives Installationssystem können Elemente wie Anschlussbuchsen, Dimmer, Schalter, Telefon- und Datenverbindungen oder Kabel- und Lautsprecherausgänge bündig an Wände oder Holzverkleidungen angebracht werden. Die Verwendung herkömmlicher Abdeckplatten ist nicht mehr nötig und die Elemente integrieren sich unauffällig und ästhetisch stimmig in die Architektur. Das System 22 erfüllt gemäß einer Prüfung der CSA die UL-Standards.

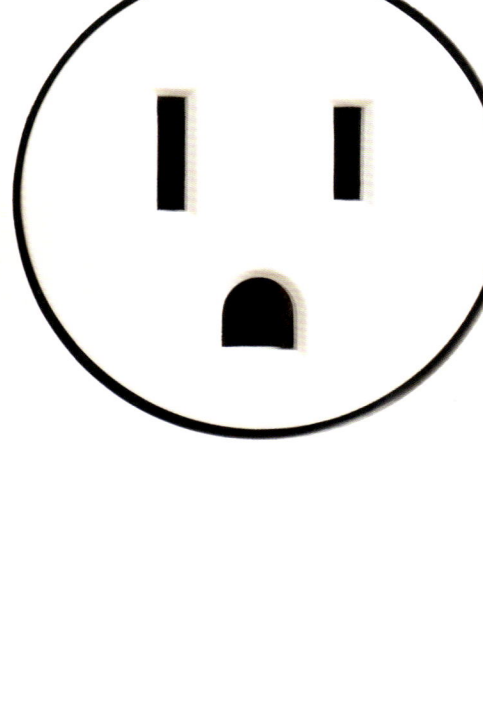

**Mona**
Light Switch / Lichtschalter

Basalte, Ghent, Belgium / Gent, Belgien
In-house design / Werksdesign:
Klaas Arnout, Sandra Maes
www.basalte.be

Mona is a sensually designed light switch with a finely drawn geometric stylistic language. Harmoniously it seems to melt into the wall. By its simple, architectural shape it goes with any style. Mona features a touch-sensitive surface allowing comfortable and elegant handling. In switched-off position light emitting diodes illuminate the light switch with a softly shimmering ring. The light switch is available in various colours and with different surfaces.

Mona ist ein sinnlich gestalteter Lichtschalter mit einer fein gezeichneten, geometrischen Formensprache. Harmonisch scheint er mit der Wand zu verschmelzen. Durch seine schlichte, architektonische Form lässt er sich in jeden Einrichtungsstil integrieren. Mona ist mit einer berührungsempfindlichen Oberfläche ausgestattet, die eine komfortable und elegante Bedienung ermöglicht. Leuchtdioden illuminieren den Lichtschalter im ausgeschalteten Zustand mit einem sanft schimmernden Lichtring. Der Lichtschalter ist in verschiedenen Farben und mit unterschiedlichen Oberflächen erhältlich.

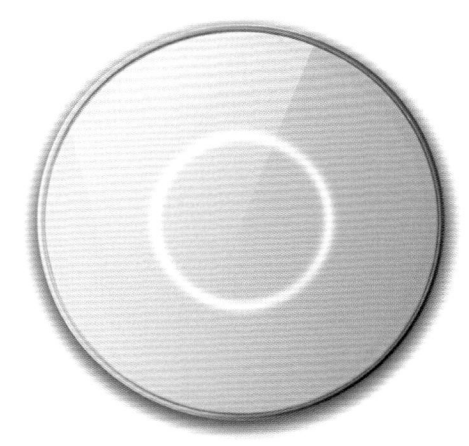

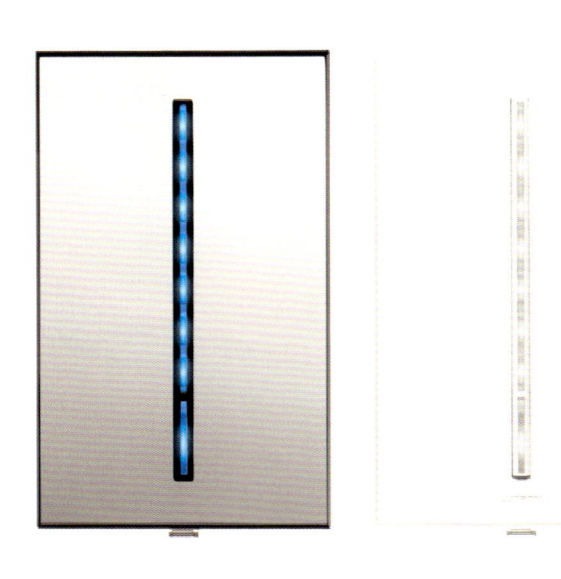

### Vierti
Dimmer / Lichtregler

Lutron Electronics Company, Inc.,
Coopersburg, USA
In-house design / Werksdesign
Design: Joel Spira, Noel Mayo,
Elliot Jacoby, Greg Altonen,
Jeremy Nearhoof
www.lutron.com

This puristic dimmer allows setting of a light level with a single touch. Integrated LEDs indicate the luminosity. They light up when touched and softly glow when at rest. The dimmer features customisable options to adjust audible feedback, delayed fade-to-off time, and to adjust LED intensity. The dimmer is available in 21 colours and finishes and the interchangeable LEDs are available in three colours.

Dieser puristisch gestaltete Lichtregler ermöglicht es, das Licht mit einer einzigen Berührung einzustellen. Integrierte LEDs geben die Lichtstärke an. Sie leuchten bei Berührung auf und schimmern sanft in Ruhestellung. Der Dimmer bietet kundenspezifisch anpassbare Optionen wie eine akustische Rückmeldung, eine verzögerte Ausschaltzeit und die Einstellung der LED-Intensität. Erhältlich ist der Dimmer in 21 Farben und Oberflächen, die austauschbaren LEDs gibt es in drei Farben.

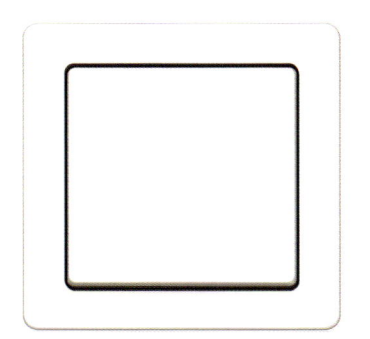

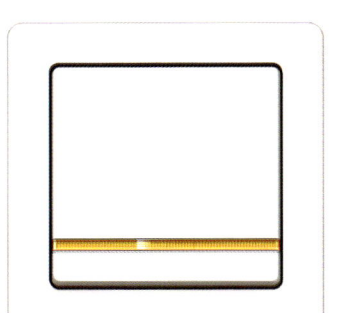

### Berker Q.1
Switch Programme / Schalterprogramm

Berker GmbH & Co. KG,
Schalksmühle, Germany / Deutschland
Design: brains4design GmbH
(Jens Pattberg, Barbara Riedmann,
Christine Hartwein, Vincent Holger
Weckert), Munich, Germany /
München, Deutschland
www.berker.de
www.brains4design.com

Berker Q.1 is a switch programme featuring a harmonious design and soft, rounded contours. The impression of simple elegance is supported by the velvety, haptic surfaces of the switch programme. With its reduced style Berker Q.1 can be integrated in any architectural environment.

Berker Q.1 ist ein Schalterprogramm, das in einer harmonischen Formensprache mit weichen, abgerundeten Konturen gestaltet ist. Die Anmutung schlichter Eleganz wird durch die samtigen, haptisch ansprechenden Oberflächen des Schalterprogramms unterstützt. Durch seine zurückhaltende Formgebung lässt sich Berker Q.1 in jede architektonische Umgebung integrieren.

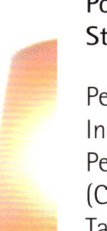

### JustDrawIt!
Power Managing Equipment /
Stromverwaltungsgerät

Pegatron Corporation, Taipei, Taiwan
In-house design / Werksdesign:
Pega Design & Engineering
(Chia-Wei Chang, Han-Wei Huang),
Taipei, Taiwan
www.pegatroncorp.com
www.pegadesign.com

JustDrawIt! is a power managing equipment with a haptically and visually appealing design that visualises the service life of electrical appliances. It consists of one main device and several remote-controlled receivers. In accordance with an individually controllable time target, the power supply of the connected appliances is wirelessly controlled.

JustDrawIt! ist ein haptisch und optisch ansprechend gestaltetes Stromverwaltungsgerät, das die Nutzungsdauer von elektrischen Geräten visuell darstellt. Es besteht aus einem Hauptgerät und mehreren ferngesteuerten Empfängern. Die Stromversorgung der angeschlossenen Geräte wird, entsprechend einer individuell eingegebenen Zeitvorgabe, drahtlos gesteuert.

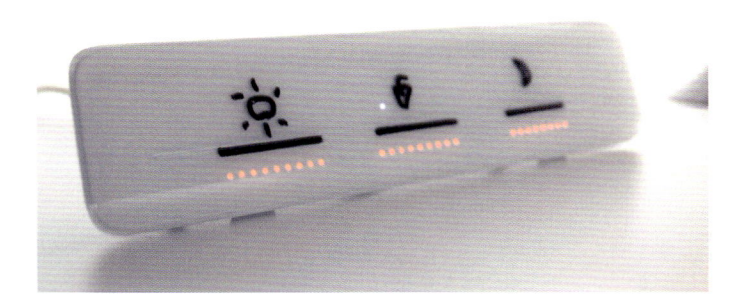

**Daelim Remote Control for Light Regulation / Fernbedienung für die Lichtsteuerung**

Daelim, Seoul, Korea
Design: Sdesignunit (Sukwoo Lee, Bongkyu Song, Sungsoo Bae), Seoul, Korea
www.sdesignunit.com

This remote control for light regulation conveys a sense of value and emphasises the corporate identity of the manufacturer. The striking oval form is designed with regard to ergonomic aspects. With its monolithic and dominant presence it turns an article of daily use into a sculptural object with an impression of its own.

Diese hochwertig anmutende Fernbedienung für die Lichtsteuerung unterstreicht die Corporate Identity des Herstellers. Die ovale Form verleiht ihr eine prägnante Anmutung und ist im Hinblick auf ergonomische Gesichtspunkte gestaltet. Monolithisch und präsent wirkend, wird aus einem Gebrauchsgegenstand ein skulpturales Objekt mit einem individuellen Charakter.

**Daelim Building Technology / Gebäudetechnik**

Daelim, Seoul, Korea
Design: Sdesignunit (Sukwoo Lee, Bongkyu Song, Sungsoo Bae), Seoul, Korea
www.sdesignunit.com

The product series features an elegant, restrained look. It was developed in connection with a project and contributes to a uniform corporate identity of the company. The programme integrates switches, outlets and temperature regulators. Particular attention is paid to intuitive operation of the elements. With its softly curved lines the series offers an aesthetic detail solution of timeless elegance for building technology.

Die elegant und zurückhaltend anmutende Produktreihe wurde projektbezogen entwickelt und trägt zur einheitlichen Corporate Identity des Unternehmens bei. Das Programm integriert Schalter, Anschlüsse und Temperaturregler. Besonderes Augenmerk liegt auf der intuitiven Bedienung der Elemente. Mit ihrer sanft geschwungenen Linienführung kombiniert die Serie eine ästhetische Detaillösung für die Gebäudetechnik mit einer zeitlosen Eleganz.

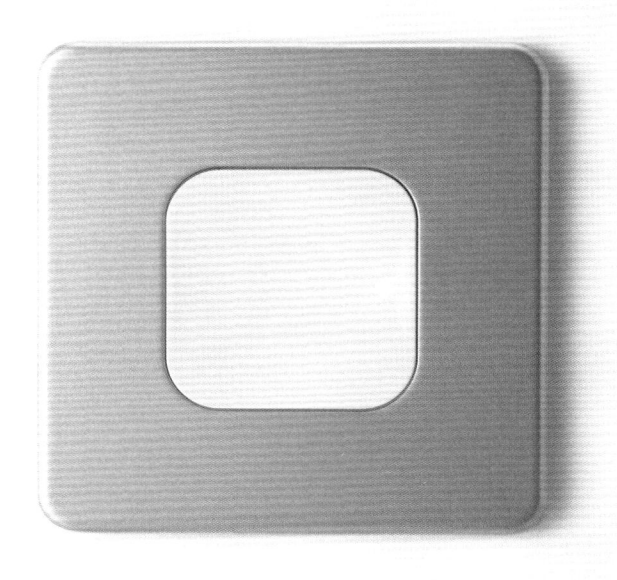

Dorma Studio DSign! –
Beta 1 & Beta 2
Glass Door Hardware / Glastürbeschlag

Dorma Holding GmbH & Co. KGaA,
Ennepetal, Germany / Deutschland
Design: Artefakt
(Achim Pohl, Tomas Fiegl),
Darmstadt, Germany / Deutschland
www.dorma.de
www.artefakt.de

This glass door hardware visualises the mechanic pivot point of the door handle as a polarising design feature. The large-scale axis connection illustrates the high mechanical quality of the product. The Beta 1 is the horizontal, Beta 2 the vertical version of the plane handle part.

Dieser Glastürbeschlag visualisiert den mechanischen Drehpunkt der Türklinke als ein polarisierendes Gestaltungsmerkmal. Die großflächige Achsanbindung vermittelt die hohe mechanische Qualität des Produktes. Das Modell Beta 1 zeigt das flächige Griffelement in horizontaler, das Modell Beta 2 in vertikaler Ausführung.

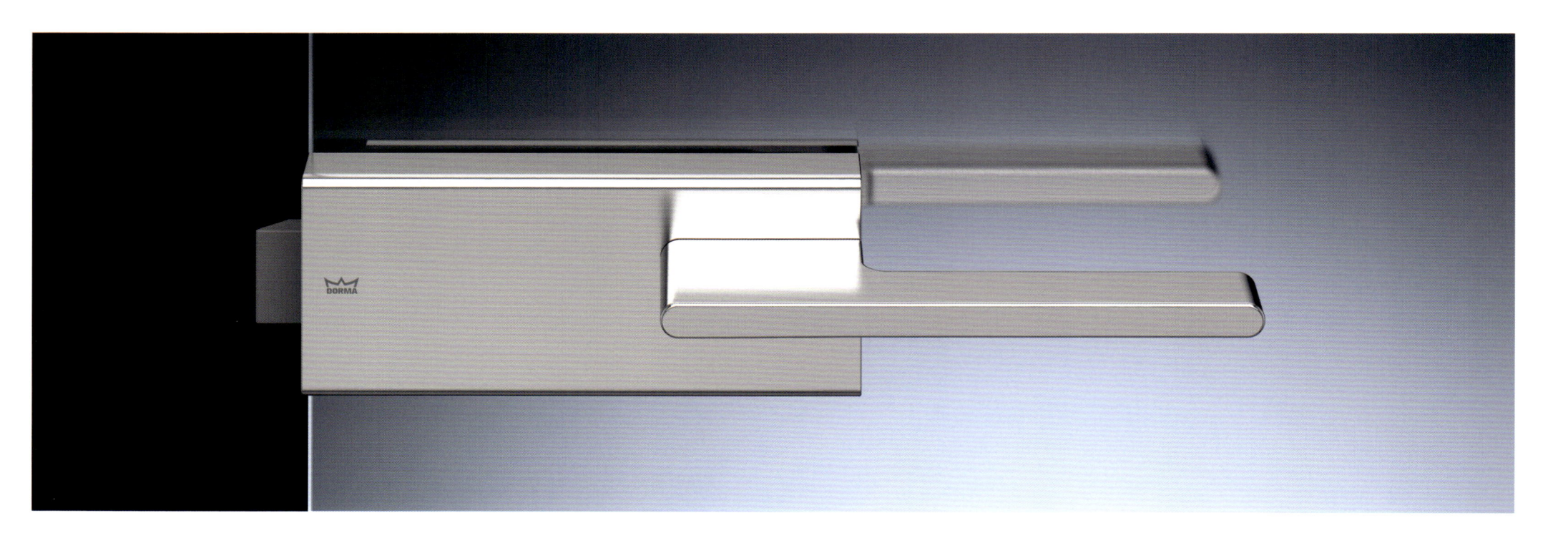

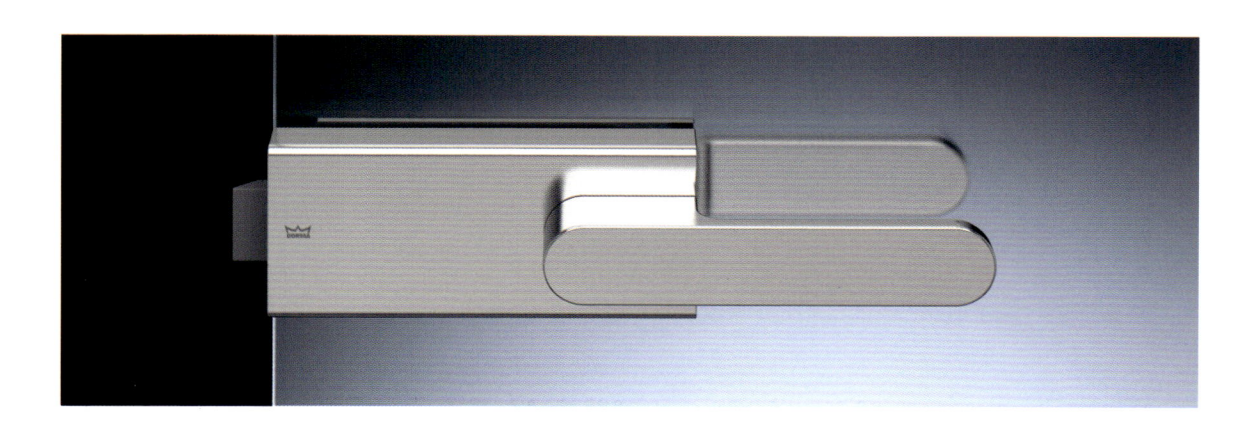

**Dorma Studio DSign! –
Alpha 1 & Alpha 2
Glass Door Hardware / Glastürbeschlag**

Dorma Holding GmbH & Co. KGaA,
Ennepetal, Germany / Deutschland
Design: Artefakt
(Achim Pohl, Tomas Fiegl),
Darmstadt, Germany / Deutschland
www.dorma.de
www.artefakt.de

In this glass door hardware the lock case and door handle present a formally integrated unit. Alpha 1 is the horizontal, Alpha 2 the vertical model of the plane handle part.

Bei diesem Glastürbeschlag bilden Schlosskasten und Drückergarnitur eine formal integrierte Einheit. Das Modell Alpha 1 zeigt das flächige Griffelement in horizontaler, das Modell Alpha 2 in vertikaler Ausführung.

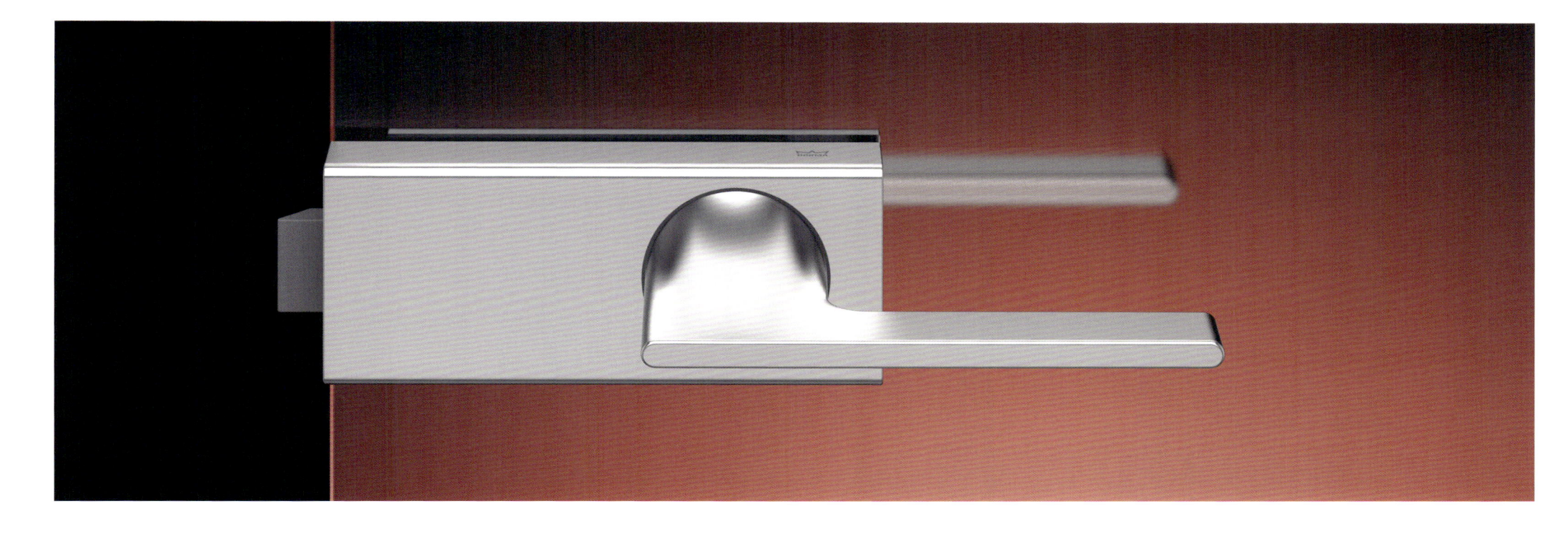

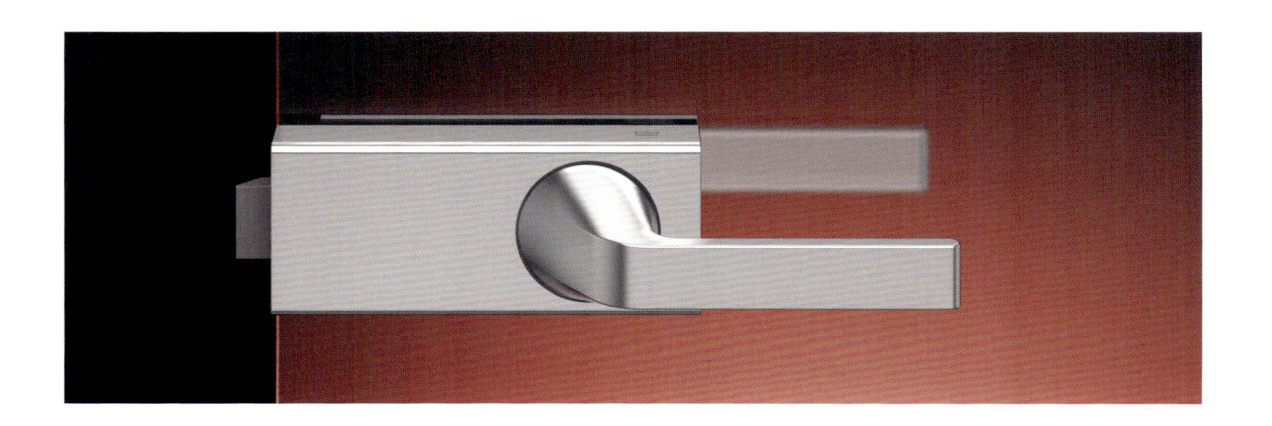

**Loop**
Door Handle / Türdrücker

Jatec GmbH,
Rödermark, Germany / Deutschland
Design: Artefakt
(Achim Pohl, Tomas Fiegl),
Darmstadt, Germany / Deutschland
www.jado-hardware.com
www.artefakt.de

The design of the Loop door hardware series is focused on the two essential features of the tilt function and the use of the door handle. The formal symbiosis of circular disc and handle piece characterises this series as an independent product in an environment with many competitors.

Die Gestaltung der Türbeschlagserie Loop konzentriert sich auf die zwei wesentlichen, sinnhaften Merkmale der Drehfunktion und Handhabung eines Türdrückers. Die formale Symbiose aus Kreisscheibe und Griffstück charakterisiert diese Serie als eigenständiges Produkt in einem inflationären Wettbewerbsumfeld.

**ID_9**
Door Handle / Türdrücker

Jatec GmbH,
Rödermark, Germany / Deutschland
Design: Artefakt
(Achim Pohl, Tomas Fiegl),
Darmstadt, Germany / Deutschland
www.jado-hardware.com
www.artefakt.de

The ID_9 door handle is meant to be a part of a uniformly planned architecture. Its well-balanced design is integrative without boasting. The technical segmentation of the hinge and the grip element give the design its special identity.

Der Türdrücker ID_9 versteht sich als Teil einer ganzheitlich geplanten Architektur. Seine ausgewogene Gestaltung ordnet sich ein, ohne sich in den Vordergrund zu drängen. Durch eine formale Segmentierung von Drehachse und Griffelement erhält die Formensprache ihre notwendige Identität.

## Core
### Door Handle / Türgriff

Mariani & C S.r.l., Odolo (Brescia), Italy / Italien
Design: LucidiPevere Studio (Paolo Lucidi, Luca Pevere), Campoformido (Udine), Italy / Italien
www.mariani.biz
www.lucidipevere.com

The Core door handle is made of a patented long-lasting material, which is hygienic and easy to clean thanks to its non-porous surface. When designing the handle it was important to conceal the junctures and create a surface with a monolithic look. With its distinct and expressive line contours the product communicates unadorned elegance.

Der Türgriff Core wurde aus einem patentierten, langlebigen Werkstoff gefertigt, der durch eine porenlose Oberfläche hygienisch und leicht zu reinigen ist. Bei der Gestaltung wurde Wert darauf gelegt, dass die Verbindungspunkte verborgen sind und eine monolithisch wirkende Oberfläche entsteht. Durch eine klare und ausdrucksstarke Linienführung zeigt Core die Anmutung schlichter Eleganz.

## Dom Protector®
### Fitting Reader / Beschlagleser

Dom Sicherheitstechnik GmbH, Brühl, Germany / Deutschland
In-house design / Werksdesign: Martin Veelmann
www.dom-sicherheitstechnik.de

This stainless steel fitting reader features a simple and timeless design language and is meant to be an aesthetic interface between human beings and the product. The option to accommodate all necessary components in the outer side presents an essential innovative aspect. This technical innovation allows a high level of security and functionality. The design of the construction frame allows the fitter to be installed in all doors commonly used in Europe.

Dieser Beschlagleser aus Edelstahl wurde in einer schlichten, zeitlosen Formensprache gestaltet und versteht sich als ästhetische Schnittstelle zwischen Mensch und Produkt. Ein zentraler innovativer Aspekt ist die Möglichkeit einer Unterbringung aller notwendigen Bauteile in der Außenseite. Diese technische Neuerung erlaubt ein hohes Maß an Sicherheit und Funktionalität. Der Montagerahmen ist so konzipiert, dass er in alle in Europa gängigen Türen eingebaut werden kann.

## astec b.900
### Sliding Door Fitting / Schiebetürbeschlag

astec gmbh, Albstadt, Germany / Deutschland
Design: by form concept (Thorsten Rosenstengel, Guido Hammes, Kristina Meyer), Bielefeld, Germany / Deutschland
www.astec-design.de
www.byform.de

This formally reduced sliding door fitting communicates strength and lightness at the same time. It is a supplement and part of interior design with no intention of imposing its form. Door stoppers, door panel retainers as well as screw connections and fastenings were hidden in an expressive supporting rail. A translucent roller allows the selective use of light and colour.

Dieser formal reduziert gestaltete Schiebetürbeschlag vermittelt Kraft und Leichtigkeit zugleich. Er ist Begleiter und Teil der Innenarchitektur, ohne sich formal aufdrängen zu wollen. Türstopper, Aushebesicherung wie auch Verbindungs- und Befestigungselemente sind in einem ausdrucksstark geformten Tragstab verborgen. Eine transluzente Laufrolle ermöglicht den gezielten Einsatz von Licht und Farbe.

Micromaster MFH 300
Multi-Pivot Hinge/
Mehrfach-Gelenk-Scharnier

Manfred Frank Systems Ltd., Auckland,
New Zealand/Neuseeland
In-house design/Werksdesign:
Manfred Frank
www.manfredfrank.com

The Micromaster MFH 300 is a multi-pivot hinge designed for concealed installation. Hinges are produced in a lost wax investment casting process using highly corrosion-resistant duplex stainless steel CD4MCU. The adjustment mechanisms are completely integrated within the hinge itself enabling fixed mounting plates on the frame and on the door. This allows for frameless glass applications. A special geometry moves the door parallel and sideways while simultaneously following its opening and closing arc without the risk of damaging any seals. The innovative, patented principle of adjustment allows for precision adjustment in all three planes. Doors can be installed with minimal gaps. A single person can quickly and effectively adjust even the largest door panels (300 kg) with the full panel weight attached without the need for any lifting support. The patented adjustment principle ensures permanent perfect door alignment and prevents any unintentional change in adjustment.

Micromaster MFH 300 ist ein Mehrfach-Gelenk-Scharnier für den verdeckten Einbau mit innenliegenden Drehpunkten. Es ist aus hochwertigem, korrosionsresistentem Duplex-Edelstahl CD4MCU im Wachs-Ausschmelzverfahren hergestellt. Das innovative, patentierte Prinzip der Justierung ermöglicht eine präzise Fein-einstellung in allen drei Ebenen. Auch sehr große Türen (300 kg) können damit unter voller Last ohne Hebeunterstützung von einer einzelnen Person in kurzer Zeit und ohne den Einsatz spezieller Werkzeuge justiert werden. Die Justagemechanik ist direkt in das Scharnier integriert. Die Anschlagplatten am Rahmen und an der Tür sind fest montiert und ermöglichen dadurch den rahmenlosen Einbau des Scharniers. Das patentierte Justageprinzip verhindert zudem jede mögliche unbeabsichtigte Veränderung der Passgenauigkeit von Türen und erlaubt eine permanente perfekte Justage. Der Öffnungs-Schließ-vorgang ist eine dreidimensionale Bewegung. Die Tür bewegt sich dabei simultan parallel und seitwärts. Diese spezielle Geometrie ermöglicht den Einbau von Türen mit minimalen Fugen selbst in engen Ecken und verhindert eine Beschädigung oder Abnutzung von Dichtungen.

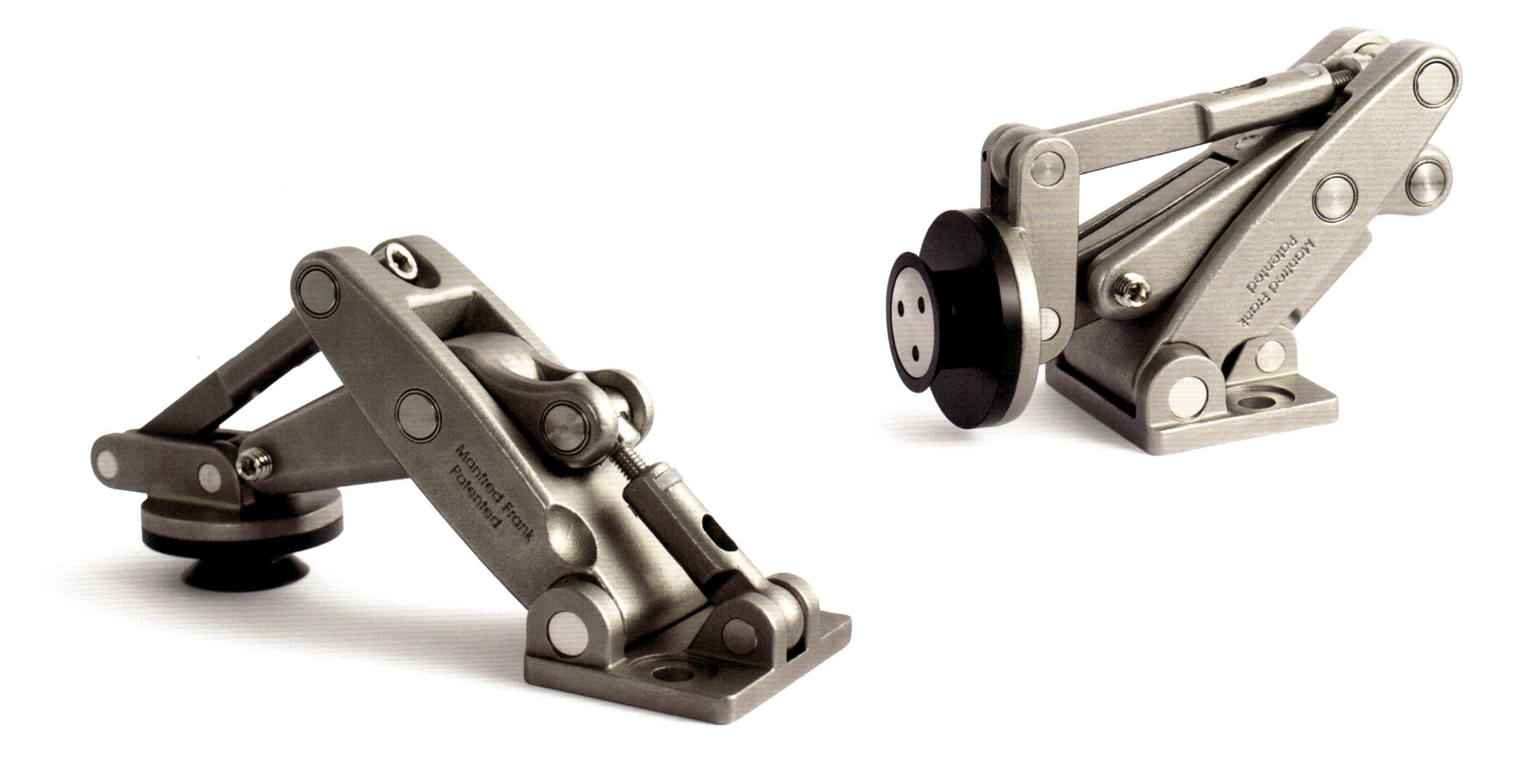

**Propellerjack**
Coat Hanger / Kleiderbügel

Mossa Furniture Design,
Basel, Switzerland / Schweiz
In-house design / Werksdesign: Dina Rey

Propellerjack is an innovative foldable coat hanger available in a wide range of colours and materials. Originally it has been designed for travelling. However, it quickly proved to be too exceptional to simply stay in a suitcase. That's why a new concept extends its range of use.

Propellerjack ist ein innovativer, zusammenfaltbarer Kleiderbügel, der in einem breiten Spektrum von Farben und Materialien zur Verfügung steht. Ursprünglich für die Reise konzipiert, wurde schnell deutlich, dass er zu interessant ist, um nur in einem Koffer zu verweilen. Aus diesem Grund wird mit einem neuen Konzept sein Einsatzbereich erweitert.

**PANORAMAH!**
Window System / Fenstersystem

Design: Unlimited Perspective SA
(Hugo Rainha, Steve Dufour),
Vernier, Geneva, Switzerland / Schweiz
www.panoramah.com

Concentration on the essential and commitment to clarity form the basis of the PANORAMAH! sliding window system. The result is a product of straight-lined and stringent appearance that leaves room for architectural freedom and the need of high living comfort. The window meets highest standards of thermal and acoustic performance. It smoothly slides on a rail that is mounted flush with the floor and allows the window to run harmoniously and quietly even with an area of each sliding pane of up to 18 sqm. The PANORAMAH! window system is universally applicable and successfully supplements the plain design vocabulary of modern architecture in a restrained but confident way.

Die Konzentration auf das Wesentliche und ein Bekenntnis zur Klarheit bilden die Basis des Gleitfenstersystems PANORAMAH!. Das Ergebnis ist ein geradlinig und stringent gestaltetes Produkt, das den Wünschen nach architektonischer Freiheit und dem Bedürfnis nach hohem Wohnkomfort Raum gibt. Das Fenster erfüllt höchste Anforderungen an thermisches und akustisches Verhalten. Es bewegt sich sanft in einer bodenbündig angelegten Schiene, die aufgrund einer fortgeschrittenen Technologie auch bei einer einzelnen Scheibenfläche von bis zu 18 qm einen harmonischen und leisen Lauf des Fensters ermöglicht. Das Fenstersystem PANORAMAH! ist universell einsetzbar und versteht es, die schlichte Formensprache zeitgemäßer Architektur zurückhaltend, aber selbstbewusst zu ergänzen.

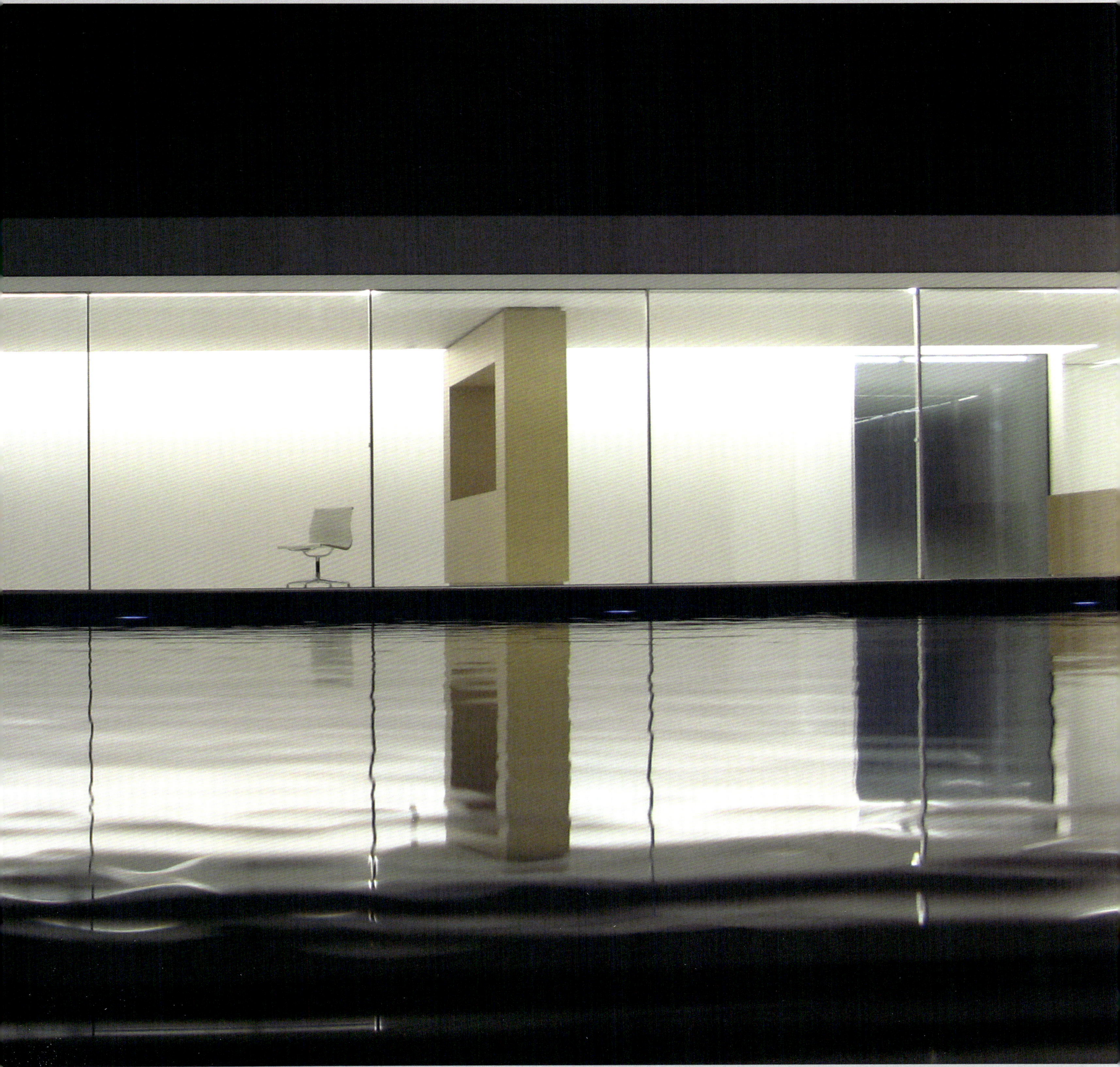

kusch + co – Ein Tag am Meer
Trade Fair Stand/Messestand

H. Troschke GmbH & Co. KG,
Mörfelden-Walldorf,
Germany/Deutschland
In-house design/Werksdesign:
Isabel Häffner
www.imb-troschke.de

The trade fair stand of kusch + co at the Interieur in Kortrijk 2008 realised the idea to present seating furniture in an unusual context. On the occasion of the relaunch of a furniture series of the 1970's designed by Luigi Colani the trade fair presentation followed the theme "A day at the sea": it was inspired by a photo series taken with Colani and his seating furniture on the beach of Sylt. The walls of the stand were completely lined with beach motifs. A sand-coloured carpet and a wooden landing stage served as presentation area. In addition, the whole stand was showered with the sound of the rushing sea. The seating furniture, carefully arranged on the presentation area, was supposed to evoke the association of seals basking in the sun.

Der Messestand von kusch + co auf der Interieur in Kortrijk 2008 folgte dem Konzept, Sitzmöbel in einem ungewohnten Kontext zu präsentieren. Anlässlich des Relaunchs einer Möbelserie von Luigi Colani aus den 1970er Jahren wurde der Messeauftritt unter dem Motto „Ein Tag am Meer" realisiert, angeregt von einer Fotoserie mit Colani und den Sitzmöbeln am Strand von Sylt. Die Wände des Standes wurden gänzlich mit einem Strandmotiv ausgekleidet. Als Präsentationsfläche dienten ein sandfarbener Teppich und ein Steg aus wettergegerbtem Holz. Zusätzlich wurde der Stand komplett mit Meeresrauschen beschallt. Die sorgfältig auf der Präsentationsfläche angeordneten Sitzmöbel sollten Assoziationen an sich sonnende Robben wecken.

**Volkhardt's Wein**
Shop Design

tools off. architecture, Munich,
Germany / München, Deutschland
Design: Andreas Notter, Eva Durant
www.tools-off.com

The design of this interior matches the concept, which was to translate two seemingly incongruous essential properties of wine, i.e. simplicity and complexity, into a spatial design. Curtains made of empty wine bottles grant only a selective view into the inside and pique curiosity. Light from inside and outside creates the impression, as if the glass curtains were glowing on their own; it generates changing light patterns depending on the time of day and year. The materials of the interior decoration follow the elements that play a crucial role in wine production: earth, glass and wood. By reducing the interior to these three archaic materials used in wine production and storage, an authentic scene is created. Floor, ceiling, walls and furniture complement each other in form and material and compose an impressing landscape where different sorts of wine are presented.

Die Gestaltung dieses Interieurs folgt dem Anspruch, zwei grundlegende, scheinbar widersprüchliche Eigenschaften des Weins – seine Einfachheit und seine Komplexität – in einem räumlichen Konzept umzusetzen. Vorhänge aus leeren Weinflaschen gewähren einen nur punktuellen Einblick ins Innere und wecken die Neugierde. Licht von innen und außen lässt die gläsernen Vorhänge wie von selbst leuchten und erzeugt, abhängig von Jahres- und Tageszeit, wechselnde Lichtspiele. Die Inneneinrichtung folgt in ihrer Materialität den Elementen, die in der Weinproduktion eine zentrale Rolle spielen: Erde, Glas und Holz. Mit der Reduzierung auf diese drei archaischen Materialien der Weinherstellung und -lagerung entsteht ein authentischer Ort. Boden, Decke, Wände und Möbel ergänzen sich in Form und Material und bilden eine eindrucksvolle Landschaft, in der die Weine präsentiert werden.

### Digital Image System

Mobilia Artica Kft.,
Budapest, Hungary/Ungarn
In-house design/Werksdesign:
György Gyimóthy
www.articashop.com

The Digital Image System is a functional, flexible solution for showrooms. The multimedia walls are suitable for many purposes. In showrooms the Digital Image System communicates an appealing, high-quality appearance by the symbiosis of product presentation and multimedia display. As the hardware and software of the display are very flexible the system is suitable for almost any application.

Das Digital Image System bietet eine funktionale und flexible Lösung für Verkaufsräume. Die Multimedia-Wände eignen sich für vielfältige Anwendungen. Durch die Symbiose von Produktpräsentation und multimedialem Display verleiht das Digital Image System Verkaufsräumen eine hochwertige und ansprechende Anmutung. Mit seiner hohen Flexibilität in der Hard- und Softwareausstattung der Displays eignet es sich für nahezu jede Anwendungsmöglichkeit.

### Diversity of Seating/ Die Vielfalt des Sitzens
Trade Fair Stand/Messestand

interstuhl gmbh & co. kg,
Meßstetten-Tieringen,
Germany/Deutschland
In-house design/Werksdesign:
Svantje Miras
Design: design hoch drei
(Tobias Kollmann), Stuttgart,
Germany/Deutschland
www.interstuhl.de
www.svantje-miras.de

When participating in the Orgatec 2008 trade fair it was the objective to showcase the interstuhl, bimos and prosedia brands in a concise and unified way to attract attention. This was realised by distributing 11 coloured cubes on an exhibition space of 1,700 sqm to form large interior and exterior spaces. Each cube presented a different seating scenario. The presentation created the vision of an interstuhl city reduced to few elements inviting visitors to take a stroll.

Der Messeauftritt zur Orgatec 2008 hatte die Aufgabe, die Marken interstuhl, bimos und prosedia prägnant in Szene zu setzen und als Gesamtauftritt wahrnehmbar zu machen. Elf farbige Kuben, verteilt auf der 1.700 qm großen Ausstellungsfläche, bildeten unterschiedlich große Innen- und Außenräume. In den Kuben wurden verschiedene Szenarien rund um das Thema Sitzen dargestellt. So entstand das Bild einer auf wenige Elemente reduzierten interstuhl-Stadt, durch die der Besucher flanieren und Neues entdecken konnte.

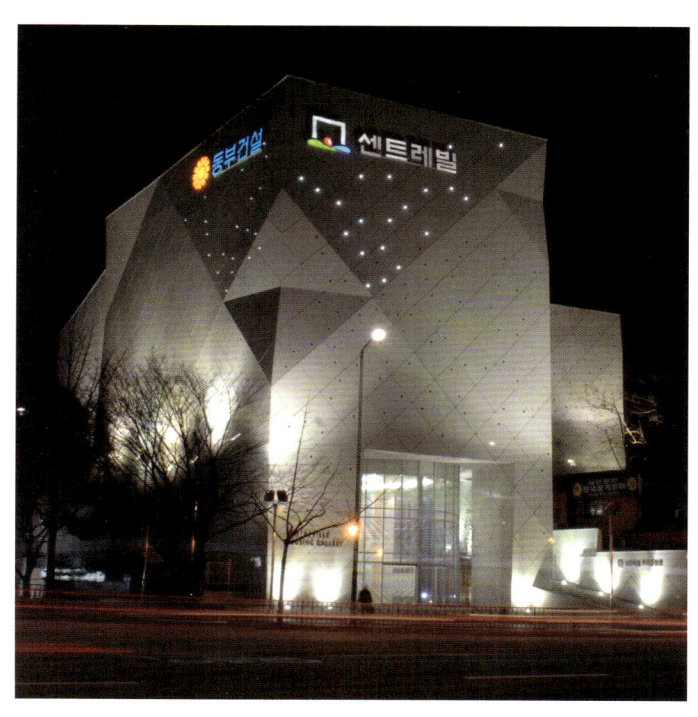

### Centreville Housing Pavilion

Dongbu Corporation, Seoul, Korea
In-house design/Werksdesign:
So Yeoun Park
Design: Kookmin University
(Prof. Kai Chun Kim), Seoul, Korea
http://dbcon.dongbu.co.kr

The Centreville Housing Pavilion unifies central elements of Asian philosophy in a functional and valuable design. LED-installed holes that resemble stars in the universe are supposed to present emptiness – a basic concept of Asian aesthetics. Images flashing up at irregular intervals symbolise the ever-changing flow of time. Right-angled triangles represent the basic elements "Human", "Space" and "Time".

Der Centreville Housing Pavilion vereint zentrale Elemente der asiatischen Philosophie in einer funktionalen und hochwertig anmutenden Gestaltung. Mit LEDs bestückte Löcher, welche die vereinzelten Sterne im Universum darstellen, sollen die Leere zum Ausdruck bringen, einen Basisbegriff der asiatischen Ästhetik. Unregelmäßig aufleuchtende Bilder stehen für den sich ändernden Fluss der Zeit. Rechtwinklige Dreiecke repräsentieren die Basiselemente „Mensch", „Raum" und „Zeit".

## POC Flagship Store Chamonix

POC, Saltsjöbaden, Sweden/Schweden
Design: POC and Spacewalk
(Jan Ytterborn), Stockholm,
Sweden/Schweden
www.pocsports.com
www.spacewalk.se

The POC store in Chamonix is a small flagship store in the heart of the European skiing. Its intention is to visualise the assortment together with skilled personnel in an environment characteristic of the company and to pass on complex product information. It was the objective to design the business setting according to the same formula, which POC uses for his corporate identity – the performance reflects all products, prints and other means of communication in a reliable way.

Der POC-Store in Chamonix ist ein kleiner Flagship-Store im Herzen des europäischen Skisports. Erfahrene Mitarbeiter präsentieren hier das Sortiment in einer für das Unternehmen charakteristischen Umgebung und vermitteln komplexe Produktinformationen. Das Ziel war es, das Geschäftsumfeld nach dem gleichen Konzept zu gestalten, über das sich der Auftraggeber als Unternehmen definiert – stringent spiegelt der Auftritt alle Produkte, Prints und andere Kommunikationsmittel wider.

## Havaianas
Retail Store/Einzelhandelsgeschäft

Design: Isay Weinfeld, Domingos
Pascali, Elena Scarabotolo, Marcelo
Alvarenga, Luciana Siqueira,
São Paulo, Brazil/Brasilien
www.isayweinfeld.com

Havaianas Sandals, created in 1962, drew their inspiration from the "zori", traditional Japanese slippers made of rice straw. A product of extremely low cost, for many years they were just rubber flip-flops, a long way from the fashion icon they are today. To design a store at one of the world's most expensive addresses to sell products that cost from 2.30 to 10.00 euros – and not more than that – is, at one time, the excitement and the joy of the work. The greatest challenge was to cast onto the architecture the climate the brand inspires: freshness, casualness, comfort, ease, well-being, Brazilianness.

Die Anregung für die 1962 entworfenen Havaianas-Sandalen kam von den „zori", den traditionellen, aus Reisstroh hergestellten japanischen Slippern. Sie sind äußerst billig und waren jahrelang schlichte Flip-Flops aus Gummi, die nicht mit den modischen Modellen von heute zu vergleichen sind. Ein Geschäft an einer der teuersten Adressen der Welt zu gestalten, für Produkte, die nicht mehr als 2,30 bis 10,00 Euro kosten, ist eine aufregende und beglückende Aufgabe. Die größte Herausforderung lag darin, die Atmosphäre, die die Marke erfüllt, in die Architektur einfließen zu lassen: Frische, Lässigkeit, Komfort, Ungezwungenheit, Wohlbefinden sowie brasilianische Lebensart.

## Livraria da Vila
(Shopping Cidade Jardim)
Bookshop/Buchhandlung

Design: Isay Weinfeld, Domingos
Pascali, Monica Cappa Santoni,
Alexandre Nobre, Gustavo Benthien,
Leandro Garcia, Wellington Diogo,
São Paulo, Brazil/Brasilien
www.isayweinfeld.com

The project of Livraria da Vila at Shopping Cidade Jardim, such as that developed for the store located at Alameda Lorena, follows, in essence, common principles: the valorisation of the product and the comfort of the client. Occupying 2,300 sqm split on two levels, the new store features, nonetheless, a completely different scale from the previous store, allowing the customer to either withdraw in cosy ambiences and peacefully read in couches or easy chairs, or to wander through ample and scenic spaces.

Ebenso wie für das in der Alameda Lorena angesiedelte Ladenprojekt stehen auch für das Projekt der Livraria da Vila im Shopping Cidade Jardim zwei wesentliche Grundsätze im Mittelpunkt: Die Wertschätzung des Produkts und die Kundenzufriedenheit. Mit 2.300 qm, die auf zwei Ebenen verteilt sind, unterscheidet sich der neue Laden völlig von seinem Vorgänger. So können sich die Kunden in gemütlicher Atmosphäre zurückziehen und in aller Ruhe, auf Sofas oder bequemen Stühlen sitzend, lesen oder durch die weitläufigen, reizvollen Räume flanieren.

Furin
Installation

takram design engineering,
Tokyo, Japan
Design: Kinya Tagawa,
Kotaro Watanabe, Motohide Hatanaka
and Toyo Ito & Associates, Architects
(Toyo Ito, Asami Takahashi,
Andre Guimond), Tokyo, Japan
www.takram.com

Furin is an installation that was realised at the Okamura Design Space R exhibition. It consists of an interactive, emergent system of 280 LED chimes. The bells, made of extremely thin, handcrafted glass bodies, are mounted to triangular frames and installed at the ceiling at varying heights. Thus an undulated landscape with filigree chimes is created. When visitors enter the landscape the chimes above their heads light up like fireflies at the same time producing the sound of bells whose pitch varies depending on the position of the chime. Sound and pitch are leaping like water ripples to the adjacent chime. Thus, a large accessible music installation is created whose instruments respond to each other like a swarm.

Furin ist eine Installation, die 2008 für die Okamura Design Space R realisiert wurde. Sie besteht aus einem interaktiven und emergenten System aus 280 LED-Glockenspielen. Die Glocken aus extrem dünnen, handgefertigten Glaskörpern sind an dreieckigen Rahmen in verschiedenen Höhen an der Decke installiert. Dadurch bildet sich eine gewellte Landschaft aus filigran anmutenden Glockenspielen. Betritt ein Besucher diese Landschaft, leuchten die Glocken über seinem Kopf auf wie Glühwürmchen und lassen gleichzeitig einen Glockenklang ertönen, dessen Tonhöhe abhängig von der Position der Glocke variiert. Klang und Ton springen dabei wie Wasserkreise auf benachbarte Glocken über. Es entsteht ein großes, begehbares Instrument, dessen einzelne Elemente wie ein Schwarm aufeinander reagieren.

Architecture and interior design 381

**Ströer Infoscreen LCD Steles /
Ströer Infoscreen-LCD-Stelen**

Ströer Infoscreen GmbH
(Entwicklungsabteilung,
Jörg Ende und Team), Munich,
Germany / München, Deutschland
Design: Tulp industrial design
(Maik Schober, Alexander Striegl,
Michael Zanin), Munich,
Germany / München, Deutschland
www.infoscreen.de
www.tulp.de

The design idea of the Ströer Infoscreen LCD steles was to create public advertising media that have to be visible and at the same time should take a back seat in modern urban architecture. They comply with these requirements by a clear and reduced style. A stele is simply made up of one flat cube with polished surfaces and a shadow gap. The entire control technology and a large LCD display are easily accessible. To create perfect temperature conditions for the hardware, air is exchanged via the gap into which the closing system is integrated. The front and the back of the steles can be opened by a small, very durable biaxial internal hinge. The passe-partout is kept very slim to create more display space for images.

Die Ströer Infoscreen-LCD-Stelen wurden vor dem Hintergrund gestaltet, dass öffentliche Werbeträger sichtbar sein müssen, sich aber in einer zeitgemäßen städteplanerischen Architektur nicht aufdrängen sollten. Diesen Anspruch erfüllen sie durch eine klare, reduzierte Formensprache. Die Stelen bestehen lediglich aus einem flachen Kubus mit glänzenden Oberflächen und einer Schattenfuge. Ein großes LCD-Display und die komplette Steuerungstechnik sind gut zugängig gestaltet. Über die Fuge, in der auch das Schließsystem platziert ist, wird die Luft ausgetauscht, um optimale Temperaturbedingungen für die Hardware zu schaffen. Vorder- und Rückseite der Stelen sind über ein schmales und sehr tragfähiges, zweiachsiges Innenscharnier zu öffnen. Das Passepartout ist sehr schmal gehalten, um mehr Fläche für das Bild zu schaffen.

Architecture and interior design 383

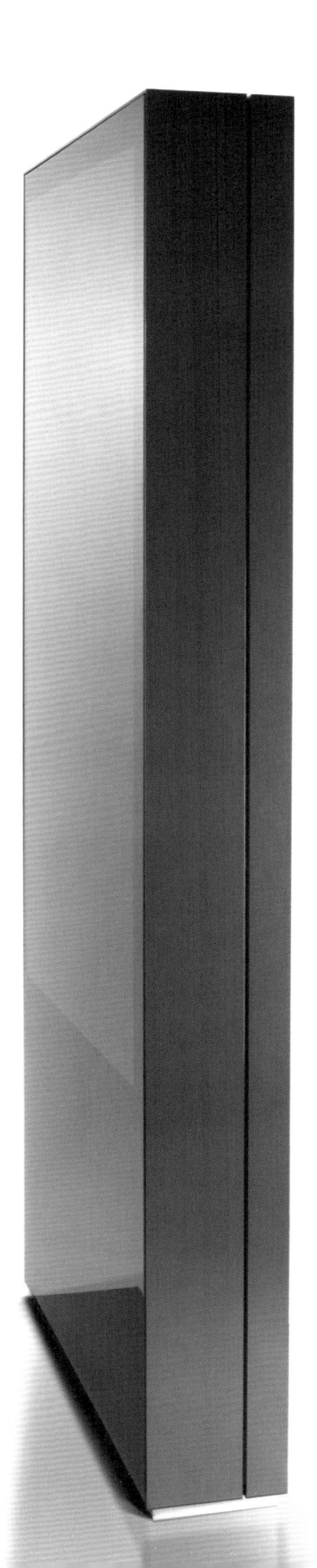

**Clickboard**
Mobile Advertising Display /
Mobile Werbefläche

Entdecker GmbH,
Bad Nauheim, Germany / Deutschland
In-house design / Werksdesign:
John Bailey, Stefan Decker
www.entdecker.com

Clickboard is a clear-cut, rectangular, mobile advertising banner with a new wind-up mechanism. By simply turning the crank the supports are extended to stretch the rectangular advertising area, which becomes a smooth surface. The mechanism inside will then become invisible. Functional snap-in connectors between the fabric and the frame enable fast and easy changing of the advertising surface. Discreet fabric loops allow the display to be anchored with pegs in soft ground. Ballast bags inside are used for weighting the panel down on hard surfaces.

Clickboard ist eine klar gestaltete, rechteckige, mobile Werbebande mit einem innovativen Kurbelmechanismus. Durch einfaches Drehen der Kurbel werden die Arme ausgefahren und spannen die rechteckige Werbefläche zu einer glatten Fläche. Das innenliegende Konstrukt ist dann nicht mehr sichtbar. Funktionale Einrastverbindungen zwischen Stoff und Struktur ermöglichen einen einfachen, schnellen Wechsel der Druckfläche. Dezente Stoffschlaufen erlauben die Sicherung mit Heringen auf weichen Böden, innenliegende Ballasttaschen das Beschweren auf festem Untergrund.

**Holz-Reliefwand / Wood Relief Wall**
Modular Wall System /
Modulares Wandsystem

Bürling Architekten,
Stuttgart, Germany / Deutschland
In-house design / Werksdesign:
Eckhard Bürling
Production / Produktion: Raumtechnik
Messebau & Event Services GmbH,
Ostfildern, Germany / Deutschland
www.buerling-architekten.de

The wood relief wall is the innovative development of a modular wall system for the trade fair setting of the Mercedes-Benz brand. The adequate translation of the brand philosophy resulted in a characteristic design element. A three-dimensional, superordinate picture of waves made of 120 mm thick solid walnut without any visible fasteners, covers the entire wall surface and can be varied in height and length. It meets different requirements of diverse trade fair locations and can be reused as a system in manifold ways.

Die Holz-Reliefwand ist die innovative Entwicklung eines modularen Wandsystems für das B-Messeset der Marke Mercedes-Benz. Das prägende Gestaltungselement besteht darin, eine adäquate Umsetzung der Markenphilosophie zu erreichen. Ein dreidimensionales, übergeordnetes Wellenbild, bestehend aus 120 mm starkem Nussbaum-Massivholz ohne weitere sichtbare Verbindungsmittel, überzieht die gesamte Wandfläche und kann in Länge und Höhe variiert werden. Sie wird unterschiedlichen Anforderungen diverser Messestandorte gerecht und als System mehrfach wieder eingesetzt.

**Luminoso**
**Translucent Wood / Transluzentes Holz**

Litwork GmbH,
Dornbirn, Austria / Österreich
In-house design / Werksdesign
www.luminoso.at

Luminoso's designers wanted to create a harmonious symbiosis of wood and light. The result is a material that offers new options for creative design. The translucent wood seems to glow from inside out. Almost any artificial light sources can be used as well as natural light. The stronger the light source the more impressive the result. All current wood types are manufactured without any loss in strength. A variety of colours, shapes and partial or widespread effects present new options for creative architects and designers.

Ziel der Gestaltung von Luminoso war es, eine harmonische Symbiose aus Holz und Licht zu schaffen. Das Ergebnis ist ein Werkstoff, der neue Möglichkeiten für eine kreative Gestaltung bietet. Das transluzente Holz scheint aus seinem Inneren heraus zu leuchten und kann mit nahezu allen Kunstlichtquellen und Tageslicht verwendet werden. Je stärker die verwendete Lichtquelle ist, umso eindrucksvoller wird das Ergebnis. Alle gängigen Holzarten werden verarbeitet, ohne an Festigkeit einzubüßen. Durch eine Vielzahl an Farben, Formen und partiellen oder flächendeckenden Effekten eröffnen sich Spielräume für kreative Architekten und Gestalter.

### Centry – Outdoor Security Robot
### Security System / Überwachungssystem

Dongbu Corporation, Seoul, Korea
In-house design / Werksdesign:
Rae Soo Kim, Seong Jun Lee
Design: Youngjun Corporation
(Jung Bae Park), Buchun City,
Gyeonggi-do, Korea
http://dbcon.dongbu.co.kr

The Centry security system stands out from the technically oriented design of common security cameras and presents itself in an innovative and appealing form. It features a motion sensor with camera functions including a monitoring range of 50 metres and built-in speaker. Centry turns through 355 degrees in both directions and has a 60-degree forward and backward tilt function.

Das Überwachungssystem Centry weicht ab von der technisch orientierten Anmutung herkömmlicher Sicherheitskameras und präsentiert sich in einer innovativen und ansprechenden Gestaltung. Es verfügt über einen Bewegungsmelder mit Kamerafunktion von 50 Metern Reichweite und einen integrierten Lautsprecher. Centry kann sich um 355 Grad in beide Richtungen drehen und verfügt über eine 60-Grad-Kippfunktion nach vorne und hinten.

### Leaning-molds
### Urban Furniture / Stadtmöbel

Maruja Fuentes, San Juan, Puerto Rico
In-house design / Werksdesign
www.marujafuentes.com

Leaning-molds is an innovative piece of furniture created for public space. It consists of two identical forms made of recycled plastics that fit together like puzzle pieces. One form is used for reclining; the other supports the back. Arranged as individual item or in groups, this city furniture is presenting itself as an aesthetic and environmentally sound contribution to a distinct style of public spaces.

Leaning-molds ist ein innovatives Möbel für den öffentlichen Raum. Es besteht aus zwei identischen, aus wiederverwertetem Plastik gefertigten Formen, die sich wie Puzzle-Teile gegenseitig ergänzen. Eine der Formen dient zum Anlehnen, die andere stützt den Rücken. Das Stadtmöbel versteht sich, ob einzeln oder im Ensemble angeordnet, als ästhetischer und umweltfreundlicher Beitrag zur Charakterisierung des öffentlichen Raumes.

## KBH Madhus

SITE A/S, Hellerup, Denmark / Dänemark
In-house design / Werksdesign:
Marc Wilson
Graphic Design / Branding:
Punktum Design (Søren Varming, Abelone Lilholt Varming), Copenhagen, Denmark / Kopenhagen, Dänemark
www.siteas.dk
www.punktumdesign.dk

KBH Madhus is an initiative from the Mayor of Copenhagen aiming to raise the nutritional standards of society. It provides chefs with the necessary knowledge and tools to prepare healthy and varied dishes. The facilities underline this initiative by creating a sustainable and clear design that aims to bring nutrition, graphics and architecture into a harmonious relationship. To this end, the KBH Madhus concept, located in the historic meat industry quarter of Copenhagen, specifically addressed the surroundings. Parts of an existing foundation and the original concrete slab of the courtyard have been preserved. The historic building contrasts with a red cube constructed of solid wooden elements and perforated aluminium panels. It transforms the logo, branding and graphics of KBH Madhus into an iconic element. The courtyard can be used as an extension of the kitchen through hinged wall elements in the red cube. The Madhus' values are communicated through branding and architecture, and are presented to the general public through annual market stalls.

KBH Madhus ist eine Initiative von Kopenhagens Oberbürgermeister, die das Ziel verfolgt, das Niveau gesellschaftlicher Ernährungsstandards anzuheben. Sie versieht Köche mit den erforderlichen Kenntnissen und Werkzeugen, um gesundes, abwechslungsreiches Essen zuzubereiten. Die Einrichtungen unterstützen diese Initiative durch Schaffung eines klaren und tragfähigen Designs, das darauf abzielt, Ernährung, Grafikelemente und Architektur in eine harmonische Wechselbeziehung miteinander zu setzen. Zu diesem Zweck befasste sich das KBH Madhus, das seinen Sitz im historischen Fleischviertel Kopenhagens hat, vor allem mit dem unmittelbaren Umfeld. Teile eines bereits existierenden Fundaments und der ursprüngliche, mit Betonplatten versehene Hofraum wurden beibehalten und aufgearbeitet. Das historische Gebäude steht in optischem Kontrast zu einem roten Kubus, der aus vorgefertigten Massivholzelementen und einer perforierten Aluminiumverkleidung besteht. Er verwandelt Logo, Branding und Grafik des KBH Madhus in ein ikonenhaftes Element. Der Hofraum kann durch aufklappbare Wandelemente im roten Kubus als Erweiterung der Küche benutzt werden. Durch Branding, Architektur und jährlich stattfindende öffentliche Märkte werden Botschaft und Werte des Madhus wirkungsvoll präsentiert.

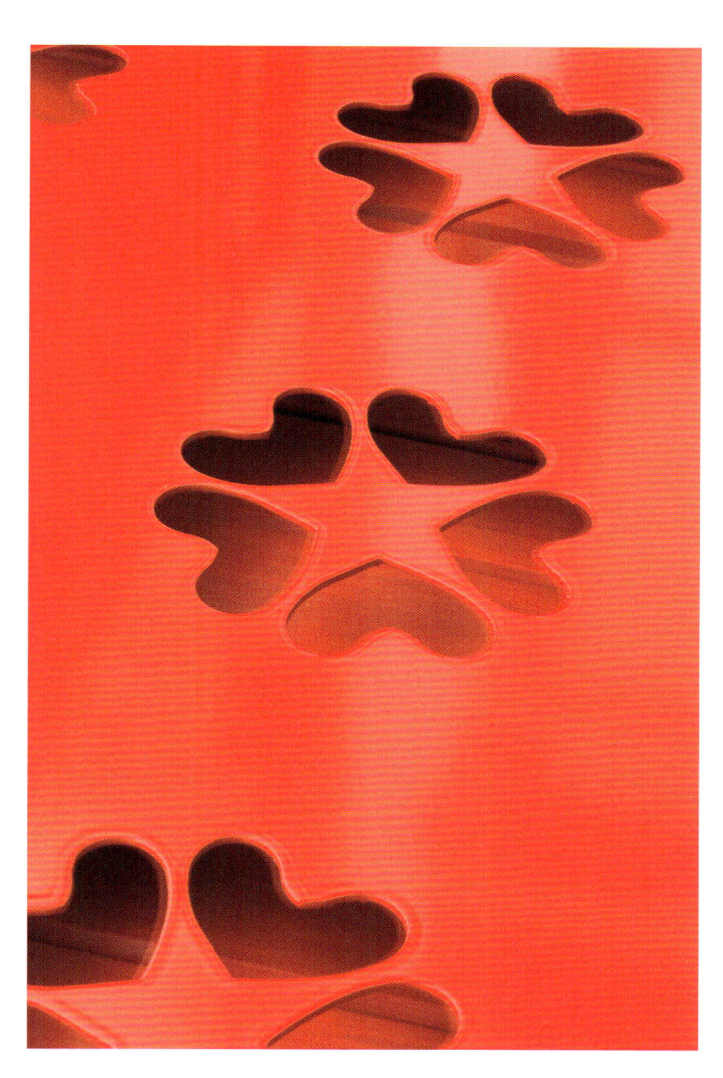

**Cado Corpus**
Bench / Bank

Westeifel Werke gemeinnützige GmbH,
Gerolstein, Germany / Deutschland
Design: Büro Wehberg, Hamburg,
Germany / Deutschland
www.freiraumausstattung.de
www.buero-wehberg.de

The Cado Corpus bench presents itself confident and puristic. It is made of ecological, FSC-certified hardwood. Over a length of three metres the elements join to form comfortable and elegant urban furniture. With a weight of 240 kg Cado Corpus meets all requirements for highly frequented public spaces. The series offers a wide variety allowing a consistent nonetheless individual design for urban locations.

Selbstbewusst und puristisch inszeniert sich die Bank Cado Corpus. Sie ist aus ökologischen, FSC-zertifizierten Harthölzern gefertigt. Die Elemente verbinden sich mit einer Länge von drei Metern zu einem eleganten und komfortablen Freiraummöbel. Mit einem Gewicht von 240 kg wird Cado Corpus allen Anforderungen in stark frequentierten, öffentlichen Räumen gerecht. Die Serie bietet eine große Variantenvielfalt, die es ermöglicht, innerstädtische Standorte durchgängig, aber trotzdem individuell zu gestalten.

**Tecto**
Bench / Bank

Westeifel Werke gemeinnützige GmbH,
Gerolstein, Germany / Deutschland
Design: Büro Wehberg,
Hamburg, Germany / Deutschland
www.freiraumausstattung.de
www.buero-wehberg.de

The puristic and elegant design of the Tecto bench unites contrasts: due to its weight of 214 kg it is suited for extremely high stress in public spaces. Nevertheless, it still retains the appearance of lightness. The connection between the bench base and the seat is a special eye-catcher that seems to levitate since the components penetrate the base. City planners who wish to furnish urban places with an individual and at the same time consistent furniture system may use multiple versions. The Tecto bench range is made of FSC-certified hardwood.

Die puristische und elegant gestaltete Bank Tecto vereint Gegensätze: Sie hat die Anmutung von Leichtigkeit, ist aber mit 214 kg Gewicht für die außergewöhnlich hohe Beanspruchung in öffentlichen Freiräumen geeignet. Ein besonderer Blickfang ist die Verbindung vom Bankfuß zur Sitzauflage, die aufgrund der Durchdringung der Bauelemente am Fuß der Bank zu schweben scheint. Stadtplaner, die unterschiedliche innerstädtische Standorte individuell, aber auch durchgängig mit einem einheitlichen Möblierungssystem gestalten möchten, können auf eine Vielzahl an Varianten zurückgreifen. Die Bankserie Tecto wird aus FSC-zertifizierten Harthölzern gefertigt.

**Solid**
Urban Furniture and Lighting/
Stadtmöbel und –beleuchtung

Vekso, Fredericia, Denmark/Dänemark
Design: schmidt/hammer/lassen design/ (Lars Vejen), Aarhus, Denmark/Dänemark
www.vekso.com
www.shldesign.dk

Solid is a range of urban furniture and LED lighting fixtures. It was the objective of the designers to develop a sustainable product of refined aesthetics. The different bollards surprise with their uncommonly delicate appearance; they feature a concrete base, which is identical for all products of the series. Only the upper part of stainless steel varies with each model thus allowing rational flexibility in production. If the base is defect the upper part is simply mounted to a new base and is thus reused.

Solid ist eine Reihe urbaner Möbel und LED-Beleuchtungsinstallationen. Ziel ihrer Gestaltung war es, ein nachhaltiges Produkt mit einer elegant anmutenden Ästhetik zu entwickeln. Die unterschiedlichen Poller überraschen mit einer ungewohnt filigranen Anmutung. Alle Produkte der Reihe bestehen aus einer identischen Betonbasis. Lediglich das Oberteil aus Stahl variiert von Modell zu Modell und erlaubt dadurch rationale Flexibilität in der Produktion. Ist die Basis defekt, wird das Oberteil auf einer neuen Basis montiert und dadurch wiederverwertet.

**SmartHouse**
Mobile House / Mobiles Haus

SmartHouse GmbH, Bünde,
Germany / Deutschland
In-house design / Werksdesign:
Kai Dunker
www.thesmarthouse.de

The SmartHouse housing cube wants to express the dream of mobile living. It unites functional aesthetics with a high degree of comfort. It is available in six differently sized, combinable modules. They can be arranged on top of each other or side by side according to requirements. It offers a broad range of possible applications. The SmartHouse is manufactured from natural materials and due to its careful fabrication it ensures high quality residence at low energy costs.

Der Wohnkubus SmartHouse versteht sich als Ausdruck des Traums vom mobilen Leben und vereint eine funktionale Ästhetik mit einem hohen Maß an Komfort. Erhältlich in sechs Modulgrößen, die alle miteinander kombinierbar sind und je nach Bedarf an- und übereinander gestellt werden können, eröffnet er vielfältige Einsatzmöglichkeiten. Das SmartHouse wird aus natürlichen Materialien gefertigt und bietet dank einer sorgfältigen Herstellung hohe Wohnqualität bei geringen Energiekosten.

**markilux 930**
Awning / Markise

Schmitz-Werke GmbH + Co. KG,
Emsdetten, Germany / Deutschland
Design: kramerDesign
(Prof. Andreas Kramer), Wildeshausen,
Germany / Deutschland
www.markilux.com
www.kramer-produkt-design.de

markilux 930 is a particularly small and flat tiltable awning without supporting tube, which presents a delicate appearance. The joint, which is adjustable up to 80 degrees, ensures that in retracted condition the awning swings into its horizontal starting position.

markilux 930 ist eine besonders kleine und flache, tragrohrlose Schwenkmarkise mit einer grazilen Anmutung. Das bis zu 80 Grad verstellbare Gelenk gewährleistet, dass die Markise im eingefahrenen Zustand in die horizontale Ausgangsposition schwenkt.

**HUF FACHWERKHAUS 2000 ART 9**
Four-Elements House /
Vier-Elemente-Haus

Huf Haus GmbH & Co. KG,
Hartenfels/Westerwald,
Germany / Deutschland
In-house design / Werksdesign
www.huf-haus.com

The design of this house focuses on the four elements fire, water, earth and air, which can be experienced with all senses. On a living space of some 700 sqm these four cornerstones of life determine the very atmosphere. Like invisible ribbons, they pervade the individual rooms.

Die Gestaltung dieses Hauses soll die vier Elemente Feuer, Wasser, Erde und Luft mit allen Sinnen erlebbar machen. Die vier Grundpfeiler des Lebens werden auf ca. 700 qm Wohnfläche bis ins Detail spürbar – wie ein unsichtbares Band durchziehen sie die einzelnen Räume.

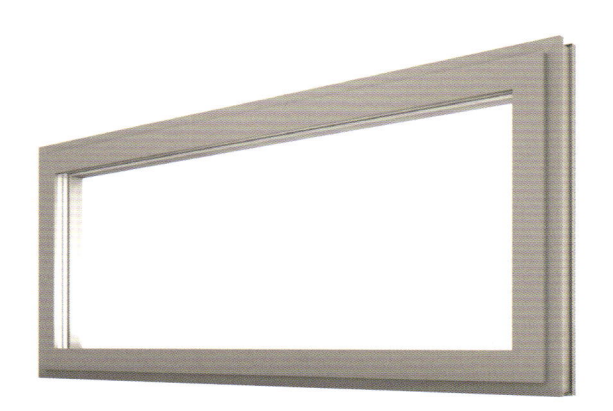

**Trend Line**
**All-Glass Door / Ganzglastür**

JELD-WEN Deutschland GmbH & Co. KG,
Oettingen, Germany / Deutschland
In-house design / Werksdesign:
JELD-WEN Design Team
www.jeld-wen.biz

The Trend Line all-glass doors combine the clear design and transparency of a glass door with the warm appearance of modern wood finishes. With iridescent light and colour effects they influence the room ambience at the same time offering visual protection.

Die Ganzglastüren Trend Line verbinden die klare Linie und Transparenz einer Glastür mit der warmen Anmutung zeitgemäßer Holzdekore. Mit changierenden Licht- und Farbeffekten wirken sie auf die Stimmung des Raumes und bieten gleichzeitig Sichtschutz.

**Inoutic Form1**
**Window Profile System / Fenster-Profilsystem**

Inoutic / Deceuninck GmbH,
Bogen, Germany / Deutschland
In-house design / Werksdesign:
Hanno Jooss
www.inoutic.com

Form1 is a distinctively designed window frame made of plastics with clear edges and width-reduced sight lines. The idea to create a frame that covers the window sashes resulted in a profile with a hidden sash and without visible glazing bead.

Form1 ist ein markant gestaltetes Kunststofffenster mit klaren Kanten und reduziertem Rahmenanteil. Aus dem Konzept des flügelüberdeckenden Rahmens entstand ein Profil mit einem von außen nicht sichtbaren Flügel und ohne erkennbare Glasleiste.

**City Plus**
**Shelter / Wartehalle**

Ströer Out-of-Home Media AG,
Cologne, Germany / Köln, Deutschland
In-house design / Werksdesign:
Roger Marschaleck
www.stroeer.com

The straight-lined City Plus shelter fulfils the requirements of barrier-free accessibility, modularity and quality. Integrated functional elements and smooth surfaces are easy to clean and guarantee high resistance against destructiveness.

Die geradlinig gestaltete Wartehalle City Plus erfüllt die Forderungen an Barrierefreiheit, Modularität und Qualität. Integrierte Funktionselemente und glatte Oberflächen schaffen eine hohe Resistenz gegen Vandalismus und sind leicht zu reinigen.

## Zu+Elements Milan Flagship Store

Zu+Elements, Nola (Napoli), Italy / Italien
Design: Giorgio Borruso Design,
Marina del Rey, USA
www.borrusodesign.com

The interior of Zu+Elements flagship store in Milan features a fascinating play with gravitation. Surfaces of stainless steel and glass form an ensemble of broken lines and geometric fractals that opens up unusual perspectives.

Das Interieur des Flagship-Stores von Zu+Elements in Mailand schafft ein faszinierendes Spiel mit der Gravitation. Flächen aus Edelstahl und Glas formen ein Ensemble aus gebrochenen Linien und geometrischen Fraktalen, das ungewohnte Perspektiven eröffnet.

## astec Trade Fair Stand / Messestand

expoline, Albstadt, Germany / Deutschland
Design: peter haimerl . architektur,
Munich, Germany / München,
Deutschland
www.expoline.de
www.urbnet.de

This trade fair stand with reduced design imparted the philosophy: "A fitting is the servant, not the master, of architecture." The products were embedded in a block of glass. It inspired visitors to touch the handmade work pieces spontaneously.

Dieser formal reduzierte Messestand vermittelte die Philosophie „Ein Beschlag ist Diener, nicht Herr der Architektur". Die Produkte waren in einen Riegel aus Glas eingelassen. Dieser inspirierte die Besucher dazu, die Handwerksstücke intuitiv zu berühren.

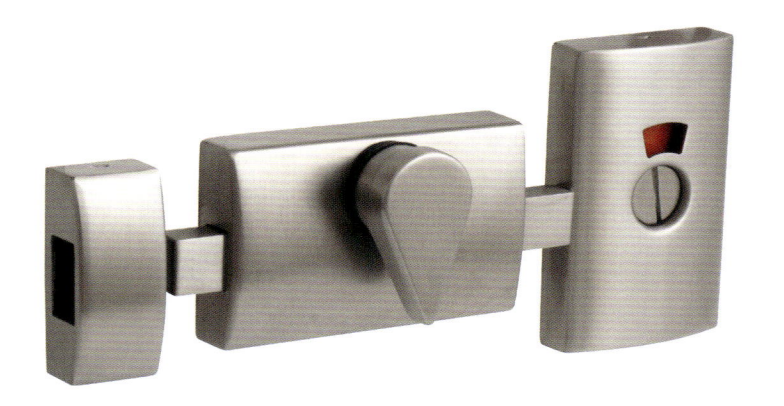

### Dunex BA-9 Indicator Bolt/Latch/ Türverriegelung

Dunex Metal Products,
Rajkot, India/Indien
In-house design/Werksdesign
www.dunexmetal.com

The Dunex BA-9 indicator bolt/latch is suitable for use in bathrooms, public toilets, clothing try rooms, etc. It looks elegantly as it is made of stainless steel 316 material and is designed to provide a better look and feel thanks to a slight curvy body and concealed fixing detail.

Die Türverriegelung Dunex BA-9 kommt in Badezimmern, öffentlichen Toilettenräumen, Ankleidekabinen etc. zum Einsatz. Der verwendete Edelstahl 316 verleiht ihr ein elegantes Aussehen. Die Verriegelung in ihrer leicht geschwungenen Form ist optisch sowie haptisch ansprechend gestaltet. Der Sperrmechanismus ist unsichtbar integriert.

### pro-Generation
Time Switches/Schaltuhren

Hugo Müller GmbH, VS-Schwenningen,
Germany/Deutschland
In-house design/Werksdesign:
Alexander Müller, Martin Rees
Design: axinova design (Gilles Thevenot),
Baden-Baden, Germany/Deutschland
www.hugo-mueller.de

The design of the pro-Generation time switches focuses on a distinct form language and intuitive, self-explaining handling. The devices feature a high-grade, illuminated dot-matrix display with text-based menu navigation.

Bei den Schaltuhren pro-Generation wurde Wert auf eine klare Formensprache und eine intuitive und selbsterklärende Bedienung gelegt. Sie verfügen über ein hochwertiges, beleuchtetes DOT-Matrix-Display mit einer textbasierten Menüführung.

### 444
Flash/Multi-Tone Sounder/
Blitz-Mehrtonsirene

Werma Signaltechnik GmbH + Co. KG,
Rietheim-Weilheim,
Germany/Deutschland
In-house design/Werksdesign:
Werner Stuffle, Siegfried Zoller
www.werma.com

The flash/multi-tone sounder 444 is user-friendly and visually appealing. A well-devised housing concept enables quick and simple mounting. Diagonal lines and round forms account for a slim appearance, which blends into the environment without transitions. The horn merges with the lense.

Die Blitz-Mehrtonsirene 444 ist benutzerfreundlich und visuell ansprechend gestaltet. Ein durchdachtes Gehäusekonzept ermöglicht eine schnelle und einfache Montage. Schräge Linien und runde Formen bedingen eine schlanke Anmutung, die sich fließend in die Umgebung einpasst, wobei der Schalltrichter mit dem Lichtfenster verschmilzt.

**Call a Bike System**

Ströer Out-of-Home Media AG,
Cologne, Germany / Köln, Deutschland
In-house design / Werksdesign:
Roger Marschaleck
www.stroeer.com

The Call a Bike System offers an easy option to hire a bike. Interactive terminals with touchscreen are integrated into a delicately shaped column with aluminium side sections and a customised glass insert, which is imprinted.

Das Call a Bike System bietet die Möglichkeit einer unkomplizierten Fahrradausleihe. Die interaktiven Terminals mit Touchscreen befinden sich in einer grazil anmutenden Stele mit individuell hinterdrucktem Glaseinsatz und Aluminium-Seitenprofilen.

**Aroma Door Phone / Türsprechanlage**

Asiana IDT Inc., Seoul, Korea
In-house design / Werksdesign:
Se-Kwon Kim, Woong-Mo Lee
Design: Kumho Engineering & Construction
(Young-Jin Cho), Seoul, Korea
www.asianaidt.com
www.kumhoenc.com

This door phone unites a reduced, clearly structured design with an innovative technology. It disperses agreeable scents that are intended to improve the waiting time in front of the door by offering a sensual experience.

Diese Türsprechanlage vereint eine zurückhaltende, klar strukturierte Gestaltung mit einer innovativen Technologie. Sie verströmt angenehme Duftstoffe, die die Wartezeit vor der Tür um ein sinnliches Erlebnis bereichern sollen.

**timeCard Multiterminal
Time Recorder and Access Controller /
Zeiterfassungs- und Zutrittskontrollterminal**

Reiner Kartengeräte GmbH & Co. KG,
Furtwangen, Germany / Deutschland
Design: Phoenix Design, Stuttgart,
Germany / Deutschland
www.reiner-sct.com
www.phoenixdesign.de

The timeCard Multiterminal serves as professional time recorder and access controller. Its design is generous and features clear lines so that it is easy to integrate into any architectural environment.

Das timeCard Multiterminal dient der professionellen Zeiterfassung und Zutrittskontrolle. Das Terminal ist großzügig und mit klaren Linien gestaltet, um es problemlos in jedes architektonische Umfeld integrieren zu können.

**PowerPly**
Solar Module / Solarmodul

Lumeta, Inc., Irvine, USA
In-house design / Werksdesign:
Timothy Davey, Brian Flaherty
www.lumetasolar.com

PowerPly is a photovoltaic module with monocrystalline solar cells for low-slope roofs. The bonding material at the back replaces support constructions and allows seamless integration into roof systems.

PowerPly ist ein photovoltaisches Modul mit monokristallinen Solarzellen für Dächer mit geringer Steigung. Das Haftungsmaterial auf der Rückseite ersetzt Trägerkonstruktionen und ermöglicht eine nahtlose Integration in das Dachsystem.

**Hemispheric Camera Q22**
IP Dome Camera / IP-Domekamera

Mobotix AG, Langmeil,
Germany / Deutschland
In-house design / Werksdesign
www.mobotix.com

The Q22 is an elegant, compact and weatherproof IP dome camera. Thanks to the 360-degree all-round view, a widescreen panorama display, and simultaneous quad view of all four angles on one screen the hemispherical camera allows new areas of use. The Q22 delivers a perfect overview since entire rooms can be monitored discreetly with only one camera.

Die Q22 ist eine elegant anmutende, kompakte und wetterfeste IP-Domekamera. Dank der 360-Grad-Rundumsicht, Breitbild-Panorama und gleichzeitiger Quad-Darstellung aller vier Himmelsrichtungen auf einem Monitor eröffnet die hemisphärische Kamera neue Einsatzmöglichkeiten. Sie ist die ideale Übersichtskamera, da sich komplette Räume mit nur einer Q22 dezent überwachen lassen.

| Assessment criteria | Beurteilungskriterien |
|---|---|
| • Degree of innovation | • Innovationsgrad |
| • Functionality | • Funktionalität |
| • Formal quality | • Formale Qualität |
| • Ergonomics | • Ergonomie |
| • Durability | • Langlebigkeit |
| • Symbolic and emotional content | • Symbolischer und emotionaler Gehalt |
| • Product peripherals | • Produktperipherie |
| • Self-explanatory quality | • Selbsterklärungsqualität |
| • Ecological soundness | • Ökologische Verträglichkeit |

# The jurors of the "red dot award: product design"
## International orientation and objectivity

# Die Juroren des red dot award: product design
## Internationalität und Objektivität

All members of the "red dot award: product design" jury are appointed on the basis of independence and impartiality. They are independent designers, academics in design faculties, representatives of international design institutions, and design journalists. The jury is international in its composition, which changes every year. These conditions assure a maximum of objectivity. The members of this year's jury are presented in alphabetical order in the following pages.

In die Jury des red dot award: product design wird als Mitglied nur berufen, wer gänzlich unabhängig und unparteiisch ist. Dies sind selbstständig arbeitende Designer, Hochschullehrer der Designfakultäten, Repräsentanten internationaler Designinstitutionen und Designfachjournalisten. Die Jury ist international besetzt und wechselt in jedem Jahr ihre Zusammensetzung. Unter diesen Voraussetzungen ist ein Höchstmaß an Objektivität gewährleistet. Auf den folgenden Seiten werden die Jurymitglieder des diesjährigen Wettbewerbs in alphabetischer Reihenfolge vorgestellt.

"Design is and has been responsible for creating the material culture of society; within this responsibility is the well-being of people around the globe, through well-designed products."

„Produktgestaltung war und ist verantwortlich für die Erschaffung der materiellen Kultur einer Gesellschaft; Teil dieser Verantwortung ist das Wohlergehen der Menschen rund um den Globus – mithilfe gut gestalteter Produkte."

# Manuel Alvarez Fuentes

Manuel Alvarez Fuentes studied industrial design at Universidad Iberoamericana, Mexico City, where he later was director of the design department. In 1975, he received a Master of Design from the Royal College of Art, London. He has more than 38 years experience as a practising designer in the fields of product design, furniture and interior design, packaging design, signage, and visual communications. Since 1992, Manuel Alvarez Fuentes is director (senior partner) of Diseño Corporativo (diCorp), a design consultancy office in Querétaro, Mexico. He acts as consultant and advisor for numerous companies and institutions as well as a board member of designers' associations; for example, he was a member of the Icsid Board of Directors 1999–2001, vice president of the National Chamber of Industry of Mexico, Querétaro, 2007–2008, and director of the Innovation and Design Award, Querétaro, 2007.

Manuel Alvarez Fuentes studierte Industriedesign an der Universidad Iberoamericana, Mexiko-Stadt, wo er später die Leitung des Fachbereichs Design übernahm, und erhielt 1975 zudem einen Master of Design des Royal College of Art, London. Er verfügt über mehr als 38 Jahre Erfahrung als praktizierender Designer in Bereichen wie Produkt- und Möbelgestaltung, Interior Design, Verpackungsdesign, Leitsystemen und visueller Kommunikation. Seit 1992 ist er Direktor (Senior-Partner) der Diseño Corporativo (diCorp), einem Beratungsunternehmen für Produktgestaltung in Querétaro, Mexiko. Manuel Alvarez Fuentes ist als Berater und Experte für zahlreiche Unternehmen und Institutionen sowie als Vorstandsmitglied in verschiedenen Designverbänden tätig, z. B. im Icsid-Vorstand 1999–2001, als Vizepräsident der mexikanischen Industrie- und Handelskammer im Bundesstaat Querétaro 2007–2008 und als Direktor des Innovation and Design Award, Querétaro, 2007.

As a new member of the jury of experts, Manuel Alvarez Fuentes was impressed by the high level of quality and versatility of the submissions, as well as by the experience of participating in the jury. "The red dot design award is undoubtedly the benchmark of design in the 21st century," he notes. "As juror, I was able to experience how important and serious this contest is taken by the participants, and I could see the high level of commitment in trying to create authentic products with high-quality design."

The products evaluated by Manuel Alvarez Fuentes in the category "tableware" focused, according to him, on the development of new products for local and global markets, with a clearly defined tendency towards reinterpretation of traditional objects. "The visible trends reflect the necessity to appeal to people seeking simple, intelligent, and beautifully designed things with high-quality products." This would be important, Alvarez Fuentes explains, because people of all cultures were seeking quality in the sense of a high level of design. "Innovation in the global market can only be a key factor if the products and services show a high degree of design quality. Designers should nevertheless work on optimising products and show respect to people that will buy and use these products."

Manuel Alvarez Fuentes zeigte sich als neues Mitglied der Expertenjury beeindruckt von dem hohen und vielseitigen Qualitätsniveau der Einreichungen sowie von dem Erlebnis, an der Jury teilzuhaben. „Der red dot design award ist zweifellos der Maßstab für Design im 21. Jahrhundert", resümiert er. „Als Juror konnte ich die Erfahrung machen, wie wichtig und ernst dieser Wettbewerb von den Teilnehmern genommen wird und mit welchem Engagement diese versuchen, authentische Produkte von hoher gestalterischer Qualität zu schaffen."

Die Produkte, die Manuel Alvarez Fuentes im Bereich „Tableware" beurteilte, konzentrierten sich seiner Ansicht nach auf die Entwicklung neuer Produkte für lokale und globale Märkte, mit einer sich klar abzeichnenden Tendenz zur Neuinterpretation traditioneller Gegenstände. „Die hier sichtbaren Trends spiegeln die Notwendigkeit wider, mit hochwertigen Produkten Menschen anzusprechen, die einfache, intelligente und schön gestaltete Dinge suchen." Das sei wichtig, erläutert Alvarez Fuentes, weil Menschen aller Kulturen Qualität im Sinne eines hohen Designniveaus suchten. „Innovation auf dem globalen Markt kann nur eine tragende Rolle spielen, wenn die Produkte und Dienstleistungen ein hohes Maß an gestalterischer Qualität aufweisen. Trotzdem sollten Designer weiter an Optimierungen arbeiten und dabei den Menschen Respekt erweisen, die diese Produkte kaufen und verwenden werden."

*"International design is successful on the world market if it, rather than levelling down cultural traditions, invokes its own roots and develops new paths from there."*

„Internationales Design ist auf dem Weltmarkt dann erfolgreich, wenn es kulturelle Traditionen nicht nivelliert, sondern sich auf die eigenen Wurzeln beruft und aus diesen heraus neue Wege entwickelt."

# Sybs Bauer

Sybs Bauer studied product design at the Stuttgart State Academy of Art and Design and, as scholarship holder at the Design Center Stuttgart and the DAAD (German Academic Exchange Service), at the renowned Royal College of Art, London. After international engagements at Random Product Design Ltd., London, Design A. Storz GmbH, Austria, as well as Rolf Heide Innenarchitektur (interior design) and CDE GmbH, Hamburg, Sybs Bauer lived and worked in Caracas, Venezuela, from 1996 to 2000. In the same year, she returned to Hamburg and founded her own design studio "designkunst". The diversity of her design tasks ranges from consumer goods and furniture all the way to technical products. Her approach to design is characterised by a high degree of aesthetics and harmonious reservation, combining analytically structured thinking with creativity, emotionality, and multicultural life experiences. Since 1996, Sybs Bauer has been and is lecturing at numerous international colleges and universities, among others at the Strate Collège, Paris, the Bauhaus University in Weimar, and the DuocUC, Chile.

Sybs Bauer studierte Produktdesign an der Staatlichen Akademie der Bildenden Künste Stuttgart und als Stipendiatin des Design Centers Stuttgart und des DAAD (Deutscher Akademischer Austauschdienst) am renommierten Royal College of Art in London. Nach internationalen Stationen bei Random Product Design Ltd., London, Design A. Storz GmbH, Österreich, sowie Rolf Heide Innenarchitektur und CDE GmbH, Hamburg, lebte und arbeitete Sybs Bauer von 1996 bis 2000 in Caracas, Venezuela. 2000 kehrte sie mit ihrem eigenen Designstudio „designkunst" nach Hamburg zurück. Die Vielfalt ihrer Entwicklungsaufgaben reicht von Konsumgütern über Möbel bis zu technischem Produktdesign. Ihre Gestaltung ist dabei von einer hohen, zurückhaltend harmonischen Ästhetik geprägt, in der sich ein analytisch-strukturiertes Denken mit Kreativität, Emotionalität und multikulturellen Lebenserfahrungen verbindet. Seit 1996 lehrte und lehrt Sybs Bauer an zahlreichen internationalen Hochschulen, u. a. am Strate Collège, Paris, der Bauhaus-Universität Weimar und der DuocUC, Chile.

As a member of this year's expert jury, Sybs Bauer had the task of evaluating the submitted products from the "tableware" category for their design quality, innovation, and functionality. Particularly pleased about the broad range of work distinguished with the "red dot: best of the best" award, she said: "Functionality was here successfully combined with elegant aesthetics. The submissions demonstrate a design that clearly resulted from a conscious design process."

### How does "tableware" differ from the other design sectors?
The "tableware" sector allows to break free from the usual demand for reduced timelessness in design. Designers can here indulge in fashions and trends and explore the "fun factor". Albeit only if the concept is applied consistently and coherently, and if aesthetics is neither violated nor pushed aside. In no other sector does modernity compete so noticeably with set habits and traditions. In no other sector does pure form dominate the product so much. Moreover, in "tableware", daily-use lifestyle products are getting the limelight. A quintessential must in this sector: well thought-out, detail-oriented design.

### What trends do you see in the "tableware" category?
The trend veers towards natural, high-quality materials, such as bone china for porcelain or ecological material combinations. The future brings warm, soft haptic materials, as well as charm, humour, and cheerfulness and a fine elegance and femininity.

Sybs Bauer hatte als Mitglied der diesjährigen Expertenjury die Aufgabe, die eingereichten Produkte im Bereich „Tableware" nach ihrer Designqualität, ihrem Innovationsgrad und ihrer Funktionalität zu beurteilen. Dabei war sie besonders über das facettenreiche Spektrum erfreut, das die mit dem „red dot: best of the best" prämiierten Arbeiten auszeichnet. „Hier wird auf außergewöhnliche Weise Funktionalität mit stilvoller Ästhetik verbunden", so die fachkundige Designerin. „Diese Einsendungen weisen ein Design vor, das klar aus einem bewussten Designprozess resultiert."

### Worin unterscheidet sich der Bereich „Tableware" von anderen Designbranchen?
Gerade im Bereich „Tableware" kann aus der Designqualität, die sonst eine reduzierte Zeitlosigkeit in der Gestaltung fordert, ausgebrochen werden. Hier darf Moden und Trends gefolgt werden, hier hat auch ein charmanter Spaßfaktor seinen Platz. Allerdings nur, wenn der Entwurf konsequent und stimmig ist und er die Ästhetik weder verletzt noch zur Seite schiebt. In keinem anderen Bereich konkurriert die Moderne so auffallend mit Gewohnheiten und Traditionen. In keinem anderen beherrscht die reine Formgebung so sehr das Produkt. Hier machen Lifestyle-Produkte des täglichen Gebrauchs Karriere. Ein unabdingbares Muss: durchdachtes, detailverliebtes Design.

### Welche Trends sehen Sie in der Kategorie „Tableware"?
Der Trend auf dem Tisch sind natürliche, hochwertige Materialien, wie z. B. Bone China im Porzellan oder Materialkombinationen mit ökologischem Bewusstsein. Die Zukunft bringt warme und weiche haptische Materialien, außerdem Charme, Humor und Fröhlichkeit in das Produkt und eine feine Eleganz und Femininität.

"Design is the art of play."

„Design ist Lust."

# Prof. Rido Busse

Professor Rido Busse began his career with an apprenticeship as a silversmith, followed by studies at the Hochschule für Gestaltung (design academy) in Ulm. Upon graduation in 1959, he founded Busse Design Ulm. Together with busse design USA, based in San Francisco, Busse Design today employs about 50 people and with 50 years of expertise ranks among the most renowned design companies in Europe. Rido Busse is a consultant, advisor, and publicist, a juror for numerous design awards, and has moreover received numerous awards himself. He is an honorary professor at the Kunsthochschule Berlin-Weißensee (art academy) and visiting lecturer at state technical institutes in Ulm, Munich, Darmstadt, Karlsruhe, and Schwäbisch Hall. Last but not least, Rido Busse is also the founder of the Plagiarius Award, a "shame award" issued since 1977 to particularly brazen culprits of idea theft and commercial piracy. In April 2007, he opened the Museum Plagiarius in Solingen.

Professor Rido Busse studierte nach einer Ausbildung zum Silberschmied an der Hochschule für Gestaltung in Ulm. Nach seinem Diplom 1959 gründete er das Designbüro busse design ulm, das heute zusammen mit busse design USA in San Francisco rund 50 Mitarbeiter beschäftigt und mit 50 Jahren Erfahrung zu den renommiertesten Designunternehmen in Europa zählt. Rido Busse ist als Berater, Gutachter, Publizist und als Juror zahlreicher Designwettbewerbe tätig und wurde selbst mehrfach ausgezeichnet. Er unterrichtet als Honorarprofessor an der Kunsthochschule Berlin-Weißensee sowie als Lehrbeauftragter an den Fachhochschulen Ulm, München, Darmstadt, Karlsruhe und Schwäbisch Hall. Rido Busse ist Initiator der Negativauszeichnung „Plagiarius", die seit 1977 jährlich für Ideenklau und Produktpiraterie vergeben wird, sowie des im April 2007 eröffneten gleichnamigen Museums in Solingen.

In this year's "red dot award: product design", Professor Rido Busse was a jury member for the "gardens" and "sport and games" categories. As a design activist engaged in fighting product piracy for decades, he can be credited for having raised awareness about this topic in industry and design throughout the world. In so doing, he also cultivated independent thinking on authentic and founded design quality. The expert designer established four criteria for quality design in the global market, of which he says: "In seeking to fulfil the four design criteria – namely safety, lean manufacturing, intuitive ergonomics, and target group-oriented product aesthetics, the following becomes evident: In this day and age, optimum design is an indispensable feature."

In the "gardens" sector, Professor Busse remarked a current trend especially with regard to devices and tools that facilitate garden work: "Anything that makes garden maintenance easier or that allows people to go away on trips: automatic sprinklers or lawn-mowing robots that can also gather leaves and grass and bring it to the composter."

Professor Rido Busse war als Jury-Mitglied des diesjährigen red dot award: product design für die Beurteilung der Einreichungen in den Kategorien „Garten" und „Sport und Spiele" zuständig. Als Designaktivist, der seit Jahrzehnten engagiert gegen die Produktpiraterie eintritt, hat er das Bewusstsein in Industrie- und Designbranchen international geschärft – ebenso wie den eigenen Blick für echte und begründete Designqualität. Für eine solche Designqualität im weltweiten Markt stellt der fachkundige Juror vier Kriterien auf. „Lassen wir uns von den vier Designkriterien – nämlich der sicheren Technik, der wirtschaftlichen Fertigung, der selbsterklärenden Ergonomie und der zielgruppengerechten Produktästhetik – leiten, ist festzustellen: Ohne optimales Design geht heute gar nichts mehr."

Im Bereich „Garten" sieht Professor Busse aktuelle Trends vor allem in Bezug auf Geräte und Hilfsmittel, die die Gartenarbeit unterstützen: „Alles, was die Pflege erleichtert und Verreisen erlaubt – als da sind: automatische Bewässerungsanlagen oder Rasen mähende Roboter, die auch Laub und Gras sammeln und zum Kompostieren bringen."

"Design is inherent in all that we are, do and aspire to become. It helps to shape our sensory, perceived, physical and desired world. It is pervasive and essential."

„Design ist in allem enthalten, was wir sind, tun und wonach wir streben. Es hilft uns, unsere sinnlich wahrgenommene, sowohl physisch reale als auch mit unseren Wünschen ersehnte Welt zu formen. Es durchdringt alles und ist unentbehrlich."

# Shashi Caan

Shashi Caan received a BFA (Hons) in Environmental Design at the Edinburgh College of Art, Great Britain, as well as two master's degrees (Industrial Design and Architecture) at the Pratt Institute, New York, USA. Subsequently, she worked in architecture and design agencies such as Gensler Associates, New York, and was Design Director of the New York office of Skidmore, Owings & Merrill Architects. In 2002, she was appointed chairwoman of the Interior Design degree programme at the Parsons School of Design and founded her own agency, Shashi Caan Collective, with herself as managing director. Highly engaged in research seeking further development of design and design education, among others with New York's Columbia University where she is currently leading a research effort exploring design education, Shashi Caan serves on the boards of a number of professional associations and is the current President Elect (2007–2009) for IFI (International Federation of Interior Architects/Designers).

Shashi Caan erhielt einen Bachelor of Fine Arts (Hons) in Environmental Design am Edinburgh College of Art, Großbritannien, sowie zwei Masterabschlüsse (Industrial Design und Architektur) am Pratt Institute, New York, USA. Im Anschluss arbeitete sie in Architektur- und Designbüros wie Gensler Associates, New York, und war Design Director des New Yorker Büros von Skidmore, Owings & Merrill Architects. 2002 wurde sie zur Vorsitzenden des Studiengangs Interior Design an der Parsons School of Design ernannt und gründete ihr eigenes Büro, Shashi Caan Collective, dessen Geschäftsführerin sie ist. Shashi Caan beschäftigt sich intensiv mit Forschungsprojekten zur weiteren Entwicklung der Bereiche Produktgestaltung und Designausbildung u. a. an der New Yorker Columbia University, wo sie derzeit Forschungsarbeiten im Bereich Design Education leitet. Shashi Caan ist Ausschussmitglied verschiedener professioneller Verbände und gegenwärtig designierte Präsidentin (2007–2009) der IFI (International Federation of Interior Architects/Designers).

This year, Shashi Caan was a member of the international red dot jury for the first time. The versatile designer and architect evaluated the submissions in the categories "offices" as well as "architecture and interior design" and considers the red dot design award in general as a huge honour for its recipient since it simultaneously benchmarks quality, creativity, and functionality in the service of improved living.

#### How would you rate the impact of design quality in the global market?
Striving for the highest standards of global design quality is one way of establishing a universal benchmark which can help to overcome communication and cultural divides.

#### How do current societal trends and developments manifest in the design industry?
The impact of the current global financial downturn has resulted in a call for greater efficiency and flexibility in both real estate and resources utilisation. In commercial practice, this impacts everything from the footprint of work space to the selection of more modest yet hard-wearing materials and products that are simple, multi-purpose, and have a longer lifespan.

#### Do you see a clear development in design emerging this year?
The trend for sustainable design outcomes that appear to be honest and substantial is generally percolating, and I think we will see this shaping product, space, and other facets of design.

Shashi Caan war in diesem Jahr zum ersten Mal Mitglied der internationalen red dot-Jury. Die vielseitige Designerin und Architektin beurteilte die Einreichungen in den Kategorien „Büro" sowie „Architektur und Interior Design" und schätzt den red dot design award insgesamt als große Ehre für den Preisträger. Denn er setze gleichzeitig Maßstäbe in der Qualität, Kreativität und Funktionalität eines verbesserten Lebensstandards.

#### Wie würden Sie den Einfluss gestalterischer Qualität im globalen Markt einschätzen?
Das Streben nach den höchsten Standards einer globalen Designqualität ist einer der Wege, einen universellen Maßstab zur Überwindung kommunikativer und kultureller Unterschiede zu setzen.

#### Wie manifestieren sich aktuelle gesellschaftliche Trends und Entwicklungen in der Designbranche?
Der Einfluss der gegenwärtigen globalen Finanzkrise hat zu einem Ruf nach höherer Effizienz und Flexibilität bei der Nutzung von Liegenschaften und Ressourcen geführt. In der gewerblichen Praxis beeinflusst dies alles – von der Größe des Arbeitsbereichs bis zur Auswahl von anspruchsloseren, aber strapazierfähigen Materialien und Produkten, die einfach, vielseitig verwendbar und langlebiger sind als bisher.

#### Sehen Sie eine eindeutige Entwicklung im Design, die sich in diesem Jahr durchsetzt?
Der Trend in Richtung nachhaltiger Gestaltungsergebnisse, die einen ehrlichen und dauerhaften Eindruck hinterlassen, setzt sich allgemein durch, und ich gehe davon aus, dass wir bald sehen werden, wie dieser Trend formgebend für Produkte, Räume und andere Aspekte der Gestaltung sein wird.

"Design quality will definitely help companies to be highly recognised in the competitive global market and win the hearts and loyalty of their customers."

„Gestaltungsqualität wird Unternehmen definitiv dabei helfen, auf dem umkämpften globalen Markt einen hohen Wiedererkennungswert zu erlangen und die Herzen und die Treue ihrer Kunden zu erobern."

# Tony K. M. Chang

Tony K. M. Chang, born in 1946, studied architecture at Chung Yuan Christian University in Chung Li, Taiwan. He is currently chief executive officer of the Taiwan Design Center and editor-in-chief of the Design Magazine. Chang has made tremendous contributions to industrial design, both in his home country and in the Asia-Pacific region. As an expert in design management and design promotion, he has served as a consultant for governments and in the corporate sectors for decades. From 2005 until 2007, he was executive board member of the International Council of Societies of Industrial Design. Tony K. M. Chang has been invited to lecture in Europe, the USA and Asia, and often serves as juror in prestigious international design competitions.

Tony K. M. Chang, 1946 geboren, studierte Architektur an der Chung Yuan Christian University in Chung Li, Taiwan. Er ist derzeit Chief Executive Officer des Taiwan Design Centers und Chefredakteur des Design Magazins. Chang engagiert sich für die Designpolitik und Designstrategie sowohl seines Landes als auch des gesamten Asien-Pazifik-Raums. Als Experte in Designmanagement und Designförderung ist er seit Jahrzehnten als Berater in Regierungs- und Unternehmenskreisen tätig. Zwischen 2005 und 2007 war er Vorstandsmitglied des Internationalen Council of Societies of Industrial Design. Tony K. M. Chang hält Vorträge in Europa, den USA und Asien und ist Juror bei internationalen Designwettbewerben.

Tony K. M. Chang's participation as a juror in the categories of "living rooms and bedrooms" and "lighting and lamps" in this year's "red dot award: product design" was a true enrichment. His task was to assess all those products that surround us at home, products that we touch and use on a daily basis. "Nowadays, the exteriors of many products look the same," the expert said, "however, the details and design quality distinguish the difference between good design and bad design."

### What current trends do you see in the field of "living rooms and bedrooms"?
The home is the place to let us feel peaceful, slow down and turn back to the origin of nature. Design trends, in some way, reflect our needs. Therefore, simple colours like white and simple shapes seem to come back again.

### What current trends do you see in the category "lighting and lamps"?
Today's designers consider sustainability when they design. So, I suppose that both energy efficiency and eco-consciousness are the hot trends in lighting and lamps design. In addition, LED technologies also create new possibilities for contemporary lighting design. The function of lighting and lamps is not limited to providing a light source for an interior space. Lighting has become an interactive art installation at home or in a public space. For example, the LED light looks like the piano keyboard, which can change colour and light setting.

Tony K. M. Chang bereicherte die diesjährige Jury des red dot award: product design in den Bereichen „Wohnen und Schlafen" sowie „Licht und Leuchten" und begutachtete all die Produkte, die uns zu Hause umgeben, die wir täglich berühren und benutzen. „Heutzutage sehen viele Produkte von außen gleich aus", so der Experte, „indes machen erst Details und die Designqualität den Unterschied zwischen guter und schlechter Gestaltung."

### Welche aktuellen Trends sehen Sie in dem Bereich „Wohnen und Schlafen"?
Das Zuhause ist der Ort, der uns Frieden vermittelt, uns zur Ruhe kommen und zum Ursprung der Natur zurückkehren lässt. Gestaltungstrends spiegeln auf gewisse Art unsere Bedürfnisse wider. Daher scheinen schlichte Farben wie Weiß und schlichte Formen wieder zurückzukehren.

### Welche aktuellen Trends sehen Sie in der Kategorie „Licht und Leuchten"?
Die Gestalter von heute berücksichtigen Zukunftsfähigkeit beim Gestalten. Daher denke ich, dass sowohl Energieeffizienz als auch Umweltbewusstsein die heißen Trends bei der Gestaltung von Licht und Leuchten sind. Zudem schaffen LED-Technologien auch neue Möglichkeiten für die zeitgenössische Gestaltung von Licht. Die Funktion von Lampen und Leuchten beschränkt sich nicht darauf, als Lichtquelle für einen Innenraum zu dienen. Licht ist zu einer interaktiven Kunstinstallation im privaten wie auch im öffentlichen Raum geworden. So sieht zum Beispiel das LED-Licht wie eine Klaviertastatur aus, die sich in Farbe und Szenario verändern kann.

"From a manufacturer's point of view, good design is about showing that you love your products, that you care about your customers and – hopefully – that you want to improve the world."

„Aus der Sicht eines Herstellers geht es bei der guten Gestaltung von Produkten darum zu zeigen, dass du deine Produkte liebst, dass dir deine Kunden am Herzen liegen und dass du – hoffentlich – die Welt zu einem besseren Ort machen möchtest."

# Mårten Claesson

Mårten Claesson was born in 1970 in Lidingö, Sweden. After studying at the Vasa Technical College in Stockholm in the department of Construction Engineering and at the Parsons School of Design in New York in the departments of Architecture and Product Design, he graduated in 1994 with an MFA degree from Konstfack, the University College of Arts, Crafts and Design in Stockholm. He is co-founder of the Swedish design partnership "Claesson Koivisto Rune", which is in the classic Scandinavian way multi-disciplinary, and practises both architecture and design. Mårten Claesson is also a writer and lecturer in the field of architecture and design.

Mårten Claesson wurde 1970 in Lidingö, Schweden, geboren. Nach einem Studium am Vasa Technical College in Stockholm im Bereich „Construction Engineering" und an der Parsons School of Design in New York in den Bereichen „Architecture" und „Product Design" schloss er 1994 seine Ausbildung an der Konstfack, dem University College of Arts, Crafts and Design, in Stockholm ab. Er ist Mitbegründer der Design-Partnerschaft „Claesson Koivisto Rune", die sich nach klassischer skandinavischer Art multidisziplinär sowohl mit Architektur als auch mit Design beschäftigt. Mårten Claesson ist darüber hinaus als Autor und Dozent im Bereich „Architektur und Design" tätig.

In this year's red dot expert jury, Mårten Claesson evaluated the works in the categories "offices" as well as "architecture and interior design". His final conclusion: "The red dot design award is perhaps the most accurate measure of the state of product design in the world."

### How important do you consider design quality in the global market?
Design goes directly to your senses, a little bit like music does. And like music, it is also a universal language. If I hear bad music, I don't want to listen to it a second time. And I certainly don't want to buy a badly designed product.

### What current trends impressed you in the category "architecture and interior design"?
Individualistic expressions, signature architecture, and a conceptual approach remain, but the majority of works is pared down, made more poetic and elegant.

### What impressed you in the category "offices"?
The offices have become more transparent, less closed rooms with more group character. And the office chairs have become more sublime. For example, polished aluminium armrests were chosen in most works, instead of busloads of leather.

Mårten Claesson bewertete in der diesjährigen red dot-Expertenjury die Arbeiten aus den Bereichen „Büro" sowie „Architektur und Interior Design" und kommt am Ende zu folgendem Ergebnis: „Der red dot design award ist wohl das genaueste Messinstrument zur Bewertung der Gestaltung von Produkten, das es auf der Welt gibt."

### Für wie wichtig halten Sie die Qualität der Produktgestaltung in einem globalisierten Markt?
Die Gestaltung eines Produkts spricht unmittelbar die Sinne an, so ähnlich wie Musik. Und wie Musik ist auch sie eine universelle Sprache. Wenn ich schlechte Musik höre, möchte ich sie nicht noch einmal hören. Und mit Sicherheit möchte ich kein Produkt kaufen, das schlecht gestaltet ist.

### Welche gegenwärtigen Trends haben Sie in der Kategorie „Architektur und Interior Design" beeindruckt?
Nach wie vor finden sich individualistische Ausdrucksweisen, Architekturen mit eigener Handschrift und konzeptuelle Ansätze, doch die Mehrzahl der Arbeiten ist aufs Wesentliche reduziert und zudem poetischer und eleganter.

### Was beeindruckte Sie in der Kategorie „Büro"?
Die Büros sind transparenter und offener geworden und weisen verstärkt Gruppencharakter auf. Die Bürostühle machen einen gehobeneren Eindruck. So wurden bei den meisten Arbeiten zum Beispiel polierte Seitenlehnen aus Aluminium gewählt statt Leder im Übermaß.

"Design is the single most important tool and way of thinking for today's society to be able to actively and forcefully manage the present economic challenges. The enterprises that have the commitment and ability to manage their design resources well will be the winners."

„Design ist das wichtigste Werkzeug und die wichtigste Denkweise in der heutigen Gesellschaft, um die gegenwärtigen wirtschaftlichen Herausforderungen aktiv und energisch zu meistern. Diejenigen Unternehmen, die das Engagement und die Fähigkeit zeigen, ihre Gestaltungsressourcen gut zu nutzen, werden die Gewinner sein."

# Robin Edman

Robin Edman, born in 1956 and raised in Sweden, studied industrial design at Rhode Island School of Design in Providence, USA. After graduating in 1981, he started as an industrial designer and later advanced to Assistant Director of Industrial Design at AB Electrolux in Stockholm. In 1989, he moved to Columbus, Ohio (USA), as vice-president of industrial design for Frigidaire Company, where he also initiated and ran the Electrolux Global Concept Design Team for future forecasting of user needs. In 1997, Robin Edman moved back to Stockholm as vice-president of Electrolux Global Design and was appointed chief executive of the Swedish Industrial Design Foundation (SVID) in 2001. From 2003 to 2007, Robin Edman was a board member of the International Council of Societies of Industrial Design, and from 2005 to 2007, he served as its treasurer.

Robin Edman, geboren 1956 und aufgewachsen in Schweden, studierte Industriedesign an der School of Design in Providence, Rhode Island, USA. Nach seinem Abschluss 1981 arbeitete er zunächst als Industriedesigner, später als Assistant Director für Industriedesign bei AB Electrolux in Stockholm. 1989 zog er nach Columbus, Ohio, USA, um bei der Frigidaire Company die Position des Vizepräsidenten für Industriedesign zu übernehmen sowie das Electrolux Global Concept Design Team zur Vorhersage der Verbraucherbedürfnisse ins Leben zu rufen. 1997 kehrte Robin Edman als stellvertretender Geschäftsführer bei Electrolux Global Design nach Stockholm zurück und wurde 2001 zum Geschäftsführer der Swedish Industrial Design Foundation (SVID) ernannt. Von 2003 bis 2007 war Robin Edman Mitglied im Vorstand des International Council of Societies of Industrial Design, wobei er zwischen 2005 und 2007 das Amt des Schatzmeisters innehatte.

This year, Robin Edman evaluated the submissions in the categories "gardens" as well as "sport and games". Again, he confronted the difficult task of inspecting the products submitted for the "red dot award: product design" according to the strict rules of the adjudication. A large number of these products shows the endeavour to strive for a high level of quality, and to be different and unique, according to the juror.

With regard to the global market, Robin Edman considers design quality as extremely important. "That is what is going to make us as customers, users, and citizens change our habits – to work towards a sustainable environment and society, and to influence the enterprises producing products and services across the globe. The ambition levels need to go up so that we, on a global scale, produce less and get more at a substantially higher satisfaction index."

One particular trend among the submissions inspected by Edman as experienced expert of the industry in this year especially enthused him: "The best development leading to the best products have used the materials in a 'human-centred' way where the user is in focus and the care for the person, her body, and ergonomics are top priority."

Robin Edman beurteilte in diesem Jahr die Einreichungen in den Kategorien „Garten" sowie „Sport und Spiele". Dabei stellte er sich erneut der schwierigen Aufgabe, die eingesandten Produkte des red dot award: product design nach den strengen Regeln der Jurierung zu prüfen. Eine Vielzahl dieser Produkte zeige das echte Bestreben, ein hohes Niveau zu erreichen sowie anders und einzigartig zu sein, so der Juror.

In Bezug auf den Weltmarkt erachtet Robin Edman Designqualität als extrem wichtig. „Das ist es, was uns als Kunden, Nutzer und Bürger dazu bringen wird, unsere Gewohnheiten zu ändern – nämlich auf eine nachhaltige Umwelt und Gesellschaft hinzuarbeiten und die Unternehmen, die rund um den Globus Produkte und Dienstleistungen hervorbringen, zu beeinflussen. Die Ambitionen müssen sich steigern, sodass wir auf globaler Ebene weniger produzieren und mehr erhalten, verbunden mit einem wesentlich höheren Grad an Zufriedenheit."

Unter den Einreichungen, die Edman als ein erfahrener Kenner der Branche begutachtete, begeisterte ihn in diesem Jahr ein Trend besonders: „Die herausragendsten Entwicklungen, die zu den besten Produkten führen, haben die verwendeten Materialien in einer Weise eingesetzt, die den Menschen in den Mittelpunkt rückt; sie konzentrieren sich auf den Nutzer, wenden sich der Person und ihrem Körper zu und geben ergonomischen Aspekten allerhöchste Priorität."

"The application of a local, immediate sense for design to global quality standards holds opportunities for a new design quality."

„Chancen für eine neue Designqualität bestehen in der Übersetzung eines lokalen Empfindens für Design in globale Qualitätsstandards."

# Joachim H. Faust

Joachim H. Faust, born in 1954, studied architecture at the Technical University of Berlin, the Technical University of Aachen, as well as at Texas A&M University (with Prof. E. J. Romieniec), where he received his Master of Architecture in 1981. Faust worked as a concept designer in the design department of Skidmore, Owings & Merrill in Houston, Texas, and as a project manager in the architectural firm Faust Consult GmbH in Mainz. From 1984 to 1986, he worked for KPF Kohn, Pedersen, Fox/Eggers Group in New York and as a project manager at the New York office of Skidmore, Owings & Merrill. In 1987, Joachim H. Faust took over the management of the HPP office in Frankfurt am Main. Since 1997, he has been managing partner of the HPP Hentrich-Petschnigg & Partner GmbH + Co. KG in Düsseldorf. Joachim H. Faust also writes articles and holds lectures on architecture and interior design.

Joachim H. Faust, Jahrgang 1954, studierte Architektur an der TU Berlin und der RWTH Aachen sowie – bei Prof. E. J. Romieniec – an der Texas A&M University, wo er sein Studium 1981 mit dem Master of Architecture abschloss. Er war Entwurfsarchitekt im Design Department des Büros Skidmore, Owings & Merrill, Houston, Texas, sowie Projektleiter im Architekturbüro der Faust Consult GmbH in Mainz. Anschließend arbeitete er im Büro KPF Kohn, Pedersen, Fox/Eggers Group in New York und war Projektleiter im Büro Skidmore, Owings & Merrill in New York. 1987 übernahm Joachim H. Faust die Leitung des HPP-Büros in Frankfurt am Main und ist seit 1997 geschäftsführender Gesellschafter der HPP Hentrich-Petschnigg & Partner GmbH + Co. KG in Düsseldorf. Er ist zudem als Autor tätig und hält Vorträge zu Fachthemen der Architektur und Innenarchitektur.

As a member of this year's red dot jury, Joachim H. Faust evaluated the "offices" and "architecture and interior design" categories. According to the renowned architect, these sectors have always strived for superior design quality. "Among the submitted work," Faust stated, "it is those products or concepts which coherently combine and address both functionality and sensorial experience that are particularly successful."

Moreover, Faust observed a current return to a more holistic approach in architecture and interior design. This is expressed, for example, with barely noticeable contrasts between interior and exterior, fluid boundaries, and harmonious transitions. "A growing trend is also the use of high-tech materials and surfaces, colour coatings, and weaving or print techniques," said Faust. "This development generates surprising results and offers new chances in architecture and interior design."

Faust sees a similar trend in the "offices" sector, where design is also becoming increasingly open and communicative, with small offices making way for variegated work spaces similar to living rooms. "In that context, furnishings and furniture are gaining more significance. Apart from fulfilling obvious functions, modern office furnishing contributes to improved acoustics, spatial partition, and multi-purpose usage. The thus described room does not attain its quality until the aesthetic-sensorial component actually reaches the people. Managing spatiality is pivotal for designing open rooms."

Joachim H. Faust beurteilte in der diesjährigen red dot-Jury die Kategorien „Büro" sowie „Architektur und Interior Design". Die Designqualität in diesen Branchen habe seit jeher höchsten Stellenwert, so der renommierte Architekt. „Bei der Beurteilung der eingereichten Arbeiten ist leicht festzustellen, dass jene Produkte oder Entwürfe besonders erfolgreich sind, die Funktionalität und Sinnlichkeit in schlüssiger Weise verbinden."

Die aktuelle Entwicklung im Bereich „Architektur und Interior Design" zeige wieder stärker einen ganzheitlichen Ansatz, stellt Faust fest. So bestehe kaum noch ein Kontrast zwischen innen und außen, die Grenzen seien fließend und die Übergänge harmonisch. „Wesentlicher Trend ist dabei die Nutzung von Hightech-Materialien und Oberflächen, Farbbeschichtungen oder auch Web- bzw. Drucktechniken. Diese Entwicklung erzeugt überraschende Resultate und bietet neue Chancen in der Architektur und im Interieur."

Eine ähnliche Entwicklung macht Joachim H. Faust im Bereich „Büro" aus. Auch hier werde zunehmend offen und kommunikativ gestaltet. „Damit kommt der Möblierung immer stärkere Bedeutung zu. Neben der offensichtlichen Funktionserfüllung trägt moderne Büromöblierung zu besserer Raumakustik, Raumgliederung und Nutzungsvielfalt bei. Allerdings erhält der so beschriebene Raum erst seine Qualität, wenn gestalterisch das Sinnliche im Menschen angesprochen wird. Räumliche Dramaturgie ist im offen gestalteten Raum das wesentliche Gestaltungsmittel."

"The red dot design award is a bridge guiding your products and brands to the world."

„Der red dot design award ist eine Brücke, die Produkte und Marken in die Welt geleitet."

# Prof. Renke He

Renke He, born in 1958, was educated at Hunan University in civil engineering and architecture. From 1987 to 1988, Renke He has been a visiting scholar at the Industrial Design Department of the Royal Danish Academy of Fine Arts in Copenhagen and, from 1998 to 1999, at the North Carolina State University, School of Design. Renke He is dean and professor at the School of Design, Hunan University in China, and is director of the Chinese Industrial Design Education Committee. Currently he holds the position as vice-chair of the China Industrial Design Association.

Renke He wurde 1958 geboren und studierte an der Hunan University Bauingenieurwesen und Architektur. Von 1987 bis 1988 war er als Gastprofessor für Industrial Design an der Royal Danish Academy of Fine Arts in Kopenhagen tätig und von 1998 bis 1999 hatte er eine Gastprofessur an der School of Design der North Carolina State University inne. Renke He ist Dekan und Professor an der Hunan University China, School of Design, sowie Direktor des Chinese Industrial Design Education Committee. Er ist zudem stellvertretender Vorsitzender der China Industrial Design Association.

Professor Renke He this year once more was a member of the red dot jury. His task was to assess the submissions in the "households and kitchens" category and he made the observation that companies again focused more on the basic qualities of their product designs, such as function, performance, and durability, and that pure life style was no longer the key issue of design for products in the household and kitchen industries.

### Can you see any current trends in the category "households and kitchens"?
User interface design is now a key design element in the "households and kitchens" category. Usually, only IT product designs need to pay attention to user interface design, but as more and more household and kitchen products feature built-in micro chips and displays, user interface design will be an important part of household and kitchen product designs, and I saw some products in this category that really have very creative user interface designs.

### How would you rate the role of design quality in the global market?
Design quality will play a more and more important role in the global market, especially in developing countries like China. They have to face a vital transition from a manufacture-orientated economy to a design-orientated economy.

Professor Renke He war in diesem Jahr erneut Mitglied der red dot-Jury. Er beurteilte die Einreichungen in dem Bereich „Haushalt und Küche" und machte dabei die Beobachtung, dass sich die Unternehmen wieder auf die elementaren Qualitäten ihrer Produktgestaltung wie Funktion, Ausführung und Beständigkeit konzentrierten und reiner Lifestyle nicht mehr das alleinige Merkmal der Produktgestaltung in dieser Branche sei.

### Können Sie derzeitige Trends in der Kategorie „Haushalt und Küche" erkennen?
Die Gestaltung von Bedienoberflächen ist derzeit ein Kernelement in der Kategorie „Haushalt und Küche". Für gewöhnlich müssen nur Entwürfe für IT-Produkte der Gestaltung von Bedienoberflächen Aufmerksamkeit schenken. Da aber immer mehr Haushalts- und Küchengeräte mit eingebauten Mikrochips und Displays ausgestattet sind, wird die Gestaltung von Bedienoberflächen ein wichtiger Bestandteil beim Entwurf von Haushalts- und Küchengeräten, und ich habe Geräte gesehen, die wirklich eine kreative Gestaltung der Bedienoberflächen aufweisen.

### Wie würden Sie die Rolle der Gestaltungsqualität im globalen Markt bewerten?
Gestaltungsqualität wird eine immer größere Rolle in dem globalen Markt spielen, insbesondere in Entwicklungsländern wie China. Sie müssen einen unerlässlichen Wechsel von einer herstellerorientierten zu einer gestaltungsorientierten Wirtschaft in Angriff nehmen.

"Some companies use product design in a very clever way as innovation tool by combining new trends in research with societal and market-based changes, and in this way they respond successfully to the current needs and wants of people."

„Manche Unternehmen setzen Produktgestaltung sehr geschickt als Innovationswerkzeug ein, indem sie neue Entwicklungen aus der Forschung mit gesellschaftlichen und marktwirtschaftlichen Veränderungen verbinden und so erfolgreich auf die aktuellen Wünsche der Menschen reagieren."

# Prof. Carlos Hinrichsen

Professor Carlos Hinrichsen, born in 1957, graduated as industrial designer in Chile in 1982 and, in addition, received a Master of Engineering degree in Japan in 1991. In 1992, he assumed the position of Director of the School of Design, Instituto Profesional DuocUC, of the Pontificia Universidad Católica de Chile. In October 2007, he became president of the Icsid for the term of two years and Lead Chair of the International Design Alliance (IDA) 2008–2009. He has been a design process consultant for over two decades focusing on product and strategic design. He is also currently the Design Director for the Latin American Region of Design Innovation, a European Design company with clients and prospects all over the world. Since 1991, Carlos Hinrichsen is heading research projects concerning innovation in design education, implementation of new technologies, and development and realisation of design concepts in close cooperation with the domestic manufacturing sector. Since 2002, he has been an honorary member of the Chilean Association of Design Firms QVID.

Professor Carlos Hinrichsen, geboren 1957, schloss 1982 sein Studium als Industriedesigner in Chile ab und erwarb 1991 zusätzlich ein Ingenieursdiplom in Japan. 1992 übernahm er die Leitung der Designschule „Instituto Profesional DuocUC" der Pontificia Universidad Católica de Chile. Im Oktober 2007 trat er seine zweijährige Präsidentschaft beim Icsid an und führte den Vorsitz der International Design Alliance (IDA) 2008–2009. Seit über zwei Jahrzehnten ist er als Berater im Bereich Design Process mit den Schwerpunkten Produkt- und Strategisches Design tätig. Gegenwärtig ist er zudem Design Director für die Region Lateinamerika bei Design Innovation, einem europäischen Designunternehmen mit Kunden und Interessenten aus aller Welt. Seit 1991 leitet Carlos Hinrichsen Forschungsprojekte zu Innovationen in der Designausbildung, zum Einsatz neuer Technologien sowie zur Entwicklung und Umsetzung von Designkonzepten, die dabei mit der heimischen Fertigungsbranche kooperieren. Seit 2002 ist er Ehrenmitglied der chilenischen Vereinigung der Designfirmen QVID.

Professor Carlos Hinrichsen, this year again member of the international jury of the "red dot award: product design", evaluated the submissions in the categories "life science and medicine" and "bathrooms, spa and air-conditioning". The acting Icsid president: "Time and again, this important competition is like a mirror – always current and reflective of what is going on in the design industry and market. The red dot design award provides hints, serves as an indicator, reveals or makes possible the prevalent trends, and enables us to foresee other potential trends."

According to Carlos Hinrichsen, in the categories "life science and medicine" as well as "bathrooms, spa and air-conditioning" design quality plays a key role in turning technological innovations into business success. "A wide variety of fields of use is perceived where product quality and performance, from a consumer standpoint, have also been improved," the experienced design expert points out. In light of the complexity of products in the medical industry, he was impressed that "in these products, design has a key role as to the application of frontier technologies and human sensitiveness' formal requirements. Despite some differences in the products, it was apparent that the latter aspects have been very well coordinated and harmonised."

Professor Carlos Hinrichsen, zum wiederholten Male Mitglied der internationalen Jury des red dot award: product design, beurteilte die Einreichungen in den Kategorien „Life Science und Medizin" sowie „Bad, Wellness und Klimatechnik". Immer wieder, so der amtierende Icsid-Präsident, erlebe er dabei, „dass dieser wichtige Wettbewerb wie ein Spiegel ist – immer aktuell und genau das reflektierend, was zum jeweiligen Zeitpunkt gerade in der Designbranche und am Markt geschieht. Der red dot design award liefert wichtige Hinweise, dient als Richtungsanzeiger, enthüllt vorherrschende oder ermöglicht neue Trends und befähigt uns, weitere potenzielle Entwicklungen vorherzusehen."

Sowohl im Bereich „Life Science und Medizin" als auch in „Bad, Wellness und Klimatechnik" spielt Designqualität nach Ansicht von Carlos Hinrichsen eine Schlüsselrolle bei der Umwandlung technologischer Innovationen in geschäftliche Erfolge. „Man kann ein breites Spektrum an Anwendungsgebieten wahrnehmen, in dem die Qualität und Leistungsfähigkeit von Produkten auch aus Sicht des Verbrauchers erhöht wurden", so der erfahrene Designexperte. In Bezug auf die Medizinbranche zeigt er sich beeindruckt, „dass die Gestaltung bei diesen Produkten eine Schlüsselrolle hinsichtlich der Anwendung von Grenztechnologien und der formalen Anforderungen bezüglich menschlicher Befindlichkeiten spielt. Trotz einiger Unterschiede unter den Produkten war es offensichtlich, dass die genannten Aspekte in ausgezeichneter Weise mit einbezogen und in Einklang gebracht wurden."

"Design is: indispensable, sets standards for the present, and brings us closer to the future."

„Design ist: unabdingbar, setzt Maßstäbe für die Gegenwart und bringt uns näher an die Zukunft."

# Prof. Dr. Florian Hufnagl

Professor Dr. Florian Hufnagl, born in 1948, has been director of Die Neue Sammlung – The International Design Museum Munich, since 1990. He studied art history, classical archaeology, and modern history in Munich, obtaining his doctorate in 1976. Thereafter he worked for the Bavarian State Department for Monuments and Sites and, in 1980, became chief curator of Die Neue Sammlung. During these years, Florian Hufnagl was also associate lecturer for 19th and 20th century art at the Institute of Art History at Ludwig Maximilians University in Munich. In 1997, he became honorary professor at the Academy of Fine Arts in Munich and, in 1998, chairman of the directors' conference of Bavaria's state museums and collections. He has written on 20th/21st century architecture, painting, and design in numerous publications, catalogues, and essays.

Professor Dr. Florian Hufnagl, geboren 1948, ist seit 1990 Leitender Sammlungsdirektor der Neuen Sammlung – The International Design Museum Munich. Er promovierte 1976 nach einem Studium der Kunstwissenschaft, Klassischen Archäologie und Neueren Geschichte in München. Anschließend arbeitete er beim Bayerischen Landesamt für Denkmalpflege und seit 1980 als Museumskurator in der Neuen Sammlung. Zugleich unterrichtete Florian Hufnagl als Lehrbeauftragter für die Kunst des 19. und 20. Jahrhunderts am Institut für Kunstgeschichte der Ludwig-Maximilians-Universität München. Seit 1997 ist er Honorarprofessor an der Akademie der Bildenden Künste in München. 1998 wurde er Vorsitzender der Direktorenkonferenz der Staatlichen Museen und Sammlungen in Bayern. In zahlreichen Publikationen, Katalogen und Aufsätzen setzt er sich mit der Architektur, der Malerei und dem Design des 20. und 21. Jahrhunderts auseinander.

Professor Dr. Florian Hufnagl, juror for the categories "living rooms and bedrooms" and "lighting and lamps", was impressed by the unusually high quality of the submitted works this year. "We're very pleased to see that companies are beginning to recognise the pivotal role which design has for product quality, and that design may even constitute a product's unique selling proposition." Design has thus come to be essential for surviving in the global market. "Clients are critical and very well informed," explains Hufnagl. "The goal is to stand apart from competitors through high-quality design that can set new standards." In this context, the red dot design award functions as a trend barometer that offers end consumers as well as producers a critical guideline. Hence, the juror views the red dot design award as "contributing considerably to the improvement of our product world, and that on a global level."

Florian Hufnagl sees truly creative innovations particularly in the category "lighting and lamps", enthusing: "A plethora of ideas everywhere! Designers are thinking and creating in all directions. And despite nostalgia about the disappearance of the traditional light bulb and its unique light quality, the new technologies are bringing forth astounding new models that not only protect our resources but that also speak to people on an emotional level."

Professor Dr. Florian Hufnagl, Juror in den Kategorien „Wohnen und Schlafen" sowie „Licht und Leuchten", zeigte sich beeindruckt von der ungewöhnlich hohen Qualität der eingereichten Produkte in diesem Jahr. „Es ist erfreulich", so der Designexperte, „dass die Unternehmen erkannt haben, dass Design einen wesentlichen Beitrag zur Produktqualität leistet – ja: dass herausragendes Design einem Produkt ein Alleinstellungsmerkmal verleihen kann." Genau das sei heute mehr denn je einfach unverzichtbar, um im globalen Markt bestehen zu können. „Die Kunden sind kritisch und bestens informiert", begründet er. „Hier gilt es, sich vom Mitbewerber abzusetzen – durch eine hohe Designqualität, die neue Maßstäbe setzen kann." Diesbezüglich fungiere der red dot design award als ein Trendbarometer, das Endverbrauchern wie Herstellern eine entscheidende Orientierung biete. So hat der red dot design award nach Ansicht des Jurors „einen wesentlichen Anteil an der Qualifizierung unserer Produktwelt, und dies inzwischen global."

Echte gestalterische Innovationen sieht Florian Hufnagl in der Kategorie „Licht und Leuchten" und schwärmt: „Ideenreichtum aller Orten. Es wird in alle Richtungen gedacht und überlegt. Und trotz des Bedauerns über das Verschwinden der Form der Glühbirne und ihrer spezifischen Lichtqualität wird mit den neuen Technologien auf eine mitreißende Art und Weise experimentiert, die nicht nur unsere Ressourcen schont, sondern auch emotional begeistern kann."

"Design quality is the core of success. In the global market, you are always competing with the best products. Design represents not only rationally understood design factors but it tells about the company, its image, and engineering qualities."

„Designqualität ist der Kern von Erfolg. Im globalen Markt konkurriert man stets mit den besten Produkten. Design steht dabei nicht nur für die rationalen Faktoren der Produktgestaltung, sondern erzählt immer auch etwas über das Unternehmen, dessen Image und technische Kompetenzen."

# Tapani Hyvönen

Tapani Hyvönen, born in 1947, graduated as industrial designer from the University of Art and Design Helsinki (UIAH) in 1974, and founded the design agency, Destem Ltd., in 1976. In 1990, he was co-founder of the company ED-Design Ltd. in Turku, Finland, which, with him as managing director, advanced to become one of the biggest product design agencies in Scandinavia. He has been honoured for his works with numerous international awards. Tapani Hyvönen has been and is holding important positions in design-oriented organisations: among others, he was board member of the Design Forum Finland 1998–2002, board member of the Icsid 1999–2003, and since 2003 he is member of the Finnish Swedish Design Academy. In addition, Hyvönen is acting as jury member in several design competitions such as the Finnish Design Management Award, the NID Business World Design Excellence Award, India, the Osaka Design Competition, Japan, the "red dot award: design concept", Singapore, and the Design for Asia Award, Hong Kong.

Tapani Hyvönen, geboren 1947, graduierte 1974 an der University of Art and Design Helsinki (UIAH) zum Industriedesigner und gründete 1976 die Design-Agentur Destem Ltd. 1990 war er Mitbegründer des Unternehmens ED-Design Ltd. in Turku, Finnland, das unter seiner Leitung als geschäftsführender Direktor zu einem der größten Produktdesign-Studios Skandinaviens avancierte. Für seine Arbeit wurde er vielfach mit internationalen Auszeichnungen geehrt. Tapani Hyvönen bekleidete und bekleidet wichtige Positionen in designorientierten Organisationen, u. a. war er Ausschussmitglied des Design Forum Finland 1998–2002 sowie Vorstandsmitglied des Icsid 1999–2003 und ist seit 2003 Mitglied der Finnish Swedish Design Academy. Darüber hinaus ist Hyvönen als Jurymitglied von Designwettbewerben tätig, etwa des Finnish Design Management Award, des NID Business World Design Excellence Award, Indien, des Osaka Design Competition, Japan, des red dot award: design concept, Singapur, und des Design for Asia Award, Hongkong.

Tapani Hyvönen supported the red dot jury in the categories "gardens" as well as "sport and games". He was particularly surprised that the products submitted this year in these categories showed a wide spectrum of styles, functions, qualities, and possible applications. It was also interesting, he said, "how in the sport product category the all in all quality combines high functionality and aesthetics."

**What striking characteristics do you see in the field of "sport and games"?**
Pleasure – but not in the traditional way we understand it. Especially the sporting products need to be enjoyable. A good feeling in keeping oneself fit is a motivation to get active. It is no more the function that counts only but also lifestyle and aesthetical factors that have to be considered.

**What development do you see in the category "gardens"?**
People are more and more interested in their environment – not only regarding their garden and neighbourhood but also in a global sense. These values bring new kinds of expression into sustainable and long-lasting products. Today, people require the same of the products as what they require of themselves.

Tapani Hyvönen unterstützte die red dot-Jury in den Bereichen „Garten" sowie „Sport und Spiele". Dass die darin eingereichten Produkte in diesem Jahr ein so breites Spektrum an Stilen, Funktionen, Qualitäten und Einsatzmöglichkeiten zeigten, überraschte ihn dabei besonders. Es sei zudem interessant, sagt er, „wie nahezu alle Produkte der Kategorie ‚Sport und Spiele' Funktionalität auf hohem Niveau mit Ästhetik vereinen."

**Welche herausragenden Eigenschaften sehen Sie in der Kategorie „Sport und Spiele"?**
Vergnügen – doch nicht so, wie wir es gewöhnlich verstehen. Gerade die Sportprodukte müssen angenehm und unterhaltsam gestaltet sein. Wenn man ein gutes Gefühl dabei hat, sich fit zu halten, ist das ein Anreiz, aktiv zu werden. Es zählt nicht mehr nur die Funktion, darüber hinaus gilt es auch, Lifestyle- und ästhetische Aspekte zu berücksichtigen.

**Welche Entwicklungen sehen Sie in der Kategorie „Garten"?**
Die Menschen zeigen immer mehr Interesse an ihrer Umgebung – nicht nur in Bezug auf ihren Garten und die Nachbarschaft, sondern auch im globalen Sinne. Diese Wertvorstellungen führen zu neuen Formen des Ausdrucks und zu nachhaltigen, langlebigen Produkten. Heutzutage verlangen Menschen von Produkten genau dasselbe, was sie von sich selbst verlangen.

"Design is technology, science, and philosophy for a human being."

„Design ist Technologie, Wissenschaft und Philosophie für den Menschen."

# Prof. Soon-In Lee

Professor Soon-In Lee graduated from the Hong-Ik University in Seoul with a BA in Industrial Design in 1972 and received an MA in Interior Design in 1978. He completed his studies at Pratt Institute, New York, and the Domus Academy, Milan. In addition, he graduated from Helsinki University with an MBA in Design Management in 2001. In 1990, Soon-In Lee became president of the LG Europe Design Center in Dublin, and in 1995 director of the LG Electronics Corporate Design Center in Seoul. During the same year he became Executive Managing Director of the Korea Institute of Design Promotion (KIDP). Today he is President of the Seoul Design Center. Soon-In Lee taught at various universities, and since 2003 he is a lecturer in the postgraduate course "Design Management" at the Hong-Ik University. He is Chair of the Korea Design & Brand Management Society and was general director of the Gwangju Design Biennale 2007.

Professor Soon-In Lee erhielt 1972 einen B. A. in Industriedesign und 1978 einen M. A. in Interior Design an der Universität Hong-Ik in Seoul und vervollständigte seine Ausbildung am Pratt Institute in New York sowie an der Domus Academy in Mailand. Zudem erwarb er 2001 einen MBA in Designmanagement an der Universität Helsinki. 1990 wurde Soon-In Lee Präsident des LG Europe Design Center in Dublin, 1995 Direktor des LG Electronics Corporate Design Center in Seoul und noch im selben Jahr Executive Managing Director des Korea Institute of Design Promotion (KIDP). Heute ist er Präsident des Seoul Design Center. Soon-In Lee lehrte an verschiedenen Universitäten und ist seit 2003 als Dozent im Aufbaustudiengang „Designmanagement" an der Universität Hong-Ik tätig. Er ist Vorsitzender der Korea Design & Brand Management Society und war Generaldirektor der Gwangju Design Biennale 2007.

This year, Professor Soon-In Lee was again member of the international red dot jury. He evaluated the large number of submissions in the category "households and kitchens" and points out that the products that are outstanding in this category, due to their design quality, are characterised by four specific criteria: user-friendliness, eco-friendly design for environmental protection, sustainability, and authenticity. With regard to the significance of design quality on the global market, the expert emphasises that "design meets local emotion and culture. Nowadays, the development of design is a part of life culture rather than a mechanical element. Moreover, locality is becoming emphasised so that the designs now reflect local dietary culture."

One trend that, according to Soon-In Lee, has become visible in particular in this year's "red dot award: product design" "is the further development of operational systems for machinery and tools. Moreover, interface and display technologies for washing machines, ovens, etc. have been further refined for users."

Professor Soon-In Lee war in diesem Jahr erneut Mitglied der internationalen red dot-Jury. Er prüfte die zahlreichen Einsendungen der Kategorie „Haushalt und Küche" und stellt fest, dass die in ihrer Designqualität hervorstechenden Produkte dieses Bereichs durch die vier Kriterien Benutzerfreundlichkeit, Umweltfreundliches Design, Nachhaltige Gestaltung und Authentizität gekennzeichnet sind. Hinsichtlich der Bedeutung von Designqualität auf dem Weltmarkt ist dem Experten wichtig, „dass Design den lokal gegebenen Emotionen sowie der dortigen Lebenskultur entspricht. Heutzutage ist die Entwicklung des Designs Teil der Lebenskultur anstatt ein bloßes mechanisches Element. Zudem tritt Lokalität stärker in den Vordergrund, sodass die Gestaltungen jetzt die lokale Ernährungskultur widerspiegeln."

Eine Entwicklung, die nach Ansicht von Soon-In Lee im diesjährigen red dot award: product design besonders deutlich sichtbar geworden ist, „ist die Weiterentwicklung von Betriebssystemen für Maschinen und Werkzeuge. So wurden zum Beispiel Schnittstellen- und Display-Technologien für Waschmaschinen, Backöfen usw. für den Nutzer weiter verfeinert."

"Design quality in the global market is the most important product feature and a condition for success."

„Designqualität im globalen Markt ist das wichtigste Produktmerkmal und die Voraussetzung für Erfolg."

# Prof. Stefan Lengyel

Professor Stefan Lengyel, born in 1937, completed his studies in industrial design in Budapest in 1961. In 1964, he became an assistant at the Hochschule für Gestaltung in Ulm, where he worked with Hans Gugelot. He began teaching at the Essen Folkwangschule in 1965, becoming the head of its Industrial Design department in 1969. In 1981, he was appointed to the Chair of Industrial Design at the University of Essen, a position he held until 2003. For many years, he was a design consultant for Miele and Rosenthal. Since 2001, Stefan Lengyel also held the Chair of Product Design at the Moholy-Nagy University of Art and Design in Budapest. He lectures in the United States, Finland, Italy, Spain, China, and Japan, among other places. Stefan Lengyel is a member of several expert boards and is honorary president of the Verband Deutscher Industrie Designer (Association of German Industrial Designers).

Professor Stefan Lengyel, geboren 1937, schloss 1961 sein Studium des Industriedesigns in Budapest ab. 1964 wurde er Assistent an der Hochschule für Gestaltung in Ulm und arbeitete zusammen mit Hans Gugelot. 1965 kam er als Dozent an die Folkwangschule für Gestaltung in Essen, wo er ab 1969 die Abteilung „Industrial Design" leitete. 1981 folgte die Berufung auf den Lehrstuhl „Industrial Design" der Universität Essen, den er bis 2003 innehatte. Er war langjähriger Designberater für Miele und Rosenthal. Seit 2001 ist Stefan Lengyel Leiter des Studiengangs „Produktdesign" an der Moholy-Nagy-Universität für Kunst und Design in Budapest. Als Gastprofessor lehrte er u. a. in den USA, Finnland, Italien, Spanien, China und Japan. Stefan Lengyel ist in verschiedenen Experten-Gremien engagiert und ist u. a. Ehrenpräsident des Verbands Deutscher Industrie Designer (VDID).

Professor Stefan Lengyel, a long-standing jury member of the "red dot award: product design", this year served in the "life science and medicine" and "bathrooms, spa and air-conditioning" categories. According to the experienced design expert, the design quality of the submitted products was very high. He also noted that "the products are becoming increasingly similar with regard to the concision of their design and style – and that on a high aesthetic level."

The "bathrooms, spa and air-conditioning" sector proved to maintain its usual high standard, while the "life science and medicine" sector showed for innovations that signal a new direction. Lengyel observed in particular the conspicuous trend toward patient self-care, stating that "devices are being developed which allow patients to independently monitor their vital signs and other physical indicators on a continuous basis, which allow for the independent dosing of drugs, which give directions via GPS, and which allow for new and improved ways of calling for help in emergencies."

Professor Stefan Lengyel unterstützte die internationale Jury des red dot award: product design in diesem Jahr in den Kategorien „Life Science und Medizin" sowie „Bad, Wellness und Klimatechnik". Die Designqualität der eingereichten Produkte war nach Ansicht des erfahrenen Designexperten und langjährigen Jurymitglieds sehr hoch. Dabei machte er auch die Beobachtung, „dass sich die Produkte in Bezug auf ihre gestalterische und stilistische Prägnanz immer ähnlicher werden – und das auf hohem ästhetischem Level."

Während der Bereich „Bad, Wellness und Klimatechnik" weitere Variationen auf bekannt hohem Niveau zeige, seien insbesondere im Bereich „Life Science und Medizin" Innovationen erkennbar, die eine neue Richtung einschlagen. „Ein auffallender Trend ist", so Professor Lengyel, „dass die Selbstversorgung der Patienten mehr und mehr in den Vordergrund rückt. So werden beispielsweise Geräte entwickelt, die dem Patienten eine permanente Kontrolle seiner medizinischen Werte oder die eigenständige Dosierung der Medikamente ermöglichen, die ihm Orientierungshilfe über GPS geben oder neue Rufsysteme im Notfall zur Verfügung stellen."

"Design qualities are the visual and tactile language that allows the manufacturer or designer to bypass language and cultural differences and so to communicate in a non-verbal language, directly with the customer in the global market."

# Prof. Ron Nabarro

Ron Nabarro, born in the Netherlands and active as designer since 1970, is professor for Industrial Design at the Technion-Israel Institute of Technology. Between 1998 and 2001 he headed the School of Design and Art at the Holon Academic Institute of Technology and was executive board member of the International Council of Societies of Industrial Design (Icsid). Nabarro focuses in particular on topics in the fields of Age Friendly Design, Design Management and Design Theories. He founded companies such as Innovation Design Ltd. (1973) und Design4all (2001) and is co-founder as well as co-director of Senior-Touch Ltd. (2003) und Scentcom Ltd. His works have received numerous awards, and he is also active as lecturer, author, and manager of congresses and workshops, as well as member of international design juries.

This year, Ron Nabarro was a member of the jury in the categories "life science and medicine" as well as "bathrooms, spa and air-conditioning". Impressed by the high level of quality of the products submitted, he regards the red dot design award as "the most important international contributor to design awareness and design promotion."

### Can you make out the most significant current trends in the category "life science and medicine"?
The most significant current trends are definitely very well designed user interfaces, made to deal with distance medicine and self-care of home users, as well as assisting medical and scientific staff to deal successfully and safely with the ever-growing complexity of the equipment. Another trend is the extensive use of colours and materials that reflect quality and durability. Finally, one design trend that becomes important is the look and feel that has a less frightening effect on patients.

### What current trends do you see in the category "bathrooms, spa and air-conditioning"?
Here, the most obvious trends have to do with reflecting pleasure, relaxation, and spa atmosphere. Bathroom equipment trends reflect luxury, lifestyle, and quality of life.

*"Good design has no boundaries. It is global in its reach and can touch the lives of people far and wide."*

*„Gute Produktgestaltung kennt keine Grenzen. Sie ist global in ihrer Reichweite und kann das Leben der Menschen überall auf der Welt berühren."*

# Simon Ong

Simon Ong, born in Singapore in 1953, holds a master's degree in design (MDes) from the University of New South Wales and an MBA from the University of South Australia. He is the group managing director and co-founder of Kingsmen Creatives Ltd., a leading communications design and production group in the Asia-Pacific region and the Middle East. His works received several awards such as the Eddie Award (USA), VM&SD/ISP Design Award and ARE Design Award (USA), Singapore Promising Brand Award, SRA Best Retail Concept Award and Annual Outdoor Advertising Award, Singapore. From 1995 to 1997 he held the position of President of the Interior Designers Association of Singapore, and from 1998 to 2007 he was a member of the advisory committee of Temasek Polytechnic, School of Design, Singapore. Currently he is an IDP member of the Design Singapore Council and, among others, chairman of the Design Cluster, Creative Industry of the Workforce Development Agency of Singapore.

Simon Ong, geboren 1953 in Singapur, beendete sein Designstudium an der University of New South Wales, Australien, mit der Promotion und erwarb einen MBA an der University of South Australia. Er ist Geschäftsführer und Mitbegründer von Kingsmen Creatives Ltd., einer führenden Gruppe von Unternehmen für Kommunikationsdesign und Fertigung im Asien-Pazifik-Raum und im Nahen Osten. Für seine Arbeiten wurde Simon Ong mehrfach ausgezeichnet, darunter mit dem Eddie Award (USA), VM&SD/ISP Design Award and ARE Design Award (USA), Singapore Promising Brand Award, SRA Best Retail Concept Award und Annual Outdoor Advertising Award, Singapur. Von 1995 bis 1997 war er Präsident der Interior Designers Association of Singapore und gehörte von 1998 bis 2007 dem Beraterausschuss der Temasek Polytechnic, School of Design, Singapur, an. Derzeit ist er IDP-Mitglied des Design Singapore Council und u. a. Vorsitzender des Design Cluster, Creative Sector der Design Industry of the Workforce Development Agency of Singapore.

In this year's red dot jury, Simon Ong evaluated the submissions in the category "households and kitchens". He was impressed of the high level of quality of the products submitted, with some extraordinary ones providing new perspectives in the kitchen lifestyle. The experienced design expert pointed out several examples "that do not only exhibit a highly innovative standard of design but which are also aesthetically shaped and user-friendly – design that creates emotional engagement with the users and at the same time provides safe and easy maintenance qualities."

**How important do you rate design quality in the global market?**
Today's product quality has become just another commodity. Hence, design is used as one of the most important marketing tools to differentiate one's products from the competition in the globalised marketplace.

**What current trends can you spot in the category "households and kitchens"?**
Current design trends are going toward a more humane approach with emphasis on emotional engagement of the users, creating excitement in the kitchen and the living environment. These are trends that integrate kitchens into other areas of the home, internally and externally.

Simon Ong beurteilte in der diesjährigen red dot-Jury die Einsendungen in der Kategorie „Haushalt und Küche". Dabei zeigte er sich von dem hohen Niveau der eingereichten Produkte beeindruckt, unter denen einige außergewöhnliche seien, die im Lifestyle von Küchen neue Perspektiven eröffnen. Als Beispiele führte der erfahrene Designexperte Produkte an, „die nicht nur einen sehr innovativen Gestaltungsstandard aufweisen, sondern auch ästhetisch geformt und benutzerfreundlich sind – ein Design, das den Nutzer emotional einnimmt und gleichzeitig eine sichere und einfache Pflege gewährleistet."

**Für wie wichtig halten Sie die Qualität der Produktgestaltung in einem globalisierten Markt?**
Die Qualität der Produktgestaltung ist heutzutage wie eine weitere Handelsware. Design wird deshalb auf dem globalen Marktplatz als eines der wichtigsten Marketingwerkzeuge eingesetzt, um die eigenen Produkte von denen der Konkurrenz abzuheben.

**Welche gegenwärtigen Trends sehen Sie in der Kategorie „Haushalt und Küche"?**
Die gegenwärtigen Designtrends rücken den Menschen zunehmend in den Mittelpunkt und stellen eine stärkere emotionale Bindung zum Nutzer her, indem sie im Küchen- und Wohnumfeld Spannung erzeugen. Der Trend geht dahin, die Küche in andere Wohnbereiche zu integrieren – innerlich wie äußerlich.

*"Design quality, as a means of communication, can provide products in the global marketplace with a targeted and economically relevant positioning concerning their cultural origin."*

„Designqualität dient als Kommunikationsmittel, um Produkten in internationalen Märkten eine präzise Positionierung hinsichtlich ihres kulturellen Ursprungs zu geben, die für diese Märkte wirtschaftliche Relevanz hat."

# Dirk Schumann

Dirk Schumann, born in 1960 in Soest, Germany, studied product design at the Fachhochschule Münster (state technical institute). After completing his studies in 1987, he worked as an industrial designer for OCO-DESIGN, for sieger-design (as of 1989), and was furthermore lecturer for product design at the Fachhochschule Münster until 1991. In 1992, Dirk Schumann founded his own design studio "Büro für industrielle Formentwicklung" (office for industrial form development). For some years now, he has been engaged with conceptual architecture, creating visionary ideas for living spaces, and lecturing at international congresses. He participates in national and international exhibitions at home and abroad and has received several awards, among others the Gold Prize (Minister of Economy, Trade and Industry Prize) of the International Design Competition, Osaka, the Comfort & Design Award, Milan, and the iF product design award, Hanover.

Dirk Schumann, 1960 in Soest geboren, studierte Produktdesign an der Fachhochschule Münster. Nach seinem Abschluss 1987 arbeitete er als Industriedesigner für OCO-DESIGN, wechselte 1989 zu sieger-design und war bis 1991 an der Fachhochschule Münster als Lehrbeauftragter für Produktdesign tätig. 1992 eröffnete er sein eigenes Designstudio „Büro für industrielle Formentwicklung" in Münster. Seit einigen Jahren beschäftigt er sich mit konzeptioneller Architektur, entwirft visionäre Wohnideen und hält Vorträge auf internationalen Kongressen. Dirk Schumann nimmt an Ausstellungen im In- und Ausland teil und wurde für seine Arbeiten mehrfach ausgezeichnet, u. a. mit dem Gold Prize (Minister of Economy, Trade and Industry Prize) des International Design Competition, Osaka, dem Comfort & Design Award, Mailand, und dem iF product design award, Hannover.

As juror of the "red dot award: product design", Dirk Schumann was this year commissioned to evaluate the submissions in the "living rooms and bedrooms" and "lighting and lamps" categories. According to Schumann, design quality in these sectors enjoys a special status given that form can there be shaped by factors that are more emotional or different than those governing conventional industrial design.

Among the products submitted to this year's "living rooms and bedrooms" category, he observed a transference of form concepts from contemporary architecture. Schumann moreover sees a distinct trend in the "use of innovative material and surface concepts derived from the graphic design and the CAD-3D sectors, and which are often applicable to architecture."

In the sector "lighting and lamps", the design expert found that technical elements are becoming extremely minimal: "A gradual disappearance of materiality is underway, making way for a focus on pure function and aesthetics." As well, LEDs are up and coming in all product sectors – from room lighting to the medical technology sector (surgery room lighting) – and which, given their unique characteristics, allow for completely new design concepts.

Dirk Schumann hatte als Juror des red dot award: product design in diesem Jahr die Aufgabe, die Einreichungen in den Kategorien „Wohnen und Schlafen" sowie „Licht und Leuchten" zu beurteilen. Aus seiner Sicht ist der Stellenwert der Designqualität gerade in diesen Branchen sehr hoch, weil hier die Gestalt durch andere funktionale und eher emotionale Aspekte geprägt werde als etwa im klassischen Industriedesign.

Unter den diesjährigen Produkten im Bereich „Wohnen und Schlafen" beobachte er eine Übertragung der Formensprachen aus dem Repertoire der gegenwärtigen Architektur. Ein deutlicher Trend sei zudem der „Einsatz innovativer Material- und Oberflächenkonzepte, die sich aus dem grafischen Bereich, aber auch aus dem Bereich der CAD-3D-Gestaltung herleiten und sich teilweise ebenfalls analog zur Formensprache der Architektur verhalten", so Schumann.

Im Bereich „Licht und Leuchten" hat der erfahrene Designexperte den Eindruck gewonnen, dass die Wahrnehmung der technischen Elemente extrem reduziert werde. „Es findet ein graduelles Verschwinden der Stofflichkeit und ein Fokus auf die reine Funktion und Ästhetik statt", sagt der Juror. Von Seiten der Technologie seien LEDs in allen Produktbereichen auf dem Vormarsch – von der Wohnraumbeleuchtung bis in den Bereich der Medizintechnik (OP-Leuchten), die aufgrund ihrer Charakteristik völlig neue Designkonzepte ermöglichen.

*"The red dot is an acknowledgement from the entire design industry that the product that has been produced is of exceptional design quality. It is like an Oscar in the film industry."*

„Der red dot ist eine Bestätigung der gesamten Designbranche dafür, dass das hergestellte Produkt außergewöhnliche Gestaltungsqualitäten aufweist – wie ein Oscar in der Filmindustrie."

# Danny Venlet

Danny Venlet, born in Australia in 1958, studied architecture and arts in Brussels where he completed his academic studies in Interior Design with distinction in 1983. Thereafter, he gained professional experience, among others, at Peter Sands, Inarc design, and Rice and Daubney Architects. Following his cooperation with Neil Burley (1988) and Marc Newson (1988 to 1990), Venlet opened up his own studio, Venlet Interior Architecture, in 1991. His design projects range from private houses, bars, exhibitions, and restaurants, all the way to showrooms and offices of large companies such as Timberland or Mini. Danny Venlet taught at several schools and universities in Belgium and Australia, such as the University of Sydney, the Royal Australian Institute of Architects in Sydney, and the Hogeschool Sint-Lukas, the Institute for Architecture and Arts in Brussels and Gent.

Danny Venlet, 1958 in Australien geboren, studierte Architektur und Kunst in Brüssel, wo er 1983 sein Studium der Innenarchitektur mit Auszeichnung abschloss. Berufliche Erfahrungen sammelte er anschließend u. a. bei Peter Sands, Inarc design, und Rice and Daubney Architects. Nach seiner Zusammenarbeit mit Neil Burley (1988) und Marc Newson (1988 bis 1990) eröffnete Venlet 1991 mit Venlet Interior Architecture sein eigenes Studio. Seine Einrichtungsprojekte reichen von Privathäusern, Bars, Ausstellungen und Restaurants bis zu Showrooms und Büros großer Unternehmen wie Timberland oder Mini. Danny Venlet lehrte an verschiedenen Schulen und Universitäten in Belgien und Australien, zum Beispiel an der University of Sydney, am Royal Australian Institute of Architects in Sydney sowie an der Hogeschool Sint-Lukas, Hochschule für Architektur und Kunst, in Brüssel und Gent.

This year, Danny Venlet supported the international jury of experts in the category "tableware" and, after inspecting the products submitted, he gained the impression that the industry will undergo some significant changes in the near future. According to the interior architect, the current design maxim in the tableware segment is: "Back to basics and sophisticated luxury, bearing in mind sustainability."

### What is, in your opinion, the significance of design quality in the category "tableware"?
Tableware is all about look and feel, which makes design quality a very important aspect. Our habits have changed, bathrooms and kitchens aren't any more places where we just wash and cook; it is all about experience and relaxation. Today the table is more than a place to eat; it is a place to enjoy every aspect of it, and to make these daily aspects more pleasing.

### How important is design quality in the global market?
Design gives an advance. Companies who introduce design in their strategy differentiate themselves from their competitors on different levels. More than ever, it is a time to emerge with new developments in design and innovation in order to put you on top instead of slipping to the bottom.

Danny Venlet unterstützte die internationale Expertenjury in diesem Jahr im Bereich „Tableware" und hat nach Durchsicht der eingereichten Produkte den Eindruck gewonnen, dass die Branche in naher Zukunft eine signifikante Veränderung erleben werde. Aktuell lautet die Gestaltungsmaxime im Tableware-Segment nach Ansicht des Innenarchitekten: „Zurück zu den Grundlagen und zu anspruchsvollem Luxus unter Berücksichtigung der Nachhaltigkeit."

### Welchen Stellenwert hat Ihrer Meinung nach die Designqualität in der Kategorie „Tableware"?
Bei Tableware dreht sich alles um Optik und Haptik, weshalb die gestalterische Qualität einen sehr wichtigen Aspekt darstellt. Unsere Gewohnheiten haben sich verändert; Badezimmer und Küchen sind nicht länger Orte, an denen wir uns nur waschen und kochen, sondern Orte des Erlebens und der Entspannung. Heutzutage ist der Tisch mehr als ein Platz zum Essen: Er ist der Ort, an dem wir jeden Aspekt des Essens genießen und diese täglichen Aspekte angenehmer gestalten.

### Für wie wichtig halten Sie Designqualität im globalen Markt?
Gute Gestaltung gibt dem Produkt einen Wettbewerbsvorsprung. Unternehmen, die den Designaspekt in ihre Strategie mit einbeziehen, heben sich auf mehreren Ebenen von ihren Konkurrenten ab. Dies ist mehr als je zuvor eine Zeit, in der Unternehmen mit neuen Trends und Innovationen in der Produktgestaltung aufwarten, um sich an die Spitze zu setzen, statt das Schlusslicht zu bilden.

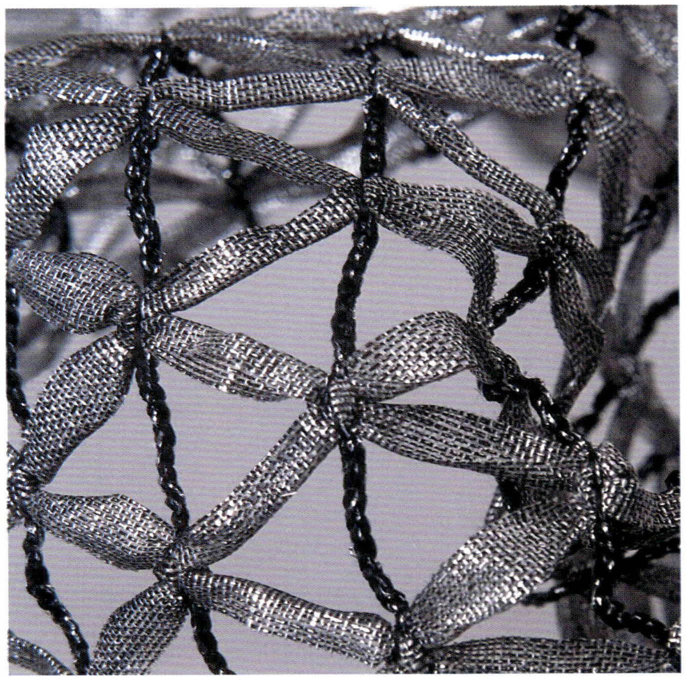
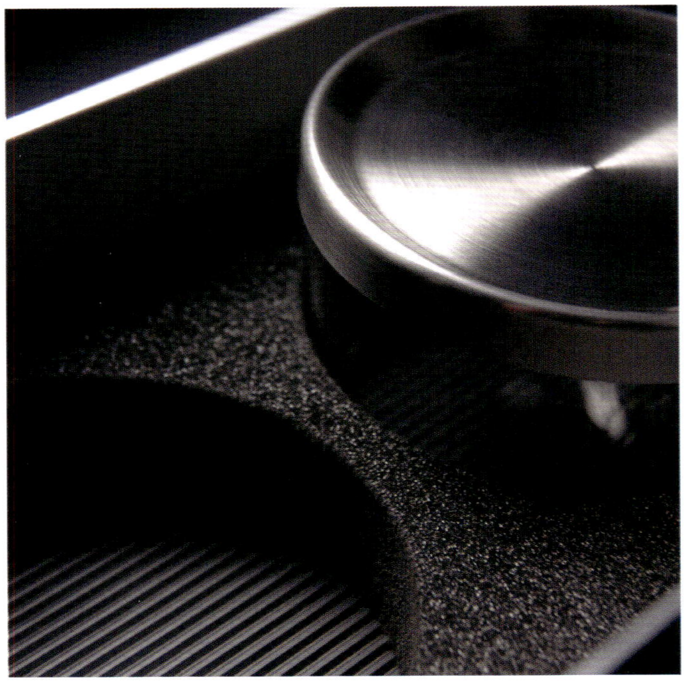
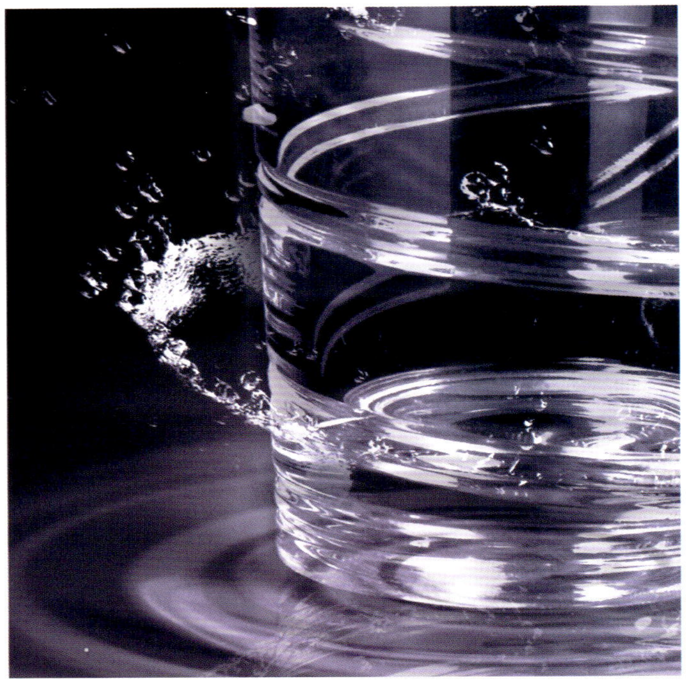
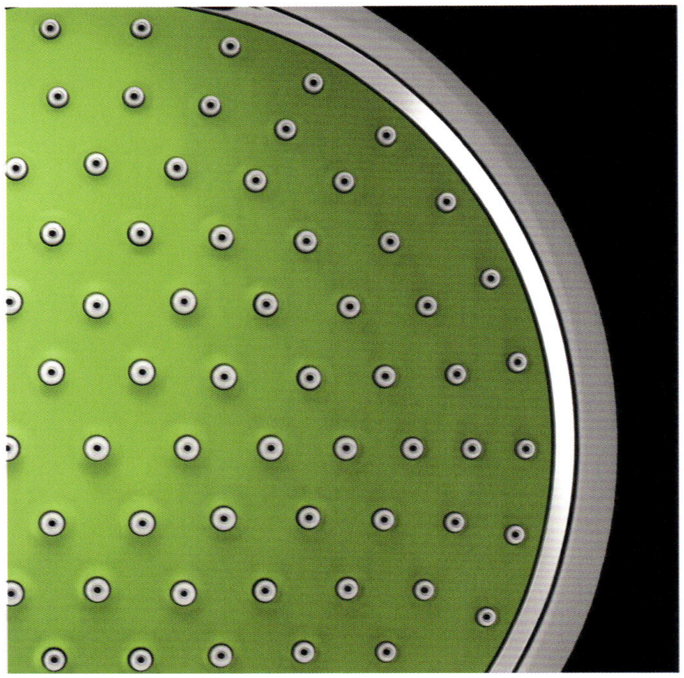
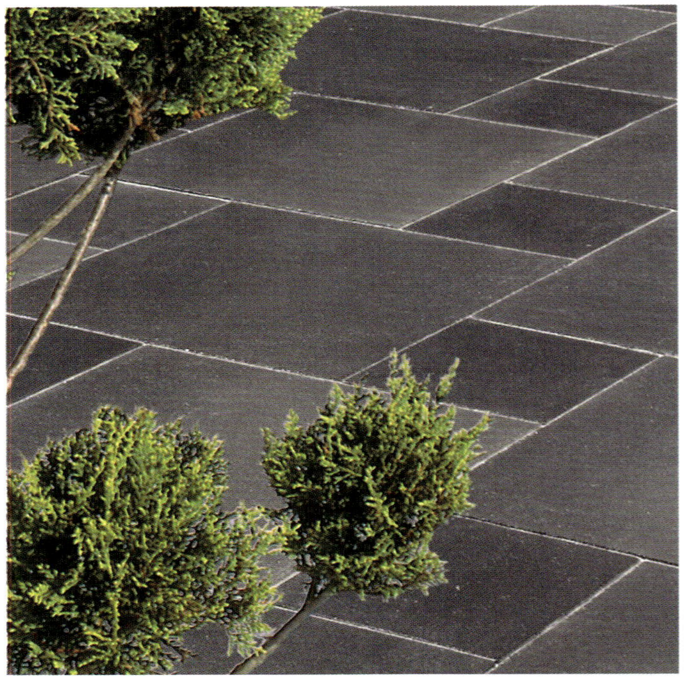
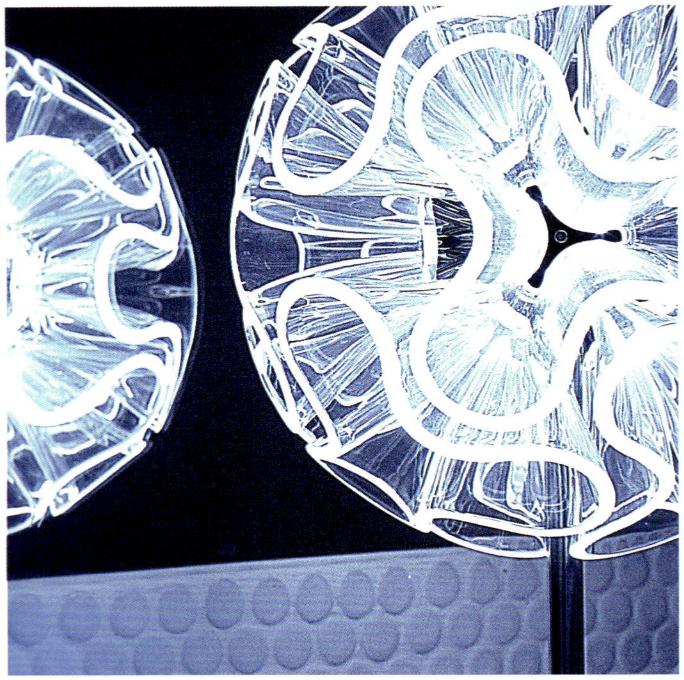
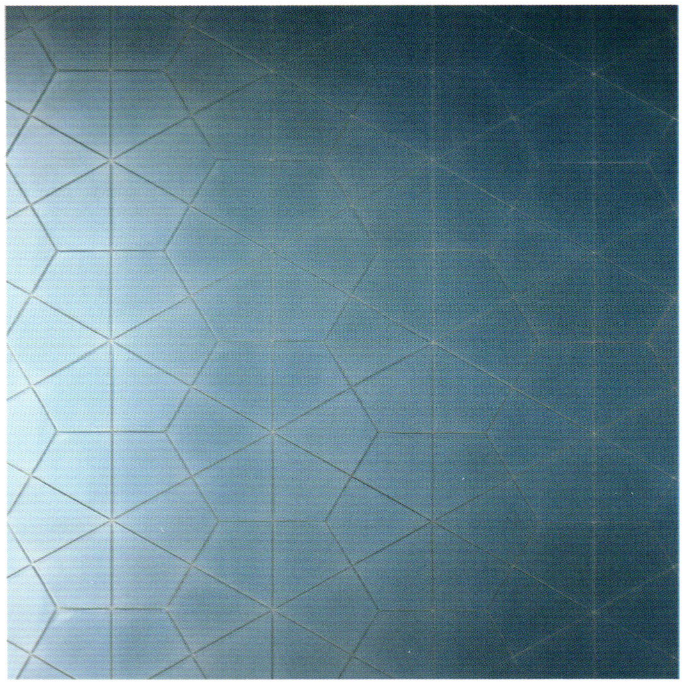
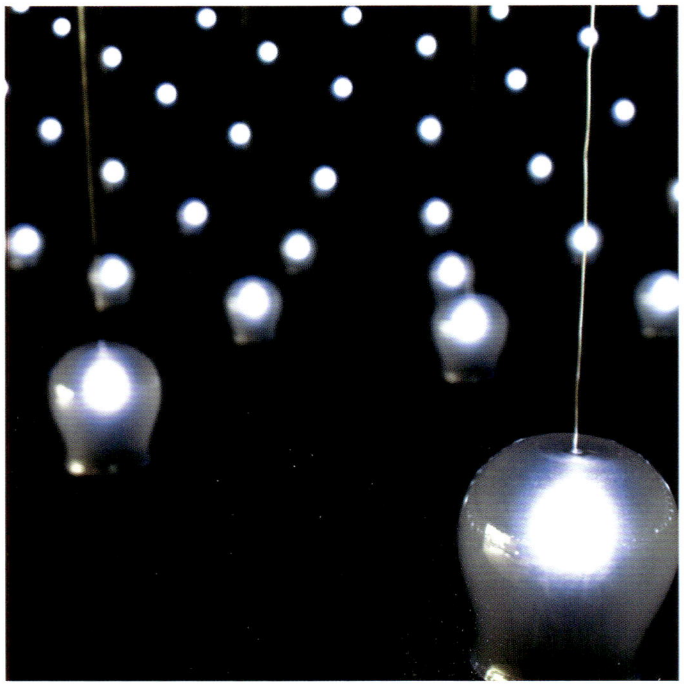
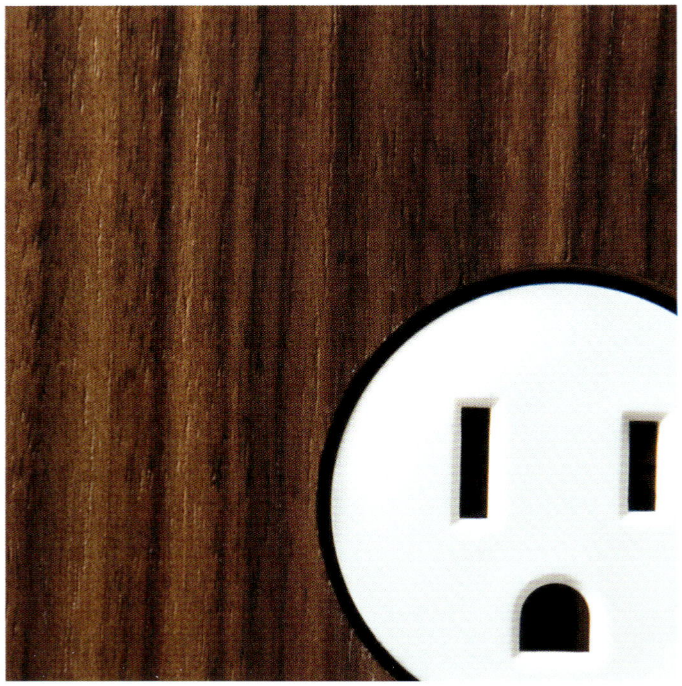

# Design for a modern and comfortable lifestyle at home

# Design für ein stilvolles und behagliches Leben zu Hause

## The products of the "red dot award: product design"

All products presented in this book were distinguished in the red dot design award and address a discerning clientele. The created settings convey new visions of comfort and style. The seven chapters of "living" are grouped according to the type of product, featuring the latest and best design from the competition categories "living rooms and bedrooms", "households and kitchens", "tableware", as well as "lighting and lamps". The mature products are fine-tuned to a well-honed lifestyle and offer state-of-the-art technologies for energy efficiency, intelligent home systems, and atmospheric lighting. The chapter "gardens" shows how gardens are increasingly viewed as an integral part of the ambiance and features products that allow to easily move lounges or candlelight dinners outside. The chapter also presents tools that make gardening easier and more fun. Readers who wish to redesign their bathrooms and get their home up to par with the latest technology can consult the "bathrooms, spa and air-conditioning" chapter, which features many interesting innovations and bathroom furnishings for tomorrow's wellness oases. On the whole, this book provides the reader with a quick overview of all "living" categories of the "red dot award: product design", allows to discover design, cultivate one's own style, and even plan the furnishings of an entire home. The innovations and inspirations from the chapter "architecture and interior design" will also guide readers in that regard. We invite readers to leaf through this book, obtain information, and get inspired by the large format photographs. The products are listed together with the corresponding company name and website, allowing readers to research any item that strikes their interest. Volume "living" addresses people who love exclusivity and comfort and for whom design is not just decoration but a way of life. In short, readers are bound to become captivated by the truly fascinating field of design.

## Die Produkte des red dot award: product design

Sie erschaffen Szenarien eines behaglichen und stilvollen Lebens, wie es sie noch niemals zuvor gab. Die Produkte in diesem Buch wurden allesamt im red dot design award ausgezeichnet und sie richten sich mit ihrem Design an anspruchsvolle Zielgruppen. In den sieben Kapiteln von „living" findet der Leser, sinnvoll nach Produkten geordnet, das neueste und beste Design aus den Wettbewerbskategorien „Wohnen und Schlafen", „Haushalt und Küche", „Tableware" sowie „Licht und Leuchten". Es sind sehr ausgereifte Produkte für einen hoch entwickelten Lebensstil in Verbindung mit zeitgemäßen Technologien für modernes Energiesparen, das Intelligent Home oder ein stimmungsvolles Beleuchten des Raumes. Dass auch der Garten mehr und mehr zum Teil des Ambientes zählt, zeigt im Anschluss das Kapitel „Garten" – die Lounge oder das Candle-Light-Dinner können mit diesen Produkten mühelos nach draußen verlagert werden. Passend dazu gibt es in diesem Kapitel auch Geräte, mit denen die Gartenarbeit überaus stilvoll und ohne großen Kraftaufwand vonstattengeht. Wer sich in seinem Zuhause technisch auf den neuesten Stand bringen oder gerade sein Bad neu gestalten will, der findet im Kapitel „Bad, Wellness und Klimatechnik" viele interessante Neuerungen und perfekt abgestimmte Badmöbel für die Wellness-Oasen der Zukunft. Rasch erhält der Leser so einen Überblick über alle Kategorien des red dot award: product design im Bereich „living" und wird feststellen, dass sich dieses Buch wunderbar dazu eignet, Design zu entdecken, den eigenen Stil zu pflegen oder sogar einen ganzen Hausstand zu planen. Hierzu ergänzen sich gut die Innovationen und Anregungen aus dem Kapitel „Architektur und Interior Design". Der Leser kann in diesem Buch blättern, sich eingehend informieren und von den großformatigen Bildern inspirieren lassen. Bei Interesse findet er zum Produkt schnell das passende Unternehmen und dessen Homepage. Er wird erfahren, dass Design eine überaus spannende Sache ist – die Produkte des Bandes „living" sprechen die Menschen an, die das Besondere und Komfortable lieben und für die Design nicht nur ein schmückendes Beiwerk, sondern auch eine Lebenseinstellung ist.

*The winners of the red dot design award are presented worldwide*

*Left: red dot living, imm cologne*
*Middle: red dot on tour in Dubai*
*Right: red dot on tour in Brno, Czech Republic*

*Die Gewinner des red dot design award werden weltweit präsentiert*

*Links: red dot living, imm cologne*
*Mitte: red dot on tour in Dubai*
*Rechts: red dot on tour in Brno, Tschechische Republik*

## The competition
### What designers and companies worldwide see in red dot

Throughout the world, there are designers who design good products and companies who have recognised how important design is for their success. For innovative products that have not been on the market for more than two years, the red dot design award is an attractive platform: It serves not only as a qualification and as orientation, but allows to communicate the product's quality by means of the "red dot" label, in turn contributing to an appreciation of quality by the public. The red dot design award is divided into three sections that are adjudicated independently from each other: "red dot award: product design", "red dot award: communication design", and "red dot award: design concept", the latter of which has been conducted yearly since 2005 in Singapore.

The red dot design award has been issued for more than 50 years on an international level. In the year 2008 alone, the competition received more than 11,000 registrations from more than 60 countries and its "red dot" label has become one of the most coveted quality symbols worldwide for excellent design. Given that it is among the largest and most challenging design competitions, a participation in the red dot design award also represents the unique occasion to find out how well one's products fare in comparison to those of international competitors. Those who have won an award count among the best of the world and can communicate their success by means of the red dot – an internationally recognised seal of quality for design – thereby distinguishing themselves from their competitors.

### The competition categories
### Design in all its facets and possibilities

Products from nearly any field can be submitted to one of the 17 different categories of the "red dot award: product design". Each of these categories has its own selected expert jury that evaluates the respective products. Generally, products are submitted in their final form, i.e., not as drafts.

## Der Wettbewerb
### Warum Designer und Unternehmen ihn weltweit für sich nutzen

Auf der ganzen Welt gibt es Designer, die gute Produkte gestalten, und Unternehmen, die erkannt haben, wie wichtig Design für ihren Erfolg ist. Für innovative Produkte, die nicht länger als zwei Jahre auf dem Markt sind, ist der red dot design award eine attraktive Plattform: Er dient nicht nur der Qualifikation und Orientierung, sondern er macht die Qualität mithilfe des red dot kommunizierbar und rückt sie damit in den Fokus des öffentlichen Interesses. Der red dot design award unterteilt sich in drei Bereiche, die unabhängig voneinander ausgeschrieben und juriert werden: red dot award: product design, red dot award: communication design und red dot award: design concept, der seit 2005 jährlich in Singapur durchgeführt wird.

Der red dot design award blickt auf eine über 50-jährige Geschichte zurück und er agiert auf internationaler Ebene. Allein im Jahr 2008 konnte der Wettbewerb mehr als 11.000 Anmeldungen aus über 60 Ländern verzeichnen und seine Auszeichnung, der „red dot", hat sich international als eines der begehrtesten Qualitätssiegel für gutes Design etabliert. Da er zu den größten und härtesten Designwettbewerben weltweit zählt, bietet sich den Teilnehmern im red dot design award damit die einmalige Chance herauszufinden, wie gut sich ihre neuesten Produkte im internationalen Vergleich behaupten können. Wer hier gewonnen hat, zählt zu den Besten der Welt und er kann seinen Erfolg mithilfe des red dot, dem weltweit anerkannten Qualitätssiegel für Design, wirkungsvoll kommunizieren und sich von seinen Wettbewerbern absetzen.

### Die Kategorien des Wettbewerbs
### Design in all seinen Facetten und Möglichkeiten

In den unterschiedlichen Kategorien des red dot award: product design können innovative Produkte aus nahezu allen Bereichen eingereicht werden, in der Regel als Original. Da die Produkte überaus vielfältig sind, bietet der Wettbewerb siebzehn unterschiedliche Kategorien an. In jeder dieser Einzelkategorien werden die jeweiligen Produkte gesondert und von einer ausgewählten Fachjury bewertet.

*Left: red dot on tour in Bratislava, Slovakia*
*Right: red dot on tour in Tokyo, Japan*

*Links: red dot on tour in Bratislava, Slowakei*
*Rechts: red dot on tour in Tokio, Japan*

## The jury of the competition
### Why their expertise is so important

Every product is different – in regard to its innovative content as well as its design quality. The products in the competition are based on very diverse design concepts. These implement new technologies and find new ways of interpreting the familiar. Also, their spectacular innovations often consist of only a single yet very decisive detail. In order to ensure due consideration to this complexity, the international jury of the red dot design award is composed of high-ranking members whose expertises match the respective categories. The jury is composed of eminent design leaders from around the world, who, as an international team, exclude national, cultural, or social partialities. Among these leaders are prominent figures from the design scene as well as representatives from international institutions from design and culture. Of import is, in particular, the strict rules concerning the autonomy and impartiality of every juror – who must decide on a completely independent basis. For that reason, only international experts who have not submitted products themselves are appointed to the jury. Moreover, the jury changes its composition regularly. The organisers of the red dot design award monitor the international design scene throughout the year in order to recruit new jurors and to thereby give the competition new impulses.

## The accolades of the red dot design award
### Evaluations that do justice to each product

Design is a process and a product is always the expression of many decisions and paths. Until it finally reaches its form, it usually passes through many stages during which it undergoes modifications. Seeking to fairly judge design quality in light of this background, the red dot design award encompasses three types of product awards: "honourable mention" distinguishes products that stand out for particularly successful detail solutions; "red dot" distinguishes products that stand out for their high design quality; and "red dot: best of the best" is issued to the best products of a category and is therewith the highest distinction a product can achieve in the red dot design award.

## Die Jury des Wettbewerbs
### Weshalb ihr fachliches Können so wichtig ist

Jedes Produkt ist anders – in seinem innovativen Gehalt und in seiner Designqualität. Die Produkte im Wettbewerb basieren auf den unterschiedlichsten Designkonzepten, sie fokussieren neue Technologien, interpretieren Bekanntes völlig neu und oft verbirgt sich eine spektakuläre Innovation in nur einem einzigen, aber entscheidenden Detail. Um dies in all seiner Vielschichtigkeit bewerten zu können, ist die internationale Jury des red dot design award sehr hochrangig besetzt und fachlich genau auf die zu bewertende Kategorie abgestimmt. Die Jury des red dot design award besteht aus international renommierten Designkoryphäen aus vielen Ländern und Erdteilen, damit national geprägte kulturelle und gesellschaftliche Aspekte keinen zu hohen Stellenwert einnehmen können: Persönlichkeiten der Designszene, aber auch Vertreter internationaler Institutionen aus dem Bereich Design und Kultur. Wichtig sind vor allem die strengen Maximen der Unabhängigkeit und Souveränität eines jeden Jurors – er soll schließlich völlig ungebunden entscheiden. Daher können auch nur internationale Experten in die Jury berufen werden, die keine eigenen Produkte eingereicht haben. Die Jury wechselt zudem regelmäßig ihre Zusammensetzung. Über das Jahr hinweg beobachten die Organisatoren des red dot design award die internationale Designszene, um die Jury durch neue Juroren zu ergänzen und dem Wettbewerb auf diese Weise neue Impulse zu geben.

## Die Auszeichnungen im red dot design award
### Bewertungen, die jedem Produkt gerecht werden

Design ist ein Prozess und ein Produkt ist stets der Ausdruck vieler Entscheidungen und Wege. Bis es schließlich zu seiner endgültigen Form gelangt, durchläuft es viele Stadien und wird möglicherweise immer wieder überarbeitet. Um der Designqualität eines Produktes auch vor diesem Hintergrund gerecht zu werden, gibt der red dot design award der Jury drei verschiedene Möglichkeiten der Bewertung eines Produktes vor: Mit einer „honourable mention" werden Produkte gewürdigt, die sich durch besonders gelungene Detaillösungen von der Masse abheben. Mit dem „red dot" werden diejenigen Produkte ausgezeichnet, die sich durch ihre hohe Designqualität von vergleichbaren Produkten unterscheiden. Der „red dot: best of the best" wird an die besten Produkte einer Kategorie vergeben und ist somit die höchste Auszeichnung, die ein Produkt im red dot design award überhaupt erhalten kann.

# Alphabetical address index manufacturers and distributors
# Alphabetisches Hersteller- und Vertriebs-Register

## A

**ABM Building Materials Technology Co., Ltd.**
No. 1, 2/f, Block 9, CASA Sanitary Ceramic World, JiHua 4th Road
Foshan, Guangdong 528000
China
Page / Seite 266–267

**ACO Haustechnik**
Im Gewerbepark 11c
D-36457 Stadtlengsfeld
Page / Seite 260

**Agrob Buchtal**
Deutsche Steinzeug Keramik GmbH
Buchtal 1
D-92519 Schwarzenfeld
Page / Seite 356–357

**Airfel Heating and Cooling System**
Hurriyet Mah. E-5 Yanyol Üzeri No. 57, Kartal
TR-34876 Istanbul
Page / Seite 276

**alfi GmbH**
Ernst-Abbe-Str. 14
D-97877 Wertheim
Page / Seite 203

**Alinea Design Objects**
Stationsstraat 169
B-2440 Geel
Page / Seite 42–43, 128

**Antares Iluminación S.A.**
Calle Mallorca 1
Poligono Industrial Reva
E-46394 Ribarroja
Page / Seite 311

**Ante International Limited**
Unit 19, 16/F, Corporation Park, 11 On Lai Street, Shatin, N.T.
Hong Kong
Page / Seite 216

**Armstrong**
Stuttgarter Str. 75
D-74321 Bietigheim-Bissingen
Page / Seite 352

**Arriaga Stone**
Artesanos del Marmol SL
P.O. Box 26
E-04867 Macael
Page / Seite 141

**Artceram srl**
Via Monsignor Tenderini
I-01033 Civita Castellana
Page / Seite 256

**Artemide S.p.A.**
Via Bergamo 18
I-20010 Pregnana Milanese
Page / Seite 56–59, 300, 321

**Mobilia Artica Kft.**
Maglodi ut 25
H-1106 Budapest
Page / Seite 378

**Asiana IDT Inc.**
S-Tower 19F, 116 Shinmoonro 1-Ga, Jongro-gu
ROK-Seoul 110-700
Page / Seite 395

**Asko Appliances AB**
Jung
S-53482 Vara
Page / Seite 198

**astec gmbh**
design beschlaege systeme
Sigmaringerstr. 84
D-72458 Albstadt
Page / Seite 371

**Auerhahn Bestecke GmbH**
Im oberen Tal 9
D-72213 Altensteig
Page / Seite 237

## B

**BabyBjörn AB**
P.O. Box 595
S-18215 Danderyd
Page / Seite 129

**Bald & Bang**
Roemersgade 7, st, tv
DK-1362 Copenhagen K
Page / Seite 142

**Basalte**
Dorpsstraat 5a
B-9052 Ghent
Page / Seite 365

**Bathroom Design Co., Ltd.**
729/150-155 Ratchadapisek Road, Bangpongpang, Yannawa
T-Bangkok 10120
Page / Seite 252

**Berker GmbH & Co. KG**
Klagebach 38
D-58579 Schalksmühle
Page / Seite 366

**Heinrich Berndes Haushaltstechnik GmbH**
Wiebelsheidestr. 55
D-59757 Arnsberg
Page / Seite 207

**Blanco GmbH + Co KG**
Flehinger Str. 59
D-75038 Oberderdingen
Page / Seite 165, 167

**Blanco GmbH + Co KG**
SteelArt
Heinrich-Blanc-Str. 15–17
D-75056 Sulzfeld
Page / Seite 164, 166

**Blofield**
Veldzigt 24
NL-3454 PW De Meern
Page / Seite 104

**Julius Blum GmbH**
Industriestr. 1
A-6973 Höchst
Page / Seite 194

**Bocci Design and Manufacturing Inc.**
428 West 8th Avenue
CDN-Vancouver, British Columbia
V5Y 1N9
Page / Seite 364

**Bodum AG**
Kantonsstr. 100
CH-6234 Triengen
Page / Seite 228–229, 247, 270–271

**Robert Bosch Hausgeräte GmbH**
Carl-Wery-Str. 34
D-81739 Munich
Page / Seite 153–163

**Braun GmbH / Procter & Gamble**
Frankfurter Str. 145
D-61476 Kronberg/Taunus
Page / Seite 274–275

**Brems Doors**
Hagelandstraat 30
B-3545 Halen
Page / Seite 68–69

**Bretz Wohnträume GmbH**
Alexander-Bretz-Str. 2
D-55457 Gensingen
Page / Seite 134–135

**Brita GmbH**
Heinrich-Hertz-Str. 4
D-65232 Taunusstein
Page / Seite 214

**brühl GmbH**
Alter Bad Stebener Weg 1
D-95138 Bad Steben
Page / Seite 102–103

**Brune GmbH & Co. KG**
Flurweg 15
D-53639 Königswinter
Page / Seite 116

**BSH Bosch und Siemens Hausgeräte GmbH**
Carl-Wery-Str. 34
D-81739 Munich
Page / Seite 172–174

**Bürling Architekten**
Lenzhalde 47
D-70192 Stuttgart
Page / Seite 384

**Evgeny Bushkovskiy**
Sadovaya Street 28-30, Korpus 42, Office 32
RUS-191023 St. Petersburg
Page / Seite 231

## C

**cap. GmbH**
Tonstr. 25
D-32609 Hüllhorst
Page / Seite 138, 169

**Carl Mertens**
Besteckfabrik GmbH
Krahenhöher Weg 8
D-42659 Solingen
Page / Seite 238, 242

**Carpet Concept Objekt Teppichboden GmbH**
Bunzlauer Str. 7
D-33719 Bielefeld
Page / Seite 360

**Casablanca GmbH**
Herrnstr. 61
D-63065 Offenbach
Page / Seite 304, 316

**che möbel gmbh**
Kreuzstr. 1
D-49751 Werpeloh
Page / Seite 137

**Chef'n Corporation**
1520 Fourth Avenue
Third Floor
USA-Seattle, WA 98101
Page / Seite 216

**Constructa-Neff Vertriebs GmbH**
Carl-Wery-Str. 34
D-81739 Munich
Page / Seite 38–39, 184–191

**Cosso International Ltd.**
RM 802, 8/F Wah Lai Industrial Centre, 10-14 Kwei Tei Street, Fo Tan, Shatin, NT
Hong Kong
Page / Seite 211

**CWS-boco International GmbH**
Hafenstr. 2
D-47119 Duisburg
Page / Seite 281

## D

**Daelim**
146-12 Susong-Dong, Jongno-Gu
ROK-Seoul 110-140
Page / Seite 367

**Dark NV**
Vliegplein 43
B-9991 Adegem
Page / Seite 54–55, 303, 316

**Delta Light nv**
Muizelstraat 2
B-8560 Wevelgem
Page / Seite 305

**Desalto spa**
Via per Montesolaro
I-22063 Cantù (Como)
Page / Seite 106

**Design House Stockholm**
Norrmalmstorg 1
S-11146 Stockholm
Page / Seite 131, 320

**Dibbern GmbH**
Heinrich-Hertz-Str. 1
D-22941 Bargteheide
Page / Seite 232

**Diversion Manufacture Royale**
F-11170 Montolieu
Page / Seite 240

**DKB Household USA Corp.**
One Post
Suite 100
USA-Irvine, CA 92618
Page / Seite 207

**Dmitrovskiy Ltd**
Runovskiy Drive 8, Building 1
RUS-115184 Moscow
Page / Seite 117

**Dom Sicherheitstechnik GmbH**
Wesselinger Str. 10–16
D-50321 Brühl
Page / Seite 371

**Dongbu Corporation**
891-10, Daechi-Dong, Gangnam-Gu
ROK-Seoul 135-523
Page / Seite 378, 386

**Dorma Holding GmbH & Co. KGaA**
Dorma Platz 1
D-58256 Ennepetal
Page / Seite 368–369

**Dragonfly Gallery Co. Ltd.**
8-2 Fl. No. 376 Sec. 1 Tun Hwa S. Road
Taipei 10684
Taiwan
Page / Seite 245

**Dunex Metal Products**
Gondal Road, Vavdi
IND-Rajkot 360 004
Page / Seite 394

**Duravit AG**
Werderstr. 36
D-78132 Hornberg
Page / Seite 48–49, 256

**Dyson GmbH**
Lichtstr. 43b
D-50825 Cologne
Page / Seite 34–35, 217

## E

**E15 Design und Distributions GmbH**
Hospitalstr. 4
D-61440 Oberursel
Page / Seite 124

**Eisfink Max Maier GmbH & Co. KG**
Rheinlandstr. 10
D-71636 Ludwigsburg
Page / Seite 215

**Electrolux Dienstleistungs GmbH**
Fürther Str. 246
D-90429 Nuremberg
Page / Seite 196–197

**Entdecker GmbH**
Küchlerstr. 1
D-61231 Bad Nauheim
Page / Seite 384

**Erco**
Brockhauser Weg 80–82
D-58507 Lüdenscheid
Page / Seite 306

**Etel Marcenia**
Alameda Gabriel Monteiro da Silva 1834
BR-São Paulo 1442-001
Page / Seite 146

**Eternit (Schweiz) AG**
Eternitstr. 3
CH-8867 Niederurnen
Page / Seite 124

**Eternit Werke L. Hatschek AG**
Eternitstr. 34
A-4840 Vöcklabruck
Page / Seite 334

**Eva Denmark A/S**
Måløv Teknikerby 18–20
DK-2760 Måløv
Page / Seite 273

**expoline**
exhibit design company
Kohlplattenstr. 13
D-72459 Albstadt
Page / Seite 394

## F

**Fagerhult**
Åvägen 1
S-56680 Habo
Page / Seite 315

**Fagerhult Retail Lighting**
Rinnavägen 12
S-51733 Bollebygd
Page / Seite 319

**Feek**
Klapdorp 52
B-2000 Antwerp
Page / Seite 108

**Fischer Möbel GmbH**
Dieselstr. 6
D-73278 Schlierbach
Page / Seite 64–65

**Fiskars Brands Finland Oy Ab**
Ruukintie
FIN-10330 Billnäs
Page / Seite 62–63

**Fiskars Brands France**
ZA du Héron
F-73110 La Rochette
Page / Seite 338

**Fissler GmbH**
Harald-Fissler-Str. 1
D-55743 Idar-Oberstein
Page / Seite 208–209

**Flos SPA**
Via Angelo Faini 2
I-25073 Bovezzo
Page / Seite 326

**Manfred Frank Systems Ltd.**
3, 14 Greenmount Drive, East Tamaki
P.O. Box 259239 Greenmount, East Tamaki
NZ-Auckland 1730
Page / Seite 372

**Fratelli Guzzini**
C.da Mattonata 60
I-62019 Recanati
Page / Seite 240

**Frost A/S**
Bavne Allé 6e
DK-8370 Hadsten
Page / Seite 130

Alphabetical address index manufacturers and distributors
Alphabetisches Hersteller- und Vertriebs-Register

Maruja Fuentes
P.O. Box 13274
PR-00908 San Juan
Page / Seite 386

## G

Gandia Blasco S.A.
Musico Vert 4
E-46870 Ontinyent (Valencia)
Page / Seite 334

Gardena GmbH
Hans Lorenser Str. 40
D-89079 Ulm
Page / Seite 336, 340

Geba Möbelwerke
Scheidkamp 14
D-32584 Löhne
Page / Seite 152

gelb4
Theiler & Rauscher GbR
Bahnhofstr. 62
D-61184 Karben
Page / Seite 139

geobra Brandstätter GmbH & Co. KG
Brandstätterstr. 2–10
D-90513 Zirndorf
Page / Seite 330–333

Getama Danmark A/S
Holmmarkvej 5
DK-9631 Gedsted
Page / Seite 344–345

Geze GmbH
Reinhold-Vöster-Str. 21–29
D-71229 Leonberg
Page / Seite 348

Gira Giersiepen GmbH & Co. KG
Dahlienstr.
D-42477 Radevormwald
Page / Seite 127

Glas Marte GmbH
Brachsenweg 39
A-6900 Bregenz
Page / Seite 348

Glesia d.o.o.
Prečna 6
SLO-1000 Ljubljana
Page / Seite 243

GlobeZero4 A/S
Europaplads 16, 3
DK-8000 Aarhus C
Page / Seite 106

Gloster
Collins Drive, Severn Beach
GB-Bristol BS35 4GG
Page / Seite 341

Gnoo Designs
A 55 Nandjyot Industrial Estate, Andheri
Kurla Road, Saki Naka, Andheri East.
IND-Mumbai 400 072
Page / Seite 222

Tobias Grau GmbH
Siemensstr. 35b
D-25462 Rellingen
Page / Seite 310, 313, 325

Grohe AG
Feldmühleplatz 15
D-40545 Düsseldorf
Page / Seite 52–53, 257, 262–265

Grossmann Leuchten GmbH & Co. KG
Oesterweg 29
D-59469 Ense
Page / Seite 322

GS Engineering & Construction
GS Yeokjeon Tower, 537 Namdaemun-Ro
5 Ga, Joong-Gu
ROK-Seoul 100-722
Page / Seite 306, 317, 361

## H

h h furniture GmbH Hans Hansen
Möhnestr. 55/Kaiserhaus
D-59755 Arnsberg
Page / Seite 138

Hansa Metallwerke AG
Sigmaringer Str. 107
D-70567 Stuttgart
Page / Seite 260

Hansgrohe AG
Auestr. 5–9
D-77761 Schiltach
Page / Seite 269

Hassinger GmbH & Co. KG
Roma Gruppe
Dürkheimer Str. 234
D-67071 Ludwigshafen
Page / Seite 361

Haval
Oost-Om 33
NL-5422 VX Gemert
Page / Seite 214

Herman Miller
Design Yard 375, W. 48th Street
USA-Holland, MI 49423
Page / Seite 307

Hettich Marketing- & Vertriebs GmbH & Co. KG
Vahrenkampstr. 12–16
D-32278 Kirchlengern
Page / Seite 138

Holzbau Schmid GmbH & Co. KG
Ziegelhau 1–4
D-73099 Adelberg
Page / Seite 347

holztec dipl.-ing. dieter herrmann
Bahnhofstr. 14
D-27432 Hipstedt
Page / Seite 123

Huf Haus GmbH & Co. KG
Mühlenweg 1
D-56244 Hartenfels/Westerwald
Page / Seite 391

## I

iGuzzini illuminazione spa
Via Mariano Guzzini 37
I-62019 Recanati
Page / Seite 323

ilio
Turnacibasi Sok. Nese Apt. No. 9/7
Beyoglu
TR-34433 Istanbul
Page / Seite 108, 241

illbruck Sanitärtechnik GmbH
Illbruckstr. 1
D-34537 Bad Wildungen
Page / Seite 250–251

Impulses International Furniture Co., Ltd.
Falkenplatz 11
CH-3012 Bern
Page / Seite 335

Inoutic/Deceuninck GmbH
Bayerwaldstr. 18
D-94327 Bogen
Page / Seite 392

InterfaceFLOR
Interface Deutschland GmbH
Rote-Kreuz-Str. 2
D-47800 Krefeld
Page / Seite 361

interstuhl gmbh & co. kg
Brühlstr. 21
D-72469 Meßstetten-Tieringen
Page / Seite 378

Intertime AG
Brühlstr. 21
CH-5304 Endingen
Page / Seite 107, 134

IP 44 Schmalhorst GmbH & Co. KG
Marienstr. 13
D-33378 Rheda-Wiedenbrück
Page / Seite 322

## J

JAB Josef Anstoetz KG
Potsdamer Str. 160
D-33719 Bielefeld
Page / Seite 122, 148

JAB Teppiche Heinz Anstoetz KG
Dammheider Str. 67
D-32052 Herford
Page / Seite 122–123

Jaga
Verbindingslaan z/n
B-3590 Diepenbeek
Page / Seite 362

Jasba Mosaik GmbH
Im Petersborn 2
D-56244 Ötzingen
Page / Seite 261

Jatec GmbH
Paul Ehrlich Str. 3–5
D-63322 Rödermark
Page / Seite 370

JELD-WEN Deutschland GmbH & Co. KG
August-Moralt-Str. 1–3
D-86732 Oettingen
Page / Seite 392

Joseph Joseph Ltd
121 Oxo Tower Wharf
Bargehouse Street
GB-London SE1 9PH
Page / Seite 212

Josko Fenster und Türen
Rasdorf 26
A-4794 Kopfing
Page / Seite 349

## K

Kähler Design A/S
Mosevej 9
DK-4700 Næstved
Page / Seite 137

Kaleseramik
Kaleseramik Binasi Buyukdere Cad. Levent
Istanbul
TR-34330 Istanbul
Page / Seite 358–359

Alfred Kärcher GmbH & Co. KG
Alfred-Kärcher-Str. 28–40
D-71364 Winnenden
Page / Seite 337

Karelia-Upofloor Oy
Lukkosalmentie 3
P.O. Box 1765
FIN-70421 Kuopio
Page / Seite 353

Kenwood Ltd
New Lane
GB-Havant PO9 2NH
Page / Seite 198

Keuco GmbH & Co. KG
Oesestr. 36
D-58675 Hemer
Page / Seite 282

King Fai Industrial (HK) Co. Ltd.
Unit 20-24, 2/F, Block B, Focal Industrial
Centre, 21 Man Lok St., Hung Hom,
Kowloon
Hong Kong
Page / Seite 212

Kleine Türen-Manufaktur
KTM GmbH
Benzstr. 17
D-46395 Bocholt
Page / Seite 131

Die Klose Kollektion GmbH
Langebrügger Str. 5
D-26655 Westerstede
Page / Seite 137

Walter Knoll AG & Co.KG
Bahnhofstr. 25
D-71083 Herrenberg
Page / Seite 28–29, 112–115

Kohler Company
444 Highland Drive
Mail Stop 075
USA-Kohler, WI 53044
Page / Seite 220

Kohler Mira Limited
Cromwell Road
GB-Cheltenham, Gloucestershire GL52 5EP
Page / Seite 291

Christine Kröncke Interior Design GmbH
Thierschstr. 37
D-80538 Munich
Page / Seite 142

Kuhn Rikon AG
Neschwilerstr. 4
CH-8486 Rikon
Page / Seite 205

Küppersbusch Hausgeräte AG
Küppersbuschstr. 16
D-45883 Gelsenkirchen
Page / Seite 193

## L

Labelform
Sonnmattstr. 45
CH-8590 Romanshorn
Page / Seite 128

Lagostina
Via Magenta 6
I-28887 Omegna
Page / Seite 210

Lange Production ApS
Kastelsvej 4
DK-2100 Copenhagen
Page / Seite 147

Laufen Bathrooms AG
Wahlenstr. 46
CH-4242 Laufen
Page / Seite 256

Carla Lemgruber
General Artigas 386, apto 301
BR-Rio de Janeiro 22441-140
Page / Seite 149

Leolux Meubelfabriek BV
Postfach 3076
NL-5902 RB Venlo
Page / Seite 107

LG Electronics
Seocho R&D Campus 7F
221 Yangjae-dong, Seocho-gu
ROK-Seoul 137-130
Page / Seite 199, 276

Liebherr-Hausgeräte GmbH
Memminger Str. 77–79
D-88416 Ochsenhausen
Page / Seite 192

Ligne Roset / Roset S.A.
B.P. 9
F-01470 Briord
Page / Seite 30–31, 143

Limpalux
Wiesenstr. 118
D-42105 Wuppertal
Page / Seite 311

Litwork GmbH
Gütlestr. 7a
A-6850 Dornbirn
Page / Seite 385

Louis Poulsen Lighting A/S
Gammel Strand 28
DK-1202 Copenhagen K
Page / Seite 310

LSG Sky Chefs Catering Logistics GmbH
Dornhofstr. 60
D-63263 Neu-Isenburg
Page / Seite 44–45

Lumeta, Inc.
17182 Armstrong Avenue
USA-Irvine, CA 92614
Page / Seite 396

Lutron Electronics Company, Inc.
7200 Suter Road
USA-Coopersburg, PA 18036
Page / Seite 366

## M

mafi Naturholzböden
Utzweihstr. 21+25
A-5212 Schneegattern
Page / Seite 132

Magnus Olesen A/S
Agertoft 2
Durup
DK-7870 Roslev
Page / Seite 117

Magppie Retail Ltd.
400, G.D.ITL North Ex. Towers, A-9, Netaji
Subhash Place,Ring Road, Pitam Pura
IND-Delhi 110 034
Page / Seite 237

Mariani & C S.r.l.
Via Valle Sabbia
I-25076 Odolo (Brescia)
Page / Seite 371

Megaro GmbH & Co. KG
Feldbergstr. 12
D-75236 Kämpfelbach
Page / Seite 283–285

Megaron
1383 Sokak 17/1 Alsancak
TR-35220 Izmir
Page / Seite 108

MeisterWerke Schulte GmbH
Zum Walde 16
D-59602 Rüthen
Page / Seite 144–145

Melitta Haushaltsprodukte GmbH
Ringstr. 99
D-32427 Minden
Page / Seite 203

Menu A/S
Kongevejen 2
DK-3480 Fredensborg
Page / Seite 46–47, 232, 246

Meritalia SPA
Via Como 76/78
I-22066 Mariano Comense
Page/Seite 118

Metten Stein+Design GmbH & Co. KG
Hammermühle
D-51491 Overath
Page/Seite 338

Miele & Cie. KG
Carl-Miele-Str. 29
D-33332 Gütersloh
Page/Seite 40–41, 194–195

Möbel-Liebschaften
Kusenbach-Sessler GbR
Forsmannstr. 14b
D-22303 Hamburg
Page/Seite 66–67

Mobotix AG
Kaiserstr.
D-67722 Langmeil
Page/Seite 397

MOOBEL GmbH
Parkstr. 16a
CH-5012 Schönenwerd
Page/Seite 129

Mossa Furniture Design
Langegasse 5
CH-4102 Binningen
Page/Seite 373

Hugo Müller GmbH
Sturmbühlstr. 145–149
D-78054 VS-Schwenningen
Page/Seite 394

## N

Naber GmbH
Enschedestr. 24
D-48529 Nordhorn
Page/Seite 224

NatureMill
538 Hayes Street
USA-San Francisco, CA 94102
Page/Seite 222

neri & hu, inc.
63-14 Xingguo Road
Shanghai 200031
China
Page/Seite 246

Nestlé Nespresso SA
Route du Lac 3
CH-1094 Paudex
Page/Seite 200–201

nv Niko sa
Industriepark West 40
B-9100 Sint Niklaas
Page/Seite 363

Ningbo Fotile Kitchen Ware Co., Ltd.
No. 18 Binhai 2 Road, Hangzhou Bay
Cixi, Ningbo 315336
China
Page/Seite 198

Noti
Sowia 19
PL-62-080 Tarnowo Podgórne
Page/Seite 134

Nurus A.S.
Buyukdere Caddesi Karakol Sokak No. 2
Levent
TR-34330 Istanbul
Page/Seite 106

Nya Nordiska Textiles GmbH
An den Ratswiesen 4
D-29451 Dannenberg
Page/Seite 119–121

## O

Object Carpet GmbH
Rechbergstr. 19
D-73770 Denkendorf
Page/Seite 133

Onzo Ltd
6 Great Newport Street
GB-London WC2H 7JB
Page/Seite 217

Oranier Heiz- und Kochtechnik
Weidenhäuser Str. 1–7
D-35075 Gladenbach
Page/Seite 199, 225

F.W. Oventrop GmbH & Co. KG
Paul-Oventrop-Str. 1
D-59939 Olsberg
Page/Seite 289

## P

Parador GmbH & Co. KG
Millenkamp 7–8
D-48653 Coesfeld
Page/Seite 350–351

Pegatron Corporation
5F, No. 76, Ligong Street, Beitou
Taipei 112
Taiwan
Page/Seite 366

peka-system AG
Luzernerstr. 20
CH-6295 Mosen
Page/Seite 171

Philips
P.O. Box 218
NL-5600 MD Eindhoven
Page/Seite 50–51, 126

Philips Research Asia – Shanghai
Philips Innovation Campus No. 1
Building 10,
Lane 888 Tian Lin Road
Shanghai 200233
China
Page/Seite 320

POC
Skogsövägen 22
S-13333 Saltsjöbaden
Page/Seite 379

Procter & Gamble International
Operations SA
47, route de Saint Georges
CH-1213 Petit-Lancy
Page/Seite 273

.PSLAB
P.O. Box 175 636
Mar Mekhael
RL-Beirut 11042060
Page/Seite 313, 327

Pukkila Oy Ab
P.O. Box 29
FIN-20251 Turku
Page/Seite 260

## Q

Qisda Corporation
18 Jihu Road, Neihu
Taipei 114
Taiwan
Page/Seite 294–297, 326

## R

RaptusLab
Via Savona 97
I-20144 Milan
Page/Seite 235

raumplus GmbH & Co. KG
Dortmunder Str. 35
D-28199 Bremen
Page/Seite 125

Raumtechnik Messebau & Event Services GmbH
D-Ostfildern
Page/Seite 384

Reiner Kartengeräte GmbH & Co. KG
Goethestr. 14
D-78120 Furtwangen
Page/Seite 395

Richartz GmbH
Merscheider Str. 94
D-42699 Solingen
Page/Seite 206

Ricordi and Sfera Co., Ltd.
Sfera Building, 17 Benzaiten-cho,
Higashiyama-ku
Kyoto-shi
J-Kyoto 605-0086
Page/Seite 233

Rosenthal AG
Philip-Rosenthal-Platz 1
D-95100 Selb
Page/Seite 234

Rossin Srl
Via Nazionale 2/2
I-39044 Egna (Bolzano)
Page/Seite 110

Royal Mosa
Meerssenerweg 358
NL-6201 BA Maastricht
Page/Seite 360

Royal Porcelain Public Company Limited
9th Floor, Mahatun Plaza Bldg., 888/90-92
Ploenchit Road
T-Bangkok 10330
Page/Seite 242

Juna Ryang
Fürstenwall 143–145
D-40217 Düsseldorf
Page/Seite 302

RZB Rudolf Zimmermann, Bamberg GmbH
Rheinstr. 16
D-96052 Bamberg
Page/Seite 318, 324

## S

Sahm GmbH + Co. KG
Westerwaldstr. 13
D-56203 Höhr-Grenzhausen
Page/Seite 233

Saint Gobain Building Distribution
Deutschland GmbH
Marke Raab Karcher
Hanauer Landstr. 150
D-60314 Frankfurt/Main
Page/Seite 140

sam Vertriebs GmbH + Co. KG
Horlecke 102
D-58706 Menden
Page/Seite 272

Sattler Objektlicht
Untere Weingarten Str. 2
D-73092 Heiningen
Page/Seite 308

Saturnbath Co. Ltd.
128-12 Nonhyun-Dong, Kangnam-Ku
ROK-Seoul 135-010
Page/Seite 290

SCA
Tork
Bäckstensgatan 5
S-40503 Göteborg
Page/Seite 280

Scan A/S
Glasvænget 3
DK-5492 Vissenbjerg
Page/Seite 140

Jakob Schlaepfer
Fuerstenlandstr. 99
CH-9001 St. Gallen
Page/Seite 32–33

Schmitz-Leuchten GmbH & Co. KG
Niedereimerfeld 29
D-59823 Arnsberg
Page/Seite 323

Schmitz-Werke GmbH + Co. KG
markilux
Hansestr. 87
D-48282 Emsdetten
Page/Seite 391

Schock GmbH
Hofbauerstr. 1
D-94209 Regen
Page/Seite 168

Seefelder Möbelwerkstätten GmbH
Bahnhofstr. 8
D-82229 Seefeld
Page/Seite 106

senses
Allmeindstr. 10
CH-8840 Einsiedeln
Page/Seite 325

Shengtai Brassware Co., Ltd.
No. 99 Sec. 3 Chang Tsao Road Ho Me
Chen
Chang Hua 508
Taiwan
Page/Seite 268

Siemens-Electrogeräte GmbH
Carl-Wery-Str. 34
D-81739 Munich
Page/Seite 175–183

Silgmann Ges.m.b.H. & Co KG
Münchner Bundesstr. 123
A-5020 Salzburg
Page/Seite 277

Silicone Zone Ltd
Unit 215-216, 2/F, Building 15, No. 8
Science Park
West Avenue, Phase 2, Hong Kong Science
Park, Pak Shek Kok, New Territories
Hong Kong
Page/Seite 206

Silit-Werke GmbH & Co. KG
Neufraer Str. 6
D-88499 Riedlingen
Page/Seite 206

Silver Seiko
Kamiochai 2-28-7
Shinjuku-ku
J-Tokyo 161-8501
Page/Seite 301

SITE A/S
Tuborg Havnevej 18
DK-2900 Hellerup
Page/Seite 387

SmartHouse GmbH
Klinkstr. 37
D-32257 Bünde
Page/Seite 390

Solar-Ripp
Postfach 1362
D-53484 Sinzig
Page/Seite 276

Solicut Distribution GmbH
An den Eichen 10
D-42699 Solingen
Page/Seite 204

solpuri GmbH
Thelemannstr. 15
D-81545 Munich
Page/Seite 335

Steiner1888
Mandling 90
A-8974 Mandling
Page/Seite 142

steininger.designers gmbh
Weinleiten 1
A-4113 St. Martin
Page/Seite 143

Stelton A/S
Christianshavns Kanal 4
DK-1406 Copenhagen K
Page/Seite 207, 236

Stiebel Eltron GmbH & Co. KG
Dr.-Stiebel-Str.
D-37603 Holzminden
Page/Seite 288

Ströer Infoscreen GmbH
Staffelseestr. 8
D-81477 Munich
Page/Seite 382–383

Ströer Out-of-Home Media AG
Ströer Allee 1
D-50999 Cologne
Page/Seite 392, 395

Suikosha Corporation
1F-1-5-13 Katamachi Miyakojima-ku
J-Osaka 534-025
Page/Seite 70–71

## T

Taewon Lighting Co. Ltd.
Taewon B/D 905-3, Daechi-dong,
Kangnam-gu
ROK-Seoul 135-280
Page/Seite 298–299, 321, 326

takram design engineering
Shinjuku Gyoen Building 7F, 1-5-1
Shinjuku
Shinjuku-ku
J-Tokyo 160-0022
Page/Seite 380–381

Teka Küchentechnik GmbH
Sechsheldener Str. 122
D-35708 Haiger
Page/Seite 168

Theben AG
Hohenbergstr. 32
D-72401 Haigerloch
Page/Seite 282

Thermopal GmbH
Wurzacher Str. 32
D-88299 Leutkirch/Allgäu
Page/Seite 354–355

Tiroler Glashütte GmbH
Weißachstr. 28–34
A-6330 Kufstein
Page/Seite 230

Tisca Textil Ges.m.b.H. & Co. KG
Werkstr. 5
A-6712 Thüringen
Page/Seite 133–134

Tong Yang Magic Co., Ltd.
Tyli Bldg., 10F, 185-10, Euljiro-2(i),
Jung-gu
ROK-Seoul 100-845
Page/Seite 170

tools off. architecture
Durant Notter GbR
Arcisstr. 68
D-80801 Munich
Page/Seite 377

Alphabetical address index manufacturers and distributors
Alphabetisches Hersteller- und Vertriebs-Register

Toshiba Home Appliances Corporation
2-2-15, Sotokanda, Chiyoda-ku
J-Tokyo 101-0021
Page / Seite 218–219

Toto Ltd.
1-1, Nakashima 2-chome, Kokurakita-ku
J-Kitakyushu, Fukuoka Pre. 802-8601
Page / Seite 253–255

Traxon Technologies Ltd.
208 Wireless Centre, 3 Science Park East Avenue,
Hong Kong Science Park, Shatin
Hong Kong
Page / Seite 309

TRIBUDESIGN s.a.r.l.
222, Monot Street, Ashrafieh
RL-Beirut 16-5503
Page / Seite 239

Trilux GmbH & Co. KG
Heidestr. 4
D-59759 Arnsberg
Page / Seite 317

H. Troschke GmbH & Co. KG
Farmstr. 134
D-64546 Mörfelden-Walldorf
Page / Seite 376

Tunto
Tekijänkatu 8
FIN-04440 Järvenpää
Page / Seite 60–61

Tupperware Belgium N.V.
Wijngaardveld 17
B-9300 Aalst
Page / Seite 36–37, 213

Tupperware France S.A.
Route de Monts
F-37300 Joué-les-Tours
Page / Seite 213

## U

U-CUBE Creative Ltd.
1F., No. 13, Alley 6, Lane 423, Zhuangjing Road,
Xinyi District
Taipei 110
Taiwan
Page / Seite 221

## V

V&B Fliesen GmbH
Rotensteiner Weg
D-66663 Merzig
Page / Seite 360

Vaillant GmbH
Berghauser Str. 40
D-42859 Remscheid
Page / Seite 286–287

Veksø
Nordensvej 2
DK-7000 Fredericia
Page / Seite 389

Vertigo Bird
Tržaška cesta 222
SLO-1000 Ljubljana
Page / Seite 311

Viega GmbH & Co. KG
Ennester Weg 9
D-57439 Attendorn
Page / Seite 258–259

Villeroy & Boch AG
P.O. Box 1120
D-66688 Mettlach
Page / Seite 220

## W

Wagner System GmbH
Tullastr. 19
D-77933 Lahr
Page / Seite 148

Walch GmbH
Zementwerkstr. 42
A-6713 Ludesch
Page / Seite 346

Wald-Haus Furniture
Elbastr. 14
CH-8636 Wald
Page / Seite 312

H. Waldmann GmbH & Co. KG
Peter-Henlein-Str. 5
D-78056 Villingen-Schwenningen
Page / Seite 317

Wästberg
P.O. Box 22212
S-25024 Helsingborg
Page / Seite 307, 320

weinor GmbH & Co. KG
Mathias-Brüggen-Str. 110
D-50829 Cologne
Page / Seite 339

Robert Welch Designs Limited
Lower High Street
GB-Chipping Campden GL55 6DY
Page / Seite 205

Wenzhou Huaqi Furniture Co., Ltd.
No. A3, Wan Quan Furniture Production Base,
Pingyang County
Wenzhou 325400
China
Page / Seite 110–111

Werma Signaltechnik GmbH + Co. KG
Dürbheimer Str. 15
D-78604 Rietheim-Weilheim
Page / Seite 394

Westeifel Werke gemeinnützige GmbH
Vulkanring 7
D-54568 Gerolstein
Page / Seite 388

Wever & Ducré
Beversesteenweg 565
B-8800 Roeselare
Page / Seite 306

WILA Lichttechnik GmbH
Vödeweg 9–11
D-58638 Iserlohn
Page / Seite 314

WK WOHNEN GmbH & Co. Möbel Marketing KG
Im Gefierth 9a
D-63303 Dreieich/Frankfurt
Page / Seite 136

WMF AG
Eberhardstr.
D-73312 Geislingen
Page / Seite 202, 236

Woongjin Coway Co., Ltd.
7F, Nae-Wei Bldg., 6, Euljiro2-Ga Jung-Gu
ROK-Seoul 100-844
Page / Seite 223, 278–279

## Y

Yehidea Home Design
Room 801 Unit 6 Building Block 1 Fu Gui Yuan
Dong Hua Shi Nanli Chong Wen District
Beijing 100062
China
Page / Seite 244

Yomei GmbH
Westerfeldstr. 4
D-32758 Detmold
Page / Seite 143

## Z

Zehnder Group Produktion Gränichen AG
Oberfeldstr. 2
CH-5722 Gränichen
Page / Seite 283

Zu+Elements
CIS di Nola Isola 8
I-80035 Nola (Napoli)
Page / Seite 393

# Alphabetical address index designers
# Alphabetisches Designer-Register

## A

**Marco Acerbis**
Via Previtali 7
I-24122 Bergamo
Page/Seite 106

**Leo Aerts**
Alinea Design Objects
Page/Seite 42–43, 128

**Christoph Aigner**
Tisca Textil Ges.m.b.H. & Co. KG
Page/Seite 133–134

**Alto Lighting Co. Ltd.**
Tae-Seung Bldg. 618-4, Sinsa-dong,
Gangnam-Gu
ROK-Seoul 135-894
Page/Seite 306, 317

**Greg Altonen**
Lutron Electronics Company, Inc.
Page/Seite 366

**Marcelo Alvarenga**
Isay Weinfeld
Page/Seite 72–73, 379

**aPLEX GmbH**
Köpenicker Str. 48/49
D-10179 Berlin
Page/Seite 354–355

**Andreas Appel**
Solar-Ripp
Page/Seite 276

**Omer Arbel**
Bocci Design and Manufacturing Inc.
Page/Seite 364

**Jan Armgardt Design**
Sonnenleite 14
D-86938 Schondorf
Page/Seite 106

**Klaas Arnout**
Basalte
Page/Seite 365

**Artefakt**
Liebigstr. 50–52
D-64293 Darmstadt
Page/Seite 258–259, 368–370

**Artful**
Menevis Sokak A2 Blok No. 80/1 A.
Ayranci
TR-06540 Ankara
Page/Seite 106

**Shigeru Aso**
Toto Ltd.
Page/Seite 254

**Les Ateliers du Nord**
Place du Nord 2
CH-1005 Lausanne
Page/Seite 200–201

**Attivo Creative Resource Srl**
Via Rutilia 10/8
I-20141 Milan
Page/Seite 336, 340

**AVECPLUS**
2F., No. 330, Sec. 1, Dihua Street
Taipei 10348
Taiwan
Page/Seite 221

**axinova design**
Zieglerweg 14
D-76530 Baden-Baden
Page/Seite 394

**Azul Arquitetura e Design**
Rua Lopes Quintas 642
BR-Rio de Janeiro 22460-010
Page/Seite 146

## B

**Signe Baadsgaard**
Lundgaard & Tranberg Arkitekter
Page/Seite 344–345

**Sungsoo Bae**
Sdesignunit
Page/Seite 367

**Bae Seong Su**
Taewon Lighting Co. Ltd.
Page/Seite 321

**Bum-Jeong Baik**
Woongjin Coway Co., Ltd.
Page/Seite 278–279

**John Bailey**
Entdecker GmbH
Page/Seite 384

**Bathroom Design Team**
Bathroom Design Co., Ltd.
Page/Seite 252

**Christoph Becke**
Siemens-Electrogeräte GmbH
Page/Seite 175

**Yves Behar**
fuseproject
Page/Seite 306–307

**Claudio Bellini**
Piazza Arcole 4
I-20143 Milan
Page/Seite 114

**Gustavo Benthien**
Isay Weinfeld
Page/Seite 379

**Håkan Bergkvist**
Ergonomidesign AB
Page/Seite 129

**Gerhard Bernhold**
planit4 Gesellschaft für Gestaltung mbH
Halenreie 4
D-22359 Hamburg
Page/Seite 125

**Bevk Perović Arhitekti d.o.o.**
Tobačna 5
SLO-1000 Ljubljana
Page/Seite 311

**Philipp Beyeler**
Kuhn Rikon AG
Page/Seite 205

**Christoph Bigler**
Process Design
Page/Seite 44–45

**BiS Productions Ltd**
12 Queens Mews
GB-London W2 4BZ
Page/Seite 240

**Jochen Bittermann**
Process Design
Page/Seite 44–45

**Jonas Bjerre-Poulsen**
Norm Design A/S
Page/Seite 232

**Bocci Design and Manufacturing Inc.**
1706 West 1st Avenue
CDN-Vancouver, British Columbia
V6J 1G3
Page/Seite 364

**Bodum Design Group**
Bodum AG
Page/Seite 228–229, 247, 270–271

**Prof. Michael Boehm**
Edelhofdamm 67
D-13465 Berlin
Page/Seite 233

**Giorgio Borruso Design**
333 Washington Boulevard #352
USA-Marina del Rey, CA 90292
Page/Seite 393

**brains4design GmbH**
Sandstr. 33
D-80335 Munich
Page/Seite 281, 366

**Braun & Maniatis Design**
Neckarstr. 214
D-70190 Stuttgart
Page/Seite 107

**Bretz Wohnträume GmbH**
Alexander-Bretz-Str. 2
D-55457 Gensingen
Page/Seite 134–135

**Bröker Design**
Bischofskamp 15
D-33442 Herzebrock-Clarholz
Page/Seite 137

**Ansgar Brossardt**
ID Design Agentur
Page/Seite 318

**Bernd Brüssing**
Prodesign
Page/Seite 192

**Dmitry Bukach**
Tverskaya Street 19-A, Ap. 12
RUS-125009 Moscow
Page/Seite 117

**Eckhard Bürling**
Bürling Architekten
Page/Seite 384

**Kay Burmeister**
burmeister industrial design
Markgrafstr. 5
D-30419 Hanover
Page/Seite 288

**Sebastian David Büscher**
Ziethenstr.10
D-33330 Gütersloh
Page/Seite 322

**busk+hertzog i/s**
Gunloegsgade 1, st.
DK-2300 Copenhagen S
Page/Seite 106, 117, 130

**Wolfgang Buttlar**
Kleine Türen-Manufaktur
Page/Seite 131

**by form concept**
Bahnhofstr. 46
D-33602 Bielefeld
Page/Seite 371

## C

**Antoine Cahen**
Les Ateliers du Nord
Page/Seite 200–201

**Philippe Cahen**
Les Ateliers du Nord
Page/Seite 200–201

**Jonas Bjerre-Poulsen** — (see above)

**Louise Campbell**
Gothersgade 54, baghuset 2 sal
DK-1123 Copenhagen K
Page/Seite 137, 310

**Nunzia Paola Carallo**
designtrip
Page/Seite 206

**Anne Carls**
Solutions
Page/Seite 214

**Chia-Wei Chang**
Pega Design & Engineering
Page/Seite 366

**Change Design Srl**
Viale Ancona 14
I-30172 Venezia Mestre
Page/Seite 235

**Yiu Joe Cheung**
Cosso International Ltd.
Page/Seite 211

**Kyeong Chul Cho**
LG Electronics
Page/Seite 199

**Young-Jin Cho**
Kumho Engineering & Construction
Page/Seite 395

**Edward Choi**
King Fai Industrial (HK) Co. Ltd.
Page/Seite 212

**Hun-Jung Choi**
Woongjin Coway Co., Ltd.
Page/Seite 278–279

**Produktgestaltung Claudia Christl**
Milcherstr. 10a
D-22607 Hamburg
Page/Seite 237

**Jack Chu**
U-CUBE Creative Ltd.
Page/Seite 221

**Claesson Koivisto Rune**
Östgötagatan 50
S-11664 Stockholm
Page/Seite 320

**Ivàn Colominas**
Attivo Creative Resource Srl
Page/Seite 336, 340

**Color**
Maison AX 105, 4-14-19
Shibuya-ku
J-Tokyo 150-0001
Page/Seite 301

**Mark Cooper**
Kohler Mira Limited
Page/Seite 291

## D

**D&l**
Tüderkamp 13/15
D-24582 Brügge
Page/Seite 289

**Dr. Regina Dahmen-Ingenhoven**
Plange Mühle 1
D-40221 Düsseldorf
Page/Seite 354–355

**Julienne Daniaux**
BiS Productions Ltd
Page/Seite 240

**Micha Daniels**
Daniels & Koitzsch
Bessungerstr. 12–14
D-64285 Darmstadt
Page/Seite 172–173

**Timothy Davey**
Lumeta, Inc.
Page/Seite 396

**Claudia de Bruyn**
two product development and integrated design
Page/Seite 360

**Jan-Hendrik de Groote**
Tupperware General Services N.V.
Page/Seite 213

**Michele De Lucchi**
architetto Michele De Lucchi Srl
Via Varese 15
I-20121 Milano
Page/Seite 56–57

**Christophe De Ryck**
Heerbaan 2b
B-9190 Kemzeke
Page/Seite 303

**Paul deBretton Gordon**
Robert Welch Designs Limited
Page/Seite 205

**Stefan Decker**
Entdecker GmbH
Page/Seite 384

**Demirden Design**
Turnacibasi Sok. Nese Apt. No. 9/7
Beyoglu
TR-34433 Istanbul
Page/Seite 108, 241

**design hoch drei**
Hallstr. 25
D-70376 Stuttgart
Page/Seite 378

**Design Studio S**
4-2-35-301 Roppongi Minato-ku
J-Tokyo 106-0032
Page/Seite 170

**Designit**
Klosterport 4
DK-8000 Aarhus C
Page/Seite 236

**designtrip**
Via Giuseppe Scalarini 5
I-20139 Milan
Page/Seite 206

**Deutsche Steinzeug Keramik GmbH**
Im Petersborn 2
D-56244 Ötzingen
Page/Seite 261

**Dibbern Design Studio**
Dibbern GmbH
Page/Seite 232

**Wei Ding**
Shanghai Moma Industrial Product Design Co., Ltd.
Page/Seite 320

**Wellington Diogo**
Isay Weinfeld
Page/Seite 379

**Kai Dunker**
SmartHouse GmbH
Page/Seite 390

**Eva Durant**
tools off. architecture
Page/Seite 377

## E

**Anja Eder**
Limpalux
Page/Seite 311

**EDF Recherche & Développement**
Département Ener BAT
Avenue des Renardièrs
F-77818 Moret-sur-Loing
Page/Seite 288

**Julia Ehrensberger**
Siemens-Electrogeräte GmbH
Page/Seite 178, 182

**Max Eicher**
Siemens-Electrogeräte GmbH
Page/Seite 175

**Hubertus Eilers**
Eilers Architekten BDA
Altes Gutshaus
D-14974 Gröben
Page/Seite 137

# Alphabetical address index designers
# Alphabetisches Designer-Register

Christian Eisenegger
Attivo Creative Resource Srl
Page/Seite 336

Lisen Elmberg
BabyBjörn AB
Page/Seite 129

hartmut s. engel design studio
Monreposstr. 7
D-71634 Ludwigsburg
Page/Seite 324

Enthoven Associates
Lange Lozanastraat 254
B-2018 Antwerp
Page/Seite 341

EOOS Design GmbH
Zelinkagasse 2/6
A-1010 Vienna
Page/Seite 48–49, 113

Ergonomidesign AB
P.O. Box 14 004
S-16714 Bromma
Page/Seite 129

## F

Caterina Fadda
Caterina Fadda Studio
201B Saga Centre
326 Kensal Road
GB-London W10 5BZ
Page/Seite 240

Bernhard Feigl
Glas Marte GmbH
Page/Seite 348

Tomas Fiegl
Artefakt
Page/Seite 258–259, 368–370

Brian Flaherty
Lumeta, Inc.
Page/Seite 396

Guillaume Foissac
EDF Recherche & Dévelopment
Page/Seite 288

Form Orange
Sägewerkstr. 50
A-6971 Hard
Page/Seite 194

Foster and Partners
Riverside Three 22 Hester Road
GB-London SW11 4AN
Page/Seite 112

Manfred Frank
Manfred Frank Systems Ltd.
Page/Seite 372

Prof. Dr. Ing. Wolf-Christoph Friebel
Naber GmbH
Page/Seite 224

Kevin Fries
fries&zumbühl Industrial Design
Lessingstr. 13
CH-8002 Zürich
Page/Seite 124, 129, 312

Michael Fürtsch
Hellmut Ruck GmbH
Page/Seite 317

fuseproject
528 Folsom Street
USA-San Francisco, CA 94105
Page/Seite 306–307

Futuring Design Pvt. Ltd.
A 55 Nandjyot Industrial Estate, Andheri
Kurla Road, Saki Naka, Andheri East.
IND-Mumbai 400 072
Page/Seite 222

## G

Juliana Garcia
Isay Weinfeld
Page/Seite 72–73

Leandro Garcia
Isay Weinfeld
Page/Seite 72–73, 379

GBO Design & Engineering
Wethouder den Oudenstraat 6
NL-5706 ST Helmond
Page/Seite 214

Prof. Thomas Gerlach
via 4 Design GmbH
Page/Seite 208

Johannes Geyer
Siemens-Electrogeräte GmbH
Page/Seite 176

Pablo Girones Ferrer
Gandia Blasco S.A.
Page/Seite 334

Nicola Girotti
Attivo Creative Resource Srl
Page/Seite 336

Christopher Glupker
RKS Design
Page/Seite 207

Carsten Gollnick Product Design/
Interior Design
Bülowstr. 66
D1 – 1. OG
D-10783 Berlin
Page/Seite 122, 148, 204, 360

Ulrich Goss
Robert Bosch Hausgeräte GmbH
Page/Seite 158–163

GRAFT
Heidestr. 50
D-10557 Berlin
Page/Seite 354–355

Tobias Grau
Tobias Grau GmbH
Page/Seite 310, 313, 325

Konstantin Grcic
Konstantin Grcic Industrial Design
Schillerstr. 40
D-80336 Munich
Page/Seite 350–351

Manfred Grimm
Lichtconzepte Manfred Grimm
Dungestr. 84
D-59757 Arnsberg
Page/Seite 317

Ralf Grobleben
Constructa-Neff Vertriebs GmbH
Page/Seite 186–188, 190

Wen Gu
Shanghai Moma Industrial Product Design
Co., Ltd.
Page/Seite 320

Andre Guimond
Toyo Ito & Associates, Architects
Page/Seite 380–381

Guiu Design
Pedraforca 9
E-08775 Torrelavit (Barcelona)
Page/Seite 141

Takashi Gumisawa
Toshiba Corporation
Page/Seite 219

György Gyimóthy
Mobilia Artica Kft.
Page/Seite 378

## H

Do-Hyung Ha
Tong Yang Magic Co., Ltd.
Page/Seite 170

Alfredo Häberli
Seefeldstr. 301a
CH-8008 Zürich
Page/Seite 354–355

Isabel Häffner
H. Troschke GmbH & Co. KG
Page/Seite 376

peter haimerl . architektur
Lothringer Str. 13
D-81667 Munich
Page/Seite 394

Jonas Hakkaniemi
Nousukatu 8-10 A 6
FIN-40700 Jyväskylä
Page/Seite 320

Hallén Design
Gamla Värmdövägen 6
S-13137 Nacka
Page/Seite 131

Guido Hammes
by form concept
Page/Seite 371

Harrit & Sørensen
Holte Stationsvej 20, 2th
DK-2840 Holte
Page/Seite 140

Christine Hartwein
brains4design GmbH
Page/Seite 281, 366

Motohide Hatanaka
takram design engineering
Page/Seite 380–381

Isabelle Hauser
Process Design
Page/Seite 44–45

Heiliger Design
Alt Fechenheim 111
D-60386 Frankfurt/Main
Page/Seite 107

Wolfgang Held
Form Orange
Page/Seite 194

Dominique Helg
Labelform
Page/Seite 128

Harri Helorinne
Helorinne & Kallio Oy
Lönnrotinkatu 39
FIN-00180 Helsinki
Page/Seite 260

Dieter Karsten Herrmann
holztec dipl.-ing. dieter herrmann
Page/Seite 123

Karsten Herting
MeisterWerke Schulte GmbH
Page/Seite 144–145

Burkhard Heß
Suhrsweg 14
D-22305 Hamburg
Page/Seite 125

Mark Hetterich
GBO Design & Engineering
Page/Seite 214

Prof. Ulrich Hirsch
D&I
Page/Seite 289

Henrik Holbæk
Tools Design
Page/Seite 273

David Holcomb
Chef'n Corporation
Page/Seite 216

Kirsten Hoppert
Studio Vertijet
Page/Seite 122

Bruno Houssin
1 bis rue Omer Talon
F-75011 Paris
Page/Seite 58–59

Han-Wei Huang
Pega Design & Engineering
Page/Seite 366

Tiki Hwang
Shengtai Brassware Co., Ltd.
Page/Seite 268

## I

ID Design Agentur
Pentenrieder Str. 39
D-82152 Krailling
Page/Seite 318

Silvina Iglesias
Attivo Creative Resource Srl
Page/Seite 336

Ingenhoven Architekten
Plange Mühle 1
D-40221 Düsseldorf
Page/Seite 282

InterfaceFLOR Design & Development
InterfaceFLOR
Page/Seite 361

James Irvine Srl
Via Vigevano 8
I-20144 Milan
Page/Seite 307

Toyo Ito
Cosso International Ltd.
Page/Seite 211

Toyo Ito
Toyo Ito & Associates, Architects
Fujiya Building, 1-19-4, Shibuya,
Shibuya-ku
J-Tokyo 150-0002
Page/Seite 380–381

Ichiro Iwasaki
Iwasaki Design Studio
Fukasawa Park Side 1F, 6-2-17 Fukasawa,
Setagaya-ku
J-Tokyo 158-0081
Page/Seite 233

## J

Elliot Jacoby
Lutron Electronics Company, Inc.
Page/Seite 366

Jaga design team
Jaga
Page/Seite 362

Vincent Jalet
Tupperware General Services N.V.
Page/Seite 213

Grete Jalk
Lange Production ApS
Page/Seite 147

Frank Janssens
Manderleylaan 28
B-2980 Zoersel
Page/Seite 316

Jehs+Laub GbR
Römerstr. 51a
D-70180 Stuttgart
Page/Seite 207, 242

JELD-WEN Design Team
JELD-WEN Deutschland GmbH & Co. KG
Page/Seite 392

Claus Jensen
Tools Design
Page/Seite 273

Hye Ri Jeong
GS Engineering & Construction
Page/Seite 317

Hanno Jooss
Inoutic/Deceuninck GmbH
Page/Seite 392

JUSTIME Design Team
Shengtai Brassware Co., Ltd.
Page/Seite 268

## K

Wolfgang Kaczmarek
Siemens-Electrogeräte GmbH
Page/Seite 176

Helmut Kaiser
BSH Bosch und Siemens Hausgeräte
GmbH
Page/Seite 172–173

Renata Kalarus
Pawlikowskiego 4/2
PL-31-127 Kraków
Page/Seite 134

Jarkko Kallio
Helorinne & Kallio Oy
Lönnrotinkatu 39
FIN-00180 Helsinki
Page/Seite 260

Jashish Kambli
Futuring Design Pvt. Ltd.
Page/Seite 222

Kang Keun Young
Taewon Lighting Co. Ltd.
Page/Seite 298

Karelia-Upofloor Oy
Page/Seite 353

Mikko Kärkkäinen
Tunto Design Ky
Tunto
Page/Seite 60–61

Daniel Kas
RKW Rhode Kellermann Wawrowsky
Page/Seite 361

Klaus Keichel
Keicheldesign
Einbrunger Str. 90
D-40489 Düsseldorf
Page/Seite 193

Sven Kessler
Megaro GmbH & Co. KG
Page/Seite 283–285

Dong-Hak Kim
Alto Lighting Co. Ltd.
Page/Seite 306

Dong-Hyuk Kim
Alto Lighting Co. Ltd.
Page/Seite 306

Eun-Soo Kim
Alto Lighting Co. Ltd.
Page/Seite 317

Eun Young Kim
GS Engineering & Construction
Page/Seite 306

Hoe-Soo Kim
Sewon Precision & Ind. Co.
Page/Seite 361

# Alphabetical address index designers
# Alphabetisches Designer-Register

Joo-Gyeom Kim
LG Electronics
Page / Seite 276

Prof. Kai Chun Kim
Kookmin University
Page / Seite 378

Kim Min Cheol
Taewon Lighting Co. Ltd.
Page / Seite 298

Rae Soo Kim
Dongbu Corporation
Page / Seite 386

Kim Sang Sung
Taewon Lighting Co. Ltd.
Page / Seite 299

Se-Kwon Kim
Asiana IDT Inc.
Page / Seite 395

Seung-Ho Kim
Tong Yang Magic Co., Ltd.
Page / Seite 170

Soo Yeon Kim
LG Electronics
Page / Seite 199

Perry King
King & Miranda Design Srl
Via Savona 97
I-20144 Milan
Page / Seite 283

Volker Klag
LSG Sky Chefs Catering Logistics GmbH
Page / Seite 44–45

Nadine Klassen
Grossmann Leuchten GmbH & Co. KG
Page / Seite 322

Björn Kling
Braun GmbH / Procter & Gamble
Page / Seite 274–275

Daniel Knies
LSG Sky Chefs Catering Logistics GmbH
Page / Seite 44–45

Thomas Knöller
Constructa-Neff Vertriebs GmbH
Page / Seite 38–39, 191

Sule Koc
Demirden Design
Page / Seite 108

Michael Kogelnik
Hahnengasse 5
A-4020 Linz
Page / Seite 277

Köhler & Wilms Products GbR
Kreishausstr. 11
D-32051 Herford
Page / Seite 261

Kohler Design Team
Kohler Company
Page / Seite 220

Stefan Koitzsch
Daniels & Koitzsch
Bessungerstr. 12–14
D-64285 Darmstadt
Page / Seite 172–173

Tobias Kollmann
design hoch drei
Page / Seite 378

Kookmin University
861-1 Jeongneung-Dong
Seongbuk-Gu
ROK-Seoul 136-702
Page / Seite 378

Defne Koz Design Studio
860 North Lake Shore Drive
USA-Chicago, IL 60611
Page / Seite 108

Prof. Andreas Kramer
kramerDesign
An der Doppheide 54
D-27793 Wildeshausen
Page / Seite 391

Bernd Kretschmer
Robert Bosch Hausgeräte GmbH
Page / Seite 156–159

Steffen Kroll
Studio Vertijet
Page / Seite 122

Matt Krus
Chef'n Corporation
Page / Seite 216

Chang-Sung Kum
Tong Yang Magic Co., Ltd.
Page / Seite 170

Vijay Kumar
Futuring Design Pvt. Ltd.
Page / Seite 222

Kumho Engineering & Construction
13th Fl., Kumho Asiana Main Tower
115 Sinmunno 1-Ga, Jongno-gu
ROK-Seoul 110-857
Page / Seite 395

Dorian Kurz
Kurz Kurz Design
Engelsberg 44
D-42697 Solingen
Page / Seite 325

Christian Kusenbach
Möbel-Liebschaften
Page / Seite 66–67

## L

Labelform
Sonnmattstr. 45
CH-8590 Romanshorn
Page / Seite 128

Doug Laib
Tupperware Brands, Inc.
Page / Seite 36–37

Manfred Lang
pro industria
Page / Seite 206

Kyoung Bok Lee
GS Engineering & Construction
Page / Seite 306

Kyung A Lee
LG Electronics
Page / Seite 199

Mun-Woo Lee
LG Electronics
Page / Seite 276

Seong Jun Lee
Dongbu Corporation
Page / Seite 386

Sukwoo Lee
Sdesignunit
Page / Seite 367

Woong-Mo Lee
Asiana IDT Inc.
Page / Seite 395

Elena Leinmüller
Constructa-Neff Vertriebs GmbH
Page / Seite 184–185, 189

L.E.S. – Light Engineering Studio
Page / Seite 321

Martin Leuthold
Jakob Schlaepfer
Page / Seite 32–33

Arik Levy
Ldesign
29 rue des Panoyaux
F-75020 Paris
Page / Seite 124

Lim Jung Ho
Taewon Lighting Co. Ltd.
Page / Seite 321

Olavi Lindén
Fiskars Brands Finland Oy Ab
Page / Seite 62–63

Christiane Lion
Deutsche Steinzeug Keramik GmbH
Page / Seite 261

Lorenz*Kaz
P.le Piola Gabrio 6
I-20131 Milan
Page / Seite 110

Eva Louis
Schachenwald 801
CH-9063 Stein AR
Page / Seite 323

Ross Lovegrove
Lovegrove Studio
21 Powis Mews
GB-London W11 1JN
Page / Seite 310

Paolo Lucidi
LucidiPevere Studio
Via Soreville 108
I-33030 Campoformido (Udine)
Page / Seite 371

Jörn Ludwig
Siemens-Electrogeräte GmbH
Page / Seite 177, 180

Gregor Luippold
BSH Bosch und Siemens Hausgeräte GmbH
Page / Seite 172–174

Olle Lundberg
LundbergDesign
Södermalmstorg 2
S-11645 Stockholm
Page / Seite 319

Lundgaard & Tranberg Arkitekter
Pilestræde 10, 3
DK-1112 Copenhagen K
Page / Seite 344–345

## M

Sandra Maes
Basalte
Page / Seite 365

Max Maier
Eisfink Max Maier GmbH & Co. KG
Page / Seite 215

Peter Maly Design und Innenarchitektur
Oberstr. 46
D-20144 Hamburg
Page / Seite 122, 148

Javier Mariscal
Estudio Mariscal
Pellaires 30-38
E-08019 Barcelona
Page / Seite 354–355

Alexander Marsch
Robert Bosch Hausgeräte GmbH
Page / Seite 162

Roger Marschaleck
Ströer Out-of-Home Media AG
Page / Seite 392, 395

Ralph Martin
Eisfink Max Maier GmbH & Co. KG
Page / Seite 215

Masahiro Maruhashi
Toto Ltd.
Page / Seite 253

Stefano Marzano & Team
Philips
Page / Seite 50–51, 126

Jean-Marie Massaud
Studio Massaud
7 rue Tolain
F-75020 Paris
Page / Seite 307, 350–351

Noel Mayo
Lutron Electronics Company, Inc.
Page / Seite 366

Meneghello Paolelli Associati
Via Illirico 18
I-20133 Milan
Page / Seite 256

Florian Metz
Robert Bosch Hausgeräte GmbH
Page / Seite 156, 158–159

Metz & Kindler Produktdesign
Frankfurter Str. 44, Im Kontorhaus
D-64293 Darmstadt
Page / Seite 202–203, 236

Kristina Meyer
by form concept
Page / Seite 371

Michael Meyer
Alfred Kärcher GmbH & Co. KG
Page / Seite 337

Kati Meyer-Brühl
Erlich 9
D-95138 Bad Steben
Page / Seite 102–103

Thomas Meyerhoffer
1241 Main Street
USA-Montara, CA 94037
Page / Seite 280

Simone Micheli
Via Aretina 197r/199r/201r
I-50136 Florence
Page / Seite 354–355

Thomas Milewski
Solutions
Page / Seite 214

Byeong-Guk Min
Alto Lighting Co. Ltd.
Page / Seite 317

Santiago Miranda
King & Miranda Design Srl
Via Savona 97
I-20144 Milan
Page / Seite 283

Svantje Miras
interstuhl gmbh & co. kg
Page / Seite 378

Morph
Studio 26
1-3 Berry Street
GB-London EC1V 0AA
Page / Seite 212

Martin Mostböck D.I. Arch.
Schönlaterngasse 5/4/3
A-1010 Vienna
Page / Seite 334

Alexander Müller
Hugo Müller GmbH
Page / Seite 394

Martin Müller
Siemens-Electrogeräte GmbH
Page / Seite 179, 183

Design Studio Muotohiomo Oy
Lapinlahdenkatu 31b, 6th Floor
FIN-00180 Helsinki
Page / Seite 353

Murken Hansen
Strelitzer Str. 2
D-10115 Berlin
Page / Seite 246

## N

Hans-Joachim Naber
Naber GmbH
Page / Seite 224

Achim Nagel
two product development and integrated design
Page / Seite 360

Erwin Nagel
Alpenstr. 28
D-86159 Augsburg
Page / Seite 136

Tomoyoshi Nakamura
Toshiba Corporation
Page / Seite 219

Jeremy Nearhoof
Lutron Electronics Company, Inc.
Page / Seite 366

Hulusi Neci
Airfel Heating and Cooling System
Page / Seite 276

Philippe Nigro
Via Pagano 54
I-20145 Milan
Page / Seite 30–31

nivodesign
Kloosterbeekstraat 9
B-3500 Hasselt
Page / Seite 362

Noa
Bendstr. 50-52
D-52066 Aachen
Page / Seite 260

Alexandre Nobre
Isay Weinfeld
Page / Seite 379

Norm Design A/S
Sommervej 10
DK-2920 Charlottenlund
Page / Seite 232

Andreas Notter
tools off. architecture
Page / Seite 377

Gerhard Nüssler
Constructa-Neff Vertriebs GmbH
Page / Seite 38–39, 184–191

Nya Artline Design Team
Nya Nordiska Textiles GmbH
Page / Seite 120

Nya Textiles Design Team
Nya Nordiska Textiles GmbH
Page / Seite 119–121

## O

Mitsuya Obara
Toto Ltd.
Page / Seite 255

# Alphabetical address index designers
# Alphabetisches Designer-Register

H. Demir Obuz
Demirden Design
Page / Seite 241

Mads Odgård Design
Fredericiagade 40
DK-1310 Copenhagen
Page / Seite 64–65

Ora Ito
58 rue Charlot
F-75003 Paris
Page / Seite 350–351

Christoph Ortmann
Robert Bosch Hausgeräte GmbH
Page / Seite 157, 163

Ostwald Design
Hochallee 114
D-20149 Hamburg
Page / Seite 116

Thomas Ott
Robert Bosch Hausgeräte GmbH
Page / Seite 154–155

## P

Tanja Pak
Glesia d.o.o.
Page / Seite 243

Markus Paloheimo
Fiskars Brands Finland Oy Ab
Page / Seite 62–63

Il-Ha Park
LG Electronics
Page / Seite 276

Jung Bae Park
Youngjun Corporation
Page / Seite 386

Sang Dae Park
GS Engineering & Construction
Page / Seite 317

So Yeoun Park
Dongbu Corporation
Page / Seite 378

Park Woo Sung
Seoul Women´s University
Taewon Lighting Co. Ltd.
Page / Seite 298–299, 326

Domingos Pascali
Isay Weinfeld
Page / Seite 72–73, 379

Jens Pattberg
brains4design GmbH
Page / Seite 281, 366

PearsonLloyd
117 Drysdale Street
GB-London N1 6ND
Page / Seite 115

Pega Design & Engineering
No. 150, Li-Te Road, Beitou
Taipei 112
Taiwan
Page / Seite 366

Luca Pevere
LucidiPevere Studio
Via Soreville 108
I-33030 Campoformido (Udine)
Page / Seite 371

Philips Design, Branch Hong Kong
3/F Philips Electronics Building, 5 Science Park East Avenue
Hong Kong Science Park, Shatin, New Territories
Hong Kong
Page / Seite 320

Phoenix Design
Kölner Str. 16
D-70376 Stuttgart
Page / Seite 127, 256, 269, 395

Marco Picco
Attivo Creative Resource Srl
Page / Seite 336, 340

platinumdesign
Rotebühlstr. 87a
D-70178 Stuttgart
Page / Seite 168

POC
Skogsövägen 22
S-13333 Saltsjöbaden
Page / Seite 379

Achim Pohl
Artefakt
Page / Seite 258–259, 368–370

pro industria
Oberwiehler Str. 92
D-51674 Wiehl
Page / Seite 206

Process Design
Weggisgasse 40
CH-6000 Lucerne
Page / Seite 44–45

Prodesign
Turmstr. 39
D-89231 Neu-Ulm
Page / Seite 192

Propeller
Patentgatan 12
S-11267 Stockholm
Page / Seite 198, 315

Punktum Design
Dampfærgevej 8, 5th floor
DK-2100 Copenhagen
Page / Seite 387

Pichaya Puttorngul
fuseproject
Page / Seite 306

## Q

QisDesign
Qisda Corporation
Page / Seite 294–297, 326

## R

Karim Rashid
357 West 17th Street
USA-New York, NY 10011
Page / Seite 108, 118, 290, 350–351

Thomas Rauscher
gelb4
Page / Seite 139

Martin Rees
Hugo Müller GmbH
Page / Seite 394

Søren Refsgaard
Webersgade 13, st, th
DK-2100 Copenhagen
Page / Seite 142

Dina Rey
Mossa Furniture Design
Page / Seite 373

Georg J. Riedel
Tiroler Glashütte GmbH
Page / Seite 230

Maximilian J. Riedel
Tiroler Glashütte GmbH
Page / Seite 230

Barbara Riedmann
brains4design GmbH
Page / Seite 281, 366

Frank Rieser
Siemens-Electrogeräte GmbH
Page / Seite 179–181, 183

Heike Rittler
Armstrong
Page / Seite 352

RKS Design
350 Conejo Ridge Avenue
USA-Thousand Oaks, CA 91361
Page / Seite 207

RKW Rhode Kellermann Wawrowsky
Architektur + Städtebau
Tersteegenstr. 30
D-40474 Düsseldorf
Page / Seite 361

Hyoung Won Roh
LG Electronics
Page / Seite 199

Michael Römer
Limpalux
Page / Seite 311

Kasper Rønn
Norm Design A/S
Page / Seite 232

Thorsten Rosenstengel
by form concept
Page / Seite 371

Hellmut Ruck GmbH
Daimlerstr. 23
D-75305 Neuenbürg
Page / Seite 317

Uwe K. Ruppert
Casablanca GmbH
Page / Seite 304

Meike Rüssler
Kleiner Eiderkamp 6
D-24113 Schulensee
Page / Seite 143

## S

Robert Sachon
Robert Bosch Hausgeräte GmbH
Page / Seite 156–163

Monica Cappa Santoni
Isay Weinfeld
Page / Seite 72–73, 379

Fran Santos
Caterina Fadda Studio
Page / Seite 240

Zareh Sarabian
TRIBUDESIGN s.a.r.l.
Page / Seite 239

Toru Sato
Color
Page / Seite 301

Ravi Sawhney
RKS Design
Page / Seite 207

Elena Scarabotolo
Isay Weinfeld
Page / Seite 379

Lorenzo Scazziga
Scazziga Ltd.
Lee Wah Mansion, 2/F, 171-177 Hollywood Road Central
Hong Kong
Page / Seite 309

Andreas Schembecker
Holzbau Schmid GmbH & Co. KG
Page / Seite 347

Claus Schmid
Holzbau Schmid GmbH & Co. KG
Page / Seite 347

schmidt/hammer/lassen design/
Aaboulevarden 37, 5
DK-8000 Aarhus C
Page / Seite 389

Maik Schober
Tulp industrial design
Page / Seite 382–383

Tom Schönherr
Phoenix Design
Page / Seite 256

Eva Schröter
Bretz Wohnträume GmbH
Page / Seite 134

Guido Schulte
MeisterWerke Schulte GmbH
Page / Seite 144–145

Giuseppe Maurizio Scutellà
Page / Seite 300

s-designteam
Westerfeldstr. 4
D-32758 Detmold
Page / Seite 143

Sdesignunit
1407 Ho Namsan Mansion, 726-74, Hannam-dong
Yongsan-Gu
ROK-Seoul 140-894
Page / Seite 367

Florian Seiffert Design
Nerobergstr. 20
D-64193 Wiesbaden
Page / Seite 273

Jin-Gyu Seo
Woongjin Coway Co., Ltd.
Page / Seite 223

Myoung Hoe Seo
GS Engineering & Construction
Page / Seite 361

Sun-Young Seo
Woongjin Coway Co., Ltd.
Page / Seite 223

Martin Sessler
Möbel-Liebschaften
Page / Seite 66–67

Sewon Precision & Ind. Co.
2F Lucky B/D 196-1 Hapjeong-Dong, Mapo-Gu
ROK-Seoul
Page / Seite 361

Shanghai Moma Industrial Product Design Co., Ltd.
F3, 7. No. 50, Moganshan Road
Shanghai 200060
China
Page / Seite 320

Dah Yue Shi
Dragonfly Gallery Co. Ltd.
Page / Seite 245

Fumie Shibata
Design Studio S
Page / Seite 170

Shin Seung Hyun
Taewon Lighting Co. Ltd.
Page / Seite 326

Noriyuki Shirasu
Color
Page / Seite 301

Brook Sigal
BiS Productions Ltd
Page / Seite 240

Signce Design GmbH
Am Tucherpark 4
D-80538 Munich
Page / Seite 203

Lia Siqueira
Azul Arquitetura e Design
Page / Seite 146

Luciana Siqueira
Isay Weinfeld
Page / Seite 379

Michael Sodeau Partnership
1-3 Berry Street
GB-London EC1V 0AA
Page / Seite 70–71

Solutions
Branding & Design Companies AG
Sternstr. 117
D-20357 Hamburg
Page / Seite 214

Bongkyu Song
Sdesignunit
Page / Seite 367

Spacewalk
Repslagargatan 17b
S-11846 Stockholm
Page / Seite 379

Joel Spira
Lutron Electronics Company, Inc.
Page / Seite 366

Ralph Staud
Robert Bosch Hausgeräte GmbH
Page / Seite 153

Freimut Stehling
cap. GmbH
Page / Seite 138, 169

Martin Steininger
steininger.designers gmbh
Page / Seite 143

Josh Stewart
Chef'n Corporation
Page / Seite 216

Alexander Striegl
Tulp industrial design
Page / Seite 382–383

Ströer Infoscreen GmbH
Entwicklungsabteilung
Jörg Ende und Team
Staffelseestr. 8
D-81477 Munich
Page / Seite 382–383

Werner Stuffle
Werma Signaltechnik GmbH + Co. KG
Page / Seite 394

Bowon Suh
LG Electronics
Page / Seite 199

Shirley (Xue Qin) Sun Benoit
Impulses International Furniture Co., Ltd.
Page / Seite 335

Sun Hwa Joo
Taewon Lighting Co. Ltd.
Page / Seite 299, 326

Nicole Suwito
Alfred Kärcher GmbH & Co. KG
Page / Seite 337

# Alphabetical address index designers
# Alphabetisches Designer-Register

## T

**Kinya Tagawa**
takram design engineering
Page / Seite 380–381

**Asami Takahashi**
Toyo Ito & Associates, Architects
Page / Seite 380–381

**Yasushi Takahashi**
Toto Ltd.
Page / Seite 254–255

**Norman Siu Nam Tang**
Ante International Limited
Page / Seite 216

**Xiaoping Tang**
ABM Building Materials Technology Co., Ltd.
Page / Seite 266–267

**Minoru Tani**
Toto Ltd.
Page / Seite 254

**Aleks Tatic**
Attivo Creative Resource Srl
Page / Seite 336, 340

**Hadi Teherani AG**
Oberbaumbrücke 1
D-20457 Hamburg
Page / Seite 360

**Tesseraux + Partner**
Wilhelm-Staab-Str. 5
D-14467 Potsdam
Page / Seite 127, 186–188, 191, 282

**Gilles Thevenot**
axinova design
Page / Seite 394

**Heiko Thielen**
Siemens-Electrogeräte GmbH
Page / Seite 177–178, 182

**Matteo Thun**
Studio Matteo Thun
Via Appiani 9
I-20121 Milan
Page / Seite 350–351

**Thomas Tischer**
Robert Bosch Hausgeräte GmbH
Page / Seite 153

**Pekka Toivanen**
Page / Seite 353

**Tools Design**
Henrik Holbæk & Claus Jensen
Rentemestervej 23a
DK-2400 Copenhagen NV
Page / Seite 273

**Toshiba Corporation**
1-1, Shibaura, 1-chome, Minato-ku
J-Tokyo 105-8001
Page / Seite 218–219

**Toyo Ito & Associates, Architects**
Fujiya Building, 1-19-4, Shibuya,
Shibuya-ku
J-Tokyo 150-0002
Page / Seite 380–381

**Tribecraft AG**
Binzstr. 7
CH-8045 Zürich
Page / Seite 171

**Tulp industrial design**
Thalkirchstr. 45
D-80337 Munich
Page / Seite 382–383

**Tunto Design Ky**
Tunto
Page / Seite 60–61

**Tupperware Brands, Inc.**
14901 S. Orange Blossom Trail
USA-Orlando, FL 32837
Page / Seite 36–37

**Tupperware General Services N.V.**
Wijngaardveld 17
B-9300 Aalst
Page / Seite 213

**two product development and integrated design**
Am kleinen Rahm 5
D-40878 Ratingen
Page / Seite 360

## U

**Unlimited Perspective SA**
Chemin J.-Ph.-De-Sauvage 37
CH-1214 Vernier, Geneva
Page / Seite 374–375

**UNStudio**
Ben van Berkel
Stadhouderskade 113
NL-1070 AJ Amsterdam
Page / Seite 28–29, 350–351

**Patricia Urquiola**
Studio Urquiola
P. le Libia 5
I-20135 Milan
Page / Seite 234, 269

## V

**Vaillant Design**
Vaillant GmbH
Page / Seite 286–287

**Ben van Berkel**
UNStudio
Page / Seite 28–29, 350–351

**Jeroen van de Kant**
Blofield
Page / Seite 104

**Stefan Vanderick**
Brems Doors
Page / Seite 68–69

**Abelone Lilholt Varming**
Punktum Design
Page / Seite 387

**Søren Varming**
Punktum Design
Page / Seite 387

**Martin Veelmann**
Dom Sicherheitstechnik GmbH
Page / Seite 371

**Stephan Veit Produktdesign**
Schützenstr. 13
D-70182 Stuttgart
Page / Seite 142

**Lars Vejen**
schmidt/hammer/lassen design/
Page / Seite 389

**Studio Vertijet**
Harz 5a
D-06108 Halle
Page / Seite 122

**via 4 Design GmbH**
Inselstr. 1
D-72202 Nagold
Page / Seite 208

**Vistapark GmbH**
Bärenstr. 11–13
D-42117 Wuppertal
Page / Seite 287

## W

**Jakob Wagner**
Dampfærgevej 2a
DK-2100 Copenhagen
Page / Seite 46–47

**Roland Wagner**
Wagner System GmbH
Page / Seite 148

**Wolf Udo Wagner**
Studio Wagner:Design
Mainzer Landstr. 220
D-60327 Frankfurt/Main
Page / Seite 238

**Christian Walch**
Walch GmbH
Page / Seite 346

**Wall-y**
Begoniastraat 18a
B-9810 Eke
Page / Seite 306

**Marcel Wanders Studio**
P.O. Box 11332
NL-1001 GH Amsterdam
Page / Seite 326

**Masanobu Wano**
Toto Ltd.
Page / Seite 254

**Kenneth Warnke**
Lundgaard & Tranberg Arkitekter
Page / Seite 344–345

**Kotaro Watanabe**
takram design engineering
Page / Seite 380–381

**Jamie Weaden**
Kenwood Ltd
Page / Seite 198

**Matthias Weber**
zed.
Page / Seite 107, 134

**Muriel Weber**
fries&zumbühl Industrial Design
Page / Seite 129

**Vincent Holger Weckert**
brains4design GmbH
Page / Seite 281, 366

**Büro Wehberg**
Holländische Reihe 13a
D-22765 Hamburg
Page / Seite 388

**Isay Weinfeld**
Rua Andre Frernandes 175
BR-São Paulo 04536-020
Page / Seite 72–73, 379

**Dieter K. Weis**
Casablanca GmbH
Page / Seite 304, 316

**Rupert Welch**
Robert Welch Designs Limited
Page / Seite 205

**Joe Wentworth**
Page / Seite 321

**Architekturbüro Christian Werner**
Am Aarbach 14
D-21279 Hollenstedt
Page / Seite 123

**Chakhree Wikranharit**
Royal Porcelain Public Company Limited
Page / Seite 242

**Jean-Michel Wilmotte**
68 rue Faubourg-Saint-Antoine
F-75012 Paris
Page / Seite 323

**Irmy Wilms**
Köhler & Wilms Products GbR
Page / Seite 261

**Gerd E. Wilsdorf**
Siemens-Electrogeräte GmbH
Page / Seite 177, 179–181, 183

**Benjamin Wilson**
Braun GmbH / Procter & Gamble
Page / Seite 274

**Marc Wilson**
SITE A/S
Page / Seite 387

**Tapio Wirkkala**
Page / Seite 353

**Peter Wirz**
Process Design
Page / Seite 44–45

**Constantin Wortmann**
Bereiteranger 15
D-81541 Munich
Page / Seite 54–55

**Jacky Wu**
AVECPLUS
Page / Seite 221

**ZuoGuang Wu**
Wenzhou Huaqi Furniture Co., Ltd.
Page / Seite 110–111

## Y

**Ece Yalim**
Artful
Page / Seite 106

**Oguz Yalim**
Artful
Page / Seite 106

**Can Yalman Design**
Buyukdere Cad. Kaleseram 304, K B 304,
Nasi Levent
TR-34330 Istanbul
Page / Seite 358–359

**Toshiyuki Yamanouchi**
Toshiba Corporation
Page / Seite 218–219

**Yang Young Hee**
Taewon Lighting Co. Ltd.
Page / Seite 321

**Yu-Hsuan Yeh**
Yehidea Home Design
Page / Seite 244

**yellow design | yellow circle**
Georgstr. 5a
D-50676 Cologne
Page / Seite 208–209

**Shun Yiu Yeung**
Ante International Limited
Page / Seite 216

**Youngjun Corporation**
164-2 Dodang-Dong
Wonmi-Gu
ROK-Buchun City, Gyeonggi-do 420-805
Page / Seite 386

**Jan Ytterborn**
Spacewalk
Page / Seite 379

**Jong-Yoon Yu**
Tong Yang Magic Co., Ltd.
Page / Seite 170

## Z

**Andreas Zandrén**
BabyBjörn AB
Page / Seite 129

**Michael Zanin**
Tulp industrial design
Page / Seite 382–383

**zed.**
Seefeldstr. 303
CH-8008 Zürich
Page / Seite 107, 134

**Peter Zoernack – Farbkonzepte für Gebautes**
Stadtmühle Dassel
Marktplatz 1
D-37586 Dassel
Page / Seite 352

**Siegfried Zoller**
Werma Signaltechnik GmbH + Co. KG
Page / Seite 394

**Jakob Zumbühl**
fries&zumbühl Industrial Design
Lessingstr. 13
CH-8002 Zürich
Page / Seite 124, 129, 312

# Imprint | Impressum

Editor | Herausgeber:
Peter Zec

Project management | Projektleitung:
Sabine Wöll

Project assistance | Projektassistenz:
Sabine Meier
Dijana Milentijević
Sarah Hockertz
Björn Schamberger
Christoph Schmidt-Troschke
Weijing Le
Siegfried Schneider

Editorial work | Redaktion:
Bettina Derksen, Simmern, Germany
Kirsten Müller, Essen, Germany

Text | Text:
Bettina Derksen, Simmern, Germany
Kirsten Müller, Essen, Germany
Sabine Angelkorte (Trend spots | Trendberichte)
Ann Christin Artel, Essen, Germany
Burkhard Jacob (red dot institute)
Bettina Laustroer, Rosenheim, Germany
Miriam Märthesheimer
(red dot: design team of the year)
Martina Stein, Otterberg, Germany
Tobias Wiesel, Essen/Berlin, Germany

Proofreading | Lektorat:
Klaus Dimmler, Essen, Germany
Mareike Ahlborn, Essen, Germany
Karin Kirch, Essen, Germany
Kirsten Rachowiak, Munich, Germany
Schmidt & Knyhala GbR,
Castrop-Rauxel, Germany
Danko Szabó, Gräfelfing, Germany

Translations | Übersetzung:
Russell Cennydd, Cologne, Germany
Stanislaw Eberlein, Tokyo, Japan
Cathleen Poehler, Montreal, Canada
Jan Stachel-Williamson,
Christchurch, New Zealand
Bruce Stout, Grafenau, Germany
Andreas Zantop, Berlin, Germany
Christiane Zschunke, Frankfurt/Main, Germany

Layout and cover artwork |
Gestaltung und Titelillustration:
oktober Kommunikationsdesign GmbH,
Bochum, Germany

Photographs | Fotos:
In-company photos | Werksfotos der Firmen
Axel Heiter Fotodesign, Mannheim
Francois Coquerel
(Portrait | Porträt Philippe Nigro)
Ottorino De Lucchi
(Portrait | Porträt Michele De Lucchi)
Miranda Koopman
(Portrait | Porträt Ben van Berkel)
Olympia Sprenger
Udo Titz

Jury photographs | Jurorenfotos:
Simon Bierwald, Dortmund, Germany

Production, lithography and printing |
Produktion, Lithografie und Druck:
tarcom GmbH, Gelsenkirchen, Germany

Publisher | Verlag:
red dot edition
Gelsenkirchener Str. 181, 45309 Essen
Germany
Phone +49 201 81 41-822
Fax +49 201 81 41-810
E-mail info@red-dot.de
www.red-dot.de

red dot design yearbook 2009/2010
Vol. 1, living, 978-3-89939-107-7
Vol. 2, doing, 978-3-89939-108-4
Set Vol. 1 & Vol. 2 (living & doing):
978-3-89939-106-0

Worldwide distribution | Vertrieb weltweit:
avedition GmbH
Königsallee 57, 71638 Ludwigsburg
Germany
Phone +49 7141 14 77-391
Fax +49 7141 14 77-399
E-mail contact@avedition.com
www.avedition.com

©2009 red dot GmbH & Co. KG

red dot design yearbook 2009/2010
Vol. 1, living, 978-3-89939-107-7

Cover photos | Titelfotos:
The "living" and "doing" cover photos show:
Die Titelfotos von „living" und „doing"
zeigen:

living:

MYchair Lounge Chair
Walter Knoll AG & Co. KG,
Herrenberg, Germany / Deutschland
Design: UNStudio/Ben van Berkel,
Amsterdam, Netherlands / Niederlande

DC24 Vacuum Cleaner / Staubsauger
Dyson GmbH,
Cologne, Germany / Köln, Deutschland
In-house design / Werksdesign

Allegra Serving Bowls and Plates /
Servierschalen und Servierteller
Tupperware Belgium N.V.,
Aalst, Belgium / Belgien
In-house design / Werksdesign:
Tupperware Brands, Inc. (Doug Laib),
Orlando, USA

HQ8290 Speed XL2
Shaver / Rasierer
Philips, Eindhoven, Netherlands / Niederlande
In-house design / Werksdesign:
Stefano Marzano & Team

Anything Collection
Stationery / Bürobedarf
Suikosha Corporation, Osaka, Japan
Design: Michael Sodeau Partnership,
London, Great Britain / Großbritannien

doing:

Oris BC4 Flight Timer
Wristwatch / Armbanduhr
Oris SA, Hölstein, Switzerland / Schweiz
In-house design / Werksdesign

3M Speedglas 9100
Welding Shield / Schweißerkopfteil
3M Svenska AB, Gagnef, Sweden / Schweden
Design: Ergonomidesign
(Oskar Juhlin, Henrik Olsson, Martin Birath,
David Crafoord, August Michael, Olle Bobjer),
Bromma, Sweden / Schweden

Seat Ibiza – 5-Door / 5-Türer
Passenger Car / Personenwagen
Seat S.A., Martorell, Spain / Spanien
In-house design / Werksdesign:
Luc Donckerwolke

Bluetooth Portable Speaker /
Tragbarer Bluetooth-Lautsprecher
LG Electronics, Seoul, Korea
In-house design / Werksdesign:
Kang Yong Soo, Kim Ji Hee

The "red dot award: product design"
competition is the continuation of the Design
Innovations competition.
Der Wettbewerb „red dot award: product
design" gilt als Fortsetzung des Wettbewerbs „Design Innovationen".

All rights reserved, especially those of
translation.
Alle Rechte vorbehalten, besonders die der
Übersetzung in fremde Sprachen.

No liability is accepted for the completeness
of the information in the appendix.
Für die Vollständigkeit der Angaben im
Anhang wird keine Gewähr übernommen.